东方管理学

Oriental Management

颜世富 —— 著

北京大学出版社
PEKING UNIVERSITY PRESS

图书在版编目(CIP)数据

东方管理学/颜世富著.—北京:北京大学出版社,2020.1
ISBN 978-7-301-30141-8

Ⅰ.①东… Ⅱ.①颜… Ⅲ.①管理学—思想史—东方国家 Ⅳ.①C93-093

中国版本图书馆 CIP 数据核字(2018)第 284914 号

书　　　名	东方管理学 DONGFANG GUANLIXUE
著作责任者	颜世富　著
责 任 编 辑	杨丽明
标 准 书 号	ISBN 978-7-301-30141-8
出 版 发 行	北京大学出版社
地　　　址	北京市海淀区成府路 205 号　100871
网　　　址	http://www.pup.cn　新浪微博:@北京大学出版社
电 子 信 箱	sdyy_2005@126.com
电　　　话	邮购部 010-62752015　发行部 010-62750672　编辑部 021-62071998
印 刷 者	河北滦县鑫华书刊印刷厂
经 销 者	新华书店
	787 毫米×1092 毫米　16 开本　27 印张　586 千字 2020 年 1 月第 1 版　2020 年 1 月第 1 次印刷
定　　　价	69.00 元

未经许可,不得以任何方式复制或抄袭本书之部分或全部内容。
版权所有,侵权必究
举报电话: 010-62752024　电子信箱: fd@pup.pku.edu.cn
图书如有印装质量问题,请与出版部联系,电话: 010-62756370

前　言

自从 2000 年在中国国际广播出版社出版《东方管理学》以来,已经 19 年了!那时的著作是我在复旦大学博士毕业论文基础上修改完成的,当时认为管理的核心是"人为为人,治心为上"。这本书出版一年后,我从复旦大学来到上海交通大学工作。

19 年来,除了在上海交通大学安泰经济与管理学院从事国学与管理、组织行为学、领导心理修炼、领导科学与领导艺术、创业领导力、职业心理学、人力资源管理、管理沟通与团队工作、人才测评、培训与开发、积极心理学、绩效与薪酬管理等本科生和研究生的课程教学外,也在中国石油、中国石化、国家电网、南方电网、中国神华、中国宝武、国药控股、上海隧道股份、SAP 中国、强生制药等企业讲授有关内容。同时,我和上海慧圣咨询有限责任公司的同事们,16 年来深入国家电网、中国石油、利欧股份、杰克股份、海特高新等 500 余家国企、民企、外企,为它们提供量身定做的管理解决方案。我还参加了中共中央组织部、国务院国资委的有关课题,也在四川和上海的党政机关工作过,因此,对于中国社会真实的管理工作,我既是旁观者,也是实际参与者、体验者。这些经历让我和一般的大学教师有着不同的视野和维度,体现在这本《东方管理学》中,即认为管理的核心是"正心安人"。希望本书能够帮助大家更深刻地认识管理活动,指导管理行为,取得优秀的绩效。

美国、加拿大、英国、法国、西班牙、德国、澳大利亚等国家和地区已经有一些学者在认真研究中国、日本、印度等东方国家和地区的管理思想,并且建立了相应的研究机构。国际一流的管理学学术杂志 Academy of Management Journal 等也发表了一定数量的关于中国管理研究方面的论文。在美国,麻省理工学院、哥伦比亚大学、宾夕法尼亚大学、芝加哥大学等的商学院中,都有一些学者在对中国管理、东方管理进行研究。从一定意义上说,中国管理、东方管理是国际管理学界关注的一个热点。西方有识之士已经在重视东方管理思想,探索、研究东方管理思想更是我们东方人义不容辞的神圣使命。

中国的 GDP 已经位居世界第二。世界多种排行榜也明确显示中国经济在高速发展,整体经济实力越来越强大。《财富》世界 500 强排行榜一直是衡量全球大型公司最著名、最权威的榜单,被誉为"终极榜单",由《财富》杂志每年发布一次,在2019年7月发布的世界500强排行榜中,世界最大的500家企业中,中国大公司数量超过美国位居第一!中国有129家,美国有121家。世界500强前10位中,有3家中国公司,中国石化位列第二,中国石油位列第三,国家电网位别第五。利润榜前10位公司中,有4家中国公司:中国工商银行、中国建设银行、中国农业银行和中国银行。进入世界500强的中国企业不仅数量增加,从企业的平均销售收益率与净资产收益率等指标来看,也接近世界500强的平均水平。在经济总量剧增的背后,是以什么管理思想作指导,什么管理模式作引领呢?目前还没有令人信服的解读。虽然一些国外人士提出了"中国模式",并且发表了很多论文,出版了一些专著,但仔细阅读,会发现这些论著基本上都属于隔靴搔痒,并没有讲清楚、说明白。

尽管中国人一向提倡中庸之道,宣传合和之理,但是,近现代以来,在对于西方文明和西方管理的态度上,总体上看是走极端的。鸦片战争前,国人一般把自己国家看成世界的中心,把欧美等国家和地区看成不开化的蛮夷之地。鸦片战争后,又走向另外一个极端:盲目崇拜西方文明,把美国、英国作为"真理""先进"的代名词;编写管理学著作时也常照搬西方的管理学原理、思想、方法、案例等。可喜的是,国内少数学者已经意识到东方有着丰富的管理思想,在编写管理学著作时也开始介绍东方管理思想了。

实际上,极端的态度和做法对国家、社会和个人都有很大的破坏作用。清朝推行的夜郎自大、因循守旧、盲目排外的国策,在现在的人看来会觉得不可思议。例如,乾隆时期,原来的四口通商被改为只有广州一口通商。法令规定,不准中国人出洋,不准"夷商"在广州过冬,不准"夷商"购买中国书籍和学习中文。据张德昌1935年在《清华学报》上发表的《清代鸦片战争前之中西沿海通商》介绍,一个名叫刘亚匾的中国人,因为教外国商人学习汉语,于乾隆二十四年被处以斩首的极刑。清朝出现这种案例,是有其思想基础的。宋朝石介是这样解释"中国"的:"夫天处乎上,地处乎下,居天地之中者曰中国,居天地之偏者曰四夷。四夷外也,中国内也。天地为之乎内外,所有限也。"清政府闭关锁国、夜郎自大的结果是在鸦片战争中惨败。近年来,一些人走向另一个极端,以为西方的月亮都比中国的圆,主张全盘西化,而对于中国传统的、民族的文化,缺乏自信。一些大学规定,从事中医、中文教学工作的教师评职称时也必须考英语;评高级职称必须在国外有一定的学习经历。在以培训高级管理人员为主要取向的EMBA招生广告宣传上,则互相攀比谁请的外国教师多。然而,中国真实的管理工作,很少是简单利用西方管理方法就能取胜的。

管理是什么?管理学是什么?西方管理学是什么?中国管理学是什么?东方管理学是什么?运用东方管理学能否取得满意的绩效?本书主要围绕上述问题展开探讨。这些问题看似很简单,但如果认真思考,往往令人困惑,管理学界的同行经常为这些问题争论不休,有时争论得面红耳赤,甚至许多管理学专业的博士研究生导师到退休了也没有想明白!

本书以中国文化、东方文化为背景进行探索。近年来,随着中国、日本、印度和韩国等东方国家经济实力显著增强,越来越多的人开始关注东方管理文化、东方管理方法,希望探寻东方国家在经济高速增长背后的管理思想、管理模式与西方有哪些不同。不同的东方国家在具体的管理制度、管理模式方面有许多差异,但是都受到佛教、印度教、儒家思想和道家思想不同程度的影响,所以有许多共通之处。例如,徐梵澄先生曾概括印度教的圣典《薄伽梵歌》与中国儒道佛思想的关系:"当就其同者而勘之,则不得不谓其合于儒,应乎释,而通乎道矣。"[1]斯里兰卡学者贝克赞叹说:"老子的思想同那些伟大的印度—雅利安哲学家的思想惊人地相似。"[2]

从1976年开始,苏东水[3]、潘承烈[4]、胡祖光[5]和黎红雷[6]等国内外一些专家学者、党政官员和企业家,开始挖掘中国古代管理思想、东方管理智慧,总结成功企业管理经验,已经提出了东方管理学、东方管理智慧、东方管理文化、中国管理学、中国管理科学、中国管理哲学、中国本土管理学、中国化管理、中国管理模式、中国式管理、和谐管理、混沌管理、柔性管理、儒商管理、佛商管理、道本管理、无为管理、兵家管理、墨家管理、阿米巴管理模式、周易管理模式、太极管理模式、五行管理模式、C理论、C模式、G管理模式、自导式管理、论语加算盘模式、水形管理、双头鹰管理模式、人单合一模式等30余个东方管理方面不同的见解及模式。对于这些不同名称的提法,我在2000年出版的《东方管理学》等论著中称之为东方管理思想丛林。[7] 对于这些东方管理思想,我们不能简单地用西方某个管理学流派的观点来评价是否科学、是否有研究意义。提出这些理论和模式的人,自己也还在对此进行修改和完善。东方管理学还处于初创阶段,对于这些理论和模式,我们应该保持开放、多元和包容的心态,在学习、理解的基础上,进行批评、总结、提炼、完善。百花齐放、百家争鸣有利于东方管理学学科的发展壮大。

在学习、借鉴以往研究成果的基础上,我认为,东方管理文化的特征是:直觉顿悟,天人合一;中庸合和,关系面子;活在当下,谋略权变;厚德载物,上善若水;集中统一,等级秩序。东方管理是在东方文化影响下,协调上下左右前后关系,整合人力、财力、物力等资源,协同发展,取得绩效的过程。东方管理的核心是正心安人;东方管理学是

---

[1] 室利·阿罗频多.薄伽梵歌论[M].徐梵澄译.商务印书馆,2003:470.
[2] L.A.贝克.东方哲学简史[M].赵增越译.中国友谊出版社,2006:34.
[3] 苏东水.苏东水文集[M].复旦大学出版社,2016:441.
[4] 潘承烈.传统文化与现代管理[M].企业管理出版社,1994.
[5] 胡祖光.管理金论——东方管理学[M].电子工业出版社,1994.
[6] 黎红雷.东方的管理智慧:中国儒家思想与现代管理[M].四川人民出版社,1994.
[7] 颜世富.东方管理学[M].中国国际广播出版社,2000.

研究东方管理活动的知识体系；东方管理学的理论基础是太极真人论、阴阳平衡论、五行系统论；东方管理学的研究方法是内观法、访谈法、观察法、案例法、扎根理论、测量法和实验法等。我们通过定性和定量研究，发现在东方文化背景下的管理工作中，从管理行为和结果来看，最重要的是谋略管理、心理管理、关系管理、绩效管理、变革管理。在具体的管理工作中，应该综合运用以上五种管理理论，以取得理想的管理效果。

  东方管理学的发展还需要更多的学者从更广泛的视角来探索，并推广应用，同时在管理实践的基础上总结提炼。在苏东水、王家瑞等人的努力下，复旦大学1999年成立了东方管理研究中心，后来又成立了东方管理研究院，招收东方管理专业研究生。2002年，在上海交通大学原党委书记王宗光和复旦大学东方管理研究中心主任苏东水等领导和专家的支持下，我们组织上海交通大学一些对东方管理、中国传统管理文化感兴趣的教师，成立了上海交通大学东方管理研究中心。华侨大学、江西财经大学、河海大学、上海外国语大学、上海工程技术大学等高校也成立了东方管理研究机构，其中，上海工程技术大学在汪泓校长等人的支持下，已经多年招收东方管理专业本科生。

  真诚感谢复旦大学东方管理研究中心主任苏东水，复旦大学华商研究中心主任徐培华，复旦大学心理研究中心主任孙时进，复旦大学副校长徐征；上海交通大学安泰经济与管理学院原院长王方华，原党委书记余明阳，副院长唐宁玉，周祖城、顾琴轩、张兴福、郑兴山、周朝民、井润田、陈景秋；上海师范大学教育管理系原主任燕国材；成都中医药大学中医心理学研究室原主任王米渠、原党委副书记徐川；北京大学国家发展研究院BiMBA商学院院长陈春花；中国人民大学商学院院长毛基业；清华大学中国企业成长与经济安全研究中心主任雷振甌；国家行政学院中国领导科学研究中心主任刘峰；上海外国语大学东方管理研究中心副主任苏宗伟；西南交通大学校长徐飞；夏威夷大学成中英，加州大学陈德明，斯德哥尔摩大学房晓辉；国务院国资委监事会原主席解思忠；国家发展和改革委员会能源局原局长徐锭明；全国政协原副主席王家瑞；中国民主促进会中央委员会副主席朱永新等老师多年的指点和鼓励。感谢上海交通大学和慧圣咨询有限责任公司同事们的团结互助。感谢我们为之提供咨询与培训服务的1000余家公司，它们使我们知道了很多真实的管理之道。

  燕国材、苏东水老师约90岁了，每天还在看书、写作；王米渠老师生病后，动作、言语不便，又重新练习说话，右手不灵活了就练习用左手写字。他们的表率作用，让我想偷懒时便马上振奋起来。

  感谢北京大学出版社对于弘扬中国传统优秀管理文化的热情。

  因为我的博士论文就是关于东方管理研究的，所以，凡是遇到东方管理、中国管理方面的著作和非正式资料，我都积极收集，因此这本书集成了很多人的研究成果。写书的过程也是和这些研究成果的贡献者对话交流、学习的过程，令我内心激动。真诚感谢我所学习、引用的资料的作者。

到目前为止，我独著、主编、参编的著作约有 60 部，从任何角度来看都不少了。写作是件辛苦的事，现在写书和文章少了，但是思考更多了。我本人主要还是出于兴趣而思考和写作，不然很难在写书不挣钱的大环境下笔耕不辍，在飞机、火车、茶馆、家、慧圣咨询有限责任公司办公室、上海交通大学办公室等处独自翻阅资料，通过电脑整合起来。

我越学习思考，越深入管理实践，就越感受到管理学的复杂、博大精深。真诚希望读者对《东方管理学》提出意见与建议，共同为发展中国管理学和世界管理理论做贡献。

颜世富（sfyan@sjtu.edu.cn）
2019 年 9 月 15 日
上海交通大学安泰经济与管理学院

目录

上篇　东方管理基础理论

第一章　东西方管理文化 / 003
　　第一节　文化与管理 / 003
　　　　一、文化是什么 / 004
　　　　二、企业文化的结构 / 005
　　　　三、文化影响绩效 / 006
　　第二节　东西方管理文化的差异 / 008
　　　　一、文化差异的普遍性 / 009
　　　　二、文化差异的内容 / 010
　　　　三、包容文化差异 / 013
　　第三节　东方管理文化特征 / 014
　　　　一、直觉顿悟，天人合一 / 014
　　　　二、中庸合和，关系面子 / 017
　　　　三、活在当下，谋略权变 / 019
　　　　四、厚德载物，上善若水 / 021
　　　　五、集中统一，等级秩序 / 022
　　　案例 / 027

第二章　西方管理学的由来与发展 / 030
　　第一节　科学管理理论 / 030
　　　　一、泰勒之前的科学管理思想 / 030

二、"科学管理之父"泰勒 / 032
三、"管理过程之父"法约尔 / 033
四、"组织理论之父"韦伯 / 034

第二节 行为科学理论 / 035
一、霍桑实验与人际关系学 / 036
二、群体动力与拓扑心理学理论 / 037
三、需要层次理论 / 038
四、双因素理论 / 039
五、X 理论和 Y 理论 / 040

第三节 现代管理理论 / 041
一、管理过程学派 / 042
二、社会系统学派 / 043
三、决策管理学派 / 044
四、系统管理学派 / 045
五、经验主义学派 / 047
六、权变理论学派 / 048
七、管理科学学派 / 049
八、战略管理学派 / 050

第四节 管理理论的新发展 / 052
一、比较管理理论的发展 / 052
二、非理性主义思潮 / 053
三、学习型组织 / 053
四、虚拟企业、动态协作团队和知识联盟 / 054
五、知识管理理论 / 054
案例 / 056

第三章 东方管理学的由来与发展 / 061

第一节 中国化管理学 / 061
一、中国管理学 / 062
二、儒家管理思想 / 063
三、道家管理思想 / 064
四、佛家管理思想 / 066
五、周易管理思想 / 068

六、兵家管理思想 / 070
　　七、法家管理思想 / 072
　　八、和谐管理理论 / 075
　　九、自导式管理理论 / 076
　　十、混沌管理思想 / 077
　　十一、柔性管理思想 / 078
　　十二、管理整体论 / 079
　　十三、现代管理科学中国学派 / 081
第二节　东方管理模式 / 083
　　一、人单合一模式 / 084
　　二、A 管理模式 / 087
　　三、"7S"管理模式 / 087
　　四、C 理论与 C 模式 / 088
　　五、"11C"模式 / 089
　　六、《论语》加算盘模式 / 090
　　七、阿米巴经营模式 / 091
　　八、对称管理 / 094
　　九、印度管理模式 / 095
第三节　东方管理思想 / 100
　　一、苏东水的东方管理思想 / 100
　　二、胡祖光的东方管理思想 / 101
　　三、颜世富的东方管理思想 / 102
　　案例 / 103

第四章　东方管理学概述 / 107

第一节　东方管理学的思想基础 / 107
　　一、西方管理思想的启示 / 107
　　二、东方管理思想的启示 / 110
　　三、管理理论的发展规律 / 113
第二节　东方管理的核心 / 117
　　一、关于"心" / 117
　　二、正心与管理 / 120
　　三、安人 / 125

四、正心安人与管理 / 127
　第三节　东方管理研究方法 / 130
　　一、内观法 / 130
　　二、观察法 / 132
　　三、访谈法 / 133
　　四、案例研究法 / 134
　　五、扎根理论 / 135
　　六、问卷法 / 137
　　七、实验法 / 138
　　八、测验法 / 139
　案例 / 141

第五章　东方管理学理论基础 / 146
　第一节　太极真我论 / 146
　　一、太极 / 146
　　二、真我 / 149
　　三、真我型领导 / 156
　第二节　阴阳平衡论 / 158
　　一、阴阳对立 / 158
　　二、阴阳相感 / 160
　　三、阴阳互藏 / 160
　　四、阴阳互根 / 161
　　五、阴阳转化 / 162
　　六、阴阳平衡 / 163
　第三节　五行系统论 / 164
　　一、五行 / 164
　　二、五行的生克乘侮 / 165
　　三、五行互藏 / 166
　　四、世界的五行模式 / 167
　　五、五行系统论与管理 / 169
　案例 / 172

下篇　东方管理内容

第六章　谋略管理 / 183

第一节　谋略管理思想 / 183
一、谋略概述 / 183
二、谋略运用 / 185
三、谋略管理的意义 / 186

第二节　适应性战略 / 188
一、战略的特征 / 189
二、战略适应性 / 190
三、战略适应性的金字塔模型 / 192
四、战略适应性的管理 / 196

第三节　领导谋略 / 198
一、掌握真实信息 / 198
二、洞察商机 / 200
三、心眼、心计、心机 / 201
四、领导兵法 / 202
五、用人谋略 / 204

第四节　权力谋略 / 209
一、权力影响策略 / 209
二、领导者权力 / 211
三、领导者权力的有效使用 / 213

第五节　决策谋略 / 214
一、决策的概念 / 215
二、管理决策的步骤 / 216
三、决策技术 / 219
四、决策谋略 / 220
案例 / 222

第七章　心理管理 / 225
第一节　正心领导 / 225

一、心理资本与绩效 / 225
二、正心领导的定义 / 229
三、正心领导的原则 / 230
四、正心领导的特征 / 233
五、正心领导的意义 / 234

第二节　心智模式管理 / 236
一、心智模式的定义 / 236
二、心智模式的性质 / 237
三、心智模式的负面效应 / 239
四、心智模式的影响因素 / 239
五、战略性心智模式的特点 / 241
六、各类人员的心智模式障碍 / 242
七、心智模式的检测 / 244
八、心智模式的改变 / 244

第三节　心理修炼 / 247
一、放松 / 248
二、正念训练 / 249
三、认知改变技术 / 250
四、情志相胜技术 / 252
五、佛教心理修炼技术 / 253

第四节　心理健康管理 / 255
一、心理健康的定义 / 255
二、心理健康的特征 / 256
三、心理健康状态及其心理卫生对策 / 258
四、心理健康与人力资源开发 / 259

第五节　薪酬激励 / 261
一、激励的定义 / 261
二、薪酬与战略 / 262
三、薪酬激励设计要点 / 266
案例 / 269

第八章　关系管理 / 273
第一节　华人关系网 / 273

一、中华和合管理文化 / 273
　　二、"家国同构"的文化模型 / 274
　　三、泛家族主义与华人企业组织行为 / 275
　　四、华人家族企业的特征 / 276
　　五、关系网的作用 / 277
　第二节　人际关系 / 278
　　一、中国人际关系的历史进程 / 278
　　二、国外关于人际关系的研究 / 280
　　三、人际关系研究的传统理论 / 282
　　四、人际关系的网络理论 / 284
　　五、面子与人际交往 / 285
　第三节　领导班子建设 / 287
　　一、领导班子的结构 / 287
　　二、领导班子的搭配 / 289
　　三、领导班子结构分类及存在的问题 / 290
　　四、优化领导班子结构 / 291
　　五、正职领导者的协调艺术 / 292
　第四节　上下左右关系管理 / 295
　　一、上级关系管理 / 295
　　二、同级关系管理 / 297
　　三、下级关系管理 / 300
　案例 / 302

第九章　绩效管理 / 309

　第一节　中国古代绩效管理思想 / 309
　　一、先秦时期绩效管理思想 / 309
　　二、秦汉时期绩效管理思想 / 311
　　三、三国两晋南北朝时期绩效管理思想 / 313
　　四、唐朝时期绩效管理思想 / 314
　　五、宋金元时期绩效管理思想 / 315
　　六、明清时期绩效管理思想 / 316
　第二节　绩效管理概述 / 318
　　一、绩效的定义 / 318

二、绩效的结构 / 319
　　三、绩效管理的定义 / 321
　　四、绩效管理的内容 / 322
　　五、绩效管理的层次 / 322
第三节　绩效管理系统 / 324
　　一、绩效管理系统的内涵 / 324
　　二、绩效管理系统的内容 / 327
　　三、绩效评估结果的应用 / 328
　　四、绩效管理系统的环境因素 / 329
第四节　平衡计分卡 / 330
　　一、平衡计分卡的主要内容 / 331
　　二、平衡计分卡的实施步骤 / 333
　　三、平衡计分卡的优势 / 340
　　四、平衡计分卡的特点 / 343
　　五、平衡计分卡的实施条件和企业特征 / 344
　　六、平衡计分卡有待进一步实践和完善 / 345
　　七、平衡计分卡系统建设前期准备的流程 / 345
　　八、实施平衡计分卡应当注意的问题 / 346
案例 / 348

第十章　变革管理 / 359

第一节　革卦管理思想 / 359
第二节　适应性领导 / 367
　　一、不确定性不可预测性 / 367
　　二、海菲茨的适应性领导思想 / 369
　　三、适应性领导的意义 / 373
第三节　适应性组织 / 374
　　一、适应性组织是发展的必然 / 374
　　二、适应性组织的特点 / 376
　　三、适应性组织的结构和设计 / 378
　　四、意识—反应企业模式 / 379
第四节　变革管理的实施 / 381
　　一、正心修身 / 382

二、以身作则 / 383
三、反身修德 / 385
四、居安思危，制造危机 / 387
五、实施变革 / 395
案例 / 398

参考文献 / 404

上 篇
东方管理基础理论

东方管理文化的特征是:直觉顿悟,天人合一;中庸合和,关系面子;活在当下,谋略权变;厚德载物,上善若水;集中统一,等级秩序。东方管理是在东方文化影响下,协调上下左右前后关系,整合人力、财力、物力等资源,协同发展,取得绩效的过程。

东方管理的核心是正心安人。

东方管理学就是研究东方管理活动的知识体系。东方管理学的理论基础是太极真人论、阴阳平衡论、五行系统论。东方管理学的研究方法是内观法、访谈法、观察法、案例法、扎根理论、测量法和实验法等。东方管理学的主要内容体现为五行管理模式:利用太极真人论、阴阳平衡论、五行系统论以及当代管理理论,分析研究谋略管理、心理管理、关系管理、绩效管理和变革管理等管理活动。

第一章 东西方管理文化

有人提出,管理的最高境界是"无为而治",即让员工自觉自愿完成公司领导期望其完成的任务。激发员工工作热情,使其不需要领导直接指挥就主动努力工作,这样的管理实际上就是文化管理。的确,纪律制度对员工来说只是一种外在控制,效果难以维持,而当员工的内在精神动力被激发起来后,他就会自觉地全身心投入工作之中。优秀的领导者深谙此道,不对员工强加管制,而是从改善员工精神状态入手,加以引导。管理学有一些人性论假设,如经济人假设、社会人假设、复杂人假设等。此外,还有一个著名的假设即文化人假设,假设人是文化的产物。不管是西方管理学,还是东方管理学,都是文化的产物。我们生活在文化中,不知不觉受到文化的熏陶习染,个人的心智模式、价值观、行为举止、绩效等都受到文化的影响。著名哲学家、哥伦比亚大学德国籍教授恩斯特·卡西尔在《人论》中指出,人是文化的人,人是文化的动物。人类的全部文化都是人自身创造和使用符号的活动的产物。人与文化是不可分割的统一体,人是文化的主体。在文化创作中,人的主体性、能动性、创造性得到了最充分的展现与发挥,从而创造出区别于动物世界的文化世界,实现了人的真正存在。作为文化主体的人也是人自身通过文化创造的,人类的进步也正是通过文化的进步表现出来的。离开了文化,人就与动物无异,人的本质也就毫无意义。管理活动是人类利用符号进行的文化活动之一。

第一节 文化与管理

文化与管理关系密切。可以说,管理就是一种文化。管理大师彼得·德鲁克认为,"管理不只是一门学问,还应是一种文化,它有自己的价值观、信仰、工具和语言";"管理不能脱离文化传统,也就是说,它是世界本质的一部分。管理是一种社会职能,因此它既是社会发展的结果,又是文化发展的结果";"管理是一种客观职能,它取决于任务,也取决于文化条件,从属于一定社会的价值观念和生活习惯";"管理学对于一种社会的传统文化、价值信念和信仰的运用愈是充分,它的作用发挥就愈大"。平衡计分卡的提出者哈佛大学教授罗伯特·卡普兰也把企业文化作为学习与发展维度里组织资本的考核内容。还有学者提出了"文化资本"概念。

一、文化是什么

刘向的《说苑·指武》中有"文化"一词:"凡武之兴,为不服也;文化不改,然后加诛。"这里的"文化"指文德治理、文德教化,与我们现在经常提及的"文化"指代的意义不同。对于"什么叫作文化""文化的核心是什么"等问题,一直有许多争议。当前,关于文化的定义已经有两百多种。例如,区别于自然的便是文化;生活方式的总和就是文化;意识形态就是文化;文化包括知识、信仰、艺术、道德、风俗习惯等;文化包括物质文化、制度文化、精神文化;文化的核心是哲学,是价值观。哈佛大学教授约翰·科特认为,企业文化指一个企业中各个部门,至少是企业高层管理者们所拥有的那些价值观念和经营实践,是企业中一个分部的各职能部门或地处不同地理环境的部门所拥有的那种共通的文化现象。美国麻省理工学院教授埃德加·沙因指出,企业文化是由一些被认为是理所当然的基本假设构成的范式,这些假设是某个团体在探索解决对外部环境的适应和内部的结合问题过程中所发现、创造和形成的。美国学者迪尔和肯尼迪认为,企业文化应该有别于企业制度,它有自己的一套要素、结构和运行方式。他们认为,企业文化包括四个要素,即价值观、英雄人物、典礼及仪式、文化网络。这四个要素的地位及作用分别是:价值观是企业文化的核心;英雄人物是企业文化的具体体现者;典礼及仪式是传输和强化企业文化的重要形式;文化网络是传播企业文化的通道。

《周易》中提到"观乎人文以化成天下"。"人文以化",可以说就是文化。"化"是文化的核心,有三层含义,即教化、感化、风化。(1)教化就是培养与教育,使人懂得遵循社会规则,尊重社会秩序,使人与人之间相敬相爱,知礼仪,知进退。如果没有人之为人的教化,人就失去了尊严与优雅。在印度狼群中长大的狼孩卡马拉,虽然有人的身体,但是其习性与狼无异,会撕咬衣服,像狼一样嚎叫。所以,教化是十分重要的。作为企业,教化就是职业道德、职业技能、职业习惯的培养与养成,它是企业文化的重要组成部分。(2)"感化"之"感"是"感应、感知"的意思。《周易·咸卦》中说:"圣人感人心,而天下和平。"所谓"感人心",就是要了解各阶层百姓的所思所想,感动人心,最大限度地满足其不同层次的需求、愿景,使大家在这个群体中有所依托或寄托,从而消除隔阂,化解矛盾,建立和谐的相互关系。在企业管理中,沟通感化是形成团队凝聚力的关键因素。(3)风化是"形成风俗、风情"的意思。《诗经》中,风、雅、颂的"风"就是"民风"的意思。文化的最高境界就是达到"自化",使文化形成民风、民俗、民情,让自发的心理和行为符合公司的价值观、规则。中国文化源远流长,具有很强的生命力。中国人移居国外后仍然保留中国传统文化习俗,在世界各地建立了很多"唐人街",这就是风化的魅力。

在西方文字中,"文化"是从拉丁文"cultura"一词引申出来的。"cultura"含有"耕种、居住、练习"等意思,主要指与自然相对的人为产物。结合西方"文化"的词源和中国古代文化思想,笔者认为,文化是组织有意识塑造的心理与行为方式。

二、企业文化的结构

关于企业文化的结构划分，有多种观点。例如，将企业文化分为两个层次，即有形文化与无形文化、外显文化与内隐文化、物质形式与观念形式、"硬"文化与"软"文化等。又如，将企业文化分为四个层次，即物质文化、行为文化、制度文化和精神文化。这些不同的结构划分有其各自的合理性，其使用对认识企业文化并无大碍。人们一般习惯把企业文化划分为三个层次，即精神层、制度层和物质层。

（一）精神层

精神层是企业文化的核心和灵魂，是形成物质层和制度层的基础和原因。企业文化中有无精神层是衡量一个企业是否形成了自己的企业文化的标志和标准。这主要是指企业的领导和员工共同信守的基本信念、价值标准以及精神风貌等理念体系。笔者认为，企业的理念体系包括企业愿景、使命、精神、核心价值观等理念，还包括基本的经营理念和管理理念。精神层的内容包括：(1) 愿景，表明企业应该往哪里去，给所有员工一分希望和盼头；(2) 使命，表明企业存在的价值和意义，以及企业为什么要存在和持续成长；(3) 精神，表明企业在面临重大事件或困难时，应该具备什么样的心理能量；(4) 核心价值观，表明企业应该具有什么样的做人、做事的最高准则；(5) 经营理念，表明企业未来的经营战略、经营思路、业务模式、业务组合等理念；(6) 管理理念，是企业在管理过程中所秉持的关于人才、领导、制度、沟通、学习、创新、质量、服务等方面的基本理念或原则。愿景、使命、精神、核心价值观等核心理念是相对稳定的。不论企业未来如何发展，采取怎样的发展战略和经营思路，这些理念都是基本保持不变的。经营理念和管理理念相对于核心理念而言，则是变化的，根据企业的战略需求，可以进行适当的调整甚至变革。

（二）制度层

制度层是企业文化的中间层次，主要指对企业组织和企业员工的行为产生规范性、约束性影响的部分，它集中体现了企业文化的物质层和精神层对企业员工和企业组织行为的要求。制度层规定了企业成员在共同的生产经营活动中应当遵守的行为准则，它主要包括以下三个方面：(1) 一般制度。这是指企业中存在的一些具有普遍意义的工作制度、管理制度以及各种责任制度。这些成文的制度与约定以及不成文的企业规范和习惯，对企业员工的行为起着约束作用，保证整个企业能够分工协作、井然有序、高效运转。例如，计划制度、劳资人事制度、生产管理制度、服务管理制度、技术工作及技术管理制度、设备管理制度、劳动管理制度、物资供应管理制度、产品销售管理制度、财务管理制度、生活福利工作管理制度、奖励惩罚制度、岗位责任制度等。(2) 特殊制度。这主要指企业的非程序化制度，如员工评议干部制度、总结表彰会制度、干部员工平等对话制度等。与工作制度、管理制度以及责任制度等一般制度相比，特殊制度更能够反映一个企业的管理特点和文化特色。有良好企业文化的企业，必然有多种多样的特殊制度；而企业文化贫乏的企业，则往往忽视特殊制度的建设。（3）企业风俗。这是指企业长期相沿、约定俗成的典礼、仪式、行为习惯、节日、活动等，如歌咏比赛、体育比赛、集体婚礼等。企业风俗与一般制度、特殊制度不同，它不表现为准确的文字条目形式，也不需要强制执行，完全依靠习惯、偏好维持。企业风俗由精神层主导，又反作用于精神层。企业风俗可以自然形成，又可以人为开发，一种活动、一种习俗一旦被全体员工共同接受并沿袭下来，就成为企业风俗的一种。

（三）物质层

物质层是企业文化的表层部分，它是企业创造的物质文化，是形成企业文化精神层和制度层的条件。物质层往往能折射出企业的经营思想、管理哲学、工作作风和审美意识。它主要包括下述几个方面：（1）企业名称、标识、标准字、标准色。这是企业物质文化最集中的外在体现。（2）企业外貌、自然环境、建筑风格。办公室或车间的设计及布置方式、绿化美化情况、污染的治理等是人们对企业的第一印象，无一不是对企业文化的反映。（3）产品的特色、式样、外观和包装。这可以具体反映企业的技术工艺、设备特性。（4）厂徽、厂旗、厂歌、厂服、厂花。这是对企业文化较为形象化的反映。（5）企业造型和纪念性建筑。这包括厂区雕塑、纪念碑、纪念墙、纪念林、英模塑像等。（6）企业纪念品。（7）企业的文化传播网络。这包括企业自办的报纸、刊物、有线广播、电视节目、计算机网络、宣传栏(宣传册)、广告牌、招贴画等。

综上所述，企业文化的三个层次是紧密联系的。物质层是企业文化的外在表现和载体，是制度层和精神层的物质基础。制度层约束和规范着物质层和精神层的建设，没有严格的规章制度，企业文化建设无从谈起。精神层是形成物质层和制度层的思想基础，是企业文化的核心和灵魂。企业文化需要适当的外在载体予以支撑，而其核心还是精神层面的内容。作家梁晓声指出，文化是根植于内心的修养，无须提醒的自觉，以约束为前提的自由，为别人着想的善良。IBM是以人为本的企业文化的典型。一个员工谈起在IBM的工作体验时说："我在IBM工作的感受就是，公司尊重个人，追求卓越，激发员工的潜能，达到高绩效。在这里，上下班不需要打卡，请假不会扣工资和奖金，没有人来问你工作了多少小时。但是，就在这样的企业文化下，我看到的是每个人都像一个被拧紧的弹簧一样，努力工作着，而不是利用这样松散的制度来这里混日子。拿我个人的工作来说，我在这里的实际付出要比公司规定我们每周40小时的工作要求多得多。在公司里，每个人都很成熟、主动、积极、进取，感觉精英都集中到了IBM。"

三、文化影响绩效

"人上一百，形形色色"，这句话主要讲人与人之间在性格、脾气、记忆力、能力等方面有很大的差异，这种差异主要由社会文化塑造而成。虽然国外有学者研究出生前心理学，但目前一般认为，人出生时是没有知识和能力的，只是一个生物人。社会化主要指社会文化将一个生物人塑造成一个社会人的过程。

孔子在《论语》中就提出了"性相近,习相远"的命题。即人的自然本性是相近似的,可是由于社会文化的影响不同,人的社会本性会有很大的差异。社会文化从何时开始影响人？一般认为,从人出生开始。其实,人的社会化从受精作用就开始了。在不同国家、不同地区出生的小孩,在同一地区具有不同经济条件、不同文化水平的家庭里出生的小孩,一出生便在哭叫、肢体活动等方面存在一些差异。排除遗传因素,孕妇的生活方式、文化修养、营养水平等也影响着胎儿的生长发育。中国或许自《大戴礼记》写成的时代就开始提倡胎教了。古人认为"子在腹中,随母听闻",所以孕妇要注意多方面的修养。蔡元培等人也强调胎教的重要性。

人出生之后,生活在风俗、习惯、信仰等不同的环境之中,这些环境在很大程度上制约着一个人可能具备的不同人格特质。在分析环境对人的影响程度的心理学流派中,行为主义心理学强调环境对人的发展起决定作用。这种见解走极端,太偏激。不过,行为主义重视环境和后天作用的思想还是具有积极意义的。例如,美国行为主义心理学代表人物约翰·华生的一段名言：

给我一打健康而没有缺陷的婴儿,并在我自己设定的特定环境中教育他们,那么,我愿意担保,随便挑选其中一个婴儿,我可以把他训练成为我所选定的任何一种专家：医师、律师、艺术家、商界首领乃至乞丐和盗贼,而不管他的才能、嗜好、趋向、能力、天资和他祖先的种族。

华生认为,环境可以决定人的发展方向与发展结果。他的观点已经引起了众多的争议。原复旦大学校长、著名心理学家郭任远比华生走得还要远,主张"取消本能、取消遗传",认为人的个性完全由后天习得。郭任远的观点主要来自他主持的实验：将一只猫和一只白鼠从小养在同一个笼子内,人工喂养长大,结果猫、鼠一直平安相处。虽然华生、郭任远等人的观点太偏激,但他们主张的后天条件对人的发展有重大影响的观点却是正确的。

生物人经过社会文化的影响后,变成具有不同人格特质的社会人。社会人之间的个性差异是很大的。人的心理特征不同,对同一信息的认知便会不同。

取得高绩效的公司一般都是重视企业文化建设的。松下幸之助获得成功的一个重要原因在于,他十分重视对员工进行价值观的训练和优化。松下幸之助规定,企业的原则是"认识企业家的责任,鼓励进步,促进全社会的福利,致力于世界文化的进一步发展"。他给员工立下的信条是："进步和发展只能通过公司每个人的共同努力和合作才能实现。"松下"价值观"被尊奉为"十精神",即产业报国精神、实事求是精神、改革发展精神、友好合作精神、光明正大精神、团结一致精神、奋发向上精神、礼貌谦让精神、自觉守纪精神和服务奉献精神。每天上午八时,松下遍布日本的全体员工会背诵松下幸之助的价值观,放声高唱公司之歌。在解释精神价值观时,松下幸之助有一句名言:"如果你犯了一个诚实的错误,公司是会饶恕你的。然而,如果你背离公司的原则,就会受到严厉的批评,直至解雇。"可见,精神价值观在松下有着至高无上的地位。松下幸之助正是通过这种精神价值观的训练,实现了对员工内在状态的控制,从而使员工拥有源源不断的工作热情与干劲。松下幸之助曾说:"要成为一位有名的企业家,必须去看别人看不到的东西,去听别人听不到的声音。"有一天深夜,他打电话到一位干部家中,这位干部以为老板有什么重要的工作安排。没想到,松下幸之助竟说:"我突然很想听听你的声音。"在讲究辈分伦理的日本企业,下属突然听见老板这样说,受宠若惊的程度可想而知。老板以如此真诚、直接的方式表达对下属的关怀,任何下属接到这样的电话都会觉得备受重视,愿意全力为公司努力。

企业文化把个人目标同化为企业目标,把建立共享的价值观当成管理上的首要任务,从而坚持对员工的理想追求进行引导。企业文化的这种同化作用使企业不再是一个因相互利用而聚集起来的群体,而是一个由具有共同价值观念、精神状态、理想追求的人凝聚起来的组织。企业文化中的共有价值观念,一旦发育、成长到习俗化的程度,就会像其他文化形式一样产生强制性的规范作用。进入一个共有价值观已经习俗化的企业的人,就非得认同那种价值观不可。企业文化的强制性规范作用大大加强了一个企业的内部凝聚力。群体凝聚力与生产效率的关系取决于群体目标与组织目标的关系:如果一致,高群体凝聚力固然会使生产效率极大提高,即使群体凝聚力低,也能提高生产效率;如果不一致,高群体凝聚力反而会使生产效率下降,低群体凝聚力则不会对生产效率产生明显的影响。在中国的央企里,招商局集团2017年的营业收入为5962亿元,比上年增长18%;利润总额为1271亿元,比上年增长14.3%,排名央企第二。招商局在国务院国资委的考核中,连续14年荣获央企负责人经营考核A级企业。招商局创立于1872年,在近一个半世纪的经营发展历程中,不仅开创了中国近现代工商业,更重要的是能持续焕发新的活力。作为洋务派创办的第一家官督商办企业,它被寄予厚望,整个发展历史中都被赋予民族振兴、国家富强的理念和精神。在跨越三个世纪的发展历程中,招商局始终积极回应、参与时代赋予的使命,始终保持与中国走向现代化和中华民族实现伟大复兴之路同向同行。招商局优秀的文化基因是公司持续健康发展的根源。招商局始终以"与祖国共命运、同时代共发展"为核心价值观,以"商业成功推动时代进步"为使命,企业文化与历代掌门人的国有企业家精神相互促进和影响,传承和发扬了"崇商、创新、均衡、共赢"的发展理念,形成了企业发展的原动力。招商局优秀的文化基因从经营理念到战略、治理与管理等方面全方位塑造了发展之基,从根本上驱动招商局持续发展,不断取得高绩效。

第二节　东西方管理文化的差异

一些跨国公司的管理人员已经明显地发现,不同文化背景下的管理工作有很大的差异,如果不能认识到这些差异并尽快适应本土文化,管理工作的困难就会越来越多、越来越大。跨国公司的管理者可能在以下一些方面遇到麻烦:语言交流障碍,对于同一个词语、同一句话可能会有不同的理解;情感表达与交流障碍,不同文化背景下生长的人表达喜怒哀乐等情感时有差异;人治与严格按规则办事之间的矛盾;守时、重信誉与没有时间观念、不讲信用之间的矛盾;节约观念与浪费习惯之间的矛盾;科学决策与随意拍板之间的矛盾;注重效率与工作懒散、随便之间的矛盾;对产品质量严格把关与没有质量意识之间的矛盾;收入分配上按贡献分配与按资历分配之间的矛盾;等等。种种问题令跨国公司的管理者烦恼、头疼。管理工作中的种种矛盾、麻烦、冲撞,究其原因,除了政治制度、经济制度有所不同外,许多问题是由文化差异引起的。

一、文化差异的普遍性

上海被称为"东方巴黎",西安被称为"东方罗马";上海交通大学被称为"东方的麻省理工学院",浙江大学被称为"东方的剑桥大学"。人们已经习惯将东方和西方的建筑、历史、生活方式、文化进行对比。东方管理学一直受到东方思维模式的影响。如果你到意大利、德国、法国、美国的城市和乡村生活一段时间,会明显感觉到它们和中国、印度、韩国、日本有许多不同的地方。

在中国的一些合资企业中,不同国家的管理人员之间存在一些矛盾,有的管理者没有认识到矛盾的产生主要是由管理者的文化背景引起的,而将其看成是管理者人为造成的,从而使合作各方感到不愉快。如果大家意识到许多矛盾是由文化差异引起的,从而主动沟通、交流,会避免、减少许多不愉快。合资企业管理人员可能会在管理观念、管理风格、价值观念、人际交往方式、团体精神、工作与娱乐、质量意识与企业形象等方面有不同的理解。例如,某些大型合资企业中的中方高级管理人员的职务是上级任命的,其管理经验主要是在计划经济体制支配下的企业中积累的。因此,原来国有企业的管理观念、管理方式也就自觉或不自觉地影响着现在的决策、计划、领导等工作。例如,重视生产而忽视营销;习惯按上级指示或文件办事,喜欢设置多名副职;喜欢员工对自己恭维、奉承;认为工作中出一点问题是很自然的,重视事后纠正、弥补;考核员工、发放工资时,注重员工与自己的关系;习惯对上负责;等等。西方企业派来的高级管理人员重视生产,更重视营销,包括市场调查等工作,往往根据市场需要安排生产;管理上注重规范化、制度化;责任明确,不设或少设副职;重视产品的质量;注意预防事故的发生;考核员工时,注重员工本人的能力及绩效;等等。

东西方文化的产生方式不同。拉丁文"cultura"有"与自然斗争、改造自然"的意思。东方文化主要产生于人们与自然友好相处过程中的经验,用中国古人的话来说就是"仰观天文,俯察地理,中傍人事"。

二、文化差异的内容

笔者在 2000 年出版的《东方管理学》[①]中,对国内外众多专家、学者、企业家对东西方文化差异的研究成果进行了整理,列出东西方管理文化之间的 109 处差异。如前文所述,我们认识企业文化,可以从表层、中层和深层三个层次进行。表层文化是形象文化,如厂容、厂貌、厂旗、厂标、厂服、厂歌,产品包装、产品造型,员工言谈举止、行为习惯、办事效率等。中层文化主要体现在制约员工的规章制度、道德规范等方面,如各种章程、规则、标准、制度、办法等。深层文化是全体成员共同具有的理想、信念、价值观。我们比较东西方文化的差异,也从表层文化、制度文化和精神文化等多个层次进行。本书在对这些文化差异的对比中,主要以中国代表东方,以美国代表西方。2000年以来,信息化迅猛发展,东西方信息分享增多,相互之间的贸易往来增多,科技、文化的交流也增多。但是,东西方文化特征总体上的差异还是明显的。例如,在市场经济的冲击下,中国一些商人唯利是图,丢失了"仁义礼智信"等美德;原来主张天人合一、自然和谐,现在掠夺性开发,破坏、污染环境。又如,信息技术、网络经济原来是西方比较发达,现在中国的网络购物、非现金支付之发展反而超过欧美一些国家了。本书在原来的109 处差异的基础上进行了一些修改,增补为 121 处,见表 1-1。

表 1-1 东西文化差异

文化表现	序号	东方文化	西方文化
心理特征	1	思维注重综合	思维注重分析
	2	形象思维	抽象思维
	3	喜用归纳法	喜用演绎法
	4	注重经验	注重事实
	5	内向	外向
	6	阴性	阳性
	7	女性	男性
	8	静观自身	动察外物
	9	内向实践	外向实践
	10	静	动
	11	非理性	理性
	12	直觉顿悟	逻辑分析
	13	含蓄	坦率
	14	爱报喜	爱报忧
	15	冷静	热情
	16	个性约束	个性解放
	17	内心承受忧愁	向外宣泄忧愁
	18	依附人格	独立人格

---

① 颜世富.东方管理学[M].中国国际广播出版社,2000.

（续表）

文化表现	序号	东方文化	西方文化
社会风气信仰	19	知足常乐	永不满足
	20	温和拘束	勇猛好斗
	21	靠父母	靠自己
	22	继承	创新
	23	依赖	独立
	24	消极	积极
	25	和平	好战
	26	自然	人为
	27	苟安	突进
	28	中庸	极端
	29	自我克制	自我表现
	30	保守	进步
	31	委天数	恃人力
	32	忽略个体	尊重个人隐私
	33	浑实朴拙	精巧细致
	34	注重今生	注重来世
	35	利他	利己
	36	人和	人离
	37	宿命论	自我奋斗
	38	类似和尚	类似骑士
	39	自然支配人间	人间征服自然
	40	精神的	物质的
	41	艺术的	科学的
	42	向天	立地
	43	破镜重圆	不和则散
	44	等级观念强	平等
	45	尊主	隆民
	46	重名	重利
	47	重权	重钱
	48	崇拜皇帝	崇拜上帝
	49	忍让	竞争
	50	重德行	重实力
	51	强调保持一致	强调独立创新
	52	宽	严
	53	重节俭	重开源
	54	被动防守	主动进攻
	55	多忌讳	众讥评
	56	追淳朴	求欢愉
	57	节俭	享乐
	58	感情型关系	工具型关系

(续表)

文化表现	序号	东方文化	西方文化
社会风气信仰	59	人际关系长久	人际关系短暂
	60	想好了才说	直言快语
	61	公共空间	私人空间
	62	工作与娱乐结合	工作与娱乐分开
	63	动物地位低下	动物是人类的朋友
	64	利用环境	保护环境
	65	农民收入较低	农民和其他职业平等
	66	拘泥于形式	不拘礼节
	67	重人	重物
	68	重人文化的宗教	重神化的宗教
外在形式	69	以圆(○)为标志	以十字架(＋)为标志
	70	水	火
	71	中医	西医
	72	中山服	西服
	73	雕塑穿着衣服	裸体雕塑
	74	城市建筑基本上类似	城市建筑风采各异
	75	农耕文化	机械文化
	76	天人合一	天人相分
	77	公众场合大声喧哗	公众场合声音轻微
	78	神色紧张	神态悠闲
	79	大食堂	小餐馆
	80	太极图	正方形
	81	围墙多	公开透明
管理文化	82	性善论	性恶论
	83	重谋略权术	管理透明度高
	84	以政治为中心	以经济为中心
	85	集权	民主
	86	控制舆论	言论自由
	87	对上负责	对下负责
	88	管理者由上级任命	管理者由下面推举
	89	尊官	重民
	90	集权主义传统	民主传统
	91	集体负责	个人负责
	92	集体主义	个人主义
	93	重农	重商
	94	以和为贵	直面冲突
	95	信用意识薄弱	讲信用守合同
	96	注重关系	注重法律
	97	人治	法治
	98	重义	重利

(续表)

文化表现	序号	东方文化	西方文化
管理文化	99	任人唯亲	任人唯贤
	100	以孝治天下	以公治天下
	101	尚礼节	乐简易
	102	道德约束	法律约束
	103	调解	打官司
	104	考评照顾人情面子	考评看重能力、实绩
	105	谈判冗长	谈判简短
	106	通盘考虑问题	逐一解决问题
	107	上有政策，下有对策	按规则办事
	108	极少公司名称是个人姓名	公司用企业家姓名命名
	109	企业家低调	重视企业家品牌
	110	重视生产管理	重视市场营销
	111	适应环境	改变环境
	112	重宣传	重实干
	113	重社会效益	重经济效益
	114	软性管理	硬性管理
	115	模糊混沌	精确具体
	116	网络消费	商店购物
	117	平均主义	按贡献分配
	118	常规生产制造	高科技
	119	统计数据往往有水分	统计数据较客观真实
	120	现实	超越
	121	重过程	重结果

三、包容文化差异

表 1-1 罗列的 121 处差异，有些很明显，有些只是相对的。有些差异无好坏优劣之分，不同的特征都有自己一定的优势，很难找到一个客观衡量的标准。西方文化主要来源于"两希文明"——古希腊文明和希伯来文明。古希腊文明以理性思辨为基础，诞生了亚里士多德、苏格拉底、柏拉图、欧几里得等著名思想家，并由理性思辨衍生出西方现代文明——科学与民主；而希伯来文明来源于古犹太民族，发展为以神圣上帝（耶稣）信仰为根基的宗教文化，即基督教、天主教文化，成为西方人文生活中的重要组成部分。

在进行合作时，注意文化背景的差异很重要。我们在引进西方的管理制度时，也要注意制度、方法的文化支撑。例如，股份制要求有健全的法制观念，讲求信誉等文化理念。然而，许多公司，包括上市公司，缺乏法制观念，虚构利润，营私舞弊，欺骗监管机构和股民。一些企业出现的问题反映出我们在引进制度文化时，并没有引进或培养相应的精神文化，所以问题不断，有的问题还很严重。

有人对东西方文化有差异、东西方管理文化有差异的观点持异议，认为在信息社会时代，世界已经是地球村了，全球经济已经一体化了，"东"与"西"没有什么差别了。笔者认为这种看法是错误的，因为差别是客观存在的，不要说东方与西方有差别，就是一国之内，地方不同，文化也有差别。例如，北京与上海有差别，江苏与浙江有差别，京都与东京有差别。就是上海地区，也有"上只角"与"下只角"之说，即不同区域的居民也存在文化方面的差异。东西方管理文化之间的差别虽是客观存在的，但这种差别又是具有相对意义的，因为东方、西方各自的地域太大。有些坏习惯、不良风俗等文化特征对于管理工作有一定的负面影响，对经济、社会、环境的发展不利，我们应该毫不犹豫地抵制，强制性地要求改变。对于一般的文化区别，在有些方面，即使我们自己不熟悉、不欣赏、不喜欢，但是不会破坏管理工作，我们应该持开放、开明、坦荡的态度，包容不同的文化，逐渐熟悉、理解它们。

第三节 东方管理文化特征

东方文化体系包括黄河流域孕育出的中国文化体系、印度河和恒河孕育出的印度文化体系以及两河流域孕育出的属于闪族的阿拉伯文化体系。东方文化体系受到佛教、儒教、伊斯兰教、道教的广泛影响。东方国家中的宗教，既有冲撞、斗争的时候，又有相互取长补短、和平共处的一面。道家有"红花白藕青荷叶，三教原来是一家"的妙语。佛家曾有人立下这样的遗嘱：死后入殓时，须左手执《孝经》《道德经》，右手执《法华经》。可见，在东方文化体系之中，组成部分虽有一定的差异，但也存在一些趋同的因子。以中国传统文化为主的东方文化具有以下一些共同因子：

一、直觉顿悟，天人合一

东方文化是东方背景下的产物。日本人富田道夫笔下的东方背景是：居处于湿林的农耕民族，善于冥想与思索，认为世界是无限的，世界在无始无终地循环着。在这无限之中，个人是有限的，变化运动是无穷无尽的，顺乎自然的东西就是美德。因此，东方文化主张顺应自然，爱好自然；在伦理道德上，以公益为优，克己而无公害，提倡理智、聪明地生活，发掘精神等方面的教养。在东方背景下，仰观天文，俯察地理，中傍人事，是合乎逻辑的行为。

印度佛教、中国禅宗都重视直觉思维的重要性。《迦塔奥义书》在解释"梵"时说："它是不能用言语、不能用思想、不能用视觉来认识的。"中国禅宗中记载了许多顿悟的故事。中国古人思考问题时，习惯将自然、社会、个人联系在一起予以把握。印度佛教哲学具有人生观、宇宙观、认识论和伦理学四者密切结合、高度统一、浑然一体的特色。直觉、顿悟、灵感是东方思维的重要特征。

东方文化具有直觉、洞察的特点，与西方近代科学以分析归纳为主导方法有着不同的思维特点。尽管古代东方很少直接使用"灵感"一词,但论述较多,而且有专篇专论。我们以自然科学中的中医诊治和艺术中的文学创作为例,追溯灵感思维在我国的发展背景。中国古代医家对灵感的心理状态以专章进行过论述。《黄帝内经·素问·八正神明论》就是讲述中医诊病,研究望、闻、问、切的直觉诊察的代表作。中医至今仍是世界上独树一帜的医学科学。美国学者维舍申在《灵智医学和治病》一书中就指出,中医"四诊"的思维特点是"灵感诊断"。"灵感"在中医学中以"神明"的面目出现。"神明"处于中医"精气神"学说的"金字塔"顶端,因为精(基础物质态)与气(物质功能态)的综合表现为"神"。"神"有五个层次:第一层次指天地之间的正常状态和天地宇宙、自然气候有规律的运动;第二层次指动物生命存在的标志;第三层次指人生命活动的外在表现和身心正常的表现;第四层次指精神状态、心理活动的概括,即精神思维活动,如《黄帝内经·灵枢·本神》名之"神";第五层次即"神明",指灵感闪烁的形象,具有创造性思维的新形象、新概念、新方法突然产生。"神明"为此"神"之正义,其范畴依次递减,后一层次都只是前一层次的部分内容,却是重要且精粹的那一部分。灵感,即神明居于"金字塔"顶。《黄帝内经·素问·八正神明论》以"神明"命题,讨论灵感:"何谓形?何谓神?愿卒闻之。岐伯曰:请言形,形乎形,目冥冥,问其所病,索之于经,慧然在前,按之不得,不知其情,故曰形。帝曰:何谓神?岐伯曰:请言神。神乎神,耳不闻,目明心开而志先,慧然独悟,口弗能言,俱视独见,适若昏,昭然独明,若风吹云,故曰神。"以现代思维分析它的内容,可分为如下几点:一是灵感产生的"三性":(1) 突发的机遇性,"疾于发蒙";(2) 高度的专注性,"无目视""耳不闻";(3) 惊异的体验性,"口弗能言"。二是灵感过程的"三步":从"目明"到"心开",再到"志先"。三是灵感境界的"三独",即独见、独明、独悟。四是灵感的"三喻":(1)"风吹云",云开日出之况;(2)"醉之醒",醉酒初醒之态;(3)"夜瞑"转"日醒"的清晰状。此论述较为深刻和全面,足可称为"神明灵感"专论。

  关于文学艺术创造及灵感思维,诸子百家都有不同涉及。如《易传·系辞下》说:"精义入神,以致用也。"庄子的论述对灵感状态的描述很细致,如《庄子》中的"精神四达并流,无所不及",包括焕发的散发性想象;"神明至精""用心不分,乃凝于神",灵感激发专注之态,这些灼热的创造感受对后世影响很大。据李善《文选》注,晋代陆机在《文赋》中,引用庄子的话来谈艺术构思和想象的有 11 处之多,如"收视反听,耽思傍讯""精骛八极,心游万仞""方天机之骏利,夫何纷而不理"皆可在《庄子》中找到出处。陆机在文艺创造中强调"兴"(即灵感),"来不可遏,去不可止","兴"来了,"思风发于胸臆,言泉流于唇齿";而当"兴"去时,文思就像一株"枯木",一道"涸流"。继承文艺中的灵感创造理论并将其推向一定高度的学者是南朝梁代的刘勰,他所著的《文心雕龙》第一章中就有"神思"篇,可以视为讨论文艺创作主体活动中命题的创造性思维、灵感状态的专篇。此篇讲到创造性思维想象,论及时间的"千载"、空间的"万里",有极大的扩散、聚合之力,创造之思超越时空,创造心理是清楚、明晰、舒展的。

"天人合一"指宇宙、自然是大天地，人身是一个小天地，人和自然是一个有机的系统，"人法地，地法天，天法道，道法自然"。《道德经》《周易》《黄帝内经》等著作中有着丰富的"天人合一"思想。董仲舒后来把"天人合一"思想发展为"天人相应"。《周易》等著作认为，世界是一个整体，一个系统。《易传·系辞下》认为："易之为书也，广大悉备，有天道焉，有人道焉，有地道焉，兼三才而两之，故六。六者，非它也，三才之道也。"六十四卦中，每卦六爻是天、地、人三才的统一体，其中下二爻为地道，上二爻为天道，中二爻为人道。"三才"思想即"天人合一"思想，而"天人合一"思想又是中国文化的重要观念，它渗透到文化的各个层面，如中医要求医生知道天文、地理和人事。《周易》强调，位、时、应、中也是整体观念，是"天人合一"思想的体现。（1）位，指空间变化。六十四卦中，每一卦分阳位、阴位，从下往上又分下位、二位、三位、四位、五位、上位。如阳爻处阳位，为"得正"，主吉；反之，则不得位，多主凶。也就是说，事物发展有空间基础，如具备这个基础则往往成功；反之，则往往失败。（2）中，指中位、中道。六十四卦中，二、五两位为中位，不管阴爻还是阳爻居中位，皆吉。然如阳爻居五位，阴爻居二位，则既得正，又得中，为大吉。（3）应，指阴阳对应、呼应。六十四卦中，一与四、二与五、三与六爻相应。凡阳爻与阴爻、阴爻与阳爻相应，称为"有应"；阳爻与阳爻、阴爻与阴爻相应，称为"无应"。一般情况下，有应为吉，无应为凶。（4）时，指时位、时机。六十四卦表示六十四"时"，每卦六爻的变化情状均体现事物在特定"时"中的变化、发展规律和卦义的特定背景。

《黄帝内经》认为，"天人合一""天人相应"。"天人相应"即将人与天地相比照，将自然现象、生理、心理统一于共同的物质基础。"善言天者，必应于人。"（《黄帝内经·素问·气交变大论》）"天覆地载，万物悉备，莫贵于人，人以天地之气生，四时之法成。"（《黄帝内经·素问·宝命全形论》）身心活动也依赖天地的自然物质基础："天食人以五气，地食人以五味，五气入鼻，藏于心肺，上使五色修明，音声能彰。五味入口，藏于肠胃，味有所藏，以养五气，气和而生，津液相成，神乃自生。"（《黄帝内经·素问·六节藏象论》）"太虚寥廓，肇基化元，万物资始，五运终天，布气真灵，揔统坤元，九星悬朗，七曜周旋，曰阴曰阳，曰刚曰柔，幽显既位，寒暑弛张，生生化化，品物咸章。"（《黄帝内经·素问·天元纪大论》）在这幅宏伟壮观的"画卷"中，宇宙、太空、银河、地球、万物、生命被描述为一个有严格系统关系和统一规律而生化不息的有机整体。宇宙万物皆"生化之宇"（《黄帝内经·素问·六微旨大论》），"天地之大纪，人神之通应也"（《黄帝内经·素问·至真要大论》）。人与宇宙同源，是自然演变过程中的一个全息照片。人的生命活动与自然规律相应。"人以天地之气生，四时之法成。"（《黄帝内经·素问·宝命全形论》）"天有五行御五位，以生寒暑燥湿风；人有五脏化五气，以生喜怒悲思恐。"（《黄帝内经·素问·天元纪大论》）人是天地气交阴阳四时五行相感应的产物，是自然、社会与形神合一的统一体。因此，养生和治病必须"法则天地"（《黄帝内经·素问·上古天真》），"则天地为之父母"（《黄帝内经·素问·阴阳应象》）。这启示人们：

按照自然规律行事,就可以使自己得到自然界像父母对待儿女一样的养育与爱护。所以,《黄帝内经》强调:"无道行私,必得天殃,谨奉天道,请言真要!"它告诫人们,各种活动必须严格遵守自然客观规律,如果肆意违反,一定会受到自然界的惩罚,危害人的生命和健康。

天地运动变化的基本规律能影响人体的各种生理活动和心理活动,这种"人与天地相参,与日月相应"的"天人相应"观点是建立在"阴阳五行"学说基础上的。人体与自然界是密不可分的,四季气候与人的脏腑功能及气血运行关系密切。这种机体自身的整体性和内环境的统一性要求医生对待疾病要因时、因地、因人制宜,成为中医治疗学的重要原则,对于我们从事管理工作也具有重要的启发意义。

二、中庸合和,关系面子

《中庸》原是《小戴礼记》中的一篇,相传为子思(孔子后裔)所作。北宋程颢、程颐极力推崇《中庸》。南宋朱熹又作《中庸集注》,并把《中庸》和《大学》《论语》《孟子》并列称为"四书"。《中庸》是阐述儒家"中庸之道"的代表作,并作为人性修养与教育的理论著作。中庸之道的核心是中庸与中道。通俗来讲,中庸就是待人接物要把握好尺度,拿捏好分寸,不走极端,留有余地,反对太过与不及,"执其两端,用其中于民"。中庸要达到的境界就是"和"。《中庸》曰:"喜怒哀乐之未发谓之中,发而皆中节谓之和。中也者,天下之大本也;和也者,天下之达道也。致中和,天地位焉,万物育焉。"《论语·学而》中说:"礼之用,和为贵。""和而不同""求同存异""互利共赢"就是中庸思想的现代体现。

孔子在《论语·学而》中说:"礼之用,和为贵。先王之道,斯为美。"他注意到和谐的方法论作用。儒家文化反对片面性和走极端。在处理人际关系上,儒家强调和谐是国家人伦关系的五个"达道",即君臣、父子、夫妇、兄弟、朋友这五种最根本的人伦关系。《礼记·中庸》里讲道:"中也者,天下之大本也;和也者,天下之达道也。"应用到企业管理上,"和为贵"的"中庸"思维方法可以系统地协调企业中员工与员工、管理者与员工、企业与环境的关系,全面搞好企业内外的人际关系管理。

中华和合文化源远流长,"和""合"二字最早在甲骨文和金文中出现。"和"的初义指声音相应和谐,"合"的本意指上下唇的合拢。殷周时期,"和""合"为单一概念,没有联用。《周易》中,"和"字共出现两次,取"和谐、和善"意,而"合"字未见。《尚书》中的"和"指社会、人际关系冲突的处理,"合"指相合、符合。春秋时期,二字并举,构成和合范畴。《国语·郑语》有云:"商契能和合五教,以保于百姓者也。"韦昭注:"五教,父义、母慈、兄友、弟恭、子孝也。"意思是说,商契能把五教加以和合,使百姓安身立命。《国语·郑语》还记述了史伯关于"和""同"的论述:"夫和实生物,同则不继。……若以同裨同,尽乃弃矣。"即阴阳和而万物生,东西完全相同则无所生。"和合"包含不同事物的差异,是矛盾多样性的统一,如此才能生成宇宙万物。孔子把"和"作为人文精神的核心,强调"礼之用,和为贵";在处理人际关系上,提出"君子和而不同,小人同而不和"(《论语·子路》)的命题,承认差异,又和合不同事物,通过协商、对话、讨论、谈判,达到统一、和谐。道家创始人老子提出"万物负阴而抱阳,冲气以为和"(《道德经》第四十二章)的思想,认为"和"是宇宙万物的本质以及天地万物生存的基础。《管子》将和合并举,提出"畜之以道,则民和;养之以德,则民合。和合故能谐,谐故能辑"(《管子集校·兵法》)。墨子提出和合是处理人与社会关系的根本原理,认为"离散不能相和合"(《墨子间诂》卷三)。《周易》提出"太和"观念,讲"保合太和,乃利贞",把"和"作为人道追求的最高目标,一旦达到"太和"境界,一切自然和社会人事都将顺畅安宁。

和合的"和",指和谐、和平、祥和,"合"指结合、融合、合作。和合是指自然、社会、人际、心灵、文明中诸多有形、无形事物相互冲突、融合,与在冲突、融合的动态过程中各有形、无形事物和合为新结构方式、新事物、新生命的总和。中华和合文化包含两个基本要素:一是客观地承认不同,如阴阳、天人、男女、父子、上下等,相互不同;二是把不同的事物有机地合为一体,如阴阳和合、天人合一、五教和合、五行和合等。中国古代先哲们通过对自然、社会、人际、心灵、文明的观测,发现天地间一切现象都蕴含着和合,一切思维都浸润着和合。

"修身、齐家、治国、平天下"是中华和合管理文化的精义所在,把管理主体个人的身心健康、事业运作管理和"以天下为己任"的责任心及其管理决策的全局观念三者相整合,构成一个完整的中华和合管理文化思想结构。这一管理文化思想结构具有以下内涵:一是融突而和合。即以人的管理为核心,追求人与自然、人与社会、人与人的冲突融合,从而达到整体的和谐、协调,以使企业生生不息。二是整体与个体的相依相存。整体与个体是天地间一切事物关系存在的一种形态,任何关系都有分有合,犹如管理组织系统之合的整体性和分的子系统的个体性。分是为了合的整体管理系统,合是为了分的责任和实现目标的合力。三是无为与无不为的互补互济。"为无为,则无不治"(《道德经》第三章),"为"是目标,"无为"是实现目标的原则或达到目标的工具和手段,"无不治"是实现管理的效应。四是日新而生生。任何管理组织系统只有日新、日日新,才能成"大业"。社会管理组织、企业管理组织的兴衰取决于日新。

清华大学罗家德教授指出,理解网络化的信息社会靠四个关键概念:关系、圈子、自组织与复杂系统。人作为社会成员,组成了家庭与群体并从事各种实践活动,与社会有着千丝万缕的联系,要参与多种圈子。这就是人的社会属性。《黄帝内经》指出,包括社会环境、文化习俗、风土人情、人际关系以及个人的性别、年龄、社会地位、生活经历、现实处境、文化程度、道德修养、身体素质、好恶嗜欲、性格特征、心理状态等在内的"人事",都同个人的健康和疾病密切相关,医生对此必须有全面详细的了解。因此,《黄帝内经》一再提示:"从容人事"(《黄帝内经·素问·疏五过论》),因人施治。为了维护人的健康,《黄帝内经·素问·上古天真论》中曾反复劝告:人们的思维、行为、生活方式必须与社会相和谐,以"适嗜欲于世俗之间"。此外,它还提醒人们注意两点:一是在各项活动中，外在表现和光同尘、随遇而安，应"行不欲离于世"；内心世界超凡脱俗、独立自主，要"举不欲观于俗"。二是实现自己"志愿"的方法，既要"法天"象乾，刚健能动，自强不息，完善自我；又能"则地"象坤，柔虚守静，安顺养蓄，以待时机。《黄帝内经》还生动地描述了一个具有优良高尚的性格心理、道德情操、言行举止、仪表态度的"阴阳平和"（《黄帝内经·灵枢·通天》）和"土形"（《黄帝内经·灵枢·阴阳二十五人》）之人的形象，作为世人的表率。人在社会生活中，既要顺应环境，又应"去故就新"（《史记·律书》），"进德修业，勿因循自弃，去其旧习之陋，进其日新之功，新而又新"（张景岳），在新时代做一个身心健康的人。

三、活在当下，谋略权变

佛教倡导活在当下，少为过去、将来的事情烦恼；儒家要求人们珍惜眼下时光，积极有为；道家贪恋现世，渴望长生不老，修道成仙。《道德经》是谋略管理的理论基础。"道家者流，盖出于史官，历记成败、存亡、古今之道，然后知秉要执本，清虚以自守，卑弱以自持，此君人南面之术也。合于尧之克让，易之嗛嗛，一谦而四益，此其所长也。及放者为之，则欲绝去礼学，兼弃仁义，曰独任清虚可以为治。"（《汉书·艺文志》）所谓"嗛嗛"，其本义出自《周易·谦卦》，该卦的象辞称："天道亏盈而益谦，地道变盈而流谦，鬼神害盈而福谦。"《汉书·艺文志》追本溯源，从该卦发掘道教的思想旨趣，进而对道家的政治文化特质进行概括，认为它是"君人南面之术"，以柔弱胜刚强，故能以"谦"而获得四种益处。中国传统文化重视当下和现在，谋略、权变在生活和工作中很常见。

"谋略"在《现代汉语词典》（第7版）中的解释为"计谋策略"。在这里，"计"就是"计划、规划"的含义，"谋"就是"谋划、思考和运筹"的意思，"策"是"对策、策划"的意思，而"略"则是"战略、策略"的意思。在古代，醒醐子的弟子曾经问到什么是谋略，醒醐子回答：谋略指对事物高瞻远瞩、曲折迂回的认识，以及为了达到认识的目标所采用的间接的、神奇的、不合规律的、令人惊异的手段。具体地说，它是隐藏不露的政治计谋、运筹帷幄的军事战略战术、事半功倍的做事方法、风云变幻的人生策略。醒醐子的解释基本符合人们通常的理解，但他显然更看重"谋略"的神奇效用。我们可以把"谋略"定义为战略意图、适应战略、领导艺术、决策谋略、权力谋略和计谋策略的综合。

中国人不但善于著书立说来阐述"谋略"，中国人的生活在某些论述中亦被指称为"谋略化"，或阴或阳、或柔或刚、或开或闭、或弛或张、或进或退、或入世或出世，持中和，处柔顺，善变通，精辩证。中国一直有"兵不厌诈"之说。与西方的管理相比，在中国的管理工作中，更加强调谋略的运用。在有的人看来，中国人不以道德而以谋略著称于世，《道德经》《孙子》《鬼谷子》等谋略名著早已盛传于海内外。直到18世纪，世界各国有关谋略的书籍之和还不如中国的多。在中国这些浩如烟海的历史著作中，蕴含着极其丰富的政治、军事、用人和人生谋略思想。诸子百家也以谋略闻名于世。这些谋略大到治国、平天下，小到用人、修身养性和避难，为历代官僚士子所揣摩、发挥和运用。一些中国人深藏不露，不会将心思轻易表现在外。"喜怒不形于色"成为一句称赞别人的话，想在竞争激烈的社会中生存，就得尽量隐瞒自己的真实想法，同时想尽办法去探知、揣摩别人的心理。因此，有人说谋略是中国文化的主轴，中国堪称"谋略之国"。

虽然几千年来中国不乏运用谋略的各路高手，也不乏一些反面例子，但"谋略"本身却是一个中性词，本义是：为了实现某一目标而制订常规的战略和计划方案，以及打破常规、出奇制胜的一些招数，以便取得较好的结果。鬼谷子所说的"纵横捭阖"，就是审时度势，以权变的原理获得领导的主动权；"揣情摩意"，就是揣摩人们的心理状态，了解下属的迫切需要，对症下药地使领导意图以暗示寓意的方式浸入对方的内心，让对方能够心领神会；"阴智制人"，即不以公开的法则或规章制度明白无遮地控制、指挥他人，运用自己的智慧，以私下的情意感动对方，以"社会软件""潜规则"获取对方的认同。

《鬼谷子·捭阖篇》载："捭之者，开也，言也，阳也；阖之者，闭也，默也，阴也。"鬼谷子说的"阖""阴"，不是贬义词"阴谋"，而是对一种决策谋略的审时度势。"诸言法阴之类者，皆曰'终'，言恶以终其谋"，"可与不可，审明其计谋，以原其同异"，告诫人们，在贯彻计划、实施谋略时，不仅要看字面上公开的法则，更要仔细观察、探究字面背后可能产生的结果。不管策略计划得多么完美，若结果不好，就要及时终止它的推行实施。这样，通过实践来探究策略可行与不可行的原因，确定是否让下属继续执行策略。"离合有守，先从其志"，即是否信守策略，要看是否符合大方向。要使执行获得成功，一要了解情况，"捭之者，料其情也"；二要与下属结同心，"阖之者，结其诚也"。在执行策略的过程中，还要始终察实情，"其权衡轻重，乃为之度数"，即权衡轻重，随时调整计划。鬼谷子说"捭阖者，天地之道也"，即筹划计谋，贯彻计划，一切要依据实际情况或依据字面的公开法则，或作私下的沟通交流，这样才能使下属与你同心共谋、荣辱与共，忠诚地执行你提出的策略。这就是阴阳结合、一张一弛、有法有情的计谋策略推行的最大法则。"故相益则亲，相损则疏，其数行也。此所以察同异之分，其类一也。"有共同的利益，互相亲近，就有利于谋略的执行；反之，互相疏远，再好的谋略也不会真正被人执行。"凡谋有道，必得其所因，以求其情。审得其情，乃立三仪。三仪者，曰上、曰中、曰下。参以立焉，以生奇。"以这样的思路制订出来的计划必定会出奇制胜。

鬼谷子还提出，要以大的战略思路定位具体详细的实施计划与执行策略，一切要依据客观环境的变化，顺应人们在客观环境中的思想变化规律，即"故变生于事，事生谋，谋生计，计生议，议生说，说生进，进生退，退生制，因以制于事，故百事一道，而百度一数也"（《鬼谷子·谋篇》）。这样，在让对方执行谋略时，必然会从对方的心理状态出发。在此过程中，"计谋之用，公不如私，私不如结，结而无隙者也。正不如奇，奇流而不止者也"。公开指挥控制对方来执行，不如私下沟通劝说，而私下沟通劝说又不如结成团队甚至私党，同生共死来得更为有效；一味以正式的法规制度控制监督别人执行，不如充分揣摩对方的心理状态,打破常规,以没有限制的、不断发展的思路出奇制胜来得更为有效。

关于对下属的选聘培养,《鬼谷子·谋篇》中写道:"夫仁人轻货,不可诱以利,可使出费;勇士轻难,不可惧以患,可使据危;智者达于数,明于理,不可欺以诚,可示以道理,可使立功;是三才也。"即对于各种不同的人才,要在选聘时采取不同的激励方式才能够使他们衷心地执行你的策略。"故愚者易蔽也,不肖者易惧也,贪者易诱也,是因事而裁之。"即针对所聘用的人的弱点,根据具体的事项来牵制他们,目的是对他们的培养给予足够的重视。

四、厚德载物,上善若水

《周易·坤卦》提倡忍辱负重、厚德载物,"地势坤,君子以厚德载物。"至于什么是"德",其实很简单。帮助别人,要求回报,叫作"交易"。帮助别人,不要求回报,就叫作"德"。如果有很多人得到你的帮助,而你都不要求回报,那你的"德"就"厚"了,就可以称作"德高望重"了。《道德经》第八章指出:"上善若水。水善利万物而不争,处众人之所恶,故几于道。居善地,心善渊,与善仁,言善信,政善治,事善能,动善时。夫唯不争,故无尤。""上善若水",实际上说的是做人的方法,即做人应如水,水滋润万物,却从不与万物争高下,这样的品格才最接近道。

细细品味水的特性,我们能够从中发掘或引申出以下一些有益的道理或原则:(1)守拙。水乃万物之源,论"功勋"当得起"颂辞千篇""丰碑万座",炫耀的资本不可谓不厚。它却始终保持着一种平常心态,不仅不张扬,反而"和其光,同其尘",哪儿低往哪儿流,哪里洼在哪里聚,甚至愈深邃愈安静。此等宁静和达观,是很多人难以企及的。这的确是一种"无为",却不是对"大我"的无为,而是对"小我"的无为,是在个人利益之上的无为。(2)齐心。水的凝聚力极强,一旦融为一体就荣辱与共、生死相依,朝着共同的方向义无反顾地前进,故李白有"抽刀断水水更流"之慨叹。水团结一心而威力无比:汇聚而成江海,浩浩森森,荡今涤古;乘风便起波涛,轰轰烈烈,激浊扬清。(3)坚忍。"青山遮不住,毕竟东流去。"水至柔,却柔而有骨,对信念执着追求不懈,令人肃然起敬。九曲黄河,多少阻隔、诱惑,即使关山层叠、百转千回,东流入海的意志何曾有一丝动摇?雄浑豪迈的脚步何曾有片刻停歇?浪击礁盘,纵然粉身碎骨,也决不退缩。一波一波前赴后继,一浪一浪奋勇搏杀,终将礁岩撞了个百孔千疮。崖头滴水,日复一日,年复一年,咬定目标,不骄不躁,千万次"滴答""滴答",硬是在顽石身上凿出一个窟窿来,真可谓以"天下之至柔,驰骋天下之至坚"。水看似无力,自高处往下流淌,遇阻挡之物,耐心无限,若遇棱角磐石,既可把棱角磨圆,亦可水滴石穿。(4)博大。"海纳百川,有容乃大。"水极有爱心,极具包容性、渗透力、亲和力,它通达而广济天下,奉献而不图回报。它养山山青,哺花花俏,育禾禾壮,从不挑三拣四、嫌贫爱富。它映衬"荷塘月色",构造洞庭胜景,度帆樯舟楫,饲青鲫鲢鲤,任劳任怨,殚精竭虑。它与土地结合便是土地的一部分,与生命结合便是生命的一部分,从不彰显自己。(5)灵活。水能上能下,上化为云雾,下化作雨露,汇涓涓细流,聚多成河。水从高处往低处流,高至云端,低入大海。水不拘束、不呆板、不僵化、不偏执,有时细腻,有时粗犷,有时妩媚,有时奔放。它因时而变,夜结露珠,晨飘雾霭;晴蒸祥瑞,阴披霓裳;夏为雨,冬为雪;化而生气,凝而成冰。它因势而变,舒缓为溪,低吟浅唱,陡峭为瀑,虎啸龙吟;深而为潭,韬光养晦;浩瀚为海,高歌猛进。它因器而变,遇圆则圆,逢方则方,直如刻线,曲可盘龙,故曰"水无常形"。水因机而动,因动而活,因活而进,故有无限生机。(6)透明。虽然也有浑水、污水、浊水甚至臭水,但污者、臭者非水,水本身是清澈、透明的。它无颜无色,晶莹剔透;光明磊落,无欲无求,堂堂正正。唯其透明,才能以水为镜,照出善恶美丑。人若修得透明如水、心静如水,善莫大焉。(7)公平。水不汲汲于富贵,不戚戚于贫贱,不管被置于瓷碗还是金碗,均一视同仁,而且器歪水不歪,物斜水不斜,是谓"水平"。人若以水为尺,便可裁出长短高低。(8)坚强。水可以变化为冰,强硬百倍。越在寒冷恶劣的环境下,水越能体现出坚如钢铁的特性,这是成功人士的重要品质。(9)聚力。水化成气,气看似无形,若在一定范围内聚集在一起形成聚力,便会变得力大无穷,动力无比。(10)包容。水净化万物,无论世间万物多脏,它都敞开胸怀,无怨无悔地接纳,然后慢慢净化自己。(11)超脱。水虽为寒物,却有着一颗善良的心。它从不参与争斗,哺育了世间万物,却不向万物索取。它聚可云结雨,化为有形之水;散可无影无踪,飘忽于天地之间。

当然,以上只是水的部分优秀品格,还不是全部。不论水有多少值得我们学习的东西,最根本的一条是:"善利万物而不争",这才是真正的"上善"。上善若水,"上善"就是最好的,最好的处世方法就是像水一样,帮助别人而不要求回报。但是,老子认为这还不够,他主张"处众人之所恶"。人所恶的是什么呢?是低位。"处众人之所恶"讲的就是要处于低位,也就是要谦虚谨慎。所以,人不但要帮助别人,不要求回报,还要保持谦虚谨慎的态度,不要以为人家受了你的恩惠你就可以趾高气扬。如果能做到这些,人就"几于道",即获得了接近道的处世方式了。人心如水。人之所以有能力悬殊、善恶不同、生死之欲,皆因各自境界不同罢了。

五、集中统一,等级秩序

孟子等人提倡"民贵君亲"、人人平等,这只能是理想而已。实际上,东方传统社会等级森严,基本上实行集权。《商君书·弱民》认为,"有道之国,务在弱民"。具体而言,以弱去强,以奸驭良;通过实行一教,统一思想,进行思想控制;通过剥夺个人资产,让民众依附国家;使人民贫穷、软弱,实现民弱国强。如果仍有强民,还有"杀手锏"——发动战争,外杀强敌,内杀强民。这几点就是中国历朝历代君主治国驭民的诡秘"暗器",是他们不惜以牺牲民生的代价化解内忧外患,获得长治久安的"看家本领"!

很多人认为封建时代中国的悲哀是历史选择了儒家而不是法家。其实真正的悲哀是，秦朝之后，法家并没有消失，而是通过商鞅的《商君书》"驻留"在封建专制君主的脑袋里。帝王们一直在用法家的"阴和损"左右着中国的兴与衰。商鞅所在的春秋战国是一个变革的时代。长期以来，秦始皇统一中国是历史必然趋势的论调占了主导地位。这种观点实际上和秦始皇留在石碑上的自我赞美之词是一致的。商鞅作为古代中国第一位"改革设计师"的地位似无可撼动。

先秦诸子百家中，法家的管理思想较为独特，它与儒、道、墨、名、农、纵横诸家都有关联，突出实用性和功利性。秦从变法到统一，再到覆亡，就是法家思想的完整实践。法家以富国强兵为使命，其管理思想主张国家至上，立足于国与民的对立，以挤压社会作为国家崛起的代价，排除管理中的情感因素。在追求富强的方式上，法家主张统一思想，废私立公，弱民强国，君主独断。在具体管理技术上，法家在法术势的配合、奖惩的逻辑、驾驭臣下的手段等方面有行之有效的举措，不乏深刻犀利的洞见。法家管理思想中组织强大化、目标单一化、成员"蚁族"化的设计，具有高度的诱惑力，同时也形成了忽视教化、追求短期效应、排斥多元价值、工具化组织成员的种种陷阱。从古到今，法家的管理思想在整体思路上被后人扬弃，但在具体管理方法和技能上则因其实用性而一直被人们重视。

法家在战国时期曾经十分风光，显赫一时。秦始皇振长策而御宇内，灭六国而成一统，全靠法家的治国之术。在管理思想史上，法家与先秦其他各家有着明显的不同。在一定意义上，法家就是中国古代的制度学派。司马谈《论六家要旨》称："法家不别亲疏，不殊贵贱，一断于法，则亲亲尊尊之恩绝矣。可以行一时之计，而不可长用也，故曰'严而少恩'。若尊主卑臣，明分职不得相逾越，虽百家弗能改也。"《汉书·艺文志》概括道："法家者流，盖出于理官，信赏必罚，以辅礼制。《易》曰：'先王以明罚饬法'，此其所长也。及刻者为之，则无教化，去仁爱，专任刑法，而欲以致治，至于残害至亲，伤恩薄厚。"说法家"出于理官"（周朝的法官）并不可靠，而法家兴起于三晋、成就于秦国则千真万确。法家的主要代表人物有李悝、申不害、商鞅、慎到、韩非、李斯等人。

人们一般认为，法家同儒家是对立的。但是，最初的法家却是从儒家学派中分化出来的。细究起来，早在春秋时期，子产治理郑国的手段就有一些法家的影子。正是这位子产，曾经得到孔子的高度肯定，可见儒法两家并非水火不容。学界公认战国时法家的始祖是魏国的李悝，而这位法家的创始人恰恰是孔门高足子夏（名卜商）的弟子。大体上，儒家在孔子以后有两个发展方向，一个是"内圣"，一个是"外王"。"内圣"由曾参、颜渊等人引领风骚，而"外王"则由子贡、子夏等人发扬光大。孔子去世后，子夏长期在西河讲学，魏文侯、李悝、段干木、田子方、吴起都是他的学生。所以，说儒家是法家的学术来源之一并不为过。法家后期的集大成者韩非也曾师从于儒者荀子。可以说，在一定意义上，儒家与法家的思想具有同源性，从这一角度出发，有利于我们更准确地把握法家思想的内涵。法家思想在学术渊源上，既有儒家的"礼治"和"外王"倾向，又有杂家的思想影响和扩展，还有道家理论向现实的引申，以及纵横家、名辩家的论证方式。在一定意义上,法家思想反映了古代管理中追求实用而跨学科、跨学派的现象。法家从一开始就以功利眼光进行取舍,自成一家。如果说儒家管理思想偏于"立德",道家管理思想偏于"立言",那么法家管理思想则偏于"立功"。对战国法家的思想渊源略加考察就不难发现,各派思想实际上都能为法家所用,儒、墨、道、兵、农、名辩各家都能被采纳到法家学说之中。然而,不管哪一家,只要同法家的实务需求相违,就会遭到法家毫不犹豫的批驳。法家人物对其他学派采取的态度是:不管该学派的思想体系和逻辑前提如何,关键在于对治理国家有没有用。"拾到篮子里的就是菜",前提是这个菜要能充饥。在战国的著名思想家中,对诸子有较系统评价的主要有庄子、荀子和韩非。相比较而言,庄子评判诸子,是为了彰显人的自身价值;荀子评判诸子,是为了构建礼治体系;而韩非评判诸子,是以功利眼光对诸子之说进行筛选。

尽管存在对国与君关系的细微认识差异,但法家思想中对国家的重视几乎是相同的。几乎没有一个法家学者对国家存在的合理性和正当性进行过论证(韩非"有圣人作"的历史进化观,是论及君主的产生途径而不是国家性质)。他们持有的"国家至上"的态度和观点是通过对富国强兵的追求折射出来的。也许,在法家学者眼里,"国家至上"是不言自明的真理,无须论证。然而,正是这种不言而喻的态度和立场,使法家很容易选择为国家的暴政进行辩护,进而强调为国家利益牺牲民众的必要性。所以,在法家思想中,国与民的对立是天然的,已经完全抛弃了其他学派思想家在国与民关系上的学理讨论。有人认为法家也重民,甚至把法家的重民思想同西周以来的各种重民思想相提并论,这是有问题的。法家彻底否定了西周以来"天视自我民视,天听自我民听"的观念,因为这种观念迟早会走到孟子主张的"民贵君轻"道路上去,而法家绝不允许这种念头出现。还有的学者把"重民"与"重农"相混淆,以法家(尤其是商鞅)的"耕战"政策彰显其重农思想。先秦时期表达重农思想的人不少,归纳起来有三种:一是西周统治者的重农思想(在《尚书》《诗经》《左传》中均有反映),二是农家许行等人的重农思想(孟子曾经同持这种思想者进行过争论),三是法家商鞅、韩非等人的重农思想。这三种重农思想与重民都有着根本区别。所谓重民,是指国家以民为本;所谓重农,是指国家以农业为立国之基。即便不考虑重民与重农的区别,单纯比较上述三种重农思想,也可以看出明显的不同。西周重农,志在获得统治的稳定;农家重农,志在重建社会的平等;法家重农,志在弱民而强国。

崇尚国家至上,必然会无视社会,并且以国家暴力挤压社会。法家的始祖李悝协助魏文侯变法,主要有三个内容:"夺淫民之禄""尽地力之教""禁奸邪淫佚之行"。尽管李悝的著作没有流传下来,人们不了解他的思想内核,但他的行为却反映出相应的思维逻辑。所谓"夺淫民之禄",实际上就是废除世官世禄。《说苑·政理》载:"其父有功而禄,其子无功而食之,出则乘车马、衣美裘,以为荣华,入则修竽瑟钟石之声,而安其子女之乐,以乱乡曲之教。如此者,夺其禄,以来四方之士,此之谓夺淫民也。"商鞅变法,也有类似内容,而且更为彻底,连国王、宗室的特殊待遇都被废除。"宗室非有军功论,不得为属籍。"(《史记·商君列传》)当今的学者多肯定这种变革的进步意义。但是,如果从社会学的角度考察,情况就要复杂得多。历史的进步从来都是要付出代价的。废除世官,打击贵族,当然比世袭制优越得多。然而,在古代贵族与君主错综复杂的关系中,这种进步的代价是从根上铲除制约王权的社会土壤。个人荣辱只能源于自身努力与否,这正是法家思想吸引人的一面。反过来的另一面,则把个人荣辱系于国家,人变成了国家的附属物。所谓"尽地力之教",确实具有发展生产力的积极意义。但是,发展生产力的目的是为国家积累更多的财富,而不是为民众谋幸福。李悝的变法"行之魏国,国以富强"《(汉书·食货志)》;"魏用李克,尽地力,为强君。自是之后,天下争于战国,贵诈力而贱仁义,先富有而后推让"(《史记·平准书》)。所谓"禁奸邪淫佚之行",根据现在能看到的资料,是指对"奇装异服"的打击。其理由是"雕文刻镂,害农事者也;锦绣纂组,伤女工者也";"男女饰美以相矜,而能无淫佚者,未尝有也"(《说苑·反质》)。因此,国家规定标准服装,以质朴为标榜,把民众的衣着纳入国家统一管理的范围。所有这些都隐含着一个思路——国家的管理对象是一个个原子化的个人,任何社会组织都是国家的排除对象。商鞅变法时,就把这种对社会的挤压以法令形式强力推行,重新编户,变革乡里制度,推行县制,甚至"民有二男以上"不分家也是罪过,要被处以加倍征赋的惩罚。战国时期王权的崛起正是通过这些途径实现的。

以国为本,富国强兵,需要统一行为和思想。商鞅把这种统一称为"壹务""壹言",最后归结为治国举措的整齐划一。"圣人之为国也,壹赏,壹刑,壹教。壹赏则兵无敌,壹刑则令行,壹教则下听上。"(《商君书·赏刑》)民间的各种思想,甚至各种伦理准则和价值观念,都在禁绝之列。"诗、书、礼、乐、善、修、仁、廉、辩、慧,国有十者,上无使守战。国以十者治,敌至必削,不至必贫。"(《商君书·农战》)商鞅给出的禁绝理由十分简单,就是认为这些东西妨碍了富国强兵。"故其境内之民,皆化而好辩、乐学,事商贾,为技艺,避农战,如此则不远矣。"(《商君书·农战》)"国有礼有乐,有诗有书,有善有修,有孝有悌,有廉有辩——国有十者,上无使战,必削至亡;国无十者,上有使战,必兴至王。"(《商君书·去强》)在其他篇章中,商鞅把危害国家的东西称为"六虱"。至于六虱究竟是什么,虽由于《商君书》的缺佚而解读不同,但大意很清楚。"六虱:曰礼乐,曰诗书,曰修善,曰孝悌,曰诚信,曰贞廉,曰仁义,曰非兵,曰羞战。国有十二者,上无使农战,必贫至削。十二者成群,此谓君之治不胜其臣,官之治不胜其民,此谓六虱胜其政也。十二者成朴,必削。是故兴国不用十二者,故其国多力,而天下莫能犯也。"(《商君书·靳令》)所以,商鞅主张清除危害国家的"五民",即谈说之士、处士、勇士、技艺之士、商贾之士。"夫治国舍势而任谈说,说则身修而功寡。故事诗书谈说之士,则民游而轻其君;事处士,则民远而非其上;事勇士,则民竞而轻其禁;技艺之士用,则民剽而易徙;商贾之士佚且利,则民缘而议其上。故五民加于国用,则田荒而兵弱。"(《商君书·算地》)韩非概括得更清楚,他把危害国家的五种人称为"五蠹",包括学者、辩者(言古者)、带剑者、近习侍从(患御者)、商工(商人和工匠)。"是故乱国之俗,其学者,则称先王之道,以藉仁义,盛容服而饰辩说,以疑当世之法,而贰人主之心。其言古者,为设诈称,借于外力,以成其私,而遗社稷之利。其带剑者,聚徒属,立节操,以显其名,而犯五官之禁。其患御者,积于私门,尽货赂而用重人之谒,退汗马之劳。其商工之民,修治苦窳之器,聚沸靡之财,蓄积待时而侔农夫之利。此五者,邦之蠹也。人主不除此五蠹之民,不养耿介之士,则海内虽有破亡之国,削灭之朝,亦勿怪矣。"(《韩非子·五蠹》)尤其是儒、墨两家,"儒以文乱法,侠以武乱禁",更在应剿灭之列。也就是说,国家只需要农夫和战士,其他一概都是祸乱之源。这种思路在商鞅时表达为统一思想,到了韩非时变成只能有一个思想。商鞅强调的是国家,而韩非则使其变成"朕即国家"。所以,二者之间略有不同,商鞅强调富国强兵是国家本位,韩非则将其由国家本位发展为君主本位。这一变化在逻辑上是顺理成章的。正如今天的某些公司,创立人一开始强调的是"公司至上",如果这种至上不是立足于社会服务,到后来就必然会变成"创立人至上"。

为了防范私利对公权的挑战,压抑民众的自身需求,法家主张实行愚民政策,削弱民众的权利。商鞅认为:"无以外权爵任与官,则民不贵学问,又不贱农。民不贵学则愚,愚则无外交,无外交则勉农而不偷。民不贱农,则国安不殆。国安不殆,勉农而不偷,则草必垦矣。"(《商君书·垦令》)民众不从学问中求富贵,不从社会交往中谋私利,就会把精力集中于国家号召的耕战政策上。所以,法家所说的"富强"和今天人们所说的"富强"不一样。法家所说的"富强"以愚民、弱民为前提,而今天所说的"富强"以开民智、张民权、增民利为根柢。理解不了这种区别,就很有可能望文生义,把亚当·斯密的《国富论》之"国富"曲解为国家之富而不是国民之富。现代社会的国富是建立在民富基础上的,而商鞅主张的国富则是建立在民愚民弱基础上的。商鞅明言:"民弱国强,民强国弱,故有道之国,务在弱民。"(《商君书·弱民》)要愚民、弱民,就要去除民众可以同国家"叫板"的资本。"谈说之士,资在于口;处士,资在于意;勇士,资在于气;技艺之士,资在于手;商贾之士,资在于身。"(《商君书·算地》)国家要花大力气清除这五种人之资。总之,法家的设想是把民众变成没有思想、完全服从于统治者的工具。在国和民之间,法家只重国权,不重民权,民要绝对服从国。民的唯一价值就是为国尽力尽忠。

这样一种治理模式在管理决策上势必走向君主独断。商鞅在变法时,坚决反对不同意见的表达,甚至不允许采用商议方式。他说:"疑行无名,疑事无功。且夫有高人之行者,固见非于世;有独知之虑者,必见敖于民。愚者暗于成事,知者见于未萌。民不可与虑始,而可与乐成。论至德者不和于俗,成大功者不谋于众。是以圣人苟可以强国,不法其故;苟可以利民,不循其礼。""智者作法,愚者制焉;贤者更礼,不肖者拘焉。"(《史记·商君列传》)韩非、李斯把这种君主独断发挥到了极致,在秦始皇当政时得到了实现。从此,中国古代的君主专制有了完整的思想体系和实践体系。当代有些人把中国古代君主专制的思想根源归结到儒家而忽视了法家,有点南辕北辙,找错了对象。秦晖把这种批判的错位喻为"荆轲刺孔子"。

从历史上看,由于法家思想见效快、成就大,即便认识到其中的不足,统治者也难以割舍。汉代统治者尽管"独尊儒术",但其骨子里却是外儒内法。汉宣帝教训太子所言:"汉家自有制度,本以霸王道杂之,奈何纯任德教,用周政乎!且俗儒不达时宜,好是古非今,使人眩于名实,不知所守,何足委任"(《汉书·元帝纪》),说出了统治者的心里话。当然,把汉宣帝对儒家的批评同西汉前期君臣对法家的批评结合起来看,可能会更好地帮助人们掌握儒、法两家在管理思想上的关系。

案例①

企业文化的力量是无穷的。"只有荒凉的沙漠,没有荒凉的人生"是中国石油塔里木油田公司著名的企业文化建设体系中的口号。塔里木油田公司的工作环境艰苦,但是公司员工发扬"大庆精神",不怕苦不怕累,克服困难,努力拼搏,在中国石油集团中多年取得高绩效。上海慧圣咨询公司的核心价值观是"主动勤奋,博学善思",一批咨询顾问从锦绣江南来到荒凉的大沙漠。有的咨询顾问在上海的家里还有小孩、父母牵挂。本案例作者就是把小孩留在上海,自己长时间在新疆从事管理咨询工作。案例展示了塔里木油田公司和上海慧圣咨询公司员工在企业文化的熏陶下,热爱本职工作、积极向上的英武气概。

只有荒凉的沙漠,没有荒凉的人生

我知道,我一直有双隐形的翅膀,带我飞,给我希望……

"曹姐姐,电话铃响了!"我匆忙推开浴室的门,擦拭着湿漉漉的头发,抓起了电话。

"喂,妈妈,你在新疆待多少天了呀?到32天没有啊?"

儿子的问话一下子把我问住了,我支支吾吾地回答:"哦,还有26天。"

"26天,是多少天呀?"

屈指算算,我也不知道26天是个什么概念,只是每当儿子电话中问起时,我都只能重复这样的一个模糊的数字哄他。

"妈妈,我给你唱首歌吧,洒水车噢,do re mi……"

儿子纯真稚嫩的声音很快把我做了一天访谈的倦累带走了一大半,让我有了整理记录的精气神。

"我们那时候,在作业区测井苦啊,颠簸一路,身上就白花花一大片了,就更不要说从井下上来,都变了一个人。现在技术水平高了,设备先进了,你们年轻人感受不到的……比起做管理,我还是想回前线再好好干上几年。现在是公司照顾我年纪大,快

---

① 案例来源:上海慧圣咨询有限责任公司数据库。

退休了,也该陪陪家人了……"

想着上午访谈的李高工,一脸的黝黑,朴实的穿着透射出石油"铁人"的精神,我的心跳随着他掏心窝子的话语,开始了加速度,久久无法平静……不知不觉中,已经是凌晨一点半了。

"我睡不着……外面的人疯了吗?都几点了啊,怎么还在看电视?"我无奈地自语道。

"咿咿哇哇"的韩语吵得我翻来覆去,老天啊,让我快点睡着吧!我在祈祷着……着急地看看表,已经清晨五点了,又是一夜未眠。

八点,暖暖的阳光透过绿色窗帘映照在我的小床上。我实在不情愿地爬起,随便吃下几粒干果,拎起电脑包就一路小跑,冲向基地班车的站点,新一天的访谈开始了。

今天访谈了五个人,我要去跑步锻炼一下,好有精神,回来继续干活。两圈下来,呼吸不像以前那么急促了,看来我每天的坚持还是有点效果的。

"嘿,你来啦!上来吧,正好少了一个人,我们打比赛战",新结识的塔里木油田公司开发事业部的排球队长刘姐对我说。我毫不犹豫地加入了战队。

"15∶13,我们要把比分追上来,大家加油!"队员相互击掌,给了彼此力量。对方一个旋转式的发球疯狂地向我扑来,我不知哪来的判断力与反应力,大喊:"我的!"猛然起身接垫起那个狠狠的发球,二传接住,副攻手扣死!我们有节奏地配合着、呼喊着:"好球,漂亮!"

场上形势越来越激烈,我的思绪蓦然间却飞回到我们塔里木油田项目组。我们项目组八个人面对着塔里木油田公司这么大一个国企,一个极其强有力的客户。这个国企极其特殊,人力资源处经常给我们解决问题的机会,想起什么事情和问题随时就会向我们团队抛过来。

"你们谁精通绩效?""我精通!""你们谁精通薪酬?""我精通!"我们的项目经理、资深顾问周小涛要一个人把每一个重力"抛球"都统统挺身接起来。每每这个时候,我和项目组其他成员都深感压力不小。

在周小涛的有力指挥下,我们项目组上周成功提交了塔里木油田公司专业技术类任职资格体系方案,把人力资源处抛给我们的每一个"狠球",都满意地扣压了回去。我们庆贺,我们欢呼……

"接球,哦!"我突然回过神来……太棒了,我们队赢了!

"我们每个晚上都会打上几场球,有时间就过来打吧。看不出来,你打得还不错。"刘姐高兴地说道。

我心里窃喜:当然啦,想当年我可是大学历史文化学院排球队成员。下一场不能打了,我要回去加班。咨询顾问加班是家常便饭。回去的路上,我不知不觉间走到了绿枝成荫的葡萄架下,这里曲径通幽,凉爽怡人得可以让你尽情放飞心灵,放飞思念……家人、朋友,你们都还好吗?

该把思绪拽回来了,这一天我都访谈了谁,主访人是如何提问和进行引导的,访谈问话中存在什么问题,访谈技巧在哪些方面可以改进,在哪些方面要继续保持,明天计划访谈哪个科室、哪些岗位,要看哪些相关的信息……我的脚步不由加快了。

时间好快啊,周末到了,项目组要讨论一下上周提交的方案。匆忙挤进办公楼C电梯,透过电梯玻璃,我看到了一条"绿色飘带"。这条绿色飘带滋养着整个库尔勒城,缠绕着整个小区、整个办公楼——她就是颇具西域风情、古老而美丽的孔雀河。

在阳光映衬下,远望过去,宁静的孔雀河泛着银光,弯弯曲曲,伸向海平线。此时,天地浑然一体,不分彼此,远处不时还有飞鸟掠过,相映成趣。我祈祷着电梯上行得慢一点,让我再多陶醉一会儿,哪怕多一秒也好。这样一幅美丽的画卷,使项目组每一个人都心旷神怡,我们"头脑风暴",集智集勇,为人力资源处做出了备选方案。

七点半了,我们讨论的修改方案也成形了,我又是一路小跑,赶向班车候车点。还没到站,我决定,就在这站下吧,看那库尔勒的香梨长得多诱人,个个饱满,挂满枝头。还有那粒粒葡萄,晶莹剔透,绿的如翡翠,小的似珍珠,大的似橄榄,这是另一幅绚丽的西域风情画。我禁不住诱惑跳起来,摸摸这一颗葡萄,触触那一个香梨。

也许我不该碰果实,因为她们会痛,还没成熟。可是,我没有恶意,我是真的禁不住诱惑,每一次跳起来的触碰都可以让我心灵释放,让我享受一分特别的放松。我想项目组其他人也会和我有同样的感受吧。

晚上,整理完访谈记录,我想起项目经理说过睡不着就喝点红酒,有助于睡眠。奢望睡着的我破天荒地喝上了一小杯,躺在床上。喝下的红酒好像并没有发挥催眠的功效,我依然久久不能入睡。

睡不着时,我开始了遐想:下周我们将要奔赴沙漠——塔克拉玛干沙漠,开始第三轮访谈。这样想着,赤日炎炎,银沙刺眼,在地表温度达到70度的沙漠,一身身红色制服、一顶顶红色盔帽在整个沙漠流动,红衣"铁人"举起双手,高呼着:"只有荒凉的沙漠,没有荒凉的人生!"

那嘹亮的声音穿透整片胡杨林,响彻整个死亡之海。胡杨林形成了沙海中的绿色长廊,石油"铁人"筑固起另一道坚不可摧的红色长城,他们用红色的激情、红色的口号向所有人又一次呐喊:"只有荒凉的沙漠,没有荒凉的人生!"我的心为之震撼了,我的眼角为之模糊了……

下一周,那将是我人生新的起点,我们项目组新的征程。这次,我应该睡着了,不,是真的睡着了。因为红衣石油"铁人"为我插上了一双隐形的翅膀,一双有力的翅膀,带我飞,让我所有梦想都开花……

(上海慧圣咨询有限责任公司中国石油塔里木油田项目组　曹艳荣)

第二章　西方管理学的由来与发展

在论述东方管理学是什么前,我们需要学习西方管理思想的简要历史。古今中外,人们的集体生活、集体劳动中都存在管理行为。但是,对于管理是什么、管理学是什么,至今还没有一个被大家广泛接受的权威说法。我们为什么必须认真学习西方管理思想的简要历史?(1)没有认真学习过西方管理思想史、西方管理流派的人,可能以为管理过程学派、职能学派的主张就是西方管理学的主要内容,以为美国的泰勒、德鲁克就是西方管理学家中的主要代表。(2)有人可能认为,提倡东方管理学的人不懂西方管理思想。恰恰相反,研究东方管理学的人会花很多工夫去熟悉西方管理流派的主张、学说,以便作为比较的参照物。(3)东方管理思想源远流长,但是东方管理学还是在学习、借鉴西方管理学思想的基础上发展起来的。借用胡祖光的观点,东方管理学是西方管理学"连续谱"的延续。[①] (4)虽然东方国家和地区有着丰富的管理思想,但是把管理学建立起来的是西方人士,我们不能夜郎自大,应该虚心学习,在学习的基础上予以继承和发展。(5)有人认为不应该提出"中国管理学""东方管理学""中国本土管理学"等名称,学习西方管理思想的发展历史后,会知道西方管理学流派众多,有些观点的区别还很大,于是视野可能开阔一些,胸怀可能更大一些,会包容东方管理学的创新。

关于西方管理思想的历史,有多种分期方法,其中一种是依据它们不同的研究对象、研究假设、研究方法与研究成果,概括为以下四个发展阶段:(1)科学管理理论;(2)行为科学理论;(3)现代管理理论;(4)管理理论的新发展。

第一节　科学管理理论

科学管理理论又称为"古典管理理论"。科学管理理论这一学派的代表人物有美国的泰勒、法国的法约尔、德国的韦伯以及后来的美国人古利克和英国人厄威克等。

一、泰勒之前的科学管理思想

人们一般认为泰勒是科学管理理论的创始人。其实,在泰勒之前,早就有一些人在探索劳动分工、提高效率、会计处理等管理方法,以及对管理活动进行比较系统的观

[①] 胡祖光.论东方管理学及其在管理理论连续谱中的地位[J].浙江社会科学,1995,(5).

察、分析、总结。

西方科学管理理论的重要特征是重视分析与分工。西方重视分工思想有着悠久的历史[①]。柏拉图提倡专业化与合理分工的原则,指出人不应该在木料和铁两个方面同时工作,因为那会使他不能获得优异成绩。在《理想国》中,柏拉图把人分为三等:第一等,治国贤哲;第二等,卫国武士;第三等,民间艺工。公元前370年,希腊学者瑟诺芬对劳动分工作了如下论述:"在制鞋工厂中,一个人只以缝鞋底为业,另一个人进行剪裁,还有一个人制造鞋帮,再由一个人专门把各种部件组装起来。这里所遵循的原则是:一个从事高度专业化工作的人一定能工作得最好。"这一管理思想与后来科学管理理论的创始人泰勒以及亚当·斯密的某些思想非常接近。

斯密的经济人假设和分工理论构成了管理学的理论前提和技术前提。他特别强调劳动分工及其经济利益,比后来的学者强调把一项作业分解为各项基本组成要素要早一个世纪。他在1776年出版的《国富论》中强调分工:"如果一名工人没有受过专门的训练,恐怕工作一天也难以制造出一枚针来。如果希望他每天制造20枚针,那就更不可能了。如果把制针程序分为若干项目,每一项就都变成一门特殊的工作了。一个人担任抽线工作,另一个人专门拉直,第三个人负责剪断,第四个人进行磨尖,第五个人在另一头上打孔并磨角。这样一来,10个工人,每天可以生产48000枚针,生产效率提高的幅度是相当惊人的。但是,如果每个工人独立完成所有的制针工作,这10个工人最快也不过每天制作200枚针。"他进一步指出了由于劳动分工而使产量增加的三个原因:第一,劳动者的技巧因业专而日进;第二,由一种工作转到另一种工作,通常会损失不少时间,有了分工就可以免除这种损失;第三,许多简化劳动和缩减劳动的机械的发明,使一个人能做许多人的工作。[②]总之,斯密的著作中谈到了管理的许多中心问题和概念,他有关劳动分工的思想对现代工作简化和工时研究是十分重要的;同时,这些思想扩展到了生产简化等领域。斯密对专业化和技术之间关系的强调,与查尔斯·巴贝奇及其他管理理论先驱者的观点很相似。

巴贝奇,英国教育家、科学家和作家,被称为"事实上"的"科学管理之父"或"科学管理之祖"。巴贝奇对于管理领域的影响,不在于他提出了什么理论,而在于他将数学方法引入管理领域,试图用数学方法来解决管理问题。在巴贝奇之前,没有人将数学方法和管理结合起来,这是他区别于其他理论先驱的最伟大贡献。巴贝奇的代表作《论机器和制造业的经济》集中体现了他的管理思想,具体内容包括以下三个方面:(1)经理做什么:分析制造程序及成本,包括应用时间研究技术;收集资料时,应使用印好的表格;分析企业机构的实际工作时,应采用比较分析法;应研究各种不同颜色的纸张与油墨的效果,以确定何种颜色不易使眼睛疲劳;提问题时,要研究如何发问才会获

---

① 泰勒等早期科学管理理论的提倡者的主要特征之一就是重视分工,而当代管理学的发展趋势是重视协同,时代不同,主张有别。

② 亚当·斯密.国民财富的性质和原因的研究[J].斯特拉恩—卡德尔出版社,1793:11—12.

得最佳效果;应根据所得的基础统计资料来确定所需;生产程序的管理应该极权化,以求提高经济效益;应重视研发工作;厂址的选择应考虑是否邻近原材料供应地;应建立一套对人人有利的管理制度。(2)为什么分工可以提高生产效率:节约学习时间,包括节约学习期间所耗费的材料;节约工序转移所需要的时间;经常从事某一工作,肌肉得到了锻炼,不易引起疲劳;节约调整工具所需要的时间;重复同一操作,技术熟练,工作速度较快;注意力集中于单一操作,便于改进工具和机器。(3)关于工资制度改革的设想:"基本工资＋利润分成",即工人除拿到基本工资外,还应按企业所创造利润的百分比额外得到一部分报酬。巴贝奇认为,这样做至少有以下几方面好处:把每个工人的利益同企业发展及所创利润的多少直接联系起来;每个工人都会关心浪费和管理问题;有助于激励工人提高技术和品德;促进各部门改进工作;工人同雇主的利益一致,有助于消除隔阂,共同促进企业发展。

二、"科学管理之父"泰勒

19世纪末20世纪初,科学技术得到了巨大发展,但一个突出的矛盾是管理水平落后于技术水平,致使许多生产潜力得不到发挥。这种情况引起了企业中一些具有科技知识和管理经验的管理人员和技术人员的注意。他们围绕如何提高企业劳动生产率的问题进行了大量的实验和研究,提出了一系列科学的管理制度和管理方法,完成了从经验管理向科学管理的转变,为科学管理理论的产生和发展奠定了基础。

弗雷德里克·温斯洛·泰勒,1875年为学徒工;从1878年起在米德维尔钢铁厂先后任车间管理员、技师、工长、主任、总工程师等职;1890年在一家投资公司任总经理;1893年从事管理咨询工作;1906年任美国机械工程师学会主席,并获宾夕法尼亚大学和霍巴特学院的荣誉博士学位;1902年获"埃利奥特·克雷森奖章"。他拥有一百多项专利权,在管理学上的主要著作有《计件工资制》《效率的福音》《科学管理原理》等。他于59岁逝世,墓碑上刻着"科学管理之父弗雷德里克·温·泰勒"。

在工作期间,泰勒目睹了管理当局不懂得用科学方法进行管理,不懂得维持有效的工作秩序,不懂得因劳动节奏和疲劳因素而导致的生产率低下;工人因缺乏训练,没有正确的操作方法和可以使用的工具,大大影响了劳动生产率。更为严重的是,管理当局和工人们都认为双方的关系是一种不可妥协的对立关系,认为任何一方收益的增加都是以对方收益的减少为代价的,从而总是选择对抗而不是合作。从1880年开始,泰勒和他的追随者们怀着极大的热情对这些问题进行了长达二十多年的系统研究,逐步形成了一套系统化的管理理论,这便是众所周知的"科学管理理论"。

泰勒的科学管理理论的主要内容如下:(1)制订科学的作业方法。例如,经过铲铁试验,确定每铲重量为21磅的效果最好,过重或过轻都不利于提高工作效率。然后根据标准的操作方法和每个动作的标准时间,确定工人一天必须完成的标准工作量。(2)科学地选择和培训工人。例如,在搬运生铁的试验中,使经过选择和培训的每个工人每天的搬运量从12.5英吨提高到47.5英吨;在铲铁试验中,使每个工人每天的平均搬运量从16英吨提高到50英吨。这样,劳动生产率成倍增长。(3)实行有差别的计件工资制。对完成或超额完成工作定额的个人,以较高的工资率计件支付工资,一般为正常工资率的125%;对完不成工作定额的个人,则以较低的工资率计件支付工资,一般仅为正常工资率的80%。(4)将计划职能与执行职能分开。(5)实行职能工长制。即将整个管理工作划分为许多较小的管理职能,使所有的管理人员(如工长)尽量分担较少的管理职能;如有可能,一个工长只承担一项管理职能。(6)实行例外原则。即企业的高级管理人员把处理一般事务的权限下放给下级管理人员,自己只保留对例外事务的决策权和监督权,如企业基本政策的制定和重要人事的任免等。(7)心理革命。即把注意力从被视为最重要的分配剩余的问题上移开,而转向增加剩余上,进行从对立到合作、和谐的管理。

科学管理最重要、最本质的特征有以下两个方面:第一,劳资双方的精神革命;第二,用严密的科学调查和知识代替旧的依据经验、习惯和个人判断处理各项工作的做法。

泰勒的做法和主张引起社会舆论的注意,美国国会在1912年曾就泰勒的科学管理理论举行了听证会。泰勒的《科学管理原理》的出版标志着系统化管理理论正式形成,管理正式成为一门科学,泰勒因此被称为"科学管理之父"。

泰勒的科学管理理论在实践中的最大应用是现代流水生产线的使用。亨利·福特最早在泰勒的单工序动作研究的基础之上,创建了第一条流水生产线——福特汽车流水生产线,使每辆汽车的装配时间由12小时20分压缩到1小时30分,标志着大批量生产时代的到来。这一时代的特点是标准化、产品系列化、零件规格化、工厂专业化、机器及工具专用化、作业专门化。

从20世纪初到20世纪30年代是古典管理理论的最初形成阶段。其间,在美国、法国、德国,分别活跃着具有奠基人地位的管理大师。

三、"管理过程之父"法约尔

科学管理理论的另一位代表人物是法国管理学家亨利·法约尔。法约尔1860年从矿业学院毕业,从1866年开始一直担任高级管理职务,从采矿工程师、矿井经理直至公司总经理,对全面管理工作有深刻的体会和了解,积累了管理大企业的经验。他在法国军事大学担任过管理学教授,写了涉及采矿、地质、教育和管理等领域的很多著作。1916年,75岁的法约尔发表了他的划时代名著《工业管理和一般管理》,这标志着一般管理理论的形成。在这部著作中,他首次区分了"经营"和"管理"的概念,系统地提出并阐明了管理的计划、组织、指挥、协调、控制五项职能;强调了进行管理教育和建立管理理论的必要性,明确提出了"一个大型企业高级人员最必需的能力是管理能力",而"管理能力可以,也应该像技术能力一样,首先在学校里,然后在车间里得到"。

法约尔还根据自己长期担任矿业公司总经理的工作经验,从一般管理原理角度对管理理论进行了系统的研究。

与泰勒不同,法约尔的大半生都是在大公司领导的位置上度过的,所以他的管理理论是以大企业整体为研究对象的。法约尔认为他的理论不仅适用于公、私企业,也适用于军政机关和宗教组织等,因为管理具有普遍性。他强调管理教育的重要性,认为可以通过教育使人们学会管理并提高管理水平。他系统地讨论了"经营"与"管理"的联系与区别。具体而言,经营的职能包括:技术活动、商业活动、财务活动、安全活动、会计活动和管理;管理的职能包括:计划、组织、指挥、协调和控制。法约尔提出了14条管理原则,即分工、职权和责任、纪律、命令的统一、指挥的统一、个别利益服从整体利益、报酬、集中、等级链、秩序、公平、保持人员稳定、首创精神、集体精神。

法约尔的管理理论对于后人具有深远的影响,他被人们誉为"欧洲为管理运动做出最杰出贡献的人物",也有人称他为"管理过程之父"。

法约尔的理论对组织管理进行了系统的、具有独创性的研究,特别是对管理五大要素的分析,为管理科学提供了理论构架。该理论虽是以企业为研究对象建立起来的,但强调管理的一般性和管理教育的重要性,在许多方面也适用于政治、军事及其他领域。法约尔提出的管理原则经过历史的检验,总的来说是正确的,它们过去曾经给管理人员以巨大的帮助,现在也仍然为人们所推崇。

四、"组织理论之父"韦伯

韦伯,德国社会学家、作家,曾任报纸编辑、大学教授和政府顾问等。他对许多社会、政治、经济和历史问题都有独到的见解。韦伯在管理上的最大贡献是提出了"理想的行政组织体系理论",这集中表现在他的代表作《社会组织与经济组织》一书中。

(一)理想的行政组织

韦伯的行政组织理论产生之时,正是德国企业从小规模世袭管理向大规模专业管理转变的关键时期。韦伯认为,理想的行政组织是通过职务或职位来管理的。要使行政组织发挥作用,管理应以知识为依据进行控制,管理者应有胜任工作的能力,应依据客观事实而不是凭主管意志来领导。理想的行政组织要素包括:(1)明确的分工;(2)自上而下的等级系统;(3)人员的考评和教育;(4)职业管理人员;(5)遵守规则和纪律;(6)组织中人员之间的关系。

(二)韦伯对权力的分类

韦伯认为,任何组织都必须以某种形式的权力作为基础,否则,都不能达到自己的目标。人类社会存在三种为社会所接受的权力:(1)传统权力(traditional power),依循传统惯例或世袭得来,效率较低,不宜作为行政组织体系的基础。(2)超凡权力(charismatic power),来源于别人的崇拜与追随,不是依据规章制度,而是依据神秘的启示。(3)法定权力(legal-rational power),即法律规定的权力,为以"能"为本的择人方式提供了理性基础。第三种权力即职权(authority),最适合现代组织,因为它为管理的连续性提供了基础,担任管理职位的人是凭其能力被选拔出来的。管理者行使权力具有法律基础,所有的职权都有着明确的规定和严格的划分。

韦伯的管理思想给出了一种理想的组织结构。这种高度理性的、正式的、非人格化的理想行政组织是对人们进行强力控制的最合理手段,是达到目标、提高劳动生产率的最有效形式,在精确性、稳定性和可靠性方面优于其他组织。在各种管理工作和大型组织,如教会、国家机构、军队中,都可以看到这一管理思想的运用。

泰勒、法约尔和韦伯处在同一历史时期,他们从不同的视角对管理进行了考察。泰勒主要关注工厂现场的管理问题,法约尔更多是从组织整体的角度思考,韦伯集中研究管理中的组织问题。强调用事实、理性、思考和规则来代替个人习惯,是古典管理理论所具有的共同的精神实质。

在泰勒、法约尔、韦伯等人从不同方面创立了科学管理理论之后,西方许多学者对该理论进行了深入研究和广泛传播,其中英国管理学者林德尔·厄威克和美国管理学者卢瑟·古利特在对该理论进行综合和系统化方面作出了重要贡献。厄威克和古利特通过对科学管理理论的综合,提出了管理的八条原则和七项职能。其中,八条原则是:(1)为组织机构配备合适的人员;(2)只有一个最高主管或一人管理;(3)统一指挥;(4)专业参谋和一般参谋;(5)工作的部门化;(6)授权;(7)责权相符;(8)控制幅度。七项职能是:(1)计划;(2)组织;(3)人事;(4)指挥;(5)协调;(6)报告;(7)预算。

第二节 行为科学理论

管理学到底应该研究什么?泰勒等学者的研究也涉及人。但是,泰勒对于人的定位是工具,甚至因人不能像动物那样听话、好指挥而感到遗憾。在管理思想的发展进程中,行为科学理论的创立和发展具有巨大的推动作用。行为科学创立的动因要归功于人,因为有关人的因素始终困扰着人们的思维。由此,对于人的研究就显得越来越有必要。梅奥等科学家通过霍桑实验首先建立了人际关系学说,比较系统地阐述了人在组织中的重要作用,以及如何发挥人的积极性、主动性和创造性的问题。

行为科学产生于20世纪二三十年代,正式被命名为"行为科学"则是在1949年美国芝加哥的一次跨学科的科学会议上。就"行为科学"这个词本身的含义来说,有广义和狭义两种理解。广义的理解把"行为科学"解释为,包括研究人的各种行为(包括动物的行为)的多种学科,是一个学科群,而不是单一学科,因而在英文中用复数形式来表示。它是"社会科学"的同义语,是包括心理学、社会学、人类学在内的学科群。狭义的理解把"行为科学"解释为,运用心理学、社会学、经济学等学科的理论和方法,研究工作环境中个人和群体的行为的一门综合性学科,而不是一个学科群。现在管理学中所讲的"行为科学"专指狭义的行为科学,即运用心理学、社会学、人类学及其他相关学科的成果,研究管理过程中的行为和人际关系规律的一门科学。行为科学的产生既有政治背景,也有经济背景和文化背景。泰勒的科学管理理论建立以后,整个社会经济、政治、文化的发展状况推动了行为科学的兴起。

一、霍桑实验与人际关系学

霍桑实验是指 1924—1932 年,在美国芝加哥郊外的西方电器公司霍桑工厂进行的,由国家研究委员会赞助,主要由心理学家参与工厂管理的一项研究实验。这项研究的结果是提出了管理心理学的核心理论——人际关系学理论。霍桑实验源于霍桑工厂的普遍性现状:拥有较完善的娱乐设施、医疗制度和养老金制度等,但工人的生产业绩和劳动生产率不高且总是愤愤不平。为探究原因,这项长达数年、闻名世界的实验研究开始了。实验的中心课题在于探究生产效率与工作物质条件之间的相互关系。实验从 1924 年开始,1927 年后主要由美国哈佛大学的梅奥教授主持。根据霍桑工厂是一家制造电话交换机的工厂的特点,实验者前后共设计和开展了四个阶段的实验,即车间照明实验、继电器装配室实验、谈话实验和群体实验。全部实验的最后结论如下:(1) 尽管生产条件的变化影响着劳动者的生产积极性,但生产条件与生产效率之间并不存在直接和必然的因果关系;(2) 生产条件并不是增加产量的第一因素;(3) 改善劳动者的士气或者说态度以及人与人的关系,让劳动者心情愉快地工作并对自己的工作感到满足,这才是增加产量、提高生产率的决定性因素。

梅奥对霍桑实验的材料和结果进行了分析和总结,于 1933 年出版了《工业文明中人的问题》一书,提出了人际关系学说,后又在哈佛大学开设"人际关系学说"课程以宣扬他的观点。人际关系学说又名"人群关系论",其主要论点是:生产率不仅受到物理和生理因素的影响,也受到社会和心理因素的影响。相较于传统的科学管理,人际关系学说提出了一系列新的观点:(1) 不能如传统的科学管理那样把人当作没有思想感情的"经济人"。人是"社会人",物质利益不是唯一刺激人的工作积极性的因素,此外还应该注重社会和心理因素对人的影响。(2) 传统的科学管理认为生产效率仅仅取决于工作方法和工作条件,因而片面强调工作方法的科学化、劳动组织的专业化以及作业程序的标准化,是"对事不对人"的管理。梅奥则认为,生产效率的高低取决于工人的工作情绪,即"士气",而士气又取决于工人的家庭和社会生活,取决于企业中人与人的关系。(3) 传统的科学管理只注重企业中的正式组织,如公司组织机构、职权划分、规章制度等的作用,而忽视了非正式组织的影响。梅奥认为,在很多情况下,非正式组织对群体人员的影响力比正式组织要大,因而更值得重视。(4) 传统的科学管理中,企业管理者在管理员工时往往只注意其合乎逻辑的行动。梅奥认为,新型的企业管理者还应同时注意员工的非逻辑行动,如情绪等,要善于倾听并与员工沟通,通过对员工心理需求的满足达到提高生产效率的目的。

梅奥的人际关系学说第一次正式将社会学和心理学引入企业管理领域,在对传统的科学管理的抨击中,树立起"重视人性"的旗帜,为企业管理的理论和实践指出了新的方向。这一理论指出,在企业管理中要采取四种措施:(1)激励过程。"激励"是一个心理生理学名词,意指由于某种内部或外部的刺激而使人维持在一个相当长时间的兴奋状态中。在企业管理中,管理者要使员工由于需求、态度、情绪等内外刺激而始终处于一个持续的兴奋状态中。(2)情境分析。由于人的思想会受到内外环境因素的影响而发生变动,因此要经常对人的情境进行动态分析,以便及时采取措施,使激励过程持续化。(3)目标均衡。在各种人际关系中,会发生一些冲突和不协调,调和矛盾以使目标均衡也是很重要的。(4)个体需求的满足与组织目标的达成。

二、群体动力与拓扑心理学理论

群体动力与拓扑心理学理论的创始人是德国的心理学家勒温,他移居美国后,对人的行为进行了大量的研究,提出了著名的"场"理论。勒温借用物理学中关于磁场的概念,认为人的心理、行为决定人的内在需要和周围环境的相互作用。当人的需要未得到满足时,会产生内部力场的张力,客观环境中的一些刺激起着导火索的作用。人的行为的动向取决于内部力场与情境力场的相互作用。

勒温认为,人的心理活动是在心理场发生的。心理场是由个人生活的过去、现在和未来的一切事件、经验和思想愿望组成的,这三个方面无论在数量还是种类上都随着个体的年龄增长和经验积累而扩展、分化。成年人的生活经历相对丰富、复杂,其心理场分化成许多层次或区域。心理场也被看作一种认知结构。在勒温的心理学中,因个体需要、意志等具有重要的动力作用,故也将心理场称为"心理动力场",并且常用"心理生活空间"这个基本概念加以陈述。勒温将人和环境描绘为生活空间,这个生活空间不包括人生的一切事实,而仅包括指定的人及其行为在某一段时间内的有关事实。

勒温提出的心理生活空间是与物理生活空间相对而言的。物理生活空间是有形的、物质的,而心理生活空间则是无形的、概念化的。心理生活空间因为是无形的,所以是一种动态的图案;因为是概念化的,所以是一种计划,如身在教室,心在计划郊游活动。心理生活空间支配个人活动的空间领域,其中包括一个人的概念、知觉、目标、意志及想象等因素。

心理生活空间的每一组分都等同于一个区域。因此,心理生活空间的每一个对象,如个体所在之处、运动之处,或位移通过之处,以及同时可区别出若干位置或组分的事物,或者较大整体中的组分事物,都必须被描述为一个区域。个体本身以及整个生活空间甚至也必须被描述为一个区域。个体所处的区域对于其行为有重要的影响,在这个区域产生一种行为,在那个区域则可能产生另一种行为。例如,成人要儿童吃他不喜欢吃的东西,儿童在没有进入"真正进食"的区域之前,无论给他什么,都会抗拒。但是,一旦把食物放进儿童的嘴里,进入"真正进食"的区域之后,他就只好吞咽下去,因为吞下去便有自由;而如果吐出来,则又要与成人"顶牛"。心理区域具有一定的边界,并且是多种多样的。例如,花园的栅栏是边界,母亲要求孩子不能单独走上大街的禁令是边界,加入某个俱乐部所举行的某种特殊仪式也是边界。两个区域之间的过渡区域称为"边界地带"。例如,一个儿童正在进餐,在玩耍之前,他必须准备功课。此时,准备功课就表现出边界地带的属性。

勒温也把行为作为心理学的研究对象,他所说的行为是和心理事件并提的,可用公式表示如下:

$$B=f(PE)$$

其中,B 代表行为,f 代表函数,P 代表人,E 代表环境。该公式表明,行为等于个人和环境的函数,即行为随着人与环境这两个因素而发生改变。也就是说,不同的人对同一环境可以产生不同的行为,同一个人对不同的环境也可以产生不同的行为,甚至同一个人在不同的情境下对同样的环境可以产生不同的行为。这样的描述显然比较符合行为的真实关系。勒温所说的环境不是指客观环境,也不同于格式塔学派的代表人物考夫卡所说的行为环境,而是指人头脑中的环境,即对人的心理事件实际发生影响的环境。

1933 年以后,勒温又把心理场理论用于研究群体行为,提出了"群体动力"的概念。群体的行为不等于群体中成员个人行为简单的算术和,因而会产生一个新的行为形态。勒温的学生对影响群体行为的诸因素(如群体规范、沟通、领导等)进行了深入的研究,这些研究构成了组织行为学中群体心理的基本内容。

三、需要层次理论

需要层次理论是美国人本主义心理学家马斯洛在 1943 年发表的《人的动机理论》一文中提出的。他把人的需要分成五个层次,即生理需要、安全需要、社会交往需要、尊重需要和自我实现的需要。

需要层次理论的具体内容有:(1)生理需要。这是人类维持自身生存最基本的需要,包括饥、渴、衣、住、性等方面的要求。如果这些需要得不到满足,人类的生存就成了问题。从这个意义上说,生理需要是推动人们行动的最强大的动力。马斯洛认为,只有这些最基本的需要达到维持生存所必需的程度后,其他需要才能成为新的激励因素。(2)安全需要。这是人类要求保障自身安全,摆脱事业和财务危机,避免职业病的侵袭,接触严厉的监督等方面的需要。(3)社会交往需要。这一层次的需要包括两个方面的内容:一是友爱的需要,即人人都需要伙伴之间、同事之间的关系融洽或保持友谊和忠诚;人人都希望得到爱,希望爱别人,也渴望接受别人的爱。二是归属的需要,即人人都有一种归属于一个群体的感情,希望成为群体中的一员,并相互关心和照顾。(4)尊重需要。人人都希望自己有稳定的社会地位,希望个人的能力和成就得到社会的承认。尊重又可分为内部尊重和外部尊重。内部尊重指一个人希望在各种不同情境下有实力、能胜任、充满信心、保持独立自主。总之,内部尊重就是人的自尊。外部尊重指一个人希望有地位、有威信,得到别人的尊重、信赖和高度评价。(5)自我实现的需要。自我实现是高层次的需要,是指实现个人理想、抱负,将个人的能力发挥到最大程度,完成与自己的能力相称的一切事情的需要。也就是说,人必须做称职的工作,这样才会感到最大的快乐。马斯洛提出,为满足自我实现的需要所采取的方式方法是因人而异的。自我实现的需要是个人在努力实现自己的潜力,使自己越来越接近成为心中所期望的那种人。

每个人都潜藏着这五种不同层次的需要,但在不同的时期表现出来的各种需要的迫切程度是不同的。人的最迫切的需要才是激励其行动的主要原因和动力。人的需要是从外部得来的满足逐渐向内在得到的满足转化。低层次的需要基本得到满足以后,它的激励作用就会降低,其优势地位将不再保持下去,高层次的需要会取代它成为推动行为的主要原因。有的需要一经满足,便不能成为激发人们行为的起因,于是被其他需要取而代之。高层次的需要比低层次的需要具有更大的价值。热情是由高层次的需要激发的。人的最高需要即自我实现,就是以最有效和最完整的方式表现自己的潜力,唯此才能得到"高峰体验"。马斯洛晚年在第五层次需要的基础上提出了更高层次的需要——超个人需要、灵性需要。马斯洛的需要层次理论具有科学开创价值,把心理学中对病态心理过于关注的状况转变为对人的潜能的积极开发,态度更加乐观。该理论对政府机构、企业和教育部门等的管理也有一定的指导作用。

人的五种基本需要在一般人身上往往是无意识的。对于个体来说,无意识的动机比有意识的动机更重要。对于有丰富经验的人而言,通过适当的技巧,可以把无意识的需要转变为有意识的需要。马斯洛把人的需要划分为五个层次,管理者可以依据员工不同层次的需要,采取有效的措施以激励他们努力工作。在不同组织中,不同时期的员工以及组织中不同员工的需要充满差异性,而且经常变化。因此,管理者应该经常性地以各种方式进行调研,知晓员工未得到满足的需要是什么,然后有针对性地进行激励。

四、双因素理论

赫茨伯格的双因素理论认为,只有激励因素才能够给人们带来满意感,而保健因素只能消除人们的不满,并不会带来满意感。第一类因素是激励因素,包括工作本身、认可、成就和责任。这些因素涉及对工作的积极感情,又和工作本身的内容有关。这些积极感情和个人过去的成就、被人认可以及担负过的责任有关,它们的基础在于工作环境中持久的而不是短暂的成就。第二类因素是保健因素,包括公司政策和管理、技术监督、薪水、工作条件以及人际关系等。这些因素涉及工作的消极因素,也与工作的氛围和环境有关。也就是说,对工作本身而言,保健因素是外在的,而激励因素是内在的,或者说是与工作相联系的内在因素。

从不同的角度来看,外在因素主要取决于正式组织(如薪水、公司政策和制度)。只有公司承认高绩效时,它们才是相应的报酬。诸如出色地完成任务的成就感之类的内在因素,则在很大程度上属于个人的内心活动,组织政策只能产生间接的影响。例如,组织只有通过确定出色绩效的标准,才可能影响个人,使其认为自己已经相当出色地完成了任务。尽管激励因素通常与个人对工作的积极感情相联系,但有时也涉及消极感情。保健因素却几乎与积极感情无关,只会带来精神沮丧、脱离组织、缺勤等结果。

根据赫茨伯格的理论,在调动员工的积极性方面,可以分别采用以下两种基本做法:(1)直接满足,又称为"工作任务以内的满足"。它是一个人通过工作所获得的满足,这种满足是通过工作本身和工作过程中人与人之间的关系得到的。它能使员工学习到新的知识和技能,产生兴趣和热情,具有光荣感、责任心和成就感。因此,直接满足可以使员工受到内在激励,产生极大的工作积极性。对于这种激励方法,管理者应该予以充分重视。这种激励措施虽然有时所需的时间较长,但是员工的积极性一旦激励起来,不仅可以提高生产效率,而且能够持久。所以,管理者应该充分注意运用这种方法。(2)间接满足,又称为"工作任务以外的满足"。这种满足不是从工作本身获得的,而是在工作以后获得的。例如,晋升、授衔、嘉奖、物质报酬和福利等,都是在工作之后获得的。诸如工资、奖金、食堂、托儿所、员工学校、俱乐部等方面的福利,都属于间接满足。间接满足虽然也与员工所承担的工作有一定的联系,但它毕竟不是直接的,因而在调动员工的积极性方面往往有一定的局限性,常常会使员工感到与工作本身关系不大而满不在乎。有研究者认为,这种满足虽然也能够显著地提高工作效率,但不容易持久,有时处理不好还会产生负面作用。

在实际工作中,借鉴这种理论来调动员工的积极性,不仅要充分注意保健因素,使员工不至于产生不满情绪,更要注意利用激励因素去激发员工的工作热情,使其努力工作。管理者如果只顾及保健因素,仅仅满足于员工暂时安于现状,是很难引领员工创造出一流工作成绩的。

五、X 理论和 Y 理论

X 理论是麦格雷戈对把人的工作动机视为获得经济报酬的"实利人"的人性假设理论的命名,其主要观点是:人类本性懒惰,厌恶工作,尽可能逃避;绝大多数人没有雄心壮志,怕负责任,宁可被领导骂;多数人必须用强制办法乃至惩罚、威胁才能使他们为达到组织目标而努力。因此,企业管理的唯一激励办法就是以经济报酬激励生产,只要增加金钱奖励,便能取得更高的产量。这种理论特别重视满足职工生理及安全的需要,同时也很重视惩罚,认为惩罚是最有效的管理工具。

麦格雷戈针对 X 理论的错误假设提出了相反的 Y 理论。Y 理论是将个人目标与组织目标融合的理论,其主要观点是:一般人本性上不是厌恶工作,如果被给予适当机会,人们会喜欢工作,并渴望发挥其才能;多数人愿意对工作负责,并寻求发挥能力的机会;能力的限制和惩罚不是让人为组织目标而努力的唯一办法,因此,人是"自动人"。激励的办法有:扩大工作范围;尽可能把员工工作安排得富有意义并具有挑战性;使工作满足员工自尊和自我实现的需要;使员工实现自我激励。只要启发内因,实行自我控制和自我指导,在条件适合的情况下,就能实现组织目标与个人需要统一的最理想状态。

X 理论把人的行为视为机器,需要外力作用才能产生;而 Y 理论把人视为一个有机的系统,其行为不但受外力影响,而且受内力影响。X 理论和 Y 理论是统一价值杠杆上的两个不同终端。不管管理者怎样看待员工,对员工提出目标要求并进行管理是完全必要的,既要尊重员工,诱导他们自觉地工作,又要制定科学严谨的管理制度,对员工进行一定的纪律约束。在这个价值杠杆上,左端是 X 理论式管理,右端是 Y 理论式管理,管理的标点应根据员工素质、公司管理基础和工作特点等条件灵活地进行调整。在员工素质比较差、公司管理基础比较薄弱、生产力低下的公司,管理的标点应该调向左端,反之则应向右端调整。优秀的管理者应该根据公司的实际状况和员工的素质特点,善于运用这个杠杆,讲究管理艺术,将员工管理维持在一个高水平上。

第三节 现代管理理论

西方管理理论发展到现代,形成了许多学派。1961 年,美国管理学家哈罗德·孔茨在美国《管理杂志》上发表了一篇题为《管理理论丛林》的文章。在这篇文章中,他从历史和现实的角度出发,把西方管理理论划分为六个学派。1972 年,他在《管理学的原理》一书中,又根据研究方法和研究问题的重点不同,把西方现代管理理论划分为七个学派。1980 年,他又在一篇名为《再论管理理论丛林》的论文中指出,现在"管理理论丛林不但依然存在,而且已显得更加茂密而难于通过了"。他认为,管理理论学派已不是过去的六个或七个,而是发展到 11 个,分别是:(1)以孔茨等人为代表的管理过程学派;(2)以麦格雷戈等人为代表的人性行为学派;(3)以巴纳德等人为代表的社会系统学派;(4)以马克兰特等人为代表的管理科学学派,即数量管理学派;(5)以西蒙等人为代表的决策理论学派;(6)以卡斯特等人为代表的系统管理学派;(7)以德鲁克等人为代表的经验主义学派;(8)以明茨伯格等人为代表的经理角色学派;(9)以特里斯特等人为代表的社会—技术系统学派;(10)以布里奇曼等人为代表的经营管理学派;(11)以卢丹斯等人为代表的权变理论学派。

孔茨认为管理理论呈现一种众说纷纭、莫衷一是的乱局,他提出"丛林说"的意图是走出这片各种管理理论流派盘根错节的丛林,实现管理学的统一。所以,他对于产生丛林的原因以及丛林带来的影响的分析,更多注意的是其消极的一面,而忽视了丛林状态对管理学发展的积极影响。另一些学者在看待丛林问题上就乐观许多。例如，西蒙认为管理理论丛林并不是乱象，而是一个有多个学派参与的、正在走向综合化的复杂系统。孔茨再论"管理理论丛林"之后，又三十余年过去了，直至今日，管理理论非但没有走出丛林状态，反而随着经济与社会的发展，又有许多新的管理理论涌现。以下简要介绍管理过程学派、社会系统学派、决策管理学派、系统管理学派、经验主义学派、权变理论学派、管理科学学派和战略管理学派。

一、管理过程学派

管理过程学派又称"经营管理学派""管理职能学派""管理功能学派""业务管理学派"，是历史悠久并有巨大影响力的一种管理理论。管理学者一般认为法约尔是管理过程学派的创始人，管理过程理论源于法约尔的管理理论。管理过程学派把管理看作一个过程，其研究对象就是管理的过程和职能。

管理过程学派的主要代表人物是美国管理学家孔茨、亚历山大·丘奇以及威廉·纽曼等。孔茨认为，管理是通过别人使事情做成的各项职能。他非常强调管理的概念、理论、原则和方法。孔茨将管理的职能划分为计划、组织、人事、指挥和控制五项。他认为，协调本身不是一项单独的职能，而是有效地运用了这五项职能的结果。管理过程学派的主要观点是：(1) 管理是一个过程，了解管理的最好方法之一是首先分析它的职能。我们可以通过分析管理人员的职能，从理论上对管理加以剖析和阐述。(2) 应该以管理职能分析为中心，建立管理理论体系。管理职能主要包括：计划、组织、指挥、协调、控制、人事、沟通、决策、激励、创新等。(3) 依据管理人员在各种企业中长期从事管理的经验，可以总结出一些基本管理原理。这些基本管理原理对认识和改进管理工作能起到一种说明和启示的作用。(4) 可以围绕这些基本管理原理开展有益的研究，以确定其实际效用，明确其在实践中的作用和适用范围。(5) 这些基本管理原理只要没有被证明不正确或需要修正，就可以为形成一种有用的管理理论提供若干要素。(6) 就像医学和工程学那样，管理是一种可以依靠原理的启发而加以改进的技能。(7) 在实际管理工作中，管理人员有时会违背某一管理原理而造成的损失，或采用其他办法以弥补所造成的损失。但是，管理中的基本原理正如生物学和物理学中的基本原理一样，是可靠的。(8) 管理人员所处的环境和担负的任务受文化、物理、生物等方面的影响，管理理论也从其他学科中汲取有关的知识。

管理过程学派的主要贡献是：(1) 它既综合研究了前人和同代各管理学派的理论，又广泛运用和采纳各个学派的观点，形成了以阐述管理职能为主线的综合性管理理论。(2) 它不仅有较强的综合性和理论性，而且有较强的实用性和操作性。这是因为，管理的各项职能实际上就是管理者应做好的各项业务。因此，科学地提出发挥各项职能的原理、原则和方法步骤，也就是使管理者明确在管理中应当做什么、怎样做。

二、社会系统学派

社会系统学派的形成以美国管理学家切斯特·巴纳德的现代组织理论体系的建立为标志。巴纳德用社会的、系统的观点来分析管理问题,后人称他为"现代管理理论之父"。大多数管理学家都认为社会系统学派的理论基础主要有:意大利社会学家帕雷托的理论、德国社会学家马克斯·韦伯的理论、美国心理学家库尔特·卢因和库尔特·科弗卡的心理学理论以及梅奥等学者的人际关系学说等。巴纳德的现代组织理论涉及的问题极其广泛,对后来决策管理学派、系统管理学派等的形成产生了重要影响。巴纳德一生的著作很多,其中最有代表性的是1938年出版的《经理人员的职能》,他在该书中详细地论述了自己的组织理论,该书被管理学界称为"美国管理文献中的经典著作"。

社会系统理论与传统的组织理论不同,既不像古典管理理论那样把组织和整个管理系统的结构作为研究对象,也不像人际关系理论那样把组织成员的个人动机看成最重要的因素,而是把上述两者结合起来的一种综合性组织理论视为重要因素。社会系统理论是专门研究正式组织的本质、特征、构成要素和行为的理论。这种理论很注重把社会学应用于组织的分析及管理,并且与行为科学的研究方法有较深的渊源关系。

社会系统理论的主要观点有:(1)它认为组织的本质是"两个或两个以上人的有意识协调的活动或效力系统",即协作系统。(2)它指出了非正式组织的积极作用:一是具有促进信息传递的机能;二是具有通过影响组织成员的协作意愿维护正式组织内部团结的机能;三是具有保护个人人格和自尊心的机能,并且能抵制正式组织在这方面的不利影响。(3)它阐明了正式组织的三个基本要素:一是协作的意愿,即组织成员愿意为组织的目标做出贡献的意志。没有协作的意愿,就无法使各个人的努力一致起来,也无法使各个人的努力持久下去。二是共同目标,这是协作意愿的必要前提。三是信息联系。社会系统理论的研究表明,组织的一端是共同目标,另一端是具有协作意愿的组织成员,只有通过信息联系把这两端连接起来,才能成为有机的整体。(4)它阐明了组织平衡理论。组织一旦建立,其存续就成了组织的最终目标。组织平衡理论就是研究组织如何存续的理论。在这方面,巴纳德提出了组织必须保证对内平衡和对外平衡的思想,并认为这是组织能否存续的条件。这一思想是巴纳德独创的贡献。(5)它阐明了经理人员的职能:一是建立和维持一个信息联系的系统;二是从组织成员那里获得必要的服务;三是规定组织的目标。

社会系统理论的主要贡献是:(1)把组织中人们的相互关系看成一种协作系统。(2)提出非正式组织虽然可能对正式组织产生某些不利影响,但是也可以对正式组织起某些积极作用。这个观点比行为科学把非正式组织看作正式组织的对立面前进了一步。(3)用"效力"和"效率"这两项原则把组织中的个人目标和组织目标连接起来。(4)把正式组织的基本要素规定为协作的意愿、共同目标和信息联系,具有重要的意义。尤其是它把信息联系作为组织的基本要素加以研究,这是以前的组织理论没有做到的。(5)认为组织的共同目标必须用各部门的具体目标予以阐明。它把权力和责任授予各个部门,使各个部门相互联系、协调,从而共同为组织目标的实现做出贡献的观点,对后来的目标管理理论的形成帮助很大。(6)有关组织要生存和发展,必须搞好组织的对内平衡与对外平衡的思想具有重要的借鉴意义。任何组织的生存和发展都必须把握好对内平衡与对外平衡,如果两者失衡,将会产生不利影响。(7)指出组织中人的行为可以看成由决策和作业两个部分组成。古典管理理论着重研究其作业部分,阐明最大限度地提高作业效率的各种原理和技术,而社会系统理论则着重研究组织的决策过程,为后来西蒙等人的决策管理理论研究提供了依据。

三、决策管理学派

美国管理学家西蒙和马奇发展了巴纳德的社会系统理论,特别是决策理论。所以,决策管理学派是从社会系统学派中独立出来的。他们综合运用第二次世界大战以后发展起来的行为科学理论、系统理论、运筹学、计算机科学等,解决管理决策问题,形成了一个有关决策过程、准则、类型及方法的较完整的理论体系。决策管理学派认为,管理就是决策。决策管理学派的方法论已成为现代管理理论中具有重要地位的思想方法之一。

西蒙的代表作有:《经济学和行为科学中的决策理论》(1959年)和《管理决策的新科学》(1960年)等。由于西蒙对经济组织内的决策程序进行了开创性的研究,并奠定了现代企业经济学和管理研究的基础,1978年10月,瑞典皇家科学院授予他诺贝尔经济学奖。

决策管理理论的主要观点有:(1)强调决策在组织中的重要作用,认为管理就是决策,决策决定着管理行为的方向、轨迹和效率。以前的管理理论的中心思想是要提高效率。从西蒙等人开始的管理理论,其重点是追求效果。效率是在方向、目标已定的前提下解决如何执行得更好的问题,而追求效果则解决方向、目标这类根本问题。(2)认为组织是作出决策的个人所组成的系统,相关个人的第一个决策是参加或不参加这个组织。在作出这个决策的过程中,相关个人要对他为组织所做的贡献和从组织得到的诱因进行比较。如果诱因大于贡献,他就作出参加组织的决定。参加某一组织以后,虽然个人目标仍然存在,但是退居从属地位。(3)论述了决策过程中的信息问题。西蒙等人特别强调决策过程中信息联系的作用。信息联系是一个双向过程,它包括从组织的各个部分向决策中心的传递,也包括从决策中心向各个部分的传递。信息传递途径又可分为两种:一个是正式渠道,包括等级线路(直线信息联系)和职能线路(水平或参谋信息联系),如通知、指示、会议的传达和布置、各种交流,以及情报搜集。另一个是非正式渠道。非正式信息联系虽然是正式信息联系的补充,但却有着特殊的机能。事实上,决策时利用的情报大部分是通过非正式信息联系传递的。西蒙等人认为,当代是信息爆炸时代,重要的是对信息进行加工和分析,使之对决策有用,而不是获取信息。(4)阐明了决策的前提和准则。决策主要有两个前提:其一是价值前提。价值是指决策者的价值观、伦理道德和某些心理因素,主要表现为组织的目的、效率准则、个人对组织的认同、个人价值观等。其二是事实前提。事实是指对能够观察到的事物及其运动方式的陈述。西蒙等人指出,每项决策都含有价值前提和事实前提,价值前提要以事实前提为基础,离开了这个基础,就不是一种正确的价值观。另外,还有环境、条件前提,指决策对象因素和决策者价值因素以外的各种因素,如自然条件、资源条件、社会制度条件、科学技术条件以及人们的文化传统和风俗习惯条件等。西蒙等人从决策人和有限理性的角度出发,提出了令人满意的决策准则。(5)阐明了决策的过程。这包括确认问题、提出多种可供选择的方案、收集信息、选择解决问题的最佳替代方案、拟定实施计划、评估和审查。决策总是遵循着一定规律的。一般来说,这一程序是不可逆转的。但是,不一定要机械地按照上述程序一步接一步做,有时也会出现一定程度的逆转,形成一条"回路"。比如,在拟定实施计划阶段,由于出现了新的问题,需要搜集新的情报,于是又回到第一阶段。(6)阐明了决策的种类和技术。决策可分为程序化决策和非程序化决策。在实际管理中,我们可以找到大量的两种决策的混合形式。程序化决策的技术有遵循习惯、业务程序等。非程序化决策的技术包括判断、直觉、创造性、经验、有条理的思考训练等。按照性质的不同,决策又可分为确定型决策、风险型决策、非确定型决策等。(7)强调决策者的素质。西蒙等人对决策者的要求进行了详细的分析,提出了一些必须具备的品质和条件:靠以身作则来树立权威和全局观念、依赖和培养下级、有广博的知识和丰富的经验、有敏锐的预测能力和判断力、主动承担责任、敢于担当风险等。

决策管理理论的主要贡献是:(1)提出了管理的新概念,即管理就是决策。(2)提出了与"经济人""完全理性"相对应的"决策人""有限理性"的概念,这是决策管理理论的核心。"有限理性""决策人""满意标准"等假设奠定了厂商理论和管理研究的基础。

四、系统管理学派

系统管理理论是20世纪60年代前后盛行于西方的一种管理理论。这一理论的创始人是美国学者弗里蒙特·卡斯特和詹姆士·罗森茨韦克。系统管理学派的管理思想基础是贝塔朗菲创立的一般系统理论。系统管理理论中的许多内容有助于自动化、控制论、管理信息系统、权变理论等的发展。系统管理学派的理论基础是系统科学,系统科学在20世纪90年代后有了长足发展,尤其是在"老三论"(一般系统论、控制论、信息论)的基础上发展起来的"新三论",即耗散结构理论、协同论和突变论,以及超循环理论和混沌理论,这些理论的发展对系统管理理论有着促进作用。

系统管理学派认为,要进行成功有效的管理,就要对企业系统的基本问题进行系统的分析,以便找出关键所在。系统管理理论的主要观点有:(1)用系统的观点来考察企业管理,强调对组织的整体性理解,把企业作为一个开放系统,将其看成由许多子系统组成的一个组织。(2)强调进行系统管理。系统管理有以下四个密切联系的阶段:其一是有关创建一个系统(企业)的决策阶段;其二是系统的设计阶段;其三是系统的运转和控制阶段;其四是检查和评价系统的运转结果阶段,看其是否有效果和有效率。(3)设计管理的系统模式。这包括如何设计企业最高层的系统模式、企业经营管理的系统模式、组织的系统模式等。

系统管理学派认为,系统观点、系统分析和系统管理都是以系统理论为指导的,三者之间既有联系又有区别。(1)系统观点主要有:① 整体是主要的,其余各个部分是次要的;② 系统中许多部分的结合是它们相互联系的条件;③ 系统中的各个部分组成一个不可分割的整体;④ 系统中的各个部分围绕着实现整个系统的目标而发挥作用;⑤ 系统中各个部分的性质和职能由它们在整体中的地位所决定,其行为则由整体对部分的关系所制约;⑥ 整体是系统结构或综合体,并且作为一个单元行事;⑦ 一切都应以整体作为前提条件,然后演变出其余各个部分以及各个部分之间的相互关系;⑧ 整体通过新陈代谢而使自己不断地更新。(2)系统分析的内容主要包括:① 系统分析的含义,即对一个系统内的基本问题用逻辑的思维推理、科学分析计算的方法,在确定或不确定的条件下,找出各种可行的选择方案加以分析比较,进而选出一种最优的方案。② 系统分析的准则:一是在对各种选择方案进行分析和选择时,应紧密围绕建立系统的目的;二是要从系统的整体利益出发,使局部利益服从整体利益;三是在进行系统分析时,既要考虑当前利益,又要考虑长远利益;四是将定量分析和定性分析相结合;五是抓关键,不要局限于细枝末节。(3)系统管理。系统观点和系统分析可以应用于各种资源的管理。把组织单位作为系统来安排经营,就叫"系统管理"。其特点是:① 以目标为中心;② 以整个系统为中心;③ 以责任为中心;④ 以人为中心。

美国麻省理工学院的福莱斯特教授和他的学生罗伯茨等人创立的系统动态学是系统管理理论的进一步发展。福莱斯特建立和分析工业动态系统模式的方法包含六个步骤:(1)分析工业企业的具体情况,确定工业企业管理中的问题,明确所要达到的重要目标;(2)系统地表达企业系统特有的各主要因素的依存关系;(3)建立"动态"程序设计系统;(4)用电子计算机对这个"动态"系统进行运算,并将运算结果与企业实际行为的试验数据相比较;(5)依据比较结果对模式进行修改,以保证动态模式与企业行为尽可能一致;(6)运用某种模式确定各个参数最适宜的变化范围,以便改进企业行为,并把这些变化由计算机语言翻译成现实生活中的通用语言,以供管理者利用。

系统管理理论的主要贡献是:(1)所阐明的系统观点为建立全面的企业组织提供了重要的指导思想。(2)不仅把企业看作更大的社会系统中的一个子系统,而且视它为由许多子系统有机结合的一个整体。系统管理理论所追求的不是单个系统的高效率,而是整体系统的高效率。(3) 把企业看作与其周围环境相互关联的开放系统。这种描述比传统的管理理论把企业看作一个孤立的封闭系统的观点更贴近现实。(4) 所阐述的系统分析方法、原则和步骤,为企业通过科学决策取得最优方案提供了前提和依据。(5) 管理的系统模式对于企业组织的设计来说,一目了然地显示出各部门之间的分工与关系,具有重要的借鉴意义。

五、经验主义学派

经验主义学派也称为"经理主义学派""案例学派",以向企业的经理提供管理企业的成功经验和科学方法为目标。经验主义学派的基本管理思想是,有关企业管理的理论应该从企业管理的实际出发,特别是以大企业的管理经验为主要研究对象,加以理论化和概括化,然后传授给管理人员或向经理提出实际的建议。也就是说,他们认为管理学就是研究管理的经验。经验主义学派认为,通过研究管理中的成功和失败,就能理解管理中存在的问题,自然地学会有效的管理。经验主义学派的主要特点是对实践经验的高度总结,包括:(1) 管理的性质;(2) 管理的任务;(3) 管理的职责;(4) 组织结构;(5) 目标管理的思想。该理论所用的研究方法以案例分析法为主,故称"经验主义理论"。

经验主义理论的代表人物有很多,如美国管理学家彼得·德鲁克和汤姆·彼得斯。经验主义理论利用案例分析,研究范围很广,观点也很多。如彼得·德鲁克于1954年提出的目标管理,是使管理人员和广大员工在工作中实行自我控制并达到工作目标的一种管理技能和管理制度。它是经验主义理论在管理实践方面的一个很大贡献,综合了以工作为中心和以人为中心的管理技能和管理制度,解决了泰勒只重视动作分解而忽视工人劳动兴趣、把计划与执行分开等问题;同时,也避免了行为科学偏重于以人为中心,忽视与工作相结合的弊端。目标管理的实施分为目标的制定、实施、检查、评价四个阶段。成功企业实行目标管理的要素有:(1) 高层管理人员参加;(2) 下级工作人员积极参加目标的制订,并为目标的实现承担责任;(3) 有充分的情报资料;(4) 对实现目标的手段有控制权;(5) 对实现目标管理带来的风险给予激励;(6) 充分信任员工。

汤姆·彼得斯和罗伯特·沃特曼合写的《寻求优势》一书于1983年出版。该书的副标题就是"美国杰出企业的成功经验"。书中着重分析了美国43家企业的经营管理状况,认为这些企业在不断追求卓越的过程中,为管理界积累了许多实用的经验。彼得斯和沃特曼把这些经验归纳成八条:(1) 贵在行动;(2) 接近顾客;(3) 主动行动,提倡创业;(4) 尊重员工,调动员工的积极性以促进生产;(5) 重视企业精神,提倡走动管理;(6) 谨守专业;(7) 精兵简政;(8) 宽严相济。彼得斯提出调动人的潜力的五条途径:(1) 适时表扬。很多人都是以自我为中心的,会对来自他人的赞扬感到快慰,有普遍认为自己是优胜者的趋势。(2) 环境引导。人是环境的奴隶。(3) 理想暗示。

人需要活得有意义,愿意为这种意义的实现做出极大的牺牲。(4)保护自尊。人们通常将成功看成由自身因素决定的,而把失败归于体制所造成的,以便使自己从中解脱出来。(5)稳定与授权。一些人在寻求安全感时,特别乐于服从权威;而另一些人在利用他人向他们提供的有意义的生活时,又特别乐于行使权力。

经验主义学派强调理论的实用性,在研究方法上的明显特点是,以企业经验作为研究对象,从活生生的现实中提炼出许多发人深省的原理,有助于管理者应付当代不断变化的管理实践。

经验主义理论的主要局限性在于,从案例分析得出的经验只具有借鉴和启发意义,很少具有指导意义,因为历史是不能重复的。从这个意义上说,比尔·盖茨的一句话富有启发意义:"成功往往不是一个很好的老师,它会把你引向失败。"当历史发展出现转折点时,过去的经验不仅会过时、毫无价值,而且只有害而无利。

六、权变理论学派

"权变"是指偶然事件或偶然性。权变理论的主要内容是权宜应变。因此,权变理论也称为"因地制宜理论""情景管理理论""形势管理理论"和"情况决定论"等。权变理论是西方于20世纪60年代末70年代初形成的一种管理理论。最早运用权变思想研究问题的学者有英国的伯恩斯和斯托克等。后来,美国学者保罗·劳伦斯和杰伊·洛希对权变思想继续进行研究。由于劳伦斯和洛希在这方面的研究具有突出的贡献,又因1967年他们合著的《组织和环境》一书以及发表的有关权变理论的文章为权变理论的建立提供了依据和指导,因而被西方学者称为现代权变理论的创始人。美国管理学家弗雷德·卢桑斯1973年发表了《权变管理理论,走出丛林的道路》一文,1976年出版了《管理导论:一种权变学说》一书,使权变理论迅速普及开来。

权变管理的基本思想是,管理的方式和技术要随着企业内外环境的变化而变化。所以,在管理因变量和环境自变量之间存在着一种函数关系。但是,在模式问题上,这一学派的不同学者有不同的观点。权变管理理论的核心内容是环境变量与管理变量之间的函数关系,即权变关系。权变理论学派的最大特点是,强调根据不同的具体条件,采取相应的组织结构、领导方式、管理机制,并且将一个组织看作社会系统的分系统,要求组织各方面的活动都适应外部环境的要求。权变理论的主要观点是:(1)多数管理理论追求普遍适用的、最合理的模式、原理,但是仅在所有企业或组织面临相同的、稳定的环境时适用。事实上,环境经常变化,企业面临相似环境的情况极为稀少。(2)以系统观点为依据,研究一个组织(企业)如何根据所处的内外部环境中可变因素的性质,在变化的条件下和特殊情境中,采用适用的管理观念和技术,提出最适合具体情境的组织设计和管理活动的管理理论。(3)具体的权变思想涉及计划的权变观点、组织结构的权变观点和领导方式的权变观点等。

权变理论的主要贡献在于,它把组织看成一个开放系统,而不是封闭系统。该理论认为,作为开放系统的组织,其管理活动中不存在普遍适用的、最合理的模式和原则,不存在一种一劳永逸的、最好的管理方法,管理效果完全取决于组织与其环境之间的适应性。管理的主要任务就在于寻求这种最佳的适应性,如针对不同的环境条件采用相应的组织结构和领导方式。权变理论使人们摆脱了封闭式系统对极其复杂的环境的简单认识,同时使管理理论的研究与管理活动的实践更加密切地联系起来。

权变理论的局限性以及运用时要注意的问题在于,要加强对各种适应典型环境的理论、方法的研究与学习,只有这样才能针对具体环境,在深厚理论的基础上提出更好的、更适用的理论与方法。

七、管理科学学派

管理科学学派,又称"管理数量学派",是西方现代管理理论中一个重要的理论学派。"管理科学"(management science)一词在美国与"作业研究"(operation research)一词通用,在我国习惯上称为"运筹学"。因此,西方管理科学学派中所谓的"管理科学"并不是指有关管理的学科或学科体系,而是指用科学的方法,特别是用定量分析的方法来解决管理问题。管理科学理论虽然正式形成于第二次世界大战之后,但是它与泰勒提出的科学管理理论以及更早的巴贝奇等人提出的管理理论和管理方法有着密切的渊源关系。例如,科学管理理论要求找到一种"最好的方法"以提高劳动生产率,而管理科学理论则要求实现决策方案的"最优化"。

管理科学理论的主要观点有:(1)管理就是制定和运用数学模型与程序的系统,就是用数学符号和公式来表示计划、组织、控制、决策等合乎逻辑的程序,求出最优解答,以达到企业的目标。(2)对组织的看法有以下五点:其一,组织的成员是"经济人",或称"组织人""理性人"。其二,组织是一个系统,所以评价一个组织中的任何决策或行动时都必须考虑到它对整个组织的影响和所有的重要关系。其三,组织是一个追求经济利益的系统。但是,组织所追求的是全局的最大收益,最优化是从整个系统出发进行考察的。其四,组织是由作为操作者的人与物质技术设备组成的人机系统。它对投入的各种资源进行加工,将之转变为产品输出。这个系统中的工作是能够明确规定的,而工作的成员也是能够予以确切衡量与评价的。这就要利用数学模型、科学方法和电子计算机等。其五,组织是一个决策网络。合理决策一般都具有结构性,可以应用计量模型,使之实现最优化。所以,要广泛地利用各种数学模型。(3)主张多种学科交叉配合,对管理进行研究。(4)明确了管理科学理论解决问题的步骤:第一步是观察和分析,第二步是确定问题,第三步是建立模型,第四步是选定模型并进行求解,第五步是对模型与得出的解决方案进行验证,第六步是对解决方案进行控制,第七步是将解决方案付诸实施。(5)说明了管理科学理论的常用方法,包括规划论、决策论、排队论、网络计划方法、盈亏平衡分析、模拟等。

管理科学理论的主要贡献是:充分吸收和利用现代自然科学和社会科学知识,特别是数学、系统科学、控制科学、电子计算机科学的知识,为管理提供了许多行之有效的定量分析方法和现代管理手段,为社会化大生产条件下的管理定量化、科学化、现代化开辟了道路。

管理科学理论的局限性主要在于,它对于管理的认识是片面的。例如,从管理方法上说,它不能仅仅运用数学方法,还要综合运用其他各种方法,如经济方法、法律方法、心理方法等,而这些方法是不可能完全由数学方法来代替的。

八、战略管理学派

战略管理理论起源于 20 世纪 20 年代,形成于 60 年代,在 70 年代得到了进一步发展。"企业战略管理"一词,最初是由美国学者安索夫在其 1976 年出版的《从战略计划走向战略管理》一书中提出的。安索夫认为,企业战略管理是指将企业日常业务决策与长期计划决策相结合而形成的一系列经营业务。80 年代后,美国企业战略管理不再像 70 年代那样热门了,开始进入低潮阶段。90 年代以后,战略管理理论再次受到普遍重视。战略管理理论的"冷热"变化主要与企业发展是否需要长远的战略思想以及长远战略规划是否有效相关联。在这种新环境下,组织面对着巨大的不确定性、模糊性和不断增多的战略不连续性,这些都会迅速地改变竞争的本质。所有战略行为的"有效期"不断被压缩,战略更新以一种前所未有的速度进行。这种高度动态、多变的环境不断产生混乱、非均衡和高度的不确定性,几乎形成了一种永久性的不均衡状态,使得组织的"持续竞争优势"不复存在。在新的竞争环境下,再也不能期望某个产业可以一直稳定发展并长久存在。这在 21 世纪之后出现的全球范围内大量的产业重组、公司结构及其运行方式的持续性变化中反映出来。

战略管理存在两大流派:一是行业结构分析学派。这一学派的理论基础是工业经济理论,有三个前提假设:(1) 企业的外部环境,特别是行业和竞争环境决定企业能否获得高额利润。(2) 对于许多特定的行业来说,由于公司拥有类似的资源,因此可以采用类似的战略。(3) 实施战略所需要的资源在公司间可自由流动,这使得公司间的资源差异只是暂时的。这一学派认为,企业战略管理的关键在于选择行业和市场定位。二是内部资源学派。从 20 世纪 80 年代开始兴起的这一学派与行业结构分析学派相反,其基本假设是:(1) 每个组织都是独特资源和能力的结合体,这些是战略的基础,也是利润的重要来源。(2) 假定公司具有不同资源,开发了独特的能力。同样,在特定行业竞争的公司不一定拥有相同的战略资源和能力。(3) 资源不能在公司间自由流动。公司间的资源存在差异,无法复制。另外,利用这些资源的独特方式是公司形成竞争优势的基础。这一学派认为,企业战略管理的重心在于整合资源的能力。一家公司的资源可分为三类:物力、人力和组织。上述两个学派的观点,其正确性在西方企业管理的实践中都能得到证明。由此,战略管理可界定为:根据企业外部环境和内部经营要素确定企业组织目标,保证目标的正确落实,并使企业使命最终得以实现的动态过程。

惠廷顿比较了战略研究的四种视角:(1) 20世纪60年代的战略计划视角,关注那些帮助管理者进行经营方向决策的工具和技术,如产业结构分析、核心竞争力;(2) 70年代的商业政策视角,关注不同公司层面战略的选择给组织带来的收益,如多元化战略、国际化战略;(3) 80年代的战略过程视角,关注组织如何意识到战略变革的需要,以及如何实现战略变革;(4) 最后是惠廷顿强调的战略实践视角,吸收了战略过程视角的很多思想,但是更关注管理者如何"战略化",即如何通过具体的活动制定和实施战略,如何学习相关的技能和知识,以成为有效的"战略实践者"。经济层面和理论层面的推动促使战略研究视角从宏观战略分析向微观战略活动转移。在经济层面,一是资源环境的变化,开放的市场、流动的劳动力和丰富的资源使组织基于资源差异而建立起来的竞争优势变得不稳定,促使组织更倾向于立足组织的微观资产和活动。二是竞争环境的变化,竞争速度的加快、创新的层出不穷迫使组织快速和创造性地响应竞争,这些都要求组织在战略制定和战略实施层面革旧图新,尤其是要关注实践活动。在理论层面,一是传统战略研究一直较为关注宏观环境的影响,尤其是经济学视角下波特的产业分析一直占据着主导地位,但是对人的能动性和具体活动关注不足。二是战略研究中的相关理论需要依靠具体的管理活动检验效果,如资源的价值不在于拥有而在于使用,在于管理者如何在具体的管理活动中挖掘其潜在价值。三是响应韦克的建议,使用动词或动名词,将概念背后的行动者和他们的行动纳入分析框架,而不仅仅是列出静态的概念名词。例如,从对组织的名词(organization)的研究战略转移到对组织的动名词(organizing)的研究战略,微观的战略视角要研究"战略化"这个动名词。

惠廷顿提出的"3P"整合框架包括广义的实践(practice)、狭义的实践(praxis)和实践者(practitioner)。广义的实践是指那些被社会成员共享的思考和行为惯例、传统、规范、程序;希腊单词"praxis"在这里被翻译成"狭义的实践",是指人们实际从事的用以达成战略的一连串实践活动;实践者是指从事战略工作的人,也可称为"战略家"(strategist),既包括以战略工作为核心的高层管理者,也包括执行战略的中层管理者,还包括组织外部的咨询顾问等。广义的实践指导狭义的实践,也嵌入实践者实际从事的实践活动中。类似于吉登斯对社会结构的约束和使能作用的分析,广义的实践可以通过实践者的活动得以维持和迭代。

战略管理理论的主要贡献是:研究说明如何将企业目标、企业资源能力与环境提供的机会三者不断地结合起来,具有长期性、前瞻性、可调整和再造性等特点。战略管理理论的局限性在于应用时比较困难。一方面,战略经营单位难以划分;另一方面,未来是不确定的。因此,值得注意的是,成功者之所以成功,不是因为他们每一次决策都非常正确,而是因为他们一旦发现错误就能立即采取纠正措施,始终拥有纠正错误决策的备选方案。

第四节　管理理论的新发展

孔茨试图统一管理理论的愿望尽管美好，但是管理理论的"丛林"状态是很难消亡的，当代管理学理论更加复杂多样。从研究方法来看，众多分析方法的"加盟"在很大程度上导致管理学学派林立。随着经济学、社会学、心理学、生理学、数学、工程技术学、运筹学、系统工程学、控制论、信息论及电子计算机等多学科的方法和研究成果不断加入管理分析的"阵营"，管理理论"丛林"变得更加"枝繁叶茂"。除了管理学吸收了当代许多研究方法外，管理活动所处的环境不断变化也促使管理学必须与时俱进，以新的理论解释管理活动，指导管理实践。

一、比较管理理论的发展

20世纪70年代末80年代初，第二次世界大战的战败国日本、德国等迅速崛起，引起许多管理学家的关注，研究它们的管理经验并与本国的情况相对照。另外，70年代以后，跨国公司的海外公司急剧增加，引起学界对不同国家有效管理方式的比较研究。再加上80年代，社会主义国家实行改革开放政策，也促进了比较管理理论的发展。

80年代以后，比较管理理论的发展除了在比较管理学的研究对象、比较方法等方面的研究有新进展以外，在管理理论方面的新认识主要有三点：(1) 通过比较管理学的研究，普遍认识到一国文化传统对于管理方式的形成和运用具有很大影响，从而在寻求管理的普遍规律以及管理方式、方法的移植方面向前迈进了一步。(2) 通过比较管理学的研究，更加认识到管理中"软因素"的重要性。所谓软因素，简单地说就是强调管理中人的因素，特别是强调人的精神因素和主观能动因素。1981年，美国斯坦福大学教授巴斯卡尔和哈佛大学教授艾索斯在《日本的管理艺术》一书中，概括了日本的经验，提出了管理的七个变量，即"7S"管理模式。所谓"7S"，即制度（system）、策略（strategy）、结构（structure）、作风（style）、共有价值观（share value）、人员（staff）、技巧（skill）。他们把前三个变量称为"硬S"，把后四个变量称为"软S"，并在对日本松下公司和美国国际电话电报公司进行比较研究后，认为日本的成功之处就在于它重视"软S"。(3) 通过比较管理学的研究，认识到小企业的优越性。按照过去规模经济的观点，大规模批量生产具有成本低、效率高的特点，因此企业规模还是大一些好。近些年，由于科学技术的发展和大众需求的日新月异，企业间在产品质量、品种、更新换代方面的竞争日趋激烈，通过对大小企业优缺点的比较研究，又有一种认为"小更好"的倾向。这主要是由于企业小、层次少、决策快、效率高，具有"船小好调头"、应变能力强的特点。在这种思想的指导下，西方一些企业，特别是一些国际性大企业，开始化小或建立独立经营单位，在大公司仍有一定统一性的前提下，采取小而灵的组织形式。

二、非理性主义思潮

20世纪80年代初,美国的一些管理学家,特别是《寻求优势》一书的作者彼得斯等人,在研究日、美两国的企业管理状况后,分析并批判了过去管理理论的缺陷,认为这些管理理论,包括以泰勒为代表的科学管理理论,过分拘泥于以理性主义为基石的科学管理,只热衷于对规章制度、数学模型和普遍原则等的研究,实际上是一种见物不见人,甚至是与人为敌的管理。因此,他们认为过去的管理模式已不适应时代的要求,必须进行一场"管理革命",使管理"回到基点",即以人为核心,做好那些人人皆知的工作,从而发掘出一种新的以活生生的人为重点的、带有感情色彩的管理模式。彼得斯等人的这些观点代表了当代西方管理理论发展中的一种非理性主义思潮。

非理性主义倾向的鼓吹者在批评传统理论的同时,提倡对管理实务进行研究。他们在研究中不求理论体系完整、逻辑推理严谨,而是采用较松散的体系,运用大量实例阐述自己对管理的见解,其中许多"经验之谈"直接出自企业经理之口。例如,名噪全球的《寻求优势》一书,其副标题就是"美国杰出企业的成功经验"。书中重点分析了美国43家企业的经验,并把这些经验归纳为八条,作为全书的基本框架。进入20世纪90年代以后,信息产业、高科技产业在经济发展中占有越来越重要的地位,经济一体化、全球化的趋势越来越明显,知识经济初见端倪。在这种情况下,西方管理理论围绕知识经济的管理与知识资本问题提出了一些新的观点。

三、学习型组织

1990年,美国麻省理工学院组织学习中心的负责人彼德·圣吉出版了《第五项修炼——学习型组织的艺术与实务》一书,阐明了学习型组织的含义。所谓学习型组织,就是指通过弥漫于整个组织的学习气氛而建立起来的一种符合人性的、有机的、扁平化的组织。这种组织具有持续发展的能力,是可持续发展的组织。

该书认为:"在过去,低廉的天然资源是一个国家经济发展的关键。传统的管理系统也是被用来开发这些资源的。然而,这样的时代正离我们而去,发挥人们的创造力现在已成为管理努力的重心。"为此,该书提出:"未来唯一持久的优势是有能力比你的竞争对手学习得更快,未来真正出色的企业,将是能够设法使各阶层人员全心投入,并有能力不断学习的学习型组织。"在构建学习型组织过程中,要进行五项修炼:(1)自我超越,即能够不断实现人们内心深处最想实现的愿望,不断创造和超越,这是一种真正的终身学习。(2)改善心智模式,即不断适应内外变化,改变自己的思维定式以及由这种思维定式决定的思想、心理、行为方式。(3)建立共同愿景,即使组织具有全体成员共有的价值观、目标和使命,设法让共同愿景把大家凝聚在一起。(4)团体学习,即从"深度会谈"开始,在群体中通过思想的自由交流,分享集体智慧,不仅取得团体整体的出色成果,也使个别成员得到更快的成长。(5)系统思考,即树立系统观念,善于运用完整的知识体系和工具,从整体上认识、分析和解决问题,能有效地掌握事物的变化,不断开创新局面。

四、虚拟企业、动态协作团队和知识联盟

1991年,美国管理学家查尔斯·M. 萨维奇出版了《第五代管理》一书。1996年,他对该书进行了修订再版,指出:"在过去的一千年中,我们通过利用土地、劳动力和资本养育了自己,创造了财富。"但是,"生态运动已经警示我们:这些资源比想象的要有限得多。我们的废弃物不仅破坏了景观,而且微粒垃圾和化学毒素已经引发了癌症和其他健康问题"。因此,"土地、劳动力和资本已不足以创建美好的未来。除此之外,我们需要新的资源"。为此,萨维奇提出了这样的问题:"难道知识和获取知识合在一起就是土地、劳动力和资本之外的第四个财富之源?"

从上述认识出发,该书提出要通过建立虚拟企业、动态协作团队和知识联盟共同创造财富。所谓虚拟企业,就是不仅把公司成员,而且把供应商、公司顾客以及顾客的顾客都看成一个共同体,倾听他们的意见,充分调动内外各种资源。建立虚拟企业要更多地依靠人员的知识与才干,而不是他们的职能。通过分析,该书还提出,未来管理模式要在以下五个方面发生转变:(1)从工业时代到知识时代的转变;(2)从例行程序到复杂性的转变;(3)从序列活动到并行活动的转变;(4)从工业时代的概念性原则到知识时代的概念性原则的转变;(5)管理在结构、控制、权力、交流等方面的转变。

五、知识管理理论

1996年,以发达国家为主要成员国的经济合作与发展组织(OECD)在题为《科学技术和产业发展》的报告中正式使用"知识经济"(knowledge-based economy)这一概念,并将其定义为:建立在知识和信息的生产、分配和使用之上的经济。[①] 知识经济是与农业经济、工业经济相对应的一个范畴,实际上是一种以知识为基础的经济增长方式。在知识经济时代,知识是企业最重要的资源,企业最有价值的资产已不再是物质资本,而是知识资本。[②] 因此,知识管理或知识经济管理理论主要说明如何对知识资本进行管理。托马斯·A. 斯图尔特是美国《财富》杂志的编辑,他在1997年指出,知识资本是指能够为企业带来利润的有价值的知识。知识资本的价值可以用企业资产的市场价值与账面价值之间的差额来衡量。拥有大量知识资本正是微软公司这种知识企业在股票市场上持续被看好的真正原因。

---

① 经济合作与发展组织. 以知识为基础的经济[J]. 杨宏进,薛澜译. 机械工业出版社,1997.
② See J. Roos, G. von Krogh, The Epistemological Challenge: Managing Knowledge and Intellectual Capital, *European Management Journal*, 1996, 14(14).

知识资本是由人力资本、结构性资本和顾客资本构成的。人力资本是指企业员工所拥有的各种技能与知识,它们是企业知识资本的重要基础。这种知识资本是以潜在形式存在的,往往容易被忽略。结构性资本是指企业的组织结构、制度规范、组织文化等。顾客资本是指市场营销渠道、顾客忠诚、企业信誉等经营性资产。在关于知识资本的理论中,企业的目标是通过知识资本的积累与营运,即人力资本、结构性资本、顾客资本三者的相互作用,推动企业知识资本的增值实现的。例如,微软公司、英特尔公司的价值就在于其员工所拥有的知识和其员工及企业所拥有的开发新产品并在市场上进行推广的能力。

对知识资本的管理,就是要有效地实现知识的创造、传递、利用和保护,这已成为知识企业获得并保持竞争力的战略手段。在对企业知识资本的管理过程中,要以人力资源或人力资本为前提和出发点,以结构性资本为保障和支持,促进个人知识的创造,并鼓励将个人未编码的知识转化为企业的编码知识,即知识资产。企业要对其中重要的知识资产进行法律保护,即将其作为知识产权,以保证企业能获取开发这类知识的收益。

结构性资本与人力资本的相互作用表现为:人力资本是知识资本最关键的部分,是知识企业价值实现与价值增值的重要基础;而结构性资本的作用是为激励人力资源创造知识、发挥知识的增值作用提供环境支持。结构性资本应被设计成能保证资产产出最大化,即保证人力资源的最优化、人力资源转化为知识资产的最大化以及知识资产市场价值的最大化。依据关于知识资本的理论,企业应在下列四个方面加强对知识资本的管理:(1) 促进企业人力资本的创新活动。这种创新转化为知识资产后,即成为企业的财产,而在得到法律保护后则成为知识产权。(2) 结构性的经营资本与创新活动结合,促成创新成果的商品化,使其迅速走向市场。(3) 提高企业利用各种知识产权的能力并使其增值。(4) 努力在员工、顾客忠诚以及包含在企业文化、制度和流程中的集体知识方面发现和培育知识资本。总之,企业对知识资本的管理应在人力资本、结构性资本和顾客资本上体现出来,注重创造性思维的培养与利用。在信息时代,应重视企业的沟通网络、组织网络的建设,营造适当的环境以保证企业具有创造性。另外,人力资源的价值实现必须有结构性资本和顾客资本的支持与匹配。

1998 年,美国著名经济学家达尔·尼夫主编并出版了《知识经济》一书。该书对知识经济及知识经济管理进行了比较全面的阐述。其中,有一个重要观点,即"下一波经济增长将来自知识型企业"。作者首先解释知识型企业将生产"知识型"或"智能型"产品。所谓智能型产品,主要表现在它们能够过滤和表达信息,让使用者更有效地作出反应。"它们是互动的,越使用它们越具有智能,可按顾客要求制作。"作者认为,以向顾客提供信息为基础的企业将胜于那些没有这么做的企业,知道如何把信息转变成知识的企业将会是最成功的企业。作者提出,所谓知识型企业,一般具备以下六个特征:(1)你越使用知识型产品和服务,它们越具有智能。(2)你越使用知识型产品和服务,你就越聪明。(3)知识型产品和服务可随环境变化而作出调整。(4)知识型企业可按顾客要求提供产品和服务。(5)知识型产品和服务具有相对较短的生命周期。(6)知识型企业能使顾客适时采取行动。作者还指出,灵活性、适应性、反应能力和快速革新能力正日益被看作知识经济中最佳的组织结构要素。

科学的管理方法可以帮助企业明显提高生产效率。科学管理理论创始人泰勒出版《科学管理原理》已经一百多年了,到现在对于管理实践仍然具有重要的指导意义。泰勒做铲铁实验、搬运生铁实验,在工作写实、工作分析方面花了很大的工夫,从而制订了科学的作业方法,明显提高了工作效率。有的中国公司引进西方管理学的新思想、新模式,希望超常规、跨越式发展,结果往往失败。管理应该立足企业实际,从最基础的工作研究做起,踏踏实实朝上走。上海慧圣咨询公司与国家电网、中国石油、宝山钢铁等世界500强公司就工作写实方面的基础管理工作合作过多次。这些著名的公司能够取得良好的绩效,与其踏实认真、基于现状改进管理的科学态度关系密切。

GDR 公司技术资源部钳工工作写实[①]

1. 钳工的主要岗位职责

根据对钳工岗位的观察和调研,钳工主要承担设备检修工作。

(1)分析设备故障原因,及时排除各类报修设备的机械故障,保障设备正常运行;

(2)定期对生产设备进行巡检,监控设备运行状况,及时发现和排除设备的机械故障隐患;

(3)参与公司设备大型检修活动,承担设备大修中的机械维修任务;

(4)协助其他检修人员的设备检修和设备定检工作。

2. 钳工工作日内各类时间汇总

通过对钳工岗位的一位员工进行工作日工作写实,详细地对该员工每天的活动进行记录。结合钳工岗位的主要工作内容,对各项活动时间按照五种时间进行归类。记录形式如下:

---

① 案例来源:上海慧圣咨询有限责任公司数据库。

表 2-1　时间归类

被写实岗位所属部门:技术资源部 写实岗位名称:钳工 被写实人姓名:＊＊ 被写实人性别:＊		写实开始时间:＊月＊日 8 时 15 分 写实结束时间:＊月＊日 17 时 00 分 记录人:＊＊			
序号	活动内容(分钟)	起始时间	地点	时间分类	所用时间(分钟)
1	询问同事,找维修材料	8:15	值班室	Tzd	2
2	等待报修,整理工具	8:17	值班室	Tzd	11
3	取工具	8:28	值班室	Tzd	1
4	去库房领材料	8:29	库房	Tzd	1
5	去新车间继续更换行车变速箱	8:30	路上	Tzd	5
6	上行车更换变速箱等吊车(10),卸下及吊上新变速箱(10),拆除旧底座(35)	8:35	新车间	Tz	78
7	回值班室取焊枪	9:53	路上	Tzd	3
8	拿焊枪	9:56	值班室	Tzd	4
9	去新车间	10:00	路上	Tzd	2
10	制作及焊接新底座(55),更换传动接手(15),打磨(15)	10:02	新车间	Tz	72
11	回值班室	11:14	路上	Tzd	6
12	收工具	11:20	值班室	Tzd	2
13	洗手清洁	11:22	值班室	Tsk	2
14	休息等待报修	11:24	值班室	Tzd	6
15	午休	11:30			
16	等待报修	12:15	值班室	Tzd	5
17	取工具	12:20	值班室	Tzd	4
18	去新车间	12:24	路上	Tzd	4
19	等待其他维修人员	12:28	新车间	Tzd	7
20	调整底座(15),变速箱就位(10),精调位置(80),传动轴安装(5),电机调整(20),传动轴连接(5),变速箱加油手动盘车(5),电动试车(1),收尾(60)	12:35	新车间	Tz	228
21	回值班室	16:23	路上	Tzd	5
22	收工具	16:28	值班室	Tzd	5
23	洗手清洁	16:33	值班室	Tsk	7
24	等待报修,交接及汇报当天工作	16:40	值班室	Tzd	20
25	写实结束	17:00			

注:Tz:作业时间;Tzd:作业等待时间;Tsk:生理宽放时间;Tpk:疲劳宽放时间;Tby:可避免延迟时间。

根据记录和上述分类形式,对钳工在写实工作日内的各类时间分别进行统计,得到如下结果:

表 2-2 时间统计

时间类型	代号	时间观察值(分钟)	占工作日(%)	占净工作时间(%)
作业时间	Tz	305	63.5%	64.5%
作业等待时间	Tzd	168	35%	35.5%
生理宽放时间	Tsk	7	1.5%	1.5%
疲劳宽放时间	Tpk	0	0%	0%
可避免延迟时间	Tby	0	0%	0%
合计	\	480	100%	\

(1) 各类标准时间计算

① 标准生理宽放时间宽放率

根据上面提到的生理宽放评价项目及宽放率,结合钳工岗位的现实情况,将此岗位的生理宽放时间宽放率定为5%。

表 2-3 标准生理宽放时间宽放率

不同程度生理宽放率	
评价项目	宽放率(%)
在作业现场工作时间超过工作日总时间的50%	5%

② 标准疲劳宽放时间宽放率

根据上面提到的疲劳宽放评价项目及宽放率,结合钳工岗位的现实情况,将此岗位的疲劳时间宽放率定为7.4%,而可避免延迟时间率为0。

表 2-4 标准疲劳宽放时间宽放率

疲劳宽放评价项目与宽放率		
评价项目	内容	宽放率(%)
1. 努力度	拿轻物上下	1.2
2. 姿势	普通步行并携带物品	0.5
3. 特殊的作业服装与工具	基本需佩戴以上用品,但偶尔可拿下	0.8
4. 细致程度与眼部疲劳	需要小心细致	0.6
5. 重复动作与紧张度	偶尔忙碌,需重复动作	0.5
6. 单调性	有一定兴趣,并非反复动作	0.2
7. 创造性注意力	需要一点( )	0.5
8. 对危险注意度	对自身及他人的安全需特别注意	0.6
9. 环境	烟、污物、臭气、尘灰很多	0.5
10. 噪音	有噪音,但有间歇	0.5
11. 温度	温度变化较大	0.5
12. 光照度	光线弱或过强,影响人的情绪	0.5
13. 地面	潮湿、不干净	0.5
合计		7.4

③ 各类别标准时间计算

计算如下：

标准状态下净工作时间为 $T_净(Tz+Tzd)$，则

生理宽放时间（Tsk）＝ $T_净$×标准生理宽放时间宽放率＝ $T_净$×5％

疲劳宽放时间（Tpk）＝ $T_净$×标准疲劳宽放时间宽放率＝ $T_净$×7.4％

解一次方程：$T_净+T_宽=480$，即

$$T_净+Tsk+Tpk+Tby= T×(1+5\%+7.4\%)+0=480$$

解得：

$$T_净=427$$
$$Tsk= T_净×5\%=21$$
$$Tpk= T_净×7.4\%=32$$

计算得到的各类标准时间汇总如下表：

表 2-5 各类标准时间汇总

时间类型	代号	时间标准值（分钟）	占工作日（％）	占净工作时间（％）
净工作时间（Tz+Tzd）	$T_净$	427	88.9％	\
生理宽放时间	Tsk	21	4.4％	5％
疲劳宽放时间	Tpk	32	6.7％	7.4％
可避免延迟时间	Tby	0	0％	0％
合计	\	480	100％	12.4％

（2）分析与定员建议

根据以上计算结果，将钳工岗位各类标准时间与观察时间的情况进行对比，显示如下：

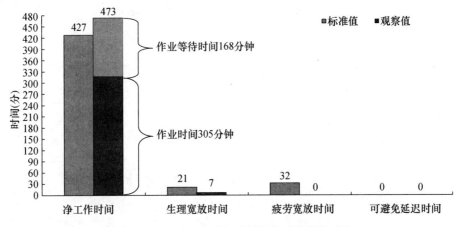

图 2-1 钳工岗位各类标准时间与观察时间对比

不同类别时间观察值与标准值的差异如下表所示:

表 2-6 各类时间观察值与标准值比较

部门	岗位名称	各类时间观察值与标准值比较结果($T_{观察}-T_{标准}$)			
		净工作时间(分钟)	生理宽放时间(分钟)	疲劳宽放时间(分钟)	可避免延迟时间(分钟)
技术资源部	探伤工	−46	−14	−32	0

注:负值表示时间观察值低于标准值。

从上表来看,钳工的净工作时间比标准净工作时间高出 46 分钟,生理宽放时间少于标准 14 分钟,疲劳宽放时间为 32 分钟,可避免延迟时间为 0 分钟。

单纯从各类时间对比来看,钳工的工作量大大超过标准。净工作时间高于标准净工作时间达 46 分钟。生理宽放时间和疲劳宽放时间明显低于标准值。但是,仔细分析工作写实情况就会发现,在观察到的钳工净工作时间里,作业等待时间达到了 168 分钟,占净工作时间的 35.5%,比例很高。

当前钳工采取的是长时间被动式报修等待的工作方式,而钳工在休息室内进行被动报修等待的时间很长。统计发现,这部分时间达到了 111 分钟,在总共 168 分钟的作业等待时间中占有极高的比例。根据观察,钳工在休息室作业等待时间内基本处于休闲式休息状态,如聊天、看报等。因此,钳工的实际工作量并不像以上图表中显示得那么大。

据了解,有些同类型企业的钳工岗位采取的是巡检式事前控制与修理相结合的作业方式,而并非单纯的被动式事后修理的做法。GDR 公司在对钳工岗位的现场作业管理上可考虑作出一些调整。如仍采用目前的作业方式,钳工岗位需要重新进行定员。在人员核定时,也要考虑突发工作事件出现的情况,如突发性大型设备故障等。

第三章 东方管理学的由来与发展

从1976年开始,苏东水①、潘承烈②、胡祖光和黎红雷③等国内外专家学者、党政官员和企业家,开始挖掘中国古代管理思想、东方管理智慧,总结成功的企业管理经验,提出了东方管理学、东方管理智慧、东方管理文化、中国管理学、中国管理科学、中国管理哲学、中国本土管理学、中国化管理、中国管理模式、中国式管理、和谐管理、混沌管理、柔性管理、儒商管理、佛商管理、道本管理、无为管理、兵家管理、墨家管理、阿米巴管理模式、周易管理模式、太极管理模式、五行管理模式、C理论、C模式、G管理模式、自导式管理、《论语》加算盘模式、水形管理、双头鹰管理模式、人单合一管理模式等三十余种东方管理方面不同的见解及模式。这些关于东方管理的见解都涉及东方管理学是什么的问题。和西方管理学一样,大家在这方面也是莫衷一是,众说纷纭。对于东方管理思想"丛林",我们不能简单地用西方某个管理学流派的观点来评价是否科学,是否有研究意义。提出这些理论和模式的人,自己也在进行修改和完善。例如,夏威夷大学成中英教授④在2017年9月17日举行的"博鳌儒商榜评估体系发布会"上,介绍了他对早年提出的C理论的修改和完善;海尔集团CEO张瑞敏一直在对人单合一管理模式进行修正和完善。东方管理学还处于初创阶段,对于这些理论和模式,只要能够自圆其说,我们就应该保持开放、多元和包容的心态,在学习、理解的基础上,进行批评、总结、提炼、完善。"百花齐放、百家争鸣"有利于东方管理学学科的发展壮大。

第一节 中国化管理学

中国古代有丰富的管理思想,许多专家学者潜心探索、勤求古训,收集、整理、挖掘了大量的管理思想,并在此基础上进行提炼、总结和创新,提出了一系列具有中国特色的管理思想,希望建立中国化管理学,或称"中国管理学""中国特色管理学""中国本土管理学""中国式管理"。中国香港、台湾地区的管理学者及企业家喜欢用"中国式管理"这个名称。

---

① 苏东水.苏东水文集[M].复旦大学出版社,2016.
② 潘承烈.传统文化与现代管理[M].企业管理出版社,1994.
③ 黎红雷.东方的管理智慧——中国儒家思想与现代管理[M].四川人民出版社,1994.
④ 成中英.C理论:中国管理哲学[M].中国人民大学出版社,2017.

一、中国管理学

潘承烈、虞祖尧主编的《振兴中国管理科学——中国管理学引论》于 1997 年出版，明确提出："我们日益感悟到，我们的目标是建立具有中国特色的管理科学：中国管理学。"他们认为，建立有中国特色的管理科学应该包括六方面的内容：(1) 在管理哲学方面，应正确解决变革与稳定、管理与服务、可持续性发展战略与近期开发利益等一系列相互发展的辩证关系。(2) 在管理的基本范畴上，应明确在两个文明建设的全部过程和全部领域都存在管理活动。(3) 在管理对象上，坚持以人为本，以事为经，以物为纬，三者皆不可偏废。(4) 在管理机制上，既要强调改革，更应注意相对的稳定性。(5) 在管理文化上，应注重情、理、法三者的结合和统一。(6) 建立和推行现代企业制度是国家经济管理工作的一个重点。

尹毅夫于 1999 年出版《中国管理学》。他认为，中国管理学是研究"人"的一门学问。中国管理学以"道"作为决策的文化根据。道家是决策之基（土），法家是领导之据（金），兵家是权变之根（水），墨家是创造之源（木），儒家是协调之本（火）；经营之道在"禅"，管理之活在"易"，把"七家"之精华融于企业的"五行"之运作，相生相克，既互相促进，又互相排斥，正体现了矛盾的对立统一规律。这极富东方色彩的"企业五行运作论"与西方传统管理的"企业五元职能论"，不仅具有思想上的精密一致性，又不失形式上的精巧。尹毅夫从"执经达权"的国民性出发，循着"情、理、法"的常道，纵横捭阖，展示出中国式管理的独特风格。该书在"管理学发展趋势展望"一章中明确指出："东西方文化融合之日，正是世界大同之时。"从某种意义上说，中国的管理现代化是管理文化的现代化，其实质在于寻找东西方管理文化相交汇的最优"熔点"或"相容性"。

刘炳延、陈文知于 2010 年出版《中国管理学》。该书坚持厚今薄古、详中略外、求实创新的原则，以中国优秀传统文化为主轴，以国家整体利益和为人民服务为基点，以追求最新生产力为目标导向，构建理论框架；以人格管理、组织管理和环境管理三种理论为内容，综合社会管理、经济管理、科技管理、教育管理和军事管理等主要管理领域的研究重点和未来发展方向，总结中华人民共和国成立以来管理工作的成就与得失。

赵广信等于 2011 年出版《中国特色管理学》，试图建立中国特色管理理论体系。其中，人的管理主要研究中国人的人性、价值观、道德观、行为观，中国人的管理方法，组织内外的人际关系管理，人的领导与激励等内容，以充分调动人的积极性，最大限度发挥人的潜能，实现人与人、人与组织、人与社会的和谐。物的管理主要介绍物的管理内容、原则、要求与目标，物的管理方法、风险等内容，以便科学合理地利用资源，做到人与物的和谐发展。环境管理主要介绍环境保护、危机管理、创新发展等内容，目的是达到人与自然环境的和谐发展。

随着中国经济的飞速发展，中国管理者面临的情境也越来越复杂，中国管理实践中的很多现实问题和困惑很难用西方管理理论作出解释、进行指导。中国管理实践的现实对中国管理研究者提出了要求,那就是必须直面中国管理实践问题,进行管理理论的创新,从而更好地为中国管理实践的发展提供有效的理论指导。2005年,"中国式企业管理科学基础研究"课题启动。该课题由国务院批准支持,国家发改委、财政部通过国资委立项实施,国务院发展研究中心、中国企业联合会、清华大学三个单位联合组成专项课题组,投入百余名专家学者,历时六年多完成。项目领导小组组长由陈清泰、蒋黔贵、赵纯均三位长期致力于中国企业管理提升的专家担任。项目团队从实证研究入手,以管理科学理论为学术支撑,确定了背景研究、案例研究、专题研究、理论研究四个领域。课题共完成了三个中国式企业管理背景研究、九个管理专题研究、中国20个不同行业中的成功企业案例研究和一个总报告。所有研究成果已经出版为系列丛书,共33本专著。赵纯均教授重点阐述了课题中总结归纳出的管理的九大共性,依次为中的精神、变的战略、强的领袖、家的组织、融的文化、和的环境、集的创新、搏的营销和敏的运营。

在提倡和宣传中国式管理方面,中国台湾地区学者曾仕强的影响比较大,他出版了《中国管理哲学》《中国式管理》《中国式的管理行为》《管理大道——中国管理哲学的现代化应用》《管理思维》《大易管理》《中国式领导——以人为本的管理艺术》《人际关系与沟通》《总裁魅力学》《领导与激励》等著作。曾仕强认为,中国式管理是指从中国管理哲学出发,妥善运用西方现代管理科学,并充分考虑中国人的文化传统以及心理行为特性,以达成更好的管理效果。中国式管理其实就是合理化管理,强调管理就是修己安人的历程。中国式管理以"安人"为最终目的,因而更具包容性;以《周易》为理论基础,合理地因应"同中有异、异中有同"的人事现象;主张从个人的修身做起,然后才有资格从事管理,而事业只是修身、齐家、治国的实际演练。

二、儒家管理思想

陈德述主编的"中华儒学文化与现代管理艺术丛书"于1988年出版,刘云柏1990年出版了《中国儒家管理思想》,杨先举2002年出版了《孔子管理学》,维尔纳·施万费尔德2009年出版了《以人为本:孔子管理学》。孔子是一位对中国乃至全世界产生深远影响的思想家,他的智慧积淀在中国人的思想和行为举止中,他的至理名言如今依然闪烁着智慧的光芒。赵普是辅佐宋太祖赵匡胤取得政权并治理国家的一代名相。史传赵普"半部《论语》治天下",即只用半部《论语》就把天下治理得井井有条。《论语》这部典籍里确实包含丰富的管理思想,值得后人去思考和借鉴。随着中国经济的腾飞,越来越多的国内外学者开始研究孔子及儒家思想。中国一些成功的经理人在谈及自己的成功之道时,不约而同地指出,孔子学说中蕴含的真理和智慧教会了他们如何与人打交道。以"仁"的学说为核心的古老的人本主义思想正在冲击传统企业管理的利润和效率优先理念,并使后者发生脱胎换骨的蜕变,由此带来席卷现代企业管理的一场革命。

黎红雷于 2017 年出版《儒家商道智慧》《企业儒学·2017》。他认为，进入 21 世纪以来，伴随着经济全球化、企业国际化、文化多元化、信息网络化的发展趋势，新的管理理论层出不穷。当代管理理论从对物的研究转向对人的研究，从对企业本身的研究转向对企业与环境关系的研究，从管理科学转向管理文化，从刚性管理转向柔性管理，从集权管理转向参与管理，从常规管理转向创新管理……当代中国企业家在引进、学习、消化西方管理理论的过程中，汲取以儒家思想为代表的本土传统文化，不仅解决了他们自己如何经商办企业的问题，同时也为当代世界管理理论的发展提供了全新的视角。在一定程度上，当代中国企业家的儒商实践已经超越了 20 世纪西方管理理论的教条，引领着当代世界管理理论发展的新潮流，在企业的组织、教化、管理、经营、品牌塑造、领导方式、战略变革、社会责任等方面，提供了鲜活的经验和深刻的启迪。放眼世界，当代管理学正面临着根本的"范式转移"（paradigm shift），曾经引领风骚的西方管理理论已经不能独自应对当代世界经济全球化、企业国际化、文化多元化、信息网络化背景下的管理实践要求，东西方管理理论的相互补充与不断融合成为必然的趋势。因此，中国企业家的儒商实践及其理论结晶"儒家商道智慧"必将为当代世界管理学的发展做出重大的贡献。孔子不是片面地强调"利己"或者"利他"，而是将两者进行结合，主张"己欲立而立人，己欲达而达人"。这种人己互利的仁爱思想，构成了传统儒家商道的"底色"。司马迁的《史记·货殖列传》记载了包括端木赐和范蠡（陶朱公）在内的几十位商人的事迹，其中所体现的核心精神便是"生财有道，富而好德"。在中国古代，商人们津津乐道的是"陶朱事业，端木生涯""经商不损陶朱义，货殖何妨子贡贤"。当代儒家商道包括：组织之道，即拟家庭化的企业组织形态；教化之道，即教以人伦的企业教化哲学；管理之道，即道之以德的企业管理文化；经营之道，即义以生利的企业经营理念；品牌之道，即以诚信为本的企业品牌观念；领导之道，即正己正人的企业领导方式；战略之道，即与时俱进的企业战略智慧；责任之道，即善行天下的企业责任意识。

与西方管理学一样，中国管理学也是重视效率的。第一，中国传统文化中，法家注重短期效率，儒家注重长期效率；第二，古典市场经济理论只将利己作为经济效率的推动力，而当代企业家的实践表明，利他同样是经济效率的推动力；第三，儒家商道智慧把人的利己与利他、企业的短期效率与长期效率结合起来，为保证企业持续、健康、稳定发展提供了有效的路径。

三、道家管理思想

凡是研究中国管理思想史的著作，对于道家管理思想都有专门介绍，对于研究成果有不同的称呼，如"道家管理""老子管理""无为管理""道本管理"，乃至于"超级领导"等。张瑞敏、马云等企业家非常推崇道家管理思想，他们的管理理念、管理行为直接受到道家思想的影响。美籍华裔学者张绪通 1992 年出版了《道学的管理要旨——

人生的智慧与成功的大道》一书的中文版。该书曾受到美国前总统卡特、里根的好评。张绪通将道家管理比喻为"水式的管理"。水式的管理者能忍人之所不能忍的气,能受人之所不能受的苦,能做人之所不能做的事,然后,能成人之所不能成的功。水无所不到,除了自己流动外,还会带动其他物体行动。张绪通探讨了道的进化论、矛盾论、心态论、职责论、五行论、心理能动论、领导原理、决策原理、辞说原理等内容。

除了潘乃樾的《老子与现代管理》,熊礼汇主编的"经营管理智慧丛书"中的《老子与现代管理》之外,还有大量的研究道家管理思想的论著。例如,赵保佑、高秀昌主编的论文集《老子思想与现代管理》于2013年出版,李海波2016年出版了《道商智慧——中国式经营的思想精髓》和《道商范蠡——陶朱公兴国富家的人生智慧》,齐善鸿等于2011年、2016年出版了《新管理哲学——道本管理》。

老子、庄子是道家的代表人物。鲁迅曾经说过:"中国根柢全在道教。"这里所谓的"根柢",是指中国的优秀文化,其中尤以道学为甚。道家文化内蕴宽润,可以融各家学说于其中,大智若愚,朴实自然,能化纠纷为平静,化动荡为平静。道家的管理思想自秦汉以来便对中国社会的发展产生了影响。传说中,黄帝就运用道家的思想管理国家事务,他在《黄帝四经》的开头写下这样的文字:"道生法,法者,引得失以绳,而明曲直者也。故执道者,生法而弗敢犯也,法立而弗敢废也。故能自引以绳,然后见知天下而不惑矣。"道家管理思想对于学习型组织理论、超级领导和超个人心理学都有一定的影响。但是,因为道教本身具有的神秘性、现世功利性、矛盾性等特点,所以整体上人们对于道教各个方面的研究还不多。中国近现代道家领袖陈撄宁说:"总而言之,道家学术,包罗万象,贯彻九流,本不限于'清静无为'消极之偏见,亦不限于炼养、服食、符箓、经典、科教狭隘之范围。《道藏》三洞十二部之分类,诚不免疏;但此或因受佛教之影响,出于不得已。吾人今日谈及道教,必远溯黄老,兼综百家,确认道教为中华民族精神之寄托,切不可妄自菲薄,毁我珠玉,而夸人瓦砾。须知信仰道教,即所以保身;弘扬道教,即所以救国。勿抱消极态度以苟活,宜用积极手段以图存,庶几民族尚有复兴之望。"我们在对道家管理思想进行探索时,应保持陈撄宁那样的心态。

战殿学等著的《管理新论——无为管理学》于1997年出版。无为管理学来源于中国传统文化中的"无为而治",属于道家主张的无为管理,推崇"无为而无不为"的管理方式。老子所谓"无为",并不是要求管理者消极观望或无所作为,而是应该效法道在化育万物中的作为:看似无为,实质上无所不为。这就说明管理者的管理行为要以一种无声无息的自然方式展开,其依据为"人法地,地法天,天法道,道法自然"。除此之外,对无为管理较形象的概括是"治大国,若烹小鲜"。这句话包含两层意思:一是"治",指管理者要积极进行管理,而不是不管理;二是要求管理者尽量减少管理活动,就像烹饪小鱼一样,翻动多了,小鱼就会烂。西汉初年,道家思想经过改造被应用到社会管理活动中,结果取得了很大的成功。道家的无为管理实质上是把人的社会性降到最低限度,通过恢复人的自然属性的方式达到理想的管理效果。"无为"的正意是顺其自然、因势利导。"无所不为",意思是没有办不到的事情。在这里,"道"和"无"是同一个意思,是通用的。所以,"无为"即"道为"。道,揭示的是规律。无为,即按照客观规律办事。"人法地,地法天,天法道,道法自然","无为"最终要求的是遵循自然规律办事。"顺其自然""因势利导"是最高法则。"无为"即"无背道之行,顺自然而为"。

无为管理学以"无为"起论,融汇了中国传统的无为论精华,也吸收借鉴了西方各管理学派的进步理论,具有以人天整体观为基础、以无形组织和无形教育为保证、以人为中心的特点。无为管理的基本内容包括无极主体管理、太极两仪管理、皇极成果管理等。无极图是无极管理的统一模型。无为管理的基本方法是无极图法。无为管理的过程包括生、化和返三个阶段。"无为"是道或天道的一个重要属性,并非无所作为,而是讲不妄为、少作为。人道要效法天道。就管理者来说,"无为"是指人适应自然,自觉服从客观规律的管理行为过程。道家的管理宗旨就是通过"无为",最后达到"无不治"的管理效果。

刘文瑞认为,所谓无为,其本质是实现自我管理,把社会管理由他治变为自治。这种自治思想贯彻于《道德经》的始终,处处可见。例如,"道常无为而无不为。侯王若能守之,万物将自化。化而欲作,吾将镇之以无名之朴。无名之朴,亦将不欲。不欲以静,天下将自定。"(第三十七章)这段话中的"道常无为而无不为",在帛书中为"道恒无名",在简书中为"道恒无为也",没有"无不为"。所以,有学者认为老子只主张"无为","无不为"是后世的"黄老之徒"添加的,不是老子的本意。但是,也有学者认为,在简书中的其他章节还有"亡为而亡不为",说明"无为而无不为"正是老子的本意,即便"无不为"是后人所言,也符合老子自己的思想。如果从自组织角度理解,这种考据式的争辩就没有必要了。老子强调无为,是指"为"的主体对管理对象不加干预,如此才能够保证管理对象无不为。道是无为的,而道的客体是无不为的。大海对河流的无为,正好保证了河流能"无不为"地流入大海。

四、佛家管理思想

佛教常常说,利他就是利己,利己就是利他。帮人家就是帮自己,别人得益,自己也得益。佛学和管理学的范畴虽不同,但两者的要旨不谋而合,都是利己利人,造福世间。佛教的三藏十二部经典中,有关管理的方法可以说俯拾皆是,已经有许多研究者出版著作对此进行论述。佛教很早就有一套独特的管理学。自释迦牟尼创教以来,僧团的发展早已具备管理的制度。虽然历经时代的变迁,但是僧团统领大众的管理学也与时俱进,相当高明。在《华严经》里,佛陀说三皈依:"自皈依僧,当愿众生,统理大众,一切无碍。"我们由此即可知道佛教僧团是非常善于管理大众的组织。佛陀常说:"我亦僧数。"意思是说,我也是僧团中的一员。佛陀又说:"我不摄受众,我以法摄众。"也就是说,佛陀不以领导者自居,而是以真理摄受、统理僧团大众。光是佛陀身旁的常随众就有千余人,佛陀是如何领导这么庞大的僧团的?僧团是以对人格的尊重为前提而组成的，进入僧团的每一成员都必须舍弃过去的阶级、财富、名誉、地位，仅有内修果证阶段、境界的差别，而无外在身份阶级的划分，以长幼有序、互敬互爱为基础。例如，比丘有比丘法；比丘尼有比丘尼法；菩萨有菩萨戒法；当僧团大众有所争执时，有"七灭诤法"。

佛家管理思想包括以下内容：(1)中心领导，分层教育。佛陀住世时，以佛陀所制定的戒律以及所说的教法为领导中心，次由有德比丘负起教授比丘、比丘尼的责任，再于每一僧伽蓝推选出长老教授师，负责照顾住处僧伽，并且随时呈报佛陀有关住处僧侣们弘法修道的情形。(2)托钵行乞，和合共住。佛陀初成道，度化五比丘时，即订下四依住，即依乞食、依粪扫衣、依树下住、依陈弃药四项理想生活的基本原则，并别立八不净物，告诫比丘不得持受田宅园林、种植、储积谷物、养奴仆、养禽兽、蓄钱宝贵物、蓄毯褥釜镬、蓄象金饰床八种障道的不净物。(3)六和僧团，和乐清净。出家僧团奉行佛法，和合共住，以共同行持六和敬作为建立僧团的基础：见和同解，在思想上，建立共识，是思想的统一；戒和同修，在法制上，人人平等，是法制的平等；利和同均，在经济上，均衡分配，是经济的均衡；意和同悦，在精神上，志同道合，是心意的开展；口和无诤，在言语上，和谐无诤，是语言的亲切；身和同住，在行为上，不侵犯人，是相处的和乐。(4)定期集合，布萨说戒。佛陀定期于每月八日、十四（十五）日与僧众共集一处，和合布萨说戒，期使散布于各处的僧侣能定期集会，以达僧团修道生活的圆满和谐。(5)僧伽羯磨，民主会议。羯磨制度是僧侣"僧事共决"的最高行政中心，主要目的在于增进僧伽的和合。僧团于每月十五日定期开会行羯磨，凡有平日违犯戒律者，即于此时针对其所犯的情事加以审议、判决、处置。羯磨可分为两种：诤事羯磨、非诤事羯磨。诤事是指僧侣间发生争论之事和破坏僧伽和合的情事。凡此种种，都属于是非问题的裁判案件。非诤事是关于僧侣的日常生活及一般行事是否合法的处理指导，或新僧侣加入团体的裁决许可等种种生活上的议决案件。僧团的羯磨法可促进僧团社会组织的严密化，并能统摄僧侣彼此的和合互益，从而令僧团成为共同遵守规律，推动爱语、利行、布施、同事的理想道德社会。(6)极乐世界，美好愿景。在《阿弥陀经》里，阿弥陀佛建立西方极乐世界，是善于管理的建筑师。他所建造的极乐世界是：七重栏楯、七重罗网、七重行树、七宝楼阁、八功德水，微风吹动，街道皆以金银琉璃铺成，花草树木香洁微妙，景观重重叠叠，非常庄严美丽。在西方极乐世界里，交通管理顺畅，没有交通事故；人事管理健全，没有男女纠纷；经济管理完善，没有不良经济占有；治安管理良好，没有恶人陷害，大家都很安全，和平互助。(7)观音菩萨，满足需求。《妙法莲华经观世音菩萨普门品》(简称《普门品》)的管理学理论认为，观世音菩萨是很高明的管理学专家，善于管理众生，以救苦救难领众；以赐予福德智慧满足众生的要求；以三十二应化身和众生同事摄受。这正如《普门品》中所说："众生应以何身得度者，观世音菩萨即现何身而为说法。"观世音菩萨散播慈悲，自利利他，为众生拔苦予乐。现代的管理者必须具有观世音菩萨随处应现的能力，适当地满足个人的需求，并且要建立各种有效的管理方法,以解决现代人在组织中所面临的诸多问题,一如观世音菩萨的"千处祈求千处应,苦海常作渡人舟"。

除了上述内容,佛家的丛林管理也有类似于西方科学管理的一些思想和做法。"丛林"是僧众聚居的寺院。在"丛林"中,杂草不乱生长,树木不扶而直,表示其中有规矩法度。佛教很重视群我的关系,所以有六和僧团、"百丈清规"等共住规约的设立。丛林寺院管理的原则是重视自我发心、自我检讨、自我规束,其目的是要创造一个和合的僧团,使正法得以久住。因此,中国传统的丛林寺院的管理特色在于,非常重视人事的和谐与分工合作。综观丛林寺院的管理制度,主要有以下四点:(1)选贤与能。"丛林"之中,寺产一切归公,且依一定规矩接纳十方来往的僧众;住持亦经僧众同意,由十方名德中遴选出任,这是"十方丛林"。即使是"子孙丛林",也会选出有德有学的僧众担任住持,领众弘法。(2)行普请法。中国禅宗丛林制度注重劳动生产的农禅生活,行普请法,也就是集体出坡作务,无论上下,一律平等,均需参与生产劳动。例如,百丈禅师的"一日不作,一日不食"就是典型范例。(3)分工合作。寺院在住持的领导下,采取分工合作的方式,人人各司其职,彼此照顾。在两序的人事组织下,职务有文,有武;有内务,有外务;有执纲纪,有执众劳;有任教育,有任幕僚。领执者完全基于为众僧服务的立场,共同维护僧团的和合共住。完善的分工合作是一个团体组织发展的要素之一。(4)共住规约。僧团中,大众除了以戒律为规范外,还有一套完整的生活规范,使大众生活有一定的制度可循。例如,东晋道安大师为其领导的僧团制定了三项僧尼轨范:行香、定座、上经、上讲之法,常日六时行道、饮食、唱食法,布萨、差使悔过法。唐代百丈怀海禅师制定的清规以及其他日用清规、《禅苑清规》等,也都是记载丛林的规制。僧团的组织就在此具体完备的规制下运作发展。

概括而言,佛教的管理学就是要管理者首先管好自己的心,自觉觉他,因为心的力量是最大的。把心管好,便能够影响一切、控制一切。如果一个人的事业、家庭、健康、亲情、友情每一样都做得很好,内心自然就会自在安乐。最重要的是,管理者在不断提升智慧的同时,必须保持慈悲之心,一方面领导整个企业提升业绩,另一方面用以人为本的精神帮助员工,贡献社会,服务人群。

五、周易管理思想

《周易》被人们尊为"经典中的经典""哲学中的哲学",乃"群经之首"。《周易》是中华民族传统文化的源头活水,后世的很多经典著作,如《论语》《孟子》《道德经》《荀子》等阐发的理论思想都是诠释、延伸和发展《周易》的结果。如果用大树来比喻,《周易》是树根,中华民族其他思想理论都是树叶、树枝。通过这个比喻,我们就能搞清楚《周易》与其他思想家、理论家的内在关联。中国古代漫长的封建社会的各种制度皆可从《周易》和其他经学理论中找到根据。从这个意义上说,易学理论及其精神是培养和造就古代管理者的工具和教化被管理者的"法宝"。同时,《周易》又是古代选拔优秀管理者的重要参考。汉武帝以后，包括《周易》在内的经学成为选拔人才的重要依据，成为时人晋升入仕的阶梯。

在研究古代管理思想的过程中，逐渐形成了周易管理学，或称"管理易学""管理易"。例如，周豹荣1989年出版了《周易与现代经济科学》；段长山1991年出版了《周易与现代管理科学》；程振清、何成正1993年出版了《周易太极思维与现代管理》；贾志岱、张毅1993年出版了《易经与当代企业家》；廖墨香、秦涵1994年出版了《周易与现代经济预测》；吴铁铸在1994年发表的《〈周易〉的管理哲理》一文中，明确地提出了周易管理学的理论体系，认为周易管理思想的理论体系包括太极原理、天道原理、地道原理、人道原理、变易原理、领导原理、决策原理、革新原理、协调原理、八卦管理法则、六十四卦管理原则、周易管理之道之法等；张建智1997年出版了《〈易经〉与经营之道》；余敦康1997年出版了《易学与管理》，对《周易》的经世思想、管理思想作了全面阐述，突出强调了《周易》对社会主义经济建设的借鉴意义。

另外，王仲尧2001年出版了《易学与中国管理艺术》。他提出，以易道为价值核心的中国管理文化，其价值的具体体现就是"修身、齐家、治国、平天下"的和谐并进，也就是身心健康、事业成功、社会安宁这样一种自然协调的、系统性的存在状态，从而达到"天人合一"的至高、至美大境界。中国管理文化在思想结构上的灿烂恢宏与内涵中的优雅精致，使之呈现出一种特别的美感和艺术性，具有一种在世界上其他管理文化形态的思想结构上很难见到的审美意味。这种古朴的文化因为有这样的结构和内涵而日新又新。

曾仕强出版了《管理易行》《21世纪的易经管理法》《大易管理》等著作，成立了曾仕强易友会。他认为，不明易理不足以担任各级主管。大易管理，就是依据《周易》所揭示的道理实施管理。对中国人而言，一言一行都源自《周易》。我们的管理事实上也依据易理。但是，对于《周易》与易理，很多人每天都在应用而没有察觉，以至于知其然而不知其所以然。《大易管理》堪称中国式管理的源头，通过它可以参透中国式管理的真谛。它详细分析了《周易》中所蕴含的管理法则，并提炼总结了管理者应掌握的"大易管理64课"，分别探讨了"组织三阶层如何秉持三才之道""高阶主管位居九五至尊如何运作""中坚干部如何不失责、不越权""各阶层如何刚柔配合以求互补""如何管理才能趋吉避凶"等管理实务方面的课题，发展出一套适合现代中国人民族性格的切实有效的管理体系。

虞祖尧的《管理的智慧：〈周易〉管理正义》于2009年出版，全书分为36讲。虞祖尧等老一辈研究中国管理思想的人士认为，《周易》是中国管理思想的根源。上海交通大学马喜芳、颜世富从领导力视角出发，对"蒙卦"体现的领导思想和维度构建进行了探讨。他们从"蒙卦"思想与家长式领导的对比着手，对其体现的领导思想和领导行为进行了剖析和比较，得出《周易·蒙卦》体现了家长式领导的仁慈、威严和德行三个维度的结论。他们通过进一步将此与现有家长式领导的实证研究进行比较，得出对目前的家长式领导的德行维度的阐释有待进一步完善和发展的结论。该结论对周易管理研究和家长式领导思想的进一步提升和发展具有一定的启示意义。另外,在实践中,这对当今领导者更好地审时度势、修炼自身、经营人心、提升领导力也有直接的现实价值。周建等学者以《周易》的哲学思想为视角,探讨中国传统文化对管理学以"水"为主轴的思想基础,认为管理是以人为本的,失去人就没有管理;管理的核心在于人的管理,而人的管理在于心的管理。"水"的精神正是中国人引为做人做事的准则最重要的精神隐喻。

六、兵家管理思想

兵家管理思想是中华民族灿烂的古代文化的重要组成部分,是中国历代军事家对战争决策、指挥、统筹及其规律方面的理性认识的总和。战争作为人类的一种暴力对抗形式,蕴含计谋、策划、指挥、组织、协调、督导等管理要素。因此,从某种意义上说,战争是人类富有技巧的一种特殊管理行为。刘云柏著有《中国兵家管理思想》,维尔纳·施万费尔德著有《无敌兵法:孙子管理学》,杨先举著有《孙子管理学》,王泽民著有《〈孙子兵法〉的管理学阐释》。日本军人出身的企业家大桥武夫于1951年接管濒临破产的小石川工厂,把它整顿、重建为东洋精密工业公司,多年来一直生机勃勃,久盛不衰。其中的诀窍就在于,大桥武夫把《孙子兵法》的某些思想引入企业管理之中。在所著《用兵法经营》一书中,他总结了自己以兵法原理经营管理企业的成功经验,在日本企业界影响深广,负有盛名。美国人对将孙子的军事理论应用于企业管理也表现出浓厚的兴趣。一些美国学者在有关企业管理的著作中极力推崇《孙子兵法》的管理思想。例如,著名管理学家乔治在《管理思想史》中强调:"你想成为管理人才吗?必须去读《孙子兵法》!"美国通用汽车公司董事会主席罗夫·史密斯称他的经营之道来自两千多年前中国的《孙子兵法》,并运用它的理论在公司进行了一场大刀阔斧的改革。在中国香港和台湾地区,也有不少学者研究用《孙子兵法》进行企业管理的问题。

兵家管理思想包括以下内容:(1)"知彼知己",收集信息。即分析处境,保证决策顺利实施。孙子的名言"知彼知己,百战不殆"(《孙子兵法·谋攻篇》),是战争中科学的真理。对于企业管理来说,这也是行之有效的至理名言。"知彼知己"要求企业的领导者知道和掌握两方面的情况,即外部环境和企业自身条件。做好侦察工作在《孙子兵法》中主要讲的是战斗侦察,一般是在采用其他手段无法进一步获取信息时采用的。《孙子兵法》中写道:"故策之而知得失之计,作之而知动静之理,形之而知死生之地,角之而知有余不足之处。"这里的"策之""作之""形之""角之"都是侦察敌人实力的具体方法,意思是要认真分析判断,以求明了敌人作战计划的优劣。具体而言,挑动敌人,以求了解其行动的规律;通过佯动引诱敌人,以求摸清其所处地形的利弊;进行战斗,以求探明敌人兵力部署的虚实强弱。(2)综合分析战争的形势,提前规划。《孙子兵法》特别强调要"未战而庙算",即在庙堂上举行会议,预测战争的进程和胜负。孙子指出:"夫未战而庙算胜者,得算多也;未战而庙算不胜者,得算少也。多算胜,少算不胜。"(《孙子兵法·计篇》)可见,"未战而庙算"是十分重要的,借此可以分析客观和主观的条件,定出作战计划,尽量避免不必要的损失,朝着胜利的目标前进。《孙子兵法·谋攻篇》提出,影响战争胜利的因素有五个:"知可以战与不可以战者胜,识众寡之用者胜,上下同欲者胜,以虞待不虞者胜,将能而君不御者胜。"(3)目标和决策管理思想,即通过目标的制定、实施和评价等一系列的工作,达到预期的效果。目标管理是收集信息直至最终作出决策的基础。"全胜而非战"的目标管理心理思想是以孙子为代表的先秦兵家提出来的。先秦的兵家著作对此基本上达成了共识,因而这一时期有比较丰富而成熟的目标管理心理思想。《孙子兵法》提出"全国为上",即在保全双方利益的基础上获得完全的胜利,这是对"全胜"目标的最好诠释。(4)打击敌人时,要在整体的战略战术上抢占先机,掌握主动权。企业在竞争中要主动出击,"善战者,致人而不致于人"《孙子兵法·虚实篇》,要使敌人陷于被动。掌握主动的途径主要有:其一,以逸待劳。《孙子兵法·虚实篇》说:"凡先处战地而待敌者佚,后处战地而趋战者劳。"其二,有备无患。《孙子兵法·九变篇》说:"故用兵之法,无恃其不来,恃吾有以待之。"其三,兵贵神速。《孙子兵法·九地篇》说:"兵之情主速,乘人之不及,由不虞之道,攻其所不戒也。"(5)不战而屈人之兵。孙子推崇指导战争的最高境界不是采取流血和暴力的手段,而是"不战而屈人之兵,善之善者也"《孙子兵法·谋攻篇》),能够利用各种政治外交手段和谋略、智慧,以最小代价获取战争的胜利才是成功。(6)出其不意,攻其不备。在具体的战术技巧上,孙子主张出其不意,攻其不备,避实就虚。《孙子兵法·兵势篇》说:"凡战者,以正合,以奇胜。故善出奇者,无穷如天地,不竭如江河。"在战争中要巧妙地把握奇和正、虚和实,巧妙地运用谋略,迷惑敌人,调动敌人,战胜敌人。(7)"因敌变化",随时更改产品生产方向。随着敌情的变化而随时调整作战方案是《孙子兵法》的一条重要原则。《孙子兵法·虚实篇》说:"夫兵形象水……水因地而制流,兵因敌而制胜。故兵无常势,水无常形,能因敌变化而取胜者,谓之神。"《孙子兵法·九地篇》又说:"践墨随敌,以决战事。"按照这些原则,企业管理者也要根据市场的变化、竞争对手的情况、顾客的需求,随时调整自己的经营方略,从而保证企业的生存和发展。据说美国石油大王哈默从不死守某一行业,他根据市场的变化,开过药厂、医院,贩卖过粮食、皮货,酿过酒,养过牛,又做石油买卖等,最后成为一代巨富。(8)"修道而保法",健全管理机制。《孙子兵法·形篇》说"善用兵者,修道而保法",这对企业管理者同样十分适用。"修道",就是树立为社会、为民众服务的宗旨,生产高质量的产品,使企业在民众中有良好的信誉。"保法",就是要健全企业的规章制度。孙子所讲的"法"包括"曲制、官道、主用"等项。"曲制",是指组织编制,运用于企业,就是把整个企业分成很多部门、车间、作业组等。"官道",是指管理者的职责范围、上下隶属关系,如总经理之下有分管生产、营销等的副经理,各副经理之下又有许多科长。"主用",运用于企业,是指行政、采购、生产、广告等费用的管理以及有关的各种财务制度。

一个企业把这些规章制度健全起来,就能如孙子所说"治众如治寡"(《孙子兵法·势篇》),把企业管理得有条不紊,秩序井然,运转迅速。(9)"择人而任势",推动企业迅速发展。战争要取得胜利,必须"择人而任势"(《孙子兵法·势篇》),这是孙子的又一个重要思想。所谓"择人",就是要选择好的将帅。《孙子兵法·计篇》指出,将帅必须具备"智、信、仁、勇、严"五种品质。《孙子兵法·谋攻篇》还说:"夫将者,国之辅也,辅周则国必强,辅隙则国必弱。"按照这一思想,企业管理也要选拔具备上述五种品质的优秀人才担任高层管理者,他们工作的好坏决定着企业的兴衰。人是管理的出发点和归宿点。尤其是能否对作为人中精英的人才进行有效管理,关乎事业的成败得失。对此,古代兵家有非常深刻的认识,所谓"举贤授能,不时日而事利""古之圣人谨人事而已""贤人所归,则其国强,圣人所归,则六合同"等,都把能否选拔、任用贤才能士看作关系到事务能否顺利进行的头等大事,甚至国家的强弱兴衰也与此密切相关。(10)环境管理心理思想。环境是指围绕在人们周围的空间境况,人们无时不在接受环境的影响,尤其是社会环境在很大程度上决定着人们自身的心理发展方向和个性差异。在这一时期的兵家著作中,主要论述了自然环境(地理、气候)对军队作战成败的影响。《孙子兵法·地形篇》中写道:"夫地形者,兵之助也。料敌制胜,计险阨远近,上将之道也。知此而用战者必胜,不知此而用战者必败。"孙子认为地形(环境)是兵家之助,是"上将之道"。只有懂得环境的利弊,才能够指挥作战获取胜利,否则必败无疑。(11)激励心理。"重赏之下必有勇夫",兵家对军队中对将士的激励有很多精辟的论述,主要分赏、罚两个方面:通过奖赏,进一步肯定英勇奋战的积极行为;通过惩罚,否定和制止贪生怕死的消极行为。除了赏罚分明之外,兵家强调的激励还包括榜样激励、关怀激励和士气激励,其中比较有特色的是士气激励。"士气激励"就是提高军队将士的斗志,使将士保持旺盛的精力,投入战斗。孙膑认为,在一次作战的全过程中,激励士气的方法可以分为五种:激气、利气、励气、断气、延气。这一系列过程与人的心理活动规律相当吻合。

兵家管理思想除了上述内容外,还包括"兵不厌诈""诡道""用间"等内容。例如,"用间"是收集敌方内部情报最有效的手段之一,对敌方的内部情况只有做到"先知",才能有备无患。因此,"用间"是在"伐谋""伐交"以及其他一切军事活动中稳操胜券的保证。《吴子·论将》认为:"善行间谍,轻兵往来,分散其众,使其君臣相怨,上下相咎,是谓事机。"善于用兵打仗的将领普遍重视"行间"。《孙子兵法·用间篇》说:"故明君贤将,所以动而胜人,成功出于众者,先知也。先知者……必取于人,知敌之情者也。""知敌之情者"就是各种类型的间谍,只有善于运用"间谍"的明君贤将才可能取得杰出的功勋。

七、法家管理思想

法家著名人物有李悝、申不害、慎到、商鞅、韩非子等,代表著作有《慎子》《商君书》

《管子》《韩非子》等。春秋战国时期，法家学说逐渐成熟。商鞅重"法"，主张用"法"作为富国强兵的工具；申不害重"术"，推崇循名责实，以各种秘密的手段驾驭群臣，从而达到统治的目的；慎到重"势"，主张君尊臣卑，上下有别，令行禁止。韩非子将这三人的学说融合在一起，又参考了儒、道、墨三家的主张，从而提出了一套完整的"法、术、势"的理论。韩非子认为，要治理好国家，必须将法与术相结合。他说："人主之大物，非法则术也"（《韩非子·难三》）；"君无术则蔽于上，臣无法则乱于下"（《韩非子·定法》）。《韩非子》集先秦法家思想之大成，为中央集权的封建国家提供了切实可行的治国方案。若能吃透他的思想精髓并运用到现代管理中去，对于今天的管理者而言无疑是一大幸事。相关文献可参与杨先举、黄朴民出版的《向韩非子学管理》，孔雁出版的《〈韩非子〉管理思想研究》。

法家管理思想包含以下内容：(1) 权谋。韩非子的法、术、势结合的思想实际上就是告诉领导者，要管好一个组织，核心是权力问题。法是权力的表现形式，术是权力的手段，势是权力的归属。领导者要制定严明的规章制度，规定清晰和强有力的奖罚措施，让每个人都看到，而且每次奖罚都要公开。这样，领导者下的命令才有人服从，权力才能有效行使。同时，领导者要有一些技巧和计谋，而且要做到恰当周密，以此保证其实施的效果，这样才能够控制局面。领导者要了解下属的言行，发现问题及时解决，确保管理的顺利进行。一个领导者要懂得树立自己的权威，牢牢地把核心权力控制在自己的手中，确保自己的领导地位，并善于利用环境去造势，然后因势利导，去管人做事，从而实现自己的宏图大业。(2) 统御之道。法家认为，真正的"明君"应该行法、操术、乘势，即能够颁布全国上下统一的法令，也能够用术来驾驭臣民，还能够凭势加强君主的权威。这样的国君才能做到政治清明，才能使国泰民安。领导者的权力需要是指知道行为达到由控制、影响别人及使用手段而带来满足的意向。韩非子认为，君主要治理好天下，必须采取法、术、势三者相结合的治国方略，而其中的"势"就相当于领导者的权力。他说："尧为匹夫，不能治三人；而桀为天子，能乱天下。吾以此知势位之足恃，而贤智之不足慕也。"（《韩非子·难势》）他特别强调赏罚的权力应为君主所独有，赏罚共，则禁令不行。(3) 度量攻心之道。韩非子说："故度量虽正，未必听也；义理虽全，未必用也。"（《韩非子·难言》）想要说服别人，就一定要迎合对方的心里，揣摩对方的爱憎，顺着对方的意愿进言。这样，才能每发必中，否则不仅不能说服别人，还会给自己带来很大的麻烦。(4) 行法制而非人治。法家历来主张"人性本恶"的理论，不主张依赖人治。法家是从人的需要和欲望的角度认识人的，认为人的欲望是人行为的基本驱动力，而正是由于人缺少自我抑制欲望的能力，才会为所欲为，造成社会的混乱。所以，法家认为"人性本恶"，需要用严格的手段加以管理和控制。一旦某些需要，尤其是基本的需要得不到满足时，就会导致人的邪念产生，酿成灾祸。(5) 法令需明确，具有稳定性。政策法规要有一定的稳定性，不能朝令夕改，否则就会使得赏罚无可靠的依据。《管子》有云"信必"，是用以表达诚信坚定性的一个概念，意即政策一旦制定,就要坚定地去贯彻实施。"明必死之路者,严刑法也;开必得之门者,信庆赏也。"(《管子·牧民》)这里的"必死"和"必得",正体现了执法的坚定性和严肃性。也唯有如此,才会让民众信服。"赏罚信于其所见,虽其所不见,其敢为之乎!"如若"赏罚不信于其所见",而企求人们化恶从善,"不可得也"。(《管子·权修》)(6)"以人为本"的思想。法家在认为"人性本恶"的同时,又明确提出"以人为本"的思想。中国古代"以人为本"思潮的社会根源早在西周末年就已形成,《尚书·五子之歌》有"民惟邦本,本固邦宁"之说,而在《管子》中首次明确提出了"以人为本"理念。《管子·霸言》中写道:"夫霸王之所始也,以人为本,本理则国固,本乱则国危。"管子之所以提出"以人为本",是因为他认识到人民是政权稳定的根本。《管子》在开篇的"牧民"中说:"政之所兴,在顺民心;政之所废,在逆民心。"由此可见以人为本的重要性。因此,《管子》中进一步提出"争天下者,必先争人"。不重视"人"的社会价值和作用,"小者"将导致"兵挫而地削","大者"将导致"身残而国亡"。(7)需要分层论。《管子·牧民》中对人的需要已经有了权重分层的认识:"仓廪实则知礼节,衣食足则知荣辱。"即粮仓充足后,百姓才懂得礼仪节度;衣食丰足后,百姓才知道荣誉耻辱。礼节、荣辱之类的伦理规范和伦理观念都要在基本的物质生活条件具备的情况下才能发生作用。从心理学的角度分析,这实际上揭示了人的两种需要:一是生理的需要,二是在生理基础上的社会伦理需要,且认识到了前者的首要地位及其对后者的决定性作用。《管子·侈靡》中更有"衣食之于人也,不可以一日违也,亲戚可以时大也"的论述,可作为另一佐证。(8)人才配置思想。法家主张明确职责,各司其职。韩非子说:"明君使事不相干,故莫讼;使士不兼官,故技长;使人不同功,故莫争。"(《韩非子·用人》)每个人都做自己的分内之事,事成则赏,事败则罚,这样才会调理分明,人无怨,并且能最大限度地发挥各级人员的特长,提高工作效率。(9)人才选拔思想。现代人员招聘选拔已经形成了比较成熟的理论和方法,从招聘渠道来看,有外部劳动力市场和内部劳动力市场;从选拔方法来看,有心理测评、评价中心、结构化面试等。《管子》中的人才选拔思想虽然没有现代招聘选拔科学,但已经形成了比较完整的体系。《管子·小匡》中指出,经过教化,各乡各里必有"秀异之材","以耕则多粟,以仕则多贤"。因此,要发掘人才,就要建立从下至上的人才选拔制度。齐国的"三选"制度,就是由乡长、官长、君主三个层次逐级选拔人才的方法。"三选"的人才有两类,文称"贤",武称"才"。(10)考核的标准是要言行一致。韩非子说:"为人臣者,陈而言。君以其言授之事,专以其事责其功。功当其事,事当其言,则赏;功不当其事,事不当其言,则罚。"(《韩非子·二柄》)意思是,君主要驾驭、约束臣下,就一定要考察其形和名是否相符。君主一定要看臣下说的话跟他做的事是否一致。此即强调表面情况要和实质互相加以验证,即综合考察一个人。在现代企业中,领导者要从下属的言行、办事的效果来考察其能力的大小。(11)激励思想。在韩非子看来,用于激励的方法即为"二柄"。所谓"二柄",就是奖赏与杀戮。二者结合,为君主所用,则可治人。在管理心理学中,奖赏即通常所说的"正强化",而杀戮即通常所说的"惩罚",二者用于管理,均可产生激励作用。要建立一套行之有效的激励制度,韩非子说:"法者,宪令著于官府,刑罚必于民心,赏存乎慎法,而罚加乎奸令者也。"意思是,法就是官府制定的法令,要奖赏那些遵守法令的人,要惩罚那些扰乱法治的人。要用奖励来强化人们的行为,而用惩罚来消除那些扰乱法治的行为。《管子》主张的薪酬激励思想,是以优厚的待遇吸引人才、留住人才。《管子·小问》中记述,齐桓公问管仲,如何招得天下良工,管仲说:"三倍,不远千里。"也就是说,一个良工在别的地方能拿工钱一百,我给他三百。那么,即使路途很远,他也会过来。(12)培训与开发思想。管子也深知培训与开发的作用及重要性,他把人的教育与培养看作"一树百获"的百年大计。《管子·权修》说:"一年之计,莫如树谷;十年之计,莫如树木;终身之计,莫如树人。一树一获者,谷也;一树十获者,木也;一树百获者,人也。"教化使"不肖者化焉",能收到"一树百获"的效果。《管子》中的教化思想分为两个方面:一方面,以道化民,从思想上教化民众。《管子·五辅》中写道:"得人之道,莫如利之;利之之道,莫如教之以政。"也就是说,"得人"首先要教化臣民的政治思想,让臣民从思想上认同。通过教化,让臣民把服从君主的观念作为一种神圣的道德植根于思想中,使其敬上,听从驱使,对其从思想上进行统治。另一方面,进行技能教化。这种教育是在政治教育的前提之下进行的。《管子·小匡》提出,对"国之四民"即"士、农、工、商",各以其技艺"教其子弟,少而习焉"。但是,应使士集中在学校,使农集中在农村,使工集中在作坊,使商集中在市场,"定民之居",不准改变职业。"夫故士之子常为士。……农之子常为农。……工之子常为工。……商之子常为商。"这种政策在当时能够促进人民对本职之事有所专研,使技能代代相传,却也阻碍了行业之间的交流,限制了个人的自由和创造性,对科学技术的进步是不利的。

八、和谐管理理论

席酉民 1987 年提出"和谐管理理论"。该理论从影响组织发展的内耗(internal friction)入手,基于"和谐"等概念来理解组织的运行机理,看起来具有鲜明的"中国味",实际上对人类面临的复杂性、模糊性、不确定性和快变性挑战具有普遍意义,且价值和作用日益突显。该理论以系统管理学派的"老三论""新三论"为基础,同时吸纳了卡内基学派的有限理性学说。它根植于组织的开放系统观,视组织为复杂系统。在这类非线性动态系统中,改变一个或两个参数很小的量,就可能显著地改变整个系统的行为,因为系统的组成部分之间经由反馈回路网络相互作用。

按照该观点,组织发展作为充满不确定性的非线性变化过程是常态,而作为确定性意义上的线性变化过程则是特例。和谐管理理论正是以探究常态化的非线性发展过程为主线,采用整体、历史与辩证的整合视角透视组织,给出了看待组织与管理问题的新方式。

和谐管理理论将自身定位为多变环境下复杂管理问题的"解决学",它以和谐主题作为管理分析的基本出发点，以人与物的互动以及人与系统的自洽性和能动性为前提，围绕和谐主题，以"和则"与"谐则"的耦合互动应对管理问题，提高组织绩效。其中，和谐主题是组织在特定的发展时期和情境下，为实现其愿景和使命所要解决的核心问题或所要完成的核心任务。"和则"指管理者可通过影响组织员工（群体）认知、情感、行为的政策、文化和管理模式等，诱导其表现出组织期望的行为（或减少不期望的行为），其核心是能动致变的演化机制。"谐则"指管理者可以通过制度、流程、结构达到组织投入要素的协调匹配和整体优化，使员工（群体）行为遵照组织设计的既定路线，其核心是优化设计的控制机制。"和谐耦合"是在和谐主题导向下，通过组织学习机制等实现和则、谐则的相互作用、相互协调、相互转化，使组织表现出在目的导向下的系统协同和涌现特征。

和谐管理是组织为了达到目标，在变动的环境中，围绕和谐主题，以优化和不确定性消减为手段，提供问题解决方案的实践活动。其中，和谐主题是指"在特定的时间、环境中，在人与物要素的互动过程中所产生的妨碍组织目标实现的问题"。在这一新认识论的指导下，和谐管理将放弃"计划、组织、领导和控制"的基本框架，成为紧密依赖环境的"围绕和谐主题的问题解决学"。它可能是"组织的"，也可能是"领导的"；可能是"流程的"，也可能是"文化的"；可能是"激励约束的"，也可能是"产出/成本的"。总之，它是基于"此时、此地、此行业下的和谐主题"的辨析和应对。

不像其他管理理论，舍弃世界中的不确定性而追求对世界本性的确定性认识，并极力证明这种认识的确定性，和谐管理理论是在承认世界在人类认识中的不确定性（相对性）的基础上，尽可能地认识和反映管理现实。和谐管理理论"质疑"管理实践、管理知识的本质意义，提出了"管理知识的类型学划分"。在某种程度上，它暗示"启发性"或"弱法则"而不是"规律性"可能成为管理研究的本质属性。总之，和谐管理理论希望把对当代组织存在的"因果性、简单性、线性和序列性"的刻意追求转变为对"过程性、复杂性、非线性和内在联系"的真实反映。

九、自导式管理理论

中国科技大学张顺江教授 1993 年出版了《自导式管理——儒家的管理心理研究》一书。孙利在张顺江的指导下完成了博士论文《自导式管理思想原理及其应用》。

自导式管理以"法元论"为研究方法和手段。"法元论"是对道家、儒家、佛教、伊斯兰教、信息论、控制论、系统论等思想的继承。张顺江认为，管理在于管思想，即教化与感应，提倡人与环境相和谐。他指出，实现管理最高境界的方法和手段是属上不骄、为下不倍，提倡人从盲目被管中解放出来，成为自觉、自为、自导地向着预定的目标前进的人。孔子的言论中最能体现自导式管理思想的是这句话："民可使，由之；不可使，知之。"（《论语·泰伯》）所谓"民可使，由之"，是说决策者制定了一项决策，要想让执行者去执行，必须使他们知道为什么要去执行这项决策，向他们讲清楚执行这项决策的理由。执行者了解了决策原理,知道这项决策有道理、有好处,就会自觉自愿地去执行,并能在执行的过程中灵活地运用原则,创造出达到目标的方法和手段。所谓"不可使,知之",是说如果一项决策被制定出来后,执行者不愿意执行,就算决策领导者利用权力强力推行、强迫执行,他们也会消极怠工,出工不出力,干活不见效。在这种情况下,就要教育执行者,让他们了解决策的原理,懂得完成任务的必要性,知道完成任务会给他们带来好处。只有执行者想通了,愿意了,决策才有可能得到执行,任务才能保质保量完成。按照自导式管理理论,管人,归根结底是要管他的灵魂,即管的是道理和规律。"有理走遍天下,无理寸步难行";"得人心者得天下,失人心者失天下"。

十、混沌管理思想

袁闯是复旦大学苏东水教授的博士生,他于 1997 年出版了《混沌管理》一书。混沌管理建立在可度量标准化管理的基础上,赋予被管理者让渡利益,超出其期望,催发其积极性动力,实现即期目标管理效果的最大化,同时服务于下期管理目标的高效实施。建立在混沌学研究成果基础之上的混沌管理在信息社会主导着一场全球性的后现代管理革命浪潮。袁闯认为,中国传统文化在本质上是混沌的、模糊的、综合的、整体的,混沌最能代表其特征。混沌管理建立在中国传统文化的基础之上。混沌管理的管理哲学是组织人本主义。混沌管理的本质是一种特殊的人本管理,是以组织稳定为目标的管理。人本管理突出人的重要性,强调由人进行的管理和对人的管理,把人的因素提到了根本性的地位。实际上,人本管理只是相对于过分重视物的管理思想的一种管理。以组织稳定为目标的管理与西方现代以发展、创新为目标的管理是有天壤之别的。西方现代管理,尤其是现代企业管理的根本目的是追求效率和效益。混沌管理与西方现代管理截然不同。混沌管理的管理哲学即组织人本主义把组织稳定作为最基本的原则,一切管理手段和管理方法均为此目的服务。这种观念显然是中国古代多数思想家的共识。

混沌管理的方法论特征是非规范性、非优化性、不确定性等。与西方现代管理追求规范化相反,混沌管理并不要求规范化的管理。这种非规范化的方法无论在宏观上还是在微观上都是符合中国传统社会的现实状况的。与非规范化相适应,混沌管理的另一个特征是它并不追求最优化与最高效率。显然,这是由稳定的管理价值观所决定的。中国传统的管理思想为求稳定,也反对对知识的追求和对技术的改进,而这两者是效率优化的基础。混沌管理的"混沌",实际上主要是相对于近代科学方法论的确定性而言的,古代和现代都面临很多不确定性因素。混沌管理的理论基础是整体论哲学、自然主义的"无为而治"、文化伦理主义等。混沌管理的策略方法有"修己安人""中"与"和"等。

十一、柔性管理思想

郑其绪 1996 年出版了《柔性管理》一书，详细阐述了在信息经济和知识经济的背景下，管理由刚性向柔性转变的必然趋势，分析了柔性管理的精髓和要义，提出了柔性管理的实施策略，并从中国传统管理思想中寻求启示，使柔性管理与中国国情和文化相适应。柔性管理是相对于刚性管理而言的，它是在研究人们心理和行为规律的基础上，采用非强制方式，在人们心目中产生一种潜在的说服力，从而把组织的意志转变为人们的自觉行动。柔性管理是一种更加深沉、高级的管理，是一种充分体现理性的管理。刚性管理起源于泰勒的科学管理理论，它把人看作经济人、机器的附件，认为人只要机械地完成上级下达的任务和指标就行，强调组织的等级和专业的分工。柔性管理则认为人是社会人，不是物质性的动物，有情感、组织认同感、归属感、自我实现等需求。管理者要提高员工的工作效率，提高企业的经济效益，关键是从人出发，以员工为中心，提高员工的士气，满足员工的社会欲望，靠纪律强制和单纯的物质激励是达不到充分发挥员工潜力和创造力效果的。对人的不同态度、不同理念是刚性管理和柔性管理对立的实质。其实，比较美国和日本的管理方式，可以大致看出两者之间的区别：美国的管理总体上比较重视制度、结构等硬性因素，往往忽视组织的作风、价值观、人员等软性因素；而日本的管理比较重视员工的归属感和员工对企业的认同，注重公司的文化、思想和精神等。当日本经济崛起时，西方国家掀起了一股研究日本管理模式的热潮，也可以反映出西方国家感到刚性管理呈现疲态的时候，开始注意到柔性管理的价值。

柔性管理从本质上说是一种对"稳定和变化"进行管理的新方略。柔性管理理念的确立以思维方式从线性到非线性的转变为前提。线性思维的特征是历时性；而非线性思维的特征是共时性，也就是同步转型。从表面混沌的繁杂现象中，看出事物发展和演化的自然秩序，洞悉下一步前进的方向，识别潜在的未知需要和可开拓的市场，进而预见变化并自动应付变化，这就是柔性管理的任务。

柔性管理以"人性化"为标志，强调跳跃和变化、速度和反应、灵敏和弹性，注重平等和尊重、创造和直觉、主动和企业精神、远见和价值控制，它依据信息共享、虚拟整合、竞争性合作、差异性互补、虚拟实践社团等，实现管理和运营知识由隐性到显性的转化，从而创造竞争优势。

柔性管理的最大特点在于，它不是依靠权力的影响力（如上级发号施令），而是依赖员工的心理过程，依赖员工内心深处激发的主动性、内在潜力和创造精神，因此具有明显的内在驱动性。不过，只有当企业规范转化为员工的自觉意识，企业目标转变为员工的自发行动，从而形成内在的驱动力时，自我约束力才会产生。郑其绪认为，柔性管理的本质是对管理对象施加软件控制；柔性管理的职能是教育、协调、激励和互补；柔性管理的特征在质的方面表现为模糊性，在量的方面表现为非线性，在方法上强调感应性,在职能上表现为塑造性,在效果上表现为滞后性;柔性管理的基本原则是内在重于外在、直接重于间接、心理重于物理、个体重于群体、肯定重于否定、身教重于言教、务实重于务虚、执教重于执纪。

十二、管理整体论

北京大学陈春花等学者深入企业管理实践,开展研究,甚至直接从事一段时间的管理实务工作,出版了"陈春花管理经典"丛书。他们认为,在整个科学发展过程中,贯穿其中的是科学研究方法论,即一切具体科学的研究所遵循的共同的路线与方向,它内在于整个科学发展之中,随着科学的发展制约着科学的前进。从古至今,科学研究方法论经历了超越还原论、发展整体论以及还原论和整体论辩证统一三个演化阶段。这在思维上的体现就是从具体到整体,再从抽象到具体的分析和综合,是相互交织的辩证思维过程,以"分"的精细化解释"合",以"合"的整体性认识"分"。当前管理学研究正处于超越还原论、发展整体论的阶段,其外在表现是东方管理研究的蓬勃兴起,管理学界纷纷转而研究中国企业实践,探索其成功的奥秘和蕴含其中的东方智慧。《道德经》对这两种方法论有过比较和阐述,即"常无欲,以观其妙;常有欲,以观其徼"。在数字化时代,价值链被重新定义,传统行业被颠覆,组织边界被打开,人本思想的普遍回归使得管理学发展面临一场空前的洗礼。陈春花等人的研究突破百年来西方管理组织理论演化基于"分"的局限,融入东方管理思想整体观的灵魂。他们提出以"协同管理"作为分水岭,引领管理思想从"分"转向"合",并就"协同管理"的价值取向基础进行初步探索。他们以协同管理软件企业为案例研究对象,深入探讨"协同管理"的价值取向策略体系,并用整体观的东方智慧进行价值取向基础解读。他们借助协同管理软件企业的数据分析、文本挖掘、策略提取,从协同预期、协同过程、协同评价、协同分配四个环节出发,建立了"协同管理"价值取向的13个具体策略,归纳为东方智慧中"诚、利、信、不争"的价值取向,刚柔并济,共同打造"协同管理"的高效价值创造体系。

2018年5月,陈春花在《哈佛商业评论》中文版上发表了《百年管理,已从分工走向协同》一文,提出了"管理整体论"。该理论由七个原理组成:

原理一,经营者的信仰就是创造顾客价值。"顾客价值"不是一个概念,而是一种战略思维,是一种准则。这个准则和思维用另外一个方式来表述,就是"以顾客为中心"。"以顾客为中心"就是要求企业改变自己的思维模式,保持和顾客思维模式的契合,即企业只有一个立场,就是顾客立场。重要的是:第一,顾客价值是行为准则,做所有的事都必须以此为基准。第二,顾客价值是一种战略的思维方式。

原理二,顾客在哪里,组织的边界就在哪里。提供这个边界的可能不是你自己,而可能是合作伙伴,也可能是价值链上甚至价值链外的合作者,你要跨界,要跟别人合作。因此,你自己的组织边界被打开了,从而拥有了顾客所需要的新能力。

原理三,成本是整体价值的一部分,在本质上是一种价值牺牲。价值牺牲意义的有无,是企业自己可以决定的。重要的是:第一,在员工身上的投入和在顾客身上的投入,在成本上都是有意义的价值牺牲;廉价的劳动力不会带来成本优势,有效的顾客才会带来真实的绩效。第二,没有最低成本,只有合理成本。产品和服务符合顾客期望,即为合理。第三,成本是品质、吸引力和决心。

原理四,人与组织融为一体,管理的核心价值是激活人。在管理工作中,要围绕两个方面去做:一是工作目标,二是人的价值。管理者要关注工作目标,更不能忽略人的价值,唯有做好这两件事,管理工作的本质才会呈现出来。因此,需要关注三个重点:第一,管理要解决管理者与管理对象、管理资源三者之间的匹配问题,使三者之间形成协同一致的关系。第二,管理者一定要回答"如何让人在组织中有意义"这个问题。第三,管理要让每一个人与工作目标相关。

原理五,影响组织绩效的因素由内部转向外部,驾驭不确定性成为组织管理的核心。管理者的核心工作是要确保组织可以跟得上环境的变化,让组织具有驾驭不确定性的能力。要做到这一点,其核心是要关注组织成员的成长,并使成员能够持续创造价值。管理者需要注意:第一,认识到不确定性不仅已成为常态,而且是经营的机会和条件。第二,具有创业精神和创新精神。第三,具有超越自身经验的能力,特别是超越那些曾经被证明成功的企业及企业领导者。第四,与不确定性共处。

原理六,从个体价值到集合智慧,管理者要将业务与人类的基本理想相联系。组织的有效性依赖于组织获取、分享、使用、存储宝贵知识的能力。组织学习观点将知识作为一种资源,这种资源以三种方式存在,统称为"智力资本"。(1)人力资本——员工的知识、技能和能力,被认为是具有价值的、稀缺的、难以模仿的,并且不可替代。(2)结构资本——在组织系统和结构中获得并保留下来的知识,如有关工序的文档和生产线的布局图等。(3)关系资本——组织的商誉、品牌形象以及组织成员与组织以外的人员之间的关系。这三种存在方式让组织具有自身的知识资源能力,加上组织本身的开放性,使组织更具有吸引优秀个体、集合智慧的能力。从个体价值到集合智慧是激活组织的选择,也是人类持续保持创造力,从而实现人类基本理想的基础。

原理七,效率来源于协同而非分工,组织管理从"分"转向"合"。提高管理效率一直是组织管理最具挑战性的一个话题,分工使劳动效率最大化得以实现;分权让组织获得最大化的效率;分利充分调动个体,让个人效率最大化。今天,组织需要解决的则是整体效率问题,既有组织内部的,又有组织间和组织外部的。"分工、分权、分利"只是解决了组织内部的效率,而组织绩效已经由内部转向外部。所以,整体效率也更多地转向组织间和组织外部,而组织间和组织外部的效率则需要依靠协同,依靠信息交换与共享。

陈春花等人以原理的方式阐述"企业是一个整体"的观点,就是希望按照一个真实的逻辑,综合企业管理本质的思考和结论,使之成为一个整体,从而对组织管理如何应对外部环境变化有所认识,同时对管理实践予以相应的回应和帮助。

十三、现代管理科学中国学派

孙东川教授、刘人怀院士积极研究与创建现代管理科学中国学派(英文译为"the Chinese school of modern GUANLI science",简称"CSMGS")。他们认为,这是当代中国人,尤其是管理学界的使命与机遇。孙东川比较了文献中有关管理的多种定义,认为都没有说到本质上,综合性不够,未能统揽全局。他提出了对于管理的不同见解,并下了一个关于管理的定义:管理是人类的第二类活动,为第一类活动服务,使之实现预期的目标。

人类的全部活动分为两大类:第一类称为"作业",包括生活作业与生产作业;第二类是对各种作业的管理。有作业,就有对作业的管理。人类没有脱离动物界的时候,只有生活作业,没有生产作业。当人类有了生产作业的时候,就脱离了动物界。有了管理活动,人类就更加远离动物界。孙东川认为自己提出的定义表述简练,容易理解和记忆,其含义很丰富,说出了管理的本质与作用。他认为,管理具有永恒性与普遍性。永恒性是指管理永远存在,有人类就有管理,一万年以后仍然需要管理;普遍性是指管理无处不在,"三百六十行,行行有管理",人类的一切生活作业与生产作业都离不开管理。

人类属于哺乳动物,其生活作业与其他哺乳动物(牛、马、羊、兔、狮子、老虎等)大致相同,包括吃喝拉撒睡、运动与繁殖等,这些是生理本能。区别在于,人类的生活作业逐步精细化与多样化,逐渐从生理本能演变成自觉的行为,包括衣食住行、婚姻家庭、教育等。人类还有听音乐、画画、喝茶、饮酒等多种多样的精神生活。人类的生活作业需要被筹划与安排得井井有条,讲究效率与效益,于是产生了第二类活动为之服务,这就是管理。

"民以食为天",动物也是这样。吃是动物的第一需要。动物的吃很简单,牛、马、羊、兔看到青草就吃,狮子、老虎逮住兔子就吃。人类的近亲、灵长类动物猴子也是这样,看见树上有桃子,摘了就吃。人则不一样,先要端详一下,凭经验挑选一个"好吃的"桃子,摘下来擦干净再吃,后来发展到要清洗、削皮之后才吃。人类不但采摘野生的桃子,而且逐渐学会栽种桃树,培育优良品种,这就有了农业生产。桃子多了,要储存,要加工,于是有了农产品加工业。生产和加工需要工具,于是有了手工业乃至大工业。人们要互通有无,"日中为市",于是又出现了市场和商业。人类逐步进化,先后出现了三大产业,管理实践越来越丰富。管理实践的经验和教训积累得越来越多,进而上升为管理理论与方法,产生了管理学或管理科学,至今仍然不断丰富与完善,与时俱进。

所以,管理活动乃古已有之,管理学或管理科学也由来已久。初始的管理学或管理科学比较简单。现代管理学或管理科学则是工业化时代的产物,尤其是企业管理学,一般认为从"泰勒制"开始。

管理包含多种功能(function,又称"职能")。管理研究的先驱者之一、法国管理学家亨利·法约尔认为,管理包含五大职能:计划、组织、指挥、协调、控制。在法约尔提出的"五职能说"的基础上,其他研究者加以调整与增减,形成"四职能说"(计划、组织、领导、控制)、"七职能说"(计划、组织、人事、指挥、协调、报告、预算)等。这些"职能说"阐述的管理功能,其实不限于企业管理,而是各种管理工作的一般职能。除了上面罗列的各项职能之外,还有其他职能,如决策、激励,得到一些管理学家的重视。

孙东川等人认为,管理科学是人类研究管理活动规律、做好管理工作的全部知识之总和。他们提出构建中西合璧的管理科学话语体系,并且构建基本框架。中国人有了自己的话语体系,才能有话语权。

我们可以把"管理"用汉语拼音"GUANLI"推向世界(为了显著起见,六个字母全部大写),它包容所有的相关英语单词。用数学式子来表示(第二个式子是集合论的表示)具体如下:

$$\text{GUANLI} = \text{management} + \text{administration} + \text{executive} + \cdots \qquad (1)$$

$$\text{GUANLI} = \{\text{management}, \text{administration}, \text{executive}, \cdots\} \qquad (2)$$

基于英语构词法,把"GUANLI"作为词干,参照"scientist"(科学家)、"geologist"(地质学家)等,构造单词"guanlist",表示"管理者";或者参照"engineer"(工程师)、"writer"(作家)等,构造单词"guanlier",也可以表示"管理者"。具体如下:

$$\text{Guanlist(or Guanlier)} = \{\text{manager}, \text{administrator}, \text{president}, \text{executive}, \text{head}, \text{commander}, \text{conductor}, \text{bandmaster}, \text{boss}, \text{official}, \cdots\} \qquad (3)$$

在英语中没有"管理学""管理工作"等单词,可以采用同样的办法构造新词。参照英语单词"biology"(生物学)、"geology"(地质学),构造单词"guanliology",表示"管理学""管理工作",GUANLI+work→Guanliwork,或 GUANLI+job→Guanlijob。

顺理成章,"管理科学"翻译为"GUANLI science"(GS)。于是,有以下表达式:

$$\text{GUANLI Science} = \text{Management Science} + \text{Administration Science} + \cdots \qquad (5)$$

$$\text{GUANLI Science} = \{\text{Management Science}, \text{Administration Science}, \cdots\} \qquad (6)$$

孙东川等人提出利用"三室一厅"创建现代管理科学中国学派的途径,即洋为中用,古为今用,近为今用,综合集成。把三"用"比作三个研究室,"一厅"即"综合集成研讨厅"(meta-syntheses hall)。钱学森院士提出的系统工程方法论包括"从定性到定量的综合集成法"与"综合集成研讨厅体系"。"三室"的研究成果不是简单的拼盘,而是要综合集成,融会贯通。"近为今用"的含义是:总结近期的经验与教训,上升到理论高度,为今天和今后所用。"近期"是指改革开放后的四十多年,中华人民共和国成立以来的七十年,中国共产党成立以来的九十多年,继续上溯到戊戌变法、洋务运动,直至1840年鸦片战争即中国近代史的起点。"近期"如同水的波纹,一圈一圈扩大,内圈应该受到高度重视。

孙东川等人认为,现在中国的管理学界与教育界的许多人仍然处在美国学派的"阴影"中,应该尽快走出来。

宁波诺丁汉大学的李平主张学术和实践的跨界研究，他的研究理想也是创建有中国特色的管理学派，在研究思路、研究方法等方面提出了一些有益的见解。他还在哥本哈根大学工作时，就对阴阳学说和中国管理有深入的研究。他对于管理学脱离管理实际的研究提出了批评，指出无数企业家及各层级管理者中，绝大多数都对管理新知求知若渴，级别越高的管理者对于管理知识和理论的渴求越强烈。有的企业家如数家珍地介绍他们所了解的西方主流管理学家及其代表理论，有的企业家则从传统儒家、道家经典中寻找管理的真理，更有企业家和高管将自己企业的管理实践总结为"民间理论"（folk theory）。管理学术评价体系的过度单一化与简单化的导向及其对研究者个体的禁锢和钳制，是导致管理理论与管理实践日益割裂的罪魁祸首。管理领域的学术研究背离了研究的初心，重要原因之一就是管理学主流研究界否定管理学是一门介于纯理论与纯实践之间的"应用导向型"（professional）学科。管理学研究"供给侧"的结构性改革首先影响的是管理学研究的范式及其评价体系：管理学研究的影响力评价应该多元化，评价的标准不应仅仅局限于学术圈内，更应考虑学术成果对于学术圈外的辐射和作用。理想的管理学研究成果应该是在实践与理论之间达成一个全面且动态的平衡，并非以牺牲实践或理论某一方面为代价。管理实践与理论的携手合作具有极大的知识创造潜力。理论与实践是管理学研究的一体两面，但是长久以来，这两面却被人为地分离。要使管理更好地发挥其作为社会组织中的"功能器官"，促进社会进步，激发人的善意与潜能的作用，管理的实践与理论就必须合一。席酉民、张晓军主张"有实践的理论和有理论的实践"。陈春花提出"两出两进"路径。我们可以从阴阳平衡视角，把实践与理论两者适度地融合起来，有时强调以前者为主（而以后者为辅），有时强调以后者为主（而以前者为辅）。彼得·德鲁克是具有非凡影响力的管理大师，他的管理思想对管理实践具有巨大的影响力。詹姆斯·马奇是在管理理论研究方面有着卓越影响力的大师，是管理学术研究者中正宗的"学院派"代表。根据阴阳互动平衡原理，理论与实践的融合是一种非对称性的动态互补过程，最好能够融合德鲁克和马奇的研究之路，走好管理学的"知行合一"之道。

第二节　东方管理模式

诸多机构和个人对东方管理、中国管理模式进行了积极探索，希望东方管理思想能够"落地"，能够实实在在地被用起来。其中，"中国管理模式杰出奖"理事会长期坚持中国管理模式的发现和推动工作。中国管理模式的产生有其历史的必然性，符合人类管理模式发展通过空间交替展示时间之矢的自然历史过程。2008年，中国管理现代化研究会、中欧国际工商学院、北京大学光华管理学院、清华大学经济管理学院、中国人民大学商学院、上海交通大学安泰经济与管理学院、中国科学院研究生院管理学院和金蝶国际软件集团有限公司（以下简称"金蝶公司"）共同发起"中国管理模式杰出奖"遴选活动。该奖旨在通过总结、梳理成功的中国企业管理模式并加以推广，促进中国企业管理现代化的发展。该奖曾得到成思危、许嘉璐等人士的大力支持。在中国企业努力学习西方管理观念、方法及国外先进管理经验的基础上，一批具有远见的企业家开始思考如何进一步把管理科学的普遍原理与中国企业的具体实践相结合，开始从中国国情和五千年的中华文明传承中寻找灵感，开始总结中国式的管理案例和管理模式。金蝶公司总裁徐少春认为，中国企业管理模式的核心是"致良知"。"中国管理模式杰出奖"理事会目前由北京大学陈春花教授担任理事长，金蝶公司继续资助，2018年的"第11届中国管理模式杰出奖"的主题是"数字化生存与管理重构"。下面介绍一些特征明显的东方管理模式。

一、人单合一模式

在执掌海尔集团（以下简称"海尔"）期间，张瑞敏带领员工实现了集团持续稳健的发展。2017年，海尔全球营业额为2419亿元，增长了20%，其中经营性利润增长41%。因为在管理领域的创新成就，张瑞敏多次获得国际管理思想领域的嘉奖，他首创的"人单合一"管理模式更是受到了全球管理学界及企业界的高度认可，也被认为可能会成为下一个社会模式。"人单合一"中，"人"就是员工，"单"就是用户，"合一"就是把员工的价值和用户的价值合一。"人单合一"这个概念表明员工在为用户创造价值的过程中，也可以实现自身价值。这一新型商业模式为员工和用户共同创造、实现共赢提供了解决方案。

海尔从2005年提出"人单合一"的概念，一直探索到今天，这期间虽然经历了很多曲折，但终于开始见效了。见效的标志有两个：一个是国际标准的认可，另一个是跨文化、跨行业的复制。一方面，人单合一模式的体系中，有一个很重要的构成是大规模定制平台。大规模定制是物联网时代的趋势，德国工业4.0在做，海尔的COSMOPlat平台也在做。另一方面，人单合一模式在国外被复制。2016年，海尔兼并美国通用电气家电（GEA）。GEA有120多年历史，在被海尔兼并之前的10年，它的销售收入是下降的，而且下降幅度比较大，利润也基本没有大的增长。但是，GEA复制人单合一模式之后，仅仅一年的时间，就达到过去10年最好的业绩，收入增幅远超行业增幅，利润实现两位数增长。在国内，海尔收购了上海的一个康复护理机构。过去，这个机构和国内其他医疗机构一样深受医患对立之苦，其经营难以为继。并购以后，管理者还是那些人，只是把人单合一模式复制过去，从医患矛盾变成"医患合一"。现在，这个机构的口碑大幅提升，在业内被称为"别的机构学习的标杆"。这说明，人单合一模式可以跨行业复制。

张瑞敏认为，人单合一模式有六要素，即企业宗旨、管理模式、组织架构、驱动力、财务体系、物联网。这是一个探索性的模式，之所以说"探索"，是因为它的六个要素都和传统企业不同，甚至是颠覆性的。

（一）企业宗旨

企业宗旨体现为两个理念——企业理念和人员理念。传统的企业理念是长期利润最大化，人员理念是股东第一。张瑞敏认为，对此应该调整，企业理念就应该是两千多年前老子在《道德经》中讲的一句话："上善若水，水善利万物而不争。"也就是说，企业和社会、用户的关系，不是争利关系，只管自己赚钱和长期利润最大化而不管别人。企业应该为社会创造更大的价值，就像"水善利万物而不争"，滋养万物却从不说是自己的功劳。企业也一样，否则只争谁是老大，最后没有社会价值，再强大也会死掉。人员理念应该从"股东第一"变为"员工第一"。员工第一，指员工和用户的价值合一，员工能够创造出用户价值，股东价值也就得以实现了。所以，股东价值只是一个结果，却不能成为宗旨。古希腊哲学家亚里士多德说，人的幸福是可以自由地发挥出自己最大的能力。人单合一就是让每一个人都充分发挥自己的能力，实现自己的价值。

（二）管理模式

管理模式可以从四个角度进行介绍：(1) 管理模式的理论依据。两百多年来，传统管理的理论依据只有一个，那就是分工理论。最早提出这一理论的是亚当·斯密，其《国富论》一书出版于 1776 年，第一章就是论分工。在分工理论的基础上，诞生了古典管理理论的三位先驱：泰勒、马克斯·韦伯和亨利·法约尔。美国人泰勒被称为"科学管理之父"，其贡献是至今还在用的流水线；德国人马克斯·韦伯被称为"组织理论之父"，其贡献是至今还在用的科层制；法国人亨利·法约尔被称为"现代经营管理之父"，其贡献是至今还在用的职能管理。流水线、科层制、职能管理"统治"企业长达百年，但是终将成为过去。海尔人单合一模式的理论依据主要是互联网和物联网。美国人杰里米·里夫金在《第三次工业革命》一书中有两个观点：一个是制造从大规模制造变成分布式制造，另一个是组织从传统组织变成去中心化、去中介化和分布式的组织。区块链的最大特点就是这样。2014 年诺贝尔经济学奖获得者、法国经济学家让·梯若尔研究认为，传统时代是单边市场，互联网、物联网时代应该是双边市场或多边市场，其显著特点是零摩擦进入和"换边效应"。牛津大学教授丹娜·佐哈尔到海尔去调研过几次，提出了"量子管理学"。如同量子力学颠覆了以牛顿力学为基础的经典物理学，量子管理学也颠覆了传统线性管理模式。(2) 管理模式的价值主张。传统管理模式的价值主张强调工具理性，体现为 X 理论和 Y 理论，其中 X 理论主张人性本恶，Y 理论主张人性本善，分别对应"经济人"假设和"社会人"假设。X 理论和"经济人"假设催生了福特模式，Y 理论和"社会人"假设催生了丰田模式。海尔人单合一模式的价值主张强调以价值理性为先导，形成目的与手段的统一，主张人应该成为"自主人"。人能够创造价值就可以实现自己的价值，不能创造价值就没有自己的价值。每个人都在创造用户价值，同时又体现每个人自身的价值，两个价值的合一就把价值理性和工具理性结合起来。本来价值理性是主导，工具理性是手段，现在等于把目的和手段结合起来。(3) 管理模式的支持平台。工业革命以来，世界公认的最好的两个模式，一个是福特的流水线模式，一个是丰田的 JIT 产业链模式。福特流水线的局限在产品端，而丰田的产业链从产品端延伸到上游供应商，其支持平台仍是串联的单边平台。传统金融业的存贷差模式也是单边平台模式。海尔人单合一的支持平台是并联的多变平台。如海尔的大规模定制平台，企业、用户和供应商等利益攸关方并联在同一个平台上，变成一个共创共享的生态系统，这是一个多边平台。物联网时代的竞争是生态系统的竞争，只有各利益攸关方都得利才能持续发展。传统的实体店和电商都做不到发展社群经济，而物联网经济的特点一定是社群经济和共享经济。社群经济是以社群为中心组成的生态圈，共享经济就是要使生态圈中的每个人的利益都最大化。海尔做的物联网金融就是社群经济加共享经济。(4) 管理模式的价值体系。任何企业的价值体系不外乎两条，即创造价值和传递价值。海尔人单合一模式形成一个创造价值、传递价值协调一致的体系和机制。由于每个人都和用户连在一起，海尔把传统的串联流程变成了并联流程，每一个并联节点都为用户创造价值，每个节点都在为用户创造价值的过程中实现自身的价值。这个协调一致的体系在机制上取消了全世界大多数企业都在用的 KPI 考核，创新了纵横匹配的两维点阵表。横轴是产品价值，刻度分为高增长、高市场占有率和高盈利。重要的是纵轴，刻度依次是体验迭代的引爆、社群共创共享的生态圈和生态收入。

(三) 组织架构

传统企业的组织架构是执行上级命令的线性组织，就是科层制。海尔人单合一模式的组织架构是创造用户个性化需求的非线性组织。海尔把传统组织颠覆为创业平台，平台上没有领导，只有三类人：一类人是平台主，单是看这个平台产生多少创业团队；一类人是小微主，单是看吸引多少创客；一类人是创客，竞单上岗，按单聚散。三类人都变成网络的节点，不是扁平化，而是网络化。每一个节点都可以连接网络上的所有资源，进行自创业。小微创业遵循资本社会化、人力社会化的原则，只有吸引到外部风投，海尔才跟投，前提是小微合伙人必须跟投。这样，就实现了"世界就是我的人力资源部"。小微雷神笔记本就是海尔员工在海尔创业平台上自创业、自组织、自驱动的典型案例。

(四) 驱动力

驱动力就是薪酬。海尔人单合一模式中，薪酬是用户付薪以及创客所有制的自驱力。例如，海尔兼并 GEA 之后，用这个机制把原来一个很差的产品部门变成一个小微。兼并前，2016 年，这个部门亏损 300 万美元。一年后，它盈利了 1248 万美元。驱动这个部门发生翻天覆地变化的就是薪酬制度的变革，把每一个人的积极性都充分调动起来。哈特在《企业合同与财务结构》一书中提出不完全合同理论，指出委托代理激励机制不可能把每个人的激励都一一和价值对应起来。张瑞敏认为人单合一模式从某种意义上回答了这个难题。虽然每一个小微都面对不确定性，但是它可以自己找到市场，并整合资源去解决这一问题。大公司的所有问题都集中到高层，自上而下决策，只能解决一致性问题,不能解决不确定性问题。人单合一模式可以解决这个问题。

(五)财务体系

传统企业的财务体系以损益表为核心,反映的是产品收入及价值。海尔人单合一模式的财务体系创新了共赢增值表。共赢增值表的第一项是用户资源,然后才是收入成本,通过生态收入和生态价值,产生边际效益、边际利润。例如,海尔小微"社区洗"过去的收入主要来自卖洗衣机产品。其实,用户要的不是一台洗衣机,他们要的是一件干净的衣服。"社区洗"把洗衣机作为载体,搭建用户社群,吸引利益攸关方到这个社群平台上来,将其变成了大学生创业平台和大学生生活娱乐平台,一台洗衣机半年带来的生态收入就超过硬件收入。

(六)物联网

进入物联网时代,很多企业做的是产品传感器,海尔做的则是用户传感器。移动互联网成就了电商平台,也创造了历史。但是,移动互联网之后一定会进入物联网时代。电商只是交易平台,物联网要求的不是交易而是交互。也就是说,交易平台可以做到让海量商品供用户选择,而交互平台不是,用户交互的是体验而不是产品。

二、A 管理模式

A 管理模式是刘光启在学习国外先进的管理理论、方式、方法,总结企业实践经验的基础上,针对中国在经济转轨时期企业管理的实际情况,归纳、创造出的一套现代企业行政管理模式,其突出特点是实用性和可操作性。这一管理模式来源于跨国集团,结合中国企业管理的现实创建而成。A 管理模式实际上是企业内部的行政管理模式,是一种权利分配系统受监督的、科学的个人负责制。

A 管理模式来源于跨国企业集团,与国际接轨。它产生于中国这块土地,具备中国特色,能适应中国的各种特殊环境。这一模式存在于中国由计划经济向市场经济转轨的特殊历史时期,其本身还在完善和发展。它不是"点子",而是一套完善企业管理的系统工程。A 管理模式主要有以下一些方面的内容:企业项目的确定及实施须以预算为核心;遵循一个上级的原则;采用既无重叠又无空白的分工原则;采用逐级指挥、逐级报告的原则;指挥系统不能任意改变工作程序;如非必要,不设副职;采用四小时复命制;述职是双边的,不是集体的;检查可以越级,复查必须重叠;采用"合适偏高"的用人原则;员工要保护自己、表现自己;鼓励员工的雄心;管理模式不能拼凑,不是"百衲衣";把 80% 的命令变成培训;动力加润滑,企业才能正常运转;竞争是激励的基本手段,发展企业是激励员工的最好手段。

三、"7S"管理模式

20 世纪 70 年代末 80 年代初,日本工业以其高于其他资本主义国家的生产率和产品质量获得了飞速的发展，从而引起整个世界市场份额的重新分配。1980年，日本GDP位于世界第三。此时，日本在许多产业方面已经超越了美国，如汽车、手表、炼钢、造船、钢琴、拉链、电子消费品等。一些美国企业开始抱怨，认为本国的制度（如职业安全法、污染控制法等）使经营成本提高了，导致在与日本的竞争中落后。它们认为本国的经济衰退源于1974年的阿拉伯石油危机。笔者认为以上看法是错误的。日本人不仅仅在质量管理、终身雇佣方面有相对优势，而且在对管理的理解上以及在基本管理假设与观念上强于美国，美国在这方面被束缚得太厉害了。管理作为日本工业腾飞的决定因素，相应地"占据了世界管理科学和艺术的领导者的席位"，其攻势之迅猛，使向来以经典的管理理论和丰富的管理经验而自视甚高的美国茫然不知所措。随后，许多人不惜工本，转而研究日本的"东方魔术"和日、美管理差异。

　　1981年，斯坦福大学的巴斯卡和哈佛大学的雅索士合作出版了《日本企业管理艺术》一书，提出了著名的"7S"管理模式。"7S"取自七个单词的首字母：strategy, structure, system, staff, skill, style, super-ordinate goal。巴斯卡等用"3S"管理模式（策略、结构、制度）来代表美国的企业管理模式，认为日本企业的管理模式是"7S"模式（3S+4S：策略、结构、制度、人员、技巧、作风、最高目标）。他们把增加的"4S"称为"软性管理"，认为软性管理是日本"7S"管理模式中起关键作用的因素，是日本企业优于美国企业的关键所在。东方人口稠密，传统文化注重人与人之间的关系；而西方（尤其是美国）更注重个人主义，强调独立。文化问题在美国企业的经营管理实践中一直没有被认真看待。日本企业却很重视包括最高目标在内的软性管理要素（即人员、技能、作风、最高目标）。巴斯卡等得出的结论是："软性管理"优于"硬性管理"。他们从日本企业与美国企业的经营管理艺术比较中，了解到在当时还未被管理学界，尤其是商学院的理论界认识的一个方面，即管理的"软性要素"。

四、C理论与C模式

　　成中英在《C理论：中国管理哲学》一书中提出C理论。C理论以《周易》哲学为基础，以阴阳五行为主干，融合中国古代的诸子百家思想，同时综合东西方管理理论与学说。他把C理论看作一种协调所有相关因素的管理理论，其唯一目的就是通过和谐整合的方式，发展人类的创造力。C理论中的"C"代表着中国管理、创造性管理、通过权变而进行的管理以及通过儒学关怀而进行的管理。因此，我们能够把C理论看作人性化管理的一种理性化的理论模式，它立足于东亚现代化所取得的经验，同时也是对其哲学根基和渊源的反映。

　　中国古代哲学认为，金、木、水、火、土五行构成了完整的宇宙体系。五行既相生又相克，相互作用，构成了生生不息的宇宙。五行理论在宇宙体系中具有极大的包容性。成中英认为，五行可涵盖五家即儒、道、法、兵、墨的思想，道家体现了"土"的决策功能，法家体现了"金"的控制功能，兵家体现了"水"的应变功能，墨家体现了"木"的创造功能,儒家体现了"火"的协调功能。

徐希燕在评述《C理论：中国管理哲学》时指出,西方理性管理的特征有五,即抽象性、客观性、机械性、二元性与独断性。人性管理也具有五个特征,即具体性、主观性、有机性、整体性与相对性。理性管理与人性管理相结合,就能将对立的两极创造性地融合在一个整体的系统中。对立两极的融合是同时发生的,又是恰到好处的,这就是所谓的"时中"原则。它使得两极之间以及两极的不同等级之间的结合能够取得最大的和最适当的效益。所谓"时中",即在决策、行动时必须因地制宜、因时制宜、因人制宜。它强调决策过程中决策者的创造性参与。这就是C理论的实质。因此,C理论体现了人性管理与理性管理的结合,以及整体性与时中性在决策管理中的运用。

阎雨在C理论的基础上,将中国传统管理文化精髓和西方管理工具相融合,使C理论得以与实践相接轨,进而形成了一整套的理论体系,这就是中国管理哲学,即C模式。C模式由两大系统组成：一个是C理论,一个是A体系。西方现代文化是一种下行文化,更加注重其工具性和实用性。国际上习惯把以美国为代表的西方实用管理文化称为"A体系"。C模式的内涵与外延十分丰富,外取中国(China)、《周易》(The Book of Change)、儒家(Confucian)、文化(culture)、成中英(Cheng)之义,内涵包括行政(control)、人事(coordination)、决策(centrality)、市场(contingency)、生产(creativity)。它以决策为中心,各要素交互影响,循环往复,生生不息。

C模式认为,管理是一个多元融合、兼容并包的系统,对任何外来的有益思想、方法、技术、工具来者不拒,进而溶解、吸收、消化,从而成为一体。管理不是一蹴而就的事情,而是不断推陈出新的。任何生命体都会老化,新的生命体是对原生命体的继承和发展。在C模式下,对管理问题从整体关联的角度进行解读和解决,洞悉各个管理要素间的依存与联系,在动态中解决问题,而不是只针对一时一地的问题；管理的最终目标是实现人类社会的全面发展,而不仅仅是实现利润最大化,并最终在不断的自我检视和修正中实现管理的不断创新。C模式通过对于内外环境的分析,借助7C模型推导出组织结构的最佳形态,帮助管理者找到自身的定位,引导各部门和职能有序设置与协作,真正与企业所处的环境相契合,避免本本主义,达成变革目标,实现管理效能的提升。

五、"11C"模式

佩格尔斯是在探讨"7S"模式之后提出"11C"模式的,他希望用"11C"模式代替"7S"模式,并希望西方管理人员改变管理风格。

佩格尔斯1984年在《日本与西方管理比较》一书中提出了"11C"模式。他用"11C"来说明日本成功企业的管理风格和企业文化。11个关键词的首字母都是"c",故称为"11C模式"：文化(culture)、信息联系(communication)、观念(concept)、集中(concentration)、竞争(competitiveness)、协作(cooperation)、协商一致(consensus)、结合(coalition)、关心(concern)、控制(control)、小组(circles)。文化指企业文化；信息联系指人与人之间以及企业内部门之间的信息沟通；观念指焦点对准企业的观念，工作的目的是生产出销路好、质量高的产品或提供优质服务；集中指把企业全体人员集中到公司的目标上；竞争指与生产同类产品或者提供同类服务的企业竞争；协作指内部协作；协商一致指作决策时要一致；结合指决策制定好后，大家共同完成目标；关心指管理人员关心自己与员工的关系；控制指对质量、成本、生产、库存、销售等提出要求；小组指质量管理小组，质量管理小组提倡并要求协同工作。要执行好"11C"，企业必须有一个合适的组织机构和合适的产品及战略管理。

六、《论语》加算盘模式

涩泽荣一素有"日本近代资本主义创业者"之称，他曾在明治政府中任大藏大丞，后弃官从商，陆续创建第一银行、东洋纺织、日本邮船会社等数百家企业，为日本近代资本主义的启动和推进立下汗马功劳。涩泽荣一不但是个实干家，而且在思想理论上也颇有造诣。他在长期的工商业实践的基础上写成《论语讲义》《论语与算盘》等著作，提出了著名的"《论语》加算盘论"。《论语》与"算盘"本是相互抵触的。"论语"意指本质上重义轻利的儒学伦理观，"算盘"则象征着追求利益的商业经济。涩泽荣一认为，追求经济利益应当以《论语》为原则，获得财富最根本的是要依靠仁义道德。《论语》伴随着由它产生的经济效益才真正体现了孔子思想的价值。涩泽荣一将自己的想法称为"经济道德合一说"。他认为，工商兴邦是富民益民的立国之本，"士魂商才"是儒者内圣外王的生命追求，义利合一是工商活动的基本原则。《论语》的道德训诫代表东方文化，算盘的有效性代表西方文化，涩泽荣一使二者圆融无碍地结合起来，创造了一个东西合璧的成功管理模式。具体地说，涩泽荣一的经营理念主要体现在以下三个方面：

(一)"米柜主义"精神——强烈的社会责任心

明治维新前后，涩泽荣一在考察日本所处的社会环境以及欧洲先进的产业制度后，敏锐地觉察到，要实现国家富强、社会健全发展和增进国民福利，非走"工商兴邦"之路不可。他指出，日本富民强国的当务之急是振兴工商业。但是，传统的日本与传统的中国一样，向来鄙视商业，这种倾向严重地阻碍了日本商业的发展。为了改变这种倾向，涩泽荣一首先对《论语》进行了重新阐释，认为孔子完全没有鄙视富贵的意思，只是告诫人们不要见利忘义、淫于富贵，而要按"正道"获取富贵。因此，涩泽荣一指出，企业家在经营过程中追求利润、增值资本，是为整个国民经济增强实力，这是应该自豪的事。为了进一步阐述"合理利润"的正当性，他又进一步解释了孔子所说的"博施于民而济于众"，指出要成为圣人，就必须用财富去济众，即用财富去满足民众的生存需要；而要满足民众的生存需要，就必须走"工商兴邦"之路。这样，涩泽荣一对"合理利润"进行了解释，为工商业的兴起奠定了基础。

(二)"士魂商才"的儒商人格理想

日本平安前期著名的政治家菅原道真曾提出"和魂汉才"的人格理想,认为应将日本固有的武士精神和以《论语》为核心的汉学文化结合起来。受其影响,涩泽荣一在总结自己的经营理念时,提出了"士魂商才"的儒商人格理想。其核心内容是,强调将封建时代的武士伦理观念与现代资本主义商业才干结合起来。士魂是儒家的内在生命,也就是儒家所追求的"修身、齐家、治国、平天下"的以国家为己任的道德追求和不断进取的人格精神,即"内圣"。但是,涩泽荣一认为,如果偏于士魂而没有商才,经济上会招致自灭。光有士魂无以济世,济世必须和从商相结合,而从商必须有商才,商才是外王的手段,只有商才才能实现"济世"的社会责任,达到儒家"内圣外王"这一完善的人格理想。总之,涩泽荣一为了适应现代工商业的需要,对儒家的"内圣外王"进行了全新的阐释,赋予其全新的内容——工商文明。"士魂商才"的企业家要具备两种人格理想:其为儒,必须具有内圣外王的士君子精神;其为商,必须具有企业经营所要求的商业才干。

(三)"义利合一"的经商原则

按照涩泽荣一的解释,"《论语》加算盘"式经营理念的最基本精神是"义利合一"原则。因为《论语》代表义,算盘代表利,两者相结合就是"义利合一"。义利问题历来都是儒家关注的问题。涩泽荣一所处时期的很多人认为儒家特别是孔子,是"重义轻利"的。但是,涩泽荣一认为孔子并不反对"利",只是反对采取不正当的手段取利而已。他对《论语》中的"富与贵,是人之所欲也,不以其道得之,不处也"重新进行了解释,指出富贵、利益是人之所欲也,因而是有价值的。他又指出,关键在于取得富贵或利益的手段是否合乎道德,因为完全的财富和正当的获利必须伴随着道德。

在涩泽荣一看来,"利"并不只是私利,还包括"公利",即国家社会之大利,追求公利的过程本身就是追求"义"的过程,因此"殖产兴业"政策就是"义"。企业通过经营追求利润,实现资产增值,就是为整个国家尽力,就应该努力去做。这样,他把公利和义结合起来。在此基础上,他又指出了公利和私利的一致性,认为在私人资本比较薄弱的情况下,不强调"公利公益",为"义"经营企业,就达不到实现民族独立、国家富强和资本主义化的目标。如果日本不能独立自主发展,资本家谋私利也就失去了保障。当然,涩泽荣一也反对对国家和公众无益的私利。"义利合一"原则一方面从道德上承认工商谋利有正当性价值,另一方面又强调了用《论语》来规范、约束谋利的活动。"义利合一"的思想为日本的现代化确立了神圣的价值基础,使儒家伦理成为日本近代资本主义形成时期的指导理念。

七、阿米巴经营模式

阿米巴经营模式由日本京瓷集团创始人稻盛和夫先生在管理实践中探索创立。该模式将整个公司划分为大小不一的阿米巴(amoeba)组织——独立经营单元,通过内部转移定价模拟内部市场,结合对公司文化和经营哲学的培养,形成全员参与、共同经营,完成企业战略目标的氛围,能够适应外部环境变化,激发企业活力,实现企业可持续发展的目标。稻盛和夫在 27 岁时创办了京都陶瓷株式会社(Kyocera Corporation),即现在的京瓷公司。基于稻盛和夫自身的经营理念和阿米巴经营模式,京瓷公司从一个微不足道的小工厂,发展成为集通信信息产业、环境保护产业、生活文化产业于一体的世界 500 强企业。阿米巴本身其实是一种单细胞生物,可以根据外界环境的变化随意改变自己的形状,具有很强的分裂性和繁殖能力,因此对外界环境的适应性非常强。阿米巴经营模式就是把企业分成若干个能够独立核算的小型组织,即阿米巴组织。每一个小的阿米巴组织都是一个独立的利润中心,可以及时计算自己的利润。阿米巴组织之间也是客户与供应商的关系,通过内部协商和签订内部协议,确定相互之间的买卖交易关系。

阿米巴经营模式产生于 20 世纪 60 年代,当时日本经济处于快速发展阶段,特别是电子行业的发展。京瓷公司后来成为日本电子行业零部件提供商,也得益于这一时期的快速发展。随着生产经营和人员规模的不断扩大,管理者疲于参与各个环节的工作,稻盛和夫开始思考:如何让每一个管理者都能像他一样更有效地经营好一个部门?于是,他尝试着把每一个小的集体变成像一个小的创业企业一样,能够进行独立的利润核算,即形成一个阿米巴组织,同时赋予其领导者全权管理的权力,使阿米巴组织更加快速地根据外部信息和现场情况进行经营决策。稻盛和夫曾经这样描述京瓷公司:"几个阿米巴组合起来形成一个大的阿米巴组织,这个大阿米巴组织和其他大阿米巴组织组合在一起,构成一个更大规模的阿米巴组织。其实,京瓷本身就是由全世界数千个阿米巴组成的巨大阿米巴。"

阿米巴经营模式具有五个优点:

(1) 快速应对外界变化

当今世界的经济和社会发展快速而多变,阿米巴经营模式使得很多经营决策由原来的决策层下放给每一个阿米巴组织的领导者,再到每一个一线员工。因此,阿米巴经营模式能够更多地在一线、现场解决问题,更加快速地应对外界变化,以及更加敏感地将外界的需求转变为阿米巴组织的机会,从而使每一个阿米巴组织都成为一个具有活力的、快速反应的组织。

(2) 明确了内部阿米巴组织之间的交易关系、合作关系和竞争关系

稻盛和夫设计的阿米巴经营模式中,阿米巴组织之间通过协商谈判订立买卖交易协议。这样做的结果是,明确了内部阿米巴组织之间的交易关系,使得阿米巴组织之间建立起客户与供应商之间的关系。如果"卖方"阿米巴组织没有达到"买方"阿米巴组织的要求,那么"买方"阿米巴组织有权选择外部供应商进行采购,以降低自己所在的阿米巴组织的经营成本。这使得每一个"卖方"阿米巴组织都要关注"买方"阿米巴组织的需求,从而提供更好的产品/服务,并关注提升自身的单位时间核算绩效,以便

相对于外部供应商来说，能够保持自身的价格优势。"买方"阿米巴组织也不只局限于用企业内部其他部门提供的产品或服务，还有权按照市场价格购买产品或服务，以提升自身的单位时间核算绩效。同时，阿米巴经营模式也会促使阿米巴组织之间进行竞争。例如，某零件事业部指导部分为一科和二科，虽然两个科从事的业务不同，但是都非常在意对方的单位时间核算绩效，都把对方看作自己的竞争对手。这样的阿米巴经营模式使得企业整体的单位时间核算绩效降低，更加贴近市场，也更容易满足客户的需求。

（3）用单位时间核算制度明确业绩标准

这是稻盛和夫最突出的贡献之一。他将提供各种产品、服务的阿米巴组织，统一用一个标准化的指标来衡量绩效。这样，就给每一个员工设立了一个非常清晰易懂的工作目标，即提高单位时间核算价值。显然，员工可以通过三种方式提高单位时间核算价值，即增加销售额、减少费用和减少劳动时间。阿米巴经营模式下的单位时间核算制度使得每一次改善都可以通过具体的金额核算出来，给予员工最直接的成就感作为激励。同时，作为一项制度，京瓷公司每天都会在全体会议上及时公布最新的数据，使得阿米巴组织的各经营单位能够及时感受到提升绩效的成就感，以及未能达到满意绩效的群体压力。

（4）赋予员工参与经营的能力和条件

稻盛和夫实施的单位时间核算制度使他能够将"每一个员工都懂得经营"的信念转变为现实，改变了原来只有决策层才能够经营企业的局面，在这样的经营环境下实现全员参与的经营。每一个员工只要懂得了经营就是要增加销售额和减少成本，就会对核算数据和指标变得非常敏感，促使其关注日常经营和改善，这样就可以很容易地参与经营决策。只有将经营的指标设计成每一个员工都可以掌握的形式，才能够在赋予员工决策权力的同时，赋予其相应的能力，才能够真正实现全员参与的经营，使企业不再是某个或某几个雇主在思考企业的创新与发展，而是有无数个头脑不断地思考着企业在方方面面的创新与发展。

（5）给优秀领导者以发展的机会

与其他组织形式不同的是，阿米巴模式设计出了更多、更灵活的领导者岗位。每一个部门可以是一个阿米巴组织，每一个流程也可以是一个阿米巴组织。阿米巴组织可以不断地分裂和合并，每个人都有机会成为一个阿米巴组织的领导者。作为阿米巴组织的领导者，最重要的职能就是领导团队，激励团队成员向着共同的目标前进。每一个阿米巴组织的领导者都要对本阿米巴组织的经营成果承担起全部责任，同时也拥有比以往一个部门负责人更多的权利。因此，每一个阿米巴组织的领导者都能够像这个组织的"企业主"一样，进行组织的日常管理工作和经营决策，对经营成果负责。

京瓷公司的成功案例也引起了国外学者的极大兴趣。库珀研究了稻盛和夫的人生哲学，认为阿米巴模式强调精神的满足，而不仅仅追求物质利益，因此在绩效评价结果的应用中更注重精神层面的奖励,这与用绩效奖金激励员工的传统方式大相径庭。拉斐等认为,阿米巴系统是一个完整的绩效管理体系,用单位时间核算制度来衡量各部门的业绩,用阿米巴经营模式进行业绩分析、经营分析。厄本采用多案例研究方法,通过对瑞典、波兰的三家公司进行阿米巴经营的不同风格、不同时期的比较研究,认为阿米巴管理系统(AMS)是一种具有前瞻性的管理办法,能够协调不同企业的不同管理风格和企业文化。

八、对称管理

陈世清在2011年出版的"中国管理模式"丛书中提出了对称管理模式。他认为,对称管理模式是中国特殊管理模式与人类一般管理模式的统一,是中国对人类的贡献。对称关系是宇宙的最深层本质,对称规律是社会的最根本规律,对称原理是科学的最基本原理。科学的管理模式就是对称管理模式,即主体与客体相对称、主体性与科学性相统一的管理模式。

中华传统文化最大的特色之一是对称文化。对称文化表现为天与人、义与利、道与德、理与气、名与实、形上与形下、德治与法治、出世与入世的对称,也表现为民主与法制、公平与效率、人的理性与非理性、个人与企业、民间与政府的对称。中国管理模式就是对称管理模式。

全球性金融危机说明,经济是微观经济与宏观经济的统一,经济管理是微观管理与宏观管理的统一。随着生产社会化、经济宏观化、社会管理科学化,管理模式将逐步整体化。作为整体的管理模式体现为管理的综合性、整体性、一般性、人类性,就是管理学之科学主义与人本主义的统一在管理实践中的具体化。科学主义与人本主义统一的管理模式就是对称管理模式。

根据五度空间理论,空间与层次是时间的展开,空间上并列的不同管理模式体现了管理思想的不同层次与时间发展的不同阶段。中国管理模式和西方管理模式的横向交替体现了人类管理模式在宏观层面的纵向发展。古代中国管理模式—古典西方管理模式—现代西方管理模式—当代中国管理模式,这是人类管理模式发展的最大圆圈,其他层面的圆圈都必须首先被放在这个圆圈中才能得到合理定位。

古代中国管理模式整体上属于人类管理模式发展史的第一阶段,蕴含人类管理模式发展的萌芽。如果把古代中国管理模式排除在人类管理模式发展史之外,认为西方管理模式才是人类管理模式的源头,才是人类管理的标准模式,那么其结果就是把人类管理模式发展史的小圆圈变成中圆圈,把中圆圈变成大圆圈。这一方面不适当地人为提高了西方管理模式在人类管理模式发展史上的地位和作用,把西方管理模式看成管理的标准模式、唯一模式;另一方面否认了中国管理模式的合法性,以致不能正确把握人类管理模式的发展方向。中国管理模式作为对称管理模式,既是中国"天人合一""内圣外王""义利统一""无为无不为"传统管理模式的现代发展,又是人类管理模式发展链条上科学主义与人本主义相互关系进一步发展的必然结果。

九、印度管理模式

近些年来,印度企业在世界上的竞争力明显提升。例如,印度在钢铁业、汽车业、软件业、医药业等领域出现了多个世界级企业,这些企业在管理水准、生产规模上已经达到国际一流水平。天使投资人汪涛2017年指出,全球印裔国际CEO的数量已多到不可思议。当年美国的世界500强企业中,外籍CEO有75位,其中10位是印度裔。谷歌、微软、摩托罗拉、百事可乐、诺基亚、软银、Adobe、SanDisk、联合利华、万事达卡、标准普尔等中国人心目中的国际巨头,其CEO级别的高管位置都有印度人的身影。另外,除了企业高管,越来越多的印度人也开始担任欧美知名商学院的院长,如哈佛大学商学院院长尼廷·罗利亚等。

(一)印度管理文化

印度文化、印度管理模式受到越来越多的关注。印度教经典《薄伽梵歌》成了哈佛、沃顿等商学院的必修课,并成为欧美大企业总裁及高管的必读秘籍之一。之前,占据这一席位的是中国的古代经典著作《孙子兵法》。从热读《孙子兵法》到追捧《薄伽梵歌》,映射了忠诚、不求回报、重视企业与社会环境和谐发展的理念。当人们大谈美式、中式、日式、韩式管理时,基于印度文化的管理思想正无声无息地浸入人们脑中并产生影响。尽管一些印度企业也没意识到其管理自成一家,但不管怎样,这种影响正在形成。印度管理模式受到印度的宗教文化、思维模式、殖民经历和时尚特征的综合影响,是一种高度分工合作、极为高效的管理模式。正是这种管理模式,支持众多印度企业飞速成长为世界级企业。

范徵提出了一个关于印度文明的概念模型:印度文明发展的最深层结构为印度教、英文思维和雅利安文明等;显性特征体现为"半社会主义"和英国殖民;介于其间,若隐若现的层次为矛盾心态、保守安分与平和包容的民族价值观。基于印度文明的印度管理模式可以概述为:基于印度教和种姓制度,崇尚平和包容、保守安分,追求内部控制、外包购并和利他主义。基于印度文明的印度领导者的人格特征为"职业买家"。基于印度文明的印度管理可用冰河模型表示,如下图所示。

我们可以通过比较《孙子兵法》和《薄伽梵歌》来理解印度管理文化,它们代表了不同的管理文化、战略理念。当传统的商业模式习惯用"战争"这样的字眼来形容商业的时候,在市场环境发生变化时,智者帕塔萨拉蒂用《薄伽梵歌》来指导学生向内收缩、向内自省,增进学生的智力和他们对自身以及世界的理解,改善他们集中、持续和合作的能力。孙子把战争上升到"死生之地,存亡之道"的战略高度。《孙子兵法》的"战",本质上是希望"我"能够在竞争中处于领先的地位。但是,在与"彼"竞争的过程中,这一领先地位是相对的。帕塔萨拉蒂不断强调商业领袖对内的作为。《薄伽梵歌》中说:"一个控制了感官,身心毫不动摇的人,一个满足与灵性的真知和自我的了悟,已达到

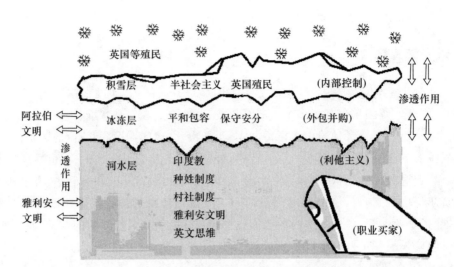

图 3-1　基于印度文明的印度管理——冰河模型

瑜伽境界的人,他对泥土、石头和黄金已毫无分别心,他就是一位真正的瑜伽行者。"《薄伽梵歌》强调的是增进自身,包括自己所领导的企业在内的修为,集中力量,希望通过内部因素的强大而强大,而非在与他人的竞争中靠外部的刺激而强大。与《孙子兵法》描述的永远在"备战"中的亢奋状态相比,《薄伽梵歌》倡导心态平和,可以使管理者平衡多方面的关系,有助于管理者更好地保持精神的专注、创造力,以及更好地为企业创造价值。这种基于内在的领先才是绝对的领先。

在《薄伽梵歌》第八章"永恒不朽至上意识瑜伽"中,有这样一句话:"努力不懈从事瑜伽的修持,使心灵不导向任何外在的事物而观想着神圣的至上意,一定会达到与祂合一之境。"这句话强调人要集中精力修行,持续、连贯地向着目标前进,最终必定会达到"与祂合一之境"。奎师那在成为神的过程中,在战场上曾经深陷道德的迷惘,最后凭借超越肉体的精神力量,终于摆脱了外界的干扰,成就了不朽。奎师那成为神的过程可以解释热爱、行动、沉思、学识的重要性,可以使领导者明白如何不顾外界干扰而真正将责任置于个人财富之前并最后成就事业。这给商业领袖们的启示是:在商场上,成千上万的问题不断涌现,只有保持内心的冷静、宁静、和平,才能不被困难影响并最终战胜它们。《薄伽梵歌》还宣扬,人应恪尽职守,而非只看结果。它引申出的"仆人领袖""绿色企业"等理念,促使企业管理层摒弃一贯以股东利益为前提的观念,建构更持久的经营观,让企业在盈利之余兼顾雇员和顾客利益。

(二)家族文化与家族企业

印度人民党政府前财政部部长亚什万特·辛哈这样总结印度经济:"印度有三种经济,一种是信息技术推动的新经济,一种是砖瓦泥匠代表的旧经济,还有一种就是老牛车代表的更加陈旧的经济。"在印度,无论哪种经济,哪怕是信息技术推动的新经济,都是私营企业占多数,家族企业很多,私人财团在国家经济生活中处于中枢地位。这些家族企业传承数代,历时百年甚至更久,是印度民族工业的开创力量和核心力量。印度民族工业所形成的家族文化,是有印度特色的企业文化。不了解印度企业的家族文化,就不可能了解印度企业文化。印度著名家族企业阿毗佳伊财团老板吉特·鲍先生在中国世界知识出版社出版了他的自传《灵象之悟:我与 APEEJAY 的商旅人生》。吉特·鲍在书中说:"公司真正的财富是不能用金钱来衡量的,而是兄弟之间的爱和友情,是家庭、朋友和友好的合作者们及时给予我们的大力支持和关爱。"家族文化、家族企业在中国人看来,整体印象不好,而吉特·鲍对印度的家族文化、家族企业则持肯定态度:"家族文化是东方文化在经济领域的显著特征之一,东亚地区如此,南亚的印度也不例外。早在 20 世纪 30 年代加旺达尔的小镇上,阿毗佳伊公司的家族成员就有 60—70 人。如此庞大的团队为家族的共同目标,着力打造共同的品牌,同甘苦,共患难,这是何等了不起的精神和力量! 40 年代以后,随着家族事业的发达,亲人们分居各地,执掌不同公司,但仍是为一个集团的家族利益在奋斗。虽然家族成员的人数更多了,但亲情、血缘仍是联系他们的纽带,把他们紧紧捆绑在一起……这种荣辱与共、祸福同当的认同感和归属感使企业一次又一次渡过难关,走向胜利。"

(三)精英管理

印度企业中虽然流行家族文化,但这并不意味着印度家族企业只重亲缘关系而不重人才,更不意味着印度企业任人唯亲。在印度企业文化中,家族文化与精英文化是相辅相成的。也就是说,印度企业文化认为,决定印度企业生死存亡的关键不是简单地把接力棒交给自己的后代,而是交给靠得住的能人。家族中要努力培养出能人,培养不出能人,或者暂时还没有能人,则宁愿把家族企业交给家族外的能人治理。作为企业所有者家族的几代人,特别是执掌大权的这一代和准备接班的下一代,几乎都受过世界上最好的教育。

印度企业中流行精英文化,这意味着印度企业重视人力资源,把发现人才、培养人才、用好人才、留住人才作为企业生存发展的关键。印度维普罗公司老板普莱姆基每年投入大量的资金用于职工培训。软件天才、印度信息系统技术公司董事长莫尔蒂为了给自己企业的上万名软件专家提供一个理想的"充电"环境、工作环境和休闲环境,不仅开办了各种培训班,办起了图书馆,而且向员工免费提供高尔夫球、网球、乒乓球、篮球、保龄球、排球、板球等球场,提供游泳池、舞厅、棋牌室等娱乐设施。印度企业中流行精英文化的另一个表现是重文凭和英语水平。印度人认为,一般来说,学历越高,知识越多,能力相应地越强,英语水平也必然随之要高一些。因此,有文凭、英语好的人在企业中得到青睐的机会自然要多一些。受这一观念的影响,印度商界人士往往把英语水平等同于受教育程度。

(四)重合同,守信用

印度企业普遍遵守信用。市民社会就是诚信社会,市民文化就是诚信文化。成熟的印度市民社会、市民文化之下,形成了成熟的企业诚信文化。从整体上讲,印度产品的花色、品种、设计和制作工艺目前赶不上中国。但是,印度企业故意不讲信用、故意制造假冒伪劣商品的现象整体上并不多。印度企业中的诚信文化还包括雇主和雇员双方互讲信用这一项内容。印度从事高科技或担任高级商务主管的人自然会接触企业的秘密,如果离开一个企业,会自觉在几年内不从事与原企业业务相同的工作,这是市民文化、契约文化深入人心的结果。例如,印度的软件外包多数已做到"离岸与委托开发"阶段,这种模式是把项目带回来做,接包方的技术人员掌握了用户的大量商业秘密,但用户一般不会担心被出卖。

(五) 企业社会责任

印度很多企业家把企业的兴旺发达归功于神的恩赐,并不认为自己有什么过人之处,是印度普度众生的传统宗教思想在企业管理中的反映。这也许是不少印度企业家愿意回报社会的深层精神动力。在诚信公司贾姆纳加炼油厂,雇员的住房、子女上中小学的问题都由资方统一解决。普莱姆基一次捐款盖100所学校,但自己从不大手大脚,坐的是国产车,出差住的是三星级宾馆。自由主义经济学认为,企业的责任就是做到利润最大化,不考虑企业的社会责任。以莫尔蒂为代表的印度新一代企业家却公开提出,企业在赚取利润的同时还要承担社会责任。他们认为,企业与社会是一种相互促进的关系,企业只有在社会的支持下才能赚取利润、获得成功。所以,企业应该回报社会。同时,企业在奉献社会的过程中提高了自身的知名度和美誉度,也会获得社会的积极支持。企业与社会之间的这种良性互动既有利于企业,也有利于社会。莫尔蒂说:"当一个人有了钱,他就忘了自己是社会的一部分。我相信只有像普通人一样与现实保持接触,才能体现自己的价值。"莫尔蒂不仅这样说,更重要的是,他与公司其他创始人也是这样做的。他们把个人财富中的60%放进公司的专项基金,用来资助慈善事业。莫尔蒂的信条是:金钱的真正力量在于施予。在印度一些大公司的企业文化中,都将"做优秀的企业公民"作为其核心价值的重要组成部分。这些企业文化突出强调企业作为社会的法人,除了创造利润以外,还应承担相应的社会责任,包括对企业内部员工、股东、消费者的责任,以及对环境保护与可持续发展的社会责任等。

(六) 重视行业协会

行业协会的成熟是市民社会、市场经济成熟的重要标志。印度的行业协会历史悠久,许多已经成立百年以上。印度企业对行业协会的活动、规范等出奇地重视。行业文化是印度企业文化的一个非常重要的方面,同时也是企业文化的延伸和放大。印度绝大多数企业会加入某一个行业协会,企业越大,加入的行业协会自然会越有名、越有影响。企业离开了行业协会,在业内的影响就会存在局限性。对行业协会立下的规矩,企业一般会遵守。外国人跟印度人做生意,发生纠纷后往往找印度法院打官司,这是因为不了解印度国情所致。找法院打官司,拖几年、十几年是常事。找行业协会调解,往往要快得多,效果也要好一些。印度人和外国人谈生意,一般不互相杀价,都能认真做到不突破行业协会定的行业最低价。印度是小政府、大社会,行业协会在企业界的影响、作用很大。一个突出的例子就是,印度在参加世界贸易组织谈判和其他国际性商务谈判中,其行业协会起的作用很大。在政府牵头的前提下,汽车问题由汽车协会来谈,棉花问题由棉花协会来谈。印度商人商会第96届主席、印度棉花协会主席、棉花商人柯达克曾代表印度参加棉花问题的谈判,印度商人商会第97届主席、进出口商哈里巴克蒂曾代表印度参加世界贸易组织多哈回合谈判。商会是企业家的组织,代表印度参加国际商务谈判,由于了解情况,熟悉业务,因此减少了中间环节,有利于印度企业与国际接轨。印度企业中的行业文化还表现为,不仅注重企业自身的经济效益和功能,而且注重企业的社会效益和功能。也就是说,印度行业协会不仅为印度企业家赚钱服务,还积极策划或组织一些社会活动。例如,印度商人商会组织了关于联合国改革、反对恐怖主义和将孟买建成国际性大都市的大型研讨会等。

（七）职业买家

印度企业的管理复制能力很强,殖民经历及语言优势使得印度企业可以迅速而成功地将自己的核心能力移植到海外购并企业和合资企业中。印度最大的企业塔塔集团、最大的IT服务和外包企业TCS、最显赫的家族企业Aditya Birla、拥有最先进管理手段的HCL、最大的培训企业NIIT,还有Moser Baer等公司,在很短的时间内跨入世界级企业之列。印度世界级成功企业家均是国际"职业买家"。1995年,拉克什米·米塔尔与父亲在印度的公司分离,在荷兰注册成立米塔尔集团,将总部搬到英国伦敦,后将其子公司伊斯帕特国际公司16%的资产放在阿姆斯特丹和纽约上市,由此开始加快全球并购与行业整合速度。2006年8月4日,米塔尔成功收购当时的欧洲第一大钢铁集团阿塞洛(Arcelor)。就这样,几乎是在一夜之间,一个巨无霸式的全球最大钢铁集团浮出水面,其产量比世界排名第二到第四的三家竞争对手之和高出三倍。在新公司,米塔尔几乎保留了阿塞洛的原班人马,因为他知晓阿塞洛原来的管理层拥有丰富的全球管理资源和管理能力,自己并不需要像个古代帝王那样将阿塞洛—米塔尔集团牢牢抓在自己手中。考验米塔尔的是如何继续整合全球资源,如何将链条与链条之间的对接做得更好,而不是成为阿塞洛—米塔尔集团的"阿育王"。2016年4月,印度风能大厂Suzlon宣布一口气收购Gale Solar Farms、Tornado Solar Farms、Abha Solar Farms、Aalok Solar Farms、Shreyas Solar farms五家海外太阳能公司。印度企业非常擅长通过并购,尤其是跨界并购,实现跨越式发展。近年来,美国老牌投行高盛集团持续上调对印度经济发展的预期,并在印度"硅谷"班加罗尔设立了继纽约之后的全球第二大办公室;红杉资本、IDG资本、Accel资本、老虎基金、软银集团等全球顶尖的风投机构也扎堆进入印度。

（八）流程化管理和内部管控

在当下印度大型企业的管理中,有相当多的鲜明特征来自印度传统哲学和价值管理体系,比如塔塔集团的"回馈社会"和员工高福利制度。同时,这些企业都具有一个鲜明的共性,即其独有的流程化管理和内部管控甚至达到令欧美领先企业都自叹弗如的程度。这种独有的流程化管理和内部管控形成的原因主要有两个:一是印度由于种姓制度和殖民管理导致的分工制度。在印度的传统社会中,很多工作由专门的低种姓的工匠或者贱民来承担,形成了一种独特的分工理念。正如《薄伽梵歌》中所说:"做你分内的事,即使你的工作低贱;不做别人分内的事,即使别人的工作很高尚。"这种分工理念并没有随着时代变迁而消失,反而在现代分工理念下得到了进一步的推动,形成了当代印度企业独一无二的分工理念和流程化管理的基础。二是由于印度的贫穷所激发的"低成本能力"。极低的购买力使印度企业必须努力提供价格低廉的产品。同时,印度企业较少能够从政策或者资源上获得优惠或者帮助,因而只能尽力从企业内部获取市场竞争力,最终形成了印度企业独特的"低成本能力"。更令人惊叹的是,印度企业具有极强的管理复制能力。殖民经历和语言上的优势使印度很早就进入世界资本主义体系,让印度企业能够迅速而成功地将自己的核心能力移植到海外并购或者合作企业中去,这也是印度企业在国际并购中屡获成功的主要原因。

第三节 东方管理思想

在众多中国古代管理思想研究成果,众多关于印度管理、日本管理、韩国管理的研究成果,众多企业管理实践探索的基础上,复旦大学苏东水、浙江工商大学胡祖光、上海交通大学颜世富、上海外国语大学苏宗伟等人倡导创立东方管理学。

一、苏东水的东方管理思想

苏东水等人在研究中国古代管理思想的基础上萌生了创立东方管理学的念头。苏东水1976—1979年在复旦大学开设"《红楼梦》管理思想研究"课程,为工农兵学员及78届工业经济专业本科生讲授。1984年,苏东水在日本东京现代化国际研讨会上发表《中国古代行为学说研究》的主题报告。1985年5月,苏东水在《管理世界》上发表《中国古代经营管理思想——孙子的经营和领导思想方法》一文。1996年,苏东水总主编的《中国管理通鉴》出版。该书由苏东水召集复旦大学、华东师范大学、上海社会科学院、上海外贸学院(现为上海对外经贸大学)的有关人员共同完成,内容包括人物卷、要著卷、名言卷和技巧卷四卷。

1986年7月1日,苏东水在《文汇报》上发表《现代管理学中的古为今用》一文,首次提出"以人为本、以德为先、人为为人"的东方管理学理论的精髓和理念。1997年7月15日,由上海外国语大学主办,苏东水主持召开了"IFSAM(世界管理协会联盟)世界管理大会",会议主题为"面向21世纪的东西方管理文化"。1998年10月25日,苏东水主持召开了"第一届世界管理论坛暨东方管理论坛",同时举行了东方管理学派成立大会。1999年6月6日,复旦大学成立了东方管理研究中心。到目前为止,苏东水已经主持召开了二十多届东方管理学术研讨会,扩大了东方管理学在国内外的影响。

苏东水在 2002 年出版了《东方管理》，2005 年出版了《东方管理学》。他开展的东方管理学研究突出体现了五大原创性思想：一是提出管理的哲学要素为"道、变、人、威、实、和、器、法、信、筹、谋、术、效、勤、圆"；二是把东方管理文化的特征概括为"以人为本、以德为先、人为为人"的"三为"思想，核心是"人为为人"；三是提出管理的内容为"三学"（中国管理学、西方管理学、华商管理学）、"四治"（治国、治生、治家、治身）、"五行"（人道、人心、人缘、人谋、人才）；四是构建东方管理理论体系，提出了融合古今中外管理精髓，将中国管理科学理论体系创新为"学""为""治""行""和"的"五字经"；五是提出"三和"思想，即中国管理科学的主旋律及其目标是实现"人和、和合、和谐"，构建"和谐社会"。这五个方面层层递进，彼此紧密联结，形成一个完整的系统。2016 年，苏东水将体现自己主要学术思想的论著精华汇编为《苏东水文集》出版。

苏东水认为，传承和弘扬中华优秀管理文化是中国管理学者的神圣使命。作为中国管理学者，我们肩负着重要的责任。改革开放以来，中国对西方管理理论引进甚多，目前的管理理论体系基本上还是以西方为主。但是，西方管理理论不断受到质疑与挑战。中国经济的快速发展需要中国特色的管理学理论和思想，国家也倡导基于中国文化情境的管理理论创新和弘扬中国优秀传统文化。中国的强大和崛起正是以东方优秀传统文化为核心、以四十多年的改革开放进程为背景的创新与实践。东方管理学是在全球经济快速发展的新形势下，从教学、原创到实践探索而形成的一门融合古今中外管理思想精华，系统梳理、提炼中国古代、近代以及现当代经济与管理实践的经验与教训，特别是融合了中国改革开放四十多年来的经济与管理实践，紧密结合中国共产党领导的社会主义事业，归纳出具有中国特色、全球视野的现代管理模式的一门现代管理新科学。当前，"互联网＋""工业 4.0""中国制造 2025"等已经上升为国家战略。统筹推进"五位一体"的总体布局，协调推进"四个全面"的战略布局，坚持"创新、协调、绿色、开放、共享"的新发展理念，大力实施创新驱动发展战略，为东方管理学在新常态下的创新发展提供了千载难逢的战略机遇。在新常态下，东方管理学需要在发扬"以人为本、以德为先、人为为人"的东方优秀文化的同时，开放、共享、多元、包容，在发展理念、理论研究、实践运用、研究队伍、国际化等方面进一步创新发展。

二、胡祖光的东方管理思想

浙江工商大学（原杭州商学院）的胡祖光等人于 1994 年出版了中国第一本东方管理学专著《管理金论——东方管理学》；胡祖光、朱明伟于 1998 年出版了《东方管理学导论——一套全新而可供实践的理论》。他们认为，亮出东方管理学的旗帜，"才能使以中国为首的东方国家经过 2000 多年时间演进形成的丰富管理文化在全球管理学界占有重要地位，才能推动中国特色的管理学理论的形成，才能有利于中国特色的管理理论在中国的广泛应用"。

胡祖光把管理定义为：组织人力与物力，以实现正式组织的目标的过程。卓越的管理要求在实现组织目标的过程中使组织成员获得最大程度的满足。管理世界的基本元素有三个：人、物与组织。管理实际上就是为了完成目标而在这三个元素上做文章。泰勒的科学管理理论属于以物为中心的理论，马克斯·韦伯提出的官僚组织理论是以组织为中心的管理理论，马斯洛等人提出的人本主义理论是以人为中心的管理理论。以物为中心的理论、以组织为中心的管理理论、以人为中心的管理理论之继起在时间上是连续的，组成了一个"连续谱"。胡祖光把东方管理学的研究对象界定在管理理论"连续谱"的右端，即东方管理学主要是以管理中的人为研究对象的管理理论（包括这一部分的组织管理理论）。从管理者进行管理时必须抓好的重要任务出发，《东方管理学导论——一套全新而可供实践的理论》将管理者的管理要务归纳为纳言、用人、治法、处事、教化和修身六个方面，每一个要素对应于不同的东方管理学原理展开，一共论述了 26 条原理。

三、颜世富的东方管理思想

2000 年，笔者出版了《东方管理学》。笔者将东方管理的原理与方法概括为太极管理模式，认为管理的本质是"人为为人、治心为上"。太极管理模式的理论基础是矛盾学说——阴阳万有论、系统思想——五行生克论、人为为人——治心为上论、以人为本——义利并重论、以德为先——知行合一论等思想。该书系统介绍了一些修己安人的技术和方法。

2008 年以来，笔者出版了"中西管理会通"丛书，包括《管理要务》《绩效管理》《谋略管理》《关系管理》《心理管理》和《适应管理》六本著作；发表了《阴阳理论与五行管理模式》等论文，提出了五行管理模式。

在学习、借鉴东方管理智慧、东方管理文化、中国管理学、中国管理科学、中国管理哲学、中国本土管理学、中国化管理、中国管理模式、中国式管理、和谐管理、混沌管理、柔性管理、儒商管理、佛商管理、道本管理、无为管理、兵家管理、墨家管理、阿米巴管理模式、周易管理模式、太极管理模式、五行管理模式、C 理论、C 模式、G 管理模式、自导式管理、《论语》加算盘模式、水形管理、双头鹰管理模式、人单合一模式等三十余个东方管理方面不同的模式及见解的基础上，结合管理实践工作，笔者认为，东方管理文化的特征是：直觉顿悟，天人合一；中庸合和，关系面子；活在当下，谋略权变；厚德载物，上善若水；集中统一，等级秩序。东方管理是在东方文化的影响下，协调上下左右前后关系，整合人力、财力、物力等资源，协同发展，取得绩效的过程。东方管理的核心是正心安人。东方管理学就是研究东方管理活动的知识体系。东方管理学的理论基础是太极真人论、阴阳平衡论、五行系统论。东方管理学的研究方法有内观法、访谈法、观察法、案例法、扎根理论、测量法和实验法等。通过定性和定量研究，笔者发现，在东方文化背景下的管理工作中，从管理行为和结果来看，最重要的是谋略管理、心理管理、关系管理、绩效管理、变革管理。这五项内容利用五行学说来分析，可以概括为五行管理模型。五个内容的归属主要参考《黄帝内经》等著作,结合管理实践来划分。为了方便理解,笔者将原来五行管理模型中的适应管理修改为变革管理。五行管理的内容是:谋略管理属木,探讨不确定背景下的适应性战略,包括领导谋略、决策谋略,以及用人之道、权力运用之术,有远虑,谋大局,处理好长远目标和近期利益的关系;心理管理属火,探讨管理如何"从心出发",正心领导,管理心智模式,进行薪酬设计,以心动促进行动,调动被管理者的积极性,提高管理的实际效果;关系管理属土,探讨如何协调与多种利益相关者的复杂关系,注意面子、人情、关系网,搞好领导班子建设,处理好上下左右前后关系,以达到动态平衡;绩效管理属金,探讨如何从整体观念出发,义利兼顾,建立绩效管理系统,做好监督执行,对素质、行为和结果实施管理,利用 BSC 等工具做好战略执行;变革管理属水,组织变革的核心是提高适应力,探讨在复杂性不确定的时代,如何"与时偕行"、随机应变,构建适应性组织,有效领导变革管理,处理好生存、改革和发展的关系。五行理论把自然、社会和人看成一个有机联系的系统,五行之间有相生、相克、相乘、相侮、互藏等错综复杂的关系。《黄帝内经》强调"心"的重要性,主张"心者,君主之官,神明出焉"。五行之中,以火为动力,管理以"正心安人"为根本原则。在具体的管理工作中,应该综合运用谋略管理、心理管理、关系管理、绩效管理和变革管理,以取得理想的管理效果。

在美国硅谷的从业人员中,印度人约占了四成。印度的软件开发水平仅次于美国,居世界第二位。印度独立以来,始终重视科技发展和科技人才培养,科技人员存量在世界上名列前茅。联合国前秘书长安南将印度誉为"发展中国家发展高科技的榜样"。在 21 世纪全球经济最重要的三个领域,即信息技术、生物技术和空间技术领域,印度拥有一批国际顶尖的科学家。

<h3 style="text-align:center">印度塔塔集团</h3>

对于很多印度人来说,他们的生活是离不开塔塔集团的。他们生活的一天是这样开始的:早晨醒来时,喝一杯"Tata"茶或者"Tata"咖啡;早餐后,出门坐"Tata"汽车上班;到办公室后打开电脑,用"Tata"应用软件开始一天的工作;出差的时候会住在"Tata"酒店……对于他们来说,"Tata"已经不只是一个名字,而是一个"Tata 世界"(Tata world)。Tata 集团覆盖多个行业的百余个子公司,其触角能够延及各个方向并敏锐地感受各种信息,从而准确地作出商业决策。世界上几乎再也找不到一个可以跨越从咖啡到汽车再到软件这么多行业的集团了。

(一)通过购并发展塔塔集团

印度语中,"Tata"代表"大生意、大事业"。塔塔集团由詹姆斯特吉·塔塔于 1868

年创立,是总部位于印度孟买的大型跨国企业。塔塔集团旗下拥有百余家运营公司,其商务运营涉及通信和信息技术、工程、材料、服务、能源、消费产品和化工等领域。塔塔集团旗下主要公司包括塔塔钢铁公司、塔塔汽车公司、塔塔咨询服务公司、塔塔电力公司、塔塔化工公司、塔塔全球饮料公司、塔塔电信服务公司、Titan、塔塔通信公司以及印度酒店集团(即泰姬陵酒店集团)。塔塔汽车公司列《财富》杂志2018年世界500强企业排行榜第232位。

19世纪末,塔塔家族已经成为印度首富。1904年,当詹姆斯特吉去世后,他的两个儿子随后也辞世,整个家族的权力交接到侄儿J.R.D.塔塔手上。J.R.D.塔塔在掌管塔塔集团长达53年后,指定了家族的远房侄子拉坦作为接班人。正是拉坦让塔塔集团成为印度真正的跨国公司。如今,塔塔集团这个拥有百余年历史的家族企业依然忠诚地延续着它在19世纪建立起来的目标——让印度发展成为一个工业大国。

为了获得技术,塔塔钢铁公司2002年购买了一家新加坡钢铁厂,2004年又购买了一家泰国钢铁厂。通过并购,该公司学会了如何在海外进行贸易,并获得了在海外生产的能力。这是一个谨慎地利用资源的例子,加上一流的管理方式,2007年,塔塔钢铁公司成为世界第五大钢铁公司。这就是聪明的管理者积累资源、使用资产取得发展的办法。

2008年3月26日晚,塔塔汽车公司宣布,从美国福特汽车公司手中以23亿美元的价格收购英国豪华汽车品牌捷豹和路虎。据印度报业托拉斯报道,塔塔汽车公司当天向印度孟买证券交易所提交声明称,正式完成的交易涉及捷豹和路虎的所有权、所有必要的知识产权、生产厂和两家位于英国的先进的设计中心。拉坦在声明中说,路虎和捷豹将保留各自的鲜明特色,并像以前一样执行各自的商业计划。时任捷豹和路虎代理首席执行官的戴维·史密斯将升任两大品牌的首席执行官。声明还称,以现金收购说明公司股东拥有"光明的未来"。品牌易主后,福特汽车公司将在一段时间内继续为捷豹和路虎汽车供应引擎、传动设备等零部件。塔塔汽车公司在2011年前将保留捷豹和路虎在英国汽车制造厂的1.8万名员工,两大品牌在英国的生产和设计工作目前也照旧。当时福特汽车公司负责欧洲业务的执行副总裁刘易斯·布思称:"这是一个双赢的协议,保证了捷豹和路虎的管理层和员工可以继续在业务发展上倾注精力,实现最优的商业结果。"至此,塔塔集团朝着成为全球品牌的方向又迈近了一步。当时的收购行为颇受争议,一度被评论为"摆阔"及"昂贵的错误"。收购刚结束,捷豹、路虎就陷入困境。但是,塔塔集团迅速稳住了当时的不利局面,扭亏为盈,财务层面快速提升,2015年税前利润达到了惊人的26亿英镑。2015—2017年,捷豹、路虎每年的利润均超过了10亿英镑的规模。同时,捷豹、路虎还比收购前累计增加了超过9000个工作岗位,并且还会持续增加。

(二)外部并购整合能力

塔塔集团执行总裁哥帕拉克里希说:"你可以并购一家公司或进入一个新的国家,

来为你已有的产品扩展市场或加强你的供应力量。但不管在哪种情况下，你必须做到在已有的国内业务和新获得的国际业务之间有紧密的联合，两种联系要非常清晰，而且要不断进行评估。换句话说，你的目标必须是获得 2＋2＝5 的分数。"

一个例子是塔塔汽车公司并购韩国大宇商用车有限公司（DWCV）。"DWCV 是韩国第二大重型卡车制造商，年产能达 20000 辆中型卡车和重型卡车。并购使塔塔汽车公司有机会借助海外产能和市场来应对国内市场的周期性波动。同时，DWCV 能够通过塔塔汽车公司的市场网络进入许多国际市场。塔塔汽车公司在 200HP（英制马力）以下型号汽车制造方面很有专长，而 DWCV 在 200HP 以上重型商用卡车方面是专家。"哥帕拉克里希对这次并购很满意，认为"两家公司有很大的空间共享创意和技术"。

如果要进行并购，所有企业都要问自己一个问题并最好能给出很好的回答：我能够买下它并且做得比它好吗？最好的并购方式是并购一家与自己互补的企业，将彼此的空白增补上。塔塔集团的全球化经验可作如下概括

第一，国内核心业务与海外扩张应该是清晰明确的，并且要持续不断地坚持。

第二，并购的融合及程序必须与其战略目标保持一致。

第三，并购企业的核心价值观需要彻底且没有谈判余地地向被并购企业的经理人清楚地阐述。

第四，在主体国的业务定位应该与公司的各种措施相一致。

第五，重要的是融入业务所在地的社会环境，即使融入的程度较低。

(三) 内部职业化管理

多年前，塔塔钢铁公司是世界上工作效率最低的钢铁厂，用很多工人来制造一块钢铁。而到了 2005 年，塔塔钢铁公司已经成为世界上最好的钢铁公司之一，同时也是单位成本最低的钢铁制造商之一。它是怎么做到的呢？除了政府放松管制，塔塔钢铁公司并没有多少雄厚的资源，唯一能够依靠的就是管理。当手头资源短缺的时候，企业必然要寻找最好的管理模式，寻找最节省成本的生产办法。

塔塔集团成功的关键在于，它有一种松散的集团事业部管理模式，并实行职业化管理。家族成员只是控股母公司的 CEO。在塔塔集团采用的家族领导模式中，家族成员只担任很少的一部分管理职位，他们只负责制定总体愿景和战略规划，具体的执行由集团的业务单元独立完成。这些单元的自治度都很高，并由职业经理人管理。很多业务单元存在的时间已经持续超过三代。

塔塔集团为了不断加强自己的职业化管理，还建立了塔塔管理培训中心，定期让公司的管理人员与来自新加坡等国家的 MBA 学生和教授进行管理科学的研究和案例学习等。这能够使塔塔集团避免陷入管理人才断层或匮乏的境地。

塔塔集团涉及的行业包括通信、机械、材料、服务、窗体底端能源、消费及化学等。集团的多元化程度虽很高，但每一个业务单元的业务都是相对独立而且非常专注的。

"我们可以处理100个不同的领域。我们的母公司没有上市,但我们的子公司都上市了;与GE和IBM的方式完全相反,它们是母公司上市。所以,我们相当于在身体的不同位置安装了100条腿,可以同时开展业务",哥帕拉克里希说。这也正是提供给职业经理人发挥才能的最好舞台。塔塔汽车公司就是由一流的职业经理人来领导的。

在家族企业的继任体系中,必须激发职业经理人的积极性,而其中的一个关键要素是给予职业经理人自主权。如果有才能的经理人被给予适当的自主权和激励措施,他们就不会介意加入家族企业。另外,职业经理人喜欢挑战,如果他们确信自己会面对足够多的挑战,并且有足够多的资源可以提供给他们以实现理想,就会非常卖力。最后,很重要的一点是,建立一个公平的管理流程,以激励职业经理人。

塔塔集团鼓励45岁以上的员工提前退休,退休后还可以拿到基本工资,直到60岁。由此,在未出现任何员工暴动的情况下,裁员工作得以顺利进行。

(四)发扬印度传统文化

塔塔集团66%的股份控制在几家慈善信托基金的手里,这些信托基金在印度发起、建立了多家重要的研究机构,资助项目很多,如健康、教育和环境等方面的项目。在这里,"回馈社会"不是一句空话,塔塔集团的慈善初心以及国家、民族利益至上的观念始终如一。

塔塔集团的人才选拔制度是"认人唯才",而不是"任人唯亲"。这样的制度对于等级观念浓厚的印度来说是非常进步的,也成为保证塔塔集团这个"百年老店"久盛不衰的关键。塔塔集团第一代之后的掌门人可以说都是在基层部门"摸爬滚打",在"实战"中成长起来的。也正是因为如此,塔塔集团的掌门身上看不到好高骛远、浮华、奢侈的习气与风格。恰恰相反,他们都具有一种低调、务实和忧从中来的危机意识。

印度政府在公布未来的发展规划时,强调印度汽车应在小型汽车方面有所突破,这符合印度对能源的需求和在环保方面的计划。拉坦提出生产小型轿车,并在接受媒体专访时说:"我们希望塔塔成为国际品牌,同时待在经济金字塔最底层。"塔塔集团相信,企业自身发展与国家发展以及环境协调密不可分。

塔塔集团对待员工的态度与责任感的确是令人称赞的,无论是集团在巅峰还是处于低谷时,都没有把员工推向社会,扫地出门,而是采取一包到底的负责态度。因此,在印度,能在塔塔集团工作被视为人生的一大美事。这从印度国父甘地的一句话中就可以看出:"当你在塔塔工作的时候,你也是在为印度而工作。"

第四章 东方管理学概述

第一节 东方管理学的思想基础

通过前文对西方管理思想和东方管理思想的介绍,我们得到一些启发,管理学的定义、研究对象、对人的假设、研究方法虽然各有不同,但是也可以总结出一些共同的特征。这些东西方管理思想的研究成果,为东方管理学的创建和发展提供了良好的铺垫,是创建和弘扬东方管理学的思想基础。以前一些人从自己的个人理解出发,对于与自己主张不同的见解加以贬低和批判,这种狭隘的心态不利于管理学的丰富和发展。我们应该保持开放、包容的心态,继续对复杂的管理活动进行探索、研究。

一、西方管理思想的启示

(一)西方管理理论对于管理的定义

西方管理理论研究对象大致的变化轨迹是:古典管理理论注重对工作与组织的研究——行为科学理论注重对人与组织的研究——决策理论注重对决策方法的研究——系统管理学派注重对各种管理要素的研究——管理科学理论注重对生产营运过程的研究。

根据研究对象、研究视角的不同,西方管理学家关于管理的定义可以概括为:管理是过程,是机制,是文化。中国习惯叫"管理",日本称"经营",欧美则是"management"或"business administration"。而无论日本还是中国,其概念都是从欧美翻译过来的。管理,中国的释义是管人理事,管辖治理;经营,日本的释义是经世营利,经济运营。日本学者认为,"管理这个词,是以人为对象的行为,同时潜藏着把人作为物看待的态度"。所以,日本人早期采用"管理",后来改为使用"经营"。对应于汉语的"管理"一词,近义的英语单词有多个:management,administration,control,executive。厂长、经理的工作属于"management",是经营性、营利性的;校长、医院院长、政府官员的工作属于"administration",是公益性、非营利性的。在欧美,表达管理的概念主要有两个:其一是"management",即管理、经营;其二是"business administration",即商务管理或工商管理。现在教科书中常用的"management",其英文的含义如下:the act,manner,or practice of managing;handling,supervision,or control,即管理、处理、监督或控制的行为、方式或实践。

欧美的管理学大师们对管理概念作了很多论述。从这些论述中,我们可以发现三个不同的视角:(1)管理是一个过程。卡斯特认为,"管理是一个过程,通过它,大量互无关系的资源得以结合成为一个实现预定目标的总体";"管理是一个社会过程,组织是一个社会系统。企业内权威必须存在,不可忽视来自侧面的协调力量。重视组织内人员的整体组合,重视动态的管理过程中的调节作用"。(2)管理是一套机制。法约尔主张,"管理,就是实行计划、组织、指挥、协调和控制;计划,就是探索未来,制订行动计划;组织,就是建立企业的物质和社会的双重结构;指挥,就是使人员发挥作用;协调,就是连接、联合、调和所有的活动及力量;控制,就是注意是否一切都按已制定的规章和下达的命令进行";"管理是指同别人一起,或通过别人使活动完成得更有效的过程。这里,过程的含义表示管理者发挥的职能或从事的主要活动。这些职能可以概括地称为计划、组织、领导和控制"。孔茨、奥唐奈等人认为,管理有五个职能——计划、组织、人事、领导和控制。"对于管理的所有职能来说,平衡原则是普遍适用的。"(3)管理是一种文化。德鲁克在许多地方把管理看成一种文化,认为"管理不只是一门学问,还应是一种文化,它有自己的价值观、信仰、工具和语言";"管理不能脱离文化传统,也就是说,它是世界本质的一部分。管理是一种社会职能,因此它既是社会发展的结果,又是文化发展的结果";"管理是一种客观职能,它取决于任务,也取决于文化条件,从属于一定社会的价值观念和生活习惯";"管理学对于一种社会的传统文化、价值信念和信仰的运用愈是充分,它的作用发挥就愈大"。

上述三个不同的视角,其实共同构成对管理概念的完整表述,即管理不仅是一种文化、一套机制、一个过程,而且是一个随着时间的推移而有所变化,将来也将继续变化的过程。这从理论上说明,管理没有一成不变的标准和模式,而是一个不断整合与创新的进化过程。西方管理理论研究对象的变化给我们的启示是:在做研究与进行管理理论创新工作时,可以侧重于某一方面;而在进行全面的管理分析时,可能要综合运用上述各方面的理论。

(二)西方管理理论研究对人的假设的启示

西方管理理论研究对人的假设大致的变化轨迹是:科学管理理论假设的人是完全理性的经济人——行为科学理论假设的人分别是社会人、自我实现人、复杂人——决策理论假设的人是有限理性的管理人、决策人。另外,在美国行为科学家道格拉斯·麦格雷戈提出的 X 理论与 Y 理论中,X 理论假设的人是不自觉的人,Y 理论假设的人是自觉的人。权变理论学者约翰·莫尔斯和杰伊·洛希于 1970 年发表的《超 Y 理论》一文中,提出了超 Y 理论,这是以行为科学理论中有关人的特性的"复杂人假设"为依据的。超 Y 理论假设的人是复杂的、不相同的。因此,他们认为,管理的指导思想和管理方式要视工作性质、环境特点、成员素质等而定,不能一概而论。例如,有的人需要更加正规化的组织结构和条例规章,而不喜欢参与决策和承担责任;有的人却需要更多的自治责任和发挥个人创造性的机会。事实上,很多人最需要的是获得胜任感。

西方管理理论中对人的不同假设给我们的启示是:事实上,在组织内存在着不同类型的人。因此,我们在研究或运用管理理论时,首先,要认识自己面对的对象到底是什么类型的人;其次,在此基础上提出或运用适当的管理理论。西方管理理论的研究具有将对工作的研究、对人的研究与对生产和营运过程的研究三者综合起来的特征,同时又回归到以人为本的轨道上来,因为人毕竟是管理的关键要素,管理的目的是为人的利益服务。

(三)西方管理理论研究方法发展的启示

从对西方管理理论的概述中可以发现,西方管理理论的研究方法大致发生了以下五方面的变化:(1)从科学管理理论采用经验总结、实验研究方法,发展到管理科学理论采用信息论、控制论、系统论等现代科学方法。(2)从科学管理理论与行为科学理论采用单纯从一个侧面,如对工作、对人性进行研究的方法,发展到社会系统理论与管理系统理论采用系统的研究方法。(3)从科学管理理论、行为科学理论等采用探索普遍真理的研究方法,发展到权变理论运用权变的研究方法探索特殊真理。(4)从古典管理理论采用静态的、封闭的研究方法,发展到系统管理理论采用动态的、开放的研究方法。(5)从古典管理理论、行为科学理论采用定性研究方法,发展到管理科学理论采用定量研究方法。

西方管理理论发展的趋势是:对工作与组织的研究(古典管理理论)——对人与组织的研究(行为科学理论)——对生产与营运过程的研究(管理科学理论)——对企业文化的研究(企业文化理论)——对以人为本的研究(非理性主义思潮)——对以人力资本为依托的知识管理的研究。我们可以根据研究需要,侧重于运用某一种研究方法或综合运用上述各种研究方法。

(四)西方管理理论研究成果演变的启示

从对西方管理理论的概述中可以发现,西方管理理论研究成果的发展历史如下:古典管理理论取得的对工作与组织的研究成果——行为科学理论取得的对人与组织的研究成果——管理科学理论取得的对生产与营运过程的研究成果——知识管理理论取得的对知识资本结构与知识密集型组织的研究成果。

西方管理理论研究成果演变的启示如下:(1)管理理论的发展过程实际上就是管理学学者在回应时代提出的有关管理问题的挑战与压力下,引入时代所提供的新的研究方法,不断提出新的管理理论的过程。(2)每一种管理理论都有其适用性与局限性,各种管理理论具有互补性。(3)企业在面临不同环境或环境发生剧烈变化的情况下,要研究与选用适合的管理理论,这也是权变理论的核心思想。

二、东方管理思想的启示

（一）中国古代管理思想的启发

自从有了人类的集体生活、集体劳动,就有了管人理事的管理行为发生。据考证,[①]"管理"一词在《旧唐书·唐德宗》里就出现了,距今 1000 多年。在《四库全书》中,"管理"一词出现了 14700 多次,它们的含义与今天大致相同。长城和都江堰等中国古代的一些巨大工程显示,古人有非常高的管理智慧。长城始建于公元前 200 多年,全长约 6700 公里,蜿蜒于崇山峻岭和戈壁滩上,总共动用了 40 多万人工,其修建为人类最伟大的管理实践之一。长城的修建自楚国开始,秦、明为盛。秦将蒙恬指挥 30 万大军修长城。现存的长城为明朝所修筑,由渤海之山海关伸展到甘肃省之嘉峪关,平均高度为 7.8 米,平均底部阔 6.5 米,而顶部为 5.8 米。它每隔 100 米便设一座长方形石台作瞭望之用。长城建筑在地势险峻的山巅,工程复杂而浩大,而当时施工仅凭肩挑手抬,其困难可想而知。长城建设中的管理特点如下:(1) 严谨的工程计划。主持修建者对工程所需土石及人力、畜力、材料、联络都安排得井井有条,一环扣一环,使工期不至于延误。(2) 有效的分工协作。长城建设在事先确定走向的前提下,分区、分段、分片同时展开,保证工程进度的同步性,体现了有效的分工。(3) 系统的指挥控制。(4) 严格的工程质量管理。这主要是指工程验收制度,如规定在一定距离内用箭射墙,箭头碰墙而落,工程才算合格,否则要返工重建。(5) 信息管理。长城修筑的主要目的是防御敌人的进犯,因而及时传递信息、掌握敌情是十分重要的,其信息传播技术、方法都令人叹服。长城上的烽火台起着"信息源"的作用,白日以烟、夜晚以火作为传递信息的媒介。明代规定,来敌百人左右,一烟一炮示之;五百人,二烟二炮;千人以上,三烟三炮;五千人以上,五烟五炮。这种信息传递既定性(敌人来犯)又定量(来敌人数),烟炮配合,光声并举,相互核对,几小时之内就能把军情准确地传递至千里之外的指挥机关。

长城和都江堰等巨大工程反映了中国古代人民如何运用管理智慧,集中力量做大事。北宋丁谓"一举三得"重修皇宫,是一次典型的系统管理实践。当时,由于皇城失火,皇宫被焚,宋真宗命丁谓重修皇宫。这是一个复杂的工程,不仅要设计和施工,运输材料,还要清理废墟,任务十分艰巨。丁谓首先在皇宫前沟渠,然后利用开沟取出的土烧砖,再把京城附近的汴水引入沟中,使船只运送建筑材料时可直达工地。工程完工后,再将废弃物填入沟中,复原大街。这就很好地解决了取土烧砖、材料运输、清理废墟三个难题,使工程如期完成。工程建设的过程与现代系统管理思想相当吻合。

据成书于春秋战国时期的《考工记》记载,先秦时期已有了明确的社会分工,"国有六职",即王公、士大夫、百工、商旅、农夫、妇功。他们的主要职责不同,"坐而论道,谓

[①] 赵树进.自然的呼唤——基于人的自然本性的管理认识理论研究.上海三联书店,2007:33.

之王公；作而行之，谓之士大夫；审曲面执，以饬五材，以辨民器，谓之百工；通四方之珍异以资之，谓之商旅；饬力以长地财，谓之农夫；治丝麻以成之，谓之妇功"。生产分工的粗细乃是衡量一种生产方式高下的准绳之一。据《考工记》记载，我国先秦时期，在社会分工的基础上，手工业生产的内部分工也趋细密，技术趋于规范化、科学化。《考工记》的记载反映了这种发展趋势。该书记述了六大专业，涉及30个工种。"凡攻木之工七，攻金之工六，攻皮之工五，设色之工五，刮摩之工五，抟埴之工二。攻木之工：轮、舆、弓、庐、匠、车、梓；攻金之工：筑、冶、凫、㮚、段、桃；攻皮之工：函、鲍、韗、韦、裘；设色之工：画、缋、钟、筐、㡛；刮摩之工：玉、㮚、雕、矢、磬；抟埴之工：陶、瓬。"各工职守明确。分工的目的是更好地生产出大量的高质量产品。在这一点上，《考工记》的记述表明，先秦时期的古人已经较好地运用了"一器而工聚"的分工与协作思想。中国人在两千多年前的劳动分工思想和实践大大早于斯密和泰勒等提出的西方科学管理思想。

中国古代的管理活动没有得到西方管理思想的指导，能够取得重要成就是依靠中国古人自己的智慧，关键在于"人能群"。人们的合作是人类适应自然、改造自然、获得财富能力的源泉。荀子说："（人）力不如牛，走不若马，而牛马为用，何也？曰：人能群，彼不能群也。"（《荀子·王制》）因为"人能群"，所以能够把动物的力量、人的力量、自然资源整合起来，完成许多重要的活动。长城、都江堰等巨大工程的成功建设，都显示了中国古代人民具有良好的管理思想和管理方法。大型工程要顺利完成，必须有管理人员开展规划、指挥、控制、质量监督等工作。

基于对中国古代的管理活动、古典文献的研究，一些学者从不同的角度对中国古代管理思想的进化进行了总结。郭庆祥认为，中华传统管理智慧博大精深，源远流长，是取之不尽、用之不竭的浩瀚无际的海洋。要坚持全面依法治国，治国理政，要汲取法家"依法治国，赏罚分明，刑罚为主，以礼辅助"的"法治"；坚持儒家"德政仁治"，崇尚"礼乐仁义"，提倡"忠恕中庸"的"仁治"；坚持墨家"兼相爱、交相利"的总纲，"尚贤、尚同、非攻"的政治思想，"节用、薄葬、非乐"的经济思想，坚持墨子的"三表"，即将"历史经验、人民评判、国家人民的利益"作为判断是非的标准；强调领导干部吃苦在前、享受在后，以身作则，起模范表率作用的"墨治"；坚持道家"道法自然""无为而治"、顺势而为的"道治"。治国理政，要综合治理，坚持以法治为本，礼治、仁治、墨治、德治、道治为辅的全面的治国理政。李雪峰2005年出版了《中国管理学——融通古今的管理智慧》，以管理方式为主线，系统阐述了德治、道治、权治、智治的管理原理；以应用领域为主线，系统阐述了治身、治才、治众、治事的管理方法。申明、宛一平2006年出版了《中国人行为心理特征与中国式管理》。他们认为，管理中国人，就要"知己知彼"，因人而异地实施符合中国人心理特点的决策和管理行为。他们概括了36种中国人典型的行为特征和心理特点，并根据每一个特点提出了有针对性的中国式管理方式。于江山、王颖、许亚涛2008年出版了《中国化管理》。他们把中国化管理的特点概括为九点：以人为本的管理主体观、以企世合一为特点的普适性管理模式、以虚拟血缘为人际定位的层阶观、以太和为终极管理目标的价值取向、以中庸为标准的评价体系、以阴阳互生为本源的太极思维、以与时俱进为指导的发展理念、以艺术为理想境界的管理追求、以兼容并包为特色的文化传统。

（二）东方管理思想的启发

关于东方管理思想，除了前面介绍的苏东水、胡祖光、颜世富等人开展的东方管理研究与教学外，还有其他研究动向与成果。例如，黎红雷1994年出版了《东方的管理智慧——中国儒家思想与现代管理》。孙耀君于1995年出版的《东方管理名著提要》简要评介了《周易》等东方经典著作中的管理思想。陈荣耀1995年出版了《追求和谐——东方管理探微》，1996年出版了《东方文明与现代管理》。他提出了东方管理的十大要诀：自强、务实、创新、中庸、内协外争、用人、理财、重销售、严规、亲人、重价值，形儒、内道、重法、明法、重人、服务、卓越、执五柄（利益机制、角色正位、法制规范、思想工作和道德力量）。其中，内协外争是东方管理的本质；严规、亲人、重价值是东方管理的基本模式；明法、重人、服务、卓越是东方管理的宗旨。东方管理模式的实质是西方管理的东方化、中国古代管理思想的现代化、现实管理实践的理论化。东方管理模式的文化基础是西方科学文化和东方人文文化的整合。东方管理模式的基本特征是，在整合的基础上追求卓越，又在卓越的基础上寻找更高层次的整合，即和谐。1998年，韩岫岚在她主编的《MBA管理学方法与艺术》中用50页的篇幅探讨了东方管理思想，内容涉及孔子的管理思想、老子的管理思想、韩非子的管理思想、《孙子兵法》的管理思想以及日本的管理思想。马涛在2001年出版了《传统的创新——东方管理学引论》。他认为，东方管理的精髓可以概括为"人为为人"；东方管理的基本内容可以归结为以人为本的仁爱管理、强调人际关系协调的和谐管理、"中道"的管理艺术、"无为而治"的目标管理、行为管理、"谋略"管理、强调奇正管理、不忽视制度管理。

苏宗伟2009年出版的《东方管理学教程》，按照苏东水提出的"学""为""治""行""和"的"五字经"体系展开论述，具体内容包括："三学"（中国管理学、西方管理学、华商管理学）、"三为"（以人为本、以德为先、人为为人）、"四治"（治国、治生、治家、治身）、"五行"（人道、人心、人缘、人谋、人才）、"三和"（人和、和合、和谐）。苏宗伟、赵渤2015年出版的《东方管理商业模式理论与应用》认为，东方管理商业模式是由东方管理战略模式运行体系、东方管理商业模式运行体系和东方管理创新模式运行体系三部分构成的"三位一体"的运行体系，通过相互支持与有机作用执行企业战略部署。

2017年，斯晓夫等人提出，相对于西方管理而言，目前东方管理除了研究东方管理理论外，更重要的是研究东方管理中的关键问题，通过解决问题推动社会的进步与发展。东方管理问题广泛而复杂，但无论是原创性东方管理问题导向研究，还是跟踪性东方管理问题导向研究，都要有放眼世界的视野与格局，观察与连接具有世界影响力的东方问题，为这些东方管理中的重大问题提供具体的解决方案。环顾东方各国，相较西方国家，一个重大的管理问题就是贫穷与如何减少贫穷，这方面的理论与实践既是东方管理问题,也是推动东方社会进步与发展的重大问题。他们提出了我国开展创业减贫工作中值得注意的几个关键问题:一是要注意,并不是西方关于创业减贫的模式在中国情境下都有效;二是要让贫穷地区居民积极参与创业减贫事业;三是从宏观角度提出政府的角色问题。

全国政协原副主席王家瑞强调,中国主张弘扬东方智慧,加强人文交流,构建人类命运共同体,是对自身优良传统的继承和弘扬。中国人民历来崇尚"和而不同""贵和持中"的理念,主张"天下为公",推崇不同国家、不同文化"美美与共,天下大同",蕴含着丰厚的人类命运共同体基因。特别是出自《周易·坤》的"君子以厚德载物"之"德"的思想,对于构建人类命运共同体具有很强的启示意义。从具体实践来看,举世闻名的"丝绸之路"和明代航海家郑和"七下西洋",留下了中国古人追求同各国人民友好交流、互利合作的历史足迹。中华民族以"海纳百川,有容乃大"的胸怀,接受一切有益的外来文化,促进了中外文化融合,留下了不少对外文化交流的千古佳话。时至今日,这些历史记忆和美好情感依然对中国外交具有重要影响,对中国与世界携手构建人类命运共同体具有重要启发。

除了中国古代丰富的管理思想外,一些学者、企业家将东方管理思想与管理实践结合起来,构建了一些直接运用于管理活动的东方管理模式,如人单合一、A管理、《论语》加算盘、阿米巴管理等模式。目前,东方管理思想的开拓者们提出的这些东方管理思想和管理模式,为我们继续创建和发扬东方管理学打下了良好基础。

三、管理理论的发展规律

哈罗德·孔茨在运用系统分析法剖析经营管理过程时,提出了一个管理领域的投入—产出模型。这个模型可以用来分析管理理论发展的规律,具体见图4-1。

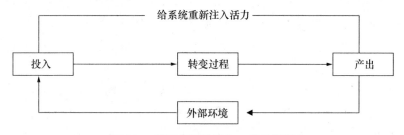

图4-1　管理领域的投入—产出模型

上述管理领域的投入—产出模型告诉我们,管理开始于外界对企业(组织)的投入,包括人员、资金、管理技能、技术知识与能力等的投入。此外,不同类型的人会对企业(组织)提出不同的要求。例如,员工们要求更高的工资、福利和职业保障;而消费者要求产品安全可靠、价格合理;供应商们要求企业提供购买其产品的保证;股东们不仅要求投资收益高,而且要求投资风险小;政府依赖于企业交纳的赋税,还希望企业遵守其制定的法律。同样,企业所在社区要求企业做一个好"公民",为社区提供的就业机会越多越好,而环境污染则越少越好。对企业提出要求的其他单位可能还包括金融机构和工会。此外,竞争对手也要求有公平竞争的合法权利。很明显,许多要求是不协调的。因此,管理人员的职责就是要想方设法把对企业的种种要求统一起来。有时,这需要管理人员作出妥协、进行平衡甚至违背自我。

上面所举企业的例子也适用于其他组织。总之,管理领域的投入—产出模型告诉我们,管理人员的任务就是要采用有效益和高效率的方式,把投入的各种要素或资源转变为产出。当然,人们可以从各个角度观察各种投入要素或资源转变为产出的过程。例如,有人将重点放在财务管理、生产管理、人事管理或营销管理这样一些不同的企业职能上,有人将重点放在人际关系上,也有人将重点放在决策上。事实上,管理理论的创立者或倡导者们就是根据自己对管理的特殊分析来观察转变过程的,并在此基础上提出自己的独特理论。依据管理领域的投入—产出模型所提供的分析方法,管理理论的创立者们创立一种管理理论的过程可以描述如下:(1) 不同的外部环境即不同时代的实践需要提出所要解决的不同问题。例如,科学管理理论创始人泰勒处在 19 世纪末 20 世纪初,当时科学技术有了巨大发展,如何通过改进管理方式提高工厂的生产效率就成为关键问题。(2) 针对时代提出的所需要解决的实际问题,管理理论的创立者们根据自己不同的价值观、专业知识和经验背景,提出了不同的管理理论。例如,梅奥提出了行为科学理论,其要点是:生产不仅受物理的、生理的因素影响,而且受社会环境、社会心理影响。这对科学管理只重视物质条件,忽视社会环境影响工人提高生产效率的观点来说,是一个重大转变。梅奥创立行为科学理论,是与他作为美国哈佛大学心理病理学教授,于 1929 年率领哈佛研究小组到美国西屋电气公司的霍桑工厂进行的一系列的实验或观察相关联的。(3) 管理理论的创立者们也可以从不同的观察角度或运用不同的分析方法提出新的管理理论或管理方法。例如,注意投入的不同要素的关键作用,可以创立新的经济管理理论。美国学者加尔布雷思在 20 世纪 60 年代提出了"关键要素理论"。他认为,在一个时代的经济活动中起重大作用的稀缺要素就是关键要素。对个人来说,谁掌握了这种关键要素,就会成为社会的主导人物。对国家来说,哪个国家掌握了这种关键要素,就会繁荣昌盛。他认为,封建时代的关键要素是土地,资本主义原始积累时期的关键要素是资本,资本主义的后工业化时期的关键要素是技术专家。以此类推,知识经济时代的关键要素是知识资本。

管理学是一门与时俱进的科学,具有现实性、实践性和变革性。与中国经济取得的重大成果相比,主流管理学的本土化研究显得苍白,落后于现实,对于丰富多彩的管理现实缺乏了解和认识。中华人民共和国成立之后,管理实践也取得了很好的成绩。1960 年的"鞍钢宪法"提出了"两参一改三结合"的管理方法。1961 年的"工业七十条"成为新中国第一个工业企业管理试行条例。20 世纪 80 年代初,以"放权让利"为主要内容的一系列改革试点使企业管理工作的重心转到以提高经济效益为中心的轨道上。

厂长(经理)负责制的实行是中国企业领导制度的重大改变。承包经营责任制、资产经营责任制等的推行，推动了企业经营机制的转变，促进了企业家阶层的形成。这一时期，蒋一苇提出了"企业本位论""职工主体论""经济民主论"以及"两制四全"管理体系。"两制"即在民主管理的基础上，建立高度集中的厂长(经理)负责制，在分工协作的基础上，建立责权利相结合的经济责任制；"四全"即在企业建立全企业、全过程、全员性的全面计划管理、全面质量管理、全面经济核算、全面人事劳动管理，是我国管理理论的重要代表之一。

管理必须因时制宜、因地制宜。所有的管理理论和思想总是与时代相适应的。改革开放四十多年来，中国经济发展取得了巨大的成就，成为世界第二大经济体。东方管理思想，或者说中国化管理学，在中国经济大发展中发挥了重要作用。如何分析中国经济发展的环境变化？应该利用什么理论框架来认识中国宏观经济的变化、中国企业内部的管理变迁机制转换？这些都需要利用具有中国特色的东方管理学开展认真的挖掘、总结、提炼工作。

从管理学的移植和发展规律角度分析，中国管理学也到了创立新学的阶段。现代管理学于19世纪末20世纪初在欧美产生、形成和发展起来，对于推动西方的工业化、现代化发挥了不可估量的巨大作用。传到东方以后，它与东方的文化传统相结合，在亚洲移植并落地。迄今为止，管理学在亚洲的移植经历了五个阶段：(1)翻译输入阶段(进口学问)：输入，启蒙，言必称欧美，具有崇拜性，表现为注重翻译与演讲。(2)传播套用阶段(囫囵吞枣)：吞食，消化，学科独立，逐渐形成体系，开始具有指导性，表现为注重调查与咨询。(3)测试疑问阶段(两张皮时代)：渗透与摩擦并存，开始关注共同研究，表现为注重研究式咨询。(4)概念探索阶段(提出新概念)：发掘现场理论，重视本国传统。(5)独创理论阶段(提出新理论)：由重视整体到强调个体和本土化理论的国际性。目前，到了第五个阶段，创建东方管理学是这个阶段应该完成的事业。

创建东方管理学，要坚持以下几个原则：(1)坚持本土化与国际化相结合。日本的一些做法值得学习，那就是德鲁克所指出的："日本的管理并没有西方化，它吸取了管理学思想，拼命抓住工具和技术，时时都在侧耳细听。但日本在使用管理学及其概念、工具和技术时都保留着日本的风格。"(2)坚持以我为主，反对照搬西方。曾仕强批评西方管理学对国人的误导，认为"现在国内的管理学很多是照搬西方，却难以适应中国国情，我们需要的是属于自己的管理方法"。他表示，各国文化积淀不同，中国的管理是注重人性化的管理，而不像西方以物为中心，并指出："我们学习西方的管理方式，将社会关系简单地理解为买卖关系，这在中国是行不通的。这是观念上的误导。"中国人认为管理就是做人、做事的道理。做人就是如何搞好人际关系，做事就是如何提高工作绩效。搞好人际关系，提高工作绩效，就是管理。只会做人，不会做事，是一团和气，是和稀泥，在管理上等于零。相反，只会做事，不会做人，常常得罪人，在管理上也等于零。因此，要先会做人，然后会做事，这就是管理。(3)坚持将传统管理思想与管理现实对接。刘人怀院士建议将传统文化基因与中国本土管理研究对接，创建现代管理科学的中国学派。中国传统文化各基因的层次与简要关联，以及这些特殊基因在组织内部所呈现出的具体结构见图4-2。

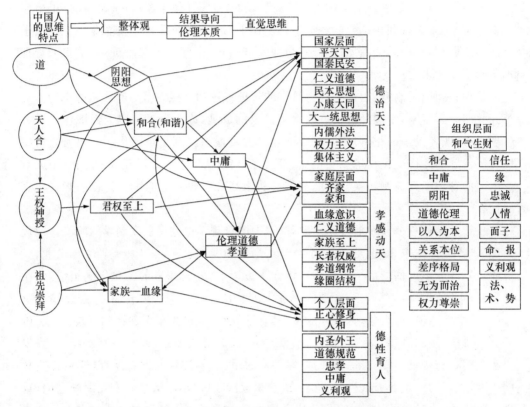

图 4-2　中国传统文化基因层次与关联简图

刘院士根据我国古代哲人的经典著作（如《论语》《大学》《道德经》《韩非子》等），结合研究中国传统文化的重点文献，将中国传统文化的独有特征归纳为核心概念与具体应用结构两个层面。首先，天人合一、王权神授、祖先崇拜与阴阳思想（含金、木、水、火、土五行结构）等，还有道，都是中国传统文化较为核心的概念或"基因"。这些结构相互影响，形成复杂的共生关系。其次，由这些核心思想引申出的第二层核心概念包含和合（和谐）思想、君权至上、中庸和家族—血缘思想、以孝道为基础的仁义道德等。将这些结构运用到实践中，可分为国家、家庭与个人三个层面作简要描述。国家层面的行为是"平天下"，以达到"国泰民安"的目标，其思想结构包含仁义道德、小康大同与民本思想，应用结构包含内儒外法、权威主义、和合、集体主义等。家庭层面的主要行为是"齐家"，目标是追求"家和万事兴"，其思想结构包含血缘意识、仁义道德、和合，应用结构包含家族至上、长者权威、缘圈结构、孝道纲常（孝、顺、悌、慈 等）。个人层面的行为主要追求"正心修身"，以达到"人和"的目标，其思想结构包含和合、中庸与伦理道德等,应用结构包含内圣外、道德规范(仁、义、礼、智、信)、忠孝与义利观等。

第二节 东方管理的核心

不同的学者对于管理的定义、管理学的本质和核心的理解不同。苏东水将东方管理学的本质特征概括为"以人为本、以德为先、人为为人",曾仕强把管理的目的概括为"安人"。笔者在学习苏东水的东方管理思想的基础上,在2000年出版的《东方管理学》中认为,管理的本质是"人为为人、治心为上"。经过近二十年的观察、思考、体悟,如今,笔者将东方管理的核心概括为"正心安人"。

一、关于"心"

关于"心"的重要性,陆象山说"吾心即是宇宙,宇宙即是无心",有"天堂地狱唯心造"的意思。王阳明也直接说"万化根源总在心";"人者,天地万物之心也;心者,天地万物之主也。心即天,言心则天地万物皆举之矣"。心即理,心外无理;心即物,心外无物。邵雍在他们之前就提出了"万化万物生乎心"。中国文化特别重视心意功夫、心灵,关于"心"有许多词语,如正心、用心、修心、养心、精心、静心、安心、顺心、平心、劳心、动心、居心、理心、惊心、净心、尽心、存心、寸心、人心、良心、心思、心眼、心术、心眼、心事、心底、心地、心惊胆战、心事重重、心高气傲、心花怒放、心甘情愿、心悦诚服等。"心者,君主之官,神明出焉",《黄帝内经》中的这句话表达了"心"在中国文化、印度文化中特殊的重要地位。陆象山、王阳明等人创立的心学到现在影响仍然巨大。博大精深的佛教把《心经》作为总纲。佛教也可以概括为修心之说。

汉语中的"心"是一个历史悠久的、具有特色的词。据《汉字信息字典》统计,"心"的使用频率是1.6382%,频级为1级。"心"的构词能力等级是最高级6级。《汉语大词典》和《常用构词字典》(逆序部分)共收以"心"为语素的词语(包括成语)751个。《汉语惯用语词典》收录有关"心"的惯用语句39条,《歇后语大辞典》收录有"心"的歇后语298条。"心"还是一个部首字,以"心"为部首的字多达数百个。"心"以词、语素、部首三种形式活跃于我们的语言文字中,占据着相当重要的位置。这与"心"的词义及其特定的文化价值是分不开的。

《甲骨文字释林》里,"心"字像人心脏的轮廓。《说文解字》对"心"的解释是:"心,人心,土藏,在身之中,象形。"对于"心",中医学、哲学和佛学各有不同的见解。例如,丁福保编著的《佛学大辞典》总结认为,佛教关于"心"有六种认识:一是肉团心,即吾人之心脏;二是集起心,以集诸种子,又能生现行诸法故也;三是思量心;四是缘虑心,又虑知心、了别心;五是坚实心,坚固真实,不生不灭之心,即自性清净心;六是积聚精要心,积聚诸经中一切之要义者。佛教中还有"六十心"之说:一是贪心;二是无贪心;三是真心;四是慈心……六十是猿猴心。

"心"的本义即心脏,乃生理器官。在使用和发展中,"心"又衍生出诸多新的含义。例如,它可以指心脏、心理活动、思维器官、神经系统、神志、意识、天心、理、太一、识、唯识、知情意、主体意识、法等。在五行系统里,心可以与喜悦、神志、血脉、火、夏季、南方等相联系。"心"的意义可以概括为生理之心、心理之心、伦理之心、宗教之心、政治思想之心。我们主要关注心理之心,即一般意义上的心理、精神、心理过程、心理活动、个性心理特征。真正认识到"心""心学"巨大的心理学价值的,是中国近代著名心理学家张耀翔。他的巨大贡献在于,不仅充分肯定了中国古代"心理学"的"美不胜收",而且第一次将中国古代的"性理"之学统一在"心学"的旗帜之下。他说:"中国古时虽无'心理学'名目,但属这一种的研究,早散见于群籍,美不胜收。不仅有理论的或叙述的心理研究,且有客观的及实验的研究。不仅讨论学理,且极注重应用,他们称这种研究为'性理',为'心学'。"

心理之心、精神之心,是"心"的衍义说,是由血肉之心、肉团之心、神经系统之心引申出来的。普通心理学将一般人的心理划分为心理过程和个性心理特征两个部分。其中,心理过程包括认识过程(感知、记忆、思维、想象、注意)、情感过程、意志过程;个性心理特征可分解为个性倾向性(需要、动机、兴趣、信念、理想、世界观)和个性心理特征(智力、能力、气质、性格)。根据燕国材等人的研究,如果按照这一模式衡量中国古代"心"的心理含义、精神含义,会惊讶地发现,中国古代"心"的含义已涉及现代心理学所设定心理现象的大部分内容。具体而言:(1)认知过程。《荀子·解蔽》就涉及认识问题,其中写道:"人何以知道?曰:心。心何以知?曰:虚壹而静。"即认识事物的规律之职,是由"心"来担当的。这种认识从浅处说是知觉,从深处说是思虑。中国古代思想家已提出"心"包含知觉的思想,如《正蒙·太和》云:"合性与知觉,有心之名。"《易传·系辞上》说:"二人同心,其利断金。"《诗经·小雅·巧言》说:"他人有心,予忖度之。"此处的"心"是思想、心思的意思。《论衡·薄葬》写道:"夫论不留精澄意,苟以外效立事是非,信闻见于外,不诠订于内,是用耳目论,不以心意议也。夫以耳目论,则以虚象为言;虚象效,则以实事为非,是故是非者不徒耳目,必开心意。"这里的"心意""心意议"与"耳目""耳目论"相对应,显然指思维、思维活动,与今之感知、感知活动相当。《荀子·解蔽》云:"心卧则梦,偷则自行,使之则谋。"心在使用时就会思考问题,谋划未来,这里的"心"显然是思虑、谋划的意思。《荀子·正名》云:"情然而心为之择谓之虑。""心"能辨别真、善、美与假、恶、丑,即有理智、理性的功能。(2)情绪、情感过程。《礼记·礼运》说:"饮食男女,人之大欲存焉;死亡贫苦,人之大恶存焉。故欲恶者,心之大端也。"人的复杂情感可以归结为"欲恶"两端,均系"心"的两种成分或表现。《荀子·正名》也论及"心"含情感之意:"心忧恐,则口衔刍豢而不知其味,耳听钟鼓而不知其声……"(3)意志过程。《论语·为政》云:"七十而从心所欲,不逾矩。"《荀子·解蔽》亦有云:"心者,形之君也,而神明之主也;出令而无所受令……心不可劫而使易意,是之则受,非之则辞。"这里的三个"心"字,含有"意志"之意是十分明显的。再就"志"

字而言,《毛诗·关雎序》云:"在心为志。"《说文解字》称:"志,意也。""志"乃"止于心"的意思。朱熹概括地说:"志者,心之所之";"意者,心之所发"。可见,"心"含有心志、意志的意思。(4) 注意过程。这在现代心理学中并不是一种独立的心理过程,而是所有心理过程,特别是认识过程的共同特性。一方面,"注意"本身并不反映客观事物,也没有自己特殊的内容,而是伴随其他心理过程同时发生的;另一方面,一切心理过程都离不开"注意",没有"注意"的参与,任何心理过程都难以进行。中国古代思想家自然没有如此系统而深刻的认识,他们所讲的"注意"一般只限于注意的集中与分散(分心)。古语"专心致志""专心一志""一意专心"等词语都是指集中注意力,其中的"心"明显地含有注意的意思;"心不在焉""心不使焉"等词语则指注意力分散(不集中),其中的"心"也明显含有注意的意思。在中国古代思想家看来,分心可以由客观刺激引起,如《刘子新论·专学》所举"有鸣鸿过者,弯弧拟之"的事例便是;也可以由主观因素引起,如《孟子·告子上》中的"一心以为有鸿鹄将至"便是。

心理之"心"的含义也涉及个性心理,特别是个性心理特征的主要内容。具体而言:(1) 智力与能力。在中国古代思想家的论述中,"心"含有心智、智力之意。在中国古代,特别是先秦时期,"知""智"相通,故"心知"亦可谓"心智"。何谓智?心知曰智,所以《墨经》把"智"写作"恕",并谓"恕,明也"。在中国古代思想家的论述中,"心"也含有心力、能力之意。《尚书·大禹谟》云:"尔尚一乃心力,其克有勋。"《左传·昭公十九年》谓:"尽心力以事君。"孟子也有"尽心"之说:"寡人之于国也,尽心焉耳矣。"(《孟子·梁惠王上》)但是,此处所云"尽心"与他所说的"尽其心"不是一回事:前者指尽心力,后者言充分扩展善良的本心。成语"尽心竭力"即源于"心力""尽心""尽心力"之说。可见,"心"含有心力、能力之意。不仅如此,在中国古代思想家的论述中,"心"还含有良知、潜能的意思。例如,王阳明在《答顾东桥书》中就写道:"心之虚灵明觉,即所谓本然之良知也。"显然,这是对孟子"良知良能"之说的直接继承。用现在的眼光看"良知良能",就是智力潜能和能力潜能。这的确是与生俱来的,为后天的教育和培养提供了必要的前提或可能性。(2) 气质、性格。中国古代思想家认识到,"心"的含义也包含气质、性格和个性,但是他们在论述中对这些内容并没有作十分明确的区分。例如,《韩非子·观行》云:"西门豹之性急,故佩韦以自缓;董安于之心缓,故佩弦以自急。"显然,这里的"心"与气质、性格相当。《荀子·正名》曰:"心者,性之质也。"意即心是性的本质。也就是说,心与性是一回事,人的一切精神现象都统一于心性。后世"二程"(程颢、程颐)亦有"心即性"的见解。中国古代还有"心统性情"的观点,其提倡者为北宋时期的张载,受到南宋朱熹的高度评价,"横渠心统性之说甚善"。朱熹从这一点出发,谓"心兼动静、体用、已发未发"。此处的"心"相当于现代心理学中完整个性的含义。

陆象山、王阳明等人将心、心理、精神的作用阐释到了极致。心学的集大成者王阳明一生历经坎坷,多次有人打击、陷害他。然而,他却能在险象环生的人生旅途中,于做学问、带兵打仗与升官等方面取得成就。于他而言,重要的成功因素便是体悟到了心理力量的伟大,能够以自心之是非为是非,而不以孔子之是非为是非,"虽遇颠风逆浪",仍然"可免没溺之患"。王阳明的学说传到日本、韩国后,对这两个国家的一些人产生了重要影响。阳明心学提倡自尊无畏、敢立大志、解放思想,造就了明治维新前夕的一代英杰。如吉田松阴在1954年3月无视幕府禁海之严,秘密策划搭乘美舰越欧美游学,事败下狱。吉田松阴身居监狱,仍然"独傲睨于一室,达观古今,通视万国",因为他的心能"不知不觉地致广大"。他的老师佐久间象山因为支持其计划也连坐入狱。有心学修养的佐久间象山"身虽在囹圄,心无愧怍,自觉方寸虚明,不异平日"。虽然被封建幕府统治者视为罪犯,但他们扪心自问,俯仰无愧,因此能够身处监狱而内心平静。三星集团的创始人李秉喆先生被称为"韩国财界之父",他明确指出:"企业经营行程之难,不在于山,也不在于水,而在于人们之间的感情和义气。"

二、正心与管理

管理活动开始于正心,正心的作用非常重要。董仲舒在《举贤良对策》中指出:"为人君者,正心以正朝廷,正朝廷以正百官,正百官以正万民,正万民以正四方。四方正,远近莫敢不壹于正。"一人之心可以影响到千万人之心,国君正心,可以领导好国家;企业的负责人正心,就可以领导好一个企业。饶宗颐先生总结了中华文化的核心精神,提出"三求":求是、求真、求正。他特别强调了"正"的重要性,并指出,中国的儒、释、道三家都把"正"放在重要的位置。正,首在正心。正心,是儒家提出的修身的前提。《大学》中提出的格物、致知、诚意、正心、修身、齐家、治国、平天下八个条目中,正心是相当核心的一个环节。宋代理学家程颐说,进修之术,"莫先于正心诚意"。朱熹也称"正心"为"万世学者之准程"。享有"天下祖庭""全真圣地"之盛名的陕西重阳宫山门之耳门楣书"正心""诚意"。重阳宫是全真派的三大祖庭之首,也是全真道祖师王重阳早年修道和遗蜕之所。王重阳主张儒、释、道三教合一,以"三教圆通,识心见性,独全其真"为宗旨,故名其教为"全真教"。

正心有两类意义:第一类意义可以说是"心正",即正面的心。"正心"是一颗简单、沉静、安详、空灵的心,也是一颗正面、向善、积极、乐观、阳光的心,还是一颗笃定、坚韧的心。有这样的心,我们就会不惑于外物,不会恐惧、焦虑,保持"恬淡虚无,精神内守",专注平和。有这样的心,个人会完善,企业会发展,社会会和谐,世界会美好。第二类意义是指对心理正面、积极的唤醒、引领、维持、调节和控制。简单地说,正心就是指一个人不管做什么事,首先应该端正念头、心态和动机。心要摆得正,既不能偏向自己,也不能偏向某人。

要理解正心的过程、机制,有必要熟悉心理学对心理机制的认识。心理学流派众多,不同流派的主张差别很大,我们在这里主要介绍认知心理学关于心理活动中心理机制的一些研究成果。在认知心理学出现以前,对于心理活动的机制,实验心理学、生理心理学研究者主要关心的是心理活动的生理机制,这种研究有时很难说是在研究心理学,因为神经生物学、神经生理学研究者也在进行类似的研究。笔者认为,丰富多彩的心理活动的机制不能被简单地归结为生理机制。认知心理学倡导信息加工的观点,是在高于生理机制的水平上研究心理活动,是立足于心理机制研究信息加工过程。认知心理学把人脑类比为电脑,把人看成计算机似的加工系统。

纽厄尔和西蒙认为,无论是有生命的人还是人工的计算机信息加工系统,都是操纵符号(symbol)。语言、标记、记号等均是符号。在信息加工系统中,符号是代表、标志或指明外部世界的事物。一些符号通过一定的联系而形成符号结构。符号和符号结构是对外部事物的内部表征。符号不仅可以代表外部事物,还可以标志信息加工的操作。信息加工主要由感觉、记忆、控制、反应系统四个部分组成。人受到刺激,环境向感觉系统输入信息,感觉系统对信息进行转换和结合,即抽取并联结刺激的基本特点。已编码的物理刺激进入记忆系统,刺激和记忆中的模式进行比较并得到大致的匹配。在记忆系统中,长时间记忆中的信息只有一部分能对当前的加工产生影响。至于哪些信息能产生这种影响,取决于现在和以前的输入。被激活的这部分记忆有时叫作"活动的记忆"。即使是被激活的记忆,也只有一部分能得到精心加工。这些得到精心加工的记忆叫作"工作记忆"。工作记忆包括有关一个人内部注意焦点的信息以及正用于加工被激活的信息的特殊操作。加工器或加工系统的控制部分决定着加工系统如何发挥作用,即如何制定目标,采取何种手段达到目标。纽厄尔和西蒙指出,加工器包含三个因素:(1)一组基本的信息过程,如制作和销毁符号;制作新的符号结构;复制、改变已有的符号结构;以符号或符号结构标志外部刺激,并依据符号结构作出反应;贮存符号结构,进行辨别、比较等。(2)短时记忆,保持基本信息过程涉及的输入和输出的符号结构。(3)解说器,将基本信息过程和短时记忆加以整合,决定基本信息过程的序列。对基本信息过程系列规则的说明构成程序,它是信息加工系统的行为机制。总之,中枢加工器决定目标的先后顺序,监督当前目标的执行。

来勒等人提出了 TOTE 模型。TOTE 是"Test-Operate-Test-Exit"的缩写,意思是"检验—操作—检验—出口"。信息加工系统从检验目标是否得到满足开始,如果回答"是",系统就不再过问这个计划;如果回答"否",系统就要进行某些操作,然后再看是否达到了目标。这种检验—操作的循环可能进行多次,直到目标得到满足为止。最后一种成分与实际反应有关。多德、怀特认为,这四种结构成分是以各种形式相互作用的。来自环境的信息在成为长时记忆以前,必须先经过有关的感觉系统的加工处理。然而,这类信息对长时记忆产生的影响常有赖于它们是否经过工作记忆而得到进一步的加工,而这又有赖于中枢加工器当时的目标等。

认知心理学的核心是揭示认知过程的内部心理机制,即信息是如何获得、贮存、加工和使用的。认知心理学强调研究意识和心理机制,因而被称作心理学中的"心理主义"。把人的心理过程与电脑的信息加工过程类比,有助于我们加深对人自身心理活动机制的认识。一些学者对把人脑比拟为计算机的行为进行了批评。有的批评者指出,任何一个事物都可以比拟为计算机。例如,一个从斜面滚落的球体可被看成一种计算牛顿运动定律的计算机。问题的关键在于,计算的特性并不是系统本身所具有的,而是外部强加的,是一种外在的解释。因此,把人脑比作计算机是不恰当的。对符号加工模型的另一种批评集中于"侏儒说",即符号加工模型假设人脑中存在着一个"小人",指挥着认知操作。符号加工论者当然否认这一指责。但是,批评者认为,符号加工论者提出问题的方式包含这样一种观点。例如,"视觉系统是怎样从网膜图像上计算出实际距离的"这一问题就包含这一观点。符号加工论者对此不能给出令人满意的解释。

网络中的基本单元类似于神经系统中的神经元或结点。这些单元相互联结,共同活动,组成一个整体。网络的动态过程就是一种认知操作。网络从初始状态到最后的稳定状态构成认知操作的动态过程。在联结主义模式中,单元与单元之间的联结方式有两种:一种称为"馈进式"(feed-forward),在这种联结方式中,联结是单向的,前一单元把自己的活动馈进到下一单元,直至终点;另一种联结方式称为"互动式"(interaction),这种联结方式是双向的,输入与输出可以沿双向联结来回进行。网络与网络之间的不同不仅在于联结方式的不同,也在于其单元的活性规则,即单元的活性是怎样被决定的。活性规则有很多,它们决定着单元活性的类型。联结主义模型是如此解释观念在网络中的表征的:一种解释认为,观念的表征都是由单一的单元来完成的,单元与观念之间存在着单一的线性关系。另一种解释认为,观念的表征是由一组单元来完成的,个别单元无法单独表征观念。这种表征方式的优点在于部分表征的丧失不会对整体造成大的损坏。另外,部分信息可以使网络进行完整的输出。显然,后一种解释具有更强的生命力。认知心理学的联结主义模型较之符号加工模型有明显的优越性,因为网络模型更贴近神经系统。符号加工模型以计算机的物理操作比拟人的认知活动,无疑带有还原论的色彩;而网络模型则受到神经网络的启发,以脑的生物过程类比认知的操作,因此更接近真实的认知过程。把电脑作为重要的研究工具是有益的,但我们不应该迷信电脑,也不应该迷信认知心理学。电脑软件可以集中许多人的聪明才智,可以代替人做很多工作。但是,无论电脑多么高级,多么聪明,都与人脑有很大的差别。电脑本身有一定的局限性,人脑胜过电脑。利用电脑来模拟人的心理,即把人、人的心理活动看成"黑箱"。所以,关于信息加工的认知心理学的一切研究成果都是推测。至于这些推测能在多大程度上反映真实的心理机制,还有待于进一步的研究。

人工智能在快速发展,认知心理学也受到了挑战。2017年10月19日,谷歌旗下人工智能研究部门DeepMind发布了新版阿尔法狗(AlphaGo)软件,它可以完全靠自己学习围棋。这款名为"AlphaGo Zero"的系统可以通过自我对弈进行学习,利用的是一种名为"强化学习"的技术。在不断训练的过程中,这套系统靠自己的能力学会了围棋中的一些关键概念。经过3天的训练,这套系统已经可以击败AlphaGo Lee,也就是 2016 年击败韩国顶尖棋手李世石的那套系统,比分为 100 比 0。经过 40 天的训练,它总计运行了大约 2900 万次自我对弈,使得 AlphaGo Zero 得以击败 AlphaGo Master(2017 年早些时候击败世界冠军柯洁的系统),比分为 89 比 11。结果表明,具体到不同技术的效果,人工智能在这一领域仍有很多学习的空间。AlphaGo Master 使用了很多与 AlphaGo Zero 相同的开发技术,它首先需要利用人类的数据进行训练,随后才切换成自我对弈。值得注意的是,虽然 AlphaGo Zero 在训练期间学会了一些关键概念,但该系统的学习方法与人类有所不同。另外,AlphaGo Zero 也比前几代系统更加节能。AlphaGo Lee 需要使用几台机器和配有 48 个 TPU 的机器学习。上一代 AlphaGo Fan 则要用到 176 个 GPU 芯片。AlphaGo Zero 只需要使用一台配有 4 个 TPU 的机器即可,不再受人类知识限制。AlphaGo 此前的版本结合了数百万人类围棋专家的棋谱,通过强化的监督学习进行自我训练。在战胜人类职业围棋高手之前,它经过了好几个月训练,依靠的是多台机器和 48 个 TPU。AlphaGo Zero 的能力在这个基础上有了质的提升。最大的区别是,它不再需要人类数据。也就是说,它从一开始就没有接触人类棋谱。研发团队只是让它自由随意地在棋盘上下棋,然后进行自我博弈。值得一提的是,AlphaGo Zero 还非常"低碳",极大地节省了资源。

一些学者利用量子物理学的理论来探索人类心理,认为量子思维具有以下特征:(1) 整体观。量子系统认为整个世界是由相互作用、相互叠加的动态能量模式组成的,相互之间是紧密关联的。(2) 多样性。量子系统认为世界是"复数"的,存在多样性、多种选择性,并不是"非此即彼",而是"兼容并包"。(3) 不确定性。量子系统无论是所处的环境还是系统内部都存在"不确定性",属于"本体不确定性"。(4) 潜在性。量子系统强调潜能的挖掘和开发,尝试将系统中的多种潜能简化为一种现实。(5) 参与性。量子系统认为主体与客体不是分割的,主体不可能独立于客观环境之外,而是参与其中,主体与客体之间的互动推动了世界的发展。(6) 主客观的统一性。量子系统认为世界上没有那么多西方传统中的二元主义,它强调主观与客观的统一性。(7) 愿景、价值观和使命感的主导性。量子系统强调从更深的愿景中汲取能量,专注于更长远的价值观,更重视使命感,认为使命感是愿景的召唤。

正心包含以下内容:(1) 正心是觉醒。我们平常说"唤醒沉睡的心灵",这句话其实很深刻。不管是多么聪明、多么有智慧的人,如果他的心理是迷迷糊糊的,没有明确的指向和集中度,就不可能意识到自己和周围的世界,也不可能采取有效的行动。杜维明在讲"正心诚意"的思想时,也十分肯定"自我"价值。他说:"如果自我修养从心体开始,本体就需要自觉努力。"他认为这就是众所周知的"先天下"之学的一种形式。"正心"不等同于"正物",物是客观存在的,"正物是在意欲的对象上发挥自觉的努力",而"心者,身之所主也",具有主体性,不能作为一个客体来"正"。因此,"正心实际上意味着心的自我觉醒"。(2) 正心是解脱,心灵不依附于外物。"正心"的意思可解释为:使心灵从对外物的依附中解放出来,不执着于人或物。佛教认为人的烦恼和苦闷都是

"我执"的结果。现在的世界,信息很庞杂,诱惑很多,人心也会受到各种情绪的影响。所以,"纠结"成为网络热词,这个词其实反映了当代人的心理状态。心正而不乱,就有一个是非标准、取舍依据,也就不会有那么多纠结。(3)正心是集中精力。现在是信息爆炸时代,大家的苦恼不是缺乏信息,而是信息太多。搜索引擎成为网络的必备工具就说明了这一点。信息多,机会多,如果我们的心不正,左右摇摆,没有定力,就容易导致注意力分散,或浅尝辄止,或朝三暮四。这也是我们做人、做事的大敌。所有杰出的人都有一个共同特点——专注,这是正心的结果。(4)正心是正其不正。王阳明指出:"正也,正其不正以归于正也。"正心是修炼,也是克制。王阳明有一段形象生动的话,告诉人们如何克制各种"人欲",提出具体的心理修炼之道:"其所思虑,多是人欲一边,故且教之静坐,息思虑。久之,俟其心意稍定,只悬空静守,如槁木死灰,亦无用,须教他省察克制。省察克制之功,则无时而可闲。如去盗贼,须有个扫除廓清之意。无事时,将好色、好货、好名等私逐一追究搜寻出来,定要拔去病根,永不复起,方始为快。常如猫之捕鼠,一眼看着,一耳听着,才有一念萌动,即与克去,斩钉截铁,不可姑容,与他方便,不可容藏,不可放他出路,方是真实用功,方能扫除廓清。到得无私可克,自有端拱时在。"(《传习录》)《大学》有言:"身有所忿懥,则不得其正;有所恐惧,则不得其正。""有所好乐,则不得其正;有所忧患,则不得其正。"这就是说,人如果被愤怒、恐惧、迷恋、忧虑的情感控制,这些负面情绪就会对人的道德信念产生影响,其心灵会被扭曲,就不能很好地修身养性。因此,只有通过"正心",即自身心理调节和道德自律,才能做到"心不在焉,视而不见,听而不闻,食而不知其味",做到不受不良情绪的影响。可见,这里的"正心"就是通过自我控制,纠正自身的错误、有害思想,保持一个良好健康的心态。"正心"是儒家宣扬的一种道德和人格的自我修养方法,讲求通过人的内在努力,锻炼坚定的心性,端正内心;不作伪,不欺诈,意念诚实,去恶从善。(5)正心是攻心。在管理工作中,许多时候的策略是攻心为上,正心是指挥、引导、控制他人之心。管子认为:"心无他图,正心在中,万物得度。……何谓解之?在于心安。我心治,官乃治。"(《管子·内业》)"心治"也就是治心,即对心理的管理。

综上所述,欲正心,不仅要知道和掌握方法,而且更重要的是,要掌握好自己的心灵,要了解和掌握自己内在的思想、观点、动机和愿望,要时刻审察自身处世的态度、方法有无偏差。正心考虑更多的是领导者应该深入了解自我,以及融入主流社会规范,解决的是思想、观点和态度问题。正心更多地指向内部世界,要求人有客观、科学精神的同时,更要有省悟人类主观世界以及社会人群心灵、思想、感受的敏感能力和正确判别的能力。

用现代管理语言来讲,正心的内容主要包括:正确的人生观、价值观、职业观;正确的职业道德;组织及社会责任感、使命感;高尚的、可信赖的个人道德品质;良好的人际与公关形象。"治国先治吏"的前提是"治吏先正心"。毛泽东赋予"正心"这一思想现代意义:务必使同志们继续地保持谦虚、谨慎、不骄、不躁的作风,务必使同志们继续地保持艰苦奋斗的作风。"正心"是孟子所谓的"反身而诚"。孟子曰:"万物皆备于我矣,反身而诚,乐莫大焉。"王阳明说:"正心,复其体也;修身,著其用也。""修身是已发边,正心是未发边。"正心以实现"万物一体之仁",这才是"复其体",修、齐、治、平等均是此"体"之发用,不是离开心体而向外去修、齐、治、平。正心是手段,赢心方为目的。

三、安人

中国传统文化提倡"修己安人"。"修己"的根本在于"明明德",实际上是正心的过程。"安人"的意义在于"亲民"。"修己"与"安人"一体联动,以达"止于至善"之境。先秦儒家以"天人一体"为人的生存论之前提,这也是《大学》"修己安人"的学理依据。"修己"与"安人"是在人我一体的有机互动中成己成人。人性是人之为人的根本,《大学》"修己安人"的根本是彰显人性,在人性的彰显中成己成人。《大学》强调"自天子以至于庶人,壹是皆以修身为本"。"修身"即修己,"修己"即在"安人"之中,"安人"本身也是修己。"修己安人"体现了儒家以内在价值为本、以外在价值为末的基本思维方式。

《大学》从"明明德""亲民"到"八条目",其最终落脚点和归宿就在于"止于至善",即通过成德进业以止于至善,从而实现"盛德大业"。正如王夫之所言:"谓夫大学者,所以教人修己治人而成大人之德业者也。""修己治人"从教化的角度讲,就是"修己安人",即修己安己、安己安人、安人以安天下人,最终"止于至善",实现"盛德大业"。所以,《大学》的精神就是"修己安人"。

《大学》中的"修己安人"一词与孔子的思想是有直接关联的。孔子在关于"君子"思想的阐发中就有类似的表达。《论语·宪问》记载:

子路问君子。子曰:"修己以敬。"曰:"如斯而已乎?"曰:"修己以安人。"曰:"如斯而已乎?"曰:"修己以安百姓。修己以安百姓,尧、舜其犹病诸?"

何谓"修己以安人""修己以安百姓"?"安"的本义是"静",同时又有"定""宁""止"的意思。在这里,"安"作动词用。"修己以安人"所"安"的是人心,心安则静、定、宁、止。所以,这里的"安"具有安顿、使人心安的意思。"修己以安人"是指修己在安人之中,是在安人的过程中修己,在修己的过程中安人。"修己"的重点又在于修己之心。修心的要求是:"非吾仪,虽利不为;非吾当,虽利不行;非吾道,虽利不取。"(《管子·白心》)可见,需常怀干净之心,力戒贪欲非分之想。"天曰虚,地曰静,乃不伐。洁其宫,开其门,去私毋言,神明若存"(《管子·心术上》),只有秉持"静因之道",才能达至明心见性、宁静致远的境界。

所谓"半部论语治天下",从一个侧面印证了儒家学说所主张的管理的本身就是一个修己安人的过程。何谓修己?儒家思想建立在仁爱的基础之上,孔子在《论语·阳货》中就专门阐述了"仁"的具体含义。孔子曰:"能行五者于天下,为仁矣。"孔子接着解释"五者":"恭、宽、信、敏、惠。恭则不侮,宽则得众,信则人任焉,敏则有功,惠则足以使人。"这就是儒家所主张的领导者修己的五项基本要求,也被称为"五德"。一位领导只有具备"五德",才能修身庄重,办事勤敏,对待下属宽厚,守信用,施恩惠。

何谓安人?安人是儒家管理的终极目标,其最高表现形式就是"齐家、治国、平天下"。这又表现在四个方面:安亲、安友、安君、安百姓。那么,这四个方面分别用什么方法来实现"安"呢?安亲用"孝"和"悌"。孔子主张用"孝悌"来协调家庭关系。只有"孝"才能上安父母长辈,唯有"悌"才能使兄弟姊妹和谐相处。对于中国人而言,家庭的和睦是一切事业的根本点与出发点。安友用"义"和"信"。儒家思想认为,独学而无友,则会孤陋而寡闻。朋友交往只有义信相待,才能彼此真诚。安君用"忠"和"敬"。孔子在《论语·宪问》中说:"勿欺也,而犯之。""勿欺"就是敬,"犯之"就是忠,当君王有不对的举措时,就应该大胆进谏,敢于直言才是真正的敬与忠。

对于安百姓的做法,《论语·子张》中有具体的描述:"立之斯立,道之斯行,绥之斯来,动之斯和。""立之斯立",是让民众自立,用"道之以政,齐之以刑"作为强制性管理方案,用"道之以德,齐之以礼"的德治作为内在的约束。"道之斯行",是用礼乐诗书教化民众。"绥之斯来",是在精神和物质两个方面安抚民众。"动之斯和",是指有了上述三个方面的支撑之后,百姓安生乐业,为整个国家的发展心甘情愿地劳作。

"安人",从现代管理学而论,就是领导在管理实践中所起的作用。在带领下属实现组织目标的过程中,领导者主要发挥指挥、协调和激励等作用。儒家"安人"的思想对现代领导者有三个方面的启示:第一,满足欲求,富而后教。人有各个方面的欲求,这是人之本性。儒家文化从来不否认这一点,孔子在《论语·里仁》中说:"富与贵,人之所欲也。"既然承认人的欲求,那么在管理中又该怎么去处理呢?孔子在《论语·尧曰》中给出了答案:"因民之所利而利之,斯不亦惠而不费乎?"即尊重老百姓获取利益之心。但是,对名利的追求可能会导致人民逐渐走入误区。孔子主张"先富后教",也就是当下属得到利益之后,还要从思想上引导他们,让其有信仰,以免坠入精神的贫困之境。这就是《论语·颜渊》中孔子所说的"民无信不立"的道理。第二,尊重人才,知人善任。一位优秀的领导者并非事必躬亲,但是要有尊重人才的品格和知人善任的胸怀。祖述尧舜,宪章文武,其实质都是强调和颂扬他们大胆提拔人才,勇于启用新人的魄力与胸襟。孔子也曾给学生灌输"知人"就是智慧的思想。发现并重用人才,不仅能让组织目标得以实现,还能因人才自身的品格而影响周围的人。孔子对学生樊迟说过:"举直错诸枉,能使枉者直。"所以,知人善任就成了评价一位领导者重要的指标之一。第三,以身作则,自正其身。笔者在前面的论述中提到,儒家管理思想是以领导者自身为出发点的。既然如此,一位优秀的领导者定是一位品行高尚、人格魅力十足的人。孔子在《论语·子路》中就说:"其身正,不令而行;其身不正,虽令不从。"由此,可见一位领导者自身表率的重要性。以身作则,自正其身,不单单是自我修养层面的问题。领导者会因此而散发出一种正能量,让下属都能受到感染和启迪。《论语·颜渊》

曰："政者，正也。子帅以正，孰敢不正？"

曾仕强认为，修己是基础，一切从修己开始，安人是目标。一个人若只会修己而不会安人，那么他只能做隐士。管理者应既会修己又能安人，要有计划，能控制，透过组织，适当领导，会协调，不断训练，修己之后才能安人。主管修己之后要能发挥一种感应的作用，即主管的感要有员工的应，才能产生力量。曾仕强还提出了一系列安顾客、安下属的具体措施。

四、正心安人与管理

中国传统管理哲学就是一种心灵感应，或者说是一种对心的认识，透过心去感受感情，感受要做什么，然后达到一种道德目的，维持一种和谐的秩序。东方国家在管理活动中普遍重视心理、精神、信念。印度教的圣典《薄伽梵歌》注重内心体验、灵魂的净化和解脱。中国的儒家、佛教和道家都重视修心。王阳明的"致良知""知行合一"等心学思想对日本、韩国也有较大影响。朱熹明确肯定心的主宰、支配、控制作用："心，主宰之谓也。"（《朱子语类》）这里说的"心"，指心理、精神，即明朝《医学入门》中的"神明之心"。

（一）管理从心出发

"圣人常无心，以百姓心为心。"管理是从心出发的。任何管理活动，不管是管理自己还是管理他人，都是在人的心理意识之下，通过具体的行为过程，整合资源，获得绩效的。"得民心"是做好管理工作的基础，即管理者得到被管理者的拥戴、敬佩。吕不韦把"得民心"看得比攻城略地还重要，认为"得民心则贤于千里之地"（《吕氏春秋·顺民》）。苏东坡把能否得民心直接与国家的存亡联系起来："人主之所恃者，人心而已。人心之于人主也，如木之有根，如灯之有膏，如鱼之有水，如农夫之有田，如商贾之有财。木无根则槁，灯无膏则灭，鱼无水则死，农夫无田则饥，商贾无财则贫，人主失人心则亡。"（《东坡全集·上神宗皇帝书》）他把人心比喻为根、膏、水、田、财，形象生动，表达了人心是管理的基础的意思。古今中外，总有许多统治者被愤怒的臣民赶下台。中国历史上的朝代不断更替，一般都是臣民在忍无可忍的情况下，揭竿而起，消灭专制独裁的君主，"失民心而立功名者，未之曾有也"（《吕氏春秋·顺民》）。

管理者在管理过程中应随时注意心理调节。"劳心者治人"也可以说成"治人者劳心"。管理过程实际上是管理者支配、控制、调节被管理者心理的过程。被管理者在自己心理的指挥下进行工作，完成组织目标，生产产品，提供劳务，获得经济利益或社会效益。

（二）心理与战略

《哈佛商业评论》中文版 2011 年 11 月刊登了乔瓦尼·加韦蒂的一篇文章《用心理学引导战略》。文章指出，战略创新不仅依靠理性分析，也需要直觉和灵感。战略制定者必须同时是优秀的经济学家和心理学家。战略领导力的一个关键要素是心智能力,领导者要能够发现对手不能发现的机遇,有效管理相关各方的认知,争取他们的支持。人们常常建议战略制定者"跳出固有的思考框架"。事实上,很多有战略意义的见解确实远离我们的固有认知。有人认为,只要管理者愿意,就可以使自己的思维方式与以往不同,或者与竞争者不同。这种想法完全错误。正确运用联想思维并不容易。很多战略制定者常常只能发现新旧环境之间表面上的相似之处。利用系统的联想思维,领导者可以学会如何远离固有认知,培养重新构思业务的技能。他们还可以学会如何激发正确的联想,引导他人形成类似的新思维。只要管理者掌握了战略领导者必备的这种心理学观念,在认知关系上原本距离遥远的机遇便不再遥不可及。

(三) 攻心为上

欧阳修说:"万事以心为本,未有心至而力不能者。"(《欧阳文忠公集》)印度《薄伽梵歌》强调,管理者要增进自身能力,加强心理修炼,倡导心态平和,从而平衡多方面的关系,更好地保持精神的专注、创造力,更好地创造价值。据说1958年毛泽东在参观成都武侯祠时,对诸葛亮殿前的一副楹联注视良久。他颇感兴趣的这副对联是:

> 能攻心则反侧自消,从古知兵非好战;
> 不审势即宽严皆误,后来治蜀要深思。

这副对联可以说是对管理活动的高度概括。管理者要善于审时度势,善于攻心。在中国传统文化里,诸葛亮是聪明、智慧的化身,这幅评价诸葛亮的对联充分显示出人们对"攻心""治心"的重视。

苏洵在《心术》中说:"为将之道,当先治心。泰山崩于前而色不变,麋鹿兴于左而目不瞬,然后可以制利害,可以待敌。"他讲的"治心",是强调管理者首先要调节好自己的心理,将军不是一开始就去"治"士兵的心。苏洵重视沉着冷静、注意力、气魄等方面的心理素质。管理者自身要有良好的心理素质。孟子说:"先王有不忍人之心,斯有不忍人之政矣。以不忍人之心,行不忍人之政,治天下可运之掌上。"(《孟子·公孙丑上》)以心治心,管理者自己首先要有一颗充满能量的心,然后才能去激发、带动、调节被管理者的心理能量,达到"大治"的目标。中国古人对皇帝、圣人、君子、将军等人提出的一些心理素质上的要求,对于今天所有管理者心理的修炼都有积极的参考价值。

(四) 治心与治国

《周易》希望管理者能够自强不息、厚德载物。孔子希望管理者胸怀坦荡("君子坦荡荡")、谦虚谨慎("君子泰而不骄")、勇于改过("君子之过也,如日月之食焉;过也,人皆见之;更也,人皆仰之")。孔子还针对管理者在不同的生理发展阶段会有不同的心理弱点的情况,提出了忠告:"君子有三戒:少之时,血气未定,戒之在色;及其壮也,血气方刚,戒之在斗;及其老也,血气既衰,戒之在得。"(《论语·季氏》)一些管理者容易中"美人计";一些管理者言行容易顶撞人,人际关系恶劣。孔子的忠告具有启发意义。孟子希望管理者有使命感、责任感:"如欲平治天下,当今之世,舍我其谁也?"(《孟子·公孙丑下》)刘安认为,管理者要有决策能力:"运筹于庙堂之上,而决胜乎千里之外矣。"(《淮南子·兵略训》)

董仲舒在承认治理国家的关键人物是皇帝的同时,指出统治者的心理尤为重要:"君者,民之心也;民者,君之体也。""心之所好,体必安之;君之所好,民必从之。"(《春秋繁露·为人者天》)董仲舒将管理者喻为人之心,将被管理者喻为人之体,身体是在心理的支配下活动的,所以管理者的心理活动很重要。管理者"心动",被管理者就会"行动"。因此,管理者自己要重视自己的心理建设。

孙中山先生在总结自己多年的经验后指出:"夫国者人之积也,人者心之器也,而国事者一人群心理之现象也。是故政治之隆污,系乎人心之振靡。吾心信其可行,则移山填海之难,终有成功之日;吾心信其不可行,则反掌折枝之易,亦无收效之期也。"(《建国方略》)他通过国事、政治现象,发现人心才是源头,一切行为都是在心理的支配下产生的,因而得出结论:"物质之力量小,精神之力量大",革命取得成功,"精神能力实居其九,物质能力仅得其一"。因此,管理者必须重视心理的力量。在意识到心理具有强大力量的前提下,管理者和被管理者要有自尊心、自信心,充分挖掘和发挥心理能量;解放思想,敢于反传统、反权威;充分发挥主观能动性,不怕困难,勇于开拓进取;养浩然之气,行正义之举,收成功之果。

(五) 正心安人与绩效

在《薄伽梵歌》中,奎师那成为神的过程中,在战场上曾经深陷道德的迷惘之中,最后凭借超越肉体的精神力量,终于摆脱了外界的干扰,成就了不朽。奎师那成为神的过程可以用以解释热爱、行动、沉思、学识的重要性,使领导者明白如何不顾外界的干扰而真正将责任置于个人财富之前并最终成就事业。

在打仗之前,领导者应该鼓舞士气、激发斗志。在与其他企业进行竞争之前,管理者应该为员工鼓劲,鼓励大家在产品的质量、数量上胜过竞争对手。在从事管理工作时,管理者从一开始就要绷紧心弦,然后才能拨动被管理者的心弦。吕不韦说:"故凡举事,必先审民心,然后可举。"(《吕氏春秋·顺民》)被管理者在心理上有所准备之后,管理者提出的主张、采取的措施便容易被其接纳。在管理过程中,管理者要善于将被管理者的注意力引向组织目标,统一认识,统一思想,"圣王之治也,慎为察务,归心于壹而已矣"(《商君书·壹言》)。管理的本质就是正心安人,可以用图4-3表示:

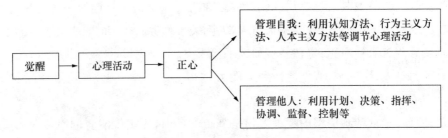

图 4-3　正心安人管理示意图

在一定的客观条件下,被管理者的心理状况对组织目标能否顺利完成起着重要作用。管理过程本质上是一个正心安人的过程。人的心理、行为在很大程度上决定着管理的不同风格以及能否取得满意的绩效。

第三节　东方管理研究方法

管理学的研究方法基本上是借用心理学、经济学、数学、医学等学科的方法。对东方管理学的研究,从某种程度上看,比研究西方管理学困难。西方管理学的研究方法强调定量、理性、客观,东方管理学则认为真实的管理活动的许多内容是难以定量的,一些管理活动也是非理性的、主观的。对东方管理学的研究除了要借鉴心理学、经济学、数学、医学等学科的方法外,笔者认为,还应该引进佛教、道教修炼过程中广泛使用的内观法。

一、内观法

东方管理学的核心是正心安人,而正心的前提是观心。所以,内观法在东方管理学研究中的意义十分重要。德国心理学家冯特倡导使用内省法研究心理学。道家气功有"返观内视"的说法。佛教的内观、止观都涉及自我观察。

内观(Vipassana)是印度最古老的禅修方法之一,在长久失传之后,2500多年前由释迦牟尼佛重新发现。约在公元前531年的一天清晨,悉达多太子在印度的菩提树下,看清了自己的身心实相,灭除无明而成佛。从此,释迦牟尼佛便在印度开始教导内观的法门——往内观察自己当下的身心实相,看清身心现象的无常、苦、空、无我,不再执着于身心为"我",而灭除烦恼和痛苦。在释迦牟尼佛的指导下,成千上万的弟子依此内观法门得道正果,灭除了烦恼,过着安详自在的生活。佛教传入中国初期,译师们也将内观法门引了进来,所修以"观呼吸"为主。《中阿含·念处经》中,佛以"观心如心"四字总括观心之要。佛教诸宗诸派各有其观心之道。例如,大乘如来藏系的观心要点在于,当下一念顿观心的体性而"明心见性"。

老子在《道德经》第一章就明确了知体道的方法:"常无欲以观其妙,常有欲以观其徼。此两者同出而异名,同谓之玄,玄之又玄,众妙之门。""常无欲"与"常有欲"就是内观哲学的方法论,是通达天地运演之理,事物生、长、休、囚之理,以及生命因生与衍生之理的内观结果。

这些智者不仅在内观中发现了某一实相真理,他们的内观成果也是人类文化的精髓所在。"内丹"一词常见于道教。道教全真派便是以修内丹而闻名天下的。内丹是以"天人合一"思想为指导,以人体为鼎炉,以精气神为药物,注重周天火候炼药,而在体内凝练结丹的修习。这是宋代至现代主流的修行方式,主张内炼成丹(内丹),外用成法(雷法)。从中华道教宗祖轩辕黄帝求道于广成子的记载算起,内丹已经经历了五千多年的发展。丹道祖经的发源是非常早的事。《周易参同契》《悟真篇》《列子》《苏东坡集》《内业》《心术》《楚辞·远游》以及黄老学派作品是丹道经典,是内丹法诀的纲要。

内观法是东方心理修炼技术和科学心理学倡导的内省法的结合,是对心理与行为的自我观察和体悟,是对自身的心理现象、体验感悟进行观察并加以陈述的一种方法。它可以是口头报告,也可以是书面报告;可以是实验性的,也可以是非实验性的。内观法强调"以心关心"的心理体验,类似于"元认知"提出的对认知的认知。因为每个人的心智模式不同,所以关于心理与行为的观察过程、体验感受、回忆报告都有比较大的个人主观性。

早期的心理学家在内省的基础上,期望使用客观、科学的方法对个体的心理过程进行研究,其中冯特实施的实验内省法的一些具体做法值得学习借鉴。冯特承袭并发展了提斯顿的看法,力图使内省与实验结合起来,即在实验控制的条件下观察自我的心理过程,以消除主观内省带来的不利影响,由此形成实验内省法,并使之成为当时心理学研究的一种主要方法。冯特认为过去的内省法不科学,由此得来的材料不可靠。心理学的实验研究必须做到观察者与被观察物的分离,而不是像过去的内省法那样,观察者观察的是自己的经验,观察者和被观察物是混在一起的。内省法只有与实验法结合起来,成为实验的内省法,才是科学、可靠的。冯特收集了示波器、速示器、测时器等工具,用以记录被试者的反应,把传统经验性的内省法改造成实验内省法,强调应用客观实验技术,而不主张主观的内省,增强了心理学研究的科学性,开拓了实验内省法的先河。冯特为实施实验内省法制定了四条规则:(1) 要让被试者了解自我观察开始的时间,以便使其做好一定的心理准备;(2) 观察自我的过程开始以后,被试者必须集中注意力于内部的心理活动,避免各种无关刺激的影响;(3) 必须控制实验条件,使自我观察能重复进行,以便于验证;(4) 经常变换刺激条件,以使被试者能把刺激和自己的心理过程分离开来。

东方管理学研究既重视被试者的主观观察、自我体验和自我感受,又主张内观法和实验法的结合,发展实验内观法。

二、观察法

观察法是有目的、有计划地观察研究对象在一定条件下的言语、行为、表情等反应,从而分析其心理活动和行为规律的一种研究方法。观察可以以感官为工具,也可以利用录音、录像、摄影等现代技术设备作为辅助,提高观察的效果。观察法是科学研究中最原始、应用最广泛的一种方法。人们从事任何研究,几乎都离不开观察法。只要是在日常生活条件下,对能够直接地、系统地观察到的心理活动的发生与发展有关的活动,均可运用观察法研究。运用观察法必须有明确的目的性,要在自然条件下进行,必须按时做详细记录。

观察从时间上分,有长期观察与定期观察;从范围上分,有全面观察与重点观察;从观察者与被观察者的关系上分,有参与观察与非参与观察(前者是指研究者亲自参与被观察者的活动,后者则作为旁观者研究被观察者的活动);从观察情境的性质上分,有自然观察与控制观察。一般情况下,观察法可以按照以下维度进行分类:第一,按照观察者所处的情境特点,可以把观察法分为自然观察法与控制观察法。自然观察法是在完全自然真实的条件下观察他人的行为,而且被观察者一般不知道自己正在被观察。例如,某销售主管若想弄清楚公司一名推销员绩效不佳的原因,就可以和该推销员一起销售产品,在工作过程中有意观察推销员的一言一行,从中发现问题的症结所在。控制观察法是在限定条件下进行观察,也就是在操纵或控制一些条件的情况下进行观察,被观察者知道自己处于被观察的状态。第二,从观察者与被观察者的关系出发,可以把观察法划分为参与式观察法与非参与式观察法。在参与式观察法中,根据观察者身份是否公开,可以细分为公开性参与式观察法与隐蔽性参与式观察法。在研究时,如果公开观察者的身份,则为公开性参与式观察法,适用于一些不涉及特殊内容、特殊群体、特殊情境的研究,如普通的企业调研、乡村调查、经济调查等。这一方法的好处是,告知被调查者并表明研究者身份,以期获得非正式渠道的理解或正式渠道的合作,比较适用于企业等组织引入外部顾问,进行项目设计或问题诊断。当然,这一方法也存在一定的局限性,即被调查者一旦得知自己受到研究者的关注,可能会在被观察的过程中改变自己的言行。第三,观察法还可以分为有结构的观察法、无结构的参与观察法、无结构的非参与观察法。有结构的观察法指有计划、有系统地利用仪器设备等进行观察。这种观察方法要根据观察目的预先做大量的准备工作。例如,对"组织修炼"之类团体互动活动的观察,要提前准备录音机、摄像机等。无结构的参与观察指研究者加入一定的群体,进行实地观察。在观察过程中,不需要预先有周密的计划,只是在日常工作中自然地进行观察。例如,中国古代皇帝"微服私访",摩尔根等人为了研究原始部落而与原始部落的人生活在一起。又如,在宝山钢铁公司工作的人可以观察中国的大型企业是如何运转的,在大学里工作的人可以观察中国的高等教育管理存在哪些弊端。无结构的非参与观察指研究者在研究之前,既没有预先制订观察计划,又不参与所要观察的群体中去,只是以旁观者的身份对研究对象进行观察。

观察法的优点是,应用广泛、方便,看到的情景是当时的实际情况,最真实、可靠。在真实情况下观察,被观察者并没有意识到别人在观察,不会有伪装现象,观察者观察到的心理活动和行为表现具有自然性和真实性。观察法的缺点是,观察者只能处于被动的地位,消极地等待有关现象的出现,时机难以把握,对观察所得到的材料难以定量分析,因而不能精确了解心理现象发生的原因。另外,有些情况不能运用自然观察,且观察到的现象很难重复实现。此外,观察在很大程度上取决于观察者自身的水平和理解,对主观因素难以控制。观察法对一些复杂现象的本质特征很难深入了解,因此最好能与其他方法一起使用,这样才会具有更大的效益。

为了保证观察的效果,应注意以下两点:第一,要有明确的观察目的,有计划、按步骤地进行;第二,在自然观察中,要尽可能使被观察者处于自然状态,观察者有时可以在隐蔽处通过纱屏、单向透光玻璃或电视等进行观察。

三、访谈法

访谈法是通过面对面的谈话,直接了解他人心理状态和行为的一种方法。通过访谈法,可以了解被访者对某一事件、对象的主观感受、态度、情感等,从而对其心理状态和行为特征进行多方面的分析。用访谈法收集的资料较为全面,除了言语信息外,还能收集行为方面的信息,如眼神、手势、坐姿等。就研究者对访谈结构的控制程度而言,访谈可以分为三类:结构化访谈、无结构化访谈和半结构化访谈。

在结构化访谈中,研究者对访谈的走向和步骤起主导作用,按照自己事先设计好的具有固定结构的统一提纲进行访谈。在这种访谈中,选择访谈对象的标准和方法、所提的问题、提问的顺序以及记录方式都已经标准化,研究者对所有的受访者都按照同样的程序询问同样的问题。与此相反,无结构化访谈没有固定的访谈问题,研究者鼓励受访者用自己的语言发表看法。这种访谈的目的是了解受访者自己认为重要的问题和看待问题的角度及其表述方式等。在无结构化访谈中,研究者只起到一种辅助作用,尽量让受访者根据自己的思路自由联想。访谈的形式不拘一格,研究者可以根据当时的情况随机应变。在半结构化访谈中,研究者对访谈结构具有一定的控制作用,同时也允许受访者积极参与。通常,研究者事先备有一个粗线条的访谈提纲,根据自己的研究设计向受访者提出的问题。访谈提纲主要是作为一种提示,研究者在提问的同时要鼓励受访者提出自己的问题,并根据访谈的具体情况对访谈的程序和内容进行灵活的调整。

访谈法的优点是,简单易行,便于迅速取得第一手资料,触及被访者内心深处,因而使用范围较为广泛。访谈法的缺点是,仅凭受访者的口头回答而得出的结论往往缺乏可靠性和真实性。因此,这种方法一般不单独使用,而应把它与其他研究方法结合起来使用。

四、案例研究法

长期以来,不同领域的研究者对案例研究持有不尽相同的看法。案例研究的权威学者罗伯特·K.殷在《案例研究设计与方法》一书中明确指出,案例研究是一种经验研究,主要目的就是建构理论。殷和艾森哈特都曾指出,案例研究的本质在于创建构念、命题、理论。巴图内克等学者认为,理论构建型案例研究往往是"最有趣"的研究,并受到高水平国际期刊的重视。徐淑英期望通过案例研究发掘和理解与中国有关的重要现象,构建"管理的中国理论",以此影响我们生活的世界。

殷如此定义案例研究:这是一种经验主义的探究(empirical inquiry),它研究现实生活背景中的暂时现象。在这样一种研究情境中,现象本身与其背景之间的界限不明显,研究者只能大量运用事例证据展开研究。作为更强调实践导向的研究传统,情境化传统的进化使案例研究这样一种充满经验性、贴近现实的研究方法得到了发展。自20世纪中期开始,案例研究方法在管理学领域发展迅速。案例研究具有以下特征:(1)案例研究是一种经验性的研究,而不是一种纯理论性的研究。案例研究的意义在于回答"为什么"和"怎么样"的问题,而不是回答"应该是什么"的问题。(2)案例研究的研究对象是现实管理现象中的事例证据以及变量之间的相互关系。案例研究的对象决定了它属于现象学(phenomenology)的研究范畴。在这样一个研究过程中,人们可以将研究重点放在捕捉社会经济现象片断的真实细节上,而无须预先严格设定或梳理其中蕴藏的为数众多的变量之间的复杂关系。(3)案例研究有对整体性的要求。案例研究的对象是管理现象中不同变量之间的相互关系,这决定了它应该是一个整体性的体系。也许案例研究的各个部分并未运转得那么良好,也许其目的是非理性的,但它始终是一个整体性的体系。要通过案例(单一事例或有限事例)得出归纳性的结论或预测未来,研究者必须对这一事件所涉及的各部分的相互依赖关系以及这些关系发生的方式进行深入的研究。也只有在保证案例研究整体性的前提下,案例研究的结论——案例本身作为一个完全的、被准确界定的个体样本所揭示的规律及相关研究结论,才可能被推广应用到更广泛的、具有相似性的群体中。(4)案例研究具有广泛的适用性。在研究现象本身难以从其背景中抽象、分离出来的研究情境中,案例研究是一种行之有效的研究方法。它可以获得通过其他研究手段所不能获得的数据和经验知识,并以此为基础,分析不同变量之间的逻辑关系,进而检验和发展已有的理论体系。案例研究不仅可以用于分析受多种因素影响的复杂现象,还可以满足那些具有开创性的研究,尤其是以构建新理论或精炼已有理论中的特定概念为目的的研究之需要。此外,案例研究作为一种教学方法,有助于提高人们的判断力、沟通能力、独立分析能力和创造性地解决问题的能力。

同其他研究方法一样,案例研究是研究者贡献于认识、学习人类知识所用的工具之一。具体而言,案例研究的目的是发明新理论和复证已有理论。在复证已有理论的过程中,除了支持已有理论的有效性外,研究者往往能够对已有理论产生一些新的观点,这些观点扩展或者缩小了原有理论的使用范围。钱德勒通过对十几家企业的研究,构建了其理论架构。由于能近距离观察企业的实际决策过程,因此他的观点与传统的经济史学家、企业决策者的观点都不同。在《战略与结构》一书中,钱德勒调查了美国几个大企业,如杜邦、通用电气、新泽西标准石化、西尔斯等,采取或拒绝多部门结构的行为及其原因。这些企业的大部分信息源自公开信息、企业内部记录和访谈等。不同于安德鲁斯和安索夫,钱德勒的说明性和规范性研究较少,他所运用的研究方法可被视为多种案例的比较研究。安德鲁斯和安索夫则主要关注对企业成功起关键作用的"最优经验",通过对企业实际案例的归纳和总结得出经验性的成果。钱德勒对美国企业史进行研究之后,不仅提出了"结构跟随战略"这一新理论,而且提出了U型和M型组织结构等新概念。

五、扎根理论

扎根理论(grounded theory)最早是由芝加哥大学的巴尼·格拉泽和哥伦比亚大学的安塞尔姆·施特劳斯1967年在合著的《发现扎根理论》中提出的,两位声称其目的是"填平理论研究与经验研究之间的尴尬的鸿沟"。扎根理论的本质是通过质化方法建立理论。这一理论运用系统化的程序,对某种现象进行发展式研究,是一种定性研究方法,被认为处于质化研究革命的最前沿。之后,学者们不断对这一理论加以发展。例如,科宾和施特劳斯著《质化研究的基础:形成扎根理论的程序与方法》,迈尔斯、休伯曼著《质化资料分析:新方法手册》,进一步完善和发展了扎根理论。

扎根理论渊源于两个方面:首先是受芝加哥社会学派的影响。该学派强调实地观察、深度访谈等收集第一手资料的方法。其次是受杜威、米德、皮尔斯等人提出的实用主义的深刻影响。实用主义强调理论应当来源于实践,并能够解决实际问题,反对空洞的、抽象的理论。实用主义提出的最著名的研究方法是杜威的反省思维,具体步骤如下:需要有一个经验情景;从经验情景中产生问题;针对这个问题,研究者凭个人的经验和知识,提出多个假设;占有详尽的资料;根据资料,检验假设,提出解决问题的方法。对于上述步骤,扎根理论汲取了要从现实情景中产生问题、要占有详尽的第一手资料、所提出的理论要能够解决实际问题等思想,但是反对假设检验的思想。因为在正式拥有资料之前,一个人提出的假设往往是有限度的,而且假设有可能成为一种偏见,使研究者看不到假设之外的种种缘由。

扎根理论的主要观点是,研究者在研究开始之前一般没有理论假设,而是带着研究问题,直接从原始资料中归纳出概念和命题,然后上升到理论层面。也就是说,扎根理论的本质是归纳法,而不是演绎法。扎根理论虽一定要有经验证据的支持,但它的主要特点不是经验性,而在于从经验资料中抽象出新的概念和观点,发现新的互动与组织的模式。

扎根理论对质化研究的几个环节,如抽样、资料收集、资料分析等,都提出了自己的看法。对于抽样,扎根理论主张采用理论抽样方法,也就是根据研究目的选取样本。

总之,扎根理论的抽样特点一是具有目的性,二是选择小样本,即只是选择几个个案,作深入研究。这种抽样方式与量化研究的随机抽样大相径庭。

在收集资料方面,量化研究主要运用问卷调查法,有时也会运用访谈法和观察法等,但是具有封闭性、结构化的特点。量化研究所收集资料的范围比较广,但是不够深入。相反,扎根理论主要运用观察法、访谈法及实物等,范围只涉及几个个案,但是收集到的资料非常深入、详细。

(1) 时间(when),即事件是什么时候发生的,持续多久,出现的频率是多少等。例如,我们观察一位学生的课堂纪律情况,发现他在一堂课上有两次开小差,分别发生在上课的开始和结尾,持续时间分别为2分钟和5分钟。我们应该把这些数据尽可能全面地记录下来。

(2) 地点(where),即事件在什么地方发生,这个地方有什么特征,其他地方是否也发生过类似事件等。

(3) 人物(who),即事件发生时有哪些人在场,谁是事件的参与者,谁是旁观者,每个人在事件中扮演什么角色,各自的身份和地位如何等。

(4) 事件(what),即发生了什么事件,在场的人都有哪些行为表现,讲了什么等。

(5) 过程(how),即事件是如何发生的,事件的各个方面有什么关系,事件的发生和人们的行为、言谈有哪些特征等。

(6) 原因(why),即事件为什么会发生,人们为什么会作出某种反应等。

扎根理论运用的观察法和访问法也具有开放性的特点。

扎根理论分为两个主要的流派:格拉泽最初提出的扎根理论即经典扎根理论与施特劳斯提出的程序化扎根理论。两者在资料分析、译码过程方面差别不大,都是先将资料揉碎,再进行概念化,最后形成范畴。最大差异在于编码过程不同。前者的编码过程分为实质性编码和理论性编码两个步骤,而后者的编码过程分为开放式编码(open coding)、关联式编码(axial coding)、核心式编码(selective coding)和理论建立四个步骤。

(1) 开放式编码,即研究者对收集到的原始资料进行初步的整理分析,赋予其各种概念类属。此时的分析整理要求全面而详细,不要遗漏任何信息,以及尽可能使用研究对象的本土语言作为概念归类的基础。

(2) 关联式编码。即进一步合并前面业已形成的概念类属,并发现它们之间的关系,如因果关系、情景关系、功能关系、过程关系、时间先后关系等。在关联式编码中,每次只对一个概念类属作分析,发现它与其他概念的关联。通过对每个概念类属的渐次分析,最后可以形成一张所有概念类属的关系网。显然,关联式编码所形成的众多概念类属并不是同等重要的。

(3) 核心式编码。经过分析,我们可以发现其中起关键作用的一个或几个核心概念类属,这些核心概念具有较强的概括能力和较强的关联能力。这个分析整理的过程就是核心式编码。

(4) 理论建立。以核心概念为基础,我们就容易建立起理论了。扎根理论被认为是质性研究方法中较为科学的方法。它将实证研究和理论建构紧密联系起来,提供了一整套从原始资料中归纳、建构理论的方法和步骤,使研究人员可以通过系统的分析方法对实证资料进行分析归纳,从而发展概念和建构理论。扎根理论为质性研究提供了具体的研究策略和分析程序,是质性研究基石性的方法论。扎根理论的分析过程具有科学性和严密性。正如科宾和施特劳斯所指出的,扎根理论强调理论的发展基于所搜集的现实资料,需要保持资料与分析之间的持续互动和逐渐补充。

六、问卷法

对于问卷的概念,不同的学者发表了各自的见解。孟庆茂指出,问卷是一种问题或表式,而问题内容乃是研究者所要探讨、研究的事项,并借此制成问卷的形式,分发或邮寄给与研究事项有关的人士,请其依照填答说明据实回答问题,也可在相关人员的指导下当面填答,或以访问填答的方式进行。李方认为,问卷是由研究者设计、邮寄或面交给回答者自己填答的问题表格。梅雷迪斯·D. 高尔、沃尔特·R. 博格、乔伊斯·P. 高尔认为,问卷是对所有抽样调查对象提出若干个同样问题的书面调查材料。陈秋平认为,问卷就是根据研究课题的需要编制成的各种问题表格,由调查对象填写答案的一种收集资料的工具,同时又可以作为测量个人行为和态度倾向的测量手段。范伟达、范冰指出,问卷就是为了调查研究而设计的问题表格,它既是一种搜集数据的结构化技术,又是实施各种调查方法的一种必备的工具。由此可见,对于问卷的概念,不同学者的观点基本一致。大部分学者都认同问卷是按顺序事先设计,反映调查目的和调查内容,由一系列问题及答案组成,从调查对象那里获取信息的工具。

问卷法常用的形式有四种:(1) 是非法,要求被调查者按规定的标志对问卷中的问题作出"是"与"否"的回答。(2) 选择法,要求被调查者在并列的两个或多个陈述句中选择其一回答。(3) 等级排列法,要求被调查者在多种可供选择的问题中选出几种,并按其重要程度依次作出回答。(4) 等级量表法,要求被调查者对问题的回答按其从肯定到否定的不同等级选择其一回答。

在问卷法的操作中,要设计好问卷中问题的数量与顺序。一份问卷应该包括多少个问题?这要依据调查的内容、样本的性质、分析的方法、拥有的人力和财力、时间等各种因素进行设计,没有固定的标准。一般来说,问题不宜太多,问卷不宜太长,通常,以回答者能在 30 分钟以内完成为宜。有关问卷中问题的次序,有下列几种常用的规则:(1) 把简单易答的问题放在前面,把较难回答的问题放在后面;(2) 把引起被调查者兴趣的问题放在前面,把容易引起被调查者紧张或产生顾虑的问题放在后面;

(3)把被调查者熟悉的问题放在前面,把被调查者感到生疏的问题放到后面;(4)先问行为方面的问题,再问态度、意见、看法方面的问题,最后问个人背景资料方面的问题;(5)若有开放式问题,则应放在问卷的最后。

问卷法的优点在于,它是一种标准化、结构化的工具,能够在相当广泛的范围内了解工作对象的心理状态,不仅省时、省力、省费用,而且可以进行数量分析,使结果数量化。问卷法的缺点是,由于无法将所得结论直接与被试者的实际行为进行比较,因此对所获得材料很难进行质的分析。另外,问卷法对文化程度偏低或文字理解能力较差的被试者不适合。因此,无论谈话调查法还是问卷调查法,研究结果都受被试对象的主观心理因素影响,所得结果都不如观察法那样直接客观。为了使问卷法收到较好的效果,应注意:第一,可以采用不记名的方式,打消被调查者的思想顾虑;第二,为了避免出现不真实的回答,可在问卷中安排一些自相矛盾的问题,如果被调查者的回答都一样,可将这些问卷剔除;第三,为了提高调查的有效度和可信度,调查者要处理好与被调查者的关系,使调查在轻松和谐的气氛中进行。

七、实验法

采用实验法进行管理研究的做法由来已久。从泰勒的"铲掘实验"到梅奥的"霍桑实验"、勒温的"领导模式实验"等,这一系列经典实验研究为现代管理学基础理论的形成和发展提供了有力支持,并使管理学逐步成长为一个相对独立的学科领域。在管理学的发展历程中,尽管实验手段还没有起到和在物理学、化学及工程科学中一样广泛而有效的"科学之母"的作用,但它作为一种基本的研究方法和手段,始终推动着管理学的发展。可以说,没有实验法,就没有管理学今天的发展。

管理实验是指在可控的实验环境下,针对某一特定的管理现象或者管理问题,研究如何控制实验条件、观察实验者行为以及分析实验结果,以检验、比较和完善管理理论或者为管理者提供决策依据的过程。从这一定义出发,管理实验是根据需要研究的管理现象或者问题,利用管理实验研究方法,并在其适用范围内对实验变量、环境进行控制、处理和分析,在实验过程中进行实验组的随机配对和对照分析处理,最后通过对实验数据结果的分析,为研究者提供更为现实、深刻、与实践交互的实验研究结果。一般来说,管理实验分为现场实验、实验室实验和课堂实验,三者的实验设计方法、实验实施方法、实验结论运用方法以及侧重点都不同。现场实验对实验者和被试者的要求都非常高,同时需要严格控制实验过程中多变的管理机理以及其他可变因素。实验室实验则较为强调实验的事前控制,一般都在进行实验设计时采取控制变量法,有目的地严格控制或创设一定条件,引起实验对象某种心理活动或行为表现以进行研究的方法。

以实验设计方法为标准,对管理实验重新进行分类,将有助于从方法的角度理解管理实验。管理实验可重新分类为正交实验、计算机仿真实验、准实验与自然实验。

这四类实验大致对应管理实验的四种设计方法。(1)正交实验是一种研究多因素、多水平的常用实验,依据正交性,从全面实验中选择具有代表性的水平组合进行研究,这些组合往往具有均匀分散、齐整可比的特点。正交实验在析因设计要求的实验次数过多时比较有用,是一种高效、快速和经济的实验设计方法。在管理学研究中,多因素的处理可能会由于因素数目及其水平的增加而急剧上升,进而使得实验难以执行。此时,正交设计便有助于挑选出部分有代表性的水平组合,对其进行严格的统计分析。(2)计算机仿真实验是一种使用计算机软件来模拟现实情况中的流程、系统或事件发生过程的方法。与实证分析相比,它对数据的需求不高,因此在数据缺乏或难以收集时常被采用。在管理学研究中,计算机仿真实验也具有重要地位。(3)准实验是在无法完全随机地处理实验对象时,运用原始群体,在较为自然的情况下进行实验的研究方法。它的特点是,实验样本的挑选与分组是由实验者人为进行的。因此,研究者无法在实验中完全随机地对实验对象进行选择和分组,只是尽可能迫近随机。倍差法是准实验中最为常用的实验设计方法。从本质上说,倍差法就是在回归方程中加入两个虚拟变量及其交互项,不是直接比较样本在实验前后的均值变化,而是对个体数据进行回归分析,从而检验实验因素的统计显著性。(4)自然实验是指在无法开展实验或准实验的情况下,直接使用自然环境下与研究对象相关的数据进行分析的方法。在管理学研究中,这种方法常被用来检验某一政策或措施的影响或实施效果。在自然环境下,准实验所要求的迫近随机性往往不能很好地得到满足,倍差法有时也无法有效地估计政策效果。

管理实验有以下几个特点:(1)强验证性。这包括相关验证性和因果验证性,是管理实验区别于其他管理研究方法的突出特征。(2)可控性。管理实验可以对实验对象、环境、变量加以控制,脱离其他复杂因素的干扰,以便于逐层分析管理机理和因果关联。(3)有利于进行验证实验,常用于对照实验。(4)可重复性。保证管理实验的科学有效性,重复验证以得出高度相似的结论,这既是由相似可拓建模体现出来的方法特性,又是使其他方法在管理实验中相似复用和可拓变换的必要条件。因此,应扩大管理实验作为研究方法的有效适用范围。

八、测验法

测验法是指采用标准化的心理量表或精密的测验仪器,测量被试者有关心理或行为的研究方法。量表是心理测验常用的研究工具。目前流行的测验种类繁多,大致有以下几种分类:按测验的内容,可分为智力测验、个性测验、态度测验和能力测验等;按测验的方式,可分为文字测验和非文字测验;按测验的方法,可分为问卷测验、操作测验和投射测验。随着神经管理学等学科的发展,一些医学检验手段也被引入管理学的研究。医学检验实际上也是一种测验,主要利用医学仪器获得一些数据。

在管理学研究中,测验法常常作为人员测评的一种工具。例如,用智力量表测定组织成员的一般和特殊能力状况,用个性量表测定组织成员和领导者的性格特征等。测验法的最大优点是简便易行,测验内容广泛,具有较强的科学性,能够对研究的心理现象进行定量分析。但是,测验法也存在一些问题,如心理测验的运用有一定难度,测验者必须经过专门的训练。另外,测验法对量表的设计、取样技术等都有较高要求,使用时稍有不慎,就会使测验结果产生很大误差。

测验研究是一种介于经验研究与实验研究之间的方法,它先从一个定量的个体中收集有关某一问题的常模资料,据此编制出测验题目(标准化量表)作为尺度,再去研究其他个体。从内容上分,测验研究包括人格测验、能力测验、职业倾向测验、态度测验等。从测验类型上看,管理学中运用较多的是标准化测验。标准化测验的常模资料必须从标准化样本中产生,应能代表将要研究的总体。韦氏智力测验量表、格塞尔个性量表、明尼苏达多项个性调查等均属于标准化测验。标准化测验的量表制定比较复杂,需要有较高的统计、抽样技术支持,主持人要经过专门训练。不过,量表一经制定,运用起来非常方便,具有广泛的适用性。

神经科学研究的目的是了解大脑的工作机理。脑成像是最有效的可到达神经元活动层面的技术。它采用现代物理学和生物化学的原理,显示或呈现大脑的结构与功能活动。目前常用的研究手段包括正电子发射断层扫描(PET)、脑磁图(MEG)、单光子发射断层扫描(SPECT)、光学成像、功能性磁共振成像(fMRI)、脑电图(EEG)、事件相关电位(ERP)等分析技术,还有测量心电、心率、呼吸、皮电、皮温、血容量(BVP)以及荷尔蒙水平等其他生理测量方法(因为脑活动往往带来其他生理指标的变化)。其中,近年来得到较为普遍应用的有两种技术:fMRI和ERP分析技术。从20世纪90年代初开始,符合认知研究特殊要求的功能性磁共振设备逐渐发展起来,它是目前空间分辨率最高的通用脑成像技术。英国《新科学家》杂志曾经归纳该技术涉及的研究,其中包括种族歧视、个性特征、暴力倾向、性幻想、吸毒、政治取向和自尊心等属于社会学范畴的研究内容。EEG的历史要比fMRI更长,而ERP分析技术就是通过相同的诱发刺激,将大量微弱的EEG信号叠加(常达到100次以上)以去除白噪声,得到与事件相关的被放大的脑电波形特征。fMRI和ERP分析技术都是刺激事件(包括视觉、听觉、体感等物理刺激及非诱发的心理因素)在大脑中引起相应脑区活动的客观真实反映,只不过前者注重脑血液流量变化以及引发的感应磁场变化,而后者注重脑神经元放电传递。两种技术各有优缺点,目前还不能完全相互替代。

神经管理学是管理科学与工程研究中新的分支学科,是一门创新性地运用神经科学的方法和技术手段对经典管理问题进行研究的交叉学科,以更好地构建管理行为模型,用于对各种管理问题的研究。这也是管理科学与工程领域新的研究生长点。ERP分析技术是在神经科学相关研究中被广泛使用的技术手段,也是非常成熟和方便的神经科学研究工具之一。ERP设备通过收集大脑活动时的神经元活动并对数据进行离线分析,获得稳定的内源性脑电生理指标,能够稳定地探测到以传统方法难以定量化测量的主观指标。

西方管理学对于管理活动具有指导作用，一些西方管理思想、管理技术可以直接促进企业提高绩效。至于东方管理思想是否有用，是否真的可以促进企业的发展，相当一部分人缺乏自信，或者将信将疑。实际上，《论语》《道德经》《周易》《孙子兵法》《传习录》《弟子规》等古典著作对于企业的管理也具有重要的指导意义。尤其是《弟子规》，相对来说通俗易懂，内容朴实，可操作性强，因此在中国部分企业里发挥着重要的指导意义。例如，在河北鑫华新公司，"学好《弟子规》，做好中国人"已经是公司的精神支柱。该公司把《弟子规》作为最重要的管理经典著作，管理人员和一般员工都深入学习、深刻领会、切实践行，公司技术不断创新，销售收入和利润稳步增长。

《弟子规》促进鑫华新公司的稳健发展

一、无为而治

上海交通大学东方管理研究中心颜世富及助理到河北鑫华新公司调研过三次，一些经历给他们留下了深刻的印象。董事长贾树军20%的时间到公司或车间办公，其余时间就在邻近公司的庙堂里，或者外出讲授中国传统文化知识，或者学习中国传统文化知识。2005年，他花了45天学习《弟子规》。鑫华新公司的招待所房门不上锁，颜世富第一次把行李放在没有上锁的房间里，总是感到担心。晚上调研结束后回到房间，他发现行李一切完好，后来也就不再担心了。在鑫华新公司的食堂里，几百人就餐，却鸦雀无声。大家整齐地念完感恩词，就安静地取饭菜并且吃光。在这些良好行为的背后，主要是《弟子规》等中国传统文化著作的功劳。

鑫华新公司作为国家供热设备制造领域的重点厂家之一，坐落在京、津、保三角交汇处的河北高碑店市，紧邻雄安新区，东距天津100公里，北距北京70公里。公司占地面积300余亩，产品畅销国内各省、自治区、直辖市的各行业、各领域，并出口至荷兰、丹麦、韩国、蒙古等国。作为国内较早的锅炉企业之一，多年以来，鑫华新公司在自主研发、技术创新等方面开展了大力探索和有益实践，培养了一支高效率、高素质的开发队伍，建立了功能完善、具备国际水平的技术开发中心。如今，公司将技术创新融入发展血脉，诞生了一批代表国内乃至全球先进水平的产品：超低氮燃气锅炉、全预混冷凝燃气锅炉、蓄热式电锅炉、生物质锅炉、可抑制污染物生成的循环流化床锅炉等，在整个锅炉行业产生了颠覆式影响。同时，鑫华新公司近年来在居民采暖设备创新方面，自主开发了多火道水暖炉、正反切换炊暖炉、环保锅炉、全自动强燃数控锅炉等高效环保产品，在居民采暖、生活热水设备领域具有较高的美誉度。"为国家节能，为用户省钱"是鑫华新公司在新时代的伟大愿景。为此，鑫华新公司全面导入物联网远程服务系统与大数据云服务战略,并且围绕供热设备运行和供热系统节能可实现智能化精准控制为目标,融合欧洲"高效供热设备+物联网温控系统+云数据服务"的先进理念,打造自己的"物联网大数据智慧供热"生态圈,进而培育未来可持续的核心竞争力。

二、全员学习传统文化

为了进一步提升公司全体员工的文化素质,使全体员工的思想得到高度统一,让每一位员工在家庭生活、日常工作中有明确的行为标准和努力方向,同时确保大家能够同心同德,共同营造良好的家庭式、学校式的企业氛围,鑫华新公司于2012年2月12日至13日在多功能厅举办了全员传统文化培训大会。会上,贾树军关于传统文化重要性的语重心长的讲话让在场的每个鑫华新人信心百倍,坚定不移。此次培训大会的主要课程经公司领导反复甄选而定,主要有"圣贤教育改变命运""此生必看的科学实验""稻盛和夫的经营哲学"等。此外,鑫华新公司还请到资深中国文化学者智然老师到会场亲自授课。智然老师就《了凡四训》之"谦德之效篇",以独特的视角,深入浅出地讲解了其中的深义,告诉大家"唯谦受福,凡傲招损"的深刻道理。此次培训大会的召开不仅拉开了公司年度传统文化学习的帷幕,更标志着公司传统文化学习内容层次的提升。

2012年2月15日晚,营销系统为期15天的传统文化培训活动在鑫华新公司圆满落下帷幕。在这半个月的培训生活中,员工们有太多的欢笑与感动,他们从最初内心的不安与浮躁,到最后的感恩与收获。这不仅是一个磨炼意志、修炼身心的过程,更是一个明心见性、认识自我的过程。这次培训不仅使员工们的心灵得到了洗涤,情感变得更加细腻、柔软,更使他们学会了感恩,懂得了改过,人生方向更加清晰、明确。他们纷纷表示要用行动来诠释传统文化的真谛。

2012年3月2日,全体鑫华新人齐聚一堂,在多功能厅召开了"三月份传统文化交流分享大会"。此次大会为期一天,大家倾听了陈大会老师的"趋吉避凶,重新认识传统文化"讲座,学习了"一个儿子的忏悔"等课程。值得一提的是,在3月5日"学雷锋纪念日"即将到来之际,员工们利用两个多小时的时间,重温了那部记录雷锋事迹、感怀雷锋精神的老电影《离开雷锋的日子》。随着学习的不断深入,公司从上到下呈现出一片祥和的景象。为了进一步巩固学习成果,提升学习境界,鑫华新公司组织学习、践行的力度也在逐步加强,从全体管理干部封闭式学习到每天写践行日志,无不体现出公司领导学习传统文化的坚定信念和矢志不移的决心。

为了进一步推进构建家庭式、学校式的企业氛围,把关爱家人落到实处,为家人提供充足的精神食粮,鑫华新公司于2013年7月2日至4日在多功能厅举办了为期三天的全员传统文化学习大会。此次学习的主题为"学好《弟子规》,做好中国人",邀请了国内学习和践行中华传统文化的老师,参会对象为公司全体员工及其家属、亲友及社会各界人士,共一千余人。三天的学习课程丰富多彩:第一天,中国孝道文化传播人吴一孝老师为大家带来主题为"弘扬孝道,幸福人生"的讲座,"感恩号"传播者王锐老师及其团队为大家讲述"感恩是快乐,行孝是幸福"的道理;第二天,由 2012 年感动河北年度人物、邢台威县孙家寨孝道讲习班创始人付宏伟老师用自己的亲身经历讲述"老吾老以及人之老"的道理;第三天上午,赫婉婷、赫亮母子二人给大家带来"母慈子孝"的精彩演讲,下午由中医养生专家孙鹏翼教授为大家讲述中医养生之道。各位老师的精彩演讲使大家重温了传统文化带来的那份感动与温暖。三天的学习过程中,大家热情洋溢,精彩的课程、动情的演绎使整个会场时时爆发出热烈的掌声,会心的微笑与感动的泪水交织出一幕幕动人的场景。在最后一天下午,公司安排了为 2013 年感恩服务万里行售后服务人员颁奖以及家人分享环节,更是把整个大会推向了高潮。三天的时间转瞬而逝,留在大家心里的永远是那份深切的感动。每一位鑫华新人都心怀善良,携手并肩走在传统文化这条光明大路上,奔向更加灿烂美好的明天。

2013 年 9 月 24 日至 26 日,由贾树军带队,鑫华新公司高层领导及管理人员一行 10 人赴山东东营宜通传统文化中心、山东仙霞集团、河北华莹集团参观学习。仙霞集团董事长王金栋向鑫华新公司领导详细介绍了仙霞集团学习、践行传统文化的历程。由于两年前鑫华新公司曾派相关领导参观过仙霞集团,对于两年来的变化,大家深感钦敬。尤其是听到王金栋带队参加为期 45 天的封闭式管理干部研修班,而且这已经是中层以上管理干部第二轮参加学习,大家更是由衷赞叹。仙霞集团学习传统文化虽然只有两年多的时间,但是每个人都清楚地感受到,集团走上了快速、稳健发展的快车道。

鑫华新公司本着用传统文化教育孩子和家庭的原则,每年主办、协办"《弟子规》夏令营"学习班。为期 10 天的学习班,在学习、生活上给孩子们带来的不仅仅是心灵的感动,更重要的是教会了他们在现实生活中如何待人接物,规范自己的言行举止,提升自己的道德水平,树立正确的人生观和价值观,在今后的人生道路上,以不屈不挠的精神去面对一切困难和坎坷。为了孩子们的成长,公司付出了大量的人力、物力、财力,并邀请了很多研究传统文化的老师到现场授课。这体现了公司对国家和社会的一份责任,体现了公司领导"不独亲其亲,不独子其子"的大爱情怀。

三、传统文化改变心理和行为

有一个员工在没有学习《弟子规》前,14 年间没有叫过婆婆一声"妈"。这个员工学习《弟子规》后,不巧婆婆生病住院了,她去医院看婆婆时,大声叫了一声"妈"。婆婆激动地掉下了眼泪,说:"我等这句话等了 14 年了!"

古话说,"百善孝为先"。孝道是中华传统文化的精髓,孝敬父母是中华民族的传统美德,孝养父母是我们每个子女应尽的义务。2014 年 4 月,鑫华新公司仓储部综合库主管李淑华的婆婆因脑出血进了医院,由于病情较严重,生活不能自理。李淑华便每天给婆婆洗漱、喂饭、喂药、擦拭身体,还给婆婆接屎、接尿,细心照顾婆婆的饮食起居。婆婆病情好转出院后,李淑华每天做到"晨则省,昏则定",早晨将汤药放到婆婆床头才能安心去上班,中午利用午休时间回家探望婆婆的身体状况,晚上为婆婆做有营养的饭菜,悉心为婆婆按摩腿部,待婆婆安睡后自己才安心休息。5月7日,她的婆婆又因血压高住进了市医院。根据诊断结果,李淑华每天不辞辛苦地抽时间在互联网上查找相关的治疗信息,同时奔波于各大医院进行咨询。在家里,她根据自己掌握的护理知识,每天为老人提供营养可口的饮食,定时给老人打胰岛素,定时给老人测量血脂、血压,每天为老人按摩身体,陪老人聊天,开导老人用平常心对待疾病。她说:"以前别的病人夸我照顾婆婆比闺女还好的时候,我会沾沾自喜,感到骄傲。可是,现在我不但不喜,反而是'行有不得,反求诸己',内心反思是自己以前对婆婆照顾不周,才导致婆婆病情更加严重。所以,我现在尽心尽力弥补以前的过错,不要有'子欲养而亲不待'的遗憾。"李淑华真诚的孝心感动了婆婆,也感动了她的家人。她的孝心、孝行正是鑫华新人"落实《弟子规》,做好中国人"的真实写照!

四、真诚服务的企业文化

"真诚服务、造福于民"是鑫华新公司的核心价值观,始终将社会责任和公司发展战略有机结合,从创业初期至今一直积极参加各种社会公益活动,尤其是积极响应党和国家关于"打造和谐社会"的伟大号召。鑫华新公司从2005年起就把《弟子规》逐渐融入企业文化中,通过对圣贤文化的深入理解和不断践行,形成了以"仁爱""诚信""和谐"为本的鑫华新企业文化,并通过对中国优秀传统文化的传播,使用户在获得物质享受的同时,也获得精神财富,真正体现了"企业来源于社会,最终回馈于社会"的经营理念。

(1) 企业宗旨:满足顾客需求,保证顾客满意。企业各项工作的起点是顾客需求,顾客满意是企业永恒的追求。视顾客为自己的亲人,以孝亲的心态对待每一位顾客,这是每一名员工都需要做到的。

(2) 企业精神:团结、求实、创新。团结就是视同事为自己的弟兄;求实就是谋求实效,一切从实际出发;创新就是不懈追求,永不满足,见贤思齐。

(3) 人本观:先做人,后做事。老老实实做人,认认真真做事。只有先做一个合格的人,才能做出合格的事,要用有德行的人来做事。

(4) 人才战略:坚持"以人为本"的经营管理理念,大力实施"人才强企"战略,建设一支思想道德优良、科技水平高、具有较强创新能力、具有核心竞争力的高素质人才队伍,强化人才激励机制,把开发员工潜能、实现企业与员工共同发展作为搞好企业生产经营和精神文明建设的立足点,为各类人才在本职岗位上成长、成功、成才搭建发展平台。

(5) 道德修养:把良好的道德修养作为企业选用人才的基本条件。认真履行社会责任,遵守做人的道德标准,正直诚恳,富有责任心,具有乐观的态度、正确的价值观、明确的人生导向以及团队合作精神,这是企业用人的核心标准。

(6) 工作能力:员工要具有创造性的思维和挑战精神。21世纪是充满竞争与挑战的时代,需要意志、热情、自信、灵活的思维、丰富的想象力、挑战尖端技术的气魄、开拓进取和敢为人先的精神、卓越的学习力和创造力。

(7) 服务承诺：产品制造质量和产品售后服务技术均严格执行 ISO9001 质量管理体系的标准，建设一支反应快速的技术服务队伍；从受理技术服务开始，到技术服务结束，建立完善的技术服务程序和客户档案管理系统；信守合同，按期交货，对用户实行售前、售中和售后服务。

鑫华新公司是一个大家庭，多年来一直提倡建立家庭式的和谐企业。公司总经理贾建超倡导领导干部及各位同仁要将"关爱家人"放在首位。"家人"也时时刻刻将此铭记在心，大家同心同德，携手并肩。"大家长"贾树军就中华优秀传统文化的学习进行了探讨，具体包括以下几方面：第一，员工的改变。员工从前心中对公司"怨恨恼怒烦"，学习中国古圣先贤的文化之后，把公司当自己家一样看待。领导与员工之间变得和睦了，家庭也越来越幸福。第二，点滴之间践行《弟子规》。无论是在公司内部还是在社会中，鑫华新人都视《弟子规》为待人处事的行为准则。第三，企业效益越来越好。在学习中华优秀的传统文化之后，每年公司的营业额都在提升。公司的锅炉年年供不应求，畅销全国各地。在听了贾树军的报告后，各位来宾对中华优秀传统文化带动企业良性发展更加有信心。

贾树军把《弟子规》的真谛真正悟透了，真正明白了只有无私(没有索取)地付出，才会得到比付出更多的回报。《弟子规》的内涵渗透到每一位员工的身体里，渗透到企业经营管理的内涵里，形成了独特的企业文化。

第五章　东方管理学理论基础

经过四十余年的努力，东方管理学、中国本土管理学的探索和研究取得了一定的成果。但是，目前的理论体系、名词术语、研究内容、研究方法都还有一些局限。在之前的文献中，探讨东方管理学理论基础的论著极少。笔者在 2000 年出版的《东方管理学》中指出，东方管理学的理论基础是矛盾学说——阴阳万有论、系统思想——五行生克论、人为为人——治心为上论、以人为本——义利并重论、以德为先——知行并重论。从 2008 年开始，笔者主编的"中西管理会通"丛书陆续出版，该丛书的主要内容是东方管理学的五行模式。笔者在 2000 年所作研究的基础上，将东方管理学原来的理论基础修改为阴阳平衡论、五行系统论、治心为上论、义利兼顾论、知行并重论。为了进一步促进东方管理学的创建和发展，有效地指导管理实践，笔者进一步将东方管理学的理论基础改进为太极真我论、阴阳平衡论、五行系统论。

第一节　太极真我论

"太极""无极""真我""大我"，这些术语内容丰富，但是也经常令人感到玄乎。经过多年的探索与思考，笔者认为，太极真我论是东方管理学基础理论的重要组成部分。管理工作、领导艺术的许多内容就是协调上下左右前后的动态平衡关系。太极真我论认为，在管理工作的任何时间、任何地点，从动心起念开始，到一项管理工作的完成，既要重视仁义礼智、道德力量的驱使，面对现实，又要适度满足被管理人员功名利禄食色等方面的需求，积极争取功名，努力取得高绩效，保持动态平衡，实现可持续性发展。

一、太极

关于"太极"这个概念是道家影响儒家还是儒家影响道家的产物，讨论没有结果，因为缺少强有力的证据去支持各方的观点。《易传·系辞上》说："是故易有太极，是生两仪，两仪生四象，四象生八卦，八卦定吉凶，吉凶生大业。"人们对于"太极"的词义有多种见解，有的观点还是明显矛盾的：

无，有，一，道，理，源头，开始，性，零，太一，元气，人生，变化，感觉，北辰，量子真空，性气无三者合一，天理，顺其自然，天人合一，造物主，皇帝，官员，领导，心，未分的蓍草，大中，至大无外，至小无内，细微，宇宙的本来，为天地未开、混沌未分阴阳之前的状态。

对于"太极"的不同理解，也反映在多种太极图上。太极图是中国文化中特有的以图像的方式阐释阴阳哲理的图形，是探索宇宙、社会、人生发展变化规律的图式。千百年来，太极图悠悠流传，博大精深。世传太极图的种类有很多，主要有北宋周敦颐的周氏太极图、明朝来知德的来氏太极图、古太极图（又名"天地自然河图"）、现代阴阳环互太极图（即阴阳鱼太极图）等。

周氏太极图作于北宋，是五层结构的立式太极图（见图5-1）。周敦颐著有《太极图说》，对该太极图进行了阐释。周氏太极图以阴阳、五行理论为依据，多层次地形象描绘了宇宙万物的生成演化模式，得到后世许多学者的推崇。周敦颐也被奉为宋明理学的开山祖师。周氏太极图的含义大致如下：

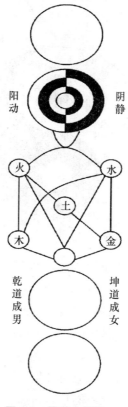

图 5-1　周氏太极图

最上一个圈代表"无极"，是无极至极、无边无际、圆融周遍、无有终始的意思。这个圈也代表阴阳未分的混沌，其大无外，其小无内。第二个圈为三轮黑白（阴阳）环互交合图（类似于《周易》八卦中的坎离环交结构），"无极而太极"，太极是无极的显现之机，是阴阳过程的展开与动静变化。环互结构象征阴阳互变流转，周而复始；坎离结构象征阴阳互含互依，你中有我，我中有你。正如周敦颐在《太极图说》中所述："太极动而生阳,动极而静;静而生阴,静极复动。一动一静,互为其根。"第三个圈为五行变合图,阴、阳、阴中阳、阳中阴变化交合,生化出水、火、木、金、土五行要素。水生木,木生火,火生土,土生金,金生水;水克火,火克金,金克木,木克土,土克水。五行之间相互联系,生化制约,循环往复,生生不息。五行之气顺布,四时更迭而有序,水、火、木、金成四象,土居中而和。五行下的一个小圈表示五行之气汇聚而凝和。第四个圈为阴阳五行凝聚显化,形成阴阳两类相互对立、互补的事物。秉受阳气而形成的事物呈阳性特征,秉受阴气而形成的事物呈阴性特征,故曰:"乾道成男,坤道成女。"最下一个圈象征万事万物皆由阴阳而出,生生不息,变化无穷,无有终期。

目前,在社会上流传最广的太极图就是阴阳鱼太极图(见图5-2)。除了道观之外,从中医到武术,从韩国国旗到玻尔勋章、族徽等,都有这个阴阳鱼太极图的影子。阴阳鱼象征阴阳之间本为一体,然相互对立,互动消长,你中有我,我中有你。阴阳鱼太极图将阴阳关系揭示得惟妙惟肖。

图 5-2　阴阳鱼太极图

太极图是以"象"的方式描述矛盾(阴阳)关系变化的动态模型。太极图中的曲线一方面体现了不偏不倚(中正、公平、正义),另一方面体现了尊重差异,寻求共性,从而在多元关系中保持和谐与稳定;阴鱼、阳鱼代表矛盾双方;阴阳鱼眼代表各方的利益交织,即你中有我,我中有你。这就是中庸思想的精髓,也是"中国"精神的内涵所在。

"太极"是中国传统哲学中的术语,意为化生万物的本源。古人发现,在自然界中,万物都有一种内在生命力。这种生命力使万物各具形态、成长繁育、生长化收,使幼苗长成参天大树,使幼儿长大成人,使我们身体内部、社会乃至宇宙天体维持自然的平衡与更新。"生命能力"(古人称之为"气")虚无缥缈却又无处不在,其大无外,其小无内,遍布于所有有形、无形的事物与生命体中。这种能力在《周易》中叫作"太极",具有"生生"不息的特性。

任何事物都有这个特性,它就是万物及生命的"能动之机"。这个"东西"在道家称为"道",在佛家称为"心";在西方宗教中称为"上帝"。

综上所述,在东方管理学体系内,太极是源头,无时不在,无处不有,是协调身心,使之处于动态平衡的指挥系统。

二、真我

真我来源于佛教,超个人心理学、当代领导学也在探讨。

(一)佛教中的真我

真我,佛教亦称"大我"。佛学讲的"真我",意思是"真正的我"。凡夫执着五蕴假合之身为我,其实那是妄我、假我。要像佛那样具有八大自在之我,才是真我。"真我"是佛教中的涅槃四德之一,与"妄我"相对,谓出离生死烦恼的自在之我。《俱舍论·破执我品》云:"故佛说正法,如牝虎衔子,执真我为有,则为见牙伤,拨俗我为无,便坏善业子。"佛教认为,不管是永恒神性的"我",还是感受主体的"我",都是虚幻的。世界上一切事物都没有独立、实在的自体,没有"我"主宰的存在。如果把"我"当作宇宙的中心,就会造成不可救药的利己主义和人类中心主义,人就会为了自己的感受去争取,为了自己的欲望去掠夺,从而导致生态失衡。所谓"假我",亦称"俗我""小我",即自我。假,意谓假借、方便之说。假我,即非形而上、真常实有的实我,而是依众生的认识习惯方便而说的"我",也就是佛家所言俗谛之"我",亦即西方心理学通常研究的自我。相对于假我的"真我",是真谛之"我",具有常、乐、我、净等特性,可担当起自在主宰功能的真正自我,在大乘经中称为"大我""真我"。《涅槃经》云:"一切诸法悉无有我,而此涅槃真实有我。"要注意的是,"真我""大我"亦是假名,即暂借此称呼这种熄灭了自心所起的烦恼而证得的自我境界,故涅槃大我虽名为"我",其实质仍是"无我"。"有大我故,名大涅槃。涅槃无我,大自在故,名为大我。"这就是"实我非有"。只有深谙无我之义,才能领会谭嗣同在《仁学》中所言:"故夫善学佛者,未有不震动奋厉而雄强刚猛者也。"然而,佛教从未否定过"假我"的存在,只是为了破除人们的"我执"以及由于"我执"产生的诸种痛苦,才说"假我"并非"实有"。"假我非无"与"实我非有"是自我本质的一体两面。佛家建立正确自我意识的基本路径是,从认识、改造、完善假我入手,然后再观修无我而实现真我。

陈兵认为,佛学高唱无我,也是从真谛的角度破除众生执假我为真的执着而发,并不否定世俗意义上、个体人格意义上的自我(俗我、假我)。因此,佛家的"无我"非一般人所理解的"空",即不承认自我的存在,而是破除人们固执地捉住这个实有的我不放,避免陷入诸多烦恼。不明就里的西方心理学曾批判佛教未能建立起心理学意义上完整的自我心理学,认为佛教的"无我"就是舍弃"自我"而不谈。然而,事实并非如此。深入佛理,会发现在自我问题上,佛教心理学比西方走得更深、更远。西方心理学以自我(意识)为中心,目标是建立健全完整的自我体系。然而,如前所述,用意识分析意识终究是"觅心不可得"。同样,以自我挽救自我,恐怕也难得其果。佛教虽不否认自我的存在,但直言这个自我仅是暂时缘起的存在(即假我),要建立健全的自我,绝不能停留在这个有限的层面上,而应该深入自我(假我)背后更深层次的自我(真我),即意识背后更深层次的本识——第七识末那识。准确地说,佛教有其完整的自我心理学,只不过更着重于强调自我的本质是"无我"。佛教认为,只有在无我的基础上才能建立一个真正健全的"自我"。总之,相比较而言,西方现代心理学探讨的自我是相对封闭的自我,可以将其看作是有我的自我学说。中国本土心理学探讨的则是相对开放的自我,可以将其看作是无我的自我学说。去除佛教"无我"之宗教出世色彩,它所表达的是更深刻的心理学内涵:精神的发展确如西方心理学所展现的,是一个物质—心理—意识—自我意识的不断上升的过程。但是,自我意识并非精神发展的最高阶段,精神之至高境界应是"无我"。

真我的实质仍然是无我,只有通过无我才能到达真我的境界。"真我"只是一个假名,真正的涅槃境界是不可言说的,只能通过对自己心灵的体认而到达。所以,到最后,连"真我"这个假名也要忘掉,因为言语说出,便是假我之功用。

在人类历史上,这种超越的人格境界一直是哲学家和宗教家关注的焦点,他们之间的共通性令人诧异。基督教的回归神的怀抱,婆罗门教的梵我合一,乃至儒家的天人合一,道家的忘我等,都是从宗教上追求对个人局限的超越。西方哲学家提出的宇宙意识、超越意识,超个人心理学家宣扬的不二意识、心灵层面,都是对世俗意识的否定,均为对超越境界的探寻。

(二)超个人心理学中的真我

超个人心理学是20世纪60年代末70年代初在美国兴起的一种心理学流派,它是人本心理学充分发展的结果,也可以说是人本心理学的派生物。苏蒂奇在其主编的《人本心理学杂志》1968年第1期撰文称:"心理学中的第四势力,即超个人心理学正在形成。"人本心理学兴起的时候,就将行为主义视为心理学的第一势力,精神分析为第二势力,人本主义为第三势力。随着人本心理学被主流心理学承认,到20世纪60年代中期,一些人本心理学的领袖人物,包括马斯洛和苏蒂奇等人,经常讨论超越人本主义的问题。他们越来越不满人本心理学只关注个体的自我及其实现,意识到应该将自我与个人以外的世界和意义联系起来,这个领域属于超越的领域或超出自我关怀的精神生活领域。于是,他们开始酝酿一种关注这一领域的心理学,称这种心理学为"第四势力心理学"或"超个人心理学"。如果从方法论和学术渊源上下定义,那么超个人心理学可以被理解为这样一个学派:它试图将世界精神传统的智慧整合到现代心理学的知识系统中。世界精神传统和现代心理学是两种关于人自身的知识体系,前者是指世界各民族文化的传统宗教和哲学,其中包含着对人及其精神生活的理解和践行方式,但不是以现代科学的方法和系统化的表达方式存在的;后者包含着对人的身体与心理的科学研究,但这种研究在很大程度上割断了与世界精神传统的联系。超个人心理学对世界精神传统和现代心理学持同等尊重态度,试图将二者结合起来并加以创造性综合,进而提供一种包含身体、心理和精神的架构以全面地认识我们自己。简言之,超个人心理学就是关于个人及其超越的心理学,是试图将世界精神传统的智慧整合到现代心理学的知识系统中的一个学派。

超个人心理学中的"真我"也比较难理解。我们可以利用阿萨鸠里的心理综合练习方法。例如,如何回答"我是谁"这个问题。找一个安静、不受打扰的地方坐下,轻松而舒适地坐着,闭上眼睛,以轻松的心情缓缓地做几个深呼吸,然后慢慢地用心跟随下面的步骤:

(1) 我有一个身体,可是我却不是我的身体;
(2) 我有感觉,可是我却不是我的感觉;
(3) 我有情绪,可是我却不是我的情绪;
(4) 我有欲望、期待、抱负、目标、理想,可是我却不是它们;
(5) 我有思想,可是我却不是我的思想;
(6) 我有理性,可是我却不是我的理性。

那么,我究竟是什么?我是纯粹自我意识的中枢,而且是能作决定的动力之源。我既然是一切所有的主人,那么就有照顾一切所有的权利和义务:

(1) 我不是我的理性,可是这理性却是我的;
(2) 我不是我的思想,可是这思想却是我的;
(3) 我不是我的欲望、期待、目标、计划、理想,可是它们却是我的;
(4) 我不是我的情绪,可是这情绪却是我的;
(5) 我不是我的感觉,可是这感觉却是我的;
(6) 我不是我的身体,可是这身体却是我的。

超个人主义心理学的一些方法既可以让我们超越自我,又可以让我们意识到自己生活在现世。加拿大的李安德博士对阿萨鸠里的方法进行了改编,指出在进行这套自我超越修炼前,需要放松身心。具体的要求是,阅读下面的文字,边读边继续深入体会:

(1) 我有一个身体,可是我并不是我的身体。自从出生的那一刻起,我的身体因为新陈代谢不断地变化。可是,我基本上仍是同一个我、同一个主体。不仅如此,我还能观察我的身体,意识到它的存在。以一个观察者而言,我和我观察到的身体现象完全是两回事。我甚至可以控制它的很多活动。我会照顾我的身体,能以节食、慢跑及各种运动使自己身体苗条。我也能让医生在我身上动手术,切除某一部分。不论是切除还是人工移植,我基本上仍是同一个我、同一个主体。我用我的脚走路,用手写字,用眼睛观察。我凭直觉感到我不是我的身体,我只是拥有一个身体。当我很自然地说"我的脚""我的手""我的眼睛""我的胃""我的身体"时,便已反映出这个事实。

(2) 我有情绪,但我并不是我的情绪。我每天不断地觉察到各式各样的情绪：悲哀、喜悦、焦虑、热忱、愤怒、嫉妒、热爱、憎恨等。由于我能觉察到它们，因此我不是它们。它们来去无踪，我却常存。有时，我可以排解痛苦的情绪，也能够学习调理它们。不论如何，我知道它们迟早会消失。我有情绪，可是我并不是我的情绪。

（3）我有欲望、期待、目标、计划、理想，可是我并不是它们之中的任何一种。它们是属于我的，却不是我。在策划某个计划前，我早已存在。我还可以修改甚至放弃我的计划，因此我并不是计划。

（4）我有思想，可是我并不是我的思想。我能够觉察到我的思想，也能观察思想之流动，还能除去我不喜欢的思想。在某种思想生起以前，我早已存在。它消逝后，我仍然存在。有时觉察到自己的思想散乱，我能够将它们理出一个条理来。我有思想，可是我并不是我的思想。

通过这些练习，超个人心理学强调的真我就逐渐有感受、体会，"我"是"真我"，是一个整体的存在。"真我"既与我们的一般心理有联系，又超越一般心理而存在。

（三）东方管理学的真我

东方管理学的真我，在中国传统管理思想的基础上，借鉴佛教、超个人心理学的真我思想，指道德良知、仁义礼智和功名利禄的整合与超越。

"良知"一词出于《孟子·尽心上》，原文的意思是：良能与良知并举，前者是不学而能，后者是不虑而知。王阳明去世前，将自己毕生的思想主旨归结为致良知说。他曾说过："吾'良知'二字，自龙场以后，便已不出此意，只是点此二字不出。"王阳明经历过百死千难的人生体验，在50岁时提出犹如画龙点睛般的学说宗旨"致良知"："某于此良知之说，从百死千难中得来，不得已与人一口说尽，只恐学者得之容易，把作一种光景玩弄，不实落用功，负此知耳！"

"良知"指人的潜能、向善的动机、美好的品德、良心、判断是非的标准。"良知"相当于《大学》中所说的"明德"。所以，"致良知"也就是"明明德"。人人皆有良知，有了这种良知，就有了成为圣人的前提。然而，王阳明又认为，良知虽然是天生的东西，但它只是一种潜在的力量，要想使之成为现实的人所自觉掌握的东西，还必须经过人自觉的努力。这种努力就是要努力克服私欲，发展、扩充和加深并认真实现这种良知，使人的思想和行为都达到符合天生良知的地步，而人也就会成为圣人了。这种通过自己的努力，勤于思考，积极修炼，以求达到和实现良知的过程，王阳明将之称为"致良知"。他说："千思万虑，只是要致良知。良知愈思愈精明。若不精思，漫然随事应去，良知便粗了。"在王阳明看来，内心的动机决定了人的一切道德行为，良知是最高的为善动机，只要有这个动机，具体的善就会自然而然地做出。他认为，良知可谓人类行为的导师，能够指导人的行动。在现实中，很多人坚持的"凭良心做事"正表明了良知的这种作用。

人人有良知，"自己良知原与圣人一般，若体认得自己良知明白，即圣人气象不在圣人而在我矣"。"尔那一点良知,是尔自家底准则。尔意念着处,他是便知是,非便知非,更瞒他一些不得。尔只不要欺他,实实落落依着他做去,善便存,恶便去。他这里何等稳当快乐。此便是格物的真诀,致知的实功。"(《传习录》)"良知"是"知是知非"的"知","致"是在事上磨炼,见诸客观实际。"致良知"即在实际行动中实现良知,知行合一。

在中国传统文化中,特别是儒家,奉行"仁、义、礼、智、信"五常之德。"五常"是中国文化的核心价值,是处理、协调、维持社会中个体与群体和谐关系的人伦原则,是大家应该共同遵守与营建的基本关系。如依照这五常之道行事,则人与人相互融通,社会群体融洽和谐;反之,人人不得安宁,社会失序。五常来自五行。在五行中,仁属木,义属火,礼属金,智属水,信属土。(1)仁就是仁省、仁爱,就是推己及人,"己所不欲,勿施于人",就是宽容、恻隐、包容,就是协调与谅解。仁在政治上就是公平、平等、一视同仁,就是亲政爱民,以民为本。(2)义就是宜,就是恰当,因时、因地制宜,就是当做即做,不当做即不做,就是恰如其分,把握尺度。义在政治上就是坚守正义,把握原则,合理分配,恪尽职守,亲政奉献。(3)礼就是履,就是践行、秩序、规矩。礼在政治上就是制度、法律,就是遵守与履行,就是以身作则。(4)智就是智慧,就是明辨曲直、是非,就是创新、改善。智在政治上就是崇尚理性,就是科学、民主,改善民生,创新发展。(5)信就是诚,就是不疑,"言出由衷,信守承诺",就是处世端正、不欺不诈,就是知恩图报,就是信仰至诚。信在政治上就是坚守公信,赏罚有信,就是令行禁止,不朝令夕改,就是为政诚明。

"天下熙熙皆为利来,天下攘攘皆为利往。"从心理学的角度看,趋利避害、追名逐利是人的本能。然而,孟子、董仲舒等人宣扬、提倡义重于利,使得许多人内心喜欢金钱、权力,表面上却要假装成对名利看得很淡的样子。1998年11月,笔者作为上海人民广播电台《市民与社会》节目的嘉宾谈论成功问题,提出了国外研究成功学的人对成功标准的一般理解,即看重金钱、地位、名声、主观幸福感等内容。这个观点一抛出,《市民与社会》的热线电话此起彼伏。其中,有几个人认为把金钱放在显著位置不妥当。其实,大家内心喜欢金钱、名利,却又不好意思直接表达出来。

关于人有利己之心的本能,在中国历史上,韩非子看得很清楚:

凡人之有为也,非名之则利之也。(《韩非子·内储说上》)

利之所在民归之,名之所彰士死之。(《韩非子·外储说左上》)

故王良爱马,越王勾践爱人,为战与驰。医善吮人之伤,含人之血,非骨肉之亲也,利所加也。故舆人成舆,则欲人之富贵;匠人成棺,则欲人之夭死也。非舆人仁而匠人贼也,人不贵则舆不售,人不死则棺不买,情非憎人也,利在人之死也。……故人主不可以不加心于利己死者。(《韩非子·备内》)

故人行事施予,以利之为心,则越人易和;以害之为心,则父子离且怨。(《韩非子·外储说左上》)

韩非子对人心确实看得很透,他指出:人的一切行为都受名或利的驱使,都与利己有关。正是因为他认识到人心有许多不善的本能欲望,所以倡导明赏罚、重法治。在中国、日本等东方国家,政治、经济制度对管理者的约束较薄弱,于是一些管理者大行不义,贪赃枉法,腐败堕落。

诺贝尔经济学奖获得者哈耶克认为,自私自利是人的本能,管理制度的设计应该从尊重人的本能出发进行顺治,如此才能取得理想的绩效;如果违反人的本能从事经济管理,结果往往会事与愿违。中国古人也主张"君子爱财,取之有道"。

《尚书》讲究义利并重,将"正德、利用、厚生"三事并重。孔子也主张义利并重,认为追求富贵是人们共同的心愿:"富与贵,是人之所欲也。"(《论语·里仁》)他甚至提出:"富而可求,虽执鞭之士,吾亦为之。"(《论语·述而》)孔子对财富是喜爱的,只是反对获取不义之财:"不义而富且贵,于我如浮云。"(《论语·述而》)苏洵主张义利结合统一:"利在则义存,利亡则义丧";"义利、利义相为用,而天下运诸掌矣"(《嘉祐集》卷九之《利者义之和论》)。义利并重,义利相互为用,才可能治理好国家。孔子也明确地说,如果统治者使他的臣民贫穷,这是可耻的行为:"邦有道,贫且贱焉,耻也。"(《论语·泰伯》)

1981年,日本《东洋杂志》曾调查日本企业中骨干干部的日常读书情况,在他们所读的书中,涩泽荣一的《论语讲义》《论语与算盘》位居前列。1982年,《日经产业新闻》曾对100名企业界人士进行民意测验,调查他们最崇拜的人物,结果前三名是德川家康、涩泽荣一、坂本龙马。这三个人的共同特点是受儒家思想熏陶极重,并且力行实践。尤其是涩泽荣一,他在义利并重方面做得最好。涩泽荣一活了91岁,他经历了江户、明治、大正、昭和四个朝代,参与了日本走向现代化的整个历程,对日本的现代化做出了重要的贡献。涩泽荣一认为,抛弃利益的道德不是真正的道德,而完全的财富、正当的殖利必须伴随着道德。他主张《论语》与算盘相结合,认为"打算盘是利,《论语》是道德"。他既承认谋利的正当性,又强调要用《论语》来规范谋利的活动。涩泽荣一在以《论语》作为自己"终生处世的法则"的同时,积极引进、吸收西方各种制度,使西方的各种制度为谋利的道德目的服务。他引进了西方的股份制度、会计制度、财政制度等。日本传统社会看不起商人,将工商业者贱称为"町人",从事工商经营的人没有多高的社会地位。涩泽荣一重新解释、发挥了《论语》的思想,认为孔子的真精神是以仁义之道谋取富贵,孔子只是反对不仁不义的富贵。涩泽荣一为日本工商界人士树立了追求利润的合理动机,为合理追求财富作了神圣的解释,为日本及东亚工业文明的兴起作好了心理准备。

中国在分配制度上也提倡"效率优先,兼顾公平"。改革开放广泛受到好评,也在于邓小平坚持实事求是,知道人们对经济利益是很感兴趣的。经济体制改革使中国人逐渐敢于直接说"有钱光荣"而不感到脸红了。即使在宣扬重义轻利的朝代里,一些知识分子还是透过钱眼看到了"良田华屋,娇妻美妾,鲜衣美食"。下面,我们来看看清朝一个大臣写的《劝民惜钱歌》。由此,可以看出东方人对"孔方兄"的认识并不糊涂,有利于我们在进行管理工作时,正视人们的利己爱财之心,加强法治的力度,提倡正义良心,切实坚持义利并重的原则。

钱,钱!……你内方似地,外圆像天……有了你夫妻和好,没有你妻离子散;有了你亲朋尊仰,没有你骨肉冷淡。

钱!你不似明镜,不似金丹,倒有些威力衡权。能使人掀天揭地,能使人平地登天,能使人顷刻为业,能使人陆地成仙,能使人到处逍遥,能使人不第不官,能使人颠倒是非,能使人痴汉作言。因此上,人人爱,人人贪。人为你昧灭天理,人为你用尽机关,人为你败坏伦常,人为你冷灰起烟,人为你忘却廉耻,人为你无故生端,人为你舍死丧命,人为你平空作颠,人为你天涯遍走,人为你昼夜不眠。

见几个抛妻别子,见几个背却椿萱,见几个游浪江湖,见几个千里为官,见几个为娼为盗,见几个昼夜赌钱,一切都为钱。说什么学富五车,七岁成篇;说什么文崇北斗,才高丘山;论什么圣贤多训,《朱子格言》;讲什么穷理尽性,学贯人天。有钱时令人尽兴,无钱时令人避嫌。

钱!人人被你颠连,出言你为首,兴败你当先。成也是你,败也是你,何如止了思钱念?你去我不烦,你来我不欢,不被你颠神乱志,废寝忘餐,今后休说那有钱没钱。钱,你易我难,大限到来买不还,人人一般。倒不如学一个居易俟命,随分安然。岂不闻得失有定数,穷通都由天!

中欧国际工商学院忻榕教授对于"真我"有如下观点:(1) 真我就是我们所说的言行一致、知行合一。你的外表和你的内在是平衡的,是统一的。(2) 立场一致。在不同的情景下,我们都表现一致,具有稳定的价值观。(3) 内外一致。这也就是我们所说的"初心",它是前两者的内在推动力,也是内心的本原。内心的本原让你内外表现一致。心理学实验早就告诉我们,一岁的孩童,当他还不能用语言来表达的时候,就已经能分辨出谁是真正爱他的,谁是看他父母的面子才对他好的。虽然还这么小,但他已经能够清晰看待这一切。这就是我们所谈的内外一致。真我还包括"4C":一是清晰的认知(clear)。即要非常清楚地知道我是谁,我的信仰是什么,我什么时候处在最佳状态。二是一致的行为(consistent)。无论我们在什么时候、什么空间、什么场合,都能够保持一致性。三是关爱的心态(caring)。我们既要关爱自己,也要关爱他人。首先是关爱自己,这样才能去关爱别人。关爱让我们把握好一种平衡,处理好方方面面的关系,心中有一分宁静。四是选择的力量(choiceful)。即要作出最好的选择,创造出最好的环境,以达到多赢的目的。忻榕认为稻盛和夫在这方面是表率。

概言之,东方管理学的真我是复杂的,指道德良知、仁义礼智和功名利禄的整合与超越。真我既包括先天本能,又具有后天学习的改变。在管理工作的任何时间、任何地点,都要重视仁义礼智的修养,也要面对现实,积极争取功名,努力取得高绩效。

三、真我型领导

真我型领导(authentic leadership)作为积极领导行为,是对变革型领导和伦理型领导的整合与发展,是一种源自积极心理能力和正面道德氛围的领导行为。它将积极心理与组织发展情境高度连接,包括自我意识、道德内化、平衡加工和关系透明等维度。

有人将"真我型领导"翻译为"诚信领导""真实型领导"或"真诚领导"。社会学家泽曼从"不诚信"的实证研究出发,开发了不诚信的量表。大部分学者都认为他最先将诚信概念引入领导力的讨论中。但是,鲍认为,泽曼开发的量表之效度被人们质疑。伯恩斯可能是最早使用"真我型领导"这一术语的人,他认为"真我"要贯穿于领导过程之中,而不仅仅是领导者应该具有的,并且将其定义为一个整合的过程,指出它集合了领导者和下属关于动机、目标的冲突和一致性。也许伯恩斯对变革型领导行为理论的贡献让人们忽视了他最早对真我型领导的定义。也有学者认为,真我型领导植根于巴斯、斯泰德尔梅尔的文章。不论谁最先提出,"真我"的确被广泛地用在"有效领导"的规范性讨论中。泰瑞等学者也指出,"真我"应该是领导力的核心组成部分。直到美国华尔街的一连串丑闻事件曝光之后,比尔·乔治2003年出版的专著《真我型领导》才将"真我型领导"正式引入人们的视线。目前人们所讨论的关于真我型领导的含义和实践意义,大都是以他所阐述的丑闻事件为背景展开的。

克尼斯2003年提出的"最优"发展模型是其他学者提出真我型领导的理论基础。他指出,当个体开始了解并接受自己时,就能表现出与脆弱、自尊相反的更高的稳定性,而对他人表现出更加透明、开放和密切的态度。另外,个体表现出的真我行为也将内在影响到其价值观、信仰和行动。其他学者的定义都是借鉴了克尼斯的说法,先后在内容上不断补充、完善。其中,以瓦卢姆布瓦对真我型领导的诠释最为全面。他指出,真我型领导是一种源自积极心理能力和正面道德氛围的领导行为,包括五个维度:(1)自我意识,是指一种对于自我长处、短处和多面性特征的认识,其中包括深层了解展现于他人面前的或是被他人认识的自我;(2)关系透明,即给他人展现一个诚信的(而不是假的或扭曲的)自我,这样的行为能够促进相互间的信任,包括信息共享与表达自己的真实想法和感受;(3)内在规范,即诚信行为,这种行为不是由组织或社会的压力所造成的,而是由内在道德标准和价值所引导的,它直接导致与内在价值一致的决策和行为;(4)平衡处理,即领导者在作决策之前能够客观地分析所有相关数据,同时也会征求意见,以挑战根深蒂固的思想;(5)积极道德观,即一种向上的、自我调协的、内化的、综合的形式。

真我型领导理论强调领导者的自我发展,主张发掘和培养领导者及下属的积极心理资本,并特别重视以往的领导理论相对忽视的自信、积极情绪、信任等非认知性变量和积极心理状态在领导过程中的作用。这些观点拓展了领导学研究的视角,为未来的相关研究和实践注入了新鲜的理念并提供了新的方向和思路。

曾国藩为"功名"两个字,用破一生心,他是实施真我型领导的典型。他从湖南一个偏僻的小山村走出,以一介书生身份入京赴考,中进士后留守京师。他居京十载,中进士,入翰林,被提拔为内阁学士,遍兼礼部、兵部、刑部、工部、吏部侍郎;外放以后,办湘军,创洋务,兼署数省总督,权倾朝野,位列三公,成为清朝立国以来汉族大臣中功勋最大、权势最重、地位最高之人。他在思想上、学术上造诣精深,当世及后人称之为"道德文章冠冕一代",甚至被称为"古今完人"。不但蒋介石标榜他,青年毛泽东也说过"吾于近人,独服曾文正"。许多人拼搏一生,青灯皓发,碧血黄沙,直到走进坟墓,终不能望其项背。可是,又有谁知道,曾国藩为了实现人生中的这一终极目标,费尽了多少心血,历经了何等艰辛!

曾国藩对儿子曾纪泽、曾纪鸿提出的全面修身养性要求的第一条就是真诚、慎独。曾国藩说,只要做到慎独,就能保证内省不疚,对鬼神可以泰然处之,可以快乐、满足、欣慰、平静。慎独就是真诚,真诚就是快乐。难怪孟子说,反问自己是真诚的,就是最大的快乐;难怪荀子说,没有比真诚更好的养心方法了。因此,在曾国藩看来,慎独是"人生第一自强之道,第一寻乐之方,守身之先务也"。为了克服自身存在的毛病,曾国藩上承"三省吾身"的祖训,下开自我批评的先河,时刻不忘修身养德。如果一个人广泛地学习,每天多次反省自己,他就会变得聪明,而且行为也没有过错。曾国藩对自己的要求比荀子还严格,也更具体。在道光二十二年(1842年)正月的日记中,他这样写道:"凡事之须逐日检点者,一旦姑待,后来补救则难矣,况进德修业之事乎?"十月初一,曾国藩给自己订了个"日课册",名之曰《过隙集》,"每日一念一事,皆写之于册,以便触目克治"。"凡日间过恶,身过、心过、口过,皆记出,终身不间断。"此外,为了彻底改正自己晚起的毛病,曾国藩还特意写信让弟弟监督提醒自己。由于认为检点是事关进德修业的大事,因此他对自己要求得那样严格,不许自己有一天的怠慢。曾国藩说,一个人如果在心境上不能平淡,则应思考为什么不能平淡,并进行反省和改过。为此,他一生坚持写日记,把每天的所作所为如实地记录下来,认真反省。综观他写下的一百多万字的日记,其内容有相当一部分是自责的语句。譬如,他在朋友家中见到别人奉承卖唱之女子,"心为之动";梦中见人得利,"甚觉艳羡";等等。于是,他痛责自己:"好利之心至形诸梦寐,何以卑鄙若此!方欲痛自湔洗,而本日闻言尚怦然欲动,真可谓下流矣!"仅在道光二十二年冬天,他就连续十来天写下了诸如说话太多、议人短等语。例如,"细思日日过恶,总是多言,其所以致多言者,都从毁誉心起";"语太激厉,又议人短,每日总是口过多,何以不改"。

曾国藩的人生追求是"内圣外王",既想建非凡的功业,又想做天地间之完人。要想实现自己的这个毕生愿望,那就必须付出常人不能忍受的痛苦,一方面是朝廷的威胁,另一方面是内在的心理压力,时时处处都要用自己的言行"装潢"高大全的形象。曾国藩及时总结历史经验教训,苦心钻研老庄道家之经典,潜心攻读《道德经》和《南华经》,默默地咀嚼,细细地品味,终于大彻大悟,悟出了为人处世的奥秘。其实,在曾国潘看来,孔孟和老庄并不对立,入世与出世相辅相成、互为补充。这样,既可建功立业,做出一番轰轰烈烈的事业,又可保持宁静、隐忍的心境。他体孔孟思想,用禹墨精神,操儒学以办实事,品《庄子》以寄闲情,由封建文化培养见识,从传统道馆汲取力量。可以说,他是中国历史上兼收孔孟、杂糅儒道最为纯熟、最见功力的一个。

第二节 阴阳平衡论

管理工作千头万绪,如果要用一个最具有代表性的图形来表示复杂的管理工作,阴阳鱼太极图最合适。理解了阴阳理论,也就容易正确认识中国纷繁复杂的管理现象和本质。管理工作就是整合多种资源以达到阴阳平衡的结果。《道德经》和《周易》对于阴阳有许多见解,但是对于阴阳的重要性和普遍性说得最直接、最透彻的是《黄帝内经》。阴阳思想在战国时期应用普遍,人们用这种思想来解释许多自然、社会和生理病理现象。"阴阳者,天地之道也,万物之纲纪,变化之父母,生杀之本始,神明之府也。"(《黄帝内经·素问·阴阳应象大论》)"人生有形,不离阴阳。"(《黄帝内经·素问·宝命全形论》)《黄帝内经》认为,天地万物、人体、生老病死、千变万化,其根本规律都是阴阳之道。朱熹等哲学家主张阴阳的普遍存在,认为人的任何行为都离不开阴阳,都受阴阳之理的支配。"天地之间,无往而非阴阳,一动一静,一语一默,皆是阴阳之理。"(《朱子语类》卷六五《易一·纲领上之上》)管理工作自然也受"阴阳之理"的指导。阴阳在不同的环境下有不同的意义,可以广泛地应用于自然、社会、人事等多方面。例如,《鬼谷子·捭阖》所称:"故圣人之在天下者,自古及今,其道一也。变化无穷,各有所归,或阴或阳,或柔或刚,或开或闭,或弛或张。"管理工作不管如何变化无穷,都难越阴阳之理、柔刚之道、开闭之法、弛张之术。阴阳学说的内容丰富、复杂,笔者从以下几方面探讨阴阳平衡论与管理工作的关系:阴阳对立、阴阳相感、阴阳互藏、阴阳互根、阴阳转化、阴阳平衡等。

一、阴阳对立

阴阳对立是阴阳学说最主要的见解之一。阴阳概念源于古人在长期生产、生活中"近取诸身,远取诸物"(《易传·系辞下》)的取象思维。阴阳概念的初始含义,一方面是人们通过对太阳活动及其产生的向光与背光、温热与寒凉、晴天与阴天等自然现象长期观察和体验,在"远取诸物"取象思维下产生和抽象而来的。这一认识过程可从"阳"和"阴"的字形以及《诗经》的相关内容得到证实。另一方面是源自人类"近取诸身"的生殖活动之取象,逐渐抽象出阴阳的观念,"乃是得自于人类本身性交经验上的正负投影",即阴爻、阳爻的符号。成书于西周的《周易》中没有语词"阴阳",书中运用阳爻和阴爻符号表示阴阳,并以此演绎384爻辞。西周末期开始将阴阳抽象为两种物质及其势力,解释诸如地震之类的自然现象。春秋战国时期是阴阳理论形成的重要时期,认为阴阳是形成宇宙万物的"大气"分化后产生的阴气和阳气,并以此解释宇宙万物的形成和演化,故有"规始于一,一而不生,故分而为阴阳,阴阳合和而万物生"(《淮南子·天文训》)的认识。春秋战国至西汉时期,阴阳概念被广泛地用以解释天地万物及其运动变化规律,如认为"阴阳者,天地之大理也。四时者,阴阳之大经也"(《管子·四时》);"春秋冬夏,阴阳之推移也;时之短长,阴阳之利用也;日夜之易,阴阳之化也"(《管子·乘马》)。在对阴阳有如此深刻认识的基础上,便有了"一阴一阳之谓道"(《易传·系辞上》)的抽象。

所谓"阴阳",最初是指日光的向背,向日为"阳",背日为"阴"。中国古籍中出现的"阴阳",至少还有以下四个义项:(1)古以"阴阳"解释万物之化生及其分类。凡大地、日月、寒暑、昼夜、男女、夫妇、君臣,以至腑脏、气血等,皆分属"阴"或"阳"。在中医理论经典《黄帝内经·素问》中,"阴阳"被发挥得淋漓尽致,被运用得纯熟圆融。(2)作为表里、隐显的"阴阳"。《大戴礼记·文王官人》云:"省其居处,观其义方;省其丧哀,观其贞良;省其出入,观其交友;省其交友,观其任廉。考之以观其信,挈之以观其知,示之难以观其勇,烦之以观其治,淹之以利以观其不贪,蓝之以乐以观其不宁,喜之以物以观其不轻,怒之以观其重,醉之以观其不失也,纵之以观其常,远使之以观其贰,迩之以观其不倦,探取其志以观其情,考其阴阳以观其诚,覆其微言以观其信,曲省其行以观其备成。此之谓'观诚'也。"(3)以"阴阳"指代日月运转之学。《后汉书》卷五十九《张衡传》云:"衡善机巧,尤致思于天文、阴阳、历算","遂乃研核阴阳,妙尽璇机之正,作浑天仪"。以上三个义项见于《辞源》。(4)一分为二观。"阴阳者,一分为二也"(《类经·阴阳类》),这是对阴阳含义的高度概括,揭示了阴阳是"天地之道也,万物之纲纪,变化之父母,生杀之本始,神明之府也"(《黄帝内经·素问·阴阳应象大论》)。这是对自然界相互关联的某些事物、现象及其属性对立双方的高度概括,是对物质世界一般运动变化规律的抽象。

阴阳对立类似于矛盾的斗争性,指阴阳双方属性不同、互相对抗、互相抑制、互相削弱。《周易》《黄帝内经》把世界上万事万物的矛盾概括为阴阳两个方面,认为阴阳既是构成世界的两种元素,即所谓阴气和阳气,又是促成世界产生的两种对立的力量,即阴阳的相互作用产生了天、地、人和世界万物。就两种不同事物而言,"天地者,万物之上下也;阴阳者,血气之男女也;左右者,阴阳之道路也;水火者,阴阳之征兆也"(《黄帝内经·素问·阴阳应象大论》);"天为阳,地为阴;日为阳,月为阴"(《黄帝内经·素问·六节藏象论》)。阳主刚,主健,主向上,主充实,主开放,主活跃;阴主柔,主顺,主向下,主空虚,主闭塞,主沉静。

凡是从事过管理工作的人,大都知道管理工作不可能是一帆风顺的。重视矛盾的普遍性,正视对立,才能化解对立。对立关系是普遍现象,无处不在,随时都有,不同国家之间、不同地区之间、不同企业之间、领导者和下属之间、不同人员之间都存在着对立关系。《周易》中有"泰否""大小""往来""吉凶""祸福""进退""得失"等三十余对互相对立的概念。这些概念基本上都与管理活动密切相关。在管理工作中,遇到困难和矛盾是正常现象。有心理准备,遇到困难就不会慌张,遇到问题就能主动寻找解决之道。如竞争问题,虽然有人提出蓝海战略、"从0到1",但是现实中的管理基本上随时都处于竞争之中,超越竞争、避免竞争只能是理想状态。知道竞争是不可避免的,我们就应该在人力资源、研发、市场和产品等方面打造竞争优势,让自己处于有利状态。

二、阴阳相感

"圣人感而天下和平",阴阳理论在重视对立关系的同时,也重视相感关系,能够处理好阴阳相感,可以达到阴阳之间既有对立、矛盾的关系,又有相互感应、联结、合作的关系,从而达到"天下和平"的崇高境界。感应,指阴阳双方在进行物质、信息的不断交流中所发生的反应。自然界的万事万物都在天地间阴阳二气的交感作用下形成并发生着各种变化。"天地合而万物生,阴阳接而变化起"(《荀子·礼论》);"(阴阳)二气交感,化生万物"(《易传·感》);"在天为气,在地成形,形气相感而化生万物";"阴阳相错,而变由生"(《黄帝内经·素问·天元纪大论》)。此处的"合""接""交""感""错"都是指阴阳双方的交感关系及其作用。

因为不同的利益关系,国家之间、企业之间有矛盾、有对立、有斗争,同时又有交流、有感应,这样才能够维持一定的稳定性。《象辞传》在论述咸卦时,认为柔上而刚下,二气感应以相与,主张"天地感而万物化生,圣人感人心而天下和平"。天地万物普遍相互关联,而这种关联是以感应为前提的,因感应而化生了世间万物,变化出人间万象。阴阳感而有天地,男女感而有子嗣,天地感而万物化生。除了咸卦,《象辞传》在论述泰、否、大有、小畜、贲、恒等卦时,也反复强调阴阳相感的重要性,指出"天地交而万物通也,上下交而其志同也"。如果阴阳不感应、不贯通,就会发生一系列人们不希望看到的场面,"天地不交而万物不通也,上下不交而天下无邦也"。三国时期,魏、蜀、吴三国之间充满斗争和矛盾,但是它们之间也存在众多感应与合作关系。蜀与吴是对立关系,但是在赤壁之战中,二者联合抗魏,火烧曹操战船。商场如战场,有时商家之间的竞争关系犹如水火之不相容;同时,不同商家之间也在相互学习。

三、阴阳互藏

世界复杂多样,很多时候,你中有我,我中有你。阴阳互藏是指阴或阳任何一方都蕴含着另一方,阳不是绝对纯粹的阳,阴也不是绝对纯粹的阴。判定事物阴阳属性要根据其所含属阴或属阳成分的多少而定,而阴阳成分的多少又是依据其所含阴阳成分的隐显状态加以判断的。事物属阳的显象状态成分多而明显,而属阴的隐匿状态成分少而隐匿时,就判定其属性为阳;反之,则判定其属性为阴。这就是"阴中有阴,阳中有阳""阴中有阳,阳中有阴"之意。阴阳互藏不但是事物内部或者两个事物之间阴阳双方发生一切关系的前提,同时也是所有事物能够共存的必需条件,孤阴不生,独阳不长;阳无阴则无以生,阴无阳则无以化。

在管理工作中,要善于发现不利因素中的有利条件与有利因素中潜在的危险。泰中有否,否中有泰,肯定的、好的事物中有否定的、坏的因素存在;反之,否定的、坏的事物中亦有肯定的、好的因素存在。所以,泰卦爻辞认为,泰并不是绝对的有得无失,而是所失者小,所得者大,故为吉;否卦爻辞亦认为,否并不是绝对的有失无得,而是所失者大,所得者小,故不利。有的用人高手善于避其所短,用其所长。公司用人,一般都欣赏稳重老实的人,夸夸其谈的人就可能被认为是"问题员工"。但如果把夸夸其谈的人安排去做公关或者市场营销,可能绩效比稳重老实的人高。"阴中有阳,阳中有阴",管理工作要认真,但是又不能求全责备、要求苛刻,只能根据工作的实际需要,扬长避短,兴利除害。

阴阳互藏,领导者要有居安思危的危机意识,有备无患,做好风险管理。中国古代许多有见识的思想家告诉人们不可一日"忘危"。《易传·系辞下》曰:"君子安而不忘危,存而不忘亡,治而不忘乱,是以身安而国家可保也。"《左传·襄公十一年》主张:"居安思危,思则有备,有备无患。"这些从历史的经验教训中得出的认识是颠扑不破的真理。《周易》把大和小、往和复、坎和盈、泰和否等两种对立的事物或概念联系统一起来,并且认为两者之间可以相互转化。因此,应以居安思危、治不忘乱之心行事,才能由否而泰,由危而安。否卦九五爻辞云:"休否,大人吉。其亡其亡,系于苞桑。"意即人如果常怀忧患意识,防止否运之来,时常提醒自己,我之此身若系于柔弱的丛桑而不能自持其固,则能有小心谨慎之行,这样才能"先否后泰",由否转化为喜。

四、阴阳互根

阴阳双方不仅存在互相制约的关系,还存在互为根据、相互促进、相互为用的关系。所谓阴阳互根,是指对立的阴阳双方互为存在的前提,任何一方都不能脱离另一方而单独存在,双方相互促进、相互制约。正如《黄帝内经·素问·阴阳应象大论》所说:"阴在内,阳之守也;阳在外,阴之使也。"例如,寒与热,寒属性为阴,热属性为阳,没有属阴的寒作为参照划分的前提,也就不可能有属阳的热,反之亦然。《黄帝内经》认为云雨的形成过程就充分体现了大自然的阴阳互用关系:"地气上为云"是借助了阳热之气的气化作用,此即"阳化气""热生清"之义。"天气下为雨"是借助了阴寒之气的凝聚作用,此即"阴成形""寒生浊"之义(《素问·阴阳应象大论》)。此处是以大自然中云和雨、天气和地气的往复循环为例,论证了阴阳互为根据、相互促进、相互为用的关系。所以,张介宾说:"阴不可无阳,阳不可无阴。"(《质疑录》)

杰出的军事将领只能在战争年代才能产生,没有敌我的殊死拼杀,伟大的将军就没有产生的基础。客户关系可能较难处理,没有客户的需求,就没有企业存在的必要。客户的适当挑剔,可以促进企业改进产品质量,提升服务能力。海尔、联想、华为都有国内外强大的竞争对手。如果没有强大的竞争对手,海尔、联想和华为也不可能发展壮大起来。

阴阳管理的互根互用不仅体现于管理的系统结构之中,如计划系统、生产系统、营销系统等阴阳要素的互根互用,也体现于管理系统的各个功能之中,如计划的执行、生产的组织、营销的竞争等阴阳要素的互根互用。在管理活动中,阳依赖于阴而存在,阴也依赖于阳而存在;没有阴就无以言阳,没有阳亦无以言阴。阴阳转化互为根据,在一定条件下,各自朝着管理的相反方面转化,如高效益与低效益相互转化。

涩泽荣一提出的"《论语》加算盘"模式,其基本精神就是义利互根、"义利合一",即以公益为利,利即是义,承认谋利有其正当价值,但必须用道德对其进行规范指导,使其符合社会伦理。

五、阴阳转化

"祸兮福之所倚,福兮祸之所伏。"(《道德经》第五十八章)老子对于阴阳转化关系的这一描述已经成为千古名言。阴阳转化指阴阳双方在一定的条件下,向着对立的方面转化,即阳变为阴,阴变为阳,"重阴必阳,重阳必阴"(《黄帝内经·素问·阴阳应象大论》)。物极必反,否极泰来,已成为人们生活中的常识。《周易》认为64卦的变化最终都归结为阴阳矛盾对立统一的相互转化,每卦只要阴阳互变,就可以转化为另一卦。"太虚寥廓,肇基化元,万物资始,五运终天,布气真灵,揔统坤元,九星悬朗,七曜周旋,曰阴曰阳,曰刚曰柔,幽显既位,寒暑弛张,生生化化,品物咸章。"(《黄帝内经·素问·天元纪大论》)自然、社会、人事都存在着普遍的变化,这些变化都可以概括为阴阳之变。股市的涨跌过程就是一个相互转化的过程,涨极生跌,跌极生涨,涨之极点就是跌之起点,跌之极点就是涨之起点。在管理活动中,阴阳双方相互转化,就是因为对立双方互相包含其对立面的因素。例如,某新产品开发成功之时就已包含遭遇淘汰的因素,该产品遭遇淘汰之时也孕育着别的新产品开发成功的因素。

明白阴阳转化之理,我们可以主动促成一些变化,因为"功业见乎变"(《易传·系辞下》)。《周易正义》中,晋人韩康伯注:"功业由变以兴,故见乎变也。"明代来知德在《周易集注》中进一步解释说:"功业即因变而见矣。功业者,成务定业也;因变而见,即变而通之以尽利也。"所谓功业,其实就是《易传·系辞上》所说的"变而通之以尽利"。因此,"功业见乎变"意即功业表现为能否适时通变以逐其利。我们生存在适应性时代,一定要对适应性挑战有清醒的认识,并有相应的应对措施。只有这样,才能建立功业,取得高绩效,将企业做强做大。

韩国三星经营的核心思想如果用一个字来概括,那就是"变"。三星从成立的那天开始,已经进行了无数次的大变革,从人到产品,无一不变。三星要求全体员工必须始终以健全的危机意识为指导,不断接受环境的挑战,不断进行自我创新。这是三星经营哲学的核心内容,也是三星能够平稳渡过各种危机的重要因素。巨大的变化不是一蹴而就的,只有循序渐进,长期坚持,才能有重大的改变。如果中途休息或放弃,那将永远不会改变。

"永远变化"是当今时代企业面临的一条规律。在管理决策中,没有永远有效的方案,也没有普遍适用的经营策略。我们应该主动发起变革,引领变革。只有适时调整甚至改变既定计划,时时密切关注时势的现状和变化态势,根据客观形势,将决策建立在现实的客观条件之上,才能使企业立于不败之地。企业要面对不同的利益群体,包括客户、供应商、投资者、政府等。这些不同的利益群体的需求在很多时候是各不相同的,其中任何一方需求的变化都可能转化为对企业变革的要求。能否满足这些不同的需求,适应这些变革,尤其是重大变革,是企业在激烈竞争时代生存和发展的关键。成功的变革管理将会使企业在日益激烈的竞争中处于长盛不衰的地位。但是,如果错失良机,不能适应发生的变化,企业可能很快消亡。

六、阴阳平衡

阴阳平衡是指相对的动态平衡。动态平衡是指事物中对立的两方面力量的配比适宜于事物运动的规律性,并表现为事物处于有序的运动状态中。阴阳理论强调"和"与"平衡"。阴阳双方,不可分离,它们是合一的。我们既要看到事物内部两种势力的相推、相荡,又要看到双方的相感、相通。我们还应该知道阴阳相推、相感的结果必然是阴阳合和,"保合太和,乃利贞"(《周易·乾·彖》)。无论阴阳双方如何相推、相感,毕竟是共处于一个整体之中。阴阳只是事物中存在的对立因素、势力、性能,而不是两种绝对对立的实体。保持阴阳双方的结合,达到高度和谐、平衡,万物乃可顺利坚固。《易传·系辞下》明确指出,乾坤双方具有"阴阳合德"的特性:"子曰:乾坤,其《易》之门邪?乾,阳物也;坤,阴物也。阴阳合德,而刚柔有体,以体天地之撰,以通神明之德。"有阴阳双方的和谐统一,方有气化过程的神妙莫测和变化无穷。中国哲学早就强调"和",主张"和实生物,同则不继"(《国语·郑语》),"天地以和顺而为命,万物以和顺而为性"(《周易外传·说卦》);相反者,"互以相成,无终相敌之理"(《张子正蒙注·太和》)。

古人云"不为良相,即为良医",认为医理和管理之道相通,上医治国,中医治人,下医治病。《黄帝内经》认为,"阴平阳秘,精神乃治"是生命活动和谐有序的状态。因此,"阴平阳秘"的和谐有序状态失常,是疾病发生的最基本的病机,是医生诊察疾病、分析病机、指导临床施针、用药的最高行为准则。"医道虽繁,而可以一言以蔽之,曰阴阳而已。"(《景岳全书·传忠录》)管理的目的,用《黄帝内经》的语言来表达,就是追求"阴平阳秘"的境界。对于自然界来说,"阴阳二气最不宜偏,不偏则气和而生物"(《类经附翼·大宝论》),表现为正常的气候及物候特征;对于人体而言,表现为"阴平阳秘,精神乃治"(《黄帝内经·素问·生气通天论》);在不同的组织机构中,表现为良性运转,协调发展。

在东方国家,尤其在中国,领导者和管理人员的许多精力集中于如何做到平衡、稳定工作,"用阴和阳,用阳和阴"(《黄帝内经·灵枢·五色》)。达到阴阳动态平衡的状态,对于复杂的管理工作而言,其核心内容就是"谨察阴阳所在而调之,以平为期"(《黄帝内经·素问·至真要大论》)。在管理工作中,利用阴阳理论,根据不同的对象、需求,分别达到不同的平衡:"危者,安之;惧者,欢之;叛者,还之;冤者,原之;诉者,察之;卑者,贵之;强者,抑之;敌者,残之;贪者,杀之;欲者,使之;畏者,隐之;谋者,近之;逸者,覆之;毁者,复之;反者,废之;横者,挫之;满者,损之;归者,招之;服者,活之;降者,脱之。"(《三略·上略》)

阴阳是辩证的总纲,是管理诊断的大法。"察色按脉,先别阴阳"(《黄帝内经·素问·阴阳应象大论》),经营管理,首先要对企业现状进行客观的诊断,分析、判断问题到底出在哪里。管理活动中,发生各种问题的主要原因就是阴阳失调。即任何管理问题,尽管其现象错综复杂、变化万端,但均可用阴或阳的关系加以分析、判断。在具体运用过程中,关键还是正确区分阴阳,即快与慢、外部与内部、增与减、涨与跌、高与低、大与小等各项管理方面的技术经济指标。总之,无论观察、听辩、询问、调查等,都应以分别阴阳为首要任务,只有掌握阴阳的属性,才能正确区分问题的性质。不管是战略问题,还是组织结构、财务、营销、流程等方面的问题,都可以归纳概括为阴阳方面的问题。"明于阴阳,如惑之解,如醉之醒。"(《黄帝内经·灵枢·病传》)阴阳理论妙用无穷,是探索自然、社会、生命奥秘的钥匙,是指南针、方向盘、清醒剂。理解了阴阳理论,也就容易正确认识纷繁复杂的管理现象和本质。管理工作就是整合多种资源以达到阴阳平衡的结果。

第三节　五行系统论

中国古代的系统管理思想十分丰富。古人认为,人、自然和社会是一个整体,是一个系统。古人将宇宙、太空、银河、地球、万物、生命描述为一个有严格的系统关系和统一规律且生生不息的有机整体。宇宙万物皆"生化之宇"(《黄帝内经·素问·六微旨》),"天地之大纪,人神之通应也"(《黄帝内经·素问·至真要大论》)。人与宇宙同源,是自然演变过程中的一个全息照片。人的生命活动与自然规律相应。"人以天地之气生,四时之法成。"(《黄帝内经·素问·宝命全形论》)"天有五行御五位,以生寒暑燥湿风;人有五藏化五气,以生喜怒思忧恐。"(《黄帝内经·素问·天元纪大论》)人是天地气交、阴阳四时五行相感应的产物,是自然、社会与形神合一的统一体。古人的系统观集中表现在五行学说中。

一、五行

中国有着"尚五"的传统。五行是古代中国认知世界的基本范畴,即金、木、水、火、土五大元素,而不是简单地指几种具体的物质。

"五行"的出现早于"阴阳"。关于五行学说的起源和内容,也是复杂的。春秋时,晋国大夫蔡墨谈及"五行之官":"木正曰句芒,火正曰祝融,金正曰蓐收,水正曰玄冥,土正曰后土。"(《左传·昭公二十九年》)马王堆西汉墓帛书中的"五行"指仁、义、礼、知(智)、圣。《史记·历书》《论衡·说日》把五行与"星"联系在一起。五星指辰星、太白、荧惑、岁星、镇星(现在指太阳系九大行星中的水星、金星、火星、木星、土星五行星)。子罕、叔向从"五行"的效用方面出发,把"五行"称为"五材"。关于五行的起源,人们一般认为《尚书·洪范》赋予五行哲学意义:"五行:一曰水,二曰火,三曰木,四曰金,五曰土。水曰润下,火曰炎上,木曰曲直,金曰从革,土爰稼穑。润下作咸,炎上作苦,曲直作酸,从革作辛,稼穑作甘。"

关于五行学说,后世应用得较多的内容中,五行分类占了较大的比重。人们可以把自然、社会、人事等方面的一切事件纳入五行模式中进行分类,木、火、土、金、水变成了一种代表符号、一种模式,远远超越了这五种事物本身的意义。《尚书·洪范》第一次对具有相同属性的事物进行了抽象概括。

二、五行的生克乘侮

五行之间具有相生相克的关系,相生指滋生、助长,相克指克伐、制约。具体而言,五行之间相生相克的关系是:木生火,火生土,土生金,金生水,水生木;木克土,土克水,水克火,火克金,金克木。

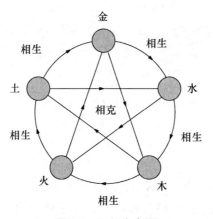

图 5-3　五行生克图

人们对于五行相乘、五行相侮则比较陌生。"乘"指乘虚侵袭,即被克的一方比较虚弱,造成克制太过;"侮"指恃强凌弱,即被克的一方太强盛,反而"欺侮"主克的一方,进行反克。乘侮会引起不平衡,对于人体来说,会产生疾病。《黄帝内经·素问·六节藏象论》说:"未至而至,此谓太过,则薄所不胜,而乘所胜也,命曰气淫,不分邪僻内生,工不能禁;至而不至,此谓不及,则所胜妄行,而所生受病,所不胜薄之也,命曰气迫。"

对于管理来说,乘侮可能引致的是组织的强盛与衰败。

若五行生克、乘侮处于相对平衡状态,自然、社会、人的生活就会处于正常状态。如果五行之间太过或不及,相生、相克失去平衡,则会引起一系列问题。为了便于理解五行之间的生克、乘侮关系,明代万育吾作出了形象的总结:

金赖土生,土多埋金;土赖火生,火多土焦;火赖木生,木多火炽;木赖水生,水多木漂;水赖金生,金多水浊。

金能生水,水多金沉;水能生木,木盛水缩;木能生火,火多木焚;火能生土,土多火晦;土能生金,金多土变。

金能克木,木坚金缺;木能克土,土重木折;土能克水,水多土流;水能克火,火炎水热;火能克金,金多火熄。

金衰遇火,必见销熔;火弱逢水,必为熄灭;水弱逢土,必为淤塞;土衰遇木,必遭倾陷;木弱逢金,必为砍折。

强金得水,方锉其锋;强水得木,方泄其势;强木得火,方化其顽;强火得土,方止其焰;强土得金,方制其重。

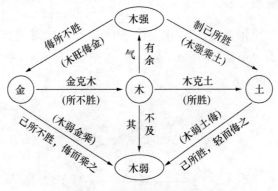

图 5-4 五行乘侮关系图

三、五行互藏

五行之间除了有生克、乘侮关系之外,还有互藏关系。互藏即你中有我、我中有你。五行功能总是互相涵化、互相包容的。五行互藏,指五行中的任何一行又都可以分为五行。"五行互藏"的概念首见于汉代张景岳的《类经图翼》,他认为:"五行者,水、火、木、金、土也。……第人……皆知五之为五,而不知五者之中,五五二十五,而复有互藏之妙焉。"他又强调:"土之互藏,木非土不长,火非土不荣,金非土不生,水非土不畜。万物生成,无不赖土,而五行之中,一无土之不可也。……由此而观,则五行之理,交互无穷。"

所谓五行互藏,是指五行中任何一行皆包含其他四行。《黄帝内经·素问·阴阳别论》曰:"脉有阴阳……凡阳有五,五五二十五阳。"王冰注云:"五阳,谓五脏之阳气也。五脏应时,各形一脉,一脉之内,包揔五脏之阳,五五相乘,故二十五阳也。"这里虽未明确提出"互藏"的概念,但其中已包含五行互藏的思想。此外,《黄帝内经·灵枢·阴阳二十五人》也采用"五行互藏"的理论和方法,在归纳金、木、水、火、土五种体质类型的基础上,又将每类以五音结合经脉的归属与特征再分五类,提出了中医特有的体质类型学说——"阴阳二十五人"。

明确提出"五行互藏"概念的是明代医家张介宾,他把五行互藏理论简明地定义为五行的任何一行又皆可分为五行。明代医家赵献可对五行互藏的思想精髓也深有领悟,他认为:"五行各有五,五五二十五,五行各具一太极,此所以成变化而行鬼神也。"他还例证道:"论五行各有五,以火言之……有水中之火,有土中之火,有金中之火,有木中之……以水言之……有火中之水,有土中之水,有金中之水,有木中之水……此水中之五行也。明此水火之五行,而土木金可例推矣。"

由此可见,五行互藏是在五行归类基础上发展起来的理论,说明机体内部的无限可分性、人体脏腑组织器官的复杂性和功能属性的多样性。"五行互藏"理论的建立是在"阴阳无限可分"基础上,从同一个"系统"来考察,"阴阳是五行之理,五行是阴阳之象"。张介宾提出:"五行即阴阳之质,阴阳即五行之气,气非质不立,质非气不行。行也者,所以行五行之气也。"任何一个特定的事物都不是孤立存在的,它本身是一个系统,同时又是所属的更大的系统的组成部分。事物的任何一个层次都包含阴阳两个方面,阴阳二气相互作用,结果必然产生五行,这就是事物的任何层次都包含五行的道理。

五行互藏的观点用在管理上,则提示我们要注意各种因素之间既有差异性,又有统一性。行政管理、企业管理等虽有着不同的特点,但管理工作中也有一些共同的原则。

四、世界的五行模式

《周易》等著作认为,世界是一个整体、一个系统。《易传·系辞下》曰:"易之为书也,广大悉备,有天道焉,有人道焉,有地道焉,兼三才而两之,故六。六者,非它也,三才之道也。"六十四卦中,每卦六爻为天、地、人三才的统一体,其中下二爻为地道,上二爻为天道,中二爻为人道。"三才"思想即"天人合一"思想,而"天人合一"思想又是中国文化的重要观念,它渗透到文化的各个层面,包括管理领域。

《周易》强调位、中、应、时也是整体观念、"天人合一"思想的体现。

位,指空间变化。六十四卦中,每一卦分阳位、阴位,从下往上又分下位、二位、三位、四位、五位、上位。如阳爻处阳位,为"得正",主吉;反之,则不得位,多主凶。也就是说,事物发展有空间基础,如具备这个基础,则往往成功;如失去这个空间基础,则往往失败。

中，指中位，中道。六十四卦中，二、五两位为中位，不管阴爻还是阳爻居中位，皆吉。然而，如果阳爻居五位，阴爻居二位，则既得正又得中，为大吉。管理者管理企业、下属均要遵循中道，不可有私心杂念，不可有所偏颇。

应，指阴阳对应，呼应。六十四卦中，一与四、二与五、三与六爻相应。凡阳爻与阴爻、阴爻与阳爻相应，称为"有应"；阳爻与阳爻、阴爻与阴爻相应，称为"无应"。一般情况下，有应为吉，无应为凶。阴阳相感应亦是管理原则之一，管理者与被管理者只有相互感应，上下一心，才可万物化生，百业兴旺。

时，指时位、时机。六十四卦表示六十四"时"，即每卦六爻的变化情状，均体现事物在特定"时"中的变化、发展规律和卦义的特定背景。对一个管理者来说，等待时机、把握时机是十分重要的。如果说空间的变化还可以用人力变通，那么时间的变化有时却非人力可以挽救。因此，不失时机乃管理者的一条基本原则。《周易》的"时"往往与信息、消息相联系。《周易·丰卦·彖辞》曰："天地盈虚，与时消息。"意为客观世界中，阴阳盈虚是随着时间的变化而变化的。"消息"意同"消长"，在此又可理解为信息，即时间的转移、变化蕴藏着瞬息万变的各种信息。管理者应对这种高度敏感、高速变化的信息及时作出反应，同时还要迅速而准确地把握企业及经营的各种信息，并及时反馈给社会。

五行学说具有强大的生命力与神奇的魅力，其重要贡献之一便是对世界的五行分类模型。中国古人为了更好地认识世界、改造世界，利用五行学说对世界进行分类。分类的依据远远超越了木、火、土、金、水五种元素的原始意义，人们主要依据对自然、社会、人体的特性及功能的认识进行分类。各个类别之间的关系适用于五行相生、相克、相乘、相侮等规律。笔者根据《黄帝内经》《吕氏春秋》《春秋繁露》等著作的一些材料进行整理，简要地罗列了一些人们比较熟悉的名词（见表5-1）。

表5-1 世界的五行模式举例

五行	木	火	土	金	水
阴阳	少阳	太阳	至阴	少阴	太阴
五脏	肝	心	脾	肺	肾
六腑	胆	小肠	胃	大肠	膀胱、三焦
五志	怒	喜	思	悲	恐
七情	怒、惊	喜	思	悲、忧	恐
五神	魂	神	意	魄	志
五劳	步	视	坐	卧	立
五声	呼	笑	歌	哭	呻
五音	角	徵	宫	商	羽

(续表)

五行	木	火	土	金	水
脉象	弦	钩	代	毛	石
病位	头项	胸胁	脊	肩背	腰股
季节	春	夏	长夏	秋	冬
方位	东	南	中	西	北
五色	青	赤	黄	白	黑
五味	酸	苦	甘	辛	咸
五臭	臊	焦	香	腥	腐
五化	生	长	化	收	藏
数字	三、八	二、七	五	四、九	一、六
八卦	震、巽	离	艮、坤	乾、兑	坎
五性	雅	急	直	刚	隐
八情	慈	忧	公、私	气、正	心、忌
五事	貌	视	思	言	听
十二官	将军	君主	谏议	相传	作强
五咎	狂	豫	蒙	替	急
天干	甲、乙	丙、丁	壬、癸	庚、辛	戊、己
地支	寅、卯、辰	巳、午、未	亥、子、丑	申、酉、戌	辰、戌、丑、未
属相	虎、兔、龙	蛇、马	猪、鼠、牛	鸡、猴	狗、羊

根据阴阳五行学说的思想,自然与人是一个有机的整体(即"天人合一"),人与社会也是一个有机的整体。阴阳五行学说的内容极其丰富,如果只是简单地把木、火、土、金、水看成五种元素,那就可以说不懂阴阳五行学说了。人与人之间的关系、社会结构形态都可以被纳入五行模式之中,即繁衍关系、血缘结构属木,等级关系、人伦结构属火,生态关系、经济结构属土,权力关系、政治结构属金,思维关系、意识形态结构属水。

五、五行系统论与管理

全息理论认为,一切事物都是相互关联的。从空间方面来说,局部是整体的缩影;从时间方面来说,瞬间是永恒的缩影。世界的每个局部都包含整个世界。正如《华严经》所说,"于微尘中,悉见诸世界"。东方传统文化中普遍具有全息思想,五行系统论是典型代表。五行系统论认为,世间事物具有千丝万缕的联系,世界是一个系统,任何组织都是由众多元素构成的协同系统。印度教,包括其前身吠陀教,盛行万物有灵的自然崇拜,讲求人与自然的和谐一致,即"梵我一体"。从前,我们总认为要了解任何事物和现象,不论是一根筷子还是一片麦田,最好的方式就是把它们分解开,从而研究它们的每个组成部分。但是,全息理论告诉我们,如果把某个由全息相片式结构组成的事物"解剖"开来,我们不会得到部分,而会得到较小的整体。全息理论为我们观察世界提供了一个新的视角:世界的每个局部似乎都包含整个世界。例如,将一根磁棒折成几段,每段的南北极特性依然不变,是原来整根磁棒的全息缩影,是整根磁棒的成比例缩小。再如,一面镜子碎了以后,每一面小的镜片仍然能够被当成镜子使用,每一块镜子的碎片也可以被看成整面镜子的全息缩影。全息理论的核心思想是,宇宙是一个不可分割的、各部分之间紧密关联的整体,任何一部分都包含整体的信息。在这个宇宙之下,每一个物体,哪怕是一个小小的电子,都包含整个宇宙的信息。

企业系统作为一个演化的复杂系统,除了具有一般系统所具有的整体性、目的性、适应性等特征外,还体现为结构复杂、关系复杂、行为复杂和经营环境复杂等特征,是一个有人参与的、开放的、具有自组织能力的,由自然、经济、社会、政治复合而成的系统。对企业系统复杂特征的研究需要引入复杂科学,用复杂科学以及复杂系统理论来分析和指导企业系统的经济与管理活动。企业系统是一个具有各种正负反馈结构,非线性作用相互"耦合"的复杂系统。其复杂性表现为:(1)开放性。社会系统与经济系统是开放的系统,作为与其相伴而生的企业系统也是开放的,它会受到政治环境、经济环境、文化环境等社会因素的影响和制约。企业系统从这些环境中获取信息、吸收能量,经过系统内部处理后再向环境系统输出新的信息,释放能量,以维持其有序结构。(2)复杂演变性。除了来自外部环境的力量外,在企业系统内部也存在促使组织不断变迁的力量,这种力量来自组织安排中成本和效益的比较。由于技术创新、产品和生产要素相对价格的变动、市场规模的变化,不断产生新的盈利机会,导致成本和效益关系处于不断变动之中,远离彼此间平衡的态势,从而不断产生组织创新和变迁的力量,使企业供需远离平衡态,整个企业系统处于不断变动之中。在这种条件下,企业系统通过自组织形成耗散结构,产生复杂性。(3)非线性作用机制。非线性意味着无穷的多样性、差异性、可变性、非均匀性、奇异性、创新性。在企业组织变迁中,存在自我强化和自我稳定的作用机制,具有所谓的"路径依赖特征";既存在不断适应环境的行为过程和功能机制,也存在组织变迁中的学习效应、协调效应,还在企业系统中存在各种随机的涨落,这些涨落不断地通过各种非线性作用机制形成巨涨落,最终产生新的组织安排,导致突变的发生。(4)组元的复杂性。与一般的自然系统相比,企业系统最大的不同在于人的参与性。企业的制度从根本上讲是由人选择、比较,通过博弈最终形成的,取决于人的有限理性与非理性的能力。人的理性、有限理性以及非理性都是极其复杂的、非线性的,尤其是有限理性与非理性是复杂性产生的重要源泉,使得企业系统也呈现出复杂性。因此,人的参与是企业系统复杂性最根本的来源,也使得企业的行为变动具有确定性与随机性的双重特征。

《周易》强调位、时、应、中的整体观念,对于管理工作具有重要启发。例如,阳爻处阳位,为"得正",主吉;反之,则不得位,多主凶。企业管理中,应考虑各层次职员的位置,使他们各得其所、各尽其能。这就要求管理者任人唯贤,让员工最大限度地发挥各自的才能。日本的管理符合由下而上的六爻管理,一切数据、决策、信息、沟通等均是由下而上,由内而外,从基层反映到上层。东南亚国家的管理受《周易》天大、地大、人大的传统精神以及时位观念的影响,企业内部管理者和被管理者都应遵守自觉自愿的、不违规矩的伦理,主动关心企业的生存与发展。高层、中层、基层各居天、人、地爻位,中层管理者是第一线管理人,地位十分重要,故在选拔、培植和派任上对企业的影响极大。西方管理不太注重这一点,如美国高级管理者的兴趣一般仅是生产、销售和商品的消费,重视资源的使用,不断追求有形财富的积累。因此,高级管理者让下属自由发挥而不制定条条框框,只要他能达到目标,就可获得合理待遇;如达不到目标,就会被毫不留情地解雇,这是一种非常现实的经济管理制度。

东方专制主义、等级制度长期盛行,某种程度上便是由于没有真正应用五行思想。在中国、印度等东方国家,等级制度森严,没有体现出五行相生、相克、互藏的关系。中国有些朝代在设立官制时虽也参考五行学说,但并没有认真建立起相互制约的关系。木、火、土、金、水之中,任何一行都会受到克制、约束。然而,东方的最高统治者总是让自己凌驾于一切之上。对于历史上的许多暴君,人民心里是痛恨的,但是没有合法的手段予以制裁。治理腐败现象,重要的应是建立约束机制,使任何人都可以受到监督、约束。五行系统论的重要内容之一便是,任何一行都必须接受其他行的克制,若只是我克,而无人克我,必然会出问题。

五行系统论要求我们,办事情应有整体观念,构成整体的部分之间要协调和谐。群体智商要大于个人智商之和是管理工作中的难题。组织机构在选拔人才时,既要重视被选拔者个人的才能,也要注意人员之间的组合。理想的组合是形成相生关系,而不要产生相克关系。一些东方管理者善于应用五行系统论的智慧。林清玄在《如水》一文中写到曾经协助丰臣秀吉统一全日本的大将军黑田孝高,说他善于利用水的智慧,善于用水作战,在日本历史上有"如水"的别号。黑田孝高曾经写下"水五则":

(1) 自己活动,并能推动别人的,是水;

(2) 经常探求自己的方向的,是水;

(3) 遇到障碍物时,能发挥百倍力量的,是水;

(4) 以自己的清洁洗尽他人的污浊,有容清纳浊功能的,是水;

(5) 汪洋大海,能蒸发为云,变成雨雪,或化而为雾,又或凝结成一面如晶莹明镜的冰,不论其变化如何,仍不失其本性的,也是水。

五行中的水有这么多妙用,木、火、土、金四行也有相当多的妙用,关键在于我们要会用。阴阳五行是代数符号,是公式,具有普遍的应用价值。

提起国外的企业家,我们自然会想到斯隆、福特、韦尔奇、巴菲特等人物;国内的,我们一般会想到任正非、张瑞敏、柳传志、马云、马化腾等人物。中国的企业可简单分为国有企业、外资企业、民营企业。中国的经济脊梁是国有企业,但是国有企业负责人普遍低调。王会生担任国家开发投资集团有限公司董事长十余年,为其发展做出了重要的贡献。王会生的管理理念和具体的管理行为明显是基于现实问题,融合中西方管理之道去思考问题、解决问题。他既熟悉西方市场经济的规则,行为处世又表现出对国家的"忠"、对前任领导和退休职工的"孝"以及对新进大学生的"慈"。

融合中西管理之道的国有企业家王会生①

明朝中后期政治家和改革家、万历时期的内阁首辅张居正在《答总督方金湖》中指出:"世必有非常之人,然后有非常之事。"即"英雄造时势",世上一定是有了非同寻常的人,然后才会有非同寻常的事业。企业家对于企业的意义,可以说直接影响企业的生死存亡。大家并不是不知道企业家的重要,不尊重企业家,福特、乔布斯、韦尔奇、比尔·盖茨、巴菲特、张瑞敏、任正非、马云、马化腾等企业家甚至比一些电影明星的知名度还高。但是,其中缺少一个重要的群体:中国国有企业家。以前,大家对于国有企业负责人有偏见,认为他们的头衔是组织给的,资源是垄断的,市场是国家权力指定的。当然,要改变这些偏见需要一个过程。如果我们近距离接触一些国有企业家,会敬佩他们,甚至会认为他们的综合素质超过许多著名外企、民企的老板。王会生就是优秀国有企业家的典型代表。

一、正人先正己

出生于黑龙江省的王会生,身材魁梧,如果是在战争年代,他一定是在阵地前喝干白酒,大手一挥,带领大家冲锋陷阵的大将。他这元"大将"确实带领着"穷人的孩子",成长为共和国的脊梁了。

国家开发投资集团有限公司(以下简称"国投")从1995年成立以来,始终坚持服务服从国家战略,坚持党的全面领导,一直走在改革探索的道路上,不断适应环境变化,满足利益相关者的需要,发挥市场在资源配置中的决定作用。国投以资本作为集团管控的纽带,融合中西管理之道,走出了一条央企奋勇拼搏,打造现代企业的创新之路。在经历了八年的"一次创业"、十年的"二次创业"以及党的十八大以来的深化改革与转型发展,国投资产从创立时的70亿元增长到2017年年底的4941亿元;经营收入从2002年未过百亿元(98亿元)大幅增长至2017年的1013亿元,年均增长17%;利润突破182亿元,年均增长23%。截至2017年,国投净资产收益率达10.2%(自2012

---

① 根据国家开发投资集团有限公司的内部资料以及对王会生董事长的当面访谈资料编写。

年起始终保持在 10%以上),管理金融资产规模超过 1.1 万亿元,已连续 14 年获得国资委考核 A 级,多次获"业绩优秀企业"称号。

成立之初的国投"是个苦孩子","最小的项目只有几万元,有的甚至不知道项目在哪里"。在国投,一些管理人员经常提起他们早期是"穷人的孩子早当家"。国投的"二次创业"之所以能够取得较大的成就,其中很重要的一个原因是有一支"对党忠诚、勇于创新、治企有方、兴企有为、清正廉洁"的国有企业家队伍,带领一群"讲情怀、有担当、愿干事、干实事"的"国投人"。他们在为国投持续创新发展奋斗的同时,也实现了个人价值与企业价值的高度统一。王会生是这群优秀国有企业家群体中的典型代表,他既是国投的一把手,也是国投大家庭的普通一员。

自从被调入国投以来,王会生历经不同的工作岗位,从综合计划部主任到总经理助理、总工程师、副总经理,直至一把手。在王会生的带领下,国投拉开了"二次创业"的序幕,塑造了"为投资人、为社会和为员工"的宗旨理念,形成了"两调两强、双轮驱动"的发展模式,树立了"战略超前、结构合理、管理有效、以人为本、加强党建"的发展思路,完成了战略布局、结构调整、文化塑造等关键活动,为持续获得各项成绩奠定了坚实基础。

四川境内的雅砻江水电公司是我国唯一一个由国投作为单一主体开发的流域水电基地,共 22 个梯级,3000 万千瓦装机。锦屏水电站的员工深情地描述了公司早期的一些经历,王会生早年和开拓者们晚上一起住集装箱,经常冒雨到工地视察。

王会生对雅砻江水电公司的员工说过,他每年都会到四川凉山州看望大家。一位老员工眼睛湿润了,他说王董事长每年确实会到偏僻的大山里来慰问大家,和基层员工同甘共苦。

在北京总部时,王会生总是比上班时间提前半个小时到达办公室。

在日常工作中,王会生时刻牢记自身的角色、任务和使命,亲自抓国投的党建工作,带动国投领导团队这个"关键少数",不断"校准思想之标、上紧监督发条"。王会生主动参加国投的党课教育,亲自给学员讲党课,加强党性教育、宗旨教育、警示教育,严明政治纪律和政治规矩,帮助学员从思想深处"拧紧螺丝"。

二、政治使命感和责任感

王会生具有强烈的政治使命感和责任感。他指出,党和人民把国有资产交给企业领导人员经营管理,是莫大的信任,更是艰巨的责任。[①]在"二次创业"的历程中,王会生面临的重要问题是:国有投资公司是什么?如何做好国有投资公司?这两个问题不仅决定了国投的定位,也决定了国投未来的发展方向。王会生给出了答案:"国投是中央管理的重要骨干企业之一,代表着国有经济的发展方向,我们要为国有经济的发

---

① 新华社评论员. 牢牢抓住国企改革发展的根与魂. http://ww.xinhuanet.com/politics/2016-20/11/c.1119697813.htm,2018-09-13.

展做贡献,要为国有经济实力的增强做贡献。"国投发展的核心思路是:"要服务服从国家战略,国家哪里需要就往哪里投。"在王会生的带领下,国投在发展中全面贯彻落实党中央、国务院对国有企业改革的决策部署,坚持市场取向,突出问题导向,服务发展大局,紧紧围绕增强国有企业活力,优化国有经济布局,提高国有资本效率,防止国有资产流失,加强党对国有企业的领导,解放思想,勇于创新,主动作为,因企施策,持续攻坚,抓紧落实改革方案,使国家层面的改革政策、措施落地,为经济社会发展做出贡献。①

王会生勇于担当,抢抓机遇。2003年1月21日开始,他就任国投的第二任负责人,由此也拉开了国投"二次创业"的序幕。2003年5月30日,国投贯彻落实党的十六大精神,基于自身基础、外部环境以及公司内部员工发展意愿等,综合考虑,审时度势地作出第一次党组决议即"关于二次创业,振兴国投,加快公司发展的决议",启动了国投的新一轮创新变革。创新不能等,需要加快节奏,需要抓紧时间落实。时间不等人,国投也等不起。王会生说:"市场竞争瞬息万变,我们必须对市场高度敏感,要看得准,也要下手快。"作为一名优秀的国有企业家,王会生自身的一个重要特质就是对市场、政策具有高度的敏锐性,能够快速、准确地进行研读和判断,并及时作出决策。这种只争朝夕的精神,也为国投拿到了曹妃甸煤炭码头、北疆电厂、国投罗钾等优质项目。例如,罗布泊钾肥项目之所以能够落地,是因为王会生已经提前看准了我国缺乏钾肥资源的状况。当出现市场机会后,王会生快速推动论证和决策,很快就拿下了这个关键项目。同样,当国家公布发展雄安新区的规划之后,王会生在第一时间召开公司大会,提出"以只争朝夕的精神,加快与雄安新区建设规划的对接,服务服从于新区建设"的想法。国投也成为第一个响应中央建设雄安新区号召的中央企业,是首批进入雄安新区的央企之一,顺利拿下"雄安第一标",将国家政策迅速执行到位。

三、家国情怀

国有企业家精神的一个重要体现,就是必须具有兼济天下的精神,要有家国情怀。在日常工作中,国有企业家需要完成的重要工作之一,就是准确把握国有企业"三位一体"的本质属性,正确处理政治责任、经济责任、社会责任三者之间的关系。在王会生的带领下,国投积极参与军民融合发展,维护好国家利益和人民利益,履行好政治责任;努力经营管理好国有资产,实现保值增值,履行好经济责任;坚持绿色发展、安全发展,积极参与精准扶贫和社会公益活动,履行好社会责任,树立负责任的国有企业形象。尤其是针对我国正处于脱贫攻坚、全面建成小康社会的关键时期,王会生提出,国投作为国有企业,责无旁贷,必须努力承担中央企业的政治责任和社会担当。

在王会生的积极倡导下,2016年10月,经国务院同意,由国务院国资委主导,财政部、国务院扶贫办配合,国家开发投资公司牵头,51家央企共同出资122亿元,设立

---

① 参见国投内部资料《王会生传达全国国有企业改革座谈会会议精神》(2016年7月6日)。

了中央企业贫困地区产业投资基金,运用市场化机制进行产业扶贫,培育带动贫困人口脱贫的经济实体,探索央企扶贫的新模式,助力精准扶贫、精准脱贫。

国有企业家在日常经营管理活动中将自己的意识、行为和风格等深深地印刻在企业的每一步发展中,促进了企业的持续成长。可以说,国有企业家和企业家精神驱动着中国经济的发展,为积累社会财富、创造就业岗位、促进经济社会发展、增强综合国力做出了重要贡献。[①]

四、适应性战略眼光

王会生在带领国投服务服从国家战略的同时,又坚持"战略超前"的原则,密切观察、分析市场需求的动态变化,制订出适应环境变化的战略。2011年,在中央企业与某省的项目对接会上,121家央企中有71家都有合适的项目来对接,但是没有国投。这种"尴尬"让王会生认识到,国投的业务太传统,能够与地方对接的空间越来越小了。如果国投还是按照传统的方式运作,就会落后。尤其是在新的经济形势下,国投不能完全依靠以前的老底子来生存,必须形成新的驱动力以支撑持续发展。王会生一直认为,国投作为国有投资控股公司,战略目标是成为一流的投资控股公司,没有任何先例和成熟模式可以借鉴和照搬,只能依靠自己,不断思考,不断探索,不断创新,不断克服困难,不断挑战自我。在王会生的召集和主持下,国投每年都会召开一次发展务虚会,寻求观念和思路上的创新与突破,推动公司的持续创新发展。在王会生的带领下,国投党组加大改革力度,作出了一系列重大决定,先后提出"二次创业""六大战略""两调两强""六个转变"等创新思路,不断推动国投追求创新和卓越。

多年来,国投始终坚持将国家战略与企业战略紧密结合,并根据内外部形势变化、国家战略政策和自身发展需要,不断完善发展战略,调整业务布局结构,在落实国家战略政策以及满足市场需求中实现企业自身持续健康发展。2011年年初,面临传统产业基本饱和,运营成本越来越高,市场竞争越来越激烈,资源环境制约越来越大,发展空间也越来越窄的内外部环境,国投认识到:一是中国走进世贸,世界的格局、国际的分工在发生深刻的变化;二是"十二五"规划提出的总体思路,资源、环境、人及社会的矛盾需要解决;三是国资委"六大战略",提出培育具有国际竞争力的世界一流企业,需要有企业挺身而出;四是国投自身处于发展战略期,需要有所转变。通过针对现实社会诸多困难的深刻思考,以及对经济发展形势的深入分析,国投意识到传统的业务结构不再符合国家战略引导方向,传统的盈利模式也难以为继。因此,国投适时提出"六个转变"——从国内向国外转变、从传统产业向新兴产业转变、从西部向东中西部全面发展转变、从一般产业向独特产业转变、从以我为主向以市场需求为主转变、从资产经营向资本经营转变。

---

① 国资小新.新时代如何进一步弘扬企业家精神?.http://China.Chinadaily.com.cn/2018-04/08/content_35990354.htm,2018-09-08.

正是基于这种投资导向的使命和战略转型的意识,在传统产业板块,国投将产能相对过剩的煤炭、航运等产业板块整体移交相关产业的兄弟央企,助力国家供给侧结构性改革。在战略新兴板块,国投旗下覆盖的 VC、PE、FOF、政策性专项基金等不同类别的基金在高科技、健康、环保以及高端制造等领域频频发力,通过控股投资与基金投资融合联动,引导 5000 亿元左右社会资本进入战略性新兴产业,助力突破我国新兴产业发展瓶颈,如中国制造 2025(先进制造业基金)、军民融合战略(军民融合发展基金)、美丽中国战略(生物乙醇)、健康中国战略(国投健康)、大数据战略(国投智能、健康医疗大数据)、精准扶贫(扶贫产业基金、央企扶贫基金)、共享发展理念(国投委并购基金、三个平台)。从国投近几年的投资来看,有 80% 投向了关系国民经济命脉和民生的前瞻性、战略性产业和清洁能源、金融服务业等,在战略转型中实现了自身的稳健发展。

坚持服务服从国家战略的定位,使国投一直走在正确的发展道路上。纵然面对复杂多变的外部环境和增长动能转换的内部压力,国投不茫然、不彷徨、不停滞,主动作为,提前布局,分享国家经济发展的政策红利和产业红利。党的十九大召开后,面对新的发展形势,国投认真贯彻落实习近平新时代中国特色社会主义思想和十九大精神,继续推动转型发展,将核心战略聚焦于"为新兴产业做导向"和"为美好生活补短板"两大方向,朝着加快培育具有全球竞争力的世界一流资本投资公司的方向奋力迈进。

五、随需应变,不断改革探索

国投是改革的产物,其发展史就是一部改革创新的历史。对于没有垄断资源,没有行业依托,没有现成模式的公司而言,从成立伊始,便走上了一条不断改革探索的发展之路。

二十多年来,国投经历了三个发展阶段,进行了五次大的改革。正是依靠不断改革和创新,国投建立了一整套投资控股公司发展的总体思路、战略布局、经营模式、管控体系和企业文化,综合实力显著增强,品牌形象和社会影响力大幅提高,实现了规模扩张与效益增长的良性循环。2003—2015 年,国投业绩保持稳定增长的良好势头,资产规模和效益以年均两位数的增幅快速增长。具体而言,国投总资产规模从 733 亿元增长到 4966 亿元,增长了 5 倍多;主营业务收入从 95 亿元增加到 1155 亿元,增长了 11 倍多;利润总额从 8.5 亿元增长到 165 亿元,增长了 18 倍多。国投的三个发展阶段:一是"求生存、打基础"的初创阶段(1995—2002 年),二是"二次创业,振兴国投,加快公司发展"的阶段(2003—2012 年),三是深化改革、转型升级、创新发展的阶段(2013 年至今)。国投五次大的改革调整:(1) 1996 年,构筑母子公司的基本框架。国投刚成立时,各业务板块各自为政,党组运用强有力的手段,调整组织结构,构筑了母子公司的基本框架,提出要将公司建设成为具有中国特色的国家投资公司。(2) 1999 年,推行项目经理责任制。国投进行内部机构改革,实行全员劳动合同制,推行项目经理责任制,实施专业化管理,包括成立资产管理公司、剥离不良资产、加快调整结构等。

(3) 2002年,开展管理咨询,初步建立与市场匹配的体制机制。国投聘请专业咨询公司,进行管理咨询。在此基础上,党组充分考虑国家的大政方针和发展环境的深刻变化,作出了"二次创业,振兴国投,加快公司发展的决议",公司的发展进入了快车道。(4) 2002年起,聘请专业咨询公司做咨询,推行集团化、专业化、差异化管理,尽可能落实子公司的责权利。(5) 2014年,推进大监督体系建设,整合监督资源,发挥监督合力,形成制度建设、宣贯、执行、监督、评价的管理闭环。

国投二十多年的健康快速发展,靠的是不断改革。国投在发展的每一个历史阶段,都根据外部环境的变化和发展的需要,进行相应的战略创新、体制机制改革以及结构调整。改革和创新始终是国投探索投资控股公司发展道路的主题。没有坚持不懈的深化改革,国投就不可能发展如此迅速;没有坚持不懈的创新,国投就不可能取得今天的发展成就;没有坚持不懈的结构调整,国投就不可能牢牢把握发展的主动权。

面对不断变换的外部经营环境和内部发展需要,国投选择不断进行自身组织架构和管理体制机制的变革,因时而变、因势而为。王会生说:"不改革就会被时代淘汰,要从更高的层面来认识改革、支持改革、参与改革。"正是本着这种"在夹缝中求生存""穷人孩子早当家"的危机意识和忧患意识,王会生让国投人认识到,唯有改革才能提高市场应变能力,唯有改革才是企业发展的动力源泉。国投经历的强调流程控制、突显专业化管理、探索突破业务瓶颈、全面深化改革试点的四次管理体制和经营机制的重大改革,以及接连不断的小型改革,也帮助国投逐步完成了从一个计划经济下政策性投资机构向社会主义市场经济条件下具有中国特色的商业化运作的投资控股公司的转变,为国投的持续健康发展提供了源源不断的内在驱动力。

六、融合中西管理文化

在探索和发展的过程中,国投不是一味低头干,而是经常抬头看,寻找世界一流企业进行对标,对接学习国际先进管理经验。通过对淡马锡公司进行深入考察,国投借鉴了它在法人治理结构、对投资企业的管控、薪酬和激励机制等方面的先进经验,对照自身存在的问题和困惑,得到了很大启发。国投还对通用电气公司进行了调研,学习它在确立战略愿景、优化业务组合、开展资本运作、重塑组织架构等方面的做法。与此同时,国投还针对专项管理,学习国际先进经验,不断提升综合管理能力。例如,为适应国际竞争制度环境,国投对世界一流企业的法律管理情况进行了分析汇总,明确努力方向,找准差距,旨在提升法律工作管理水平,服务于改革发展大局,为打造国际一流企业所需要的国际一流法律管理体系与机制奠定了必要的基础。

国投非常注重企业实践的理论支撑,对外引智,推动了全面且深刻的管理革命。2002年,国投聘请国际知名的咨询公司科尔尼提供管理咨询服务,建立了公司最高决策体系,制定了关键业务流程及其相关规定。2008年,国投又聘请德勤,进行全面的管理与制度优化,围绕"集团化、专业化、差异化"的管理理念,确立了"集团总部—专业子公司——投资企业"的三层次管理架构。2014年,国投聘请贝恩,对金融和国际业务开展专项顶层设计咨询。参考贝恩的咨询建议,国投实施了一系列做强做大金融服务业的举措,同时也加快了"走出去"的发展步伐。国投借此完善了集团组织管控与工作流程体系,填补了自身发展中的经营管理短板。

西方管理重视制度、规则、严厉的考核,国投的管理则充满团结友爱、忠孝情义。国投高度尊重前任领导和退休员工。王会生明确提出:要让老同志体面地活着!离退休员工是国投的宝贵财富,尊重老同志就是尊重公司的历史,关心老同志就是关心公司事业。自2003年担任国投负责人之后,王会生就让党群工作部和人力资源部制定了一个制度规范,明确了两项重要原则:一是在规定上应该给大家的一分不能少,当然必须是在政策允许的范围内;二是对退休干部要视同"爹妈",要像自己亲人一样对待。离退休老同志虽然没赶上国投的大发展,但是他们为企业的初始发展做出了巨大的贡献,要多了解退休的人都在想什么。王会生说:"离退休员工是公司的宝贵财富,公司发展到今天,凝聚了他们的心血,离不开他们的奉献,在他们身上也要体现公司的人文关怀。"国投每年的老干部情况通报会,王会生都要到场。每年春节期间,公司党组成员和党群工作部、离退休员工办公室、人力资源部等部门的领导一起到老干部活动站慰问离退休员工,并由党组成员亲自将春节慰问品发放到老同志手中。国投十分关心离退休老同志的身体健康,不断完善员工健康医疗保障制度。国投根据实际情况,及时给退休老同志办理了补充医疗保险、医疗互助保险,建立了重特大疾病医疗补助制度,为他们解决了后顾之忧。在国投的有关座谈会上,有的内退人员流下了感激的热泪;老同志们一致反映,公司党组、各级领导越来越关心、照顾离退休员工了,切实做到了以人为本,让老同志与在职员工一起共享企业的发展成果。同时,离退休员工也加深了对国投的归属感和向心力,为国投取得的每一项成就感到自豪和骄傲,呈现出前所未有的稳定、和谐局面。

融合中西管理智慧,国投在管理创新方面的探索也得到了专业机构的充分肯定。国投在管理创新方面多次获得国家级奖励:2004年12月,国投《以流程控制为主的投资决策体系的构建与实施》荣获第十一届国家级企业管理现代化创新成果一等奖;2006年3月,国投发布《国家开发投资公司控股投资企业要素管理纲要》;2007年1月,国投《国有投资控股公司员工职业生涯管理》荣获第十三届全国企业管理现代化创新成果一等奖。

七、关心员工成长

"以人为本"不是一句空口号,也不是轰轰烈烈的事,而是为员工办小事,办实事,办他们最需要解决的、最具体的事,尤其是那些直接关系到个人利益的事。坚持"以人为本",就是针对员工需要,解决好员工最关心、最直接、最现实的问题,提高员工的政治素质、道德水平和业务能力,实现企业与员工的共同发展。王会生曾经讲:"为员工,一定要真心实意,要换位思考,要从小事做起,要送温暖,要为员工办实事。"他指出,要实实在在地关心员工。不同的员工有不同的需求,对刚参加工作的年轻员工要像对待自己的孩子一样,关心他们住得怎么样、生活上有什么不方便的地方;对中年员工要像对待自己的兄弟姐妹一样,关心他们孩子的上学情况、他们的亲戚有没有下岗的情况、他们生活上有没有困难;对离退休的员工要像对待自己的父母一样,关心他们的退休生活、文娱活动和身体健康。

为了帮助新员工成长,国投非常重视新员工的培训工作,公司各级领导亲自讲解,对他们进行企业文化、公司规章制度的介绍。2004年8月25日,国投的49名新员工集中培训的第一天,王会生刚从新疆归来,虽然连续工作的劳累引起感冒发烧,但是他在医院输液后,仍驱车三十多公里,出席仪式并以《国投的昨天、今天和明天》为题向新员工们作了三个多小时精彩演讲。通过对公司历史沿革、组织框架、业务范围、发展战略等方面的讲解,使新员工对国投历史、现状和远景有了一个清晰的认识,增强了他们对公司的归属感和忠诚度。为了促进新员工的成长,使他们尽快适应工作岗位和环境,所有新员工都被安排到投资企业去实习或挂职锻炼;同时,还推进员工竞争上岗、交流轮岗,公司和子公司岗位人员交流,从成员企业选调优秀人员到公司或子公司工作。

国投对于新员工的关爱,也体现在日常工作的一点一滴之中。2003年,国投招聘了21名大学生,其中有三名是靠助学贷款上学的,家里非常困难。这三名新员工到了国投之后,既要吃苦耐劳工作,又要拿着钱去还贷款,还要挤出工资去接济家人。王会生得知此事之后,提议公司把这三名大学生所欠贷款的尾款一次付清。同时,王会生还明确告诉他们,公司不准备让员工签保证书或协议之类的"卖身契"。他说:"公司之所以这么做,就是想让这三个孩子好好工作、好好学习,同时省下钱能孝顺父母。我们不仅要用事业留人,还要用实实在在的关怀和激励留住人才。"①虽然金钱是有价的,但是这种关心是无价的,也让更多的普通员工坚定了要为国投的发展努力工作的决心。

八、危机意识

王会生把"生存第一、健康发展"作为自己的本能选择。无论顺境还是逆境,国投始终坚持认清差距,落实改进。"二次创业"以来,国投的经营业绩逐年上升,但是国投人始终保持清醒头脑,在成绩面前不自满、不发热,不停步、不懈怠,保持追求进取的活力和动力。在发展研讨会、年度工作会、成员企业负责人会、中心组学习、党课等场合,国投人坚持深入分析形势,不断总结经验,不断找差距、查不足,不骄不躁,不断取得进步。

王会生强调"实践出真知"的管理思维,倡导"管理没有最好,适合就好",创造性地发展出自己的要素管理体系和差异化的分类管理体系。同时,国投在加强党建等体现

---

① 尚鸣.谢旻.重铸国企灵魂——探寻国投超速发展的精神动力[J].中国投资,2005,(3).

中国企业治理特色的管理活动上,也形成了自己的实践体系。从这个角度,也可以说,国投是一个有自己经营之道的企业。国投多年的实践证明,只有顺应改革开放的大趋势,坚持改革不动摇,企业才能突破困局,获得新生;只有遵循市场经济的发展规律,发挥市场在资源配置中的决定作用,企业才能找到适应市场发展环境变化的生存法则和符合自身发展特点的运营模式;只有按照现代企业制度的要求,选择适合公司的管控模式,规范运作,科学管理,坚持完善不放松,企业才能走上持续健康稳定的发展轨道。国投继续行进在全面深化改革、不断进行管理创新的探索之路上。

十余年来,国投的"一把手"王会生每年都会为国投取得"A"级评价而书写寄语,从中可以深刻体会到他内心铭记的危机意识和忧患意识。每一次书写寄语,他在肯定公司取得成绩的同时,不忘深刻剖析外部环境,对标世界一流投资公司,指出公司存在的不足,告诫每一位国投人要保持清醒,看到差距。也正是这种融入脑中、扎根心中、转化为行动的忧患意识,保障了国投多年来一贯的稳健、可持续发展。

下面是王会生在国投连续13年荣获国务院国资委绩效考评"A"时书写的寄语片段:

> 生于忧患,死于安乐。当前,世界正处于百年一遇的大变革时期,中国经济步入新常态,公司"四期叠加",困难前所未有,挑战前所未有,担子更重,压力更大。我们要在成绩面前,不骄不躁,坚持"两个务必",更加务实,更加开拓进取。必须继续保持勇于改革的朝气,下更大的气力推动体制机制变革,下更大的气力推动重组整合,充分挖掘试点平台优势,集聚动力,激发活力;必须继续坚持不断创新的锐气,推动传统产业转型升级,加快新业态培育成长,拓展发展空间;必须继续秉持破旧立新的勇气,努力克服"九个不适应",加大结构调整力度,优化资源配置,提高发展质量和效益;必须继续弘扬清风廉洁的正气,进一步全面加强党建和党风廉政建设,常怀忧企之心,常思兴企之责,打造一支忠诚于党、忠诚于事业的坚强队伍。
>
> 放眼群峰皆是绿,一重山景一重天。挑战磨砺意志,苦难铸就辉煌。我坚信,凭着国投人仰望星空的智慧、敢于胜利的决心、脚踏实地的干劲,初心不改,笃定前行,必将创造国投更加璀璨的明天。

下 篇
东方管理内容

在东方文化背景下的管理工作中,从管理行为和结果来看,最重要的是谋略管理、心理管理、关系管理、绩效管理、变革管理。利用五行学说来分析这五项内容,可以将其概括为五行管理模型。五项内容的归属,主要参考《黄帝内经》等著作,结合管理实践来划分。

谋略管理属木,探讨不确定背景下的适应性战略、领导谋略、决策谋略、用人之道、权力运用之术,有远虑,谋大局,处理好长远目标和近期利益的关系;心理管理属火,探讨管理如何"从心出发",正心领导,管理心智模式,管理心理健康,管理薪酬设计,心动促进行动,调动被管理者的积极性,提高管理的实际效果;关系管理属土,探讨如何协调与多种利益相关者的复杂关系,注意面子人情关系网,搞好领导班子建设,处理好上下左右前后关系,从而达到动态平衡;绩效管理属金,探讨如何从整体观念出发,义利兼顾,建立绩效管理系统,做好监督执行工作,对素质、行为和结果实施管理,利用 BSC 等工具做好战略执行工作;变革管理属水,组织变革的核心是提高适应力,探讨在复杂性不确定的时代,如何"与时偕行"、随机应变,构建适应性组织,有效领导变革管理。五行管理模型把自然、社会和人看成一个有机联系的系统,五行之间有着相生、相克、相乘、相侮、互藏等错综复杂的关系。

《黄帝内经》强调"心"的重要性,主张"心者,君主之官,神明出焉",管理以"正心安人"为根本原则。在具体的管理工作中,应该综合运用谋略管理、心理管理、关系管理、绩效管理和变革管理,以取得理想的管理效果。

第六章 谋略管理

谋略管理在古今中外的管理活动中都非常重要。在中国传统文化中,道家、兵家和法家重视谋略管理,其实儒家、佛家也有丰富的谋略管理思想。黄德昌等人出版了介绍儒家谋略管理的著作——《哲人圣智:儒学智慧与现代管理谋略》。他认为,儒家的管理体系中,洋溢着治国、教人的谋略,其管理谋略文化绝不逊于兵家、道家和法家。谋略不仅被中国人重视,外国人也看重。美国人罗伯特·格林等人出版的三本畅销书,主要也是讲谋略管理的:《权力的48条法则》(The 48 Laws of Power)、《诱惑的艺术》(The Art of Seduction)、《战争的33条战略》(The 33 Strategies of War)。

第一节 谋略管理思想

中国人以谋略著称于世,著名的《老子》《孙子》《鬼谷子》等谋略名著早已盛传于海内外。直到18世纪,世界各国有关谋略的书籍总和还不如中国的多。在中国这些浩如烟海的历史著作中,蕴含着极其丰富的政治、军事、用人和人生谋略思想。中国诸子百家也都以谋略闻名于世,这些谋略大到涉及治国平天下,小到用人、修身养性和避难,为历代官僚士子所揣摩、发挥和运用。中国人不但善于著书立说来阐述"谋略",中国人的生活在某些论述中亦被称为谋略化:"或阴或阳,或柔或刚,或开或闭,或弛或张,或进或退,或入世或出世,持中和,处柔顺,善变通,精辩证。"想在竞争激烈的社会中生存,就得想尽办法去探知对方,揣摩人的心理。因此,"中国堪称谋略之国"。

一、谋略概述

在中国,曾经出现过像孔子、老子那样的社会、政治谋略大师。孔子主张社会实行"礼治"和"仁义",强调社会的秩序,而老子则强调"无为而治",对民间的活动不加干预。虽然孔子和老子的思想没有在他们的时代变成现实,但这些政治谋略在几千年中影响了代代相传的中华民族和其他邻邦,成为著名的儒教和道教之说。

"谋略",在《现代汉语词典》中的解释为"计谋策略"。其中,"计"指计划或者规划,"谋"指谋划、思考和运筹,"策"指对策、策划,而"略"则指战略、策略。可见,"谋略"就是计划、运筹、规划的意思。醍醐子的弟子曾经问何谓"谋略"。醍醐子说:"谋略指对事物高瞻远瞩、曲折迂回的认识,以及为了达到认识的目标所采用的间接的、神奇的、不常规的、令人惊异的手段。具体地说,它是隐藏不露的政治计谋、运筹帷幄的军事战略战术、事半功倍的做事方法、风云变幻的人生策略。"醍醐子的解释基本符合我们的理解,但他显然更看重"谋略"的神奇效用。

周海炜认为,谋略的实质是对人的关系的管理,通过类推与缩放作用,体现在治国、军事与人生之中。而企业管理谋略则是传统文化实用理性在企业经营管理中的集中表现,是通过狭义的谋略运用应对企业复杂的生存环境的思考与行动,具有显著的功利性导向。他认为,中国企业战略管理中出现的谋略化倾向在管理思维、管理内容、管理方式等方面具有独特性,并进而形成企业谋略运作机制。① 另外一篇周海炜与张阳等人合作的文章认为,中国传统谋略以"谋人""谋利""争利"为基本特征,在企业竞争中体现为围绕企业之间利害关系的谋略竞争。文章还指出,企业的实力竞争与企业的谋略竞争不是相互排斥的关系,而具有统一性。可以说,企业提升竞争实力需要运用谋略,而运用谋略要有助于提升企业的竞争实力。② 陈立明认为,谋略是"一种运用权谋和策略趋利避害,引导事态发展以达到预期目的的社会行为"③。他认为,中国古代谋略文化形成了自己的价值尺度、伦理判断准则和逻辑思维方式,提出古代谋略文化的基本精神,包括重利轻义、实用理性的价值观,奇正相生、智圆行方的辩证思维方式,知、情、意结合的认知方式。高淑清在《中国古代谋略文化探赜》中认为,中国谋略文化是以治国安民、人生处世、谋事谋人为基本内容的曾在三代、春秋战国至汉唐时期占主流地位的观念文化形态。高淑清在文章中梳理了中国古代谋略文化的发展脉络及谋略文化对中国文化的影响,提出古代谋略文化的文化个性,即诡道论与道德学说并不行悖。④

还有些学者,虽对"谋略"与"战略"概念作了区分,但并没有对谋略的含义进行深入探讨。例如,刘娟娟在其文章《浅论中国兵法与竞争谋略》⑤中认为,可以将传统兵法思想与企业经营管理结合起来,使企业能借鉴兵法谋略,在市场竞争中谋求自身的生存和发展。卢忠仁在《〈老子〉的智慧与中国人的谋略》⑥一文中认为,《老子》的哲学及智慧对中国人的谋略文化有重要影响。他把《老子》的智慧概括为八个方面,认为这些智慧对历代中国人包括现当代一些革命家在谋略方面有深远而广泛的影响。魏真和霍增山在《论道家无为而治的管理谋略及现代价值》中对《老子》的无为思想及其中对管理有意义的谋略进行了讨论。⑦ 也有一些研究者直接探讨现代战略管理体系中的谋略问题。许毅认为,战略管理作为西方文化背景下产生的管理学的一个范畴,在中国企业管理中存在很多不适。他提出,企业应该探索中国古代的谋略观,将其价值

---

① 周海炜.战略管理中的企业谋略及运作机制研究[D].河海大学,2004.
② 周海炜,张阳,迟树功.企业的实力竞争与谋略竞争[J].理论探讨,2007,(2).
③ 陈立明.中国古代的谋略文化[J].中央社会主义学院学报,1998,(12).
④ 高淑清.中国古代谋略文化探赜[J].吉林师范学院学报,1999,(7).
⑤ 刘娟娟.浅论中国兵法与竞争谋略[J].山西经济管理干部学院学报,2000.
⑥ 卢忠仁.《老子》的智慧与中国人的谋略[J].理论月刊,2000,(9).
⑦ 魏真,霍增山.论道家"无为而治"的管理谋略及现代价值[J].刑台师范高专学报,1999,(1).

体现在对战略管理的补充、修正、创新之中;同时提出,跨文化分析是未来战略管理研究的一个基本方法。[①] 也有研究者论述了企业战略实践中谋略的运用,如洪鸿、黄光国分别对中国大陆的民族资本家和台湾地区企业在企业竞争战略上对谋略的运用的案例进行了讨论。

综上所述,谋略是为了实现某一目标,通过计算权衡而制定的不同寻常的战略、策略、计划和方案。虽然几千年来中国不乏运用谋略的各路高手,更不乏反面案例,但谋略本身却是一个中性词,并不存在什么是非之处。在变化的世界当中,既要遵循各种谋略的基本理念,又要不固守常规、常法,独辟蹊径,出奇创新,才是最后制胜的关键所在。现代意义上的谋略还有更广泛的内涵,比如谋势、造势等,包含谋略的"竞争"和"合作"双重意义。

二、谋略运用

中国历史上,谋略管理在政治、军事、经济多方面得到了运用。《史记·五帝本纪》中记载,帝尧的仁德如天,他推算日月星辰的变化,教导人民何时播种,何时收成,并将朱鸟七宿(星名)在正南方的日子定为春(春分),这时白昼和夜晚等长;大火心宿(星名)在傍晚位于正南方的日子定为夏(夏至),此时昼最长;虚宿(星名)在傍晚位于正南方且昼夜等长之时,定为秋(秋分);而昼最短且昴宿(星名)在傍晚位于正南方的时候,则定为冬(冬至)。至于一年有365天及三年有一次闰月,也都是帝尧所定的。在他的仁德之下,春天一到,年轻人便到户外努力耕作,老人及小孩也都配合一起帮忙。在人们播种的同时,鸟兽也开始交配繁殖后代。到了夏天,不管老少都到户外劳动,鸟兽的羽毛也变薄。秋季收成后,人们心满意足,鸟兽羽毛焕然一新,显得舒畅。而冬天一来,人们都躲在屋内取暖,鸟兽也长出细柔的绒毛以保持体温。"从事乎无为"可解释为顺应自然运行的大原则,维护大自然秩序或维持自然生活之意。顺乎自然的事情都是好的,我们看帝尧便知,他所做的事情都是很伟大的。尧在位90年后引退,把天下让给舜,直到28年后才辞世。由于其子丹朱不肖,所以尧把帝位让给了来自民间的舜,尧当时曾说:"不能让天下人吃苦,而让丹朱一人得利。"顺乎自然而治理天下,这是帝尧的谋略管理思想。

经济管理谋略的开创者是管仲。管仲出身贫贱,曾与好友鲍叔牙一起经商,在坎坷的生活中,两人结成了深厚的友谊。管仲博学多才,深得齐桓公的赏识,管仲治齐40年间,对齐国制定和实施了一系列改革内政外交的重大措施,使齐国在政治、军事、经济等方面都取得了优势。他对外以"尊王攘夷"为号召,挟天子以命诸侯,从而巩固了齐国的霸主地位。在国内大力实行改革,发展工商、渔盐、冶铁等行业,推行"相地而衰征"的经济政策,即按土地的好坏分出等级来征收相应的租赋。他将齐国分为15个

[①] 许毅.论中国古代谋略观在当代战略管理中的现代价值[J].学术探索,2000,(6).

士乡和 6 个士商乡,各司其职。管仲认为,礼、义、廉、耻是国家得以维系的精神支柱,称为"四维",他指出"四维不张,国乃死亡"。后人经总结管仲思想而写成的《管子》一书是先秦典籍中保存中国古代经济思想资料最为丰富的一部著作。《管子》一书从政治、经济和意识形态的角度提出了管理国家的理论和原则。其中"仓廪实而知礼节,衣食足则知荣辱"是《管子》经济思想的理论基础。管仲强调要适应不断发展的社会分工,使民尽其所长。《管子》一书还论述了经济领域的财政、金融、货币、贸易、税收等各个方面。《管子》是一部系统反映中国古代经济思想的巨著,《管子》的经济思想在几千年中深深地影响着中国的经济。

对中国经济影响巨大的还有商鞅的官商理论、范蠡和其师计然的经营理论以及司马迁的自由市场理论。商鞅主张官营垄断,法治连坐,郡县耕战;范蠡善于择人任势,治产交易;司马迁提倡尊重人性,顺应自然,注重市场调节等。这些都是经济和管理上的旷古高见。

《孙子兵法》是谋略管理的主要代表著作之一。《孙子兵法》在过去和现代都被崇为"兵学圣典"和"世界第一兵家名书",其杰出的军事思想的中心是要求以"庙算"、计划、运筹和智谋取胜,而不只是以力胜敌。要"知己知彼",才能"百战不殆",要"不战而屈人之兵",也就是不用战斗就能使敌人屈服。孙子认为,这样卓越的天才指挥者才是高明的战略家。"知己知彼,百战不殆"和"不战而屈人之兵"等名句是孙子作战思想的高度概括和总结。虽然《孙子兵法》起初是为了军事需要而撰写,但其丰富的竞争和管理谋略、原理、原则和方法乃是多个领域的重要指导思想。这是因为竞争和管理在人类社会中无处不在,无时不有,其成败得失的关键在于运筹谋略。首先,军事和企业竞争在基本的含义上是相通的,可以相互借鉴和移植。其次,军事和管理的主体和客体都涉及人,两者在对领导者的素质要求,在择人任势、激励人员、协调人际关系等方面都是可以借鉴的。最后,军事和企业管理的主要职能方面相似,它们都需要计划、组织、指挥、监督、协调、控制和反馈,即制订有力的战略计划,建立强有力的组织机构,构建统一的指挥体系,监督和协调组织成员的行动,对组织活动进行有效的控制,对组织活动的结果进行评估和反馈。

三、谋略管理的意义

对于企业来说,以前面临的环境基本上是稳定而且可以预测的:国界限制了企业之间不受控制的经营活动,这使得企业的经营活动和竞争范围主要集中在国内进行;国家对产业的立法限制了竞争者的进入和产业内部的竞争规则;企业政策及相关制度规定了企业组织的工作方式。同时,企业科层组织对于员工进行有效的控制和管理。在这种相对稳定的条件下,企业领导者可以通过常规的计划、组织、激励、协调和控制来进行管理。然而,自从 20 世纪 90 年代以来,全球各国的政治、经济和社会环境发生了巨大的变化,在信息经济、知识经济和网络经济等超强竞争的态势下,那种稳定的

"经济国界"和管理思维已经不能再适应时代的挑战,企业的经营环境已经从过去相对平稳的静态环境走向日益复杂多变和充满不确定性的动态环境。

随着科学技术的发展、全球化的推进,企业之间的竞争日益激烈。当前,现代组织越来越多的时间都航行在"陌生的水域",企业的运作层面随时都会发生出乎预料的事情,需要企业领导者充分发挥聪明才智,运筹帷幄,作出快速和有效的反应。正是经营环境中这些事件的突发性和不可预见性,导致组织领导者需要采取快速的变革计划并有效执行这些举措。当前,企业面临的不断加剧的竞争环境主要体现在以下几个方面:(1)顾客的要求不断提高。大多数领域竞争的加剧,意味着顾客将得到越来越好的服务和产品。产品和服务的生命周期在不断缩短,不断有新的市场被创造出来。为了竞争,企业在规划和生产产品和提供服务时必须顺应顾客需求的变化,必须有能力提供更好的产品和服务来开拓新的市场。(2)竞争范围的扩大,即全球化。随着全球化竞争愈演愈烈,许多产品和服务现在都可以自由地在世界各地移动,许多供应源已经扩散到更加广泛的区域。表面上看起来无关的全球性事件所产生的影响,往往会远远超出人们的想象。比如,由于欧盟的缘故,本田公司在英国投资建厂意味着意大利的菲亚特在本国市场上又多了一个竞争对手。竞争范围的扩大使得企业领导人更应该掌握先进的信息和决策艺术,从经济全球化的角度来策划企业的生产和运营。(3)技术尤其是信息技术的突飞猛进。技术尤其是信息技术的飞速发展,正影响着产品制造和服务交送的方法、组织内部的运行机制,以及产品和服务投放市场的方式。比如,互联网技术和电子商务的发展对组织的学习、生活和生产产生越来越大的影响。信息技术的快速推进要求企业领导者扩展决策方法,掌握新型的决策技术,利用这些有效的技术手段提高决策和管理效率。

竞争环境的变革要求企业重新考虑其经营战略和经营方法,要求领导者必须更加关注顾客需求的变化,按照市场的要求开发出新的产品,拓展新的销售渠道,实施新的融资策略,进行更多的创新。为了实现这些目标,领导者需要审时度势,精于谋略,根据市场的情势统筹规划,制定新型的竞争或者合作战略。

首先,企业结构的复杂化。当前,企业成长、经营多样化、全球化和技术进步等因素使得企业的经营活动变得更加复杂。为了在激烈的市场竞争中立足并有所发展,企业需要降低成本,提高劳动生产率,改进售后服务,保持产品的高质量,加快新产品开发进度,这意味着企业必须进行经营改革。但改革必然出现震荡,会给人们带来压力,会有成功者,也会有失败者。即使是在简单的情况下,要克服由于压力和财产损失而产生的抵触情绪,也不是那么容易的,更何况情况并非那么简单。在企业结构日益复杂的情形下,作为企业领导者或者管理者,更要从企业长远发展的角度,精于筹划,善于造势,使得企业能克服因结构复杂而带来的各种弊端,从而顺利前进。

其次,知识要素成为企业的核心竞争力。在当今的变革环境中,知识不断进化并成为企业的核心竞争力,曾经对企业竞争力起主导作用的传统资本资源,正日益让位于知识资源。未来的成功企业都将是那些把知识等无形要素作为独特生产要素,并能够比其他企业更快更好地学习、思考、运用知识和采取行动的企业。知识要素的作用使得企业领导者更多地充当企业团队中教练和顾问的角色,必须始终注意提升企业员工的创新能力,必须给员工创造良好的学习知识、应用知识的环境。教练技术或者顾问技术的核心,本质上与谋划有关。同时,企业领导者的谋略应该围绕着企业知识要素的积累和员工良好的学习氛围来进行。

最后,政治法律制度对于企业的发展有着十分重要的影响。按照现代制度经济学的观点,政治法律制度能通过确定或多或少的组织和个人的行为规则(即设定组织和个人的行为界限)来约束包括企业等组织和有关个人的行为方式,从而影响企业等组织管理和运行的过程。政府对宏观经济的调控以及对经济结构的调整和有关税收、环保、行业管理等规制的变更,议会等机构对于各项社会管理法律的制定和颁布,都会对组织日常经营行为和组织成员的行为或者行为预期有着十分重要的影响。面对这些影响企业各个方面的政治法律制度,企业的领导人需要有遵守法律的意识,采取合法的行动,更需要企业或者组织领导人善于把握法律的实质,扬长避短,统筹考虑与企业发展壮大相关的资源,采取有效的应对措施,以充分利用政治法律制度带来的有利作用,克服有可能带来的不利影响。

总之,面对复杂多变的企业内外部环境,当代的领导者更需要掌握有效的谋略艺术,这一谋略艺术是建立在理解当今世界新的特点之上的,结合了古今中外各种有效的谋略方法和艺术。它包括充分的调研和大胆有效的预测、分析变革并确定远景、使命和长短期目标的战略谋划,有效的管理运筹过程,恰如其分的激励、组织、控制和监督方式,有效的评估和反馈方法等。变革时代对领导艺术和谋略管理提出了新的挑战。掌握变革时代的领导艺术和谋略管理对企业(和其他组织)的可持续发展将起到十分关键的作用。本书将结合古代谋略的精华以及现代科学的运筹管理理论和方法,阐述新的历史条件下的谋略管理艺术;重点以企业为研究对象阐述新型的谋略方法和艺术,分析当代的谋略特点,旨在为处于风云变幻的时代的领导者和管理者提供新的思路和方法,为企业更有效地作出决策和管理提供新的视野。

第二节 适应性战略

"战略",原为军事用语,古称"韬略",就是作战的谋略。战略性思维是当今管理者必须具备的思维方式。清朝陈澹然在《寤言》中说:"自古不谋万世者,不足谋一时;不谋全局者,不足谋一域。"在这里,万世之谋、全局之谋,就是战略之谋。战略高于战术,战略上出差错,局部无论如何努力也难以挽回。作为企业领导者,每天都会面对各种类型的问题,其中既有战略问题,也有非战略问题。关注战略问题正是领导者区别于一般事务性管理者的最重要的特征。组织的战略关系到全局的存在、巩固、发展,凡涉及组织整体活动目标、方向、未来、成败和根本效益的问题,凡在全局中带有共性并有普遍指导作用的问题,都是战略问题。战略问题需要高度的分析、凝练,有时需要复杂的推理。人们只有主动寻求、探索才能捕捉到战略。战略意识指的是人们对客观存在的战略问题的重视和敏感程度。战略意识的强弱往往直接影响领导效能的高低。它是领导者自觉捕捉、谋划、解决战略问题的一种重要能力。对于组织的领导者来说,组织内的各种内外部因素都会影响领导效能的发挥,其中最关键的就是领导者的战略意识。

一、战略的特征

关于什么是企业战略,在西方战略管理文献中没有统一的定义,不同的学者和管理人员赋予其不同的含义。从广义上说,企业战略包括企业的意图、目标、战略和政策。持此观点的主要有安德鲁斯和魁因两人。美国哈佛商学院的安德鲁斯教授指出:"战略是一种决策模式,它决定和揭示企业的目的和目标,提出实现目的的重大方针与计划,确定企业应该从事的经营业务,明确企业的经济类型与人文组织类型,以及决定企业应对员工、顾客和社会作出的经济与非经济的贡献。"美国达梯莱斯学院的魁因教授认为:"战略是一种模式或计划,它将一个组织的主要目的、政策与活动按照一定的顺序结合成一个紧密的整体。"他指出:"有效的正式战略包括三个基本因素,即可以达到的最主要的目的,指导或约束经营活动的重要政策及可以在一定条件下实现预定目标的主要活动程序或项目。有效的战略是围绕着重要的战略概念与推动力而制定的。战略不仅要处理不可预见的事件,也要处理不可知的事件。"美国著名战略学家安索夫是持狭义战略观点的代表人物。他根据自己在美国洛克希德飞机公司等大公司里工作以及在大学里教学和咨询的经验,出版了著名的《企业战略论》一书。他指出:"企业战略是贯穿于企业经营与产品和市场之间的一条共同经营的主线,它决定着企业目前所从事的或者计划从事的经营业务的基本性质。"

学者们对于战略的含义有不同的认识和定义,说明人们对战略特性的认识不同。但归纳起来,可以将以上学者对企业战略的理解概括为:着眼于企业的未来发展愿望或者要求,根据企业外部环境变化和内部资源条件,为求得企业生存和长期发展而进行的总体性谋划。

尽管人们对企业战略的定义有不同的认识,但对于企业战略特征的认识却没有太大的分歧,概括起来,企业战略的特征表现为:(1)全局性。企业战略实质上就是企业的发展蓝图,指以企业全局为研究对象来明确企业发展的总体目标,规定企业的总体行动,追求企业的总体效果。企业经营管理的一切具体活动都受到企业发展战略的影响。(2)长远性。即指企业战略的着眼点是企业的未来(通常是3—5年,甚至更长)而并非现在,是为了谋求企业的长远利益而不是企业暂时的眼前利益。(3)指导性。企业战略规定了企业在一定时期内基本的发展目标和实现这一目标的基本途径,指导和激励着企业全体员工努力工作。同时,这种指导性的企业战略所确定的战略目标和发展方向是一种原则性和总体性的规定,是对企业未来的一种粗线条设计,是对企业未来成败的总体谋划,而不是纠缠于目前的具体细节。(4)现实性。企业战略建立在目前的主观因素和客观条件基础之上,一切从现有起点出发,实事求是地规划企业的未来。(5)竞争性。企业战略是企业在竞争中取得胜利,迎接环境的挑战而制订的行动方案。企业战略的目的类似于军事战略,其根本目的是赢得市场竞争的胜利。(6)层次性。即指企业不同的层次有不同的战略,对于典型的大中型企业来说,企业战略一般可以划分为三个层次:公司战略、竞争战略、职能战略。层次低的战略要以更高层次的战略为指导。(7)风险性。企业战略的长远性使得它又具有不确定性和风险性。这是因为企业战略规划着未来,但是从目前到未来这段时间的环境总是处于不确定的变化过程中,导致企业战略伴随着风险。(8)创新性。企业内外部环境的变化要求企业必须变革和创新,因循守旧和固化的企业战略无法适应时代发展的要求。创新性是战略具有生命力的源泉。(9)稳定性。它是指企业战略要有相对的稳定性,不能时刻发生变化,否则将不便于各部门贯彻执行。

二、战略适应性

战略管理最本质的属性是战略适应性,其他战略特性都是以适应性为基础的。首先,从战略的产生来看,战略管理的出现也是企业环境剧烈变化的结果。所以说,战略从一产生开始,就被深深地打上了适应性的烙印。其次,战略的适应性有其深刻的哲学依据,人们"认识规律、把握规律并根据规律办事"的过程就是战略适应性的哲学基础。没有规律的存在就谈不上企业的适应性,当然也就无所谓战略管理。在我国,传统的儒释佛观点就提倡适应性的思想,但这基本上是一种消极的适应自然规律的观点。而《孙子兵法》对道的肯定则代表了适应性思想在战争中的重要地位。在自然科学领域,生物进化理论的根本原则是"优胜劣汰,适者生存",而这一原则同样适用于市场经济中的竞争,竞争的目的也是达到"优胜劣汰,适者生存"。因此,我们不难看出,其实社会进步的实质就在于达到"适者生存"的终极目的,而"优胜劣汰"只是社会进步的一种有效手段。战略作为企业追求长期生存的工具,必然也是以"适者生存"为根本指导原则的,战略适应性就是这一原则的重要体现。

战略管理是适应环境变化的产物。企业战略管理的出现是20世纪六七十年代企业环境剧烈变化的产物。20世纪60年代,西方资本主义在经过第二次世界大战后的高速发展之后,进入一个高度竞争的阶段。在美国,激烈的竞争致使每年新生的40万家企业在一年内倒闭了1/3,余下企业的2/3又在以后的5年中陆续消亡。严峻的现实使得企业家和管理者开始对各种企业的长期发展和经营思想进行认真的观察和分析,企图从中找出能使企业长盛不衰的良方。安索夫指出,只有那些认真分析企业内、外环境因素,并且能够根据这种分析制定自己的发展方向、目标和途径的企业才能在竞争中取胜。1970年,美国的弗雷德·博尔奇在就任通用电气公司总经理时,开创了成功实施战略管理的先例。70年代以后,西方企业遭受阿拉伯国家"石油禁运"的危机,与此同时,日本的汽车公司借机成功打入美国市场。世界进入一个更加动荡的时期,日益加剧的国际竞争进一步威胁企业的生存和稳定。美国公司在广泛的全球性行业(从钢铁到银行业务)的领先地位面临严峻的挑战,这些迫使企业放弃其传统的中长期计划,转而求助于更灵活的战略管理方法。于是,美国企业家和学者的兴趣开始从关心多角化、规划新的产品和能力转向发展竞争力,并推动西方企业战略管理的进一步发展。20世纪70年代后半期和80年代,可以称为西方企业的战略管理时代。由此可见,企业战略从产生伊始就是以适应环境为意义的。因此,我们在进行战略管理的时候,一定不可忽略适应性对于战略管理的重要作用和意义。

正如通用电气公司董事长约翰·韦尔奇所言,提高公司反应能力的途径不在于规模大小,而是要"在大公司里具有小公司的灵魂和速度"。如此,进一步的问题就被提出:快速反应和规模优势两者能够兼得吗? 大型复杂企业可以成功地、系统地适应不可预测的变化吗?

战略不仅要有全局性、长期性和相对稳定性,而且要有较强的适应性。一个好的战略总会力求实现稳定性和适应性的统一,前者意味着战略在较长的时期内保持相对稳定,能够稳定组织成员的情绪,增强他们的信心;而后者意味着所确定的战略目标既要简单明确,同时又不要过分僵化和具体,保持适当的张力。换句话说,企业在制定战略的时候,应考虑建立资源缓冲地带,保证资源分配的灵活性,从而使本身具有一定的机动能力。这样,当外部环境或内部因素发生变化时,就可以通过战术调整来适应这种变化,而不至于作出大的战略变更,保持整个组织的协调和行为的一致性。适者生存并不是说强大的物种就一定会在自然的演变中继续生存发展下去,例如,自然的演化过程中,史前强大的恐龙就只留下一些超乎人类想象的陆地动物的化石,而智慧的猿人却在剧烈的地理运动中不断进化发展,直至优秀的人类出现。其实,市场经济的规律也是相似的,企业作为其中的微观主体,也是整个市场经济生态系统中的一个独立的有机体,也需要把握环境的规律,才能够真正把握未来,持续生存和发展。

企业战略的根本目标就是要帮助企业更好地生存和发展。我们在这里所讲的战略适应性,指的就是企业通过认识社会经济发展的客观规律的变化趋势,把握企业的战略方向,以社会经济发展的客观规律为依据,确定整合企业所有经营运作的指导原则,并通过具体的实施在竞争中赢得未来。从某种角度来讲,战略管理的本质就是通过对事物发展客观规律的把握,使企业获得长期、持续的生存和发展机会。

企业战略的适应性要求企业把握战略制定的度,既不能脱离现实的环境条件约束,又要具有把握未来发展趋势的超前意识。制定企业战略的目的在于使其内部能力和外部环境相匹配,战略不应该是对外部环境及其机会与威胁的被动反应,而应该是企业积极主动地适应环境的变化和要求。为了获得持久的竞争优势,企业尤其需要深入分析业务单位的特点和内部实力,它们决定了企业应该采取怎样的战略。此外,还需要密切关注外部环境因素的变化趋势和所在行业的结构。这些因素在一定程度上决定了企业未来的市场潜力和获利能力。总之,企业战略的这一定义强调从内外部环境分析入手来考虑企业的生存和发展问题,强调组织对环境的适应性。因此,从这个角度来讲,我们突出战略的适应性其实就是对客观规律的一种承认,是我们改造社会、创造未来的必由之路。

三、战略适应性的金字塔模型

企业战略的适应性是企业战略管理的本质属性,但是,企业战略的适应性因素并不是单一的(见图6-1),它从上到下可以分为五个方面:经营有效性、组织资源、行业结构、行业技术、市场需求。

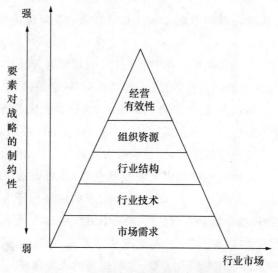

图 6-1　战略适应性因素金字塔模型

(一)经营有效性

经营有效性是企业战略管理前进的车轮,再好的战略最终也要通过经营有效性这个结实的车轮来实现。企业中的很多管理理念和文化也是在一步一步追求高效率和高效益的过程中生成的,并不断地指导企业以后的各种经营和管理活动。同时,许许多多的行业变革和改进方法就是在各个企业追求经营有效性的实践中不断开发和筛选出来的,并不断推动本行业及相关行业的发展。其实,从这种意义上来讲,提高经营有效性即追求高效的经营和管理行为,是企业的一种社会性行为,人们正是通过不断提高自己的工作效率来达到不断提高自己生活水平的最终目的。

经营有效性是战略适应性的基本因素。一个企业在选择某个经营领域时如果没有经营有效性,就谈不上目前的盈利和生存,当然,也就更谈不上面向未来的战略管理。因为从一定程度上来说，经营有效性是影响企业在某个经营领域生存的直接因素，其经营有效性越高，越能够盈利，越能够在激烈的竞争中胜出。企业的资源优势最终必须体现在高效的业务和管理运作上，只有这样才可能真正产生实效。

哈佛商学院教授迈克尔·波特曾经在《何为战略》一文中提出："一个企业的经营有效性是一个企业战略的必要条件而不是充分条件"。他认为，良好的业绩是一个企业经营的首要目标，而经营有效性和战略都是取得良好业绩所必需的。一个企业只有通过提高经营有效性，与竞争对手保持差异性，才能战胜竞争对手。它必须为顾客提供更多的价值或以较低的成本创造可比性价值，或者两者都能做到。那么对较高利润的推算就是：提供较高的价值使公司获得较高的平均单价，较高的效率导致较低的平均单位成本。

经营有效性就是从事相同的经营活动时比竞争对手干得更好。一些公司可以通过消除精力浪费，利用更先进的技术，更好地激发员工的积极性，对特殊经营活动的掌握，或是对一系列经营活动的整合管理能力，提高企业的经营有效性。在这种情况下，经营有效性是竞争中存在获利性差异的重要根源，会直接影响相对成本的地位以及差异化的经营能力。

（二）组织资源

组织资源是战略适应性的又一基本因素，一个企业立足的基础和追求未来发展的出发点。在制定企业竞争战略的过程中，企业内部资源分析是一个非常重要的基本环节。"知己知彼，百战不殆"，说的就是只有知道自己的优劣势，才能够赢得战争。在激烈的商业竞争中也不例外。如果从一个比较静态的时段来考察一个企业的话，其实，企业资源不仅是企业过去成功的历史积累，也是企业面对当前竞争的基础，更是企业重新选择经营领域、投资未来、创造未来的出发点。

企业资产不仅包含有形资产，而且也包含代表了企业发展能力的无形资产。如果我们把一个企业的资源能力比作物理学中一个物体的能量（一个物体的动能、动量和势能的集合），它可以代表一个企业的现状（就像一个物体的质量）和发展态势（就像一个物体的动量）。因此，组织资源对一个企业的中短期发展还是有相当大的影响的。但是，我们也应该看到，企业肯定不是一个简单的运动物体，它是一个在不断进行新陈代谢和能量更新的社会有机体，它的发展需要不断地吸收并创造新的物质能量才能够实现，企业就是在这样一个不断循环的过程中为社会提供附加价值，否则，它的能量很快就会被消耗殆尽，或者，很快就会被市场淘汰。

随着经济的发展，企业间的竞争日趋激烈，竞争制胜的关键已经不再仅取决于先进的设备、厂房等有形资产，而更多地依靠知识产权、商誉等隐含企业创造能力的无形资产。虽然有形资产在当前的行业竞争中，起到很大的影响作用，但是，相对于长远的战略发展来说，它们的作用却越来越不及隐含在企业资产中的特殊知识，因为一个企业无形的知识以及知识管理能力不仅预示该企业资产的质量水平和提升潜力，而且还包括很多其他企业无法模仿和学习的特殊竞争能力。正是这种竞争力奠定了已经进入或经过慎重选择准备进入各经营领域的企业未来经营有效性的基础。

在现代经济中,企业有形资产方面的优势一般是暂时的,是不能够长期保有的,也不能成为企业长期竞争战略的基础性竞争优势。在组织资源方面,企业拥有的知识和知识管理能力等无形资产,是构成企业核心能力的主要资源。毋庸置疑,现代企业都必须具有适应需求的能力。但是成功的适应能力并不是对外界刺激产生被动的反应,它应该是一种主动的适应性,即企业通过知识积累和管理,从而使得今天的技能转变成适应明天的能力。当然,有时企业必须对自己的知识基础进行更新,从而使企业的知识积累始终与时代的潮流和趋势保持一致,并满足企业未来的战略选择。

(三) 行业结构

企业战略的实质就是确立企业与其环境的关系。行业结构是制约战略适应性的基本变量。尽管企业环境的范围非常广泛,包括社会、经济各方面因素,但最关键的部分是企业已经进入和准备进入的一个或几个产业。产业结构强烈地影响着竞争规则的确立以及潜在的可供选择的战略,并且决定了产业内部竞争的激烈程度。

首先,任何竞争都是以行业现状为基础的,行业结构表现出本行业内各个现实的参与主体的相对位置和态势,并且决定了行业的竞争模式和程度。其次,企业经营是一种追求最优化的经济行为,而最优化本身就是一个相对的概念,它是行业内各个潜在的和现实的竞争对手的经营水平和经营效率相比较的结果。最后,企业与外部环境的联系首先直接表现为与各个竞争对手的制衡和合作,企业的很多经营活动都是和竞争对手密切相关的。因此,从某种意义上来讲,行业结构和竞争行为是一个"鸡生蛋"和"蛋生鸡"的过程,即行业结构从某种程度上来讲决定了企业的竞争行为。同时,企业的竞争行为的有效性又最终导致了行业结构的形成和改变。因为竞争的本质就是比较和对比,没有行业结构就无所谓"优劣",也就无所谓"进步"和"淘汰"。

行业结构导致企业能够拥有的资源多了一层相对的含义:只有那些在行业中占有一定资源比例的企业才有可能在行业的竞争方式选择中具有较大的自主余地。不可否认,行业结构中存在的竞争是决定一个企业"生与死"的最前沿的战斗,行业结构决定的竞争态势是一个企业面临的最直接的"生与死"的考验,因此,也就难怪很多企业管理专家和身经百战的企业家始终不渝地把竞争看成战略的最本质的东西。

总之,行业现实的结构和未来的结构动向是制约力很强的战略适应性变量,但是,企业面对既定的行业结构又不是完全无能为力的。战略联盟的兴起恰恰反映了企业的战略意志——弱者与强者或强者与强者共同改变行业结构,进而改变竞争力的方向与强度。

(四) 行业技术

行业技术在这里不仅是指那些为某个公司所独有的知识或技术(这部分技术其实也是企业资源的一部分),而且也包括那些在企业外部获得性较高的技术,它们可能对行业的生产方式和效率带来飞越性的进步。因此,从这种角度来讲,行业技术也许更具有社会性,因为它不会简单因为某个企业的成功而突飞猛进,也同样不会因为某些企业的失败而倒退。从人类文明这个角度来讲,它是许多行业、企业在不断地追逐自身利益的过程中,最终积累下来的最有益的知识结晶。同时,从另一个角度来说,它是现有企业发展和进步的基础和有利条件,也是一个企业所必须不断跟踪的最重要的外部变化之一。

一个企业的行业技术包括很多方面,既有业务方面的,也有管理方面的,更有社会方面的。它们既可能来自行业内的创新和改良,也有很大一部分来自社会高新技术的应用和采纳。因此,一个企业在竞争时,一定要保持对行业新技术的关注,并不断开发自有的新技术,因为行业技术是一个企业展开竞争的基本平台,基于落后技术和先进技术的经营方式所能创造的经营有效性,是不可同日而语的。从这点来讲,企业应该具备开放的文化来实时接受外部优秀的技术和管理经验,以求在这些方面超过竞争对手,或至少和竞争对手保持一致。

技术创新是现代企业竞争的取胜之道。任何一个企业,不管其具体的产业及产品特点如何,都是一个多种技术有机组合而成的组合体。技术是企业生存的支撑,技术创新则是企业在竞争中发展,赢得和保持某种或某些竞争优势的根本手段。

在全球化的竞争背景下,一个国家的科学技术水平落后,必然要面临"落后就要挨打"的困境;一个企业技术创新能力落后,就意味着市场竞争力的丧失,就面临被淘汰的困境。世界各国依靠技术创新,保持自己的竞争优势和发展的成功企业不胜枚举,在成熟的市场竞争的背后所蕴含的,是更为成熟的创新竞争。这种创新来自产品创新,也来自其他方面的创新。技术创新能力的强弱是反映企业技术竞争水平乃至整体竞争实力高低的一个重要的因素。

(五)市场需求

任何企业战略都必须和社会需求相适应,没有需求就谈不上企业的生存和发展。人类的需要和欲望是所有经济活动的出发点。从这个角度讲,消费者需求既是一个生物学概念,又与心理学因素有关。马斯洛在心理学研究的基础上,提出需求等级学说,他把需求分为五个等级:基本需求,指对食物和立身之地的需求;安全需求,例如,对生命安全、教育和培训、保险的需求;情感归属需求,例如,对爱情、会员身份、群体归属感的需求;被尊重的需求,例如,对荣誉、特权、吸引力、被认可和欣赏、成就和成功、信心的渴求;自我实现的需求,例如,对个人影响力、权利、金钱、责任、创造等的需求。需求等级学说认为一个人在满足更高的需求层次之前要满足前一类需求,但实际上,消费者可能在较低层的需求还未被满足时就已经受到较高层次需求的影响。

市场需求是一个企业乃至同一产业价值链上的所有企业存在的最终意义所在。它是企业所有运作都必须遵循的终极标准,没有市场需求,任何企业的经营活动都会失去最终的存在价值。同时,企业作为一个经济体,它必定以满足人们的需求为己任。

但是,随着社会技术水平的提高,社会需求也以指数级速度更新,并且也越来越多样化。俗话说得好,"人往高处走,水往低处流",人的需求是随着社会经济生活水平的发展时刻提升的,人们总是会期望并追求新的、更好的东西的出现,从而改善生活水平和生活质量。也正是基于这个原因,人们才会热衷于追求新的技术乃至于艺术,从而不断地塑造充满新奇和愉悦的生活。从这个角度来讲,任何技术或经济行为都是社会需求的一种因变量,技术进步的最终意义在于不断改善和提高人们的社会需求。从战略角度来讲,技术只不过提供了一种提高社会需求满足程度的手段。满足不断发展的需求是企业最根本的立足之道。因此,企业只有不断地提供越来越优秀的产品或服务,才有可能满足不断提高的社会需求。

另外,一种产品成为社会所需求的东西,还需要符合人们现有的购买力水平。当一种产品的生产效率过低,但产品的价格过高时,其经济化或市场化的可能性就比较小,只有经过不断的技术开发和生产改进以后才能真正投入生产。因此,满足需求也存在一个战略适应性的问题,如何把握或寻找一个具有一定现实规模和发展潜力的市场,并拥有满足市场需求的恰当资源,是令很多企业感到困惑的问题,也是战略必须首要解决的问题。

四、战略适应性的管理

战略适应性是企业通过自身的努力主动创造出来的一种驾驭自身命运的能力。它与被动的适应性管理遵循截然不同的两种管理哲学。具有战略适应性的企业应该比其他企业寿命更长,也就是说能够更好地把握未来。在这里,我们把五个战略适应性因素划分为内部适应性和外部适应性两个方面。我们把企业经营有效性的管理和企业资源运作的管理归入企业内部适应性管理,并认为它们一般对企业的中短期经营具有比较大的影响。而企业外部适应性主要包括企业在经营过程中对行业结构、行业技术和市场需求的研究和把握,主要涉及企业不能直接控制的方面,并认为它们对企业的中长期发展是非常重要的。

(一)企业内部适应性管理

企业内部适应性管理主要是从企业经营活动的微观角度出发,是一种经营活动的"自适应性"管理,它追求的是简单、有序、高效、统一的管理模式。首先,企业管理必须是简单的,它必须精简冗余的经营活动和行为,减少不必要的企业资源浪费。因为资源的浪费必然导致企业经营成本的提高,致使企业在竞争中处于价格劣势,或者在相同的市场价格的情况下,导致企业盈利水平下降,从而使企业无法有效地积累资源,缺乏投资的源泉。

其次,企业管理也是一个"有序化"的过程,企业各方面的管理都需要"有序化",没有必要的有序结构,企业就无法把内部庞大、多样的资源和机构整合到一起,也不能及时地对企业的各项经营活动进行有效的管理和控制。企业管理的"有序化"是企业进行高效管理的前提。

再次,企业的每一项经营活动都必须是高效的,达到资源的最高效利用,因为每一项经营活动的高效率奠定了企业整体高效的基础。

最后,企业管理必须能够把企业的各项经营活动在有序的基础上统一起来,通过规范和协调使各种经营活动之间相互加强,并最终使各种经营活动共同指向企业目标,从而促进整体业绩的最大化。否则,企业各种经营活动之间的相互排斥和不协调会降低企业整体的经营效率。这就好比一个磁性铁棒,只有内部所有的小磁粉都指向同一方向时,才会产生一个具有强磁力的大磁棒;反之,当内部小磁粉的磁性方向不一致时,其磁性会相互抵消,以致铁棒的磁性消失。因此,对于一个企业来说,我们也需要不断地对其进行"磁化",即创造一种具有适应性的内部文化和规则,从而增强经营活动之间的一致性。企业经营有效性的管理是一个不断提高经营效率的过程,当一些复杂的、困难的、混乱的问题不断地被"精简、有序、改善、统一"为一些简单的模块或程序的时候,企业的效率也就提高了。波特的《何为战略》一文中有关企业内部经营适应性的观点是一种较为传统的看法。波特把内部适应性分为三种类型:第一种适应性是各种经营活动(职能)与总体战略之间的简单一致性;第二种适应性是指企业的各项经营活动互相增强的作用;第三种适应性达到了波特所称的经营最优化。

波特在论述西南航空公司的核心竞争力及其成功的关键因素时,认为正确的答案是,公司经营活动的每一件事都很重要。他认为西南航空公司的战略涉及全部系列的经营活动,而不是其中的一部分。西南航空公司不供餐、不定座,不从事会延缓其他航班的内部行李运输业务;选择机场和航线,以避免延迟带来的拥挤堵塞;对航线类型及距离进行限制,以使航班更加符合标准化要求;每一航班的班机型号都是波音 737。波特认为,正是这些经营活动的适应性与相互加强的方式创造了西南航空公司的竞争优势。波特认为,企业通过各职能政策间的适应性管理,可以创造出最强有力的连锁性,把模仿者排除在外。某项经营活动的成本可能会由于其他经营活动而降低。类似地,一项经营活动对顾客的价值会被公司的其他经营活动提高,这就是战略适应性创造竞争优势和丰厚利润的方式。企业内部适应性主要来自企业内部相互关联或互不相关的经营活动之间的加强作用。例如,在一个公司中,含有新技术的产品、高素质的销售队伍、重视顾客支持性服务的营销理念,这三者的相互加强会形成更大的优势。又如,减少存货并采用相应的订单处理系统、鼓励顾客多存货的销售方法、强调满足顾客特殊需要的产品广告以及多品种的柔性生产方式,相互整合就能为客户和企业创造更多的价值。

(二)企业外部适应性管理

企业必须研究和适应外部环境。外部适应性管理指的是企业通过培养一种开放、学习、革新的制度和文化,不断改善企业对环境规则变化的适应能力,即建设一种开放的、有很强学习能力及灵活的反应速度的企业管理机制,从而使企业和外部环境始终保持一致。

企业的外部适应性涉及以下三种能力:开放和学习能力;变革和创新能力;预见和防范、反应能力。虽然这三种能力从某种意义上讲,有共同和交叉的领域,但是,笔者认为,企业通过开放和学习能力使企业能够不断引进先进的技术和经营管理经验,从而达到更好的生存目的;通过变革和创新能力,可以不断消除企业管理中存在的障碍并弥补经营管理中的不足,在自己的领域创造独特的核心能力,以在竞争中确立独特的战略地位,从而在中短期把握自己发展的主动性;通过预见和防范、反应能力,企业可以更好地把握未来,追求更长期的生存与发展。当然,在这三种能力之中,学习能力是最重要的,因为无论是变革创新能力,还是预见和防范、反应能力,都是以学习能力为基础的,它预示了组织不断进步并与环境发展保持同步的能力。

第三节 领导谋略

在中国管理文化中,领导处于中心地位,"对上负责"是一种普遍的现象。"领导"属心、属火,研究中国的管理应该从分析"领导"入手。我们基于当代哲学语言真理观(语言文字本身包含事物的真理),先分别从汉字"领"和"导"的语源出发,探讨其中蕴含的领导观念。通过字象分析,我们认为领的本义(脖子)反映了《周易·乾》"群龙无首"的思想,即无为而治。而通过声符"令"的分析,发现了领导的系列功能和领导者的应有品质。至于"导"字,其同源字即"道",由此引出老子的国家治理思想。总之,汉字语源中的领导观念与《周易》《老子》的领导观念是一脉相承的。领导,词义为"带领并引导朝一定方向前进;担任领导的人"。组织行为学或管理学意义上的领导概念则比较复杂,常见定义有:孔兹认为,领导是"一门促使其部属充满信心、满怀热情来完成他们的任务的艺术";泰勒认为,"领导是影响人们自动为达成群体目标而努力的一种行为";杜平认为,"领导即行使权威与决定";坦宁鲍姆认为,"领导就是在某种情况下,经意见交流的过程所实行出来的一种为了达成某个目标的影响力";赖宁认为,"领导是不凭借特权、组织权力或外在形势而说服和指挥他人";戴维斯认为,"领导是一种说服他人热心于一定目标的能力";库茨认为,"领导是影响人们跟着去达成一个共同目标";阿吉里斯认为,"领导即有效的影响"。

一、掌握真实信息

数据等信息本来应该客观呈现,但是现实中包括数据等很多信息都是失真的。如果决策依据的信息都是失真的,作出的决策自然难有针对性,所以有时要使用特殊手段获取真实的情报。

"凡事预则立,不预则废","知己知彼,百战不殆",这些都是世人皆知的名言。要想在商战中做到知彼知己,运用"伐谋",首先要在信息战中拔得先筹。借助于信息技术,我们可以快速地获取各种产品或者要素等有关的市场信息,但信息毕竟是死的东西,要靠懂得信息使用过程的人的决策与使用,这里智谋起着很大的作用。有时为了达到"知己知彼"和"迷惑对手"的目的,可以采用骄敌纵敌、虚虚实实、故弄玄虚、瞒天过海、声东击西、坐收渔翁之利等各种计谋手段。无论在军事上还是在企业管理上,通过调研和研究,取得一手资料,知己知彼,心中有数,乃是取得胜利的第一关键。孙子在《孙子兵法·计篇》中开明宗义地论述道:"兵者,国之大事,死生之地,存亡之道,不可不察也。故经之以五事,校之以计,而索其情"。意思是说,战争是国家之大事,关系军民的生死性命,而国家的存亡是不可以不认真考察和研究的,不可以草率地发动战争。

孙子提到的经五事包括"道、天、地、将、法"。他指出:"道者,令民于上同意,可与之死,可与之生,而不危也;天者,阴阳、寒暑、时制也;地者,远近、险易、广狭、死生也;将者,智、信、仁、勇、严也;法者,曲制、官道、主用也。凡此五者,将莫不闻,知之者胜,不知之者不胜。"这段话的意思是讲:一是要调研"道",即政治和道义等,要使民众与国家领导人的意愿一致,上下一心,精诚团结,大家都以不怕牺牲的精神,共赴国难;二是要调研"天",即天时,包括昼夜、阴晴、寒暑等气候的变化;三是要调研"地",即地利的因素,要知道远近、险要与平坦、广阔与狭窄,是否利于攻守和进退等各种地形条件;四是要考察"将",即将帅,包括他们的才智、诚信、仁慈、勇敢和威严等素质;五是要考察"法",即法制和规章,包括组织的编制、指挥信号的规定、军官的责权划分、军需物资的供应等管理规章制度。对于以上五个方面的情况,作为军队的将帅都必须加以调研和研究,做到心中有数,从而具备获胜的条件。

孙子在经五事的基础上,指出应从七个方面来计算和分析比较敌我的条件,从而探索决定战争成败的情势。孙子指出:"主孰有道?将孰有能?天地孰得?法令孰行?兵众孰强?士卒孰练?赏罚孰明?吾以此知胜负矣。将听吾计,用之必胜,留之;将不听吾计,用之必败,去之。"这句话的意思是说,哪方的领导与部下心志相通,哪方的将领有能力,哪方占有天时地利,哪方的法令能够执行,哪方的士兵强健,哪方的士兵训练有素,哪方的赏罚分明,通过这些问题就可以知道胜负。将领听从我的计策,任用他必胜,我就留下他;将领不听从我的计策,任用他必败,我就辞退他。军事上,若想稳操胜券,必须掌握大量的信息和资料,深入了解情况,在"知己知彼"和预测的基础上才能达到取胜的目的。企业经营也是这样,要充分利用企业内外的资源,对企业内外情势进行有效调研,在调研基础上进行科学预测,结合预测的结果以及企业的实际能力和需要来制定企业的战略,确定目标,这样才能保证企业在市场中的主动性,更为可行地制定出适合企业发展需要的企业竞争或者合作策略。调研和预测是企业领导者进行有效领导的第一步,也是随后战略规划的必要前提。调研和预测实际上是对事务发展方向的把握过程,是对企业未来发展走向的判断,既需要有效的资源条件,更需要高超的艺术和方法。预测与调研密不可分,调研是预测的前提,但调研过程需要进行预测,需要判断未来事物发展的走向。

预先掌握作战地点和作战时间是很重要的,孙子在兵法中很重视这一点。因为如果预先知道与敌作战的地点和时间,就能够做到准备充分、防守牢固。要做到这一点,就必须对战争进行周密的观察和深入的研究,继而才能对作战地区和作战时间进行周密计划和部署,最终取得战争的胜利。对于企业而言,市场调研就是用科学的方法系统地了解市场产品或者要素等供求活动的历史、现状和未来发展态势,了解与卖方和买方有关的信息,如交易价格、交易方式、交易目的及履约情况等。市场调研的目的是取得与生产经营活动相关的各种信息,并对这些信息加以整理分析,经过下一步的预测得到与企业生产经营有关的规律性的结论或者方案。

总之,军事上要取得胜利,必须"经五事,校七计",即必须在对影响双方战斗的各个因素进行优劣对比的基础上,找到比对手更为有利的因素,扬长避短,以己之长克敌之短。孙子生活的时代距离现今已经有两千多年,他提出的作战前要进行调研和研究的思想一直是军家获得胜利的法宝。同样,对现今的企业而言,有利的信息和可靠的资源是在市场中获胜的前提。

二、洞察商机

诸葛亮借东风的故事是人们非常熟悉的。在曹操进攻荆州的时候,刘备、孙权两家结成了抗曹的联盟。孙权的大将周瑜十分嫉妒刘备的军师诸葛亮的才能,想把他置于死地。他让诸葛亮十天之内造出十万支箭,并立下军令状,若误期造不出,便以所谓的军法处置。诸葛亮则巧妙地利用长江的大雾,在夜里用数十只绑满稻草人的船只在曹营前击鼓呐喊。曹军用箭射击,结果全都射在稻草人身上,诸葛亮不费吹灰之力便获得十多万支箭。诸葛亮又与周瑜共同制订了火攻曹营的计划。但连日来江上一直刮西北风,用火攻不但烧不着北岸的曹兵,反而会烧到自己。周瑜为东风之事闷闷不乐,病倒在床上。诸葛亮知道后,给周瑜开了个"药方",周瑜打开一看,只见上面写着:"欲破曹兵,宜用火攻。万事俱备,只欠东风。"周瑜承认自己的心事被诸葛亮猜中,便问诸葛亮有何办法。诸葛亮说他能借来东风,他让周瑜为他搭起高九尺的七星坛,然后自己在坛上做法。几天之后,果然刮起了东南风。

诸葛亮的"借东风"绝不是空穴来风,而是事先预知有东风,趁机而借。这里的"东风"其实就是时机,所谓"借风术",就是借时机的战术。"时机"指市场机会,即市场上出现的需求机会。社会经济的发展、消费心理的变化、市场供求的变化都会构成新的需求。在市场中,只有那些善于利用机会、善于"借东风"的经营者才能取得成功。

善借东风的故事如果演绎成现代的含义,就是借助别人的力量或者能力来获得信息和成功的机会。借助"东风"做好市场预测在国外也不乏例子。20 世纪 70 年代初,全球的石油价格飞涨,许多政治和商界人士不知所措。在美国有一个名为弗里德曼的年轻人,却毅然买下一家仅有 15 名员工的小厂,投资生产石油机械设备。不久,许多国家纷纷兴起了一股自己采油的风气,因石油进口减少转为自找门路采油,竞相争购采油设备。弗里德曼创办的石油投资公司"借东风"获利,年营业额从200万美元增加到7000万美元。弗里德曼的成功在于发现没有人发现的机会。石油价格波动被一些人视为一种不利处境,但他却神机妙算,"借东风"发财。

事实上,市场上有不少机会,但机会永远只给那些善于发现和捕捉"东风"的人。市场机会对于每个经营者都是公平的,机会只会给那些善于思考的人。"借东风"需要胆识、思考和有效的推断。要通过一些现象发觉什么时候"借东风",什么时候"有东风",什么时候需要"等东风"。要透过事物背后的一系列现象,进行综合分析研究,从中发掘自己需要的信息并为未来的经营作好准备。

三、心眼、心计、心机

管理谋略,用通俗的话表示,就是要长心眼、有心计、藏心机。有人说,心是个口袋,没装什么东西时叫心灵,装一点儿时叫心眼,再多装些时叫心计,装很多时叫心机。要做好管理工作,在三者上面都要花工夫,三者缺一不可。

做管理人员,要心眼好。生活就像一面镜子,你笑它也笑。当我们敞开心眼,用美好的心去看生活时,生活回答我们的也是美好。以美好的心欣赏身边的事物,对待身边的人,发现生活的美好,自己也会受益。"缺心眼",则会好心办坏事;坏心眼,则会被贪欲推向罪恶的深渊;多个心眼,才懂得看人和防人,才能善解人意地照顾他人的感受,才能避免说不得体的话,才能发现成功的机会。

做管理人员,更要有心计与心机。"心机"并不是我们平时所认为的贬义词,而是智慧和谋略,为人之策和处事之道,是指从生活和历史中汲取的智慧。没有经历过社会的洗礼和生活的磨砺,这样的人始终纯朴,没有丝毫的心机。涉世历久,人情世故经历得多了,自然就会产生心机,因此心机也是生活的浓缩和提炼。

人是很复杂的动物,因为人会思考,而每个人想的都是不尽相同的。这就常常造成人与人之间的不协调,出现人际交往时的误会、矛盾、冲突等。而如今社会越来越复杂,要想更好地生存和发展,必须首先学会做人之道。成功的机会对每个人都均等,我们不可能从这上面寻找差别,我们唯一能胜过别人的、与众不同的地方就是做人的方式。冲动、盲目、有勇无谋地做事只会把事情搞砸,难以成就大事业,所以说,做事情要有点心计。所谓"人善被人欺,马善被人骑",心机过于肤浅,只会经常受欺负,早晚吃大亏。做人不懂心机,会被人玩弄于股掌而不自知。

与人相处要学会"察言观色",即看"脸色"。所谓脸色,其实就是人的情绪外露,是心情或心境的外在表现形式。而眼神则是心灵的一扇窗。脸色和眼神才是一个人内心世界最可靠的反映。透过脸色和眼神的细微变化而洞察一个人的内心世界往往胜过语言表达的千万倍。例如,《沙家浜》中的阿庆嫂,通过对自称"忠义救国军"司令的察言观色,发现他们原来是一群与新四军作对的汉奸。

心中有"计"才能成大事。成大事者,要善"断",善于当机立断,果断决策;要善"权",善于权衡利弊,取"大"舍"小";要善"变",善于根据形势变通,敢于打破常规;要善"借",善于借助别人的力量为自己办事。《三国演义》中大家耳熟能详的故事"草船借箭",充分显示出诸葛亮善于用计、善于借助外力的能力。不然,以诸葛亮当时军队的有限力量,是难以在10天内制造出10万支箭的。有"心机"之人,用"心计"做事,方能智慧而游刃有余地做好管理工作。1987年春的一天,美国实业家亚默尔像往常一样在办公室看报纸,突然他看到一条几十字的短讯:"墨西哥可能出现了猪瘟。"待他的家庭医生证实了该消息后,亚默尔立即动用自己的全部资金大量收购佛罗里达州和得克萨斯州的肉牛和生猪。不久,猪瘟蔓延到加利福尼亚、得克萨斯州等美国西部几个生产肉食的主要基地,肉类产品价格猛涨。亚默尔的当机立断让他在短短的几个月时间内就足足赚了900万美元。

四、领导兵法

领导者基本上都在有意无意地运用多种谋略艺术。成功的领导者一般都善于根据环境的变化随机应变。《孙子兵法》为领导谋略的运用提供了很好的借鉴。这里选择一些内容进行说明。

(一)有备而战

《孙子兵法·军形篇》中说道:"胜兵先胜而后求战,败兵先战而后求胜"。这句话的意思是,懂得用兵的将领,行动起来不会迷失混乱,手段措施变化无穷。了解自己又了解对方,可稳操胜券;了解天时又了解地利,可以获得全胜。《孙子兵法·九变篇》说:"故用兵之法,无恃其不来,恃吾有以待也;无恃其不攻,恃吾有所不可攻也。"这句话的意思是,用兵的原则是不抱"敌人不会来"的侥幸心理,而依靠我方的充分准备,等待敌人来;不抱"敌人不会攻击"的侥幸心理,而依靠我方稳固的防御,能够不被攻破。市场经济是优胜劣汰的经济。要想在市场竞争中把握主动权,谋求更好的发展前景,战略决策者在作出决策前应综合考虑各种因素,善于从各方面修治"不可胜"之道,做好迎接各种严峻考验的准备。只有这样,才能谋得有利的地位,确保在市场竞争中立于不败之地。

(二)避实就虚

《孙子兵法·虚实篇》中说:"水之行,避高而趋下;之形,避实而击虚"。《孙子兵法·兵势篇》中说:"兵之所加,如以碫投卵者,虚实是也"。《孙子兵法·军争篇》中又说:"故善用兵者,避其锐气,击其惰归"。这些话的意思就是,在战斗中要"避实就虚",打对方的"软当"。放在市场竞争中就意味着,企业要发挥自身的优势,同时保护弱处不被对手攻击。确定企业战略,必须避开对手优势之处,选择对方的薄弱环节,集中优势力量进行攻击,进而击败对手,掌握主动权。

（三）速战速胜

《孙子兵法·作战篇》指出："兵贵胜,不贵久","故兵闻拙速,未睹巧之久也。夫兵久而国利者,未之有也。"这就是说,长期战争会造成大量人力、物力的浪费,并影响士气。时间这一宝贵资源,对军队来说是战斗力,对企业来说就是竞争力。因此,应当重视时间资源,要在市场预测的基础上,把握竞争节奏,力求使本企业的产品以最快的方式进入市场,给顾客造成先入为主的感觉,从而压缩竞争对手能够利用的反应时间。有国外的研究表明,相同的新产品投放市场的时间滞后 8 个月,经济效益就要减少一半。同时,在速战速胜的战略思想指导下可以节约资源,提高效益,并有利于迅速提升整个企业员工的士气。

（四）争取主动

《孙子兵法》对用兵要争取主动非常重视。《孙子兵法·虚实篇》指出："故善战者,致人而不致于人。"放在企业当中理解就是,企业竞争,如果失去了主动权,也就等于落后,就要被击败,被淘汰。因此,在确定和选择企业战略时,不论是低成本战略,还是差异化的创新战略,都要力求时时保持自己的主动地位,牵制对方。否则,不但达不到预期效果,反而很可能被拉入对方设置的陷阱,处于被动地位。

（五）灵活善变

《孙子兵法·虚实篇》指出："故其战胜不复,而应形于无穷。""水因地而制流,兵因敌而制胜。故兵无常势,水无常形。能因敌变化而取胜者,谓之神。"《孙子兵法·九变篇》又提出"君令有所不受"。即将帅有权根据临时情况变化,改变作战方案,灵活机动地战胜对手。企业经营战略也必须因时、因地制宜,不断追求创新。要根据经营条件的变化,在变化中采取权变的经营策略,针对竞争对手的情况运用相应的措施来达到企业的目标。

"兵者,诡道也。"现实的管理工作一般都是多种领导兵法的综合运用。战国时期著名的齐魏马陵之战,讲的是齐军在预知作战地点和时间后歼灭魏军的战事。齐军之所以能够获胜,与其采取迷惑法制造复杂信息来迷惑对方有很大关系。故事发生在公元前 340 年,以魏国大将庞涓为帅的魏国与赵国联合出兵进攻小国韩国。韩国国内情势告急,遂向齐国求援。齐国派大将田忌领兵迎敌,直奔魏国都城大梁。齐国这样做的用意是把魏、赵军队引到险要地带,然后一举歼灭。魏将庞涓听到都城情况有变,果然急忙调兵返回。齐国的军师孙膑曾经与庞涓同在鬼谷子处学过兵法,后庞涓任魏国大将后,因嫉妒孙膑的才华,便将孙膑骗到魏国,施以酷刑。后孙膑被齐国使者淳于髡秘密救回,被齐威王任命为军师。由于孙膑对庞涓的为人与用兵方法比较了解,知道庞涓一向骄傲自满,急于求胜,便对田忌说："魏赵联军一向剽悍勇敢、目中无人,我们不如顺其脾气,故意示弱。《孙子兵法》上说:'到百里之外去争权夺利就会毙损将帅,而到五十里之外去争权夺利则兵士就会损伤至半'。我们就利用这一兵法来制造弱小的假象,让齐军在入魏国时建十万锅灶,接着在第二天把锅灶减为五万,第三天减为三万。"庞涓看到齐军如此情形,必中高兴不已,骄傲地说:"我早就知道齐军胆怯了,来到我方国土刚刚三天,士兵就已经逃亡过半了。"于是,根据主观判断,庞涓便草率地丢弃步兵,率领精锐骑兵抄近路追赶齐军。其实,庞涓的所作所为早在孙膑的意料之中,当他于傍晚时分到达马陵城时,齐兵早就在此等候很久了。马陵是一处地形险阻、易于设伏的军事重地,孙膑等早就对此地进行过调研,并预测此地是魏兵必经之地。他们分析认为,魏国的兵马一旦在此中伏击,必定伤败无疑。因此,选好了时间和地点,孙膑就已经预见到了这场战争的结果。他让士兵劈开一棵大树,露出树白,在上面写下"庞涓死此树下"几个醒目大字。当庞涓来到此地正借着昏暗的暮光辨认树上所写之字时,一阵疑虑和不祥的感觉掠过他的心头。就在这时,齐军伏兵万剑齐发,魏军兵马大乱,士兵纷纷落马。庞涓这时才恍然大悟,自感才竭智穷,兵败名裂,于是发出一声长叹,拔剑自刎。这场战争的胜利源于孙膑审时度势,是他巧用迷惑信息,大胆预测、精心计划和周密部署的杰作。齐国军队借助充分、有效的调研和大胆合理的预测,完全掌握了战场的主动权,从而在预定的地点和时间打了一场漂亮的伏击战。

五、用人谋略

用才必先选才,选才是为了用才。彼得·杜拉克认为,管理者的任务,就在于"运用每一个人的才干,以一当十,以十当百,发生相乘的效果"。用才是对人管理的核心。如果说管理在理论上是门科学,在实践上是门艺术,对人有效的管理是艺术中的艺术,那么用好人才则是更进一层的艺术中的艺术。因此,管理者必须孜孜以求用才的艺术。

曾国藩曾系统地对用人谋略进行总结。他说:"取人之式,以有操守而无官气,多条理而少大言为要。""为政之道,得人治事,二者并重。得人不外四事,曰广收、慎用、勤教、严绳;治事不外四端,曰经分、纶合、详思、约守。""君子有高世独立之志,而不与人以易窥;有藐万乘,却三军之气,而未尝轻于一发。""虽有良药,苟不当于病,不逮下品;虽有贤才,苟不适于用,不逮庸流。""世不患无才,患用才者不能器使而适用也。""莅事以明字为第一要义。明有二:曰高明,曰精明。同一境而登山者独见其远,乘城者独觉其旷,此高明之说也。同一物而臆度者不如权衡之审,目巧者不如尺度之精,此精明之说也。"曾国藩在军事和政治上的成功同其用人的伟大谋略有着非常重要的关系。

(一)忠诚为先

曾国藩用人"首重忠义血性"。很多领导提拔管理人员,第一看重的素质就是忠诚度。叶利钦重视普京,看重了普京对前任领导的忠诚。德才兼备者是企业的最佳人才,应当重用这些人才。但是往往德才难兼。这样的情况下,一般首先把德放在前面。关于德的教育和培养,企业一时无法解决,但是可以通过对其过去的经历和表现加以鉴定来解决,同时更应当通过企业文化的熏陶来强化其道德和价值观基础。

春秋时期齐国国君齐襄公被杀。襄公有两个兄弟：公子纠(当时在鲁国的都城,今山东曲阜)和公子小白(当时在莒国的都城,今山东莒县)。公子纠的师傅叫管仲,公子小白的师傅叫鲍叔牙。两个公子听到齐襄公被杀的消息,都忙着要回齐国争夺君位。在公子小白回齐国的路上,管仲早就派好人马拦截他。管仲拈弓搭箭,对准小白射去。只听小白大叫一声,倒在车里。管仲以为公子小白已经死了,就不慌不忙护送公子纠回到齐国。怎知公子小白是诈死,等到公子纠和管仲进入齐国国境时,小白和鲍叔牙早已抄小道抢先回到齐国国都临淄,小白当上了齐国国君,即齐桓公。齐桓公即位以后,马上发令要杀公子纠,并把管仲送回齐国办罪。管仲被关在囚车里送到齐国,鲍叔牙立即向齐桓公推荐管仲,齐桓公气愤地说："管仲拿箭射我,要我的命,我还能用他吗？"鲍叔牙说："那次他是公子纠的师傅,他用箭射您,正表明了他对公子纠的忠心。论本领,他比我强得多。主公如果要干一番大事业,管仲可是个用得着的人。"豁达大度的齐桓公听了鲍叔牙的话,不但不治管仲的罪,还立刻任命他为相,让他管理齐国的国政。管仲帮着齐桓公整内政、开富源、开铁矿、制农具,造就了后来颇为富强的齐国。孔子后来对管仲的事业给予高度称赞,他说："管仲相桓公,霸诸侯,一匡天下,民到于今受其赐。""微管仲,吾其被发左衽矣。"

以上事例说明,作为领导者要心胸开阔,要有雅量。只有有雅量的领导者才能不在意与对方间曾经有的过节,才能获得最需要的能力。齐桓公用管仲,李世民用魏征,这些优秀的领导者大胆起用过去的"仇人",结果这些"仇人"替他们缔造了盛世伟业。

(二) 用人之长

俗语云,"金无足赤,人无完人"。一个人不可能在各个方面都非常优秀,既有其长,必有其短。一般而言,谋臣长于策划,短于武功;而武将长于驰骋疆场,但难以洞察全局。像姜维、邓艾之类文武双全之才是少之又少。身为组织的领导者,其重要任务就是熟悉手下人才的擅长之处,尽量用其长而避其短。

人们之所以有其所长所短,关键在于其分工的不同和知识积累的不同。从人才的社会分工来看,有政治家、思想家、科学家、企业家、教育家、艺术家、体育家、军事家、发明家、操作能手等,各自在不同领域才干突出,创造出优异的成绩。从管理的职能来看,管理人才可分为决策型、执行型、反馈型、监督型、咨询型五种。这是他们的所长,但每个人又都有其所短,不可能什么事情都比别人聪明。作为管理者要高瞻远瞩,系统分析,善用人之所长。

既然每个人都有自己的短处,就应当尽力地发挥其长处。每个人都有自己的专长和才能,作为领导者要及时识别出这些才能。北欧联航的卡尔森,因为好出风头,许多董事不喜欢他,但他们还是愿意选他当公司的总经理;德国大众公司的皮埃切,骄横跋扈,但这同样无碍于他继续做大众公司的执行官。组织的最关键任务是出成果,出利润,既然如此,首先应该关注的是员工能贡献什么。一个领导者过分关注员工的短处,只能打击员工的自信心。其实,从道理上来讲,如果能避其所短,就其所长,那么在用人方面就达到了目的。东吴的孙策,临死前给弟弟孙权留下遗言说:"倘内事不决,可问张昭;外事不决,可问周瑜。"这正反映了在识人基础上的用人之长的道理。以"外事不决,可问周瑜"为例,孙策死后的第二年,孙权打算西征黄祖,张昭却反对,说:"居丧未及期年,不可动兵。"周瑜立即反驳道:"报仇雪恨,何待期年?"在曹操大军压境,东吴内部争吵不休的关键时刻,又是周瑜最后坚定了孙权的抗战决心,并亲自率兵以少胜多击退曹兵。

(三)允许犯错误

古话说:"水至清则无鱼,人至察则无徒。"又说"人非圣贤,孰能无过"。每个人都会有这样或者那样的毛病,都可能犯错误。但关键是,这种错误是否对组织有重大危害,是否可以原谅,是不是必然现象。对一个人求全责备是不符合人才使用的规律的。这是因为,"求全责备"者的一个认识前提是"人有完人",但实际上世界上"人无完人"。一味求全责备有可能失去用人的最佳时期并贻误人才。《论语》中说:"赦小过,举贤才";《后汉书·陈宠传》说:"有大略者不问其短,有厚德者不非小疵",说的都是这个道理。

在南北战争时期,美国时任总统林肯用过三四位将领,起初他的用人标准是必须无大缺点。但是,这些无大缺点但表现平庸的将军,在己方拥有较强人、财、物力的前提下,反而一个个被南方的李将军手下的将领所击败。林肯仔细分析了对方的将领后发现,对方的将领几乎都有各种或大或小的缺点,但同时又都有各自的特长。关键是李将军善于利用手下将领的长处,所以能够打败自己手下没有缺点即表现平庸的将领。从这种分析出发,林肯毅然决定起用格兰特将军为己方的总司令。林肯的命令一出,引起纷纷议论。有人对林肯说,格兰特好酒贪杯,难当大任。林肯却笑着说:"如果我知道他喜欢喝什么酒,我倒应该送他几桶,让大家共享。"事实证明,林肯这次用人完全正确。格兰特的受命,使得南北战争形势发生了根本性的转折。这说明,一个领导者,如果在任用人才的时候过于求全责备,百般挑剔,那么他所选的人,只能是看似没有什么缺点但事实上却平庸至极之辈,他领导下的团体也只能是一个平庸至极的团队。

(四)量才授官

"量才授官",即根据人才本身的优点进行分类,根据分类情况对人才进行定位,然后用人之长,补人之短。古人把人才分为才、识、学三大类,由于人各有其才,因而在使用人才时,或用其"才",或用其"识",或用其"学"。宋孝宗曾说"用人不当求备",主张用人"宜录其所长,弃其所短"。治理国家如此,企业管理又何尝不是这样呢。

人才的合理匹配也很重要。俗话说:"三个臭皮匠,顶个诸葛亮。"人才匹配使用过程中,要强调平等竞争、重工作能力、工作动机优先以及切忌过分使用超过任职资格条件者的原则。在人员的匹配过程当中,可以使用单一预测的模式和复合预测的模式。单一预测的模式是指,为了某一种工作或某一类性质相同的工作,选择一个或者若干个任职者的决策模式。这种决策模式的难度较大,因为在较短的时间内从许多合格人选当中选择最理想的人员是有难度的,这些人员的工作态度、能力倾向、经历、身体素质等各个方面各有所长和所短,很难得出谁好谁差的结论。而复合预测的模式是指,在招聘过程当中分别测定出众多的应聘者,然后从基本合格的人选中确定理想的人员,并把他们配置到不同性质的工作当中的决策模式。由于这一决策模式既考虑了人的各种差异,又涉及工作的差异,所以其难度更大,过程更复杂。

（五）唯才是举

韩愈说:"古之所谓公无私者,其取舍进退无择于亲疏远迩,惟其宜可焉。"这句话的意思是说,一个人如果有能力和才干,不能因为他和自己疏远就不用他;相反,一个人如果没有什么能力和才干,不能因为他与自己有某种亲戚关系或亲密关系就不罢免他。如果有人有能力从事某项工作,就大胆地使用他。任人应不避贵贱,不论其社会地位如何,只要他有能力和才干,就坚决用之。正如中国民间有句话:"蒿草之下,或有兰香。"即便在民间,或在那些没有文凭的人当中,都有出色之辈。

《通鉴论》中说:"项王所爱,非诸项即妻之昆弟,虽有奇才不能用。"这句话的意思是说,项羽喜欢重用的人不是姓项的就是他的内兄弟们,即使有几个奇才也发挥不了大作用。而刘邦却礼贤下士,广集人才。"得人才者得天下。"最后楚败汉胜,项羽别姬自刎。司马光在《资治通鉴》中也说过这样一句话:"臣闻用人者,无亲疏新故之殊,惟贤不肖之为察。其人未必贤也,以亲故而取之,固非公也;苟贤矣,以亲故而舍之,亦非公也。"司马光的意思是,任人唯贤(才)最关键,不管是否为亲戚关系,要唯才是用。

总之,组织的领导者,能否不避贵贱、不计前嫌、心怀雅量地使用人才是关键。今天,像桓公用管仲等类似的情况几乎不复存在,但现实生活中可能会遇到对自己有意见甚至与之有过节的人,对这些人,领导者一定要有雅量,只要他有德有才,就应大胆地使用。

（六）无为而治

领导力根植于自身的文化背景。道家领导思想是我国历史上最早出现的领导思想形态。道家提倡无为而治的领导方式,要求领导者顺势而为,不违背自然和社会法则恣意妄为。在当前世界经济竞争的情况下,道家的"无为而治"是一种有利于应付激荡的社会巨变的行之有效的管理思想。因此,道家"无为"的领导风格对当代企业管理者有重要的借鉴意义和启示。

超级领导力是由曼斯和西蒙斯于1991年提出的。他们认为,主流的领导模式其实是不完整的,因为真正的领导力来自我们的内心,而非外在。该理论主张"通过领导他人领导自己",基于领导替代思想,即"随着被领导者能力和素质的提高",其主动精神和自我意识不断增强,逐渐替代领导者的部分职能并最终成为自我领导者,促进了自我领导理论和超级领导理论的进一步发展。自我领导是被领导者在自我认知的基础上通过自我激励、自我批评等形成的自己领导自己的一种自我管理行为。超级领导就是领导者通过自我升华和角色转变,授权和培养下属的方式,引导下属领导他们自己,最终实现下属的自我领导。超级领导并不是人们所理解的典型的领导方式,它的主要目的是给出一个策略,通过它,超级领导者能影响下属去从事我们前面所描述的自我领导行为。概括来说,超级领导者的责任就是采取策略引领下属向自我领导者转变。超级领导理论作为一种经营之道,在现当代有比较系统的理论阐述,在各方面理论假设的基础上提出了自我领导的策略集合及整体的超级领导模式,形成了比较全面的自我领导和超级领导理论体系。超级领导也成为目前企业界的一种新的领导思潮,并在实践中不断得到检验和发展。

《三国演义》被认为是一部旷世奇著,其中讲到许多用人谋略。魏、蜀、吴的成功,根本都是"人谋"的结果。《三国志》《三国演义》中描写了很多战略决策成功的壮举。刘备在诸葛亮辅佐之前,落魄不遇,屡遭挫折,直落得投奔荆州刘表的境地。后来经水镜先生司马徽和徐庶的推荐,三顾茅庐邀请诸葛亮出山相助,治理才有起色。诸葛亮在与刘备首次会面时精辟地分析了当时的天下格局,指出曹操"已拥百万之众,挟天子以令诸侯,此诚不可与争锋。孙权据有江东,已历三世,国险而民附,贤能为之用,此可以为援而不可图也";同时还精要地阐述了荆州和益州的重要战略地位,最后他告诉刘备,欲成霸业,须"北让曹操占天时,南让孙权占地利,将军可占人和,先取荆州为家,后即取西川建基业,以成鼎足之势,然后可图中原也"。这便是享誉古今中外的隆中决策。隆中决策既有战略目标和战略阶段,还有具体的战略措施。刘备正是按照隆中决策的思路才得以绝处逢生,逐渐壮大。刘备政权与先期建立的魏、吴政权鼎立天下,存在和延续了四十余年的事实无不体现了隆中决策的高明。曹操"挟天子以令诸侯"的谋略也是惊心动魄。"挟天子"的事情,董卓做过,李傕做过,可都没得到什么好处,反而成了众矢之的,招致天下诸侯的攻击。汉献帝到了曹操手上,"令诸侯"就成功了,但这个天子不好"挟"。献帝很不简单,他写衣带诏,就是要置曹操于死地,从而引出吉平设计下毒、马腾反叛、汉五大臣纵火谋叛等一系列暗算事件。后院起火,曹操也是应接不暇,这样的君臣猜忌使献帝心怀对曹操杀之而后快的念头。曹操在这种情况下,花了很多心思,加强防卫,限制献帝的行为,尽量利用这个傀儡皇帝。魏、蜀、吴的战略,都是审时度势才制定出来的。一部三国争斗史,既是一部战争谋略的记录史,更多是一部人才演义的光辉巨著。在长江流域逐鹿的魏、蜀、吴三家,无不罗致人才,为己所用。三国时代又是人才辈出的时代。刘备帐中的诸葛亮、关羽、张飞、赵子龙,曹操麾下的许褚、徐晃,孙权殿前的周瑜、黄盖、鲁肃,谋臣与武将齐集,他们当中的每一个人都是佼佼人才和盖世英豪。刘备三顾茅庐,感动草堂奇才孔明,成为千古美谈。一代枭雄曹操,求贤若渴,广招天下才俊。即便相对保守的孙权,也广纳贤才。三国霸主开明豁达的用人艺术,任人唯贤的用人谋略,谱写了三国纵横捭阖、气势悲壮的历史诗篇。《三国演义》的用人谋略已经成为当今许多组织用人的经典参照。军事和企业管理的目的,都是在竞争中取得胜利。两者都要做到"知己知彼",方能"百战不殆"。同时,一切竞争的本质都体现为人才的竞争,用人谋略决定国家和组织的成败。企业要在市场竞争中取得胜利,关键在于拥有有效的运筹、计划、决策和用人谋略,在于拥有较高的谋略水平,《三国演义》描述的运筹定计、战略战术、军事管理、用兵谋略和用人谋略的光辉思想,在很多地方可以为现代企业管理所借鉴和运用,但凡有作为的军事家和政治家,都领略过《三国演义》等的精深韬略。不少外国企业家和管理学者,也把《三国演义》看作用人的法宝。

第四节 权力谋略

中国几千年以来,领导者在政治经济生活中都具有决定性的影响,他们的影响力工具,主要就是权力。

在中国社会,探讨关于皇宫、官场等背景中权力使用方式的著作比较多,出版了《权术论》《权谋学》《厚黑学》《中国式权力博弈:中国历史上的权谋与政变》《权经——通权治世的领导学智慧》《潜规则——中国历史中的真实游戏》和《隐权力——中国传统社会的运行游戏》等。从书名就可以看出,大家对中国历史上的权谋似乎持批判、否定态度。我们不能因为有人利用权力干了坏事,就回避对如何使用权力的研究。实际上,权力的使用并不是无限的,权力的主体和客体也有相互协调、妥协,实现互利共赢的一面,这就是权力存在的基础,因此对权力策略的研究显得更为重要。罗纳德·科斯提醒,不要忽视经济活动中的历史、社会、文化、政治等因素,尤其是人这一重要因素,企业的成长离不开领导者运用权力进行指挥、协调和控制。我们利用实证和定性相结合的方法,研究中国文化背景下权力策略如何影响混合所有制企业取得高绩效,对于权力、领导力、影响力和企业成长理论都将有所丰富和发展。

一、权力影响策略

权力在管理工作中非常重要。在组织层面,权力是一种组织结构变量,是组织等级结构的基础。组织高层管理者的权力在组织决策中具有重要作用,是组织战略决策的核心,甚至有学者将战略决策描述为组织中各种权力集体谈判或妥协的结果。

魏宏在《权力论》专著中,从《广雅·释器》《孟子·梁惠王上》开始,结合西方文献对权力的定义进行了梳理,认为权力的定义有力量说、能力说、关系论、决策论、预测论、控制论、协商论、特例论、结果论、信息论、财富论等。权力所反映的是人与人之间的支配与服从关系。彼得·巴姆斯描述了权力的来源:合法的、有代表性的、信息、名誉、关系、精神魅力、个人权威等。约翰·弗伦奇和伯特伦·雷文对权力分类进行了研究,指出了权力的五个主要方面,分别为报酬权、强制权、合法权、指导权、专家权。亨利·明茨伯格认为,权力的核心是依赖关系。

关于权力影响策略(power and influence tactics),学者们进行研究时,常用权力策略、影响策略和权力策略三个术语。这三个术语的内涵有差别,但是又有密切的联系,很难严格区分开。权力策略和领导力、权力、影响力关系密切。理论界对领导力、权力和影响力以及三者关系的定义存在很大争议,至今尚无一致的定论。综观权力对组织决策和人际互动影响的研究文献,所涉及的理论包括:权力的控制模型、权力的接近抑制理论、权力的情境聚焦理论、权力的社会距离理论。

不同学者从不同的角度给出了权力与影响含义的不同解释,但并不存在绝对唯一的最佳定义,只要根据不同的研究目的来选择较适合的定义即可。当把权力看作一种关系时,就是把权力看作一种影响,因为这种关系的本质就是一方对另一方的影响。权力与影响的区别在于,权力可以通过强制方式实现自己的愿望或满足自己的需求,而影响不包括强制的手段。佩费尔指出了权力与影响的另一个不同之处:权力是可以让别人做事情的能力,影响是正在使用的权力。巴姆斯指出,权力是我们所拥有的东西,影响是我们通过行动而得到的东西。在描述影响时,巴恩斯发现了两种不同的类型:接受型影响和表达型影响,询问、倾听、调和等属于接受型影响;告知、出售、谈判等属于表达型影响。

布拉斯和布克哈特发现针对权力与影响在定义上的不同之处的研究只在理论上是有意义的。他们指出,学者们可能会找到二者之间的确切区别,但是用来描述这些区别的文字都是我们平常所不经常用的。因此,对权力与影响在定义上的不同之处的研究在现实中意义较小。他们通过推理认为权力与影响在定义上没有什么明显的不同。在现实中,权力和影响是相辅相成的,二者不可分割。1980年,基普尼斯和施米特将影响策略分为以下7种:决断、以理服人、逢迎、利益交换、惩戒、权威和联盟。权力影响策略只是在理论上探讨权力与影响在定义上的不同之处,而在实际应用过程中很难区别哪些是权力策略,哪些是影响策略。同时,讨论权力策略、影响策略在实际应用中的不同也是没有意义的,因此在权力影响策略的相关研究中,总是把权力与影响并在一起进行研究。

在对影响策略因素进行的研究中,布拉斯和布克哈特把影响策略与组织权力联系起来,指出有些策略与组织职位有关(例如,武断策略),有些策略与个人因素有关(如逢迎策略、以理服人策略)。不同的策略在组织结构的不同位置上被应用的频率是不同的。同时,策略的选择还与以前所应用的策略产生的结果有很大的关系,如布鲁恩斯指出策略的选择与以下五种因素有关:事态的不确定性、期待的目标、个人喜好、团队的交际气氛、个人对环境的认知。

杨百寅在奥本大学工作时,在基普尼斯研究的基础上提出了专门针对项目管理者的权力影响策略模型,并编制了包含31个题目的权力影响测评量表。在充分考虑不同的权力影响策略以及这些策略所应用的不同环境因素后,他提出了7种策略,并把它们应用在三个维度上。这三个维度分别为:权力的关系、相关利益、项目计划类型。杨百寅提出的7种权力影响策略是:(1)以理服人;(2)咨询;(3)鼓舞;(4)关系网;

(5) 讨价还价;(6) 强制;(7) 阻碍。

中国古代的《老子》《孙子兵法》和《鬼谷子》等著作中有丰富的权力影响策略思想,但是目前国内对权力策略进行专门研究的学者还很少。孙海法曾研究中国组织内管理者影响策略的特点,选取能反映中国文化的影响计策编成题目,结合基普尼斯和施米特的 POIS 量表做成调查问卷进行因素分析,发现了应变控制和温情说服两个正交因素,其中,应变控制类型策略包括利益交换、惩戒、决断、向上请求等策略;温情说服类型策略包括逢迎、以理服人、询问等策略。同时,他还研究了以人格五因素量表测量的管理者人格特征对权力影响策略应用的影响,结果发现管理者的人格对权力影响策略的选择有着非常大的影响。在此基础上,刘文雯等人着重强调了天时和地利两个环境策略,得出了具有中国文化特点的 12 种权力影响策略:天时、地利、以理服人、以情感人、结盟、利益交换、独断、以身作则、观念和行为规范等,并将它们归纳为两种类型:温和影响策略和控制影响策略。曹勇对杨百寅编制的权力影响策评量表进行修正,确定在中国文化背景下项目管理人员的权力影响策略分关系网、商谈、阻碍、强制、以理服人、鼓舞 6 个维度。肖炳烜和梅雅宁将公司中的权力影响策略分为 6 种:审时度势、随机应变、合纵连横、恩威并施、借助外力、营造氛围。任浩将权力影响策略划分为 8 种:增加合法性和专家权、获得他人支持、控制信息流向、塑造良好形象、确定决策标准、使用外部专家、控制日程、使用委员会。

通过上述文献研究,我们发现关于权力影响策略的研究,涉及领导力、人力资源管理、权力和影响力等方面的许多重要议题,国内外的研究都还处于起步阶段,还有很多问题有待深入探索。例如,尤克尔详细总结了组织中权力的分类和常见的权力影响策略的形式,这些权力影响策略互动的情况经常发生在领导与下属之间或同事之间,但目前还没有相关研究。当我们将分析焦点从个人层面转移到组织层面时,就会引出一系列全新的研究课题。

二、领导者权力

组织中的权力问题通常集中在领导者与下属或是领导与追随者之间的人际关系上。弗伦奇和雷文给出权力的五种人际来源:奖赏性权力、强制性权力、合法性权力、专家性权力、参照性权力。

(1) 奖赏性权力

奖赏性权力是指个体通过奖赏他人所作出的令人满意的行为而影响他们的行为的能力。例如,下属根据领导者所能够给予的奖赏——赞扬、提升、金钱、休假等决定是否遵循他的要求或者指示。一位在部门中负责功绩酬劳增加的分配的领导者就对该部门的员工有奖赏性权力。相应地,员工遵循领导者对他们行为的要求,是因为他们希望会因此而得到奖赏。

(2) 强制性权力

强制性权力是指个体通过惩罚他人的不尽如人意的行为来影响他们的行为的能力。例如，下属服从领导者是因为他们认为，如果对这些指示的反应不积极的话，他们将会受到惩罚。惩罚的形式有申斥、分配给不称心如意的工作、更严的监督、对工作规则的更为严格的执行、暂时无薪停职等。组织的最大惩罚就是将员工开除。

然而，惩罚也有不尽如人意的副作用（参见第四章）。譬如，一名因工作质量差而受到正式斥责的员工会利用其他方式（而不是组织明确要求的那种方式），如拒绝执行这一任务、篡改工作报告或者经常擅离职守来逃避惩罚。

(3) 合法性权力

合法性权力通常是指一个领导者由于他在组织中的正式职位而影响下属的行为的能力。下属响应这种权力是因为，他们承认领导者具有进行特定行为的合法性权力。合法性权力是一个重要的组织概念，其最典型的例子就是，领导者被授权在一个特定的职责范围，如客户服务、质量控制、市场营销或会计中作出决策。这一职责范围实际上就界定了领导者可以通过合法性权力来影响他人的行为。领导者越是远离他们具体的职责范围，他们的合法性权力就越微弱。员工对于领导者权力的实施有一定的范围，在这个范围内，员工会接受特定的指示并且不对领导者的权力产生疑问，同时领导者也有着相当大的合法性权力来影响下属的行为。然而，在这一范围之外，合法性权力会迅速消失。例如，一位秘书可以毫无疑问地为领导者打印信件、接电话、处理邮件以及处理其他类似的工作。但是，如果领导者让秘书在下班后一起出去喝酒，秘书就可能会拒绝这一要求。很显然，领导者的这种要求已经在秘书的无疑问范围之外，他没有合法性权力使秘书遵循这一要求。

(4) 专家性权力

专家性权力是个体因为已被认可的能力、才干或专门的知识而影响他人行为的能力。如果领导者可以在对下属的任务的执行、分析、评价和控制中体现出自己的能力，他们将获得专家性权力。例如，学校领导是否有较强的教学能力？财务部门的领导对财务制度、财务技术的掌握如何？生产部门的主管对机器设备的使用维修、产品质量等方面是否有过硬的知识？如果一个职能部门的领导没有专家性权力，往往就造成外行人领导内行人的局面。

(5) 参照性权力

参照性权力是指个体由于被尊敬、钦佩或喜欢而影响他人行为的能力。例如，下属对领导者的认同往往形成参照性权力的基础。这种认同包括下属想仿效领导者等等。一位年轻领导者可能会模仿一位年长的、受人钦佩的和很有经验的领导者，于是这位年长的领导者就具有了参照性权力，从而影响年轻领导者的行为。参照性权力通常是那些具有令人钦佩的人格特征、个人魅力或享有声望的个体所拥有的，所以通常都是政治领导人、电影明星、运动人士或其他众所周知的个体具有这种权力（例如，他们出现在广告中以影响消费者行为)。其领导者和员工也会由于其人格的力量而拥有相当的参照性权力。

三、领导者权力的有效使用

当领导者面临一个想要影响他人行为的情境时,他们就必须选择一种策略。权力影响策略是个体想要运用权力影响他人的行为时所采用的方法。表 6-1 列出了在工作场所会用到的不同的权力影响策略。

表 6-1 权力影响策略

权力影响策略	定义
理性的说服	利用逻辑论辩和事实论据
鼓励性的要求	以价值、理想或抱负来激发热情
协商	在规划策略、活动或变革时广泛参与
迎合	在提出要求之前先努力创造一个有利的气氛
交换	提出相互帮助、分享利益或是承诺在以后报答
个人要求	利用忠诚或友谊
联盟	为了某种创造性活动而谋求他人的支持或帮助
合法化	试图通过权力或者证明其与政策、实践或传统的一致来确立一项请求的合法性
压力	利用要求、威胁或持续的催促

研究发现,理性的说服、鼓励性的要求和协商在多种情境中都是最有效的。最无效的是压力、联盟和合法化策略。然而,如果抱有特定的策略总会奏效而其他策略一定会失败的认识,这无疑是不对的。当影响是针对组织层级中的下层而不是上层时,就会产生权力影响策略有效性的差异。与此类似,当不同的策略被结合起来使用而不是各自单独使用时,也会产生权力影响策略有效性的差异。这一过程是复杂的,而且要充分理解不同权力影响策略的有效性,就需要对可获得的权力来源、试图影响的方向(即向上、向下或横向)以及想达成的目标都了解清楚。

拥有影响他人的行为的能力(权力)与有效使用这一能力(权力)不是同一回事。那些认为自己只要获得足够的权力就可以仅凭命令他人来持续有效地影响他人行为的领导者的策略一般来讲都是无效的。对权力的无效运用会对个体和组织带来许多负面的影响。例如,一项研究对在影响策略上对武断和固执的过分坚持的后果进行了调查。攻击性和固执地对待他人的领导者的行为——其特征是总是对一个答案予以否定、不断地催促、频繁地发生面对面的对抗等——会引起消极的后果。与对其他领导者的研究相对照,这些攻击性强的领导者或得到最低的绩效评价,或得到更少的报酬,或体验到最高强度的工作压力和紧张。

权力有效影响同时也依赖于与交换影响策略相关的交换过程。权力关系中的交换过程的建立基于互换定律,即认为人们应该因为他们的所做而得到某种补偿。假设一位员工被她的领导者要求,为了一个重要的项目而在周末加班,事后这位员工没有得到任何认可、补休时间、加班费,甚至一声"谢谢你"也没有得到。后来,她发现该领导者将这个非常成功的项目的功劳全部独揽。这位员工和大多数旁观者都会认为该领导者违反了良好的工作关系的一个重要方面:由于这位员工的贡献,作为互换,应该给予她认可或其他奖赏。

互换定律的应用在组织中屡见不鲜。在某种程度上,由于人们希望得到报酬,或者希望得到"好意"的回报,因此在很多情况下就能对他们施加影响。对同伴或同事而言,因为没有保证服从的正式权力,所以互换过程格外重要。互换过程中的权力源自能够为他人提供他所需要的东西的能力。

对领导者和员工来说,有效地运用权力是相当困难的挑战。有效运用权力的目标是运用与组织和员工两者的需求相一致的方法来影响他人的行为。如果权力的运用没有得到悉心的管理,有权力的个体就会利用那些权力较小的个体并以他们自己的个人利益来代替组织的合法利益。有效运用权力的领导者一般具有五个特点。第一,他们都了解人际和结构来源的权力以及运用这些权力最有效地影响人们的方法。例如,专业人员倾向于更容易被专业能力而不是其他人际来源的权力所影响。有效地运用权力的领导者和员工常常会发现在一个权力关系中存在的结构和情境问题,并改变自己的行为使之符合实际情境。其结果是他们发展和运用了多种多样的权力来源和影响策略。一些无效的领导者则太依赖于某一个或少数几个权力来源或影响策略。第二,他们知道交换是成功影响他人的基础。他们认识到,除非互惠的交换基本上是对等和公平的,否则,随着时间的推移,将产生"难以对付"的反感,而他们影响他人的能力也将下降。第三,他们在获得和运用权力过程中知道什么是和什么不是合法的行为。对权力的误用或缺乏理解会破坏它的有效性。例如,如果个体在自己并不具备必需的知识的领域展示自己的才能,只会损害其专家性权力。个体的行为方式如果与其对他人有吸引力的特征或特质不一致,将使他失去参照性权力。第四,他们会谋求能够发展和运用权力的职位。换句话说,他们会选择一个与组织的决定性问题或利害关系有关的工作。这些工作提供了影响他人行为的机会,实际上,这些工作也需要去影响他人的行为。在这些职位上的成功表现相应地将使个体获得权力。第五,他们在运用权力时能够进行自我控制。因为他们认识到自己的行动会影响他人的行为和生活,他们知道影响员工的行为是领导者角色的合法和必然的部分,但他们仍然小心谨慎地运用权力。他们一般会按照公平的以及与组织需求和目标相一致的方式运用权力。

第五节 决 策 谋 略

决策是管理工作的重要过程之一。管理学家西蒙说,管理者最基本的职能是决策,从古至今,各类领导者,无不重视决策。"运筹帷幄之中,决胜千里之外",说的就是决策的重要性。决策又是领导活动中的一项经常性的工作,决策的正确与否直接关系到事业的兴衰与成败。因此,在变革时代,领导者必须依据一定的条件,运用科学的方法,掌握熟练的技巧和策略,以保证其决策的正确性。

一、决策的概念

古代的学者,如孙子,很早就有决策的思想。长城、金字塔等历史杰作的建成本身亦离不开决策过程。孙子在《孙子兵法·计篇》中提到:"夫未战而庙算胜者,得算多也;未战而庙算不胜者,得算少也。多算胜,少算不胜,而况于无算乎! 吾以此观之,胜负见矣。"这句话的意思是说,凡是未战以前预计能够取胜的,是因为得胜的条件充分;未战以前预计不能取胜的,是因为得胜的条件不充分。这里的"庙算"就是推算和决策,也就是在充分调研以及预算的基础上作出正确的决策,争取战争的胜利。由此可以看出,在调研基础上作出正确的决策是获取战争胜利的基础。

从学术的角度看,"决策"概念最早出现在经济较为发达的美国,后经日本、德国、苏联等国学者的不断研究和发展,逐步丰富并完善起来。我国学术界是从20世纪70年代末开始翻译、介绍和使用决策理论的。20世纪30年代,美国学者巴纳德最早把决策概念引入管理理论当中。在当时,人们是这样理解决策概念的:决策直接指导组织系统,同时,决策由组织中的管理者和领导者所制定。制定决策是为了解决问题。1947年,西蒙在《行政行为——对行政组织决策过程的研究》一书中,第一次系统地提出了行政管理学中的决策理论,指出决策是一个系统的、完整的、动态的过程,有着自己独特的基本属性,这个基本属性就是决策所界定的自我规定性。有了决策的自我规定性,就能够比较清晰地将决策同其他一些概念加以区别,就能够比较准确地把握决策的特性。

随着社会的快速发展,对决策的研究逐渐拓展,决策理论和决策艺术受到普遍重视。计算机技术的快速发展导致决策支持系统(DDS)、群体决策支持系统(GDSS)、群体支持系统(GSS)等诞生和发展。这些系统以管理科学、运筹学、控制论和行为科学等为基础,辅助支持各级管理者,特别是高层管理者进行决策活动,是具有智能作用的人—机网络系统。然而,在快速发展的决策技术和手段面前,我们应当认识到这些毕竟只是技术,技术本身代替不了决策本身和决策艺术,在环境快速变化、竞争更加激烈的今天,决策技术固然重要,但决策艺术更为重要。作为领导者,既要掌握现代的决策技术,更要重视对决策谋略和决策艺术的把握。

对于领导者来说,决策的确是最重要、最困难、最花费精力和最冒风险的事情。也正因为如此,近年来决策活动引起管理学家、心理学家、社会学家乃至数学家和计算机科学家们的极大关注,并且成为独立的研究领域,形成决策科学。

从管理学的观点看,决策最古老和直接的含义就是,在若干可供选择的行动方案中作出抉择。在管理的五项职能中,几乎都会遇到决策问题,也就是说,决策并不只限于计划工作。"决策"这个名词是从英语翻译过来的,原名为"decision making",就是作出决定的意思。心理学中"决策"是指对于一个缺乏确定性情景的事情的抉择反应。决策的中心问题是解决事情(或事件、对象)本身的先验的不确定性。因为如果对于某项事件只能有一个抉择,那么在这种情况下根本没有任何选择,从而也就没有决策的问题。在这种意义上,决策是对不确定性事件的选择反应。选择的结果可能是获得了最佳的方案,也可能是选择了失败的方案。

在任何一个组织中,决策都是行为的选择,而行为是决策的执行。实际上,如果决策合理,执行起来就顺利得多,效率也会提高。反之,如果决策不合理,甚至是错误的,那么,执行起来就难免要碰壁或反复,效率也会大大降低。

从心理学的角度来看,人是决策中的主要成分,而计算机仅仅是起辅助作用。决策需要人进行创造性的活动,决策过程带有情绪色彩,这些都是计算机所不具备的。在现实生活中,机器只能起提供信息、提出参考意见的作用,而任何决策最后的"拍板"都是由人作出的,即由领导或领导班子集体作出的。

决策中的三要素分别为决策、决策者、决策过程,见表6-2。

表6-2 决策中的三要素

三要素	行为的说明 (什么正在发生或已经发生)	规范性模式的建立 (应该如何发生)
决策	在组织中作了哪些决策?这些决策是如何产生的?	什么是最优决策?怎样改进决策?
决策者	组织中决策者的特征是什么?哪些因素影响决策者的行为?	一个有理性的决策者的行为应如何?
决策过程	在组织中决策实际上是如何作出的?	一个组织应如何作出决策?

上表说明,决策中的首要问题是要作什么样的最优决策,这是问题的提出,也是问题的归宿。其次,决策过程中的关键是人,是一个有个性特征的人,并能在决策过程中体现出有理性的决策行为。

决策都是在组织中进行的,除个人决策外,还有群体决策,此外,决策还要受一定的组织价值观、信念、伦理道德观的制约。

二、管理决策的步骤

管理决策从发现问题开始,到对为解决问题而采取的行动结果的评价结束。图6-2描述了管理决策的几个基本步骤,尽管这些步骤似乎是以逻辑顺序出现的,但是实际的管理决策是相当混乱和复杂的,领导者经常会处理一些意外的危机和小问题,这些问题经常会花费比它们所值得的更多的时间。

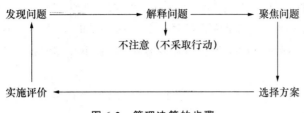

图 6-2 管理决策的步骤

（一）发现问题阶段

管理决策很少会从一个白板开始。先前的决策和经验以及新信息都会决定领导者是否会发现一个问题。同时，领导者的个人特质在问题发现过程中也扮演重要的角色。

对于结构性问题，发现它是很容易的。例如，一位营销经理许诺一定在 30 天之内发货。45 天之后，一位经理打来电话，抱怨说："货还没有到，我马上需要它。"这位营销经理马上意识到这是一个问题，必须立即解决。然而，对于非结构性问题，其发现本身就经常是一个问题。问题来源于没有关于周围环境发展及其趋势的清晰而足够的信息。

发现问题后总是会引起一些行动。这些行动要么会迅速形成一个解决方案，要么就是漫长过程的一部分。解决问题所需要时间的长短取决于问题的本质和复杂性，许多条件都会增加对问题不正确认识和描述的可能性。

（二）解释问题阶段

决策过程的第二个阶段涉及对问题的解释。问题解释涉及对已认识的问题赋予意义和定义。问题发现并不意味着那个问题会引起注意。正如图 6-2 所示，领导者可能作出一个简单的选择，就是对不采取行动的选择。这种选择一般是以下一些情形导致的后果：(1) 要求领导者处理过多的非常重要的问题；(2) 相信问题会随着时间而消失；(3) 领导者认为试图处理某个问题不会成功或者仅仅会使问题更复杂。

在"客观"信息的可获得性与它们在问题解释中如何被加工之间并没有简单的一对一的关系。许多偏见会影响决策，包括风险偏好、问题框架、可获得性偏见、选择性知觉偏见以及小数目规则偏见。

(1) 风险偏好，指个体或群体在预期的结果不能确定时作出决策还是逃避决策的倾向。一个厌恶风险的个人或团队关注的是潜在的负面结果，相对于获利的可能性而言，失败的可能性被高估。因此，决策者需要较高的获利可能性才能容忍失败的可能性。相反，偏爱风险的决策者关注的是潜在的正面结果，相对于失败的可能性而言，获利的可能性被高估。风险偏爱者只要有较低的获利可能性，就能容忍失败的可能性。

(2) 问题构架，指倾向于用积极的词语还是消极的词语来解释问题。处于有利环境的个人倾向于厌恶风险，因为他们认为要损失更多的东西。相反，处于不利环境的个人倾向于认为他们几乎没有什么东西可以损失，因此可能偏爱风险。

(3) 可获得性偏见,是指个体倾向于因回忆起一个事件中的某些场景,而高估它发生的频率(反之亦然)。如果你曾经经历过一起严重的车祸,你可能就会高估这类事件发生的频率。这种类型的偏见也可以这样来表达:不在你的视野中的经常就不在你的脑袋里。

(4) 证实偏见,指个体倾向于搜寻那些支持情境最初解释的信息,而回避那些和最初解释矛盾的信息。在搜寻积极信息的同时,也搜寻消极信息,就会减少这种偏见。

(5) 选择性知觉偏见,指人们倾向于看到他们所期望看到的东西。人们搜寻与他们观点一致的信息,而不重视与他们的知觉相冲突的信息。

(6) 小数目规则偏见,指倾向于认为几个案例或样本就能代表一个更大的总体(通过几个样本"证实这个规则"),甚至它们不能代表时,也认为如此。第一次在某餐馆用餐就有不愉快的经历,这个最初的经历可能导致个体得出餐馆服务不好的结论。而事实上,这仅仅是一次用餐时一个营业员的行为所造成的结果。

(三) 聚焦问题阶段

发现和解释问题之后,就需要判断聚焦哪个问题,它们要得到多少关注以及得到关注的顺序。领导者必须清楚其对所处理问题给予(有时是无意识的)多大程度的注意。根据问题的轻重缓急,领导者将面临的问题按关注程度进行排序。但往往已发现的、需要予以关注的问题的数量和变化几乎总是超过领导者在一段时间内解决所有问题的能力范围。同时,来自外部环境的压力也能改变对问题关注程度的排序。

(四) 选择方案阶段

当有下列情况时,应当进行快速选择:

(1) 问题不是高度结构性的;
(2) 多个领导者(最多两个)具有非常明确的权威和责任来解决问题;
(3) 时间有限。

一个快速选择的作出也许是几分钟之内,也可能是几天。

迂回选择处于另一个极端,它持续很长时间,并且让人感觉很迷惘。这个过程经常在具有以下特征的问题中应用:

(1) 问题是非结构性的;
(2) 形成、评价以及应用选定方案需要很长时间;
(3) 选定方案涉及许多潜在的利益和权力关系;
(4) 在选择方案的过程中涉及许多人。

(五) 实施评价阶段

结果阶段涉及对选择实施后所获得的结果的评价。对于结构性问题,这个评价通常相当简单,备选方案的收益与成本很容易核算。考虑一下这个问题,在非上班日,领导者安排加班来达到预期目的。如果加班的结果达成预期目的,很明显,这个决策达成了预期的结果。

对非结构性问题而言,行动方案的选择以及应用都会涉及个人的主观判断,决策的全部结果可能几个月甚至几年都不明显。最终的选择是对现行的账务和顾客服务系统进行完善。从短期来看,这个决策是有效的,但是,从长期来看,结果也可能不是这样。因此,对非结构性问题作出决策时会面临风险和不确定性。

三、决策技术

西蒙的名言"管理就是决策"道出了决策的重要性。管理学家以及计算机专家、统计学家不断深入研究,提出了许多决策模型,以减少决策中的不确定性,使决策真正行之有效,因而决策学已发展成为一门比较完善的学科。对于不同类型的决策行为,要有不同的思考方法;对于不同类型的决策,要给予不同的考虑。

(一)确定型决策行为的思考方法

对于确定型决策,既然结果是确有把握的,那么就应根据已有情报选择最佳方案。不仅如此,决策者还要以"灭此朝食"的决心,竭尽全力去实现最佳结果。决心不大,实施不力,就会贻误时机,纵然选中了最佳方案,也会因为时过境迁、事态发生变化而得不到最佳结果。这是确定型决策失误的常见原因。看准了,就全力行动,这是确定型决策的基本思考原则。

(二)风险型决策行为的思考方法

风险型决策指要冒一定风险的决策。对于这种决策,决策者应着重考虑以下四点:

(1)选择最有希望的方案行动。

(2)备好必要的应变方案,以便在可能的不测事变发生时得以应付自如。

(3)运用各种主客观条件,尽量化险为夷。通过试点、实验及时收集新的情报,使风险型决策转化为确定型决策。

(4)留有余地,要有最后的保险手段。如同机器设计中要有安全阀、旁通阀、控制阀等一样,风险型决策要有尽可能有效的保险手段。例如,作战方案中要有预备队,投资建设中要有后备金,以及通过思想政治工作提高人们对决策的信心,同心同德地去执行等,它们的作用不仅在于在决策实施的关键时刻保证决策胜利,而且万一失败,也可把损失降到最低限度,并安然过渡到新的决策。

风险越大,上述四点考虑就越重要。风险型决策最忌讳孤注一掷。

(三)不确定型决策行为的思考方法

对于不确定型决策,决策者又应该怎样科学地思考呢?既然我们掌握的决策条件太少,决策的后果不确定,那么就要考虑以下四个方面:

(1)要"摸着石头过河",这是决策者决策时最基本的原则。决定问题不要太匆忙,要留一段反复考虑的时间。

(2)多方案并进。每个方案都要有原则差别,这样不仅成功的希望大了几倍,而且纵使失败了,也能积累下更多的经验教训,为新的成功决策打下良好的基础。

(3) 步子不要太快。快了,"摸石头"也罢,多方案也罢,就失去了意义。结果是即使方案基本正确,也会欲速不达。

(4) 要把力量集中在信息反馈上。要有灵敏、准确和有力的反馈措施,及时收集情报,及时总结经验教训,以便随机应变。僵化不变,必然失误。在不确定型决策中,失误往往是难免的,问题是,如果失误了还僵化不变,那就要错上加错,造成灾难性的后果。

对确定型、风险型、不确定型行为除了按以上原则思考以外,还可以利用决策的有效工具,即决策过程图。该方法简单易行,正确地使用可以将风险降至最低。

中国古代著名的改革家、明朝宰相张居正对决策也有过深入的研究,他认为"天下之事,虑之贵详,行之贵力,谋者在众,断在于独"。的确如此,作决策时,考虑一定要周详,行动要得力,要吸收众人的智慧,但绝不能无休止地扯皮,当断则断。

四、决策谋略

决策的艺术包括决策的思想、决策的手段、决策的条件等方面。决策既需要定量的技术,也需要定性的技术,在这里,定性的技术可以被理解为通过经验和直觉等来进行决策的方法,更带有艺术性。在企业的经营决策和管理过程中,这些艺术性的决策方法可以归纳为决策谋略。它既是一种决策方法,更是一种艺术。这种艺术性的谋略的好坏往往影响企业的全局。

《孙子兵法·谋攻篇》说:"夫用兵之法,全国为上,破国次之;全军为上,破军次之;全旅为上,破旅次之;全卒为上,破卒次之;全伍为上,破伍次之。是故百战百胜,非善之善也;不战而屈人之兵,善之善者也。"这句话的意思是说,战争中,使敌人举国投降是上策,击破敌国就次一等;使敌人全军投降是上策,击破敌军就次一等;使敌人全旅投降是上策,击破敌旅就次一等;使敌人全卒投降是上策,击破敌卒就次一等;使敌人全伍投降是上策,击破敌伍就次一等。所以百战百胜,不是好中之好;不通过武力就使敌军投降,才是好中之好。总之,百战百胜并非高明中最高明的,不用打仗而使敌人屈服才是最高明的。

自古以来,不战而屈人之兵都被认为是作战艺术最高境界的表现。春秋之时,著名的能工巧匠公输班为楚国制作了一种用于攻城的云梯,得到这种新式兵器后楚王非常高兴,想当然地认为楚国将因此而攻无不胜,于是决定进攻宋国。当墨子知道此事后,他非常反感国与国之间交恶用兵,于是急忙赶回楚国。墨子到达楚国后先跟楚王和公输班讲道义,楚王跟公输班讲不过他,因此只好承认墨子是正确的,但楚王却仍然坚持要攻打宋国,原因是他认为此战楚国必胜,宋国必败。于是墨子就解下腰带围了一个四方形充当城墙,又拿来一块木板当作防御的武器,叫公输班来攻城,公输班用他的云梯先后发动了九次进攻,结果九次都被墨子挡了回去。公输班的攻城方法全部用尽,而墨子的防守本领却还没用完。久攻不下,公输班便对墨子说:"我知道有什么办法可以战胜宋国,但我不说。"墨子回答他:"我也知道你的方法是什么,但我也不说。"楚王听了他们的话后感到莫名其妙,就问墨子:"你们究竟说的是什么啊?"墨子告诉楚王:"公输班意在把我杀掉,这样宋国就没人守得住了,楚国便可以战胜宋国了。其实他的想法错了,我有弟子三百人,现在他们都拿着我的防御器材守在宋国城门上,他们正在等你发兵进攻呢。即使你们杀了我,也是无法战胜宋国的。"于是楚王终于决定不发兵攻打宋国了。一场残酷的战争无形中避免了,宋国人不费一兵一卒就保住了自己的国土。这是战争历史上一个著名的不战而屈人之兵的例子。

仔细分析,墨子为什么能不借助正面的战斗就保全了宋国呢?这里的原因并不在于墨子有多么出色的辩论技巧和才能,也不在于墨子的主张有多么正确的道义,更不在于墨子有多么出类拔萃的攻防技巧。墨子成功说服楚王不出兵的根本原因在于,墨子有弟子三百人,这些人都拿着墨子的防御器材守在宋城上,等待楚国进攻,而墨子通过劝说使楚王认识到,如果进攻宋国必然战败,是得不到楚国想要的东西的。一场本来难以避免的战争就因为墨子出色的谋略而化为烟云。

日本著名兵法专家大前研一认为,孙子的"不战而屈人之兵"的思想,用在企业经营决策当中就是要快速增强自己内部的人力、物力,从而力求创造出避免与对手恶战的环境。为了长期的利益,企业应当注重提高自己的内在素质,苦练内功,以较少的劳力和牺牲来避免交战。大前研一主张企业之间不到非交战不可的地步时,绝不要纠缠那些难以解决的问题。他认为,为了绞尽脑汁也无法解决的问题烦恼是企业经营者的通病,不应纠缠于这些事情而浪费时间,应当遵循孙子的教导来避免无益的战争。通过不进行战争而取得相同的效果才是最高明的。大前研一认为,战争本身并非目的,即便取得战争胜利也是无济于事的,因为那样是通过浪费过多的资源而获得的。他认为,当今许多企业沉湎于广告战是拿企业的生命做赌注,它只对广告商有利,对于消费者的利益实在太小。

为了实现"不战而屈人之兵"这一经营决策思想,作为领导者和经营者应当采取一定的手段。《孙子兵法·谋攻篇》指出:"故上兵伐谋,其次伐交,其次伐兵,其下攻城。攻城之法,为不得已。修橹轒辒,具器械,三月而后成;距堙,又三月而后已。将不胜其忿而蚁附之,杀士卒三分之一,而城不拔者,此攻之灾也。故善用兵者,屈人之兵而非战也,拔人之城而非攻也,毁人之国而非久也,必以全争于天下,故兵不顿而利可全,此谋攻之法也。"这句话的意思是说,上策是用谋略战胜敌人,次一等是用外交策略战胜敌人,再次一等是用武力击败敌军,最次的是攻打敌人的城池。攻城,是实在没有办法的办法。各种器械需要三个月才能制作完成。堆积出土山,又要三个月。将领气愤不过,命令士兵像蚂蚁一样地登上城墙,结果士兵被杀掉了1/3,而城池却没有攻下,这就是攻城带来的灾难。所以,善于用兵的人,不通过打仗就使敌人屈服,不通过攻城就使敌城投降,摧毁敌国不需长期作战,一定要用"全胜"的策略争胜于天下,这样不损耗兵力而利益可以保全,这就是谋攻的方法。

伐谋取胜,攻心为上。这里的"谋"就是指计谋或者谋略,即为实现战略而采取的对策措施。这句话的意思就是要以巧妙的谋略或者对策使敌人的谋略无法实现,用智谋攻心的方法来瓦解敌人的斗志,避免实现自己目标的过程中,通过交战带来无谓的牺牲。商战与兵战虽属于不同的范畴,但方法上却有相似之处。兵战讲究"知己知彼",未战而先谋略,战起则已成胜势,即使有风险,成功的概率也是很大的。商战也讲究"知己知彼",不知己知彼,没有胜算在前,无异于盲目冒险。

虽然伐谋、伐交是较好的策略,但必须以实力为后盾。要根据敌人兵力的多少来确定伐兵、攻城的战略和战术。《孙子兵法·谋攻篇》指出:"故用兵之法,十则围之,五则攻之,倍则分之,敌则能战之,少则能逃之,不若则能避之。故小敌之坚,大敌之擒也。"这段话的意思是:在用兵时,十倍于敌就包围敌军,五倍于敌就攻击敌军,两倍于敌就分散敌军,势均力敌则抗击敌军,比敌军少则脱离敌军,不如敌军则避开敌军。所以,小股军队若要坚持应战,一定会被大股军队俘虏。这段话的中心思想就是,当敌弱我强时,应该集中兵力打歼灭战;当敌强我弱时,则应当暂时退避,伺机而动。这些都是可灵活运用的战术和谋略。

在《孙子兵法·谋略篇》中,伐兵、攻城取胜是下策,是不得已而为之的方法。在企业竞争当中,也可能遇到既不能通过谋略来取胜,同时又无法通过伐交来与其联合的情况,这时,企业领导者就应该考虑"伐兵"之策略。要用本企业的集中优势,如优秀的人才、高超的技术、雄厚的资金、充分的信息等实力迅速占据市场,争取尽快击败竞争对手,或者使之尽快屈服。当然,在伐兵、攻城时也要结合伐谋和伐交的策略,尽可能以较少的损失来取得较大的胜利。总之,企业要实施全胜的经营决策思想,就应因时因地,根据客观情况采取伐谋、伐交或伐兵和攻城的手段,这样才能确保完胜。

不同年龄阶段、不同文化程度、不同职务的人,对于空城计故事的理解和感悟不同。浅表地阅读《三国演义》,我们会敬佩诸葛亮在空城计故事中的睿智表现,嘲笑司马懿的多疑愚蠢。年龄大了,经历多了,才会逐渐佩服司马懿的谋略思维,佩服他对中国官场哲学"飞鸟尽,良弓藏;狡兔死,走狗烹"的深刻领悟,以及他忍辱负重的心理修炼功夫。诸葛亮也许推测到,司马懿即使识破了空城计也不会真的来攻打。他们两人都是谋略高手,都需要给对方留台阶,而不能让一般人看破。

空城计故事中的诸葛亮与司马懿

《三国演义》态度鲜明地歌颂诸葛亮,诸葛亮在中国民间已经成为聪明智慧的象征。《三国演义》描写了诸葛亮的系列奇计妙招,例如"草船借箭""空城计""七擒孟获""连环计""激将法"等。所以说,诸葛亮堪称东汉乃至三国的军事家和谋略家。周瑜曾发出"既生瑜何生亮"的感叹,对诸葛亮的能耐既嫉妒又无奈。但诸葛亮后期却遇到了一个强劲对手,这个人就是三国后期的魏国司马懿。《三国演义》描写的空城计发生的时间是234年,而诸葛亮就在这一年死去。但年龄比诸葛亮还大两岁的司马懿却比诸葛亮多活了17年。正是在这17年间,司马懿起起伏伏终于实现了人生理想。

空城计实际上源于诸葛亮的一次失误,诸葛亮驻守阳平关时,派魏延领大军东出攻魏,自己留万人守城。不料,司马懿带着15万大军前来攻城。诸葛亮没有断定司马懿会派大军攻这个小城,就把精锐派去送粮,只留了一些老弱病残。当诸葛亮得知司马懿大兵杀过来时,他便感觉到问题的严重性。既然无将能挡,只能用计。于是,诸葛亮才用了空城计。《三国演义》描述道:

> 孔明将人马分拨已定,先引五千兵去西城县搬运粮草。忽然十余次飞马来报,说:"司马懿引大军十五万,望西城蜂拥而来!"时孔明身边别无大将,只有一班文官,所引五千兵,已分一半先运粮草去了,只剩二千五百军在城中。众官听得这个消息,尽皆失色。孔明登城望之,果然尘土冲天,魏兵分两路望西城县杀来。孔明传令:"将旌旗尽皆隐匿;诸军各守城铺,如有妄行出入,及高声言语者,立斩!大开四门,每一门用二十军士,扮作百姓,洒扫街道。如魏兵到时,不可擅动,吾自有计。"孔明乃披鹤氅,戴纶巾,引二小童携琴一张,于城上楼前,凭栏而坐,焚香操琴。
>
> 却说司马懿前军哨到城下,见了如此模样,皆不敢进,急报与司马懿。笑而不信,遂止住三军,自飞马远远望之。果见孔明坐于城楼之上,笑容可掬,焚香操琴。左有一童子,手捧宝剑;右有一童子,手执尘尾。城门内外,有二十余百姓,低头洒扫,旁若无人。懿看毕大疑,便到中军,教后军作前军,前军作后军,望北山路而退。次子司马昭曰:"莫非诸葛亮无军,故作此态?父亲何故便退兵?"懿曰:"亮平生谨慎,不曾弄险。今大开城门,必有埋伏。我军若进,中其计也。汝辈岂知?宜速退。"于是两路兵尽皆退去。孔明见魏军远去,抚掌而笑。众官无不骇然,乃问孔明曰:"司马懿乃魏之名将,今统十五万精兵到此,见了丞相,便速退去,何也?"孔明曰:"此人料吾生平谨慎,必不弄险;见如此模样,疑有伏兵,所以退去。吾非行险,盖因不得已而用之。此人必引军投山北小路去也。吾已令兴、苞二人在彼

等候。"众皆惊服曰:"丞相玄机,神鬼莫测。若某等之见,必弃城而走矣。"孔明曰:"吾兵止有二千五百,若弃城而走,必不能远遁。得不为司马懿所擒乎?"后人有诗赞曰:

> 瑶琴三尺胜雄师,诸葛西城退敌时。
> 十五万人回马处,土人指点到今疑。

一般人读了《三国演义》对"空城计"这个故事的描写,自然会佩服诸葛亮以一己之力吓退司马懿15万大军,保全城里百姓的生命。而司马懿却担心城里有诸葛亮埋伏的重兵,没敢攻城,不战而退了。所以读到这里,很多人会笑话司马懿多疑失算。

历史上不少将领都使用过空城计,但是可以发现,空城计是很危险的计策,败中取胜,死中求活,不到万不得已绝不能使用。

司马懿与曹睿之间的关系很微妙,诸葛亮曾用过反间计离间他们君臣之间的关系,本来就对司马懿有看法的曹睿就更不愿重用司马懿了。所以,司马懿在曹睿初期并不受重用,直到诸葛亮发起战争,司马懿才重新被重用。所以说,空城计中司马懿放过诸葛亮,实际上也救了他自己。

司马懿跟随曹操多年,确实像诸葛亮分析那样是一个疑心很重的人。依据《三国演义》中的描写,当时司马懿为什么不敢进城,是真的担心诸葛亮足智多谋、暗设机关吗?据说关于空城计吓退司马懿的事,直到司马懿临死前才对儿子司马师、司马昭透露实情。原来,司马懿已经识破诸葛亮这一招,他之所以不想进城,主要还是想让诸葛亮多活几年。因为只有诸葛亮活着,司马懿才有仗可打,才有存在的价值,他深刻领悟了中国历史上"飞鸟尽,良弓藏;狡兔死,走狗烹"的为官之道,如果诸葛亮被消灭了,他司马懿本人也可能面临危险。

第七章 心理管理

随着社会经济的快速发展和全球化竞争的加剧,越来越多的管理者认识到,要持续改善企业绩效,提升和长久保持企业竞争优势,单靠对传统意义上的经济资本、人力资本和社会资本的投资和开发显然不够,必须注重对员工心理资源的开发。员工优秀的心理素质、良好的精神状态、积极的工作态度等心理资源,是企业产生高绩效的重要源泉。因此,如何获取、开发和利用员工的心理资源,提高企业人力资源的质量和投资收益,进而获得竞争优势,已成为管理工作面临的重要问题。管理涉及的范围很广,管理的对象要素也有很多,包括人、财、物等资源,但是最核心、最重要的还是对人的管理。其中,心理管理对发挥人的主动性、挖掘人的潜在能力是极为重视的。何谓心理管理?心理管理就是指管理者遵循事物发展与人的心理发展的特点、规律,有意识、有目的地借助各种媒介,调动人的主观能动性,使人保持良好的心态,以实现目标。

第一节 正心领导

我们以往的管理工作利用的资源主要是人力、物力和财力资源,对人力资源的开发利用,进展到开发知识、技能等人力资本,但是对于情绪资本、心理资本的开发利用时间还不长。正心领导,除了关注人力资源、人力资本外,重点关心对于心理资本的开发利用,主张从冒出念头开始到取得绩效的整个过程中,通过以心关心等方法,重视对人的心理的唤醒、调节、控制。

一、心理资本与绩效

中国、印度的传统文化中,都重视心、心理、精神的力量,但是缺乏系统的定量研究,西方心理学、经济学和管理学的一些研究成果值得学习借鉴。塞利格曼在2002年的著作《真实的幸福》中,首次提出是否存在心理资本,如果存在的话,是什么样的,我们如何获取。他认为,"当我们被干预时,我们可能正在投资、建立未来的心理资本"。除了积极心理学,最近,我们更多转向"积极组织行为学"(positire organization behavior,POB),诸如那些可测量、可开发,对于组织绩效有积极影响且可管理的能力。2005年,卢桑斯等首次明确将心理资本定义为:"个体一般积极性的核心心理要素,具体表现为符合积极组织行为标准的心理状态,它超出人力资本和社会资本,并能够通过有针对性的投入和开发而使个体获得竞争优势"。卢桑斯等指出可以从四个方面理解该定义：第一，以积极心理范例（强调积极性和人的优势）为基础；第二，由符合积极组织行为标准（如独特、可以有效测量）的心理状态组成；第三，超出人力资本（如知识、技能、观点和能力）和社会资本（如关系、彼此相连的工作关系网和朋友），关注你是谁（如自信、希望、乐观和坚韧）；第四，可以通过对它的投资和开发，来改善绩效和提高竞争优势。2007年，卢桑斯等又对心理资本的定义进行修订，认为心理资本是指"个体的积极心理发展状态"，其特点是：第一，拥有表现和付出必要努力、成功完成具有挑战性的任务的自信（或自我效能感）；第二，对当前和将来的成功作积极归因（乐观）；第三，有目标感，可以为了取得成功在必要时重新选择实现目标的路线（希望）；第四，当遇到问题和困境时，能够坚持并很快恢复和采取迂回途径来取得最后的成功（坚韧）。至此，心理资本的模型初步具备，但是关于心理资本的概念的界定，学界还没有一个统一的观点，目前，学者大致将其分为三种，即特质论、状态论和综合论。(1)特质论认为，心理资本是作为个体的内在特质而存在的。霍森等人认为心理资本是个体通过学习等途径进行投资后获得的，一种具有耐久性和相对稳定性的心理内在基础构架，包括个性品质和倾向、认知能力、自我监控和有效的情绪交流品质等；莱彻等将心理资本等同于"大五人格"，即心理资本就是人格特质；科尔认为心理资本是一种影响个体行为与产出的人格特质。(2)状态论认为心理资本是一种积极的心理状态。代表人物为卢桑斯。(3)综合论认为心理资本是一种同时具有特质性和状态性的心理素质。阿沃利奥等人提出了"类状态"(state-like)的概念，认为心理资本既具有状态性，可以通过干预来开发和提升，又具有特质性，相对稳定，不易开发。班杜拉对自我效能感的研究、斯奈德对希望的研究、卡佛对现实性乐观的研究以及马斯滕等人对复原力的研究等，大多也证明了阿沃利奥的观点。综合上述观点，心理资本是指个体所拥有的积极心理资源，其构成内容包括自信、希望、乐观和坚韧，都是类似于状态的积极心理力量。

笔者和李娟2013年选择浙江台州三家上市公司（上海慧圣咨询有限公司的三家客户企业）进行"心理资本对民营企业新生代员工绩效影响的研究"。我们采用观察、访谈和问卷调查方法，利用提供咨询服务的便利条件，进行蹲点，观察实践。我们作为旁观者，在企业进行调研，进行深度观察和真实访谈，有利于深入了解企业现实运作规则和所面对的问题，把握当时最新信息，进而发现重要的研究问题。在三家公司，我们通过参加会议、和员工到食堂吃饭、在车间观察工人干活等，直接或间接围绕心理资本和绩效的关系，对从董事长到一般员工都进行了观察与访谈。

我们采用半结构化形式进行访谈，并用内容分析法对访谈结果进行整理。我们与被访谈对象事先约定时间，并通过电子邮件将访谈提纲于访谈前发给被访谈者，让他们对访谈内容有基本的了解与准备，以确保访谈的质量。具体访谈方法采用一对一面谈的方式，每位访谈者预设时间为30分钟，并根据受访者实际情况进行调整，访谈地点在受访者所在公司。记录方式为笔记与录音结合，访谈结束后整理。根据访谈对象的不同,访谈提纲分为普通员工版与管理人员版。访谈内容包括对心理资本四个维度(自信、希望、乐观、坚韧)的理解与看法,心理资本对绩效的影响的看法。整个访谈历时 20 天左右,分别访谈了近 40 个普通员工,23 个管理者。

被访谈者对于心理资本的概念很陌生,但是对于自信、希望乐观、坚韧等维度都有比较多的看法,这个过程也促使我们对心理资本问卷不断进行修改,以便真实施测时受测者对于问卷测量的内涵有一个真正的理解与反馈。此外,大家也一致认为,心理资本对绩效有一定的作用,但是具体作用机制不是很清楚。在访谈过程中,关于结果变量的选取也征询了被访谈者的意见,因为研究对象为民营企业,大家一致认为绩效是比较重要的一个结果变量,而且在绩效变量的选择维度上,认为绩效的考量应当尽可能全面。由此可以发现,上市民营企业中管理人员的素质及其对于现代管理理念的接受程度还是比较高的。关于是否选取员工满意度作为考量指标之一,访谈对象一致认为满意度表面效度太高,没有实施的意义,因此舍弃。

参与调查的对象包括企业员工(年龄为 25 岁左右)和管理者。员工问卷一共 350 份,实际收回 312 份,对其中一些填写不认真、有数据缺失的问卷予以剔除后,最终得到有效问卷 294 份。管理者问卷由于样本企业属于制造业,员工比较多,存在一个管理者带领很多下属的状况,因此发放了 150 份,实际回收 132 份,有效问卷 126 份。

PCQ(PsyCap Questionnaire)是目前普遍使用的心理资本量表。在编制 PCQ 中的自我效能问卷时,我们主要参考的是帕克的自我效能量表,整个量表共 10 个项目;希望问卷借鉴的是斯奈德开发的希望状态问卷,包含 6 个项目;韧性问卷参考的是布劳格、克莱门编制的韧性量表,共 14 个项目;乐观问卷主要参考沙伊尔和卡弗开发的问卷,包含 12 个项目。这四个成型问卷的心理测量学指标已经得到了研究的支持,具有很高的信度。但这四个问卷与工作场所的相关程度、状态类特征的程度、项目数量都不同,采用的李克特尺度也不完全相同。因此,卢桑斯等人在开发 PCQ 时,根据内容效度和表面效度,由一组专家从这四个问卷中各选取适合工作场所的 6 个条目,并使其反映和测量的是状态类的个体特征,最终形成了包括 24 个项目的心理资本问卷。该问卷采用李克特 5 点量表评价。量表中 $Q_1—Q_6$ 用来测量自我效能维度,$Q_7—Q_{12}$ 用来测量希望维度,$Q_{13}—Q_{18}$ 用来测量坚韧维度,$Q_{19}—Q_{24}$ 用来测量乐观维度。

我们对工作绩效的研究主要也采取领导者评价的方式,该问卷仅由领导者填写,对下属的绩效状况作出评价。本研究采用工作绩效三维度结构,即任务绩效、人际促进和工作投入,并参考斯考特等和胡坚开发的工作绩效量表,余德成修改自斯考特等的绩效评价量表,坎贝尔的任务绩效问卷,谢金山的任务绩效量表和姚丽霞的周边绩效量表,威廉姆斯和安德森的工作绩效量表,删除一些条目并进行适当调整。本研究几个变量的相关性分析,如表 7-1 所示。

表 7-1　心理资本与绩效的关系

条目	心理资本	任务绩效	人际促进	工作投入	绩效
心理资本	1.000				
任务绩效	0.605**	1.000			
人际促进	0.601**	0.559**	1.000		
工作投入	0.637**	0.668**	0.597**	1.000	
绩效	0.733**	0.883**	0.787**	0.867**	1.000

注:"**"表示在置信度(双测)为 0.01 时,相关性是显著的。

由上表可以看出,心理资本与绩效三个维度都呈现显著正相关关系,相关程度由人际促进、任务绩效、工作投入依次呈增强趋势,其中心理资本总量表与绩效总量表相关性最高,达到 0.733。

通过观察、访谈以及问卷调查,我们可以发现,员工心理资本与绩效之间具有密切的联系。(1)员工的心理资本与员工的任务绩效、人际促进和工作投入以及整体上的绩效都呈显著的正相关关系。对于员工自身积极心理资本的建设不应忽视,这也与员工高效工作、人际和谐密不可分。管理人员,尤其是高级管理人员,要充分重视心理资本的作用,以前大家只是简单地认为,民营企业员工工作主要为了挣钱,只要工资高一点,员工工作积极性自然也较高。然而现在的新生代员工,不只看重物质待遇,也重视精神需求的满足。(2)心理资本中各个维度对于绩效的影响。对于员工的任务绩效而言,自信、坚韧和乐观对其都有显著的影响,其中又以自信的影响最大。如同以往研究证实的一样,自信维度对于任务绩效的影响是最强、最显著的。这也提示我们,在管理实践中,要重视员工自信或者是自我效能的建设,特别是现在新一代的农民工,他们的观念已经不同于上一代人打工糊口的人生观,他们对于自我存在与自我价值实现的愿望较强烈,我们应该重视其自信与自我效能感的建设,以利于企业管理的实施和良好企业绩效的达成。对于员工的人际促进维度而言,我们可以发现,自信和希望维度对于员工的人际促进有显著的积极影响,坚韧和乐观维度影响不显著。对于员工的工作投入维度而言,自信和坚韧维度具有显著的正向积极影响。员工心理资本中,自信维度对于绩效三个维度都有显著的正向促进作用。此外,乐观、坚韧维度对于任务绩效的达成有影响,希望维度对于人际促进有帮助,而坚韧维度有助于员工工作投入的增强。在管理实践中,重视员工心理资本建设,特别是员工自信感的维护,对于员工绩效有明显的促进作用。管理人员在经营管理活动中要注意树立和维护员工的自信心,让员工积极主动地投入工作。(3)树立全面绩效理念,多维度衡量工作产出。作为研究目的之一,希望通过本研究的实施,使得更多企业管理者意识到单维度地看重财务指标的绩效观已经不能满足企业的现实所需,无论是自身发展,还是在企业管理过程中,都必须采取全面的绩效观,既有任务维度,又有人际促进和工作投入维度,关注员工素质、工作行为、工作结果等,综合考量,才是我们在企业经营管理中亟待贯彻与推进的现代绩效观。

二、正心领导的定义

正心领导的内容,主要就是心理管理。心理管理看似简单,实则较难。人是万物之灵。在众多管理对象中,只有人才是有智慧、有情感、有思想的生命个体,只有人才是能够掌握、运用知识、技能,能动地改造世界、创造世界的主宰,只有人才能转动大脑,思考问题,最后制订计划并执行。人的言语行为不仅受外界环境影响,而且还受自身心理状态、心理发展水平的调节支配。而人的心理又不容易准确猜测。

心理因素是人从事某项活动的基本动力。良好的心态能促进人的心理健康,充分发挥人的积极性,挖掘人的无穷潜能,进而提高活动效率。消极的心理状态和心理体验则阻碍个人潜能的发挥,束缚人们创新能力的发展,也不利于管理者管理才能的发挥。管理者对员工实施管理,这只是外因,外因要想真正起作用,使管理者的意图能在员工的言行中得到体现,必须经过员工的同化、顺应,改变自己原有的认知结构乃至行为方式。否则,管理者的设想、方案再好,技术水平再高,也只是口头宣言或纸上谈兵。所以,对人的管理不能只注重下达任务、一般号召、满足物欲等这种低水平的操作,而必须关注人的心理发展规律,真正调动员工内在的积极性。

再从现实看,众多管理者虽然理论上也知道对人的心理管理的重要性,但在具体实践中,却极易忽视这一关键问题。他们更多关注的是,怎样表述文件,制订哪些规划,如何行使职权,取得哪些功绩等表层的事情。至于文件的发布、权力的行使、管理活动的具体操作对员工心理产生哪些影响,则不愿意或不会作一些研究思考、调查总结,除非事情发展到令其难堪、汗颜的程度。但随之而来的可能不是对自己实施管理恰当与否的反思,反倒是责备员工反应缓慢,太不理解自己的一片"好心"等委曲诉状。这样的管理者为何不想想,员工为什么会这样?责任在谁?问题出在哪里?这就如同有些老师教学生,当学生怎么也听不懂其所讲内容时,他们不会思考自己讲授方法的不足,反而责怪学生不理解。有人说:"天下无不是的学生,只有不是的老师。"从管理角度而言,也可以说:"天下无不是的员工,只有不是的管理者。"

东方传统管理比较忽视人的心理能量,提出以人为本、民贵君轻的,只是一些知识分子,在具体的管理过程中,则以官为本,人的心理能量没有得到挖掘和发挥。新的东方管理应该重视员工的心理资本,从管理者自我革命做起,真正做到"己欲立,立人,己欲达,达人;己所不欲,勿施于人"。管理者要使被管理者喜欢自己,给被管理者留下好印象,可以学习、研究一些社会心理学中人际吸引方面的知识。人们常说的"新官上任三把火",便是新官看重首因效应,即第一印象对印象形成的影响作用。

企业要生存、发展,就必须了解顾客到底有哪些需求。企业可以进行市场调查,生产短缺的商品,也可以大胆开拓,制造顾客的需求。

太极真人论、正心领导强调真实。行为上、言语上可以欺骗别人,可是我们的内心知道这是虚假的。中国传统文化重要的一个糟粕,便是它的虚伪性。任何人本能上有喜欢功名利禄的心理,但有些人却伪善地加以否认。一般人都喜欢钱财,但不直接说出来。正心领导,要求直指人心,把真心呈现在管理者与被管者之间,如果双方互相欺骗,假意奉承,是不可能取得满意的绩效的。

三、正心领导的原则

正心领导的原则包含以下内容:倡导管理中要以心为本;管理者自身要有良好的心理素质;管理者得到被管理者的拥戴,是搞好管理工作的前提和基础;管理过程实际上是心理调节过程;管理者应该了解被管理者的需求,尊重被管理者的意愿;管理者要有洞悉心灵的能力;正心要与法治相结合。

(一)重视心力,以心为本

心理具有巨大的能量,中国封建社会发展缓慢,重要的一个原因便是管理落后,管理落后又具体体现为政治体制、经济体制对人性的压抑,对人性的束缚,使国民的心理能量得不到发挥。所谓"民贵君轻""以人为本",主要是少数知识分子的理想,现实社会中的管理是以官为中心,君重于泰山,民轻于鸿毛。中国历史虽然有陆象山、王阳明等人将心的作用抬高到了极致,但由于政治体制上的专制独裁,心学始终没有处于正统地位,人心的力量没有得到应有的重视。心理能量只有在政治上民主,经济上实现市场经济的氛围下,才可能得到充分的重视。

孙中山先生在总结自己多年的斗争经验后指出:"夫国者人之积也,人者心之器也,而国事者一人群心理之现象也。是故政治之隆污,系乎人心之振靡。吾心信其可行,则移山填海之难,终有成功之日;吾心信其不可行,则反掌折枝之易,亦无收效之期也。"孙中山先生通过国事、政治现象,发现人心才是源头,一切行为都是在心理的支配下产生的,因而得出结论:"物质之力量小,精神之力量大",革命取得成功,"精神能力实居其九,物质能力仅得其一"。我们倡导以心治心的管理理念,首先必须重视心理的力量。在意识到心理具有强大力量的前提下,管理者和被管理者要有自尊心、自信心,充分挖掘和发挥心理能量;解放思想,敢于反传统、反权威;充分发挥主观能动性,不怕困难,勇于开拓进取;养浩然之气,行正义之举,收成功之果。

心学的集大成者王阳明,一生荆棘丛生,多次有人打击陷害他,然而,他却能在险象环生的人生旅途中,在做学问、带兵打仗、升官方面都取得成就,原因便是他体悟到了心理力量的伟大,能够以自心之是非为是非,而不以孔子之是非为是非,所以,虽遇"颠风逆浪",仍然可免"没溺之患"。王阳明的学说传到日本后,对日本的一些人产生了重要影响。阳明心学提倡自尊无畏、敢立大志、解放思想,造就了明治维新前夕的一代英杰。如吉田松阴,他在 1954 年 3 月无视幕府禁海之严,秘密策划搭乘美舰越欧美游学,事败下狱。吉田松阴身居监狱,仍然"独傲睨于一室,达观古今,通视万国",因为他的心能不知不觉得致广大。他的老师佐久间象山因为支持他的计划也连坐入狱,但有心学修养的佐久间象山"身虽在囹圄,心无愧怍,自觉方寸虚明,不异平日"。虽然他们被封建幕府统治者视为罪犯,但他们扪心自问,俯仰无愧,因此能够身处监狱而内心平静。

(二)管理者自身要有良好的心理素质

孟子说:"先王有不忍人之心,斯有不忍人之政矣。以不忍人之心,行不忍人之政,治天下可运之掌上。"(《孟子·公孙丑上》)以心治心,管理者自己首先要有一颗充满能量的心,然后才能去激发、带动、调节被管理者的心理能量,达到"大治"的目标。

中国古人对皇帝、圣人、君子、将军等人提出的一些心理素质上的要求,对于所有管理者心理的修炼都有积极的参考价值。苏洵在《心术》中说:"为将之道,当先治心。泰山崩于前而色不变,麋鹿兴于左而目不瞬,然后可以制利害,可以待敌。"苏洵讲的"治心",强调管理者首先要调节、管好自己的心理,不是让将军一开始就去"治"士兵的心。苏洵重视沉着冷静、注意力、气魄等方面的心理素质。《周易》希望管理者能够自强不息、厚德载物。孔子希望管理者胸怀坦荡、谦虚谨慎,勇于改过。孔子还针对管理者在不同的发展阶段会有不同的心理弱点的情况,提出了忠告:"君子有三戒:少之时,血气未定,戒之在色;及其壮也,血气方刚,戒之在斗;及其老民,血气既衰,戒之在得。"(《论语·季氏》)一些管理者中美人计,一些管理者容易与人产生冲突,人际关系差。孔子的忠告永远不会过时。孟子希望管理者有使命感、责任感:"如欲平治天下,当今之世,舍我其谁也?"(《孟子·公孙丑下》)刘安认为,管理者要有决策能力:"运筹于庙堂之上,而决胜乎千里之外矣。"(《淮南子·兵略训》)

董仲舒在承认治理国家的关键人物是皇帝的同时,指出统治者的心理尤为重要:"君者,民之心也;民者,君之体也";"心之所好,体必安之;君之所好,民必从之。"(《为人者天》)董仲舒将管理者喻为人之心,将被管理者喻为人之体,身体是在心理的支配下活动的,所以管理者的心理活动很重要,管理者"心动",被管理者就会"行动"。因此,管理者要重视自己的心理建设。

(三)"得民心"是搞好管理工作的基础

"得民心",即管理者得到被管理者的拥戴、敬佩。吕不韦把"得民心"看得比攻城掠地还重要:"得民心则贤于千里之地。"(《吕氏春秋·顺民》)苏东坡则把能否得民心直接与国家的存亡联系起来:"人主之所恃者,人心而已。人心之于人主也,如木之有根,如灯之有膏,如鱼之有水,如农夫之有田,如商贾之有财。木无根则槁,灯无膏则灭,鱼无水则死,农夫无田则饥,商贾无财则贫,人主失人心则亡。"(《苏东坡全集·上神宗皇帝书》)

苏轼把人心比喻为根、膏、水、田、财,形象生动,意思是说,人心是管理的基础。古今中外,总有许多统治者被愤怒的臣民赶下台,中国历史上朝代的不断更替,一般都是被统治者忍无可忍的情况下,群民揭竿而起,消灭专制独裁的霸道君主。

现在民主国家经常搞民意调查,以便了解民心状况。中国古代不少知识分子提倡以人为本、民贵君轻、重视民心,但中国历史表明,大多数最高统治者及各级官吏,事实上看不起人民,经常践踏民心。因此,古代中国人个人的心理能量一直没有得到很好的发挥。现在有些管理者仍然自以为是,不关心员工的心态,滥用职权损害员工的自尊心、情感。这样的官员、管理者,如果有真正完善的民主制度,肯定会被罢免。这样的人做管理者,政绩肯定很差。因为员工对于这样的"官",一般都是采用阳奉阴违、磨洋工、消极应付等态度,肯定做不好工作,"失民心而立功名者,未之曾有也"。

(四) 管理过程中随时注意心理调节

"劳心者治人"也可以说成"治人者劳心"。管理过程实际上是管理者支配、控制、调节被管理者心理的过程。被管理者在自己的心理指挥下工作,完成组织目标,生产产品,提供劳务,获得经济利益或社会效益。

在打仗之前应该鼓舞士气、激发斗志;在与同行业的企业进行竞争之前,应该为员工鼓劲,希望大家在产品的质量、数量上胜过竞争对手。在从事管理工作时,管理者从一开始就要绷紧心弦,然后才能拨动被管理者的心弦。吕不韦说:"故凡举事,必先审民心,然后可举。"被管理者心理上有所准备之后,管理者提出的主张、采取的措施便容易被接纳。在管理过程中,管理者要善于将被管理者的注意力引向组织目标,统一认识、统一思想,"圣王之治也,慎为察务,归心于壹而已矣"(《商君书·壹言》)。

在中国古代有"不为良相,即为良医"之说,因为医理与管理之道相通之处颇多,在医界有"上医治国,中医治人,下医治病"之说。中医的经典著作《黄帝内经》将心比喻为君主之官,将肝比喻为将军之官。中药处方中,药物的配比讲究君臣佐使。西方目前比较重视的组织修炼、团队学习,也是团体心理治疗方法在管理上的应用。从心理咨询与心理治疗的角度看,管理是一个心理治疗的过程。管理中,大家认同管理者提出的价值观或奋斗目标,相当于集体催眠。中国古代有着丰富的心理调节、心理治疗、攻心、治心方面的理论与方法。

(五) 管理者要尊重被管理者的心愿

贤明的管理者总是善于了解被管理者有何需求,对于他们的心愿,在不违背原则的前提下尽量予以满足。大禹治水成功,主要是因为他善于因势利导进行疏通。《吕氏春秋·顺民》论述顺应民心等问题,得出结论:"先顺民心,故功名成。"《老子》指出:"圣人无常心,以百姓心为心。"即贤明的管理者把被管理者的心愿作为自己的心愿。郭象说得更明白:"圣人之道,即用百姓之心耳!"(《天地注》)王通也希望管理者以苍生为心,以天下为心。管理工作如果顺从民意,则管理起来很轻松,顺水行舟当然比逆水行舟容易。如果管理者独断专横,无视被管理者的心愿,有时故意违反被管理者的心意而体现自己的权威,注定失败。诚如《管子·牧民》中所说:"政之所行,在顺民心;政之所废,在逆民心。"

顺民心,说起来简单,真正做得好的人并不多。道家的管理思想强调无为而治,并不是说管理者应该无所作为,道家主要希望管理者放权,尊重被管理者的心愿。

（六）管理者要有洞察心灵的能力

中国象棋里，"将"是待在深宫中的，它的周围是"仕"和"相"。在东方现实社会中，等级制度森严，许多官员主要对上负责，下属会花许多心思揣摩上司的意图，并寻找薄弱环节加以利用。韩非子在《八奸》中论述了下属欺骗、愚弄、利用上司的心理弱点的八种技术，即同床、在旁、父兄、养殃、民萌、流行、威强、四方。以同床为例，"何谓同床？曰：贵夫人，爱孺子，便僻好色，此人主之所惑也。托于燕处之虞，乘醉饱之时，而求其所欲；此必听之术也。为人臣者，内事之以金玉，使惑其主，此之谓'同床'"（《韩非子·八奸》）。现在许多人走"夫人路线"，走"小孩路线"讨好领导；许多人利用吃喝玩乐的机会商量工作；派美女出面跑项目拉关系，等等，即是利用和发挥"同床术"。人在休闲、娱乐的时候，心弦容易放松，管理者容易被利用。因此，管理者对于亲朋好友、秘书及周围的人都应该提高警惕，吃喝玩乐时心弦也不要放松，随时洞察与自己打交道的人的真实动机。

（七）正心要与法治相结合

建立法规制度要尊重被管理者的心愿，进行深入的调查研究，"法非从天下，非从地出，发于人间，合乎人心而已"（《慎子·逸文》）。制定了管理规范后就应该严格执行，赏罚分明。管理法规刚制定出来，肯定有不完善的地方，即使不完善，也有统一人心，指引大家共同完成目标的功能，"法虽不善，犹愈于无法，所以一人心也"（《慎子·威德》）。制定了管理规范后，应该根据执行情况、形势变化，不断修订。

讲正心，并不是轻视、无视法治，相反，必须重视法治，因为管理规范是管理者管理意图的体现，贯彻管理规范的过程即实施管理者意图的过程。心治，不是随心所欲，拍脑袋乱发命令，而是在尊重一定制度的前提下，重视管理者与被管理者心理世界的管理。

四、正心领导的特征

正心领导不同于一般的行政管理，具有自身的特点和作用。它是一种隐性管理，具有间接性、能动性、客观性和后象效应的特点。

（一）正心领导是一种隐性管理

正心领导一般不下达专项心理管理文件，也没有单独进行心理管理的直接行为方式，主要通过管理者的管理意识、管理水平、管理方式方法等作用于员工，影响员工的心理活动和行为方式。不论管理者的管理行为如何，心理管理总是潜伏在管理活动中。从一定意义上讲，心理管理是一种无形管理，它伴随管理活动的始终，是管理过程的"衍生物"。

（二）正心领导的间接性

正心领导的间接性是指心理管理必须借助其他媒介才能得以实现。这种媒介可以是具体的管理指令、文件、计划、措施，但更多的是管理者自身的思想水平、言谈举止、人格品质、工作作风、方式方法等。不凭借任何媒介单纯进行的心理管理一般不存在。心理管理可以说是一种间接的干预、间接的"指令"。

（三）正心领导的能动性

正心领导这种潜在的隐性管理影响人们对自己行为对象和方式（做什么、怎么做）的选择，对实施管理的主体和客体的行为起着发动或制止的作用。良好的心理管理有较强的感染力、号召力、渗透力、推动力，能激发人们充分发挥自身的主动性、积极性、创造性，努力做好工作，并在良好心态的支配下，显示出产生系列性良好行为反应的倾向。不良的心理管理是一种阻力，阻碍人们奋发向上，涣散人们的斗志，削弱人的主观能动性，限制人的创新才智的发挥，降低管理活动的效率。

（四）正心领导的客观性

不管是否承认心理管理的存在，不论是否有意对员工施加某种影响，客观上心理管理的作用已经在具体管理活动中产生，这是不以人的意志为转移的。现实中很难找出不对人的心理产生影响、不起任何作用的管理活动。作为管理者，不应怀疑心理管理的真实性，重要的是应该思考怎样实施良好的心理管理。

（五）正心领导具有后象效应

后象是心理学中的一个术语，原指刺激停止作用后，感觉现象并不立即消失，要保留一段短暂时间的现象。这种暂存的后象在性质上与原刺激并不总是相同的。同原刺激性质相同的后象称为正后象，同原刺激性质相反的称为负后象。这里的后象效应，意指心理管理对员工心理的影响，并不随管理者管理活动的终止而消失，它会继续对员工心理产生作用。如果员工认同管理者的高水平管理，就会心情舒畅地完成任务，甚至还会"爱屋及乌"，自愿去做并不属于自己分内的工作。如果员工经常接受的是不规范、不科学的心理管理，其负性体验就会在空间、时间上累积，当消极体验积累到一定程度时，员工的心理可能就会发生质的变化，改变自己原来积极的行为反应，止步不前或者倒退。

不难看出，心理管理客观存在于各种管理活动中。它不仅影响管理者管理效能的发挥，而且还影响员工心理的变化；不仅影响员工当前的表现，而且还影响其未来的发展。为提高管理的科学性、实效性，我们必须正视这种客观存在的隐性管理。

五、正心领导的意义

琢磨企业中的领导心理、员工个体心理、群体心理、组织心理等，具有十分重要的意义。企业管理的实质是对人的管理，而对人的管理，重要的是对人的心理状态的把握及其行为的管理。

（一）正心领导能充分发挥人的积极性

在现代科学技术发展中，重视人的因素，发挥人的主动精神，挖掘人的潜在能力，是极为重要的。因此，从组织管理的角度来看，在组织的人、财、物资源中，人是最重要的资源。以知识为基础、以高科技为先导的知识经济时代要求管理科学本身有较大的创新,这种创新归根结底是人的改变。因为没有作为管理核心要素的人的改变,就根本谈不上组织绩效的提高,管理效能也不可能得以充分发挥。而人是有智慧、有情感、有思想意识的生命个体,人的言语行为不仅受外界环境的左右,而且还受自身心理状态、心理发展水平的调节支配。心理因素是人从事某项活动的基本动力,良好的心态能促进人的心理健康,充分发挥人的积极性,从而提高活动效率。

(二) 正心领导能促进员工心理健康

现代管理的人性化回归人本管理的最终诠释,以员工尊严、员工追求、员工发展、员工情感为出发点。现代管理的本质特征就是考虑到员工是一个个体,员工个体的行为表现无不是由其个体心理和内在感受支配和决定的。员工心理管理就是通过科学的测量和分析,准确理解和把握不同员工不同时期的心理状态,正确地进行人力的配置和优化,更重要的是解决激烈的市场竞争带来的员工心理问题,帮助员工缓解心理压力,促进员工心理健康。这种充满人文关怀的员工心理管理,能够减少员工对组织的抱怨,树立良好的企业形象;增强员工对企业的认同,促进各部门、各层次员工的沟通;提高员工士气,改善组织气氛,降低员工的缺勤、离职率;降低企业运营成本,提高企业经营绩效。

(三) 正心领导减少企业人才流失

人才流失对于企业来说是一定的损失,特别是业务骨干和管理人才是企业的重要财富,如果此类人才大量流失,其损失是难以弥补的。但是从另一个角度来看,在离职员工中,超过50%的员工发展情况并没有原来好,这可能出乎他们的预料,究其深层原因,是离职员工普遍存在一定的心理问题。因此,对员工心理问题加以分析研究,注意员工的心理健康,重视员工的心理管理,对我们防止人才流失有着重要意义。

(四) 正心领导影响组织绩效

心理管理是各种管理活动中客观存在的隐性管理,能够充分发挥人的积极性。它不仅影响管理者管理效能的发挥,而且还影响员工当前的表现及其未来的发展。因此,对于组织来讲,管理者对员工实施管理时必须关注人的心理发展规律,进行心理管理,真正调动员工的内在积极性,才能避免组织陷入危机,提高组织绩效的水平。承诺、信任员工和让员工全面参与是提高组织绩效的关键,只有在不断地观察、分析员工作为"思想人"而非"机器人"的基本心理特征的情况下,依据其心理活动规律,实施心理管理,发挥心理管理的间接性、能动性、客观性和后象效应,才能调动员工的内在积极性,给不同的人提供不同的环境,充分发挥人的潜能,从而提高组织绩效,完成组织目标,创造良好的经济效益。

(五) 正心领导有助于协调人际关系

在企业生产经营活动中,有效实现企业管理,必须解决好领导之间的关系、干群关系、群体之间的关系、企业内部与外部之间的关系。只有这样,企业才能具有向心力、吸引力、凝聚力、辐射力。企业领导把握员工心理,通过加强企业文化建设,讲政治,讲纪律,讲团结,形成催人奋进的企业精神和高尚的价值观,形成积极的群体规范,这对于加强企业的物质文明建设和精神文明建设、提高企业的管理效益都是很有价值的。

第二节 心智模式管理

一、心智模式的定义

面对相同的情境,每个人的反应和观点差距非常大。彼得·圣吉认为,"我们的心智模式不仅决定我们如何认识周围世界,并影响我们如何采取行动"。加登纳根据研究认知科学的最新成果而写成的《心灵的新科学》(The New Science of Mind)一书中指出:"我认为认知科学最主要的成就是,清楚地展示人类行为各个不同构面的心智表现层次。"心智模式根深蒂固于心中,是影响我们如何了解这个世界,以及如何采取行动的许多假设、成见,甚至图像、印象的重要因素。我们通常不易察觉自己的心智模式以及它对行为的影响。例如,对于常说笑话的人,我们可能认为他乐观豁达;对于不修边幅的人,我们可能觉得他不在乎别人的想法。在管理的许多决策模式中,决定什么可以做或不可以做,也常取决于一种根深蒂固的心智模式。如果你无法掌握市场的契机和推行组织中的兴革,很可能是因为它们与我们心中隐藏的、强而有力的心智模式相抵触。

因为这些"想法"都存在我们的心中,影响我们的行为,所以称为"心智"。而我们由过去的经验来架构这一切,并将形成我们看事情的角度,不易察觉,也不易改变,故称之为"模式"。心智模式让个人得以快速有效地应对日常生活事件,却也逐渐操控个人行为。每个人都有心智模式,每个人的行动也都受到心智模式的导引,心智模式一直存在我们的心中,人透过它来看世界。它不但在我们的心中,事实上,它就是我们自己,我们用它来解释自己的经验,赋予我们的经验特殊意义。虽然这些可能不是真正的事实,但我们却把它们当成真正的事实,且深信不疑。

心智模式的三类关键活动包括:描述,即帮助个体对社会环境中事件发生的目的和现状进行描述;解释,即解释事件发生的原因;预测,即对事件未来的发展趋势进行预测(见图 7-1)。心智模式允许个体和周围环境发生频繁的互动,洞察和回忆环境中各因素之间的关系,对未来的事件构建期望。面对外界环境,个体通过心智模式对社会事件进行描述、解释和预测,作出适应性的行为选择,行动的结果一方面检验了自身的心智模式;另一方面,结果所反馈的信息能充实和扩展原有的心智模式。从某种意义上说,个体终其一生都在不断地寻找验证心智模式的证据,并将完善心智模式作为最终目标。

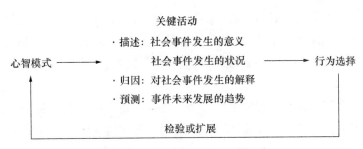

图 7-1　心智模式的三类关键活动

心智模式的问题不在于它的对或错,而在于不了解它是一种简化了的假设,以及它常隐藏在人们的心中不易被察觉与被检视。底特律汽车制造业者不会说"我们有一个假设所有人都在乎式样的心智模式",而是说"所有人都在乎式样"。因为他们一直未觉察自己的心智模式,所以这些模式一直未受到检视。因为未受到检视,这些模式也就一直没有改变。当这个世界改变了,底特律汽车制造业者的心智模式与真实情况之间的差距就会越来越大,从而导致反效果的行动。如底特律汽车制造业者所指出的,整个产业可能慢慢发展出与现实之间搭配不良的心智模式。不仅是汽车产业,这种不合时宜的心智模式也发生在 20 世纪 70 年代许多美国的基础制造产业。今天,类似的心智模式仍支配着许多服装业,在节约成本的名义下,依然提供品质平庸的服务。又如,在所有制造企业中,人们对日益增加的库存都司空见惯了,谁也没有怀疑过库存存在的必要性。这是因为人们心底里通常认为,库存是保证生产能正常进行下去的蓄水池,调整需求的不平衡手段非有不可。但是,日本丰田汽车公司的大野耐一认为,库存的存在有着诸多弊端,它占用了企业的资源,增加了生产成本,更严重的是掩盖了企业经营中的很多问题,使人们失去了很多改善管理的机会。所以,他创建了及时生产系统,认为完全可以做到"零库存"。结果正是在这样的心智模式上的突破,大野耐一先生花了十多年的努力,终于建成了这样一个系统。这个系统,后被称为精益生产系统,目前已为世界上许多制造企业所接受,并改变着当前的世界制造方式。企业有许多好的点子、策略无法变成行动,最大的原因在于个人的心智模式,尽管人们也承认这些点子、策略好,但由于心智模式的限制,人们总是采用过去熟悉的做法,认为新的点子实际上行不通。

二、心智模式的性质

对于心智模式的研究从对象动力学本质出发,关注其动态的成长发展过程。心智模式预期、解释事件的方式是灵活的,并且通过行为结果的反馈得到修正或拓展,但它本身又有着一定的结构,促进或限制了此人可能的活动范围。笔者认为,心智模式作为一种过程作用机制,它的性质体现为以下七个方面:

(一) 差异性

个体心智模式之间的差异体现在他们对事件的描述、解释和预测中。个体差异的存在在心理学中已是被普遍接受的事实。人们之间是有差异的,不仅是因为他们所选择解释和预测的事件有差异,而且因为对相同事件的解释或预测有不同方式。在同一事件中,两个人的作用不可能完全相同,不论他们之间的关系有多亲近。

(二)预期性

心智模式允许个体通过解释事件的重复性来预期事件。个体建立一种结构,在结构框架中赋予事实意义。通过描述或解释所建立的结构本质上是抽象的,在描述或解释的过程中,个人对一系列元素之间的异同进行辨别,因而建立起结构的同时也建立了事件之间的相似性和对比性。

(三)多元性

心智模式的类型是多元的,一类心智模式便于描述、解释、预测一系列有限的事件组合,每种理论或每个系统都有自己的适用范围。几乎没有一类心智模式是普遍适用于任何对象的,它们都有自己的适用范围。当然,有些心智模式比另一些具有更广的适用性。

(四)变化性

随着个体的成长与发展,一个人的心智模式会发生改变。一旦有未经历或体验过的事件发生,就要求人们对此形成新的结构。否则,一个人对新事件的描述、解释和预测将变得越来越不现实。心智模式是个体形成的知识和信念,将被用于对经验的检验。随着个体的解释或预测在事件序列中逐步被修正,心智模式也经历着发展和进化。

(五)发展有限性

个体心智模式的变化发展受结构本身的渗透性所限制。个体对某种新事物的学习并不是源于作用于个体的刺激的本质,只有当个体内部模式结构允许个体关注这个刺激时才发生学习行为。个体试图进行的改变必须由他自己定义。从经验中获得的新观点只代表事件本身,要想将它内化为自己的观点,需要个体对它进行个性化的解释。

(六)相似性

就所进行的对事件的描述、解释和预测方式的相似性程度,可以推断人与人之间心智模式的相似性。人的心理过程建立在对事件不断的描述、解释和预测基础上。两个经历着不同事件的人可能采取相同的行为,心智模式的相似性是相似行为的基础。

(七)共鸣性

就一个人对他人心智模式的共鸣程度,可以推断他(她)在包含其他人的社会过程中的作用。在同样或相似的文化背景中,人们倾向于有相似的知觉和行为,但这并不能保证社会的和谐。为了在和他人的关系中发挥建设性作用,个体不仅必须多多少少地和他人对视、沟通,而且要接受他们看待事件、解释问题的方式,甚至包容他人的心智模式。

三、心智模式的负面效应

心智模式的形成,一部分来自我们所处的社会文化环境和童年时期的重要他人影响,一部分则来自我们自己的生活经验和社交经验。从这些经验中建构出心智模式,再从我们所建构出来的心智模式中赋予经验不同的意义,并强化或修正我们的心智模式。心智模式带来的常见的负面效应有以下四种:

（一）删减效应

每个人的感官不断接收来自日常生活事件的各种不同刺激,却因其心情、兴趣、注意力和警觉心而筛选出不同的资讯,再对所关注的资讯进行整理,从而建构出对事件的看法。如果此种看法"习惯化"之后,就成为心智模式的重要组成部分。此种删减效应让心智模式得以从社会生活事物的混沌中逐步产生,也让相同社会生活经历中的两个人可以有不同的心智模式观点。

（二）建构效应

建构效应与删减效应相对应,它让根本不存在的事物在个人的想象中出现,其作用只为让个人相信他所"想要"相信的事物,从而完成他的观点。在此过程中,心智模式被塑造出来,也发挥对外界事物的建构图像作用。

（三）曲解效应

曲解效应是将外界事物的形貌,依据个人喜好删减不重要的部分,建构出个人"喜爱"的形貌,从而将其曲解。这一效应的威力会让人将"哈哈镜"中的影像误当成正常的图像,从而建构出曲解的心智模式。

（四）一般化效应

一般化效应指的是用一项经验来代替整群不同的经验,通常被称为"以偏概全"。人类归类的能力来自一般化效应,也采取一般化效应来处理或应用基本知识,使得个人在面对瞬息万变的社会环境时能够"以不变应万变"。所以说"太阳底下无新事",这便是由一般化效应所形成的心智模式。

这四种效应让人类得以活在"自我"的想象之中,也可以使人"觉察"个人的心智模式,从而改善不合时宜的心智模式,达成个人的自我提升,并追求自我的学习与成长。

四、心智模式的影响因素

有关社会事件的心智模式并不是一朝一夕就能形成的,正如笔者在前文所述,心智模式是一个相对动态的发展过程,我们在承认它的相对稳定性的同时,要认识到心智模式所具有的社会历史性。随着心智模式的直接现实基础——个体经历的社会实践活动的开展,个体的心智模式会不断得到完善。在这个过程中,个人因素、个人性格特征因素以及组织环境因素对心智模式的发展产生影响,并且其中的某些因素和心智模式构成了因果关系。

由于心智模式的发展和形成是个漫长的过程，从特殊事件和经验的角度而言，每个人的人生都是独一无二的，由于个人所经历的社会事件在内容上存在差异，当然会对心智模式产生影响，这体现在年龄、性别、教育背景、工作经历和工作职位等方面。

第一，不同年龄阶段的人们拥有的心智模式在群体水平上有差异。心智模式的发展带有浓厚的时代性，是社会历史发展的产物，在不同的社会发展阶段有不同的内涵。因为不同年龄群体所经历的社会事件不同，获取信息的途径和内容不同，具有的人生体验和感知积累不同，所以加工社会事件的方式呈现出差异性。

第二，不同性别群体的心智模式存在差异。有关男女性别差异的研究在心理学中有久远的历史。有众多的研究发现男女性的认知偏好各有优势，男女性在信息汲取的方式和内容上有差异，因而其心智模式各具特点。

第三，教育背景对心智模式的影响是不言而喻的。心智模式中蕴涵着结构化知识的成分，人们所受教育水平和内容的差异在心智模式中表现为不同的知识结构。更重要的是，在不同层面教育氛围的熏陶下，人们对现象的认知反应、信念表征方式是不同的，最初可能是具体刻板，而且受权威引导，慢慢就会发展为抽象、精练和整合的方式。

第四，工作经历和工作职位对个体的心智模式产生影响。就个体在组织中的角色而言，霍金森和格里·约翰逊等人在1994年作了一系列的调查研究。结果发现，不同的管理者，不同部门和角色所面临的社会环境中的偶然性不同，责任承担也不同，当然在先前经验中形成的对商业环境的心智模式也不同。当销售部门的管理者的责任和经历倾向于市场（销售）时，他对竞争环境的心智模式会比倾向于组织内部事务（生产或财务）的管理者要复杂、完整。从这个角度出发，可以看出个体的职业背景或职业生涯发展轨迹也会左右其对外部环境的描述和归因，进而深刻地影响心智模式的内容。

个人的性格特征是一种稳定的特性和倾向系列，它超越于一般的情境性，决定着人们心理行为（思想、情感、行为）的共同性和差异性。性格特征表现为多侧面和多维度，在这里我们主要讨论和组织环境变化有较为明显联系的几方面。

在控制点的研究中，学者们发现，相对于外控者而言，内控者在体验组织变革时怀有更积极的情感以及表现出更具适应性的行为。高内控者相信自己的行为和行动主要但并非完全地决定了生活中的许多事件，因此在描述、解释和预测社会事件时所表现出来的信念相对于高外控者来说是积极而自信的。

自我效能感是性格特征的另一个重要方面。班杜拉认为，自我效能感是一种生产性的能力，它能使个人整合认知、社会、情感和行为的技能来获得最终目标。一些研究者发现，在个体认为是新异的和有压力的情境下，自我效能感的作用特别突出。自我效能感不同于控制点，因为它包含对个人为达到预定结果所需技能的认知，自我效能感强的个体对这种自我技能的认知是客观而积极的，那么他们对所面临的社会事件的认知表述也趋于乐观和灵活。

个体的风险偏好和对不确定的容忍度在组织变革时期体现出的差异性尤为突出。风险厌恶感强的个体对模糊的工作情境采取回避的态度,对组织变革的未来带有负面的情感体验,在对组织过程的预测表征中体现出保守、退避和否定的倾向。创建学习型组织对个体的素质提出了新的要求。因为组织生存与发展环境中的不可控因素增加,市场的变更和转换速度加剧,迫使组织对未来不确定环境的容忍度增强,个体也必须具备一定的风险承诺。风险厌恶感低以及对不确定容忍性强的个体,往往在对事件的表征中表现出开放和容纳的倾向,影响着心智模式的特征。

五、战略性心智模式的特点

（一）全局性

所谓全局就是事物诸要素相互联系、相互作用的发展过程,从空间上说具有广延性,是指关于整体的问题;从时间上说具有延续性,是指关于未来的问题。战略心智模式的全局性特征,就是个体决策时必须有广阔的空间视野,善于全方位思考问题,既应看到事物内部诸要素之间的相互联系和相互作用,还应看到该事物与他事物的联系和影响;既应看到事物的现状,更应看到事物的发展趋势和未来。

（二）系统性

事物普遍联系的观点认为事物是作为系统而存在的。对于比它高的层次来说,它是子系统（局部）,对于比它低的层次来说,它是母系统（全局）。个体战略心智模式的系统性就是个体决策时必须运用系统论的观点,首先考虑全局,集中精力规划全局,但同时又必须兼顾局部。因为离开全局的局部会迷失方向,而离开局部的全局又是空中楼阁,二者相辅相成,缺一不可。

（三）前瞻性

唯物辩证法关于事物不断发展变化的观点认为事物作为过程而存在。任何事物的变化发展都是一个过程,有它的昨天、今天和明天,因而事物发展具有延续性,今天是昨天的延续,明天又是今天的延续。今天只是决策的出发点,而不是着眼点,更不是归宿。个体战略心智模式的前瞻性,就是个体决策时,不仅要看到过去和现在,更要看到未来;要立足今天,总结昨天,预见明天;要善于静中见动,预见未来,深思致远,谋划未来,揭示规律,把握未来。

（四）多样性与统一性结合

多样性与统一性是相对而言的,二者相结合要求个体在思考时能够既多样又统一,并灵活地运用各种各样的思维形式,从解决问题的需要和目的出发,对事物进行多因素、多层面、多变量的思考。它的主旨是把事物看成一个多方面、多环节相互联系的有机整体,要求个体心智模式不能拘泥于一个方面、一个向度,仅从单一孤立的方面去认识和处理问题,而要着眼于个体提高心智模式的灵活变通性,在思考和处理社会问题时要尽可能地把多种思维活动调动起来并把多种价值取向统一起来,有机地为解决具体问题服务,力求使主观思维更深入、更迅捷地认识客观事物的具体多样和变化发展。正是因为在现实中个体心智模式有单一、多样,有简单、复杂,有低层次、高层次的存在,所以,多样性和统一性在本质上就是要促进多种心智模式的互融互补和互相促进。

（五）动态性与静态性结合

动态性与静态性是相对而言的,二者相结合是指个体在反映事物客观存在和运动变化的过程中,要使自己的心智模式认识客观实际和变化发展,使自己的理想愿望、追求目标通过实践活动来实现。在现实社会中,一方面,个体面对具体问题的相对静态性、稳定性和重复性,这就要求人们一切从实际出发,客观、全面并从问题相对不变的方面来认识并解决问题。如果类似的问题再出现,人们就会调用以前的心智模式去处理。这是自然而然的,它表现出静态性。另一方面,这些具体问题受其他因素的作用和影响,又处在变化发展中,这时个体就要从动态性的方面出发,面对新情况思考新对策,这也是必然的。显然,在个体心智模式中,这两个方面不是对立排斥的,而是联系统一的,在这种联系统一中,个体就可把能解决问题的一切要素都激活、利用起来。在现代社会,个体知识、情感、观念、价值观都达到较高水平和较紧密结合的情况下,这种动态性与静态性包含丰富的内涵,即个体的心智模式从过去发展到现在,从现在伸向将来。个体在立足现实、适应变化和追求理想的心智模式过程中,具有比以往任何时期都更丰富的深刻性。在这种动态性和静态性的统一中,还表明个体具有心智模式和价值取向的向上性和进步性,即从以往一般的理性认识发展到现实的求解求实,它预示着现代个体与现代实践的关系越来越紧密。

（六）创造性与常规性

创造性是指个体在认识或处理问题时,能够超越常规,提出新思路、新见解和新对策、新措施。创造性与常规性都是个体心智模式的可贵品质。它表明个体不仅能够认识客观现象和本质,而且能够独辟蹊径,发明创新,具有独创性、灵活性和开拓性。在现代社会,个体心智模式的创造性是逐级发展与交织并存的。如低级的创造是再现型,即这种创造对于相当多数的个体来说是早已存在的,只是对这些个体来说,又再次进行了发现和创造;中级的创造是重组型或综合型的,即这种创造是在个体运用或改造原有经验和知识基础上,对原有的要素、结构和框架进行重新组织并实现了新的突破,使之有新功能和新价值;高级的创造是独创型的,即这种创造是前人和他人从未有过的,它是由少数个体通过创造性的劳动发明创造出来的。在现代社会里,个体心智模式的创造性比以往任何时期都大大提高,不仅增强了个体认识和解决社会具体问题的效率和质量,而且大大地提高了个体心智模式的水平和层次。

六、各类人员的心智模式障碍

心智模式差异的存在是因为企业领导和管理者往往站在圈里看待事物,而站在圈里和圈外有一个空间的差异,这时心智模式就会发生改变。要想办好自己的企业,应时常从策划人或顾问角度,要么深入市场,要么和同行或其他行业进行交流,回过头来看这个企业,就会明白,我们可以建立一个价值体系,具体包括以下内容:第一,相对独立的对经营系统的诊断。这些策划人或顾问的价值就在于,他们所做的事情是非常独立的,与这个企业没有组织结构的关联,他们站在专业的角度来审视这个组织存在的问题,他们会把其认为重要的事实和具有相关目标的事实挖掘出来,这样就有一个系统的诊断。第二,站在领导者的角度,对发现的所有问题进行准确分析。第三,提出一个具有可操作性的改造方案。某知名企业总裁的一种量子思维模式即考虑时间、物质、空间这三个因素。做任何事情都应考虑这三个因素,很多人之所以模仿别人却不成功,就是因为他具有从众心理。从众行为已经延伸到商界,商人们把生活中的心智模式又拷贝到企业的经营行为,所以就导致了失败。目前中国大的企业,在宣传其优势时更要分析如何来改善心智模式,否则今天的成功就不能延伸到将来。因为一个物质变了,时间变了的空间,它的能量就会发生改变,这三个因素只有组合在一起才会产生良好的心智模式。

过去的心智模式带来的成功能否形成持久效应?在这一领域能成功,那么在其他方面是否也能成功?有时过去成功的经验反倒变成了将来的陷阱。所以最有建设性的方法是改善心智模式,这样就可避免将来在市场上交更多的"学费"。

(一)管理者的心智模式障碍

有关管理者的心智模式存在这样一个现象,发现问题的人多,但解决问题的人少;而且还有一个怪现象,认为开过会了就等于解决问题了,说了就等于做了,但事实是问题依然存在,这种现象叫泡沫管理。大家把问题掩盖了,开会的前10分钟还知道今天开会的主题,可是开了半小时之后却不知道今天开会的内容了。大家都在制造一些问题,然后把这些问题作为下一次开会的理由,这是我们管理者的一种心智模式,说明没有进入一种良好的工作程序。

(二)员工的心智模式障碍

在国外,员工愿意与老板谈话,于是在国内也有人如法炮制,就是与老板讨论加薪。这种员工的心智模式是:你给我多少薪水,我就干多少活,所以你得给我加薪,如不加薪,我就不侍候你了,上午还在,下午就可能跳槽到别的单位去了。但老板的心智模式是:提出加薪在中国不适合,因为中国和国外文化背景不一样,在国外,员工找到老板说要加薪可以理解,但在中国文化语境下是不被理解的。中国老板的思维是你干多少活,我自然就会给你多少钱,员工要想加薪,就要理解老板的心智模式——你的工资不是老板给的,而是你自己给的。工作分为本职工作和创造性工作,把本职工作守住,只能保住基本工资,然后再做一些工作才会得到加薪的机会。

(三)营销人员的心智模式障碍

营销人员很辛苦,长期在外地跑市场,但是在业绩上却往往没有体现,因为这里有一个心智模式问题：营销人员虽然长期跑市场，但却没有用心去发现消费者的需求，用自己的产品和服务跟消费者互动。他人在市场，心智模式却还保留着企业本位主义。在四川有一例子，有人抱怨说小天鹅洗衣机不好用，为什么？因为有的人既用它洗衣服，还用它洗红薯。但这种抱怨反而给企业提供另外一个成长发展的机会，企业没有批评消费者未正当使用，也没有提醒消费者千万不能用它来洗红薯，而是对投放在这个地区的洗衣机作了一个改变，改变之后的洗衣机不但能用来洗衣服，还能用来洗红薯。可见，企业人的心智模式改变了，终端在市场，因为最终的产品是服务消费者的，产品的最后一道生产线不是在组装车间，而是消费者的家中。心智模式改变之后，企业人的心智模式站在消费者的角度，消费者的心智模式站在企业的角度，消费者有信心，企业有信誉，再加上企业的信息流通，这样就能建立起一个公正、公平、公开的商业世界。

七、心智模式的检测

反思和探询是心智模式检测的基本方法。反思用于放慢思考过程，使我们更能发觉自己的心智模式如何形成，如何影响我们的行动。探询，则是关于我们如何与他人进行面对面的互动，特别用于处置复杂与冲突问题。有几项技术有助于我们展开反思与探询。

（一）辨认"跳跃式推论"

反思由辨认"跳跃式推论"开始，人们的认识活动快如闪电，很快使现象跳跃到概括性的结论，并使人信以为真，从未想到要去检测它。这是不利于我们学习的，因为它将假设当作事实，并视为理所当然而不需加以验证的定论。

（二）练习"左手栏"

这是一个效果强大的技巧，可借以"看到"我们的心智模式在某些状况下是如何运作的。具体做法是，在一张纸的右边记下我们所说的话，而在它的左边记下我们心里想的或想说而未说出口的话。这样往往会成功地将隐藏的假设、前提找出来，并展示出这些假设、前提是如何影响我们的行为的。

（三）兼顾探询与辩证

大多数管理者都是善于提出主张并为其辩护的高手。但是，学习型组织需要的是能解决问题，想出要采取的行动，并能获得完成工作所需要的支援的管理者。一定程度上，管理者的辩护技巧反倒把他们封闭起来，无法真正相互学习，所以需要综合运用辩护与探询两个手段。所谓探询，是每个人心平气和地探索和询问对方提出其命题的依据和假设，并把自己的思考明白地说出来，接受公开检验。

八、心智模式的改变

在个人层面，我们的目标是要改善心智模式相对于社会发展的滞后性，提升它与社会发展进程的匹配度,根本途径是积极反思自身的心智模式。心智模式深藏于内心,是人们面对事件作出行为反应时自觉或不自觉调动的心理资源。完善心智模式的首要步骤是敞开个人的内心世界,实现内心世界与外部世界的交融。在敞开内心世界的同时,关键是积极吸纳周遭的新知识和新信息,而学习是优化和完善最具体的方式。这里所说的"学习"意义宽泛,不仅有传统意义上的课堂学习,新技术支持下的学习(例如,远程培训等),还包括各种社会适应能力的获得,凡是能够吸收新信息,提高个人整体素质的行为都称为"学习"。通过各种学习,个人一方面能从新实践体验中对原有心智模式的内容和结构加以重新检视;另一方面,个人吸收新知识能补充和扩展原有的知识结构,并在不断实践的过程中修正信念体系。

(一)心智模式自我诊断

改善和优化心智模式的前提是认识个人目前的心智模式,并体察它与现实的距离。经验的方法是内省和反观,古人云:"一日三省吾身。"当然,心理学的研究将致力于设计可行的方法来帮助个人呈现自我的心智模式,并能比较个体之间的差异。

(二)精练改善心智模式的双环学习

一般人常认为只要对关心的事物加以了解,便可以称之为学习,现在我们称之为"半环学习"。陶行知先生有"行动是老子,知识是儿子,创造是孙子"的名言。因此,如果在了解之后付诸行动,形成关心—了解—行动的联结(现在称为"四分三环学习")。必须在行动之后加上"回馈",才称得上"单环学习"。单环学习是当今公认的较好的学习模式,因为它加入行动和回馈,成为一种循环,能够通过了解、行动和回馈,增进行动的功效。但是对于学习型组织而言,一切皆是学习的情境和资源,对于单环学习模式有重新检讨的必要,因而发展出双环学习模式,如图7-2所示。

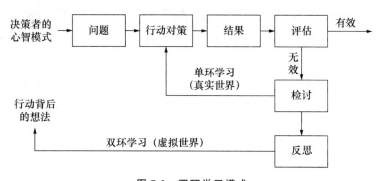

图7-2 双环学习模式

在单环学习中,因为只针对行动对策加以检讨,并未涉及决策者的心智模式,因此行动方案的无效可能并非问题的关键。如果能够进一步关心决策者的心智模式,即决策者如何观察事物,如何看待问题,如何评选行动方案,而不是只针对行动方案本身来检讨,那么真正的问题可能就豁然开朗。也就是决策者将事物看成他所想象的样貌,而非事物真实的样貌,才能恢复事物的本原,使得问题迎刃而解。此种不只是针对外在的图像进行观察,而是探索个人内在的心智模式,找出心智模式可能造成的偏差,从而改善不合时宜的心智模式,才是最佳的学习,也是学习型组织所强调的改善心智模式的本意。

（三）精练知识学习的三种形态

知识学习有三态:第一种是个人书本式学习,主要表现形式如个人独自看书阅读等;第二种是团体式学习,主要表现形式如学校中的班级学习和团体研讨等;第三种是生活式学习,主要表现形式如社会生活中的人际互动和自然环境中的旅游观赏等。学习三态犹如鱼的三态,餐桌上的鱼可以任人翻转解剖;鱼缸中的鱼可以被仔细端详观赏;而海中等自然环境中的鱼却能引发无穷的想象。以鱼的三态来比喻学习的三态,焦点在于学习材料的性质不同。书本上或阅读时的材料,犹如餐桌上的鱼,形式上是一条鱼,却丧失了鱼的行为动作,可能也缺乏鱼鳞上的光泽;鱼缸中的鱼,仍能保有鱼的动作和鱼鳞上的光泽,却丧失了鱼在自然环境中的精气和神情。唯有自然环境中的鱼,才能尽情彰显鱼的本性。餐桌上的鱼可以让人"占有",水缸中的鱼可以让人"拥有",而唯有大自然中的鱼才能让人真正"享有"。

1. 书本式学习

现在人们对于知识的学习,流于切割成片段的零散的记忆背诵,主要是因为书本的编排采取条例式呈现,使得读者也采取条例式的记忆,完全丧失了思考与反省的机会和自觉,因此,对于书本的学习,应采用 PQ4R 法（即 prepare, question, read, reflection, repeat, review）。

2. 团体式学习

班级形式的学习,虽然学习的材料仍然是图书资料,也就是如同餐桌上的鱼,但却可以由老师先进行讲解,将餐桌上的鱼还原到鱼缸之中,并引导学生从各个层面观赏讨论,因此这种学习较之个人学习会有更丰富的内涵。但是,如果老师不能深入了解这条鱼,无法将这条鱼还原到水箱中引导学生观赏,不能促进学生间相互讨论分享,可能就只会白白浪费学生的时间,倒不如学生自己看书了。对于团体式学习,学习者要讲求方法,不能将学习的责任置于老师身上。但是否能"看到"原作者所描述的"鱼",或是否能让那条鱼在鱼缸中"活"过来,或是"活"出原来"鱼"的本色,就看人们是否能善用团体式学习了。

3. 生活式学习

生活式学习讲求方法,缺乏方法的学习,无法从生活材料中获得领悟。对于生活式学习须勤练三种功夫。(1)静思回想:晚间就寝时,先让自己的思绪沉静下来,再闭上眼睛,回想一天的事件。思考这些事件对自己的意义,并将这些事件联结,以形成新的领悟。(2)绘出心灵蓝图:将前述的回想所得,在日记本上绘出核心事件或核心概念,要避免使用条例式的记录,而应采取核心图书式的记录,以活化思考细胞,创造出更多的想法。(3)找人分享讨论:每天找一两位适当人士,将心灵蓝图与其分享,并向其请教。如果是同学或共同参与活动的伙伴,更可以交换意见和心得,学习其如何绘制心灵蓝图,并修补自己的心灵蓝图,这可使自己的生活式学习最有成效。

(四)精练心智模式的三种学习地图

将每天所学习的知识绘制成一份地图,而不是传统的横格式笔记,这对于现代人面临知识爆炸的学习资源,的确具有积极的学习功效,也是首先必须改变的学习方法。但是,如何能够将每天所接收的大量学习资讯转化成有意义的知识概念场,并且以简要的图像加以呈现,也是相当大的挑战。一些研究者通过深入思索各种知识的概念结构,发现有三种基本学习地图,可以通过这三种基本学习地图对主要的知识加以统整。

1. 卫星结构模式的学习地图

知识的结构包括由数个概念所联结而成的相互关联体系,其中可以找出一个核心概念,以及数个环绕在此概念周围的次概念,形成一个体系。当人们从事一项活动的规划时,一定会考虑下列五项:人、事、时、地、物,即英文中的六个 W:who、when、where、which、how、why,这些都是卫星结构中的要素。当人从事有关计划、活动等的思考时,便可以将相关事项置于卫星结构之中,同时根据这数种项目来思考,虽然不见得包罗完整,但至少能得到较具通盘性的思考观点。

2. 鱼骨头结构模式的学习地图

卫星结构模式的学习地图适用于静态的思考,而鱼骨头结构模式适用于动态的思考。鱼骨头结构包括鱼头,代表最重要的目标或愿景,为达成此目标或愿景,必须经历数个阶段,每个阶段都有其正、负向的力量相互作用,如同鱼的主干骨和向两旁伸展出来的鱼刺。策略规划中的 SWOT 分析,正是鱼骨头结构模式的最佳例证。

3. 树状结构模式的学习地图

当我们研究人类接受刺激之后的反应时,除了考虑刺激物和行为之外,通常还要考虑脑中对此刺激的判断,即想要获得何种"效果",这样才会作出反应。此种人类的正常反应模式可以采取树状结构来描绘。树状结构模式要素包括:树根,属于基础或是系统思考中所谓输入的部分;树干,属于主体或是系统思考中过程的部分;树叶,属于结果或系统思考中输出的部分。落叶归根便是系统思考中的回馈路径。树状结构模式的学习地图与系统思考一样,只是将系统思考的图形转成输入在底部、输出在顶部,让树叶得以飘向地面。

在日常生活中,可以将相关概念组合成这三种学习地图,以帮助个人快速有效地学习。等到熟悉这三种学习地图之后,再进一步将不适合这三种学习地图的事项找出,试着建构第四种或第五种学习地图,使自己吸收知识、绘制学习地图的能力增强,这也是促使自己成为学习型个人的重要途径。

第六节　心　理　修　炼

关于心理修炼、心理训练、心理治疗的方法很多,下面介绍有代表性的几种方法。

一、放松

放松、内省和冥想训练对于人的身体和心灵都大有益处。姚明回忆,他和队友在进行重大篮球比赛前,都会进行冥想等放松练习。哈佛大学 Srinivasan Pillay 博士说:"我鼓励大家进行内省和冥想训练。五到十分钟的定期冥想能减少大脑杏仁核的活动,大脑这块区域的活动会引发人恐慌时的呆滞、逃跑和争斗反应。减少杏仁核的活动能减轻恐惧,改善决策。"放松是心理修炼的准备活动。放松本来是人体的一种本能,是自然的状态,松散舒适,本来是不用训练、不用学习就可以达到的。然而,现代文明却令当代人经常处于紧张状态,种种压力使人们绷紧神经,导致头痛、失眠、坐卧不安、心神不宁,甚至引发重大疾病,直接影响工作。

通过放松可以缓解压力、治疗疾病,同时,身心放松是进行其他心理训练的基础,也是一种养生之道。我们进行想象力、思维力等心理训练时,首先需要个体处于松弛状态。大家都有这样的体会,心神不宁、惴惴不安的时候,是不可能进行成功的想象活动的。放松训练的门派、种类相当多,下面介绍简单的几种:

(一)渐进放松法

渐进放松法,就是按照一定的顺序使每一组肌肉群紧张,即让人体生理上先处于紧张状态,然后内心觉察、感受、体验紧张状态,随后让肌肉处于松弛状态。通过对紧张、松弛的觉察、体验,提高消除紧张的能力。

采取渐进放松法,坐着或躺着都可以,以自己感到舒适为选择姿势的标准。可以从头到脚,也可以从脚到头依次进行放松。从头到脚进行放松的操作方法是:两眉尽量上扬,然后放下;两眼紧闭,然后放松;睁大两眼,然后两眼微闭;皱起鼻子,然后放下;绷紧面部肌肉,然后放松;紧闭双唇,然后轻轻张开;尽量张大嘴巴,然后轻闭双唇;头向左转,然后恢复正常位置;头向右转,然后恢复正常位置;头尽量后仰,然后恢复正常位置;两肩高耸,然后放下;两手握紧拳头,身体微前倾,然后两手松开;挺胸,然后恢复常态;身体前倾成弓状,让背部肌肉紧张,然后恢复常态;腹部鼓起来,然后恢复常态;腹部收缩,然后恢复常态;注意力集中在膝盖上,全身力量灌注在膝盖上,好像要用膝尖击碎什么对象似的,然后让大腿、小腿放松;活动踝关节,让踝部紧张,然后放松;让 10 个脚趾紧紧抓地,然后放松。紧张状态与松弛状态之间的时间间隔可以是 5 秒,也可以是 10 秒,不必太拘束,因为每个人的身体素质不同。

(二)大面积放松法

可以把人体分为上、中、下、左、中、右或者前、中、后等部分,利用想象,伸张、收缩肌肉,进行大面积的放松。

(三)松弛反应

寻找一个安静的环境,坐、卧均可,逐渐放松肌肉;平静缓慢地呼吸,注意力集中在对呼吸的观察、体验上;在每次呼吸的同时,默诵或读一个字或词,心境随和安详,保持

"心如古井水"似的状态,如果有杂念在脑海中涌现,任其自然,让杂念自生自灭。训练结束后,静坐几分钟后睁开眼睛。

(四)沉重训练

让肌肉放松后,暗示全身肌肉变得越来越沉重,沉重得像水泥铸就成的铅块。静静地感受,体验这种沉重,然后让自己放松,恢复常态。

(五)凉爽训练

在安静、舒适的环境中,让肌肉放松,想象自己蹲在泉水边,掬起冰凉的泉水洗头、洗脸;想象自己赤身裸体站在一道山泉下,冰凉的泉水冲洗全身,感到凉爽舒适。

二、正念训练

正念(mindfulness)是一个汇东西方文化为一体,有深刻哲学、美学、伦理学底蕴的神奇概念,细细体味,背后有物理之大真,有人情之大善,更有天地之大美。正念,最早的文献出处,来自《四念住经》,在2600年前被佛陀第一次正式介绍,是原始佛教中最核心的禅法。有时,正念也被称为"观禅"或"内观禅"。正念在20世纪七八十年代被介绍到西方,为心理学界所注意,由麻省理工学院乔·卡巴金(Jon Kabat-Zinn)等学者介绍和进行研究,渐渐改良和整合为当代心理治疗中最重要的概念和技术之一,并因此诞生了正念减压疗法(MBSR)、辩证行为疗法(DBT)、接受实现疗法(ACT)、正念认知疗法(MBCT)等当代著名心理疗法。卡巴金认为,正念作为一种觉知力,是通过有目的地将注意力集中于当下,不加批判地觉知一个又一个瞬间所呈现的体验时涌现出的。活在当下,认识和接受目前这种状态,仅仅了解它,不要评判它,如其所是地轻轻接触它,你的正念或许正在开始,一种新的生命视角会渐渐为你打开——以开放的、接受的、顺其自然的态度来接受当前的想法、情绪、病症。

正念修炼要点:(1)接纳自我,接纳现实。接纳意味着看到事情当下的本来样貌。如果头疼,就接受自己头疼,接受此刻对自己身体的描述。其实,人们早期都得面对并接受事情的本来样貌,通常我们都得经过情绪化的否认或愤怒后才懂得接纳,这是自然的发展,也是疗愈的过程。撇开耗费大量精力的重大灾难不讲,日常生活中,我们其实消耗了很多能量来否认或抗拒已经发生的事实,因为我们总希望事情能依照自己想要的方式进行。但这只是制造了更多的紧张与压力,也阻扰了正向转变。我们急于否认,强迫与挣扎,只剩下少许的力气留给成长与自我疗愈。更糟的是,这少许的机会在缺乏觉察下又被我们自己挥霍殆尽。在真正改变之前,你必须先接纳自己的真实样貌,这是一种对自我的慈悲与智慧的选择。(2)保持初心。初心指当我们面对每个人、事、物时,都好像是第一次接触。当下的丰富性就是生命的丰富性。我们经常以自己的想法和信念来看待我们所"知道"的一切,这反而阻碍了当下的真实体验。我们视所有平凡为理所当然,错失了平凡里的不凡。为了观察当下的丰富性,我们需要培养"初心"的态度,唯有如此,我们才能不被过去的经验所衍生的期待或恐惧影响。

(3) 放下。多数人都曾因思绪无法停止而睡不着,这是压力升高的第一个征兆。我们无法释放某些想法,因为实在太过投入了。此时若强迫自己入睡,情况只会更糟。因此,整体看来,如果你还可以入睡,表示你已经是放下的专家了。现在只需学习将这种放下的能力运用到清醒时刻就可以了。即便拥有聪明才智,我们的心还是经常被困住。因此,培养放下的态度在正念练习中是十分重要的。当我们开始专注于自己的内在体验时,很快就会发现这颗心总希望控制某些想法、感觉或状态。如果是愉悦的经验,我们试图延长、扩展,甚至一次又一次地召唤相关经验;若是不愉快的、痛苦的、令人恐惧的经验,我们就会努力减除、阻止或闪避。放下,是一种顺其自然并接纳事物本来样貌的态度。例如,当观察到自己的心正在抓取或推开某些东西时,我们有意识地提醒自己放下这些冲动,再看接下来的内在会如何转变。当发现这颗心正在评价时,我们觉察此现象,却不跟随任何评价的内容,允许评价存在与消逝,以此学习放下评价。(4) 信任。信任自己是很重要的。当身体告诉你停止或缓和时,你必须尊重这些感觉,否则很容易受伤。正念练习强调做你自己并明白做自己的意义。任何人只要还在模仿另一个人,不论被模仿者是谁,在静观的路上已经走错方向了。你永远不可能成为另一个人,你只能期待更充分地成为自己,而这也是静观练习的首要理由。虽然对学习来源保持开放与尊重的态度是很重要的,不过到头来,人还是得自己生活,因此老师、书籍、影音媒材都只能提供导引与建议。练习正念,就是练习负起做自己的责任,学习倾听与信任自己。有趣的是,你越培养对自己的信任,你就越能信任别人,并看到别人善良的一面。(5) 耐心。耐心是智慧的一种形式。耐心表示我们了解并接受,若干人、事、物只能依其自身速度展现。当我们通过正念练习来滋养自己的心灵与身体时,我们得时时自我提醒,别对自己失去耐心。无论如何,我们都需要给自己若干空间来包容不舒服的经验,因为这些都是我们当下生命的真实呈现。

正念训练,原来主要应用在减轻压力上,现在广泛运用到领导力训练、学校教育、军事训练等方面。管理人员由优秀向卓越转变的关键,是念头状态的转变。

三、认知改变技术

《黄帝内经》认识到人的观念、想法会影响人的情绪与行为,因此要求医生对患者进行言语开导。认知疗法、认知改变技术体系的完善是美国心理学家艾尔伯特·艾里斯等人的功劳。钟友彬在学习研究弗洛伊德的精神分析法后,提出了认识领悟疗法,实际上是对精神分析与认知疗法进行了吸收和改造。杨德森等人将道家的处世养生价值观与西方认知疗法相结合,使之成为有中国特色的认知改变技术。

作为领导人,身为一个组织的一家之主,地位高高在上,有人会有"高处不胜寒"的感觉,有孤独感,担心有人对自己的位置有野心;有时以为自己的上司可能不器重自己,自己难以继续升官;有时以为自己的下属看不起自己;有时心头烦恼,有一股无名火,看见人就想发脾气,等等。认知改变技术可以帮助我们认识并摆脱这些烦恼。

艾里斯认为，人们生来同时具有理性、正确的思考及非理性、扭曲的思考，人们有保护自己、快乐、思考并以口语表达、爱、与别人沟通、成长、实现自我的倾向，同时也有自我毁灭、逃避思考、因循守旧、重蹈覆辙、迷信、无耐心、完美主义、自责、逃避成长的倾向。人会自我对话（self-talking）、自我评价（self-evaluating）、自我支持（self-sustaining）。人有成功的欲望，渴求赞许、渴求爱等单纯的偏好时，会错误地认为这些是十分火急的需求，因而产生情绪和行为的困扰。艾里斯的认知改变技术简称"RET"（rational emotional therapy），也可以简称为"ABCDEF 理论"。ABCDEF 理论中各因素的关系如图 7-3 所示。

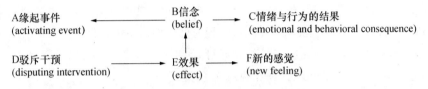

图 7-3　ABCDEF 理论中各因素的关系

A 是一个人、一件事、一个人的行为或态度；C 是情绪与行为的结果、一个人的反应。A 并不能导致 C，但一般人误认为是由 A 引起 C。例如，在路上看见一个下属脸上没有笑容，于是领导认为下属不喜欢自己。实际上是 B 导致 C，是一个人对 A 的信念、评价才引起 C 的反应。下属脸上没有笑容，可能是他没有看见你，也可能是他自己有痛苦的心事，然而你只以为他看不起、不喜欢你，这是领导的信念、评价引起了自己的情绪反应。因此，人自己要为制造自己的情绪反应和困扰负责。D 利用理性的原则来驳斥非理性、负面的信念。例如，被自己的领导召见时，领导表现得冷淡，于是你可能担心领导会降你的职，于是忧心忡忡，吃饭不香，睡觉不甜。其实，领导完全可能是因其他原因令自己高兴不起来，如他被他的领导批评了，他的女儿考试成绩太差，他与爱人吵架了等。驳斥包括侦测、辩论和分辨三个要素。首先要侦测出非理性信念，然后进行理性与验证性的质疑，跟负面的信念进行辩论，并得出不同的结论，最后要善于分辨理性信念与非理性信念。E 指效果，获得了新的有效的理性哲学，能以恰当的思考取代不恰当的思考。F 指一种新的情绪状态，即不再感到严重焦虑、紧张，能配合情境表现出适当的感觉。

例如，一位害怕在全体员工大会上演讲的经理经历了以下心理改变过程："我以前害怕当众讲话，担心别人不喜欢听我说话而在下面开小会，他们会令我很难堪。后来学习了认知改变技术后，我发现，不是员工们会令我难堪，而是我自己在令自己难堪，因为我自己只往负面想、往坏处想，对负面的结果进行了夸大想象，其实我工作踏实肯干、关心员工生活，至少多半员工觉得我这个经理干得不错。我自己应该为我的负面情绪负责，而不应该把这份责任推到员工身上去。在思想上作了这样的清理之后，我在大型场合讲话就底气充足了，结果发现人们很喜欢听我讲话。由此，我认识到，心态、信仰、观念对人的影响确实巨大。"

四、情志相胜技术

中国古代有着丰富的心理修炼思想和方法,笔者曾经罗列了160多种心理调节方法,这里介绍其中的情志相胜技术。要领会、掌握情志相胜技术,必须先熟悉阴阳五行学说,因为情志相胜是以五行相克理论为基础的。

"情志",是对七情五志的简称,相当于现代心理学中的情绪情感。古代的七情学说有几种,中医所说的"七情"指喜、怒、忧、思、悲、恐、惊七种情绪。在五行学说的影响下,《黄帝内经》将七情归纳为喜、怒、忧、思、恐"五志"。情志相胜疗法,就是根据五行相克的理论,利用一种或多种情绪去调节、控制、改善另外一种或多种不良情绪的心理技术。

喜归心,属火;忧(悲)归肺,属金;怒归肝,属木;思归脾,属土;恐归肾,属水。根据五行相克的理论,情绪之间也存在相克的关系:

金克木→悲胜怒;
木克土→怒胜思;
土克水→思胜恐;
水克火→恐胜喜;
火克金→喜胜忧。

情志相胜疗法,可以随时用来调节、改善我们的情绪情感。

(一)悲胜怒的应用

任何人都可能有不顺心的事,如作为管理者,自己的领导可能无端批评自己,可能把不该承担的责任推卸到自己身上;下属在执行命令时,完成得不认真,工作上出纰漏;下属不理解自己的苦心,有抱怨之声。面对这些情况,管理者可能感到气愤,甚至大发脾气。中医认为怒伤肝,愤怒的情绪可令人冲动、烦躁、胁肋疼痛、面红耳赤,甚至头晕目眩、吐血、昏厥等。常有人说,"他把我气死了"。生怒气确实会给人的身体和心理带来许多伤害。金克木,这时,可以用忧伤、悲痛来克制愤怒。忧伤、悲痛的情绪可以通过回忆自己的伤心事来引发。

(二)怒胜思的应用

《独异志》记载,华佗用书信指责痛骂郡守,令郡守恼怒得"吐黑血升余"。郡守因大怒而吐出了黑血,从而身体获得了痊愈。管理者要经常思考问题,如果总是患得患失,思虑过度,则会伤脾,令人神疲、乏力、懒言、失眠、心悸、不思饮食等。木克土,可以利用适当的怒气来克制思虑过度。有时,适当发发脾气,会令人感到轻松很多。当然,发怒之时要看对象,如果令发怒的对象太难受,事后应该做一些弥补工作。

(三)思胜恐的应用

害怕领导不喜欢自己、害怕下属不服从自己、害怕产品销售不出去、害怕竞争对手挤垮自己等,担惊受怕过度,恐伤肾。许多人都有过这样的经历,考试前小便增多,这是"恐则气下"引起的。过度害怕,提心吊胆,可能产生遗精、腰膝酸软、耳鸣等问题。土克水,可以利用理性思维克服恐惧。前面介绍的认知改变技术便是让人从思维上下功夫。

（四）恐胜喜的应用

喜则气和志达,营卫通利,心情愉快有利于健康,但喜悦过度则会损害身体。喜伤心,令人心气涣散、神思恍惚、健忘、喜笑不休等。上海就有人因为炒股票大发横财而喜笑不休,只好住进精神病院治疗。《儒林外史》中的秀才范进中举之后,喜笑不休,其岳丈胡屠户恐吓他之后才止住笑。水克火,可以利用害怕、恐惧来克制过度喜悦。

（五）喜胜忧的应用

月有阴晴圆缺,人有悲欢离合,管理工作中经常会出现一些不愉快的事,有些人和事会令领导悲伤、忧愁。悲忧伤肺,过度悲忧,可令人形容憔悴、长吁短叹、咳嗽气喘、生痰生瘀、悲观厌世等。《医苑轶闻趣谈》载,清朝一位巡抚郁郁寡欢,久治不愈。一位名医前来诊治,沉思良久,给巡抚诊断的病名是"月经不调"。巡抚一听这个诊断,感到荒唐可笑,大笑不止之后,心情自然好转。火克金,喜胜忧,心情悲凉时,可以听听相声、看看喜剧等,利用喜悦克制悲忧。

利用情志相胜技术时,要善于把握度,以免弄巧成拙。

五、佛教心理修炼技术

佛教以擅长治心著称,佛称大医王,专以治疗众生心病为己任。宋孝宗"以佛治心"之言,表达了对佛教功能的肯定。人类文化中,若论对心理卫生、精神健康的重视,当数佛教为第一。佛教以心决定众生苦乐升沉,乃至国土世界污染清净的关键,《杂阿含经》言:"心恼故众生恼,心净故众生净。"《大乘本生心地观经·厌舍品》云:"心清净故世界清净,心杂秽故世界杂秽,我佛法中以心为主,一切诸法无不由心。"用如实的知见"自治其心""自净其意",成为佛陀所示解脱世间诸苦、提升精神境界的要道。

惟海法师有个观点,认为西方心理学对于认识人的心理有帮助,但是要改变人的心理,还是佛教的方法最见效。他在普陀山闭关11年完成的《五蕴心理学》,对佛教心理学有深入的研究。四川大学陈兵出版了《佛教心理学》一书,对佛教心理学进行了系统的研究。陈兵认为,佛教的修行体系,从所依、发心到戒定慧三学、三十七道品,大乘菩萨行六度、密法瑜伽等,都是为治理自心而设计,都可以看作锻炼心及心理治疗的技术。正如宗萨钦哲仁波切在《佛教的见地与修道》中所说:"佛陀的一切教法,都可以认为是训练心的方法。"

（一）以智能观心

以智能观心,这是佛教用以把握和净化自心、断灭烦恼的最根本、最有效的方法,为佛教止观修习中"观"（毗婆舍那）的核心内容,是佛教全部修行的精髓。智能,指对佛法特有的一切缘起、诸行无常、诸法无我的真理之体认,以此正见观照自心,深入分析、体察心念生灭无常、来无所从、去无所至、空无自性。这样观察时,本身便有熄灭烦恼妄念、截断意识之流,使心清明宁静的作用。《中阿含·念处经》中,佛以"观心如心"四字总括观心之要。当由如实观心见到心的真如实性后,整个心理结构发生质变,对佛法和心的真实产生决定性的体认,产生把握自心的超常力量,容易保持安乐明觉的心境。

(二) 以慈悲软化心

慈悲,是对众生拔苦与乐的深度同情心、恻隐之心、仁爱心,将慈悲扩展至无条件、无限量、无分别、无执着,普遍适用于全宇宙一切众生,名"大慈大悲",是佛教崇尚的精神,乃佛菩萨主要的品性和感情。经云:"佛无一切心,唯有慈心在。"慈悲,可谓人类心灵苑囿中最美丽的花朵,世人多对与自己无关、有隙的人和敌人不慈悲,但没有人不喜欢别人对自己慈悲。慈悲给人温暖、友爱,常怀慈悲,人皆友爱,社会生存环境自然会优化。佛教诸乘诸宗都十分重视对慈悲心的培养,诸乘共修的"四无量心"(四梵住)中的慈无量心、悲无量心,即通过观想将慈悲扩展至无限,是软化心灵、培养高尚品质的高级训练方法,有治疗冷漠、残酷、怨恨、愤怒等情绪的特效。

(三) 以"舍"宽松心

"舍"谓舍弃、放下、放松,佛教认为是有益的心理状态。舍,主要指舍弃心中盘踞、黏着的贪占、愤怒、嫉恨等烦恼及忧愁、焦虑、散乱等不良情绪,舍弃因过度而变得有害的激动、狂喜、变态、慈悲,舍弃贪惜吝啬,斩断不应有的情丝等,使心宽松、平静。舍能令激动的心平静,紧张的心放松,堵塞的心开通,是一种调节自心的重要技术。佛教"四无量心"中的舍无量心通过观想,放弃心中的激动和黏着,将舍心扩展至无限,有治疗激动、散乱、吝啬等情绪的特效。

(四) 以精进磨砺心

精进一译"勤",梵语毗离耶(virya),指坚忍不拔、持久不懈、百折不屈的意志力、毅力、耐力,是人心本具阳性的力量,可以开发、锻炼、增长。精进被佛陀强调为成就世间、出世间一切事业所必须,为佛教诸乘修行道的重要内容,"正精进"被列为八正道之一,三十七道品中的"四正勤",以未生恶令不生、已生恶恒令断、未生善令生起、已生善令增长为内容,以精进断恶修善,贯彻所有的修行道。大乘菩萨行六度中的精进度,专门锻炼精进力,以缘起性空的智能观照能精进、所精进皆空为修习的诀要,要求将精进力增长至无涯无际。

(五) 以禅定凝练心

禅定,为梵语禅那(dhyana)与三摩地(samadhi)之合译,通指"心安一境"即高度专注的心态。佛教认为,专注一境、不散乱的定心乃成就一切世间、出世间事业所必须。《成实论》(卷十四)说:"一切世间出世间利,皆以定心故得。"专门锻炼定心的禅定,为佛教诸乘修行道的重要内容,戒定慧三学中的增上定(心)学,大乘菩萨行六度中的禅那度,都是禅定的修习,具体的修习方法有南传上座部的"四十业处",大乘的般舟、一行、觉意、首楞严、念佛三昧，密教的四部瑜伽，总计多达数百种，形成精深博大的禅定学。佛教禅定的特点，是以如实知见的智能为导，强调"无智不禅"。禅宗之禅，更是定慧一体，不拘打坐的形式，即世间而出世间，顿入顿证。禅定修习不仅可以提高专注一境的能力，而且能使身心发生诸多良性变化，令人享受到高级的"禅悦"，有治病、健身、益智延年、开发潜能、伏住烦恼等功用。

陈兵认为，佛教还有念佛、念天、念死、持咒等多种治理、锻炼心的方法。佛教徒日常所修的礼佛、诵经、祈祷、唱赞、聆听虚静淡远的佛教音乐等宗教行仪，其实都有调整心、锻炼心、治疗心理疾病的效果。通过多种修习，对心灵从理想、情操、智能、意志、感情、自制力、专注力、忍耐力、情绪等多方面进行锻炼，使人的心理素质全面、高度优化，心理结构从多烦恼、不自主、低层次的凡夫型逐渐提升到智能、慈悲、安祥、精进的完美圣智型，乃至由人而佛，可谓实现"心灵自我进化"或真正的"超自我实现"。

除了心理学、中医、佛教外，道家也有丰富的心理修炼思想和具体方法，如道家的气功等，注重调身、调息、调心，有很多精华内容可以挖掘。

第四节　心理健康管理

一、心理健康的定义

健康是人类生存和发展的最基本条件，是人生第一财富，因此人们最常说的祝词就是"祝您健康"。可是，什么是健康呢？有人说无病就是健康，也有人说身体强壮就是健康。其实，健康的概念远非人们理解的这么简单。早在1948年世界卫生组织就明确规定：健康不仅是身体没有疾病，而且应当重视心理健康，只有身心健康、体魄健全，才是完整的健康。可见，心理健康是人的健康不可分割的重要部分。现在一般认为，健康包括身体、心理和社会适应三个方面。

何谓心理健康，怎样才算是心理健康的人，许多学者对此提出了各自的观点。有些临床精神医生认为，最简单、最直接的心理健康定义是非不健康的心理状态或没有症状的心理状态。有些心理学家采用统计学上常态分布的概念，取某心质的平均值作为区分"健康"与"不健康"的标准。他们认为，达到某心质平均值的为健康者，偏离其平均值的为不健康者，偏离平均值越远，心理越不健康。有些社会工作者认为，心理健康是合乎某一水准的社会行为，一方面能为社会所接受，另一方面能为本身带来快乐。还有些人以个人能否适应环境来划分健康与不健康。若一些人对环境适应良好，则其心理就健康，反之则为心理不健康。以上这些观点都是研究者们从各自的研究领域提出的，只适用于某些特殊情况，不带有普遍意义，不能反映心理健康概念的实质。

一般认为,心理健康是一种心理状态,是个体在其本身及环境许可范围内所能达到的最佳功能状态。1946年第三届国际心理卫生大会曾为心理健康下过这样的定义:"所谓心理健康是指在身体、职能以及情感上与他人的心理健康不相矛盾的范围内,将个人的心境发展到最佳状态。"从这一概念可以看出,心理健康有两层含义:一是没有心理疾病,这是心理健康最起码的含义,如同身体没有疾病是身体健康的最基本条件一样;二是具有一种积极发展的心理状态,这是心理健康最本质的含义,它意味着要消除一切不健康的心理倾向,使一个人的心理处于最佳状态。

二、心理健康的特征

心理学是一门发展中的学科,许多心理现象和规律尚处于未知或知之不多阶段,同时又受不同的社会文化背景、民族特点、经济水平、意识形态、基于学术思想的认知体系、价值观念的影响,致使迄今尚无被世界各国、各民族公认的科学的标准体系。但是半个多世纪以来,世界各国的心理学家从不同角度对此进行了积极的、有益的探索,提出了许多观点,心理健康的几个基本特征已被公认。

(一)智力正常

智力是人的注意力、观察力、记忆力、想象力、思维力和实践活动能力的综合,是大脑活动整体功能的表现,而不是某种单一心理成分。智力正常是一个人生活、学习、工作的最基本的心理条件。虽然目前还没有发明出完善的智力测定和全面衡量大脑功能的科学方法,但已有不少国际公认的具有相对科学性和实用性的智力量表,例如,美国的韦克斯勒于1943年发明的智力测验和法国比内·西蒙于1908年推出的智力量表。

(二)较好的社会适应性

这是指个体能够根据客观环境的需要和变化,通过不断调整自己的心理行为和身心功能,达到与客观环境保持协调的和睦状态。它主要表现在以下三个方面:(1)具备适应各种自然环境的能力。任何一个心理健康者尤其是青年人,为了某种需要,应该具备在各种自然环境中生存的能力。(2)具备协调好人际关系的能力。正确对待、处理和协调好各种人际关系,是衡量和判断社会适应性的核心和关键因素,是心理健康的重要标准之一。(3)具备适应不同情境的能力。情境一般是指个人行为所发生的现实环境与氛围,有广义和狭义两种。前者是指社会历史进程、国际形势等,后者是指个体进行心理行为活动时所处的场所、氛围,接触对象的态度、情绪及期待等,如考核、演讲、比武等场合。狭义的情境受广义情境的制约和影响。心理健康者能够在不同时空和各种情境中调整平衡自己的心理状态,并充分发挥个人心理潜能和优势,取得事业成功。

(三) 具有健全的人格

人格是指一个人在适应社会生活的过程中,对自己、对他人、对事物在其身心行为上所显示出的独特个性,是一个人具有的稳定心理特征的总和,又称为"个性"(也称"个性心理")。健全的人格是指构成人格的诸要素,如气质、能力、性格、理想、信念、人生观等各方面能平衡、健全地发展。著名的发展心理学家阿尔波特从人本主义自我实现的需求出发,提出健全和成熟的人格指标包括:(1)有自我扩展的能力,即能够积极地、广泛地参与社会活动,有许多兴趣爱好。(2)有与他人热情交往的能力,即能与他人保持亲密关系,无占有欲和嫉妒心;有同情心,能容忍与自己在价值观念和信息上有差别的人。(3)在情绪上有安全感和认同感,即能忍受生活中无法避免的冲突和挫折,能经得起突然袭来的打击。(4)具有现实性,即看待事物是根据事物实际情况而非自己所希望的,是看清情境和顺应它的"明白人"。(5)有清醒的自我意识,即对自己所有的或所缺的都知晓清楚、准确,理解真实的自我与理想的自我之间的差别,也知道自己与他人对于自己认识的差别。(6)有一致的人生哲学,即有符合社会规范的、科学的人生观,为一定的目的而生活,在意识形态、信念和生活方面能够对他人产生具有创造性的推动力。

(四) 情绪和情感稳定,能够保持良好的心境

过度的情绪反应,如狂喜、暴怒、悲痛欲绝、激动不已,以及持久的消极情绪,如悲、忧、恐、惊、怒等,可使人的整个心理活动失去平衡,不仅左右人的认识和行为,而且也会造成生理机能紊乱,导致产生各种躯体疾病。而愉快、喜悦、乐观、通达、恬静、满足、幽默等良性情绪,有益于身心健康和调动心理潜能,有利于进一步发挥人的社会功能。因此,保持情绪和情感稳定协调以及良好的心境是心理健康的又一重要标准。一位心理健康者能保持愉快、开朗、乐观的心境,对生活和未来充满希望。虽然也有悲、忧、哀、愁等消极情绪体验,但能主动调节,同时能适度表达和控制情绪,做到喜不狂、忧不绝、胜不骄、败不馁。

(五) 有健全的意志和协调的行为

意志是人自觉地确定目标,并支配其行动,努力实现预定目的的心理过程。意志与行为难以分割,没有行为,看不出一个人意志活动的实质,受意志支配和控制的行为称"意志行为"。衡量一个人意志品质的高低、强弱、健全与否,取决于以下四种心理品质:(1)自觉性。自觉性即对自己行动的目的和意义有明确的认识,并能主动支配和调节自己的行动。自觉性强的人既能独立自主地按照客观规律支配和调节自己的行为,又能不屈从周围的压力和影响,坚定地去完成任务。与自觉性相反的意志品质是懒惰、盲从和独断。(2)果断性。果断性是善于迅速明辨是非、合理决断和执行的心理品质。(3)自制、自控性。自制、自控性是指善于促使自己执行已采取的决定,制止和排斥与决定无关的行为,克制自己的负面情绪和冲动行为。(4)坚韧性。坚韧性是

指坚持自己的决定,为达到目标百折不挠,克服困难。意志正常的行为指标是,行为大多数是受理智控制而尽量不受情感和非意识支配,行为的适应是采取弹性方式处理问题,而非固执僵化。

(六) 心理特点符合心理年龄

每个人都有三个年龄层次,即实际年龄、心理年龄、生理年龄。实际年龄是指人们的自然年龄。心理年龄是指依照个体心理活动的健全程度确定的个体年龄。人的一生共经历8个心理时期,即胎儿期、乳儿期、幼儿期、学龄期、青少年期、青年期、中年期、老年期。每个心理年龄期都有不同的心理特点,如幼儿期天真活泼;青少年期自我意识增强,身心飞跃突变,心理活动进入剧烈动荡期;进入老年期,心理活动趋向成熟稳定,老成持重,身心功能弹性降低,情感容易倾向忧郁、猜疑。生理年龄是指个体生理学上的年龄,与实际年龄亦不完全一致,如营养不良的人生理发育延迟,也就是生理年龄小于实际年龄。所谓心理特点符合心理年龄是指满足两方面的标准:个体的实际年龄必须与心理年龄相符;个体的不同心理发育期应表现出与该时期身份、角色相符合的心理特征。

除以上主要特征,一个人心理健康,还表现为情绪稳定与愉快、行为协调统一、拥有良好的人际关系和良好的适应能力等特征。但是心理健康并非是超人的非凡状态,一个人的心理健康也不一定在每个方面都有表现,只要在生活实践中,能够正确认识自我,自觉控制自我,正确对待外界的影响,使心理保持平衡协调,就已具备了心理健康的基本特征。

三、心理健康状态及其心理卫生对策

从现代心理卫生科学的观点来看,人的基本心理状态不外乎三种:心理健康、心理缺陷、心理疾病。前者属于心理健康范畴,后两者皆属于心理不健康范畴。心理卫生是对保障心理健康的各种措施和活动的总称,是心理健康的前提和保障,心理健康是心理卫生的目的和结果。搞好心理卫生,有利于预防心理疾病,提高人的社会适应能力和实践活动的效率;有利于完善个性,搞好人际关系,增强群体凝聚力;有利于提高社会精神文明程度。对不同心理状态的人群有不同的心理卫生措施。

(一) 心理健康者及其群体

世界上大多数人是基本具备心理健康六项特征的心理健康者。但是,绝对健康的"完人"是不存在的。心理健康者同样存在各种心理问题和心理不健康、不完善现象。因此对于心理健康者推行的心理卫生对策是:进行心理健康教育,普及心理卫生科学知识,提高其自我心理保健意识;使其自觉培养健康心理,增强心理防卫能力,克服心理行为中尤其是个性方面的不足和偏差,及时调节和控制自己的不良认识、情绪和行为,自觉接受心理咨询指导,定期进行心理测验,了解自己心理的优势和不足;遵循心理科学的原理,认识自己、他人和社会,妥善处理个人的工作、学习、婚恋、社交、家庭与子女、健康与疾病等问题,充分发挥大脑效能,高效完成工作,为社会建设做出积极贡献,为人类文明增光添彩。

(二)心理障碍者及其群体

这是一类常见的心理不健康者。他们缺乏正常人所具备的心理适应、调节和平衡能力,明显地偏离心理健康范围,但尚未达到心理疾病程度。造成心理缺陷的基本原因是心理发育不健全和不成熟,最常见的是性格和情感缺陷。心理缺陷可明显地影响个体的身心愉快及其在工作或事业上的追求、进取。

心理障碍者属于"过渡"或"边缘"性心理不健康人群,既可以向心理健康方向转化,亦可以向心理疾病方向转化,这取决于个人心理卫生水平、自觉接受医疗帮助程度和客观上的心理卫生指导。因此,对于心理障碍者应采取的心理卫生措施,主要是心理健康教育和心理训练相结合,即通过普及宣传教育,让他们识别并正确判断心理缺陷,使其本人懂得心理缺陷的危害性,及早接受心理咨询和心理训练,尽早转化为心理健康者。必须指出,心理缺陷并非心理疾病,一般的心理治疗和精神药物对此无实际效果,在这一点上与心理疾病的处理有明显区别。

(三)心理疾病患者及其人群

心理疾病与精神疾病是同义词,它是一组由不同原因所致的大脑功能紊乱性疾病。凡一个人的表现符合心理疾病诊断标准(必须由心理医生或精神病科医生诊断),就可以认为其患有心理疾病。中国精神疾病分类方案与诊断标准共列出精神疾病100余种,常见的有神经症、精神分裂症、情感性心理障碍、身心疾病、人格障碍与性变态等。根据WHO心理卫生专家委员会估计,按终身患病率估算,大约10%的人会成为精神疾病的受害者。

对心理疾病患者及其人群所采取的心理卫生工作对策有早期发现和识别病人、早期明确诊断和早期防治。对待心理疾病患者,除了进行心理健康教育、心理训练以外,更重要的是施行各种心理治疗手段,包括精神药物治疗,以促使其早日康复,转化到心理健康状态。

四、心理健康与人力资源开发

心理健康与人力资源的关系是极其密切的,可以说心理健康是人们成功的必要条件,这可以从重视心理保健已成为世界性的趋势中得以证实。

首先,未来社会对人才素质提出了更高的要求。社会对人才的要求是随着社会的进步而进步的,20世纪末到21世纪初,由于自然科学的不断发展,社会要求人们具有扎实的基础知识,注重人才对知识的掌握和智力水平的高低。到21世纪中期,社会开始注意到技能的重要性,强调知识与技能并重。到了21世纪80年代,心理素质的重要性日益表现出来,社会不仅要求人们具有良好的知识和技能,更要求其具有良好的心理素质。美国教育家戴尔·卡耐基在调查了众多成功人士后得出这样的结论:一个人事业上的成功,只有15%是由于他们的学识和专业技能,而85%是靠良好的心理素质和人际关系方面的能力。未来21世纪,社会将会对人才提出更高的要求,一个人如果不具备良好的心理素质,就会在人才的竞争中被淘汰。

其次,社会的进步和发展使得人们的生活节奏加快,闲暇时间减少,社会的竞争日益激烈,优胜劣汰,再加上各种文化的交汇融合等,都会给现代人造成更多的心理压力和心理冲突,如果没有良好的心理素质和心理健康水平,就会在这个充满变革、竞争与机会的时代中被淘汰,当然也谈不上成功。

最后,良好的心理健康水平有助于个人潜能的发挥以及学习和工作效率的提高。现代科学研究成果表明,人类有巨大的智慧潜能,而这些智慧潜能又存在着很大的开发潜力,环境和教育因素是人类潜能开发的外因,遗传因素是内因之一,外因通过内因起作用,只是对人类而言,这种作用不是消极、被动的,而是积极、主动的,这就需要作为潜能发挥的其他内在因素的作用,而心理健康不仅可以使得个体发挥个人潜能,还可对个人潜能的发挥起维持和调节作用,并让人在健康的方向继续发展。

目前,组织行为学、人力资源管理等领域的相关著作大多增加了"压力管理""情绪管理""心理修炼""员工心理援助计划"等有关人的心理健康的章节,主要阐述在人力资源开发中重视员工心理健康的重要性。

随着经济的迅速发展,人们的物质生活日益丰富。随之而来的是人们对健康的理解不再仅仅停留在"生理"上,而是上升到"心理"水平。心理疾病正成为一大"杀手",很多企业已开始注重员工的心理健康。近年来,在国际上广为流行并且经实践证明对提升组织气氛和推动实现组织目标十分行之有效的方法是"员工援助计划"(employee assistance program,EAP)。它是由组织为员工设置的一项系统的、长期的服务项目,通过专业人员对组织的诊断、建议和对员工及其家人提供的专业咨询、指导和培训,帮助改善组织的环境和气氛,解决员工及其家庭的心理和行为问题,以及提高员工在组织中的工作绩效,并改善组织管理;通过对员工深层的关怀,提升他们"心的力量",促进他们"新的成长"。EAP的主要特征包括:(1)福利化;(2)个人隐私受到严格保护;(3)服务全面化;(4)专业人员的工作方式分为雇佣式和聘请式;(5)专业人员定期向组织管理者书面报告执行情况。目前,EAP已被广泛应用于发达国家和地区各种不同类型的组织机构中,为组织带来了巨大的经济效益,同时也产生了较大的社会效益。世界500强企业中,有80%以上设置了EAP,美国有将近3/4的企业的员工享受EPA服务。

第五节 薪酬激励

　　利用心理管理调动员工和管理人员的积极性非常重要,调动积极性的问题属于激励研究的内容。激励(motiviation)是管理过程中的一个重要职能。任何组织都由人来创建,由人来管理,组织的一切信息流、物流和资金流都由人来运作。虽然随着现代科学技术的发展,机器代替人工作的范围越来越广,内涵也越来越丰富,但与此同时,现代社会、现代组织的发展对人的要求也越来越高,特别是现代人的积极性和创造性成了决定组织成败的关键因素。激励的直接目的就是提高人的积极性,充分发挥人的创造性。从20世纪30年代至60年代的"管理丛林"时代开始,对组织内部人的研究日益受到关注,出现了各种观点,特别是有关激励的各种概念、原理逐渐形成。激励的方式很多,但是使用最普遍的还是薪酬激励。分钱有很大的学问,华为任正非就是一位善于分钱的公司创始人。同样多的金钱,发放方式不同、依据不同、时间不同,取得的效果明显不同。

一、激励的定义

　　在中国古代典籍中,有关"激励"的论述极为丰富,司马迁《史记·范雎蔡泽列传》中即有"欲以激励应候"之说,意即激发使其振作。这比西方学者提出"激励"早几百年。西方学者提出的需要层次理论、双因素理论、期望理论和强化理论、公平理论和挫折理论等激励理论都可以在中国古代典籍中找到影子。20世纪五六十年代以后,西方发达国家的许多学者在面对发展中的问题和困惑时,把目光投向了东方,热衷于研究中国传统文化。其中一些管理学家在"管理思想史"和"管理思想的发展"等相关著作中,大量引用中国古代孔子、墨子、孟子等人和《周礼》《孙子兵法》等古籍的有关论述。日本企业家特别注意从中国的《尚书》《周易》《老子》《论语》《墨子》《庄子》《荀子》《韩非子》《管子》《三国演义》和《红楼梦》等古籍中学习有用的激励思想,并运用于对人的管理。在中国传统激励思想中,主张通过国家的政治、经济、文化、教育等相应措施调动人民的积极性,如"惠民""爱民""富民""教民"等激励思想;主张通过一些具体的物质与精神等相应措施调动人民的积极性,如"功利观"等激励思想。

　　孔子提出,为政首先就是要考虑施恩惠于人民,使人民过上安逸、富裕的生活。否则就是"不仁""不义"。治理国家的目标,首先在于安民,民贫则怨,民富则安。统治者要"使民以时",不滥征民力,放手让人民从事生产,并做到"薄赋敛""节用爱人",使人民得以"足食"和"济众",这样会取得"近者悦,远者来"的最佳激励效果。孟子提出要爱民、富民、教民。爱民就是要"与民同乐","乐民之乐者,民亦乐其乐;忧民之忧者,民亦忧其忧。乐以天下,忧以天下,然而不王者,未之有也"。他猛烈地抨击那些不关心百姓疾苦、整日寻欢作乐的国君。富民就是指"菽粟如水火,而民焉有不仁者乎"?也就是说如果粮食像水火那样多了,百姓就没有不仁爱的。教民就是指"善政不如善教之得民也。善政,民畏之;善教,民爱之。善政得民财,善教得民心"。也就是说,只有通过教育人民,才能得到人民的爱戴,获得民心。韩非子、管子提出功利主义的激励思想。管子指出:"夫凡人之情,见利莫能勿就,见害莫能勿避。"所有人,不分贵贱都是"得所欲则乐,逢所恶则忧","民予则喜,夺则怒"。追求功利是人的本性,要以利作为杠杆,激励人民的积极性,"得人之道,莫如利之","欲束民者,先起其利,虽不召而民自至"。为此,作为统治者必须善于给人以利益,满足人的物质需要。一旦人的利益或需要得到了必要的满足,必将激发更大的积极性,产生更大的效益。但管子也不主张无限制地满足个人的私利,而要使其有所节制,否则国家就不好治理。另外,对个人私利无所限制,则利益也就失去激励的作用,因为利益给予越多,人们就越不当回事,即"万物轻则士偷幸"。兵家的激励思想很直接:重赏之下必有勇夫。

激励,就是指激发、鼓励,在心理学上指的是激发人的动机的心理过程,即通过某种外在的或内在的刺激,使人维持兴奋的积极状态。在管理学中的激励,就是通过各种外部或内部的刺激,激发人的工作动机,调动人的积极性,开发人的潜能,使人朝组织所期望的目标前进的管理活动过程。美国学者哈罗德·孔茨、海因茨·韦里克认为,"激励是一个通用名词,应用于动力、愿望、需要、祝愿以及类似力量的整个类别。如说到主管人员激励他们的下属时也就是说,他们做那些他们希望做的事情,将会满足这些动力和愿望并引导下属按所要求的方式去行动"。

激励是一个管理过程,主要由四大要素构成:第一,要有被激励的对象,即被激励的人;第二,激励的对象有从事某种活动的内在愿望和动机,而产生这种愿望和动机的原因是对某种事物的需求;第三,激励还要借助于一定的媒体才能发挥作用,这些媒体主要包括各种管理制度、管理决策和管理措施,尤其是指各种人事管理制度和决策;第四,判定动机强弱,即积极性或激励效果的依据是行为或工作绩效。

激励是激励主体(激励者)与激励客体(被激励者)组成一个复杂的人与人的系统。由于双方心理需求、心态、激励环境和激励因素的随机多变性,使得激励系统具有动态性。激励系统又是可分的,从层次角度可分成:(1) 宏观激励系统,指全社会性、政府性激励;(2) 中观激励系统;(3) 微观激励系统,指每个企业、班组和车间的激励。从过程角度可分成:(1) 激励因素系统,即用什么激励;(2) 激励运行系统,即如何去激励;(3) 激励评价系统,即怎样有效地激励;(4) 激励反馈系统,即激励效果、信息反馈。

二、薪酬与战略

在激励员工工作积极性的手段中,尽管薪酬不是唯一的,也不是最好的方法,但却是最基本的、非常重要的、最易被人使用的方法。因为对于大多数员工来说,尤其是刚开始进入企业工作的时候,最主要的目的是保障生活质量。但是薪酬总额相同,支付方式不同,会取得不同的效果。所以,如何实现薪酬激励效能最大化,是一门值得探讨的艺术。

关于薪酬概念存在三个层次的理解:狭义的薪酬,一般的薪酬,广义的或者说全面的薪酬。薪酬的狭义理解是指企业对员工给企业所做的贡献(包括他们实现的绩效、付出的努力以及学识、技能、经验与创造),所付给的相应的回报。它包括直接薪酬(含基本工资、加班及假日津贴、绩效奖金、利润分享、股票期权等)以及间接薪酬和福利(含保健计划、非工作时间的付酬、服务及额外津贴等)。对薪酬的一般理解是员工外在回报的总和,不仅包括各项货币性和实物性回报,还包括外在的非财务性回报,如偏爱的办公室装潢、宽裕的午餐时间、特定的停车位置、喜欢的工作等。这部分回报仍然是基于员工对公司的贡献,对员工激励是有效的,主要满足的是员工的第四层次,即他人对自己认可和自己对自己认可的需要,如名誉、地位、尊严等。对薪酬的广义理解是企业给予员工的内在和外在回报的总和,其中内在回报包括参与决策的权利、较大的工作自主权、较大的责任、较有趣的工作、个人成长机会、活动的多元化等。可以看出,内在回报主要与工作本身相关,是对员工个人成长的激励,主要满足的是员工自我实现的需要。尽管内在回报和外在回报有所区别,但两者是紧密相关的。一般来说,提供外在回报的同时也向被雇佣者提供了内在回报。例如,员工的薪水增加了,这不仅仅是货币收入的增加,同时也意味着企业对员工工作的一种肯定和鼓励,从而使员工在内心里产生成就感,促进其个人成长。我们平时在管理学中所讨论的薪酬主要指狭义的薪酬。从狭义的角度说,薪酬一般由基本薪酬、奖励薪酬、成就薪酬和附加薪酬这几个部分组成。基本薪酬包括基础薪酬、岗位薪酬、结构薪酬、技能薪酬和年功工资等,它是劳动者的基本生活保障。奖励薪酬也称激励薪酬,是对劳动者超额劳动或优秀表现的一种奖励,其主要形式为各种奖金。成就薪酬是对员工在过去较长一段时间内所取得成绩的追认,通常表现为基本工资的增加,具有永久性的特点。附加薪酬是对员工在特殊劳动环境或工作特性下所给予的一种特殊报酬,其表现为特殊岗位津贴、特殊劳动时间津贴、地区补贴或其他形式的补贴。

传统的薪酬管理普遍关注的是薪酬的基本制度设计和相关的技术方法。随着信息技术的广泛应用,市场竞争的进一步加剧,企业和组织中的员工的工作性质日益复杂化,作为发挥重要激励和约束功能的薪酬管理已不再停留在简单的操作、技术层面,它作为一种能有效辅助企业战略实施的重要人力资源管理手段,已逐步被纳入企业战略的框架,成为确保企业经营战略实施的重要工具。有关组织战略和薪酬战略的一致性备受关注。更多的企业开始采用战略驱动的整体薪酬制度方案,即把薪酬体系与公司战略和业务单元的经营战略有机结合起来,使薪酬战略和薪酬管理能有效地辅助人力资源管理战略,通过高水平的人力资源管理,有效地推动公司战略和业务经营战略的实施。

一个好的薪酬战略和薪酬管理体系的设计至少能在三方面影响和推动企业战略

的实施:一是通过设计高效的薪酬管理体系,帮助企业有效控制劳动力的成本,保持成本竞争优势;二是通过设计有市场竞争力的薪酬方案,帮助企业吸纳和保留核心人才,从而使企业保持核心能力优势;三是通过设计确保内部公平性的分层分类的薪酬方案,帮助企业有效激励员工,改变员工态度和行为,使得员工的行为与组织目标一致,从而推动企业战略有效实施,赢得竞争优势。

企业在设计薪酬战略和薪酬管理制度时,要关注六个问题:(1)薪酬支付基础,是指向什么支付报酬,是对岗位、对任职者的能力(技能、知识)还是对任职者的业绩和贡献支付报酬。(2)薪酬支付对象,是指对谁支付报酬,对哪些类型的人才支付报酬。如按职能,可分为研发人员、生产人员、销售人员、管理人员和外包人员等;如按层级,可分为高层管理者、中层管理者和基层员工;按人才的价值和重要性,可分为核心人才、通用人才和辅助性人才等。(3)薪酬支付规模,是指要向多少人支付报酬,通常根据企业的雇员数量来确定。(4)薪酬支付水平。薪酬支付水平指的是企业要确定支付多高水平的报酬。我们通常可将企业支付的报酬水平与同一岗位、同一等级的市场平均报酬水平进行比较,从而作出有关薪酬水平的定位——是领先、落后还是跟随市场的平均工资水平。(5)薪酬支付结构,是指同一组织内部不同岗位或不同技能薪酬水平的排列形式。它强调薪酬水平等级的多少,不同薪酬水平级差的大小,以及决定薪酬级差的标准。(6)薪酬支付方式,是指对如何支付薪酬的策略选择。比如是采用短期薪酬还是长期薪酬,是重视奖励现在还是奖励未来。

企业战略会影响薪酬战略和薪酬管理的一些基本问题。一般来说,企业战略对薪酬管理有如下影响:

(1)战略决定企业员工的类型、规模和数量结构,从而确定了报酬的支付对象和支付规模。企业整体的战略部署将对人员安排作出明确的规划。其中包括员工的类型、规模和数量结构。如企业在某个发展阶段强调以研发为战略重点,那么研发人员所占的比重相对较大,也将成为薪酬激励的重点。再比如,企业实行多元化业务的经营策略,那么新业务的拓展必然要求配备一定数量的相应专业背景的员工,从而会影响薪酬支付的对象和支付规模。

(2)战略决定薪酬水平与市场工资水平的关系,即企业要根据战略对薪酬支付水平进行定位。薪酬水平的定位策略可分为三类:第一类是领先策略,就是企业发放的薪酬高于市场平均工资水平;第二类是跟随策略或称为匹配策略,是指企业发放的薪酬等同于市场平均工资水平;第三类是滞后策略,即企业发放的报酬落后于市场平均工资水平。一般来说,企业的支付能力、企业所处的发展阶段和企业所属的行业性质在一定程度上决定了企业支付工资的水平。如果一个企业的支付能力比较高,它通常会倾向于支付较高水平的工资。企业处于初创、成长、平稳发展和衰退等不同的发展阶段,通常也会采取不同的薪酬水平。此外,因行业的性质不同,企业也会采取不同的薪酬水平。如高科技行业中的企业通常会采取领先或者是跟随策略,否则就无法吸引优秀的研发人员。需要特别强调的是,战略的性质通常也会影响企业的薪酬水平。战略的性质可分为保守型、平稳型、激进型三种。如果一个企业采取保守型的战略,它的薪酬水平定位通常也会比较保守,会低于或略低于市场平均工资水平;如果一个企业采取平稳发展的战略,它的薪酬水平通常会定位为跟随市场的平均工资水平;如果一个企业采取激进型的战略,比如要在3—5年内从一个处于国内中等位势的企业发展为世界级的企业,那么在这种激进战略的指导下,企业在薪酬水平的定位上一般会倾向于采取领先的战略,以此吸引更多的优秀人才,不断扩大企业规模,增强企业的核心竞争优势。因此,战略的性质也会对企业工资水平的选择造成影响。

(3) 不同层级的员工因承担的战略责任不同,其薪酬也存在差异。战略责任是一个重要的可付酬要素。一般来说,组织中层级越高的人员,其承担的战略责任就越大,其薪酬与战略责任挂钩的比重就越高。如高层领导者的薪酬与战略责任挂钩的比重就相对较高,可能70%—80%的收入都要与企业的战略责任挂钩,而基层员工的薪酬中,与战略责任挂钩的报酬比例就很低,甚至几乎为零。

(4) 战略会影响组织薪酬结构的设计。组织的经营战略会影响和决定薪酬结构的设计,从而确保薪酬结构与组织战略保持一致,实现薪酬结构的内在公平,推动战略有效实施。

薪酬结构的基本设计思想有两类:偏向平等或偏向等级化。体现平等的薪酬结构往往等级较少。相邻等级之间和最高薪酬与最低薪酬之间的差距较大,而体现等级化的薪酬结构往往等级较多,级差较小。多重的薪酬等级通常要求对每个等级所做的工作都给出细致的描述,明确每个人的职责。等级薪酬结构的理论基础是,频繁的岗位晋升能够起到很好的激励作用。这种薪酬结构承认员工之间技能、责任和组织贡献的差别。一些重视低成本、以顾客为中心、强调标准化和资历的传统企业,多重视采用等级化的薪酬结构。而在"扁平化"的薪酬等级中,每个等级界定的任务职责范围就更为宽泛,从而使得员工拥有更大的决策自主权。在强调创新和市场快速响应的今天,宽带薪酬作为一种与企业组织扁平化、流程再造、团队导向、能力导向等管理战略相匹配的新型薪酬结构应运而生。宽带薪酬最大的特点就是压缩级别,强调在组织中用较少的工资等级、较大的工资级差来代替以往较多的工资等级,将原来十几甚至二三十个级别压缩成几个级别,并将每级别中的薪酬范围拉大,从而形成一个新的宽带化的薪酬结构,以适应当前激烈的市场竞争环境和业务发展的需要。这一类薪酬结构多用于重视创新和差异化战略的高新技术企业。比如,IBM公司在20世纪90年代以前的薪酬等级一共有24个,后来合并为10个级差范围更大的等级。

(5) 战略确定企业的核心能力和核心人力资源,这是企业薪酬战略激励的重点。根据企业战略和发展需要,我们可以对企业内部各层各类的人才进行价值排序,从而确定企业的核心人力资源。根据管理学的二八原理,即20%的人创造80%的价值,关注这20%的核心人才,并通过激励最大限度地发挥其工作积极性和创造性,是企业薪酬体系设计关注的重点。

（6）战略确定企业薪酬激励的方向和重点。不同的战略目标会导致不同的激励方向，从而决定企业薪酬激励的重点。比如，某个企业在某个特定时期的战略目标是要做到市场份额第一，要在某个产品领域占到30%的市场份额，那么在这个阶段，企业会鼓励销售人员去积极拓展市场，此时企业对销售人员的激励是薪酬支付的重点。而另一个企业在某个特定时期的战略目标是强调产品质量领先，则企业会鼓励员工去提高产品质量，此时企业对质检人员、生产人员的激励是薪酬战略设计的重点。因此，企业的战略导向会影响薪酬激励的重点。

三、薪酬激励设计要点

要想使薪酬既具有最佳的激励效果，又有利于员工队伍稳定，就要在薪酬制度上增加激励功能，同时在实际操作中学会使用一些技巧。

（一）在薪酬构成上增加激励性因素

从对员工的激励角度上讲，可以将广义的薪酬分为两类：一类是保健性因素（或称维护性因素），如工资、固定津贴、社会强制性福利、公司内部统一的福利项目等；另一类是激励性因素，如奖金、物质奖励、股份、培训等。如果保健性因素达不到员工的期望，会使员工感到不安全，导致士气下降、人员流失，甚至招聘不到人员等现象。另一方面，尽管高额工资和多种福利项目能够吸引员工加入并留住员工，但这些常常被员工视为应得的待遇，难以起到激励作用。真正能调动员工工作热情的，是激励性因素。如果以薪酬的刚性（即不可变性）为横坐标，以薪酬的差异性（即薪酬在不同员工之间的差异程度）为纵坐标，可以将薪酬的构成分为四类。从激励的角度来看，第二类激励作用最强，第四类激励作用最弱甚至为零（最僵硬）。如果一个组织中员工的工作热情不高、员工比较懒散，想加大激励力度，可以采用高弹性的薪酬模式，即加大第二类激励（如浮动工资、奖金、佣金）的构成比例，缩小刚性成分。相反，如果是一个因品牌弱小导致招聘困难的新兴公司，可以采用高稳定性的薪酬模式，增加薪酬中的固定成分，让员工有安全感。

（二）设计适合员工需要的福利项目

完善的福利系统对吸引和保留员工非常重要，它也是公司人力资源系统是否健全的一个重要标志。福利项目设计得好，不仅能给员工带来方便，解除员工的后顾之忧，提高员工对公司的忠诚度，而且可以节省在个人所得税上的支出，同时提高公司的社会声望。员工个人的福利项目可以按照政府的规定分成两类。一类是强制性福利，企业必须按政府规定的标准执行，比如养老保险、失业保险、医疗保险、工伤保险、住房公积金等。另一类是企业自行设计的福利项目，常见的有人身意外保险、医疗保险、家庭财产保险、旅游、服装、误餐补助或免费工作餐、健康检查、俱乐部会费、提供住房或购房支持计划、提供公车或报销一定的交通费、特殊津贴、带薪假期等。员工有时会把这些福利折算成收入,用以比较企业是否具有物质吸引力。对企业而言,福利是一笔庞大的开支(在外企中能占到工资总额的30%以上),但对员工而言,其激励性不大,有的员工甚至还不领情。最好的办法是采用菜单式福利,即根据员工的特点和具体需求,列出一些福利项目,并规定一定的福利总值,让员工自由选择,各取所需。这种方式区别于传统的整齐划一的福利计划,具有很强的灵活性,很受员工的欢迎。

(三) 在薪酬支付上注意技巧

对不同的人员要用不同的激励措施。马斯洛需求五层次理论说明,人的需求是分层次的,只有满足了低层次的需求之后,才能考虑高层次的需求。工资作为满足低层次需求的保障条件,对绝大多数人来说,仍是个硬道理。工资低的企业,即使企业文化搞得再好,也难留人。对高层次人才,应提供较高的工资,但如果缺少培训和发展机会,仍然缺乏吸引力。将现金性薪酬和非现金性薪酬结合起来运用,有时能取得意想不到的效果。前者包括工资、津贴、奖金、"红包"等,后者则包括企业为员工提供的所有保险福利项目、实物、公司举行的旅游、文体娱乐等。有些公司专门为员工的家属提供特别的福利,比如在节日之际邀请家属参加联欢活动,赠送公司特制的礼品,让员工和家属一起旅游,给孩子们提供礼物等,让员工感到特别"有面子"。主管赠送的两张音乐会门票、一盒化妆品,常会让员工激动万分。适当缩短常规奖励的时间间隔,保持激励的及时性,有助于取得最佳激励效果。频繁的小规模奖励会比偶尔的大规模奖励更为有效。减少常规定期的奖励,增加不定期的奖励,让员工有更多意外的惊喜,也能增强激励效果。

(四) 选用具有激励性的计酬方式

计酬方式通常包括按时计酬、按件计酬、按绩效计酬等。最缺乏激励效果的是按时计酬,其激励作用只是体现在每年调薪前后的一段时间,很难持久。但它也有明显的优点:收入稳定,给员工以安全感,便于留人和招聘;实施方便;劳动力成本易于预测;不会因为强调产出数量而忽视质量等。计件薪酬对员工的激励作用十分明显,但它仅适用于产出数量容易计量、质量标准明晰的工作。在IT行业,通常采用的是按时计酬与按绩效计酬相结合的方式。它需要事先设定具体的工作目标(指标),考核期结束时或项目完成后,根据实际工作业绩评估结果计算浮动工资或提取佣金。业绩工资由团队业绩和个人业绩两部分决定。对高级职位的员工,企业利润常作为重要业绩指标而与薪酬挂钩。由于薪酬与可量化的业绩挂钩,更具激励性和公平性。这种方法需要有合理的目标设定方法和良好的绩效考评系统支持。对于高科技公司里的研发人员,根据项目管理法则,可以按研发项目中的若干关键阶段设置多个"里程碑",对按计划完成者实行奖励,而不是按工作时间行赏。另外,可以将研发人员的部分薪酬与产品的销售状况挂钩,增加加薪机会,使薪酬支付更加灵敏地体现员工的业绩。

(五) 重视对团队的奖励

尽管从激励效果来看,奖励团队比奖励个人的效果要弱,但为了促使团队成员之间相互合作,同时防止上下级之间由于工资差距过大导致低层人员心态不平衡的现象,有必要建立团队奖励计划。有些成功的企业,用在奖励团队方面的资金往往占员工收入的很大比重。对优秀团队的考核标准和奖励标准,要事先定义清楚并保证团队成员都能理解。具体的奖励分配形式分为三类:第一类是以节约成本为基础的奖励,比如斯坎伦计划,将员工节约的成本乘以一定的百分比,奖励给员工所在团队;第二类是以分享利润为基础的奖励,它也可以被看成是一种分红的方式;第三类是从工资总额中拿出一部分设定为奖励基金,根据团队目标的完成情况、企业文化的倡导方向设定考核和评选标准,进行奖励。

(六)善用股票奖励形式

在高科技行业,"股票期权"是非常诱人的字眼。很多员工,特别是高层员工认为,工资的高低不是主要的吸引力,最重要的是有没有实行"员工持股"制度。不仅那些在海外上市的公司纷纷实行了股票期权制度,即使非上市公司,也在探索不同形式的员工持股的办法。对非上市公司而言,由于国内现行法律对此缺少明晰的规定,在权益兑现方面缺少成功案例可供借鉴,而且往往因为担心会对未来在创业板上市造成法律障碍而左顾右盼,很多公司是雷声大雨点小。但随着国内创业板上市规则的日益明晰,这种分配办法将越来越多地运用在实践中。

(七)在向员工沟通薪酬时注意技巧

有的公司在员工薪酬、福利待遇上破费不少,但员工却无动于衷。建议主管对福利方面的开支作个支出明细说明,让员工明白公司为他们所付出的代价。要告诉员工公司的分配哲学。如果确信公司的薪酬具有竞争力,为了让员工信服,不妨将主管在薪酬方面的调查结果公开,甚至让员工参与薪酬方案的设计与推动。即使公司因为暂时遇到困难而不得不减薪,只要主管坦诚相见,公平对待,同时再把薪酬以外的优势尽可能展现出来,相信员工也会理解,并能同舟共济。在调薪时,员工与主管之间存在一种微妙的博弈关系。员工理所当然地希望工资尽可能高,作为老板则希望尽可能减少人力成本。如何在博弈中既能控制住薪酬,又能使员工获得激励?一种办法是先降低员工对其薪酬目标的期望值,比如,对员工预期的调薪幅度和调薪范围作低调处理。当员工发现事实上的调薪幅度超过其预想时,他会产生一种满足感。

(八)厚待高层员工和骨干员工

在薪酬有限的情况下,企业为了发展,不得不保留重点员工和业务骨干。某著名美国公司在遇到业绩下滑后,在年度工资调整上采取这样的策略:对高层员工采用高于市场平均值的增长率,对中层员工和业务骨干采用市场平均增长率,对一般员工则保持工资不变。他们的思路是:80%的业绩是由20%的精英来完成的,少数骨干决定了公司的发展。对于一些新兴的高科技公司或者实力不是很强的公司,这种方法尤其有效。"先增加利润还是先提高工资"这个问题就像"先有蛋还是先有鸡",如果其资金能够支持一个利润周期的话,建议老板选择"先提高工资"。配合科学的绩效管理,公司将会进入"高工资、高效率、高效益"的良性循环,用一流的人才成就一流的事业,这样公司和员工都会有加速度的发展。

一些管理人员不知道薪酬管理是一项技术性很强的工作,往往把薪酬设计、薪酬管理想得太过简单。要做好薪酬激励工作,有一系列的技术工作需要配套。例如,要搞好内部公平性工作,岗位评估就是一项难度很大的技术性工作;要做好岗位评估,又必须认真做好岗位分析工作,写好工作说明书;要使薪酬在市场上具有竞争性,必须做好薪酬调查工作。

关于人的心理能否改变这个问题已争论几千年了。正心领导、心理管理的假设前提就是人的心理和行为是可以改变的。颜世富是复旦大学心理咨询中心的主要创始人之一,具体主持复旦大学心理咨询中心创立时期的工作。他得出的结论是:人的心理和行为障碍是可以改变的。(注:以下案例中的人员均为假名)

改变心世界①

脂芳,女,20岁,复旦大学某热门专业的学生。脂芳是一位心理障碍较严重的来访者。如果精神病学专业毕业的医生遇到她,多半会把她送到精神病院。我不会轻易把有心理障碍的人推荐到精神病院去,而是很看重人自身的潜能,深信许多心理障碍是可以通过自身的努力而克服的。进精神病院,除精神病院的环境不理想外,进过精神病院这种经历便会令患者及其家人终生背包袱,会影响患者的婚姻、就业。如果图方便、怕麻烦,心理医生最聪明的做法便是尽早把有心理障碍的人推向精神病院。我认为这种"聪明"的做法是不负责任的。

第一次咨询后做SCL90测验,均显示脂芳有较严重的心理障碍。她说:"我一进这个学校便觉得孤独、苦闷、寂寞,这里又没有好朋友。我的同学已经有人得了精神病,在这种环境中,发疯是正常现象,不发疯才是怪事。我多次想去死,觉得生活中的快乐太少。看见别人快乐时我觉得更加忧伤。我觉得死了就没有牵挂了。我有一个没有考上大学的男朋友,很多人觉得我傻,怎么会喜欢他那种人。我害怕被男朋友抛弃,每天写一封信给他。我每天都要痛哭一场。"

第一次咨询主要是建立信任关系,我对脂芳说,如果她认真配合,她是能够走出忧郁状态的。对于恋爱关系,有这种担心的应该是男方,而不应该是她。同时叮嘱她平时多做一些保健按摩。

第二次咨询,脂芳自诉有所缓解,心情有所好转。我让她自由联想:"我出生一个

---

① 本案例作者为颜世富。

月后便离开父母了,与爷爷、奶奶生活在一起。我一直很孤独、自卑,虽然外表上我显得快活、泼辣。我高中时的一个好朋友,没考上海的大学,我在上海没有亲密的朋友。高中时,有一个男同学追求我,我答应了。这个男同学经常打架斗殴,功课很差,大家都讨厌他,但我却不知道自己为什么会喜欢他。我父母最看不起的就是他这种读书不用功的人,我一直害怕父母知道我在与一个他们最看不起的人谈恋爱。"

我这次主要采用情志相胜疗法,说她选择的男朋友不值得她爱,这种男人,任何正直的人都会讨厌他,天天给这种人写情书是一种很愚蠢的行为。她说,她的男朋友还有一些优点,她很难不想他。

第三次咨询,脂芳一进门就泪流满面,她哭诉道:"我极度难受,快要发疯了,我已经很难控制自己了,我今天只吃了一顿饭。今天下午,我在教室里走来走去,边走边唱,大家都以异样的眼光看我。我收到了他的信,他说我们的将来可能不乐观。我撕碎了这封信,将碎片抛向了空中。"

我让她冷静下来,说一切事情都会过去的。男朋友逐渐懂事,考虑问题变得现实了,这是好事。这也是一个好机会,从今天开始,不要再每天写信给他了。现在你是一个大学生了,应该有大学生的思维。我让她买一些疏肝理气的中成药。她离开咨询中心时显得平静、快活。我仍叮嘱她坚持做保健按摩。

第四次咨询,脂芳焕然一新,头发也经过仔细梳理。她说:"我去买了逍遥丸,也不知道是心理咨询的作用还是中成药的作用,我的心情好多了。我已经减少了写信的次数,不再每天给他写信了。另外,我的情绪波动可能有周期性,一般是忧郁四周、高兴一周。我确实不理智。我不知道将来能干什么。"

我告诉她,不管将来干什么,在上海工作或者去外地工作,心理健康都很重要,目前最重要的是努力使自己恢复健康。

第五次咨询,脂芳说,她告诉父母自己心情不好,目前在接受心理治疗,但父母坚决反对他接受心理治疗。他们说:"我们祖祖辈辈都无人患精神病,我自然不会得精神病。他们哪里知道,我已经多次想自杀。他们又叫我不要在大学谈恋爱。他们的话,我不会听从的。"

脂芳虽然没有听从父母无知的劝告,继续接受心理治疗,但她内心可能有疑虑。我给她看了《人民日报》《中国青年报》《中国教育报》上谈心理健康、心理咨询的文章,以此坚定她的信心。

第六次咨询,我一直在思考,脂芳这个比较优秀的女孩为什么会喜欢一个大家都看不起的人,而且痴迷,每天要写一封信,还担心被一个大家都讨厌的人抛弃,这肯定有原因,我让她自由联想:"我的爷爷、奶奶都很胆小。小时候,有一次一个小偷来偷东西,爷爷、奶奶都躲起来让小偷拿东西,我看见爷爷、奶奶吓得浑身颤抖,我也极害怕,小偷已经走了,我们还在发抖。"

我告诉脂芳,她喜欢的是男朋友的勇气。脂芳小时候胆小怕事,被小偷吓得发抖,于是,潜意识中希望有一个有胆量的人来保护自己。男朋友虽然有许多讨厌的品质,但在胆大这一点上迎合了脂芳的需要。脂芳认为我分析得有道理,她说:"他确实有勇气、胆大,是一个残酷的人。有一次,他将一条狗慢慢地用门夹死。他曾经威胁过我,如果我以后和他分手,他会杀死我。最近,我听说一所大学里,一个人杀死了不继续爱他的女朋友后跳楼自杀。我却希望我的男朋友来把我杀死。"

她的心态有些失常,还处于痴迷状态,心理正常的人不会希望别人把自己杀死。

第七次咨询,我让她自由联想:"小时候,我一直没有和父母待在一起。小学时,与一个小伙伴玩耍,小伙伴的父亲抱住我吻了很久。我当时呆住了,一点也没有反抗。从小到大,父亲一直没有抱过我,他对我很冷漠,他想维持自己崇高的形象。他给我造成很大的压力,我看到他就害怕,只要父亲在旁边,任何简单的事情我都做不好。父母经常吵架、打架,母亲有一次对我说,如果她死了,肯定是被父亲害死的。"

笔者向脂芳指出,她目前的男友并不是自己喜欢的人,只是一个代号。因为幼年孤单、胆小,渴望有人保护自己,使自己有安全感;缺乏父爱,对于男性的示爱便很感激。我问她:如果不是现在的男朋友,而是其他男性当初追求她,她是否会答应。她想了想说,可能同样会答应。我向她进一步解释,目前的男朋友只是她情感的暂时寄托,现在年龄已大,不应该再执迷不悟了。

第八次咨询,脂芳说她目前对心理学最感兴趣,想考心理学研究生,以后想做心理医生。

我冷静地说:这可能只是短时期的想法。做心理医生很艰苦,人们有心理疾病时可能把心理医生看成救世主,或者极崇拜,心理疾病治好了后,可能就会忘掉心理医生,或者不想再看见心理医生。不过,我还是给她找了几本心理学书供她阅读。

第八次咨询,脂芳说班主任很关心她,与她谈心。为了获取班主任的好感,她向班主任讲了自己的恋爱故事,但班主任劝她早日中止这种荒唐的恋爱。我建议脂芳与年纪大的人多接触,不要生活在幻想中。

第九次咨询,我让她看《不要太纯情》《如何摆脱痴迷》等文章。

第十次咨询,脂芳情绪又有波动。她说:"昨天晚上,我与一个不认识的男人喝酒。酒后我坐在雨地里大哭,分不清雨水和泪水。我其实一直在欺骗自己,欺骗男朋友。其实,我和他没有什么共同语言,待在一起时也无话可说。可是,我又很难提出与他分手,以前天天写信,现在觉得给他写信是在浪费时间,已经很少写了。上海这地方,人太冷漠,北京可能好一些。"

我鼓励她说,她现在虽然也有情绪波动,但是比以前好多了,个性要发生改变是一件长期而艰难的事。至于她的恋爱问题,我建议她早日作出决断,这对双方都有好处。

第十一次咨询,她想外出旅游,征求我的意见。我鼓励她出去散散心。

第十二次咨询,旅游回来后,她大失所望地说:"我本来想出去散散心,但事与愿违。我们一共5人去南京玩,另外4人是两对情侣。他们亲热得如胶似漆,一直搂搂抱抱,我真想跳进长江。"

我让她想开一点,不要老是与自己过不去。别人目前如胶似漆,过几天也可能与她一样痛苦。多想想自己以后怎么办,不要老是笼罩在过去的阴影之中。

第十三次咨询,脂芳说自我感觉良好,与寝室里同学的关系也有所改善,虽然没有明确提出与男朋友分手,但是已经30天没有通信了。她问还有无必要继续接受咨询,她说自己要开始新生活了,希望以崭新的自我出现在各种场合,不想依赖任何人,包括心理医生。我让她再来两次,巩固疗效,并嘱咐她坚持做保健按摩。

经过十五次咨询后,她真的没有再来复旦大学心理咨询中心了。偶然遇见脂芳的老乡,听说脂芳现在很活跃,还得到了奖学金。

第八章 关系管理

据说苏东坡的好友,大相国寺和尚佛印写过一首诗:"酒色财气四堵墙,人人都在里面藏。谁能跳出圈外头,不活百岁命也长。"人情、面子、关系网普遍存在,大家都难跳出这些关系网。做管理工作,很多时间花在协调多种关系上。长久以来,社会和谐以及人际关系的合理安排一直被认为是中国文化最显著的特性之一。在我们的生活、工作中,"关系"有很多种,比如亲戚关系、老乡关系、同学关系、战友关系、同事关系、客户关系等,但说到底其实都是以人际关系为根本。人际关系是一个古老而常新的话题,是和人类社会相伴始终的,人类社会产生时就有了人际关系,只要人类社会存在,人际关系就永远存在。随着社会的发展,人际关系又在不断地调整变化。因此,人际关系这一话题虽然古老,但内容却永远是常新的。

第一节 华人关系网

一、中华和合管理文化

孔子在《论语·学而》中说:"礼之用,和为贵。先王之道,斯为美。"孔子注意到和谐的方法论作用,儒家文化反对片面性和走极端。在处理人际关系上,《礼记·中庸》进一步说:"中也者,天下之大本也。和也者,天下之达道也。"强调和谐是国家人伦关系的五个"达道",即君臣、父子、夫妇、兄弟、朋友这五种人类共生共存的最根本的人伦关系。应用到企业管理上,"和为贵"的"中庸"思维方法,可以被用来系统地协调企业中员工与员工、管理者与员工、企业与环境的关系,全面搞好企业内外的人际关系管理。

从中华和合管理文化的现代转化中可以得到以下启示:首先,中华和合管理文化是中华民族长期生存发展的重要社会资源,是中国经济和社会协调发展的社会资本。古典、新古典主义经济学的资本概念限于物质资本。20世纪50年代,美国经济学家舒尔茨、贝克尔提出人力资本概念。20世纪70年代,法国社会学家布迪厄、美国社会学家林楠和科尔曼等将人们之间的社会互动与联系纳入资本范畴,提出社会资本概念,认为社会互动中的信任、合作关系、社会网络皆是社会资本;同时,布迪厄明确提出"文化资本"理论。中华和合管理文化在后现代状况下的当代世界,通过高科技电子技术所负载的符号在媒介中传播,将成为获利丰厚并具正外部性的社会资本,将在中国社会经济发展、科学技术创新、政治文明建构中发挥重要的作用。

中华和合管理文化,讲求东西南北中多元管理文化的冲突与融合,并追求动态和合,创生新的优秀文化,创造新的价值。现代企业管理要吸收以下管理文化思想:一是Z理论。Z理论总结日本管理经验,并与美国企业管理进行比较,提出企业是"社会人"的假设,认为人与人之间的信任、微妙性、亲密性是企业管理成功的关键。可见,Z理论具有契合中华和合管理文化的特征。二是麦肯锡"7S"管理框架理论。该理论的四个软性管理因素——共同价值观、人员、作风、技能,三个硬性管理因素——战略、结构、制度,属于企业文化要素,居于现代企业管理的核心地位,充分发挥四个软性管理因素的和合优化功能,有机地"中和"软、硬性管理因素,是现代企业管理获得成功的关键。三是组织流程再造与改善理论、公司能力与核心竞争力理论、创造可持续发展组织理论等企业管理思想,都可以创新、转化、和合,为我所用。

儒家管理思想提倡和合的同时,强调"社会秩序"。以忠、信等道德规范为维持"秩序"的基础。因此,所有管理者,包括王侯、士大夫,都必须对其团体组织绝对尽"忠",而彼此之间则绝对讲"信"。个人的需要和利益应置于团体组织之下,个人应尽一切可能确保团体组织的利益和成功。团体一旦受益,个人的受益自在其中。而一个成员的荣辱得失,亦即整体的荣辱得失。

所谓团体,其基本型态就是家庭。家庭对其成员的规范与社会团体组织要求其成员一样并无差别。因此,一个管理者应该从童年起就受到绝对忠信的熏陶和教育。对家长能尽责尽孝的子弟便是将来能对国家社会尽义尽忠的臣民。史实证明,那些对国家立大功、出类拔萃的人物,没有一个不是从小就学习道德规范、尊敬长者、爱护家人的好儿童。所以就有这样的谚语:"忠臣出于孝子之门。"表面乍看之下,这是很有逻辑的说法,但从实际来说,这些规范要求是比较片面的。臣要忠、子要孝是绝对的规定,而对君是否要正,父是否要慈,却并无严格的要求。极端的情形是,君要臣死(即使完全无正当理由,甚至是违法或不道德的),臣不得不死(绝对服从);父要子亡,子不敢不亡。这样片面不公平、不合理的发展,经史实证明,不但不能维持团体组织的利益和成功,反而会促使其最终崩溃败亡。

二、"家国同构"的文化模型

分析中国的关系管理,家是一个基本概念。中国有着悠久的"家文化"传统,"家族主义"与"泛家族主义"的倾向是十分普遍的,渗透在社会生活的各个组织与单位中,正如爱森斯塔所说:"虽然现代化会削弱旧传统的某些层面,然而在社会变迁的过程中,旧传统的某些层面有时会被再度提出和强调,以解决文化断层的危机和建立新的集体认同。"中国台湾著名学者李亦园认为,中国文化是"家的文化"。杨国枢进一步认为:"家族不但成为中国人之社会生活、经济生活及文化生活的核心,甚至也成为政治生活的主导因素。"汪丁丁指出:"从那个最深厚的文化层次中流传下来,至今仍是中国人行为核心的,是'家'的概念。"

费孝通主张重视家庭的重要作用,认为"这个细胞有很强的生命力",农村中"真正有活力的就是家庭工业"。他还对"差序格局"作出论述,认为西方个人主义中的"个人是对团体而言的",是"先假定了团体的存在",而中国人伦理的中心是"推己及人"中的自己,差序格局的中心是自己,关系之所以能够等同于利益,正是因为所有关系都是自己的关系。

家族文化有血缘性、聚居性、等级性、礼俗性、自给性和封闭性等特点。世界范围内的华人企业规模之所以较小,其根源在于华人文化中缺少社会信任。中国文化传统强调"家"这一观念的同时,弱化了"家"与外界联系的纽带,信任度是随着家族关系而疏远并逐次递减的。社会成员间的关系比较陌生、淡漠,社会中介组织很不发达。基本上,企业创业者在区分自己人与外人时,通常会采用三个指标:关系、能力和信任度。

中国的文化属于农耕文化,其管理思想带有明显的伦理性。"家国同构"的文化模型使得家庭成为国家的缩影,国家成为家庭的放大,家国一体就成为古老中国的社会特质。美国学者贝克尔说过:"家庭是人类社会生活最基本的细胞,尽管千百年来,社会、经济文化环境已发生了巨大的变化,但家庭依然保留了对全部制度的最大影响。在包括现代市场经济在内的一切社会里,家庭对一半或一半以上的经济活动承担着责任。通过对家庭的分析,不仅可以窥见人类历史的许多方面,而且可以指导人们未来的行为。"在华人文化中,家与族的"公"都是表面的,实际上当他们着眼于"家","家"就成了"自我"的代名词,成了相对于"家"之外的"私"。于是,"中国传统社会里一个人为了自己可以牺牲家,为了家可以牺牲党,为了党可以牺牲国,为了国可以牺牲天下"。

家族性企业的特殊性不在于高层管理者中有家庭成员,而是在于,"它始终保持着小规模经营的特征,如家长制、注重个人作用、相信机遇、有灵活性等,即使已经发展到了很大的规模,仍是如此"。同时,虽然他们"有足够的时间去开发新的管理模型……只要他们愿意,很早就可学到现代的管理技术。但事实却是,他们保留了传统的管理模型,认为是一种很适当的正统"。

三、泛家族主义与华人企业组织行为

上述分析都涉及家文化与中国家族企业行为这个大问题。中国家文化之所以重要,是因为它不只是给家庭或家族提供了一套规则,而且把它泛化到社会经济生活的方方面面。任何家族以外的社群、机构,包括企业或国家都可被视为"家"的扩大。因此,泛家族主义是中国文化的一大突出特征。这一点,上述费孝通的见解已有论及。中西方"家"的概念中,家族规则与家族企业虽有一定的差异,但其共性特征十分突出,如亲情规则、内外有别、家长权威等。但把家族观念、家族制度、家族行为规则泛化至社会的各个层面,却是中西方文化截然不同的一个基本点,而华人企业组织行为的奥秘深蕴其中。

中国台湾著名学者杨国枢曾对泛家族主义进行了长期的极有意义的探讨,他对泛家族主义作了简明而准确的描述:在传统社会中,家族的生活经验与习惯常是中国人唯一的一套团体组织生活的经验与习惯,因而在参与家族以外的团体组织活动时,他们自然而然地将家族中的结构形态、关系模型及处事方式推广、概化或带入这些非家族性的团体组织。具体而言,中国人的泛家族化历程主要表现在三个层次:(1)将家族的结构形态与运作原则概化到家族以外的团体组织,亦即比照家族的结构形式来组织非家族团体,并依据家族的社会逻辑(如长幼有序)来运作。(2)将家族中的伦理关系或角色关系概化到家族以外的团体组织,亦即对非家族性团体内的成员予以家人化,对成员间的关系比照家族内的情形而加以人伦化。(3)将家族生活中所学得的处事为人的概念、态度及行为,概化到家族以外的团体组织,亦即在非家族性团体组织内,将家族生活的经验与行为不加修改或稍加修改概予采用。此后,杨国枢又进一步深化了他的研究,认为中国人是经由刺激类化的途径将家族的组织特征、人际特征及行为特征推广到家族以外的团体。

中国传统家文化与华人企业组织行为有哪些关系呢?在这方面,中国台湾学者的研究令人瞩目。他们认为,在探讨这一问题时,至少有三种不同的思考面向:(1)讨论儒家伦理与家族主义的关系;(2)探讨家族主义与组织行为的关系;(3)理清家族主义与经营绩效的关系。陈其南在比较中、日、美的经营体制之后,指称华人的企业组织采取的是"差序关系导向的纯营利经营方式",与日本的"身份关系与共同体理念的经营方式"、美国的"契约关系与市场规范的经营方式"大不相同。郑伯熏认为,企业管理者对员工的差序认知结构,实为影响华人组织行为的关键。根据关系、忠诚、才能三项归类标准,企业管理者会依差序程度,将员工分为八种类别原型。由于企业管理者与各类别原型之员工的互动有异、信任有别,导致华人企业内部产生复杂、多样而极具特色的组织行为。

四、华人家族企业的特征

家族企业在当今生活中是一个重要的经济成分。我们通过一些学者对海外华人家族企业的研究结论,可以审视国内的企业特征。

中国香港大学管理学院前院长高伟定在1990年于英国出版的《海外华人企业家的管理思想——文化背景与风格》一书中,将"华人家族企业"专列一章,认为"一个组织,尤其是在某种特定背景下成为主导类型的组织,可以看成是一定的文化产物"。他指出,决定华人家族企业组织结构和管理职能的思想因素的关键文化影响因素是"家长制""人情至上"和"防御"。汪道涵在为此书的中译本所作的"序"中指出:"根据本书的研究,海外华人企业的共同特征是:(1)规模小,组织结构相对简单;(2)通常集中于一种产品和一个市场;(3)依赖某一处于主宰地位的经理人员的集权化决策;(4)所有权、控制权和家庭三者密切重叠;(5)具有家长式的组织气氛;(6)通过人情关系网与外界环境相连;(7)通常对成本和财务效益方面的事物非常敏感;(8)通常与从事零件供应和营销等业务的企业有着密切但又非正常的联系,而这些企业在法律上又是独立的;(9)在开拓大规模市场和开创名牌产品方面的潜力还需要提高;(10)具有战略的高度适应性。"

雷丁指出,中国人十分重视"信任"这一观念,中国人的信任建立在个人承诺以及维护名誉和面子的基础上。"在其他国家需要通过合同、律师、担保、调研、广泛征求意见以及各种时间耽搁才能完成的各种交易,海外华人只要依靠电话、握手或清茶一杯即可完成。"当然,雷丁也谈到,这并不是说合法的手续完全免了。同时,雷丁也指出了另一面,华人之间的信任是有限的,是个人之间的信任,"主要特点似乎是对家庭的信任是绝对的,对朋友或熟人的信任只能达到建立相互依赖关系、双方都不失面子的程度"。对个人的忠诚否定了客观性和公正性,从而阻止了真正合乎理性和专业的严密管理制度的发展。"要推动华人家族企业实行西方所谓的'管理革命',即把权力移交给职业经理人并把控制权与所有权分离,明显地存在着很大的困难。"这种权力的不可分享是限制华人家族企业发展的重要因素。当然,雷丁也指出,华人家族企业也处在发展变化之中,部分家族企业不是一味地注重亲和关系,而是同时注重能力、表现。

福山分析了中国社会的致命缺陷。几千年来,儒家文化虽然一直在探讨人与人之间的关系,但中国社会依然是一个"低度信任社会"。在這套文化观念中,没有个人的价值和尊严,只有严格的等级秩序。由于没有彼岸的"信仰"和此岸的"契约",其结果便是表面上家庭成为社会纽带的核心,实际上信任从来也没有超出过家庭之外。福山认为,"在中国文化中,对外人的不信任通常阻碍了公司的制度化。华人企业的家族业主不让专业经理接管公司的经营,而是眼睁睁看着它四分五裂成几个新的公司或全面解体。"在这方面,中国早期的成功企业家盛宣怀的经历具有代表性。他没有对家族企业进行扩大再投资,而是用60%的财产设立了一个基金会,供他的儿子和孙子们享有,结果在他死后,财产在一代人的时间里就挥霍殆尽。所以,中国没有出现像洛克菲勒、福特、摩根这样延续百年至今依然充满活力的庞大企业。

五、关系网的作用

差序导向不仅是华人企业自身的组织特征,而且也是华人企业利用这种社会关系网络来配置资源和经营扩展业务的主要途径。汉密尔顿从宏观社会学角度比较了西方和中国历史之后,得出结论:经济的基本单位实际上是家庭企业的网络,这些网络根据不同的形势和需要调整自己的范围和基础。所以,华人家庭是一个灵活开放的单位,其范围可以扩大,也可以缩小。

雷丁认为,关系网是起决定作用的,是理解海外华人社会与经济生活所必须注意的,中国家族企业通过复杂的外界网络扩大交易与势力。在何梦笔和陈吉元主持的研究项目中,胡必亮通过对湖北、山西、陕西、广东、浙江五省乡镇企业发展的典型调查研究,发现"关系"规则对乡镇企业经济资源的组织表现出十分明确的积极作用,在市场规则、行政规则并存的环境中,"关系"规则的作用是相当大的。"关系"已经成为中国社会生活中一种普遍存在的"游戏规则"。何梦笔和胡必亮认为,家族制度只是中国特殊"关系"制度的一种表现形式,但他们未能进一步认识到其他各种关系往往是家族关系的泛化。张其仔将社会资本定义为社会网络,并考察私有(家族)企业通过亲缘关系网络来配置资源的效应。他们认为,不但一系列的重要经济资源通过社会网络的管道流向个人和经济单位之手,而且社会网络被"资本化",被不少人纳入一定的经济体系,以节约费用,提高效率。石秀印直接提出了"社会网络基础论"。他重点考察了企业家在社会网络中的位置与作用,认为社会关系媒介可分为血缘的、姻缘的、地缘的和事缘的。他的主要假设是:那些与资源拥有者具有更亲密的私人社会关系的人,更可能成为企业家。郑伯熏也指出,位于网络节点的各企业经营者实为经济发展的枢纽。这些学者的一个共同特点是忽视了网络关系对健全的市场经济规则形成的负面影响。

第二节 人 际 关 系

在我国古代,许多哲学家、思想家为了求得"人和",求得社会秩序的稳定,都十分重视对人际关系的探讨。我国在改革开放之前对人际关系的研究是非常缺乏的,而且由于社会体制的影响,对于人际关系的研究缺少开放性,缺少横向联系。到改革开放之初,封闭的旧体制被冲击,人际关系也急剧变化,其中出现了一些不良的、庸俗的人际关系现象,比如拉关系、走后门、搞关系网等庸俗实用的人际关系思想有了一定的市场,甚至成为一种时尚。而当时人们对人际关系的研究却没能跟上形势,一直处于滞后状态。近年来,社会学、社会心理学、管理学、组织行为学等侧重研究人际关系某一方面的学科在我国迅速发展起来,理论界开始重视人际关系的研究,尽管内容零碎,没有形成理论体系,但都为人际关系的研究做出了贡献。

一、中国人际关系的历史进程

人际关系是随着人类社会的产生而产生的,同时又是随着人类社会的发展而发展的,在人类社会发展的不同阶段,它具有不同的表现形态和基本特征。在原始社会,随着人类社会的形成自然产生了人际关系,这时的人际关系表现为一种血缘关系,氏族制度是原始社会最基本的制度,氏族就是由一个共同祖先传下来的血亲所组成的团体,共同的血缘关系是维系氏族的纽带,以血缘关系连接在一起的氏族成员一起生产、一起生活,结成共同的生产关系和生活关系。

奴隶社会的人际关系表现为一种依附关系,奴隶主不仅占有生产资料,还占有奴隶,奴隶对奴隶主的人身依附关系是奴隶社会人际关系的最基本形式,奴隶主对奴隶有生杀予夺之权。奴隶对奴隶主的依附关系还反映在奴隶与奴隶之间的关系上,奴隶与奴隶之间是什么样的关系往往取决于奴隶主的意志,奴隶没有条件挑选伙伴和朋友,也没权利选择配偶,这一切都由奴隶主来决定。

到了封建社会,人际关系表现为一种宗法关系,即按家族血统的远近来区分亲疏贵贱的等级关系,它是以宗法制度为基础的。宗法制度萌芽于原始社会的父系家长制,形成于奴隶社会,到封建社会日臻完善,它以家族为中心,以血缘划分和确定人的等级,是为家族世袭制度服务的。它与奴隶社会的依附关系相比给了农民一定的人身自由,减轻了人身依附程度,并且把家族关系和社会关系结合起来,对社会发展具有一定的推进作用,但它的宗法性、等级性对社会发展具有阻碍作用。

到了资本主义社会,人际关系表现为一种金钱关系,资产阶级在促使商品社会化的同时也促使社会商品化了,它把人与人之间的一切关系都变成了等价交换和金钱关系。资本主义这种金钱关系打破了等级森严的人际壁垒和封建藩篱,扩大了人们自由交往的范围,为人们提供了竞争的统一价值尺度,提供了改变自身与他人关系的可能,用后天的不合理、不平等代替了先天的不合理、不平等,这是一个进步。但是资本主义的金钱关系扩大了人与人之间的贫富差距,使人际关系庸俗化、虚伪化了。

到了社会主义社会,人际关系表现为平等关系。这种平等关系首先表现在经济上,社会主义社会消灭了生产资料占有关系上的不平等,消灭了剥削。其次表现在政治上,尽管社会分工不同,但人们在政治上都处于同等地位,中国法律明确规定,法律面前人人平等。

从上述人际关系的历史进程可以看出,社会发展程度越低,人际关系发展越落后;社会发展程度越高,人际关系越先进、越复杂。随着社会的不断发展,人际关系也不断向前发展,因此我们要以发展的眼光研究人际关系。社会发展和变化日新月异,纷繁复杂,一日千里。新技术革命的浪潮、经济体制和政治体制等全方位的改革深化,正迅猛地冲击社会生活的方方面面,影响着人们传统的、正在变化中的,以及业已发生变化的价值观念。在21世纪,传统的社会价值观正经受多方面的挑战和变革,落后的人际关系受到强烈的冲击,整个社会人际关系发生着深刻的变化。

目前,人际关系的发展主要呈现出如下趋势:(1) 社会性增强,自然性减弱;(2) 自主性增强,依赖性减弱;(3) 平等性增强,等级性减弱;(4) 开放性增强,封闭性减弱;(5) 合作性增强,分散性减弱;(6) 复杂性增强,单一性减弱。根据人际关系发展的历史、现状及趋势,研究者在进行人际关系的研究时要进行科学的分析判断,以适应社会形势的发展。

在商业世界里,人际关系(态度)被视为最好的生产力,因为生产力是所有组织活动的目标。当然,人际关系不是工作的替代品,它不能取代或伪装糟糕的业绩。管理者主要通过员工的工作结果来评定他们的价值。管理者总是期望员工圆满完成自己的那份工作。另外,如果员工对升迁有兴趣的话,会想做更多,而不只是自己的那份工作了。管理者不会长期重视一个态度很好但是生产力很低的员工。

二、国外关于人际关系的研究

"人际关系"一词最初是由美国人事管理协会提出来的。1913年,美国第一个协调人事关系的组织——全国企业学校协会成立。它提出自己的工作是解决企业员工的"人际关系"问题。1918年,美国全国人事会议在纽约召开,会上"人际关系"一词被正式采用,并见诸报刊。人际关系理论和实践经历了传统管理、人际关系论、行为科学三个阶段。

20世纪初以前是企业的传统管理阶段。传统管理没有摆脱小生产经营方式的影响,完全依靠个人的经验进行生产和管理,对工人和管理人员的培养只是靠师傅传授自己的经验,没有标准的操作规程和统一的管理方法与要求。

1933年,梅奥在霍桑实验的基础上提出了人际关系论,开创了人际关系管理的新阶段。人际关系论认为,人并非单纯追求金钱收入的"经济人",而是有理智、有感情、有复杂心理的"社会人"。影响生产效率提高的主要因素不是物质工作环境,而是员工的情绪和态度,也就是员工的"士气",而士气主要取决于社会环境,即他们的社会地位和各种需要是否被承认和满足,以及企业中的人际关系,管理者必须有处理人际关系的技能。企业管理中不应以"物"为中心,而应以人为中心,注重人性,人的价值和人在生产、管理中的作用,努力从社会因素和心理因素以及企业中的人际关系方面来激励员工的士气,提高生产效率。

其后,1953年,福特基金会召集一些学者开会,正式将研究人的行为规律的综合性学科命名为"行为科学"。行为科学的研究以统一个人欲望和组织目标为目的,以最大限度地尊重个人的理念为前提,强调管理中人的因素,其研究对象超越了人际关系,扩大到组织中一般的人类行为。以马斯洛的"需要层次理论"为代表的一系列现代行为科学理论,把人际关系的研究向前推进了一步。尤其是威廉·大内的Z理论,融合美、日两国管理理论和实践,提出既要依靠重视科学管理、创造严格规章制度的外在管理环境因素,又要依靠激励人的责任心、事业心并形成动力机制的内在因素,实现两者结合。行为科学的产生标志着人际关系研究又进入新的发展阶段。

(一) 关于人际关系模式的研究

美国社会心理学家李雷运用心理统计的方法从几千份人际关系的研究报告中归纳出八类人际关系行为模式:(1) 由一方发出的管理、指挥、指导、劝告、教育等行为,导致另一方的尊敬、服从等反应;(2) 由一方发出的帮助、支持、同情等行为,导致另一方的信任、接受等反应;(3) 由一方发出的同意、合作、友好等行为,导致另一方的协助、温和反应;(4) 由一方发出的尊敬、信任、赞扬、求援等行为,导致另一方的劝导、帮助等反应;(5) 由一方发出的害羞、礼貌、服从、屈服等行为,导致另一方的骄傲、控制等反应;(6) 由一方发出的反抗、怀疑等行为,导致另一方的敌对、反抗等反应;(7) 由一方发出的攻击、惩罚、不友好等行为,导致另一方的敌对、反抗等反应;(8) 由一方发出的激烈、拒绝、夸大、炫耀等行为,导致另一方的不信任、自卑等反应。这一研究强调人际关系双方的相互作用、相互制约,对人际关系的建立和维持有积极意义,但是这种描述是笼统的,缺乏对行为过程的研究。因此使人际关系行为模式停留在表面上,并忽视人在行为过程中动机和需要等因素的作用。

莱维特于 1951 年对正式群体中各个成员的沟通网络进行了实验研究,提出了四种有代表性的沟通网络模式,即圆形传递、轮式传递、链式传递、Y 式传递。戴维斯对非正式群体中的人际关系交往模式进行了研究,发现在非正式群体人际关系中存在四种交往模式:单线型、集中型、偶然型、流言型。

美国心理学家戴尔曾对口头交际、书面交际以及口头交际与书面交际结合起来的交际效果进行了考察。研究结果表明,口头交际与书面交际结合效果最好,口头交际效果次之,书面交际效果较差。他把产生这个结果的原因归结为信息传递过程中发生的误差。

(二) 关于人际关系结构的研究

美国心理学家纽科姆对人际关系的结构进行了系统的研究,结果发现人际结构存在以下特点:(1) 在群体中的人际关系不是一成不变的;(2) 在群体形成初期,富有外表吸引力的成员有优势;(3) 在群体稳定以后,以二人小群体的结合居多;(4) 随着时间的消逝,由于人与人之间日益了解,因此人际结构变化越来越复杂;(5) 群体内有少数孤立者,他们不参加其他结合群,一些结合群也不主动联系和容纳他们。

苏联心理学家什瓦列娃研究认为,在群体开始形成的最初阶段,人际选择是以直接的情绪色彩为特征的。在这种情况下,对伙伴的选择倾向在很大程度上取决于被选择人的外部特征,而很少根据深刻的内部个性特征。

罗特里斯伯格、狄克森、席尔斯、贾诺维兹、顾代克等人的一些研究都表明人际关系的结构、性质不同,其产生的行为也就有差异。这一结论促使后来修茨等学者提出人际特质理论。

(三) 关于人际关系测量的研究

从 20 世纪 30 年代以来,心理学家陆续创立了一些人际关系测量方法。美国心理学家莫雷诺创立了社会测量法用来测量群体成员间的人际关系。这种方法可以较快地揭示群体人际关系的状况,但无法揭示掩藏在情绪倾向性行为背后的行为动机。另外,这种测量的结果必须保密,否则会引起不必要的人际纠纷。

苏联心理学家彼得罗夫斯基在社会测量法的基础上创立了参照测量法。这种测量法可以测出群体中最能发挥作用和最有影响力的人物。其优点是掩藏了测量的真实目的,可以获得比较可靠的结果,缺点是如果人数很多,则费时太多。

美国心理学家贝尔斯创立了一种分析群体内人际关系的贝尔斯测量法。该方法除了可以测量小群体的特征和变迁外,还可以用来作为跨文化心理研究的工具,客观地测定不同文化背景下群体的差异,同时还可以用来预测小群体内人际关系建立的具体阶段及其特征。

其他还有雷诺奇创立的人际关系测试游戏,布加达斯创立的社会距离尺度法等。

三、人际关系研究的传统理论

根据上述研究成果,学者们提出了各种人际关系理论,为我们今天对人际关系的研究提供了理论基础。主要理论如下:

(一)人际交往理论

人际交往理论建立在对人际关系行为模式研究的基础上。这方面的理论主要有:

1. 象征性交往理论

该理论为美国学者米德首先提出,目前有三个不同趋向,以布卢默为代表的新芝加哥学派、以库恩为代表的衣阿华学派和以戈夫曼为代表的剧作艺术学派。象征性交往理论重视语言符号在交往中的作用,强调对他人行为倾向的预测、估计,要求人们按照自己在交往中所担任的角色来行事,并注重行为效果的反馈,认为客观现实是心理反应产生的源泉和内容,这些都是有积极意义的。但是它把人的行为仅仅归结为对符号的理解,过分夸大交际符号的作用,这是不足之处。

2. 场合交往论

场合交往论建立在康波和斯尼格等学者有关研究的基础上。该理论强调在交往中应重视情景场合,具体情况具体分析,这是有参考价值的。但是它把复杂的人际关系情景化、简单化,忽视了人作为"社会人"的一面,是其不足。

3. 自我呈现论

自我呈现论是在戈夫曼等人广泛研究基础上形成的观点,是关于人们运用多种策略控制和反馈自己外在印象的理论。斯奈德把自我呈现这一概念扩展为"自我监控"。该理论要求人们积极、主动地呈现自我,强调交往活动中人们之间相互作用、相互影响,对交往采取一种互助的态度,这是具有积极意义的。然而,这个理论认为交往仅仅是为了获得对方的报答,为了实现交往目的可以不择手段,这是不正确的。

4. 社会交换论

这是一组解释人际交往活动规律的理论,由霍曼斯在 1961 年正式提出。对该理论作出重要贡献的还有蒂博和凯利的理论以及亚当斯的理论。这一理论强调人与人的平等关系、交往中的平衡关系,重视交往中的物质利益,重视交往的效果,这些都是有益的。但这一理论忽视了人的社会性,把人们之间的复杂关系简单化了,用单一理论来解释复杂的现象,把人与人之间的关系看成是赤裸裸的交换关系,这是其缺陷。

5. T 小组理论

T 小组理论是心理学家勒温于 20 世纪 40 年代初提出的。该理论注意到了人际交往中人们的动机和目的,并强调对这些潜意识的东西加以训练,以提高其敏感性,这是可取的。然而,它忽视了在交往中对人们交往行为的考察研究,重意识而不重行为,这是其不足之处。

（二）人际特质理论

人际特质理论的代表人物之一是心理学家修茨。他根据人际反应特质把人际关系需求分成三种类型，即包容的需要、控制的需要和感情的需要；把人际关系取向分成两种类型，即主动型和被动型。然后，他把三种需求和两种取向结合起来划分出六种人际关系倾向。这个理论有助于人们预测人与人之间可能发生的交互作用。

（三）人际激励理论

20世纪二三十年代以来，心理学家、社会学家、管理学家从不同角度探讨了怎样激励人，调动人的积极性的问题，并形成了许多关于激励的理论。这些理论都是对人际关系理论的贡献。

1. 需要理论

需要理论着重研究激励的原因，以及起激励作用的因素等具体内容。其中，著名的是马斯洛的需要层次理论、爱尔德弗的 E.R.G 理论、麦克利兰的成就需要论和赫茨伯格的双因素理论等。

2. 归因理论

奥地利心理学家海德在1958年出版的《人际关系心理学》一书中首先提出了归因理论，其后一些学者在此基础上提出了一些新的理论，并成为研究的热点。1971年，维纳等人提出了成功和失败的归因类型。归因理论是关于知觉者推断他人与自己行为的一组理论，侧重于对人的活动的因果关系进行分析。

3. 期望理论

美国心理学家弗罗姆1964年在《工作与激励》一书中提出了期望理论。这一理论在人际关系上具有较大的应用价值。在人际关系中，人们只有自觉地评价自己努力的结果，预测别人的行为对自己的影响，对需要实现的目标作出主观估价，才能提高激励水平，主动与别人建立良好的人际关系。但是这个理论也存在明显的不足，它把人们的激励行为简单化了，过分夸大主观因素对人的影响，而忽视外界环境、物质奖励对人的作用；强调个体，而忽视群体、社会对个人的作用。

4. 公平理论

公平理论由美国心理学家亚当斯于1965年提出。这种理论旨在社会比较中探讨个人所做的贡献与他所得到的报酬之间如何平衡。亚当斯侧重于研究公平性对人际关系的影响。20世纪70年代，沃尔斯特和谢波德等人对公平理论进行了进一步的研究，他们认为个人会从对别人的伤害中体验到紧张，使人试图恢复交往关系的平衡。

（四）人际吸引理论

目前，有关人际吸引的理论主要如下：

1. 强化理论

拜恩和克洛拉认为,评价任何事物(包括交往对象)都是基于其所引起的肯定或否定、满意或不满意的情感评价,以及由此激发的对交往者喜欢或厌恶的程度,产生好感或厌恶的情绪,这是进行第二次交往的基础。该理论还认为,人际吸引的大小与奖罚有相应的关系。如果与交往对象的接触背后紧跟着奖励,就会引起对方的喜爱,产生愉悦的情绪体验,就会与对方形成良好的人际关系。如果与交往对象的接触背后紧跟着惩罚,则会产生对对方的厌恶与反感,减弱或失去与对方交往的热情。

2. 相互作用论

相互作用论着重探讨交往双方相互影响、相互制约的关系对人际吸引的影响。当两个个体在相互交往中经常感到情感上的满足和安定,感到心情愉快,并且非常乐意与对方交往时,他们之间就建立了良好的人际关系。但是,一旦交往的双方中任何一方对交往不满意时,这种关系就会受到损害,从而影响两人之间继续交往。

3. 得失理论

得失理论由美国心理学家阿伦森提出。他经过研究后认为,人们一般喜欢对自己的喜欢不断增加的人,而不喜欢对自己的喜欢不断减少的人。梅特在1973年认为这种得失的评价必须满足以下条件:一是得失的评价应该基于同样的人格特质或事物,明白地显示出批评者在基本态度上有了改变;二是态度的改变必须是逐渐的,而不是突然的,突然的改变容易引起疑心和困扰,从而影响人际吸引的增加。

4. 相等理论

该理论认为,人们希望在交往中自己的代价和报酬自始至终保持平衡,投入与支出相匹配。如果在交往中代价和报酬是相等的,或者得到的利润是正的,那么交往的另一方对他来说具有吸引力,人们就愿意继续交往下去。反之,对他而言,就会失去交往的欲望和动机,也就失去交往中的这种人际吸引力。该理论还认为,两个人之间关系的建立、维持和发展,要看当事人觉得这种关系的维持是否对双方都有益处。

四、人际关系的网络理论

由社会学衍生而来的网络理论可以作为关系管理的理论基础,当然两者如何结合,还需要进一步思考。

以往对人际关系的研究大多立足于个体和群体,而最近的研究则将其置于人际关系网络之中,其理论基础是20世纪60年代社会学中发展出来的网络分析方法以及人际关系网络理论。

网络分析方法是20世纪60年代以来一代社会学大师哈里森·怀特及其弟子波曼和伯瑞格等人根据数学的图形理论演化而来的一套分析方法。其应用层面很广,早期的研究领域有新产品的传播、传染病的扩散、社会支持、情感支持、婚姻配对以及劳动力市场中寻找职位的过程等,后来的研究领域则增加了很多经济现象,如消费行为、网络式组织、经济制度、组织行为等。80年代以后,网络研究由经济社会学进入管理学领域。又由于信息技术的发展,不但组织内以内部网络代替科层制,组织外也合纵连横结成企业网络。这一网络化组织的发展趋势使网络研究又和策略规划、组织理论、组织行为、行销策略、人力资源管理等结下了不解之缘,成为现今管理学的重要理论基础。

人际关系网络理论在社会学中已有相当长的发展历史,它把行动者(个人或组织)的社会情境因素建构在个体行为的解释模型之中,并视社会情境为一个行动者之间的互动网络。这一理论学派中最重要的理论分别是马克·格拉诺维特的弱连接优势理论,博特的结构洞理论,以及波兰尼的嵌入理论。

弱连接优势理论主要讨论求职者如何取得就业信息,格拉诺维特发现拥有较多人际关系弱连接的人信息比较灵通,求职的效果较好。以后,弱连接就与信息流通问题经常相提并论。结构洞理论引申自弱连接优势理论,博特发现信息灵通的人较易发现商业机会。所以,如何在社会结构之中建构关系网,并使自己成为信息管道,是商业竞争中积累社会资源的良方。嵌入理论强调人在关系网络中的互动过程是经济行动的社会基础。格拉诺维特基于嵌入理论研究组织理论,指出人际互动中所产生的信任是组织间经济交易的必要因素,也是交易成本的决定性因素之一,从而影响一个组织要如何执行一笔交易。

五、面子与人际交往

面子,在以人伦关系为核心的传统文化中,是很平常的,它是中国人调节社会交际最细腻的标准。19世纪末叶,美国传教士亚瑟·亨·史密斯根据他在中国生活22年的切身感受,写成了一本书即《中国人的性格》,被译成多种文字,成为当时西方人了解中国人必读的参考书。书中指出,中国人重面子的观念源自他们对戏剧的喜爱,人们甚至把生活当成演戏,所以面子行为其实就是"做戏"的行为。在这种观念影响之下,中国人的社会交往经常出现"只重形式、不重实质",讲究"表面工夫"的现象。

"面"在生理学上本来就指脸,如用于"面貌"和"面目"之类的组合词中。它的象征性意义则包括:(1)社交上的"方面",例如,八面玲珑指不论在任何情况下都能和不同的人圆滑相处。(2)面对面的场合,例如,会面或当面商量。(3)"体面",也就是好看,此时美的概念和社会赞许合而为一,外表好看的人可说是很"体面",但行动慷慨大方亦可视为表现得很"体面"。

社会等级观念与特权是面子问题产生的直接要求。中国传统文化中一组重要的观念是社会等级观念与等级内平等的观念。儒家思想中等级内平等的观念是很明显的,但另一方面却将全民平等的观念排除了,这种等级理论给某些等级带来了特权。为了维护本等级的特权,社会等级观念与等级内平等的观念导致某些社会行为规范发挥了很大作用,其中一些规范与道德、面子等有关,难以清晰表述。有特权,就有不平等,而不平等中最根本的是经济不平等。享有特权的等级与不享有特权的等级各自内部及相互之间产生的复杂关系中,面子问题最令人难以捉摸,同时具有很强的影响力。

佛教、道教固化了传统文化和面子问题。产生于春秋时期的道家思想,注重从自然和原始的角度思考人生,经过几个世纪的演变,逐步形成以其思想精髓为核心的道教。在南北朝和隋唐时期传入并流行的佛教,强调人心灵上的彻悟。与强调人与社会关系的佛家思想和强调人与自然关系的西方文化不同,佛教、道教强调自身的修养和感悟,而这又与儒家思想中的节制、谦让相近。在宋代,儒、释(即佛教)、道合流,理学逐渐形成。也可以说,佛教和道教改造了原先的儒家思想。人的价值内化于心性,讲究个人修养、品行,这些心性的外在表现,是个人社会生活中的支柱,形成了人的"面子"。这也是中国文化中面子问题形成的原因之一。

灵活的人际交往技术,往往与面子相关。(1)"顾面子"。自我要提高声誉,必须考虑面子问题。因此,士绅之家会为家长的生日摆下盛大的寿宴,同时演戏数日,供地方人士欣赏。社会的赞赏便增加他的面子。同时,自己有时也要顾虑他人的面子。(2)"争面子"。两个人争面子的方式包括炫耀财富,以及在任何可能获得公众有利评价的事项上超越对方。(3)"给面子",即甲的行动在其他人面前增加了乙的声望。给面子有许多方法,如甲在大众面前赞美乙,强调乙的头衔或才能,对乙的建议表示尊重等。(4)"留面子"。揭发某人的错误,甚至张扬其令人无法赞同的行为以引起公众非议,这样做即使不会构成全然的"丢脸",也会让对方觉得面子上不好看。(5)"看我的面子"。人们通常用这类说法来劝解打架或争吵的两方,或者帮别人处理难办的事情。

下文从"顾面子"适当展开,介绍面子在人际交往、企业管理中的应用。

从社会心理学的角度来看,所谓"面子"是指"个人在社会上有所成就而获得的社会地位或声望"。因此,在中国社会关系网络中,由于面子不仅牵涉个人在其关系网络中地位的高低,而且涉及他被别人接受的可能性,以及他可能享受到的特殊权力,因此,"顾面子"便成为一件和个人自尊,甚至是个人利益密切关联的重要事情。那么,中国人的"顾面子"对组织管理到底有何影响呢?

在中国,不论是上对下还是下对上的关系方面,一个善于"做人"的人,通常都是善于顾及他人面子的人,他会为了在公开场合不驳别人的面子,明明不同意却不提出反对的意见和建议,甚至会为了给别人增加面子,而表示赞同这个方案。因此,绝大多数议案在"面子"的干扰下,往往没有经过充分的讨论,甚至是应有的争论,就轻松通过了。同时,中国组织没有法治习惯,因此,轻松通过的方案被轻松地"不执行"也不会有什么问题。如此"相互照顾面子",组织怎么可能谈得上执行力呢。相反,在西方国家,任何议案通过之前都要经过公开的听证、激烈的争论,在"公事"面前,面子不是重要的,但一旦议案通过后,都会遵守并执行。

儒家文化主张个人和其他人交往时,应当从"亲疏"和"尊卑"两个社会认知向度来衡量彼此之间的角色关系——前者是指彼此关系的亲疏远近,后者是指双方地位的尊卑上下。某人在考虑要不要给别人面子的时候,主要就是在考察彼此之间的"关系"。其实,"好面子"本身未必是坏事,"好面子"与进取心可能就是一墙之隔。如果能够把"好面子"转变为进取、变革的动力,那么,这就是最内在、最深刻的动力。无数的创新、成功、进步都是源自"不服气、不认输"等浅显却本能的动力,某种意义上,正是"好面子"背后的内在动力,推动着人类的进步、国家的富强、组织的发展。

尊重他人与"顾面子"完全是两回事。"面子文化"对"实事求是"是一个巨大的挑战,为了照顾领导、他人的面子,我们往往不"实事求是",这无疑是对"组织执行力"的又一考验。中国人如果不把"好面子"转变为发展的内在动力、外在张力,那么中国组织的执行力是不可能提升的,甚至中国要想发展、腾飞也是几乎不可能的。要想提升组织的执行力,必须破除"面子文化",实现"实事求是"的文化。

要想破除"面子文化",企业领导层责任重大,因为他们掌握着组织里最重要的资源,所以也就掌握着组织里最大的"面子"。只有组织的领导层自己讲真话,要求讲真话,自己干实事,要求干实事,把不讲真话、开会不说会后不干的人统统"请出去",这样组织的"面子文化"才能被破除。

由此可见,如何将"顾面子"转化为"上进心",倡导企业内部良性竞争就成为组织文化营造中的一个突出环节。中国人的"面子"观念已根深蒂固,这是2000年的文化沉淀,非任何人可以改变,可以预见的是,这种"面子"特色的社会观还将继续无限延续下去。那么作为一个企业管理者而言,需要做的是什么呢?是赤裸裸地将员工的"面子"剥落,倡导西方式的"言论自由"和"契约精神"吗?答案显然是否定的。管理者所需要做的,是从员工心理出发,在适度的范围内,引导员工积极向上,利用员工的"好面子"特性,促使他们奋发,为企业创利。

第三节　领导班子建设

关于领导班子的关系管理,在西方领导学流派中,专门有合作领导等流派来探讨,组织行为学、人力资源管理领域也有相当多的文献予以研究。以前,我们可能觉得这类话题太敏感,研究得不多。在现实管理工作中,领导之间的关系比其他关系更重要,如果领导之间关系不融洽,一个机构运转起来就有许多麻烦。

一、领导班子的结构

研究表明,现代领导团队,不仅需要领导者个体优秀,而且更需要集体采取最佳结构组合。对领导班子合理结构的研究可以包括许多内容,其中较为重要的是个性结构、智能结构、专业结构与年龄结构的问题,下面分别加以讨论。

(一) 个性结构

人的个性有着丰富的内涵,主要有气质、性格、能力、需要、兴趣、理想、价值观和信念。个性的相近和差异可以表现在不同的方面,这样人与人之间就可能在有些方面是一致的,而在另外一些方面是不同的,如志趣相投但性格相悖等。组建或调整领导班子时,就要考虑班子成员合理的个性结构搭配,一方面在理想、价值观和信念方面力求一致,这样才能形成共同愿景,才能同心同德干事业;另一方面在气质、性格和能力方面力求互补,这样可以取得平衡,扬长避短。

然而,现实中受很多因素的制约,有时并不能做到上述两个方面的合理个性结构搭配,这就需要领导集体内部做到心理认同与心理相容。心理认同是一种心理上的默契配合,其中最主要的是奋斗目标上的认同和相处情感上的认同。从大的方面来看,领导班子应该在政治上同党中央保持一致;在思想上彼此交心,肝胆相照;在工作上互相通气,步调一致。从小的方面来看,领导个性不同,比如有的热情活泼,有的沉着冷静,有的脾气急躁。作为一个战斗集体,要求各种个性、气质的领导者互相认同,既发挥自己的长处,又包容别人的相异之处。心理相容的领导班子内部能够彼此谅解,形成融洽的人际关系,在讨论问题和处理事情上就容易做到求大同、存小异。这样互相补充、互相促进,就能协调动作,团结一致,为完成共同的目标而奋斗。

(二)智能结构

智能是智力与能力的总称,智力一般指观察力、注意力、记忆力、思维能力和想象力,能力一般指语言表达能力、实际操作能力、组织协调能力、人际交往能力等。智能结构的合理化能使领导班子顺利驾驭各种复杂局面,发挥出最佳的智能效应。

由于领导班子要应付各方面的变化,所以必须具备各方面的功能。这也决定了组成人员的智能结构必须是多样化而又能够相容为一体的。据美国通用电气公司、杜邦财团等调查,以董事长为首的领导班子主要由以下四种人构成:善于思想的人——从事战略发展构想工作;善于活动的人——从事各种难题的调解工作;善于出头露面的人——从事打头阵的工作;善于分析的人——从事综合分析的工作。正像一个出色的交响乐队,需要各种乐器的和谐演奏才能演奏出动人心弦的艺术杰作,如果全部由打击乐器演奏或全部由弦乐器弹拉,是难以达到上述艺术效果的。因此,在一个优化的领导班子内,既要有具备高超创造能力的思想家,又要有具备高度组织能力的组织家,还要有具备实干精神的实干家和善于交往的社会活动家等。

(三)专业结构

随着现代科技的高速发展与市场的日趋复杂,对企业领导提出了越来越严格和越来越复杂的要求,其中就包括专业知识和专业业务能力的要求。一个领导者的知识越渊博,阅历越丰富,其分析问题和解决问题的能力就越强,其应变能力和决策能力也越强。但是,个人的博学和阅历总是有限的,每个领导者都有专精之处,也总有浅薄之处。因此,领导班子必须把具有不同知识素养的人才组合起来,才能胜任领导工作和完成领导任务。

国内近些年来的工作实践也证实了优化领导班子专业结构的必要性。无论是搞改革建设,还是进行科研攻关,都需要有具备各种专业业务能力的人才,其中就包括精明的行政管理人才、懂行的科研把关人才、负责的思想政治工作者、勤恳的主管后勤人才、热情的宣传联络人才等。这是一种立体的人才结构,也是领导班子内一种多层次的专业结构,这样就能使领导班子知识配套、能力互补,从而更能适应领导现代企业的复杂要求。

（四）年龄结构

不同年龄的人有不同的智力和不同的经验,因此,领导班子的年龄结构是十分重要的。一般说来,领导班子优化的年龄结构应该是老、中、青三结合,既有"老马识途"的老年顾问——他们丰富的阅历和政治经验是领导集团的宝贵财富;又有"中流砥柱"的中年骨干——他们在各方面都比较成熟,往往是领导集团的中坚力量;也有"奋发有为"的青年梯队——他们精力旺盛,勇于进取,富有创新开拓能力。建立起多层次年龄互补结构的领导班子,有利于不同年龄层次的领导者发挥其长处,避免其短处,使整个领导班子在知识、经验、技能、体力、反应速度等方面的综合效能始终处于最佳状态,发挥出最佳的领导功能。

从领导班子更新换届的角度看,老、中、青三结合的领导结构有利于正确的路线、方针、政策贯彻的连续性,能在很大程度上避免"一届领导,一班人马,一套做法"。领导班子应是老、中、青三结合,但总的趋向应是年轻化。因为新知识、新技术日新月异、不断涌现,中青年在吸收新知识、创新精神方面有优势。

二、领导班子的搭配

领导班子是一个群体或团队中处于领导地位的特殊小团体,这个团体能力的大小、发挥作用的强弱,直接影响到整个团队的绩效。远到古代将相,近到现代企业领导,大到党政领导,小到车间班组长,领导班子都是一个集体的核心,担负着至关重要的统筹、领导、指引、决策等职能。因此一个领导班子结构的搭配起着举足轻重的作用。

古代汉高祖刘邦夺取天下后,与群臣谈及汉兴楚亡的原因时赞"三杰":"夫运筹帷幄之中,决胜千里之外,吾不如子房;镇国家,抚百姓,给馈饷,不绝粮道,吾不如萧何;连百万之军,战必胜,攻必取,吾不如韩信。此三者,皆人杰也,吾能用之,此吾所以取天下也。"的确,这一席话不仅表明刘邦深知人才决定事业成败、天下兴亡这一真谛,还包含另一个重要的思想,即一个领导团队只有人才结构合理,才能形成较强的战斗力。

优化领导班子结构涉及领导班子的功能、职能和效能等一些基本概念,必须准确把握这些基本概念的含义和它们之间的相互关系。(1)领导班子的功能。它是领导班子本身所固有的社会属性,一般可以分为权力功能、责任功能和服务功能三种。权力功能,即领导班子要对社会实施控制、引导和监督,必须赋予相应的职权;责任功能,即行使权力的同时也承担相应的责任;服务功能,这不仅是领导班子的社会属性所固有的,而且是由我们党立党为公、执政为民的本质所决定的。(2) 领导班子的职能。它是指领导班子在领导活动中应该具备和发挥的作用,是领导功能在领导活动中的具体体现。一般而言,领导班子的职能包括决策职能、组织职能和管理职能。决策职能包括调查研究、科学预测、战略规划、制定政策等内容;组织职能,包括调配人力、物力和财力,组织协调已定政策和目标任务的落实;管理职能,包括协调、控制、检查、监督等工作。(3) 领导班子的效能。它是领导班子体现功能属性、发挥职能作用的效率和效益的综合反映,包括用人效能、决策效能、时间效能等许多方面。一个领导班子的效能是通过运用集体的智慧和力量,作用于所辖工作的方方面面而产生的群体性的综合效果,是构成领导权威的最积极、最活跃的因素。领导班子的功能、职能和效能是领导班子结构中三个密切联系的概念。其中,功能是领导班子结构中最抽象的属性,职能是功能的具体体现,效能则是功能和职能发挥效果的综合反映。

三、领导班子结构分类及存在的问题

(一) 领导班子的结构分类

目前,领导班子结构主要有以下两种形式:单核心领导班子和互补型领导班子。

1. 单核心领导班子

在领导班子中,由某个领导成员作为核心领导,借他的品德、能力、威信去团结和影响其他领导成员,彼此建立和谐、协调的人际关系和工作关系。这种结构模式往往具有一个明显的"强核",将各个领导成员牢牢地凝聚在自己周围,行使职能,发挥效力,而且需要制定并实施一套完善的管理制度作为保障。由于这个"强核"所起到的凝聚作用,以及一整套管理制度的制衡作用,使整个领导班子形成有力的拳头,是一种理想的稳定结构。这种模式在现实生活中多用于企业领导班子。

2. 互补型领导班子

在领导班子中,由于个体存在差异,可通过个体间取长补短形成具有整体优势的领导班子结构。这种结构以发挥每个人的优势为前提,有机地将领导班子融合在一起,是具有战斗力的领导班子结构。这种结构与单核心领导班子相比,它的稳定性不是建立在某个"强核"的超群才干和威望之上,而是建立在班子成员间的相互协调、相互平衡、相互制约、相互依赖之上。如果发生分歧,也要冷静地小心从事,严格按照组织原则和管理程序办事。这种领导班子建立在团结基础上,互相扶持,是优化领导班子的目标。

(二) 领导班子存在的问题

1. 区域性的"近亲繁殖"现象

目前,"论资排辈""平衡照顾"的观念仍然存在,表现为囿于感情或其他因素干扰,在接纳外来干部问题上顾虑重重。同时,由于物质利益因素的影响,干部派不进、调不出的现象在一些地方依然存在。因此导致领导班子多由成长环境、工作经历相同或相

近的领导干部个体组成。

2. 现实中重学历、轻需求的倾向

优化领导班子知识、专业结构，提高干部队伍素质是组织工作的一项重要任务。但是，一些地区和部门往往强调领导班子个体成员学历和文凭的提升，忽视了领导班子的整体功能和地区发展的实际需求，没有充分考虑每个班子成员的知识、专业结构在领导班子整体结构中的地位和作用，带来了一系列的问题。

3. 封闭的管理体制

在全面建设小康社会的新阶段，人才作为最重要的资源，需要进行有效的整合，需要全社会共享。当前，开放型、多元化的人才需求趋势与现行的干部管理体制之间的矛盾和冲突，体现在干部队伍建设上。由于地方和部门之间条块分割，并困于干部身份、级别、地域、待遇等诸多限制，干部难以实现流动，局限了选人、用人视野。

4. 战略性人才储备机制尚未健全

加强后备人才队伍建设是优化领导班子结构的战略性举措。近年来，各级领导班子对后备干部队伍建设十分重视，采取了许多有效措施，但是，从备用结合的实际看，还不同程度地存在脱节和某些不适应的现象。

四、优化领导班子结构

要解决以上难题，就要建立结构科学化的领导班子，从改善观念入手，真正从思想上突破思维定式，走出禁锢，打开一片新的领域。

1. 在观念上，变"只重视个人素质"为"既重视个人素质，又重视群体结构"

近年来，我们常常可以看到这样的情况，一个新组建的领导班子，从其领导成员个体素质上看，都是不错的，但工作起来却不协调，班子成员结构不合理，结果出现了"1+1＜2"的局面。这是因为许多单位配备干部、组建领导班子时只注重领导者个人的思想、能力、品德和作风，很少从结构上去考虑，脱离领导群体，忽视了群体结构和效能。事实证明，仅优化个体成员，这样的班子是不会有出色的表现的。只有既重视个人素质，又用心研究如何科学组合，合理搭配，才会组建一个高效能的班子。

2. 在组建程序上，要先设计好结构再考虑具体人选

要先从总体需求上考虑问题。组建伊始，首先确定这个领导班子的职能是什么，然后根据职能设计班子的结构，从年龄、知识、专业、智能、气质等各方面，考虑需要什么类型的干部，比例各占多少，怎样搭配更合理，对主要领导和一般成员分别提出不同的具体的标准和要求。结构设计好以后，再按这个要求选择领导成员。这样，不仅能做到个体优化，整体优化，而且能够把"因人设事"转变为"因事设人"，大有益处。

3. 在思维方式上，要多方面考虑，统筹兼顾

过去调整领导班子时，缺乏系统的观点，不注重年龄结构、智能结构、专业结构等结构间的内在联系，不注重子结构和总结构之间的联系，往往孤立、片面地强调某一个

方面,忽视其他方面。比如,上级强调年轻化,就抓年龄上的调整,别的就不再考虑;过了一段时间,上级又考虑专业化,就又单纯抓专业结构上的调整。这样的领导班子,结构必然是畸形的、不完备的。领导班子是各方面结构构成的有机统一体,必须统筹兼顾,全面安排,既要从个人侧面去考虑,更要从总体上去把握。比如,年龄结构搞得好,可以促进其他结构的改善,随着班子老化问题的解决,文化和专业水平也相应得到了提高。但是,如果思想上有片面性,以为年轻化就是青年化,班子里年轻人越多越好,平均年龄越低越好,那么不仅年龄结构不合理,也破坏了整个领导班子结构的完整性和科学性。

4. 在构成上,由一种模式转变为多种模式

事物是有差别的,所以做事情也要有区别,没有区别就没有政策。领导班子是分类型、分层次、分行业的,其职能各有不同。如政治领导、行政领导、业务领导、学术领导职能各有侧重;地区与地区、城市与农村、部队与地方领导班子职能也各有侧重。所以,一定要按照不同类型的班子所负担的不同职能,设计不同的结构,而不能搞简单化,一刀切。也就是说,不能拿着一个模式到处套,搞一个面孔、一个结构。要树立模式化的观念,从实际出发,根据不同类型的领导班子构建不同特点的科学结构。

5. 在调整办法上,由消极被动变为积极主动地自我调节

过去,领导班子的调整往往是被动的、不自觉的。上面布置要求时,郑重其事地动一番"手术",而平时很少考虑其结构是否合理。从系统论的观点看,领导班子是一个动态的开放系统,应当在动态中实现平衡;从结构理论的角度看,领导班子是一个"耗散结构"(活结构),需要不断同外界交换能量,才能保持其稳定性和有序状态。随着领导班子职能的改变,成员年龄的变化,其结构也在变化之中,不能一劳永逸。所以,发现领导班子的哪一方面结构不适应的时候,应及时更新,使业务、职能和气质上协调。一个好的领导班子,应当有这种自我调节的功能。

五、正职领导者的协调艺术

在实际工作中,领导者们的性格各异,素质不一,存在矛盾是不可避免的。这就要求正职领导者要有疏导和协调的能力,要善于做矛盾双方的思想工作,化解矛盾,统一意志,从而增强领导集体的凝聚力。

(一)正职领导者之间的协调艺术

在组织协调的过程中,各部门和各层次领导者之间需要相互协调。这也就是所谓的横向协调,即同级领导者之间的协调。

例如,一位部门经理发现一部传真机坏了,他来找管理部的小李维修。如果小李去了,管理部经理会觉得小李不听从直接上级的指挥,还会觉得部门经理不给他面子,这时部门经理该怎么办?如果小李不去,说只有直接经理让他去,他才能离岗,不然绩效考评完不成,这时部门经理又该怎么办?此时,部门经理很可能觉得管理部的人在

跟他作对，就到总裁那里去告管理部经理的状，这样就无端地引发了这位部门经理和管理部经理之间的矛盾。

由上面的例子我们知道，一个整体不可能只有一个部门或一位管理者，整体的有效运行决定各个部门之间既会有分工也会有合作，这就引发了各个部门之间的协调问题。而部门之间的协调首先就是领导者之间的协调，他们之间的协调程度直接影响部门之间的分工与协作。

针对横向协调的特殊性，有必要在各个部门之间形成一个良性运作的相互协调的横向渠道或水平渠道，这种协调主要针对各个部门的主要领导者。

横向协调的最大问题在于，领导者之间为了各自部门的利益和自己本身职位的升迁，既是合作者又是竞争者。但是从整体的角度出发，大家在为一个共同的目标和利益做事，因此在发生冲突时，应从大局出发，多站在对方的立场上想一想，这就是横向协调的主要途径——端正心态，多换位思考。当然，也可以采用私底下建立一种朋友关系的方法，例如，一起去参加娱乐活动，甚至主动为两部门制造增加横向协调的机会。值得说明的是，目前许多公司都为横向协调制定了专门的规章制度，很有参考借鉴的价值。

(二) 协调与副职关系的方法与艺术

副职是正职的助手，是协助正职考虑全盘工作，同时又负责某一方面或几个方面具体工作的领导者之一。由于副职处于重要、特殊而又复杂的地位——既受制于人，又制人；既被动，又主动；既是执行者，又是领导者，因此，正职必须主动与副职协调好，协调的方法与艺术可概括为七个方面：

(1) 放权

正职要分给副职两个方面的权力：一是协助正职考虑全面工作的权力；二是主管工作方面的权力。这样才能真正使副职有职、有责、有权。如果正职把权力都揽在自己手里，紧紧握住不放，什么都自己说了算，那么副职就没有积极性。最后，正职也会成为孤家寡人，什么事情都办不好。

(2) 放手

放权是放手的一种表现，但不等于放手。放手就是让副职自己独立思考、独立工作、独立解决矛盾。

(3) 放心

放手是放心的一种表现，但不完全等于放心。例如，有的正职对副职总是放心不下，当副手真的认真并大胆工作、敢作敢为时，他却怕副职捅娄子，惹是非，于是想方设法泼冷水，干预一番，这样会使副职左右为难，进亦忧，退亦忧。

正职不要事无巨细，样样不撒手，不要把一些无足轻重的事情看得太重要，不要怕副职失败，只有对副职放心，才能真正放手、放权。

(4) 支持

放权、放手、放心是对副职的支持,但不能代替正职在具体工作中对副职的支持。在具体工作中,副职有困难要帮;副职遇有紧急情况和重大问题来不及请示报告要谅解;若有人告副职的状,不要听风就是雨,要为副职撑腰;对副职决定的问题、处理的事情,只要无关原则,不要轻易否定,需要副职改正的也要通过引导,让其发自内心作出决定。正职要明白,副职在对他负责,在为他行使权力,正职应维护副职的威信,树立副职的权威。这就要求正职有宽广的胸怀和成人之美的品格。

(5) 依靠

副职是正职的左膀右臂,亲密战友。正职往往依靠副职出主意、想办法、出成果、出经验,从而克服困难,共渡难关。有的正职不善于使用副职,孤军奋战;有的冷落副职,到别处去寻求帮手,这是不正常的,是不知心的表现。因此,正副职之间要推心置腹,心心相印,情同手足,这样才依得住、靠得紧。

(6) 揽过

任何人工作中都会有失误。正职要为副职创造宽松和谐的空间,允许副职出错,为其担担子,承担责任,一起总结失败的经验和教训,不能有了成绩是自己的,出了错就把责任推给副职。从情感的角度讲,人有了过失时,一般会表现为失意、消沉、内疚等。这时,对他们不能责备、训斥、抱怨,更不能嘲讽、挖苦,而应关心、理解、安慰他们。正职要帮助副职巧妙地把挫折转化为一个新的起点,从而获得新的成功。揽过不仅给副职以信心和宽慰,还可以让群众看出正副职之间的紧密团结,并防止别有用心的人寻找"缝隙"。

(7) 平衡

正职要注意平衡,协调好副职与副职之间的关系。一般的单位副职较多,各管一面,各有特点。他们的工作相互作用,共为一体。这里说的平衡,就是正职对副职要一视同仁,不要亲此疏彼,要及时解决他们之间的矛盾,协调好他们之间的相互关系。

(三) 协调与上级关系的方法和艺术

要处理和协调好与上级的关系,就应坚持原则,并服从领导,做到以大局为重,兼顾本单位的利益,这是最基本的原则。为此,正职要做到以下两点:

第一,必须正确认识自己的角色地位,努力做到出力而不越位,即不该决断的不擅自决断,不该表态的不胡乱表态,不该干的工作不执意去干,不该答复的问题不随便答复,不该突出的场合不能"抢镜头"等。

第二,适当调整期望,节制欲望,学会有限度的节制。但这并不是说完全听从上级的命令,关键是要看上级的决策是否正确、合理,如果有不当或严重错误之处,也要学会合理斗争,坚持原则。实现这一点的前提条件是,要加强与上级的信息沟通,尽可能多地了解事情的真相,以免判断失误。

(四) 协调与下级关系的方法和艺术

下级是领导者行使权力的主要对象。因此,公正、民主、平等地处理与下级的关系,对搞好领导工作具有重要的意义。为了实现这一要求,正职必须注意,运用对下级的平衡艺术、引力艺术和弹性控制艺术。

(1) 平衡艺术。即在公正、平等的基础上建立与下级的和谐平衡关系,实现心理的可接受性和利益的相容性,达到行为的一致性。

(2) 引力艺术。即正职应缩小与下级的距离,使之紧密团结在自己周围。简单来说,正职应具有一定的吸引力,使上下级之间在目标、情感、心理、态度、利益等方面一致,这样的正职才有威望。

(3) 弹性控制艺术。即上级通过具有一定弹性空间或弹性范围的标准检查,控制下级的行为。实现弹性控制既能使下级具有充分的自由,又能一定程度上约束下级。所以,它是上级行使权力的一门重要艺术。

第四节　上下左右关系管理

组织内部的关系管理可分为与上级、同级、下级的关系管理,即通常所说的"上下左右",处理好这三个层面之间和三个层面内部的人际关系对提高组织和个人的工作效率至关重要。

一、上级关系管理

任何一个上级都不同程度地影响着下级的发展前途,如何建立和谐的上下级人际关系,如何做一个受上级认同的下级,进而铺设平坦的职业发展通道,是每一位职业人士必修的重要课程。

在上下级互动关系中,下级拥有建议权,而上级保有最终的决断权。在这样的权力分配状况下,一个建议能否让上级接受,不仅取决于建议内容本身的合理性,还取决于下级提出建议的方式。因此,下级需要掌握一定的技巧,才能够使建议有效地被上级采纳,从而促进组织健康发展。

(一) 公开场合提意见要注意给上级留面子

中国人在处理人际关系时最讲究"面子"。上级的面子受损,会使他感到下级对他怀有敌意,感到自己的权威受到威胁。上级十分注意自己在公开场合的权威,这绝不仅仅是中国传统的"面子"文化在作祟,更是领导从行使权力的角度出发,维护自己权威的需要。这种需要因受到公开的检验而变得更加强烈甚至不可或缺。如果下级的意见使上级感到难堪,即使是出于善意或"对事不对人",其结果也是一样的——使上级的威信受到损害,自尊受到伤害。

所以,下级在公开场合给上级提意见时,一定要注意分寸,讲究方式、方法。首先应表明自己是善意的,是出于帮助上级做好工作。这样,上级才会愿意理智地分析下级的看法。其次,还要表明对上级的尊重,提意见并不是指责上级,相反,是为上级的工作着想。如果只注重提意见的初衷和合理性,而不去考虑它的实际效果,这样的劝谏并不能带来积极的效应。

(二)以请教的方式提建议更易让人接受

提建议的时候,要时刻注意上级的心理感受,应首先获得上级的心理认同。许多经验表明,以请教的方式提出建议更易被接受。因为请教即表明放低姿态,尊重领导的权威,承认领导的优越性。这表明,下级在提出意见之前,已经仔细研究了上级的方案和计划,是以认真、科学的态度来对待上级的思想的。因而,下级的建议很可能是对上级观点的有益补充。这种感受无疑会使上级感到情绪放松,从而降低对建议的某种敌意。

(三)如何对待与领导之间的误解

当上级对下级产生误会时,下级应主动沟通、坦诚交流,有时佯装不知,以行动释疑也是必要的。当自己对上级产生误会时,最好去向上级道歉,并用友好的行为加以证明。

(1)上级误解下级。这种情况有上级主观上的原因,更有客观上沟通的不足。如果上级事务繁重,疏于与下级沟通,而是通过人事档案、他人汇报、一时的印象对下级进行了解,就容易受他人意见、本人直觉、主观判断的影响,从而对下级产生认知误差。这时,应采取以下两种方法:(1)主动沟通,积极接触。下级应找准机会,主动向上级展示真实个性和真正意图,使上级对下级有一个较为全面的了解。在必要的情况下,不妨针对上级对下级的误解坦白来谈,这样既能直指要害,把结解开,又能为彼此的交流创造一种坦诚、公开的气氛,从而有利于解决问题。(2)佯装不知,用行动表明。在人际关系中,有些事情是很难用语言来表达的,或者不宜说破。有时,佯装糊涂反而比明察秋毫、反应敏捷好得多。因此,如果察觉到了上级的误解,也可以佯装不知,并抓住机会用实际行动来证明自己,消除上级的误解。

(2)下级误解上级。由于上级与下级所处的位置、考虑问题的角度、掌握的信息以及价值观念不同,上级发出的信息有时不能被下级准确理解,从而造成种种误会。这时应采取以下两种方法:(1)主动沟通,当面道歉。下级应向上级坦率讲出过去的误解和得知真相后的心情,并当面表达自己真诚的歉意和支持上级工作的决心,力求消除上级的误会和猜疑。(2)付诸实际行动。沟通有助于消除误会,但是如果没有行动作为支撑,便会有新的误会产生。所以,下级一定要采取实际行动,使上级感受到下级的支持。

(四)如何对待上级发火

面对各种不如意、不合预期的事情,谁都容易发火。上级发火,是每个人在工作中都会经常遇到的事情,处理不当便会影响工作的心境、上下级关系的和谐,因此当慎之又慎。(1)先让上级把火发出来。人的"火气"宜泄不宜压。在日常生活中,灭火主要用水而不是用风,水主"静",主"柔",这就启示我们,对待上级发脾气要"以静制动""以柔克刚"。所以,当下级遇到上级发火时,最好的办法是洗耳恭听,而不是马上辩解,火上浇油,因为人在火头上,理智最容易受情绪的支配,很难冷静分析问题和听取意见。(2)事后解释。人们在发完脾气后,会有后悔和自责的心理,许多上级还会为自己不能"制怒"而感到懊悔,下级可适时寻找机会进行解释。如果下级做错了事,不要羞于见上级。高明的上级不会为同一问题发两次火,但是下级在事后深刻检讨和表明决心十分有必要。如果上级对下级的责难是错误的,下级作出解释更有必要。然而,最好先承认自己的一些错误,给上级台阶下,然后再向上级解释事情的真相和缘由。否则,直接表明发火是没有道理的,会使上级在心理上无法认同,从而很难听取后面的解释。

(五)如何处理对上级的反感

有的人看不惯上级的某些行为,多半是由于世界观、价值观、思想方式、个性、气质等方面的差异造成的。这很容易引发摩擦与冲突,造成上下级关系紧张、工作效率低下。(1)检查自己的思维方式。很多情况下,看不惯上级并不是上级本身的问题,而是下级的思维方式和习惯出了偏差或者存在不足。有的人把上级"理想化",对上级要求过于苛刻;有的人思维方式不开放、不周密,在认识水平上与上级有很大差距,因此,不能理解上级的某些行为或者只看表面现象,产生疑虑和不满;有的人思维呈单线型,不能理解别人与自己思维方式的不同;有的人受他人影响和暗示,戴着有色眼镜看上级;有的人因为自己的某些要求或利益没有得到上级满足,心生不满,从而影响到思维的客观性和公正性。对上级产生反感的主观原因有很多,下级一定要自行检查,从客观的角度看待自我,看待上级,防止和克服思维上的偏执。(2)不因情绪影响工作。对上级有看法是很正常的,但是作为职业人士,要尊重上级在法律授权和制度允许范围内采取行动的权力,在工作上做到服从和尽职尽责,这也是恪守职业道德的表现。(3)积极沟通,而不是背后抱怨。对上级的不同看法可以采取当面沟通或者其他积极的方式进行排解,但是绝对不能和同事在上级背后非议,一是这种方式并不能有效解决问题;二是这种方式有可能滋生不良舆论氛围,不利于形成健康的工作环境。(4)自行心理调试,尽力理解和适应。许多时候,下级的不满是因为不愿或者不能设身处地从上级的角度理解问题。应多问问自己:"如果是我该怎么办?""我能否比他做得更好?"除了多了解和理解上级,下级还应学会从行动上适应上级的风格和行为方式,并从中发现其独特之处。学会适应,学会接受难以接受的东西,学会欣赏难以欣赏的东西,这才是积极的态度。

二、同级关系管理

一般的人员,与同级别同事的交往时间占有很大的比重。同事是朝夕相处的战友,又是竞争激烈的对手——为共同的利益而通力合作,又因个人利益而形成冲突。良好的同事关系是事业成功的基础,很多组织在进行管理人员选拔时,"群众基础",即同事的评价、同级关系管理情况是一项重要的参考内容。在处理同级关系的时候,需要注意以下内容：

（一）同级交往的原则——换位思考

同事之间虽属同一工作性质，但每个人对工作的理解、把握、重视程度各不相同，加上受教育程度不同，所以接触他人时，应该对其复杂性有足够的心理准备。这种预期的心理准备可以让我们在与同事交往时，为自己营造出一种能伸展自如的心理空间。与同事的交往应该本着平等、互利的原则，这样相互之间才会少一些矛盾和心理障碍。减少不必要的心理障碍，可使人际交往获得双赢的效果。

谁都需要良好的办公环境，也许你由于不慎，无意伤害了他人，破坏了环境，无须过分自责，将心态放平和，然后再努力调整。别人体验到你的诚意时，也就达到了补偿的目的。同样，你也应用此心态去理解和宽容别人，这就是所谓的"心理换位"，将心比心。其实，在许多问题上，都可以通过"心理换位"来维护人际关系。如果你的同事中，的确有大家公认的"问题人"，首先，应该避免与其个人私下发生冲突；其次，必要时赞美他的一些长处。一般来讲，人际交往问题多的人，大部分是心理及情感上存在某些障碍，这样做也是为了缩短与其心理及情感的距离，使其得到心理平衡和精神安慰，更重要的是有助于相互信任。赞美本身，是所有人受尊重的一种需要，不仅能给人带来精神的愉悦，还有利于协调人际关系。

（二）同级交往的方法

1. 适当居下

上善若水，适当居下，可以给同事以优越感。有的人在同事、上级面前会表现出单纯的一面，以其憨直的形象激发他人的优越感。而有的人工作上处处表现得锋芒毕露、能力超强，殊不知在无形中已给他人以压力，让他人产生"你一人就能干好，那还要我们干什么"的想法，这样反而影响了团队合作的氛围。

2. 谈及其他话题，从而拉近彼此的距离

开门未必要见山，一见面就谈工作的事会让人产生距离感。暂时抛开主题，先谈及共同的话题，或自己的琐事，以求达到心灵的共鸣。比如，肯尼迪在争夺总统席位的竞选演说中，曾经轻描淡写地说："紧接着，我还要告诉各位一句话，我和我的妻子虽然赢得选战，但我们希望能再生个孩子。"这样能够增加亲和力，避免给人"公事公办""不问世事"的刻板印象。

3. 注重倾听

一个只长着耳朵的人远比一个只长着嘴巴的人讨人喜欢。与人沟通时，如果只顾自己喋喋不休，根本不管对方是否有兴趣听，这是很不礼貌的行为，也极易让人反感。

倾听并不只是单纯地听，而应真诚地听，并且不时地表达自己的认同或赞扬。倾听的时候要面带微笑，并适时地以表情、手势，如点头等表示认可，以免给人敷衍的印象。特别是当对方有怨气、不满需要发泄时，倾听可以缓解对方的敌对情绪。很多人气愤地诉说，并不一定是要得到合理的解释或补偿，而是要把自己的不满发泄出来。

这时,倾听远比提供建议有用得多。如果真有解释的必要,也要避免正面冲突,而应在对方的怒气缓和后再进行。

(三) 同级交往中的注意事项

传统的人际关系强调与人保持距离,不提倡发展办公室友谊,人与人的关系显得十分疏远。21世纪,人际关系有了新的走向。近年来出现了"teamwork"(团队协作)这一概念。既然是"teamwork",首要的就是"team 感",原来处处设防、各自为政的传统本位主义一夜落伍,代之以彼此沟通、随时交流、深度合作、团队利益至上。这对封闭自我的人们提出了新的挑战——增强人际交往的能力,跳出自我的小圈子,融入集体成了很多人不能回避的现实。

要赢得同事的尊重,建立成功的办公室友谊,需要深知每个人都有自己的喜好和兴趣,没必要人云亦云,也没必要过分强调自我或把自己看轻。融入集体有助于在不经意间增长见识,使人获得意外的收获。不要以为这个世界缺乏朋友,不要以为战场上就没有友情,其实只要以真诚之心相对,就会发现更多的真诚面孔。积极编织人际网络需要敞开心扉,但是同时也要注意避免进入一些误区。比如,对于以下类型的人,要尽量多观察,保持一定的距离,不可盲目深入交往。

1. 交浅言深者

初到一个组织,可以通过与同事闲谈,拉近彼此的距离。但是有一种人,刚认识不久,便把自己的苦衷和委屈一股脑儿地倾诉出来,这类人乍看是令人感动的,但他也可能同样地向任何人倾诉,你在他心里并没有多大的分量。

2. 搬弄是非的"饶舌者"

一般来说,爱道人是非者,必为是非人。有的人喜欢整天挖空心思探寻他人的隐私,抱怨这个同事不好、那个上司有外遇等。长舌之人可能会挑拨同事间的友情,使同事之间发生不愉快,以看热闹为乐;也可能怂恿下级和上级争吵,使人际环境陷入混入之中。

3. 唯恐天下不乱者

有些人过分活跃,爱传播小道消息,如"公司要裁员""某某得到上级的赏识""这个月奖金要发多少""公司的债务庞大"等,使得人心惶惶。对这类人的话,切记不可相信,当然也不必当场泼冷水,一般来讲简单敷衍即可。

4. 爱占小便宜者

有的人喜欢贪小便宜,以为"顺手牵羊不算偷",随手拿走公司的财物,比如订书机、纸张、各类文具等,虽然价值不高,但上级绝不会姑息养奸。这种占小便宜的行为还包括利用上班时间或公司资源做私事或兼差,总认为公司给的薪水太少,不利用公司的资源赚些外快,心里就不舒服。占小便宜的行为看起来不严重,但是却涉及个人道德与人品问题。

5. 组织内部"小团体"

三五同事经常聚在一起，久而久之，情谊加深，有可能从此形成"小团体"。一般说来，上级对小团体总是抱持不信任的态度，对于小团体里的人多有顾虑。例如，上级会认为小团体里的人公私难分，如果提拔了圈内某个人，而与之较好的同事可能会得到偏爱，不仅对公司发展不利，对其他员工也不公平。有时，上级也会担心小团体里的人"不忠诚"。经常聚在一起的人气味相投，若上级对其中某个人进行惩罚，或其中某个人与别的同事发生矛盾，小团体中的这几个人可能会联合起来对抗公司，影响公司团结。

（四）如何建立同级友谊

最安全的关系就是商业伙伴关系，即同事关系。同在一个屋檐下，即使办公环境再保守、再冷漠，同事之间也总能了解彼此的生活细节，可能是一个电话，可能是偶尔的一句牢骚，也可能是不经意间流露出来的一种烦恼。与相投的同事建立恰如其分的友谊，在对方需要的时候伸出援助之手，在适当的时机、适当的地点送出一句温馨的祝福，这些都有助于建立办公室友谊。同时也需要注意以下几点：(1) 注意将友谊与工作尽可能分开。(2) 给予朋友信任时务必审慎。(3) 如果你觉得友谊使你和同事陷入一种尴尬的位置，最好找机会开诚布公地详谈，注意从潜在的危机中脱离出来。(4) 注意不在办公室里散播谣言，特别是当你因友谊而能获得一些小道消息的时候。(5) 注意公司对友谊作出的各种规定。很多公司都对员工间的友谊进行限定，避免在企业内引发小团体或小帮派的麻烦。还有一些公司对员工与客户的友谊关系也作出明显的界定，以避免不必要的事端。(6) 注意回避过分个人化的办公室提问，尤其是在上班时间内。(7) 注意不要试图利用任何一种友谊关系作为商业操作的杠杆。(8) 办公室相处，一定要注意使用身体语言，注意对声音的运用，注意措辞不要太过亲密。另外，要避免在公司内部炫耀与某人的友情。

三、下级关系管理

强将手下无弱兵，一个优秀领导的主要任务是培养聪明的下级，并且能够充分发挥他们的才能。作为领导，需要有识才的慧眼，有了慧眼之后，还要让英雄有用武之地，只有了解下级才能更好地调动其积极性与创造性，充分体现领导艺术。

（一）保证持续沟通

上级应该尊重下级。正是下级将你的愿景转变为现实。上级应该经常思考一个问题："如果让我去做他们的工作，我能够做得像他们那么好吗？"如果答案是肯定的，说明在人员选聘方面存在问题，有必要重新选择适当的人。如果答案是否定的，说明他们在自己的专业领域略胜一筹，你应该去和他们当中的每一个人交谈，向他们学习。

上级应通过当面沟通、书面沟通、电话沟通等形式了解下级的工作，询问他们在工作中有哪些困惑和心得。最重要的是，在倾听他们的意见时，不要妄加评论。沟通的目的是了解他们对这个世界的感受,而不是把自己的感受强加给他们;了解他们的生活,找出他们的动力来源,只要花上几分钟的时间去了解他们的生活,你就能极大地丰富自己对他们的认识,知道他们有多么与众不同,而在某些方面又多么相似。

从服务的角度出发,上级应与他们分享自己制订的计划,让他们了解上级的工作。询问他们是否知道他们的工作是如何与公司的运营事务相配合的。如果他们不知道,就帮助他们了解自己的工作是如何与公司的愿景挂钩的。如果他们对公司的发展方向有疑惑,就向他们解释清楚。

(二)保持谦逊态度

上级应该抓住每一个可能的机会,向周围的人表示对下级所做贡献的认可,尤其是要在公开场合表扬他们。来自下面的反馈会极大地激励下级:

(1)要勇于承担责任。当事情没有按你设想的那样发展时,不管是不是你的错,你都要为此负起责任。与急于将错误归咎于他人的心态相比,一个勇于负责的心态将使上级获得更大的影响力。定期审视事情的发展状况,并且问自己:我能不能做些什么让局面发生积极的变化?当上级勇敢地承担起责任,而不是急于责备他人时,就会惊讶地发现,自己在客观上所拥有的权力要比过去多得多。

(2)向第三方寻求意见,让他们帮助你对自己的行为负责。作为上级要积极向第三方寻求反馈,包括朋友、同事以及合作伙伴等。把你的问题向他们倾诉,告诉他们你是如何处理这些问题的,然后向他们寻求坦率的评价。

(三)培养激励意识

激励能够使人们获得成就感。上级所要做的,是帮助小组里的每一个成员都能从工作中找出真正的需要。对没有经验的员工要特别注意其工作进展,等他们有经验之后,才放手把工作交给他们,并给予他们激励和支持。而对那些经验丰富的员工,则要给予他们自由发挥的空间。

对团队成员要鼓励,务必让他们对自己有很高的期望,而且要把困难看作是学习的机会,而不是一个棘手的问题。

(四)让下级参与

上级不考虑下级的工作经验就作决策会白白浪费宝贵的沟通机会,也会引起下级的不满。应尽可能询问别人的意见并将其想法列入考虑,从而使他们积极地参与工作,无论是新进人员还是具有特殊专长与资深背景的员工。

作决策时不要欺骗。不要向下级咨询意见之后又装作不知道他们的想法。不要在集体联合表决时动手脚,否则将永远失去下级的信任。对那些会因你所作的决策而受到影响的人,要找他们沟通。他们接受你的决策安排,是因为你采取循循劝导的面谈方式,而不是因为你采取强制执行的手段。将决策的道理向员工说明,并仔细聆听不同的意见。要强烈推销你的主张,除非有新论据将你说服,否则不要修改决定,立场要强硬,但并不是完全没有弹性。

(五) 授权

在管理人的技巧中最重要的是选对人才,对他们加以严格的训练,并且尽可能地分配工作给他们。成功的经理人都是通过其他人来完成工作,是很有技巧的工作分派者。

造成员工离职的一个主要原因是其感觉工作不充实,有大材小用之感。所以上级要使下级的工作富有挑战性,让他们能够全心投入。当每个团队成员的才能都能为其使命服务时,你会发现他们将指派的工作做得非常好。

另外,要向下级表示你乐于对他们进行指导,但是也要求他们能有自己的想法,自己作决策。同时,也应该将分派工作的思想与方法传达给下级。希望他们懂得,操作工作应尽可能交由再下一层的工作人员负责执行,并不一定要事事亲为。当上级分派任务给他们时,他们的第一个想法应该是:这项任务是否可以分派,分派给谁,如何分派?如果是资深管理人员,那么花在做事上的时间可以是整个工作时间的1%,而其余99%的时间要花在管理(即计划、组织、实施、控制)上。而如果是初级主管,那么做事的时间可占60%,而管理的时间占40%。

经过数年积累发展出来的一套工作方法,是不可能在短短的时间内就让接手的人驾轻就熟地加以运用的。因此,充分授权需要讲求一定的方法:(1)当上级分派工作的时候,要确定团队成员已明确工作目的。要和他们议定一些可以衡量的工作目标,并限定工作权限的范围。(2)充分授权是为了便于让下级执行分派的工作。如果受委任的人还要一再回头来向上级请求权限,获得准许才继续进行工作的话,那么这项指派是没有效用的。(3)面对一项工作任务时,上级与下级应该是伙伴关系,而不是居高临下的指导关系。因此,要"询问"下级请他们去做事,而不是"叫"他们去做事。(4)尽管有些事情主管做可能高效得多,但是仍然要花一些时间指导训练下级,放手让他们去做,以便他们以后工作更加有效率。不妨将这种授权看成锻炼与能力投资,培养下级是上级的责任。

 案例

关系管理是东方管理的核心内容之一。关系在中国社会非常重要,苏东水教授甚至戏说"关系是第一生产力"。关系有多种分类方法,从大系统看,天、地、人之间有着复杂的关系,组织内部人与人之间、个人与组织之间也有着复杂的关系。处理这些关系,理想的原则是"以和为贵"。李文良先生作为一个企业人士,对待中国传统文化的虔诚态度超过了许多大学老师,他自己本人除深信中国传统文化外,还积极组织所有管理人员和员工把学习、践行中国传统文化当成公司的重要工作。宏观上,他倡导天地人和;微观上,他从吃饭、学习等具体事情抓起,把员工当作亲密的家人来关心、爱护。正面关系管理的结果必然是,公司稳健发展,员工感恩戴德、爱厂如家、快乐工作、愉快生活。

倡导天地人和的李文良董事长[①]

　　李文良是广东东莞泰威电子有限公司（以下简称"泰威公司"）创始人、董事长，电子科技大学管理工程专业硕士，瑞士维多利亚大学工商管理专业博士。李文良希望将泰威公司建设为天地人和的生命性企业、生态型组织，建设为弘扬中国优秀传统文化的示范基地。

　　李文良热爱中国传统文化，这也体现在他的行为上。他领导的公司也成为践行和弘扬中国传统文化的学校。一进入泰威公司厂区就能看到"养正堂"，对于创办人李文良来讲，做企业本身就是一种修行。李文良对公司的定位，不只是生产电子产品的工厂，他希望公司成为学校型企业、书院型企业。他在公司内部成立了泰威学院，提出"深信因果，践行弟子规"的价值观，希望为社会培养德才兼备的栋梁、浩然正气的谦谦君子。

一、全员学习中国传统文化

　　李文良坚信，中华文化所倡导的量入为出、天人合一的生产、生活方式一定可以挽救世道人心，从而让人类社会可持续生存下去。

　　泰威公司的前身俊威电子厂成立于1997年。2002年成立泰威公司的时候，李文良就将"孙子兵法"等课程导入企业干部的学习之中。

　　2004年，李文良在苦苦追寻企业的安定之道中，到欧洲进行商务考察，他发现在西方令人羡慕的富裕与文明背后，却是在透支子孙后代的福报（人均债务已经欠到第4代），西方文明竟然不可持续！于是，他结合自己多年学习《易经》《道德经》《孙子兵法》《论语》《了凡四训》等古代经典著作的体会，得出结论：未来人类要持续生存下去，必须复兴中华传统文化的信念。

　　李文良希望泰威公司"成为践行儒家思想的学校型企业"。2005年，李文良开始组织全体员工诵读并实践中华文化的经典教材《弟子规》。从门卫到董事长，每一位员工都在主动或被动学习国学经典。新员工入职时，要接受企业内部培训，培训内容除专业技能外，还包括国学文化。泰威公司在企业内部长期举办传统文化学习班，开设幸福人生讲座课程。每周一到周五，诵读经典是员工每天的必修课。早上五点半起床洗漱完毕后，六点整全体员工在食堂集中诵读国学经典。先后读过的经典有：《弟子规》《孝经》《礼记》《朱子治家格言》《群书治要360》《了凡四训》《太上感应篇》《化性谈》《大医精诚》等。每周二早上，全体员工集合，升国旗、厂旗，唱国歌、厂歌，升国旗后分享践行经典的收获。泰威公司编辑发行了《跋涉者》《行云流水》等刊物、报纸，让大家分享各自的学习、践行心得。公司成立蒙学馆，让员工的孩子接受经典著作的熏陶。

　　[①] 案例来源：上海交通大学东方管理研究中心数据库。

公司为有缘的员工举办传统文化婚礼,让婚礼神圣庄严,让家和万事兴观念深入人心。

受2008年全球金融危机影响,很多企业陷入经营困境,而泰威公司却生机盎然,从而坚定了管理层对中华优秀传统文化的信心。

2009年,泰威公司以学习与践行中华优秀传统文化为企业核心价值,探索构建儒家思想的学校型企业,完善企业核心价值观、使命、愿景、精神等核心管理理念,将"建国君民,教学为先"落实在企业运营当中。

2012年,泰威公司在厂区广场上竖立了孔子雕像,车间的墙壁上张贴了许多传统文化的经典语录,例如"孝悌忠信,礼义廉耻,仁爱和平"等。办公楼则被命名为"养正堂",两边挂着木刻联语:"大学之道,在明明德在亲民在止于至善修身为本教学为先;古之圣哲教人,格物致知诚意正心修身齐家治国平天下。"在职工餐厅、阳台、宿舍等地,广播循环播放国学经典。

学习中国传统文化是否会浪费时间?学习中国传统文化对于企业提高绩效有帮助吗?泰威公司所在的工业区坐落在东莞虎门镇,2008年金融危机之前,工业区的30多家企业共有近70000名产业工人,金融危机之后,只剩下10000多人,多数企业在风雨飘摇之中彷徨、纠结,不知何去何从,而泰威公司可能是金融危机之后工业区内唯一在稳定增加人员的企业,经营状况稳健,公司呈现出旺盛的生命价值。

二、天地人和企业的股权基础(51:25:24)

李文良思考企业的生命难题:为什么有的企业只能活两三年?为什么人才济济的巨无霸企业也会轰然倒下?是什么决定企业的长治久安?在越来越多变的企业生存环境下,如何以不变应万变?

再没有比企业倒闭更大的浪费了!企业倒了,一切产品、技术、管理、文化、客户、设备等就都没有了意义,再美好的理想也成了妄想!企业存在的意义到底是什么?难道仅仅为了黄粱一梦?

人活着需要工作,但工作不应该仅仅为了活着。因此,企业获得利润应该只是生存的手段,而不应该是生存的全部。

什么是企业的长治久安之道?

李文良想起了中国的古话:顺道者昌,逆道者亡。得人心得天下。天时不如地利,地利不如人和。大舍大得,小舍小得,不舍不得。民为贵,社稷次之,君为轻。财散则人聚,财聚则人散。德者,本也;财者,末也。夫孝,德之本也。自强不息,厚德载物。

李文良认为,人与人之间、人与社会、人与自然、人与天地万物之间是生命共同体,一个人的行为如果伤害了别人、伤害了社会、伤害了自然,那么,最终一定会伤害自己!因此,爱护、帮助他人、社会、自然就是爱护帮助自己。所谓仁者无敌,一个真正有仁爱心的人,心中没有敌人,只对万事万物的爱,那么外面也自然没有敌人,与万事万物都能呈现和谐共生的状态。因此,李文良在泰威公司倡导天地人和的理念。

我们只有一个地球,茫茫宇宙,地球是我们人类赖以生存的家园。没有天,哪有地?没有地,哪有你?没有你,哪有我?和气生财,财布施得财,得人心者得天下,上下同欲者胜,人心齐泰山移,兄弟同心,门口石头变黄金。家是小的国,国是大的家。男人是国,女人是家,家和万事兴,夫妻同心,其利断金。独阴不生,独阳不长,一阴一阳谓之道。

为了实现个人、家庭、企业的五福(富贵、康宁、长寿、好德、善终)临门,为了社会和谐,国泰民安,世界大同,李文良愿意效法天地、古圣先贤,难舍能舍,难行能行,为天地立心,为生民立命,立志做顶天立地的大丈夫,做坦坦荡荡、自尊、自重、自强的中国人!为了复兴中华民族的优秀传统文化,为了探索中国特色的管理模式,实现企业的长治久安,李文良决定将企业转型升级为社会企业。

李文良曾进行复杂的推理:没有天地万物,则没有人类;没有人类,则没有企业员工;没有企业员工,何来股东?天地万物是企业的大父母,全体员工是创始股东的小父母。因此,如果企业的原始所有者拿出企业所有股权的一半以上来回馈天地万物,同时,拿出剩余的一半以上来回馈企业的全体员工,那么,则天下大同矣!

51%的企业股权由创始股东捐出成立公益基金,以促进社会大众、天地万物的和谐共生,实现天人合一、世界大同的理想生活。随着企业的发展,社会越来越和谐。剩余之49%中的51%,即约25%由创始股东捐出成立全员绩效分红股份,让全体员工分享企业的成长。最后剩余的约24%为企业原始股东持有。

这样的股权安排,导致企业所有者舍掉约76%的股权,会换来企业的长治久安吗?

51%的股权用作公益,就是让社会做大老板,来掌控企业的大命运。25%的股权成为全体员工的绩效分红股份,就是让全体员工做二老板,人心齐,泰山移,让员工来掌控企业的命运。24%的股权为原始股东持有,让原始股东成为企业的三老板,《道德经》上讲:功成名遂身退,天之道也;吾有三宝:一曰慈,二曰俭,三曰不敢为天下先。

李文良这样表达51:25:24股权设计的意义:
共享(51%),共治(25%),共建(24%);
民为贵(51%),社稷次之(25%),君为轻(24%);
共产主义(51%),社会主义(25%),资本主义(24%);
大同社会(51%),小康社会(25%),私有(24%);
天时(51%),地利(25%),人和(24%);
道(51%),法(25%),术(24%);
财布施(51%),法布施(25%),无畏布施(24%);
慈(51%),俭(25%),不敢为天下先(24%);
功成(51%),名遂(25%),身退(24%);
明明德(51%),亲民(25%),止于至善(24%);
平天下(51%),治国(25%),修齐(24%);

思维方式(51%),热情(25%),能力(24%);

日(51%),月(25%),星(24%);

因(51%),缘(25%),果(24%);

戒(51%),定(25%),慧(24%);

君(51%),亲(25%),师(24%)。

2015年开始,泰威公司董事会通过了这项名为51∶25∶24股利分配方案。将公司51%的分红捐赠给内部慈善基金会。该基金收入有以下用途:(1)改善公司职工的生活水平,如提供免费有机素食;(2)做社会慈善工作;(3)弘扬佛教与中国传统文化。将其余49%的分红中的51%,也就是总分红的约25%,给予员工。公司老板李文良只获取最后约24%的分红。

通过给予员工财务奖励,公司的所有者成为放弃自己利益的模范领导者,其工作主要是为员工和社会谋取利益。因此,公司员工的积极性得到了充分调动,愿意把自己当成公司的一分子。公司让员工享受免费有机素食,员工感受到真正的关怀和家一般的温暖,员工工作也更加有责任感、更加自律和主动,公司的管理成本大大降低。通过这个新的红利分配方案,泰威公司的经营状况得到进一步的改进,公司绩效得到提高。

如今,这项51∶25∶24股利分配方案正在被其他公司学习、借鉴、复制。

三、员工和企业是家人关系

许多企业的老板都会感叹:做企业做得很痛苦。老板痛苦,员工痛苦。泰威公司的氛围却是轻松、和谐、愉悦,人与人之间如家人般亲切友好。泰威公司是怎样演绎这个传奇的呢?

中国最重要的节日是春节,春节最重要的活动之一是回老家祭祖。人与人之间有多种关系,祖宗血缘关系是最重要的关系之一。为了满足来自五湖四海员工的需求,泰威公司建立了祖宗堂。"祖宗堂"前排正中供奉"天地国亲师"牌位,背后两边则供奉着工厂内所有员工姓氏祖宗的牌位。"祖宗堂"平时开放给员工祭拜,在清明节、孔子诞辰等重大节日,则组织全厂员工举行隆重的集体祭拜仪式。通过这种方式,教育员工从尊重自己的祖先、圣贤,孝敬自己的父母开始,推延到整个社会,从而成为有道德感和使命感的人。相当于员工祖宗的牌位就在公司,员工需要祭祖、想念家人的时候,不用千里迢迢赶回去,在这里就能找到祖先的牌位,就能寄托思念。

父母重视子女的学习成长。泰威公司组织全体员工参加国家高等教育自学考试,鼓励员工学习进修专业知识。为了鼓励员工增强学习兴趣,企业对参加自考的员工还给予相应的奖励,使企业学习的氛围更加浓厚。在李文良看来,企业不仅仅只是给员工提供一个工作岗位和工资,最重要的是要给员工营造一个学习成长的环境。员工不能一味沉浸于追求利益,停留在每天获得一点工资上,最重要的是要成长,成长才是大利。而从企业来说,能为社会培养一批又一批承担中华民族复兴责任的栋梁之才,则是光荣的使命和最高的追求。《周易》说:"天行健,君子以自强不息。"从 2013 年开始,60%—80%的员工参加国家高等教育自学考试,从 2016 年开始有员工成为大专、本科毕业生,从 2017 年开始有员工被录取为硕士研究生。泰威公司正是希望通过引导员工持续不断的学习和成长,而把君子自强不息的浩然正气涵养出来。下面是一个员工参加公司组织的内部培训后的体会:

  感恩一切的古圣先贤。感谢泰威团队及同仁,108 天用心护持我们的此次学习。感恩我的父母亲人、老师、朋友对我个人的照顾与支持,感谢一切 108 天所知所见的有缘人,感恩遇见。学习让我个人的身心灵得到蜕变,感恩一切所见。

  感恩是一种处世哲学,也是生活中的大智慧。一个智慧的人,不应该为自己没有的东西斤斤计较,也不应该一味索取和使自己的私欲膨胀。学会感恩,为自己已有的而感恩,感谢生活给予你的一切,这样你才会有一个积极的人生观,才会有一种健康的心态。

  纵观近百年的中国近代史,广阔国土经历了重重磨难,祖国大地的人民没有被磨难打倒,一批批仁人志士,为了国家和平、繁荣昌盛,艰苦奋斗。当今世界有一些人道德沦丧,注重物质生活享受,忽视个人精神要与物质享受携手同步的重要性,我们在追求物质生活的同时不能忘记个人道德修养的提升。

  西方列强入侵的同时,西学东进,我们在中国古圣先贤超然智慧的传承上,出现了断层,我们过分痴迷西学,从而丧失了对本国优秀文化的认可与学习。作为当代青年,我们要有使命感、责任感,对于中华民族的伟大复兴,个人要发光发热,星星之火可以燎原,中国传统文化的传承与弘扬,对国家和平繁荣昌盛有着积极的推动作用。如果过分贪图享受,忽视个人与社会及整个自然环境的关系,付出的代价也是沉重的。

  我们国家在五千年历史长河中,有着利他的处世思维,人与人的相处都是和而不同的,各种冲突纠纷较少,到了近代,国人思维与前人截然不同,人我是非纠缠,矛盾冲突不断,个人利己主义盛行,与威名远播的礼仪之邦景象天差地别。我们要及早醒悟过来,不要再让我们国家和人民承受这个苦果。追求我们的共产主义生活和儒家所讲的大同社会为同一标准。

  做人要知恩报恩。我们生活在一个物产丰富、美丽清净的地球上,随着工业革命的迅猛发展,我们赖以生存的美丽星球承受着巨大的荷载压力,资源被大规模开采,水污染问题、空气污染问题、海洋污染问题、核武器问题、资源枯竭问题、生态环境破坏问题随之而来,人类生存与发展面临严峻的考验。

  我们忘记了这是我们唯一生存的家园,忘记了地球母亲对我们生养的恩德,我们对地球母亲不是心怀感恩,而是无限地索取,地球母亲庞大的身躯也是有寿命的。我们应呵护好地球母亲,应从个人做起,力所能及做有益于地球母亲的事情,不要等地球母亲衰老时,我们才悔恨当初。

俗话讲"不养儿不知父母恩。"我们生而为人，列为三才者，天地人也，可见我们生而为人的重要意义。

我刚到泰威时，不习惯这里的饭菜，总是挑肥拣瘦，没有想过这些饭菜来之不易。实习期间，我被安排在厨房。三天下来，我才体会到，我的不满是对付出者不知足，不知感恩。我在厨房三天就感觉不容易，我的父母却在家里仅有的几平米房间为我们做了20多年的饭菜，而我们回馈父母更多的是：这个菜咸了，那个菜淡了，我不喜欢吃这个。通过这次实习，我对于吃饭的体会和从前大不相同，多了一份感恩的心，觉得饭菜的味道真是好。

时光流逝，在这108天的学习过程中，我有过喜悦，也有过不理解，但所有好的和不好的都消逝在了时间里。课程是结束了，但对我的人生来说这仅仅是个开始，那就整理好行囊，轻松上阵。加油！

上面是一个新员工参加学习后的感想。从这些感想可以看出，不管他以后到哪里工作，这些工作经历对他都会有重要的正面影响。

中国有句古话：和气生财，意思是和气里面可以生出财来，可以理解为财喜欢和谐的地方，也可以说，真正和谐的地方才能留住财富。还有一句话：穷人多怨，越怨越穷。看看我们自己，是不是经常在抱怨别人，看别人不顺眼呢？穷人包括三种：第一是没有财富的人，第二是没有智慧的人，第三是不知足的人。一个虽然外在的财富不多，但是能乐天知命、知足常乐的人，其实是真正富裕的人；反之，外在财富很多，但是却因攀比心、虚荣心而感到不知足，其实是很穷的人。

李文良认为，企业不仅仅是产生物质财富的地方，企业经营不仅仅是为了看得到的利润。看得到的利润受看不到的人心来控制，经营企业其实就是在经营人心。企业更应该是成为成就人的地方，让企业内外成为生命共同体，让世界因企业的存在而更美好，让全体同仁的身心灵三方面都得到成长，才应该是企业存在的核心价值。

第九章 绩效管理

绩效考核,中国几千年来一直在实行,有人可能以为西方才有。绩效(performance),有些机构和个人又称其为业绩、效绩。大家对于绩效、绩效管理这两个概念不陌生,但是能够正确理解的人并不是很多,能够正确进行绩效管理的机构更少。虽然绩效管理是人力资源管理乃至企业管理的核心工作之一,但是在现实工作情境中,由于各种各样的原因,绩效评估、绩效管理往往流于形式。因此,正确认识绩效管理中存在的问题,积极寻求建立有效的绩效管理体系的方法,对于每个机构而言都具有十分重要的意义。

第一节 中国古代绩效管理思想

绩效考评,在中国古代称为"考绩""考课""考核""考查""考成""考满"等。中国古代有着丰富的绩效管理思想。历代帝王重视考绩,以此奖优罚劣、进贤退拙,所以它渊远流长,相承不辍。苏洵在《上皇帝书》中说:"夫有官必有课,有课必有赏罚。有官而无课,是无官也;有课而无赏罚,是无课也。"有官员,就自然有考核;有考核,自然有奖惩。虽然中国古代探讨和实施的考绩多是针对官吏的,但是这些思想对于企业乃至非营利组织的绩效管理同样具有启发意义。

一、先秦时期绩效管理思想

据《尚书》《史记》等著作记载,尧、舜、禹就使用了考绩之法,以奖勤罚懒、扬善抑恶、进贤退拙。尧选舜做接班人,就是重复考绩、长期评估的结果。《尚书·舜典》记载:"帝曰:'格汝舜!询事考言,乃言底可绩,三载!汝陟帝位。'"舜亦以考绩驭才,他设12牧分管政事,委任22人为主管,并以考绩之法来定奖罚和留退。"帝曰:'咨!汝二十有二人,钦哉!惟时亮天功。'三载考绩,三考,黜陟幽明。"(《尚书·舜典》)这里提及的"三岁一考功,三考黜陟"考绩办法,在其他史料中也有记载。由此可知尧、舜的考绩方法,其时间是三年一考,以三次考绩来决定黜陟,即九年为一循环,满后再进行奖罚、黜陟。考绩逐步依秩而行,如舜考12牧,而12牧再考其下属。此时考绩执行已很严格,12牧依时令、顺天理、勤耕作,成绩卓著,被屡次奖励。而鲧治水九年而无成,被舜杀于羽山。

尧、舜、禹时代的考核注重实绩,坚持"明试以功"的考绩观。"明试以功"就是实际考察成绩的意思。如在《尧典》《舜典》中,尧不因为众人一致推举舜而马上让其接替帝位,而是把最亲近的两个女儿嫁给他,近距离长时间地考察舜的德行;又让他"慎徽五典",结果是"五典克从";让他"纳于百揆",结果是"百揆时叙";让他"宾于四门",结果是"四门穆穆";让他"纳于大麓",结果是"烈风雷雨弗迷"。经过长达三年的"询事考言",帝尧才确信虞舜的德行才能,而扶持其"陟帝位"。虞舜对四方诸侯们的考察也是如此,"五载一巡守,群后四朝。敷奏以言,明试以功,车服以庸","三载考绩。三考,黜陟幽明"。上古的考绩虽然注重人的社会名声,但更注重其实绩。不仅注重实绩,而且还要动态地考察。禹虽然已有实践经验和政绩,但舜还是要对他进行实际考察,所以派他去治水。禹直到成功治理水患,取得了巨大成就,得到人们的称赞和爱戴后,才正式接替舜。除此之外,部落联盟大酋和其他首领的选用也是如此。

周代在承袭先前考绩制度的基础上,实行了合理的改革。周吸取鲧因治水不力而被杀且无益于治水的教训,规定"三岁而小考其功",即三年满进行一次小考,政绩好的就转为正式使用,不好的就降职或罢免;"九岁而大考有功",即九年进行一次大考,对有功者进行奖赏,对不称者给以惩罚。周实行"小考"与"大考",并把考绩与试官结合起来,更便于及时发现并罢免不称职者,降低了鲧的悲剧重演的可能性,于国于民以及对被考者而言,这样的改革都是十分必要且有利的。

《周礼》是重要的先秦典籍之一,包涵丰富的官吏考核内容,是研究先秦官吏考核制度不可或缺的资料。该书对官吏考核若干制度进行了较为系统的探讨。《周礼》所述官吏考核范围非常广泛,涵盖各级行政组织。其中有很多官吏负有考核职能,六官系统内的各分属长官对其属官往往具有直接考核之责。考核主司的设置呈现出层次性,最下层的考核主司为六官系统内部各分属长官,更上一层考核主司为六官系统长官,最上一层考核主司为太宰、小宰等官吏。随着考核层次的不断上升,其考核范围逐渐扩大,考核的重要性也逐渐加强。这种层级考核主司的设置使考核形成了一个完整的体系,复杂的考核职事得以顺利开展。

《周礼》考核标准也已经比较完备和成熟,如官计。官计涉及官吏考核标准问题。郑玄曰:"官计,谓小宰之六计,所以断群吏之治。"官计,即考察官对吏员的监督考课,使人知勉励而不敢怠慢。六计是对政府官员的考察:一曰廉善,考其是否德行有闻,品行端正;二曰廉能,考其是否才干出众,力能胜任;三曰廉敬,考其是否恭敬小心,勤恳谨慎;四曰廉正,考其是否刚正忠直,清廉不染;五曰廉法,考其是否依法治事,守法不失;六曰廉辨,考其是否临事不疑,明察善断。我们可以看出,后世的德、能、勤、绩、廉的考核标准,在《周礼》中已经基本具备;德、能已明确指出,小宰之"敬"已含有"勤"的含义,而司士之"功"则相当于后世的"绩"。

《周礼》所述考核主要分为短期考核、年终考核以及三年期考核三种。考核方式有文书考核、察访考核、巡守朝觐考核三种。巡守朝觐考核仅对诸侯国国君而言,文书考核是最主要的考核方式。《周礼》所述六官系统官吏众多,由于官吏职责各异,因此对其考核内容也有很大差异。《周礼》官吏考核内容与太宰八法之官职联系密切,从某种程度上来看是官职决定了官吏的考核内容。考核的结果影响爵位的升降、俸禄的增减。对于一些在官府中任职的小吏,即府、史等,他们没有官爵和俸禄,给予他们的待遇称为稍食。考核后,往往要对其稍食数量进行增减。如《周礼·天官·医师》云:"岁终,则稽其医事,以制其事。"即通过考核医者的医疗成绩而决定其稍食数量。除以上奖惩措施外,较为严厉的惩罚措施是对官吏处以刑罚。《周礼·天官·宰夫》云:"凡失财用物辟名者,以官刑诏冢宰而诛之。"其意为,凡钱粮、财物使用失当,以及造假账的,要根据官刑对其处以刑罚。

《管子》指出,考选人才应"赏有功之劳,封贤圣之德"。可见,管仲对人才的评价,既看重素质高低,能否"闻一言而知万物",同时又看重在实际工作中是否"有功"。《管子·立法》主张:"君之所审者三:一曰德不当其位,二曰功不当其禄,三曰能不当其官。"这里管仲将德、功、能列为君主考核官吏的三大标准,并称之为治理国家的"三本"。

春秋时期的孔子不仅从多角度提出评价人的依据,而且还提出自己考评人的方法。人的德行、性格不容易识别,孔子重视对行为、过程的观察与考核。他认为,考评人不能只是"听其言",还要"观其行",即"视其所以,观其所由,察其所安"。只有将"听言"与"观行"结合起来,并长期考察,才能正确地评价一个人。

战国时期,一些思想家专门就考绩理论进行了研究。荀子认为,要设立"相"一职主管考绩,"论列百官之长,要百事之听,度其功劳,论其庆赏,岁终奉其成功以效于君。当则可,不可则废"(《荀子·王霸》)。即主张相的职责是考核百官,规定职分,计功行赏,到年终向君主述职。

战国时期对官吏的年终考评已经普遍形成一种制度,当时最主要的考绩方法叫"上计"。"上",即向上级汇报,所谓"计",就是计书、计算、计账、计簿,即统计的簿册。"上计"的范围比较广,包括仓库存粮数目、垦田和赋税数目、户口统计、治安情况及监狱犯人数目等。每年年初,重要部门的主管官吏和地方主管官吏把各种预算写在木卷上交给国君,由国君派人将木卷剖分为二,国君执右卷,官吏执左卷,年终由国君执右卷进行查核。这就是"上计",高级官员对下级官吏也主要根据这种思路进行考核。

二、秦汉时期绩效管理思想

公元前221年,秦灭六国,统一中国。秦朝建立,继承了上计制度,构成了中央到地方的县上计于郡、郡上计于中央的系统。在内容上以"五善五失"作为考核标准。其中,"五善"为:"一曰忠信敬上,二曰清廉毋谤,三曰举事审当,四曰喜为善行,五曰恭敬多让。"

汉承秦制,两汉时的官吏考核制度主要是课计制,即考课和上计。上计是指地方各州、郡长官向中央汇报自己的政绩,考课则是指上级有关机构根据上计的政绩对下级官吏进行的考核。考课与上计是考核系统中同时进行的方向相反的两个流程。西汉时期对官吏的考课,主要有"上计制度""监察制度"和"选举考课合二而一"的仕进制度。上计制度着重考绩,以赏为主;监察制度着重考失,以罚为主;选举考课合一的仕进制度着重考能,以晋升为主。三者合为一个整体,加之比较固定的程序规则和机构,维系着当时的官僚体系。

汉代郡、县平时都有工作记录,县为集簿,郡为计簿。秋冬岁尽,各县将户数增减、农田垦殖、社会安定状况等,上计于郡;郡再加以汇编,上报丞相、御史两府。丞相府分管中央机构和地方郡国首相的考核,御史府负责核实被考核官吏的政绩的虚实。"最后集其成上于天子,天子常于正月旦朝贺时,接受上计。"《说文》把考课之"课"解释为"试也",注曰:"《汉书》之考课是也。"有现在所说的考试、检查、考核之意。一般是每年一小考,叫常课,仅作为对官吏的评判;三年一大考,叫大课,常作为升迁的依据。西汉初年是由郡守考课县吏,丞相、御史考课九卿及郡国守相。各州、郡对其所属县的考核结束后,汇集各县情况编制计簿,由上计吏送达中央。西汉末年及东汉,尚书台逐步发展起来,位高权重。此时的考课虽名义上由三公负责,但实际由尚书台下设的三公曹掌握了上计考课的实权。汉代评定政绩的方法,有评分、定等,或"功劳案",都存在一种"量化"的趋向。垦田、户口、狱讼等都是通过数量反映出来的,而不能用数量表示的其他行政事务,也是通过一定的标准换算成分数,这就使不同官吏的政绩具有可比性。

董仲舒主张考绩要与奖惩措施密切挂钩。董仲舒在《春秋繁露·考功名》中对官吏考核提出了一个原则:"有功者赏,有罪者罚;功盛者赏显,罪多者罚重。不能致功,虽有贤名,不予之赏;官职不废,虽有愚名,不加之罚。赏罚用于实,不用于名;贤愚在于质,不在于文。"董仲舒还在考核等级上提出三级九等的方法,即在上、中、下三级中,每级内再分上、中、下三等,例如,上上、上中、上下,这样就一共有九等了。

考绩升迁主要有三种情况:尤异、超迁和增秩。官吏考课,政绩最好的称为"尤异"。考课获"尤异"评价的往往获得升迁。《汉书·赵广汉传》中说:"察廉为阳翟令。以治行尤异,迁京辅都尉,守京兆尹。"《后汉书·杜诗传》中说:"拜成皋令,视事三岁,举政尤异。再迁为沛郡都尉,转汝南都尉,所在称治。"汉代对于政绩才能超群或是政绩卓著的人才,往往会越级提拔或快速擢升,称之为超迁。考课优等的奖励可以是升迁,也可以是留任原职,增秩赐金。

东汉时期,考绩理论得到较大发展。思想家王符认为,官吏是国家各项法令制度的具体执行者。要使各项法令制度得到较好的实施,就必须"治吏",而实现"治吏"的主要手段是考绩。只有考绩,才能分清贤愚忠奸,这直接涉及国家的安危治乱。对如何进行考核,王符认为要以其名而考其实,"官无废职,位无非人","名理者必效于实",不同的官吏要有不同的"实"去考核。他提出了对从守相令到三公九卿等高级官员考核的不同标准。为了防止考核工作一般化,他还提出考核重点要放在将相权臣和

"言不忠行"者等五种人身上。通过考核,以其功绩决定其进退,"赏有功,黜不肖"(《潜夫论·考绩》)。

两汉时期的考核在程序化、规范化等方面较秦朝都有所发展,并形成了一定的规模。考核的内容和组织机构也更加严密,成为一项重要的官吏管理制度。我国古代官吏的考核制度在此时基本确立,考绩日益规范化。其一,设专门考绩机构。考绩先由宗正后由吏部负责,下设宗师,主管官吏考绩黜陟之事。这是汉朝的独创,以后便沿传下来。其二,按职务高低和权力大小各主考课事务,形成层次分明、实效显著的考课方式。其三,以三年为考绩周期,即每三年考核官吏政绩而进行黜陟,缩短了考绩周期,更便于发现人才。其四,把考课制度与监察制度相结合,这样既保证了考课的真实性,又为官吏的奖惩升降提供了可靠依据。在三年考绩的规定之外,皇帝或属臣随时派人对下属官吏进行考核,发现能者则擢升,遇到赃吏、贪官、失职或能力不及时,及时惩治。其五,考课采用会议形式,主考官提出种种问题,被考课官吏者须据实回答,最后由主考者综合事先呈报的相关文书,定出等级,奖勤罚懒。这种公开评议的方式,有效防止了通同作弊,从而保证了考课制度的公正合理。

三、三国两晋南北朝时期绩效管理思想

三国两晋南北朝时期,曹魏刘劭受明帝之命制定官吏考课法七十二条,但是由于受当时条件所限,未能全部实施。晋朝考核郡县以五项内容为据:一曰正身,二曰勤民,三曰抚孤,四曰敦本,五曰修人。北魏实行九品中正制,侧重根据考核结果对官吏分级分等进行使用。北周则以"清身心、敦教化、尽地利、擢贤民、恤狱讼、均赋役"六条为考核内容。可见,这一时期已开始对官吏进行多角度的考核。

道武帝至明元帝时期,虽然设置了各级地方官吏,但官员的素质比较低。中央初建了尚书台,但其省时设时撤,考课并没有一个固定的机构来执行。北魏为了有效地考核各级官吏是否称职,便派出大使循行各地。道武帝时期的大使循行,不仅重视对官员政绩的考核,而且非常注意官员的德行。其中,对政绩的考核,主要包括任内农业(劝课农桑)、户口(流民归附)、学校教化(开建学校)等关系国计民生的问题。太武帝时,官员考课制度处于草创时期,对官吏考课的方式主要有三种:皇帝行幸,吏民举告和州刺史、太守、县令层层考课。考课的对象主要是地方官员,第一次出现对中央官员进行考课。文成帝时期,地方官吏的考课制度初步形成。太安诏书具体规定了考课的内容,即农业、赋役、户口、法律、用人五条,这成为以后考课地方官吏的标准。考课也由专人南部尚书来负责,考课的对象不仅包括在任的地方官吏,而且包括升迁或离任的官员。这一时期的考课方式包括遣使巡行、皇帝亲巡、召民秀、计椽、对问等,形式多样。考课的主要对象是地方官员。孝文帝亲政后,考课作为一种制度正式确立。此时,地方官员的考课已有完备的令文,即每年年底,州镇长官条列牧守治行,及至再考,随其品第,以彰黜陟。

宣武帝时期,考课制度在各个方面都更加完善。考课由专门的机构尚书考功曹负责,尚书考功郎中主持对百官的考课事宜。考功令规定了衡量官员治行的标准为三等九品;与之相对应的黜陟品级也由孝文帝时期的三等七品变成了三等九品。与当时的政治情况相适应,考课令文日趋完善,出现了景明考格、正始考格、延昌元年考格、延昌三年考格等几种考格。

四、唐朝时期绩效管理思想

考绩到唐朝则进一步完善,而唐太宗贡献最大。唐太宗委任吏部主管文武百官的考绩,下设考功郎中、员外郎,分别对朝廷内的内官和京都外的外官进行考绩。唐制规定,官吏不论职位高低、出身门第都要经过考核。每年一小考,评定被考核者的等级;三年至五年一大考,综合考评这几年的政绩以决定升降与奖惩。官吏考核由专门的机构——下属于尚书省的吏部考功司负责,这是历史上首次出现专门的考核管理机构。年终集中考核的时候,另从京官中选派威望高者二人分别为京官考和外官考。又设给事中、中书舍人各一,分别监督京官考、外官考,号监中外官考使。考功郎中判京官考,员外郎判外官考。

唐朝官分为流内和流外两类,分层分类管理,对重点工作进行重点考核。将官员按照官职大小分为"职事官"(一品至九品)和"流外官"(无品秩),相当于现代的高层管理者和基层管理者。通过职能分类的方法,化繁为简,为名目繁多、职责各异的职事官制定了统一、明确的评价标准。流内分九品,每品有副,自四品以下,每品分为上、中、下,共 12 阶,从太师开始。流外指九品以下的官吏,即指流内以外的下级官吏。流外也有品级,考绩优秀者可以进阶甚至递升到流内,即为入流。唐朝考绩对流内与流外也是有区分的。

概括来说,唐代在官员考课上不仅注重"绩效"(行),而且更加注重"能力素质"(操守、才干、作风),并为所有职事官制定了统一、固定的行为标准"四善"(相当于当下流行的"素质模型"),即"德义有闻、清慎明著、公平可称和恪勤匪懈"。同时将大小职事官按照职能类型划分为 27 类(《唐六典·吏部》),然后为每一类职能制定了最优绩效标准(类似于现代人力资源绩效考评的"行为锚定法"),当时称为"二十七最"。例如,主管人员选拔官员的最高绩效标准为"选贤任能、人尽其才"(铨衡人物,擢尽才良),主管司法断狱官员的最高绩效标准为"及时断案、科学公正"(决断不滞,予夺合理),主管教学官员的最高绩效标准为"因材施教、人才济济"(训导有方,生徒充业)等。唐代流内官的考绩内容,就是以这"四善"和"二十七最"为品德才干考核标准。

唐朝对流内官依上述内容考绩,将其分为三等九级。三等为上、中、下,而每等有上、中、下三级,三等共九级:上上、上中、上下、中上、中中、中下、下上、下中、下下。具体评定是:一最以上,有四善,为上上;一最以上,有三善,或无最而有四善,为上中;一最以上,有二善,或无最而有三善,为上下;一最以上,有一善,或无最而有二善,为中上;一最以上而无善,或无最而有一善,为中中;职事粗理,善最皆无,为中下;爱憎任情,处断乖理,为下上;背公向私,职务废缺,为下中;居官谄诈,贪浊有状,为下下。对流外官的考绩简单得多,主要考其行、能、功、过,分上、中、下、下下四等。清谨勤公为上;执事无私为中;不勤其职为下;贪浊有据为下下。无论流内官还是流外官,皆依考绩结果等级定黜陟。如无论流内流外之官,得中上以上等第者,均进一阶,加禄一季;得中中者,守本职本禄;中下以下者,均降官一阶,夺禄一季。

综上,唐朝的考绩方法是很细致具体的,且奖罚严明,取得了很好的效果。

五、宋金元时期绩效管理思想

宋代基本上沿袭了唐代的考课制度,但在机构设置和权力分配上都发生了变化。宋初,设审官院、考课院分别负责京朝官和地方官的考课事宜,并由御史台纠察监督百官。对于考核的时间,不仅继续保留每年一小考、三年一大考的做法,而且还规定文官三年一任、武官五年一任。宋代对不同类别的官吏采用了不同的考核指标体系:(1)京官的三等考核法。宋代考核称为磨勘,检查复核之意,以防止申报不实或奖惩升降不妥。(2)县令四善三最法。由唐代的"四善二十七最"演变而来。四善指德义有闻、清谨明著、公平可称、恪勤匪懈,与唐代相同。三最指"狱讼无冤、催科不扰为治事之最;农桑垦殖、水利兴修为劝课之最;屏除奸盗、人获安处、振恤困穷、不致流移为抚养之最"。(3)路、州"七事考"。宋代由监司负责路一级的转运使、提点刑狱使以及知州官员的考核。考核以"七事"为标准:"一曰举官当否,二曰劝课农桑、增垦田畴,三曰户口增损,四曰兴利除害,五曰事失案察,六曰较正刑狱,七曰盗贼多寡。"宋代的考核制度——磨勘制,以年资为重要依据,"凡内外官计在官之日,满一岁为一考,三考为一任"。考核记录积累起来成为官吏的资历,任职期满后,根据对资历的审核决定其日后是否升迁。这种完全凭资历而非政绩升迁,"不问其功而问其久",以致"官以资则庸人并进"。这样,宋代的官吏考核制度基本上论资排辈晋升,使得官员大多因循守旧,不求有功但求无过。宋代的人事制度由此开始趋于保守。

金朝的地方考课制度基本承袭隋唐,借鉴宋制,形成了独具金代特色的考课制度。金世宗重视职官的考核,曾谓御史台曰:"自三公以下,官僚善恶邪正,当审察之。"(《金史·世宗纪》)同时,多次采取巡访的方式严格考课地方官员,如大定年间,"数遣使者分道考察廉能,当时号为得人"(《全辽金文》)。金代专职地方考课机构为吏部,兼职地方考课机构有御史台、司农司、行司农司、大司农司、提刑司、按察司等。金代地方职官考课制度经历了三个时期:太祖太宗时期为萌芽和初步确立时期,熙宗至世宗时期为形成和发展时期,章宗至金末为成熟及逐渐衰落时期。金代地方职官考课的标准主要有循资法、"四善十七最"法、"六事县令"法。金代地方职官考课的方式主要有上奏法、询问法、记簿法、巡访法等。金代的地方职官考课制度具有与其他朝代不同的特点。金章宗于泰和四年"因辽、宋旧制",并在对"四善二十七最"进行修改和补充后,制定了独具特色的考核地方职官的"四善十七最"考课法,这是继唐后最详细的考课法。金"四善"与唐"四善"是一致的,是针对官员的品行操守方面提出的。"十七最"既有对"二十七最"的继承,比如"决断不滞,与夺合理,为判事之最",又有根据金朝实际情况而进行的更改。唐朝地处中原,其"二十曰耕耨以时,收获剩课,为屯官之最"。而金朝比较重视牧业,规定"二曰赋役均平,田野加辟,为牧民之最"。"四善十七最"是有金一代最详细并且成文的考课法,是对金朝固有循资考课方法的一个改革,是由金廷正式颁布实行的较完备的考课制度。除"四善十七最"外,金代对地方县令以下也实行考课法,"丙申,诏定县令以下考课法"(《金史·宣宗纪》)。此考课法是对"四善十七最"的进一步补充,使地方职官考课制度更加完备。宣宗十分注重对地方官员的考课,"严考核之法,能吏不乏"(《金史·循吏传》)。在考绩方法上,建立行止簿、贴黄簿,并与铨选紧密结合的考课方式是金代的独创。行止簿、贴黄簿类似官员的档案。档案以姓为类记载官员的政绩、资考等内容。这为金代考核地方官员提供依据,也说明金代对官员管理的加强。

元代官吏考课方法有廉访与计月制两种。廉访是指每个道都设肃政廉访司,每司有肃政廉访使八人,二人留司掌握总的情况,其余六人分临所部巡查官员的功过优劣,所有民政钱粮等事均在考课之列。计月制是指根据职务规定其任职的期限。元朝诸衙门及行省、宣慰司官,常例30个月为一考,三考为一任。外任官常例36个月为一考,三考为一任。官员循资升迁,到三品为止。三品以上由皇帝根据需要选拔任命,"不拘常调"。元代考绩不讲求治绩如何,单凭任官的时间长短以定殿最,这是循资考绩的方法。

六、明清时期绩效管理思想

明朝建立后,明太祖朱元璋对考绩的振兴很花力气,也曾一度出现新的转机,对加强吏治有明显作用。明太祖很重视考绩,认为仁君要奖勤罚懒。明代考绩分为两部分,一为考察,二为考满。前者主要考臣吏的过失,后者主要考官吏的功劳。

明之考察,专察臣吏的不足,在规定时间里进行,且分京察和外察两种。考察内容主要有八个方面:贪、酷、浮躁、不及、老、病、罢、不谨。考察周期,京察京官为六年,在己亥年进行;外察外官为三年,在戌、丑、未年进行。京官四品以上者,自陈过失,由皇帝裁决。五品以下者,由察官考察,写成文字,奏报皇帝。外察,州、县向府报,府向布政司汇报考察情况,每三年一次,巡抚、巡按通核其属事状,定出处理意见,连同材料上报,听候皇帝发落。根据几方面的考察情况,处理分为五等,内官外官相同:其一,致仕,即辞职回家,撤销俸禄;其二,降调,即降职调到别的地方为官;其三,闲居,即让其闲暇独处,不给官职且降低薪俸;其四,为民,即回归原籍,削职撤俸而为耕民;其五,贪污,即交法司依照规章办罪,并规定受过处分的人,永不录用。

与考察相辅而行的是考满。明之考满,名目有三:称职、平常、不称职。根据对官吏政绩的考核,将被考者相应地分为三类,称职被列为上等,平常是中等,不称职为下等。考满为三年一考,三考为满,考满亦与试官相结合,分三个步骤进行。首考发给凭证,称初考;二考六年,称再考;三考则九年,称通考。考满后,决定去留、转正和升降。诸部寺所属官吏,开始所授职务,必须经过三考合格方可真正授官职,列入官吏册编。洪武十四年,考满之法基本形成定制,在京的吏、礼、户、工、刑、兵六部五品以下官吏,由本衙门正官考核其行能,检查其勤惰。四品以上的官吏及一切近侍官与御史,及太医院、钦天监、王府官不在常选之人,任满黜陟,由皇帝亲自决定。洪武十一年,明太祖曾公开处理考满类别不同的官员。洪武十八年,吏部宣布天下布、按、府、州、县朝觐官共 4117 人,考满结果,称职的占 1/10,平常的占 7/10,不称职的占 1/10,贪污卑劣的占 1/10。这样的结果,类似于强制分布。明太祖命称职者升,平常者复职,不称职者降,贪污卑劣者付法司治罪,朱元璋的严格和重视,使得吏治日益完善。但朱元璋以后,明朝考绩也日益腐败了。

　　清朝考察传承明朝,由吏部考功司负责,对京官的考绩,称为"京察",对外官的考绩,称为"大计"。京察为三年一次,分别在子、卯、午、酉年中进行。京察以"四格八法"为考核内容。所谓"四格",即守、政、才、年。其中,守又分廉、平、贪;政又分勤、平、怠;才又分长、平、段;年又分青、中、老。所谓"八法",系指贪、酷、罢软无力、不谨、年老、有疾、浮躁、才力不及八者,与明制同。考核结果亦分若干等次,据此对官吏进行奖惩、升降。京官自翰林院、詹事府、各部部员均要赴都察院过堂,材料移交吏部。一、二品官吏由皇帝直接考绩,三品京堂官由吏部开列事实,四、五品官吏由王、重臣分别等第,均报皇帝裁决。大计是对地方总督、巡抚及其下属官吏的考绩,规定每三年进行一次,在寅、巳、申、亥年进行。考核程序与京察相似,各地总督、巡抚亦可自陈政事得失,其下属官吏由总督、巡抚出具考语,以称职或不称职注明,最后汇总至吏部考课。大计的考核内容是"二等八法",二等即卓异与供职。卓异,即官吏的政绩突出,优于他人,可以升迁;供职,即作为平庸,无所建树,不能升迁。

　　作为封建社会末朝的清朝,官场上的腐败形势已积重难返。"至堂官考核司属,朝夕同事,孰能破情面,秉于公?其中钻营奔竞,弊不胜言。"

　　通过上面的分析,我们可以发现,中国古代的绩效管理思想主要有以下方面的现代应用价值:(1)"一把手"重视,皇帝亲自抓考绩。绩效管理是"一把手"工程,领导不重视,只依靠人力资源等部门是难以做好绩效管理工作的。(2)专门设立绩效管理机构。BSC 的提出者卡普兰等人主张,专门成立战略管理或绩效管理机构,推动绩效管理。中国目前在选拔任用干部方面有中共中央组织部等机构,但是,对于干部具体如何做、做得如何等方面,没有专门的机构进行管理。加强绩效管理机构的建设对于预防腐败具有重要的现实意义。(3)主观、定性考核为主,客观、定量考核为辅。考评方式方法是否科学,主要看是否有助于组织的稳定和发展,是否促进组织本身的绩效得到改进。从 1990 年以来,人们对于以净资产收益率等财务指标为主的量化考核提出了批评,因为主要看重财务指标的考核,容易使个人和组织急功近利,采取短期行为,结果是不能可持续发展,不能给人们带来幸福的生活。(4)平时考核和任期考核相结合。对于官员的考核既有平时的抽查、述职、巡视等考核,又有任期比较全面、长期的考核等。考核周期比较长,有利于官员有长远打算,而不是搞短期的政绩工程。(5)重视考核结果的使用。通过考核官吏德、才、勤、廉、功而定黜陟,甚至决定生死。绩效考核如果不和职务升迁、收入增减联系起来,大家就不会当回事,就不会加以重视。

总之,中国古代在绩效考核、专门机构设立、考核计划、考核内容、考核周期、考核结果使用等方面的一些优秀理念和具体做法,值得我们学习、借鉴和弘扬。坚持主观和客观相结合、定性和定量相结合、长期和短期相结合等原则,可以帮助组织改进现有的绩效管理系统。

第二节 绩效管理概述

绩效在管理工作中受到普遍重视,但是,人们对于绩效的定义至今仍然没有取得一致的意见。贝茨和霍尔顿于1995年指出:"绩效是多维建构,测量的因素不同,其结果也会不同。"因此,要想测量和管理绩效,必须先对其进行界定,弄清楚其确切的内涵。

一、绩效的定义

一般可以从组织、团体、个体三个层面给绩效下定义,层面不同,绩效所包含的内容、影响因素及其测量方法也不同。目前主要有两种观点:一种观点认为绩效是结果;另一种观点认为绩效是行为。

贝纳丁等认为,"绩效应该定义为工作的结果,因为这些工作结果与组织的战略目标、顾客满意感及所投资金的关系最为密切",绩效是"在特定时间范围,特定工作职能或活动中生产出的结果的记录"。凯恩指出,绩效是"一个人留下的东西,这种东西与目的相对独立存在"。不难看出,"绩效是结果"的观点认为,绩效是工作所达到的结果,是一个人工作成绩的记录。表示绩效结果的相关概念有:职责(accountabilities)、关键结果领域(key result areas)、结果(results)、责任、任务及事务(duties, tasks and activities)、目的(objectives)、目标(goals or targets)、生产量(outputs)、关键成功因素(critical success factors)等。

现在,人们对绩效是工作成绩、目标实现、结果、生产量的观点提出了挑战,普遍接受了绩效的行为观点,即"绩效是行为"。这并不是说绩效的行为定义中不能包容目标,墨菲于1990年给绩效下的定义是,"绩效是与一个人在其中工作的组织或组织单元的目标有关的一组行为"。坎贝尔于1990年指出,"绩效是行为,应该与结果区分开,因为结果会受系统因素的影响"。之后,在1993年,他再次给绩效下了定义,即"绩效是行为的同义词,它是人们实际的行为表现并是能观察得到的。就定义而言,它只包括与组织目标有关的行动或行为,能够用个人的熟练程度(即贡献水平)来定等级(测量)。绩效是组织雇人来做并需做好的事情。绩效不是行为后果或结果,而是行为本身……绩效由个体控制下的与目标相关的行为组成,不论这些行为是认知的、生理的、心智活动的或人际的"。博曼等人于1993年还对行为、绩效和结果进行了界定:行为是人们工作时的所作所为;绩效是具有可评价要素的行为,这些行为对个人或组织效率具有积极或消极作用;结果是因为绩效而改变的人或者事的状态、条件等,从而有利于或者阻碍组织目标的实现。

在绩效管理的具体实践中,应采用较为宽泛的绩效概念,即包括行为和结果两个方面。所以,绩效是指企业内员工个体或群体能力在一定环境中表现出来的程度和效果,以及个体或群体在实现预定目标的过程中所采取的行为及其作出的成就和贡献。绩效通常包括两方面的含义:一方面是指员工的工作结果;另一方面是指影响员工工作结果的行为表现、工作过程以及员工素质。简单地说,绩效就是工作结果和工作过程的统一体。

绩效考核是指对员工履行职务职责的程度,以及担任更高一级职务的潜力,进行有组织的并且是尽可能客观的考核和评价的过程。绩效考核作为一种衡量、评价、影响员工工作表现的正式系统,可以起到检查及控制的作用,并以此来揭示员工工作的有效性及其未来工作的潜能,从而使员工自身、企业乃至社会都受益。

二、绩效的结构

在研究绩效内涵的同时,很多学者对其结构进行了探索,进行多视角的研究,其中具有代表性的是卡茨和卡恩提出的三维分类法,他们把绩效结构分为三个方面:第一,加入组织,并留在组织中;第二,能够达到或者超过组织对员工所规定的职责及绩效标准;第三,积极主动地实行组织对员工要求和规定之外的活动,例如,帮助同事、与同事合作、为组织的发展提供建议等。

坎贝尔对美国军队选拔与分类方案进行了一系列的探索性因素分析与验证性因素分析,结果发现了核心技术熟练程度、一般军事熟练程度、努力与领导、自律和保持适宜的军事状态五个绩效维度。坎贝尔等认为,绩效由特定工作任务的熟练行为(在工作的核心技术或任务上的行为表现)、非特定工作任务的熟练行为(在组织中的行为表现)、书面与口语沟通能力、展示努力程度(为了完成组织交办的任务而发挥较高的努力水平,并持续不断地付出)、保持个人自律(如按时上班、遵守公司章程)、促进同事与团队的绩效表现(包括帮助同事解决与工作有关的问题和个人问题,给同事树立一个榜样以及增进同事对组织活动的参与程度)、监督与领导(影响下属的行为)、行政管理(在不与下属直接接触的情况下帮助管理、报告或定义组织目标的任务,如决策、计划、信息加工等心理活动)八个维度组成,每一维度又包括许多更为具体的特征。其中特定任务与行为是区分开来的。

奥根等人提出了组织公民行为、亲组织行为、组织奉献精神等概念,以描述人们的自发性行为。这些概念在提法上存在差异,但都表现为一种行为,都强调组织中的合作和助人,并影响绩效评估的结果。

从以上分析可以看出,研究者均注意到了组织所规定的行为和自发的角色行为都能够促进组织目标的实现,而且这两种行为被区分开来。在自发行为中,组织公民行为、亲组织行为和组织奉献精神等也被予以区分。

伯曼和摩托瓦德罗在总结以往研究的基础上,提出了绩效的二维模型,即任务绩效和关系绩效的概念,从而把这种区别更加明确地表达出来。他们认为,任务绩效是指任务的完成情况,是组织所规定的行为,是与特定工作中核心的技术活动有关的所有行为,包括:(1)直接把原材料等转化为产品或者服务的活动;(2)那些用来维持组织顺利、高效运转的活动,这些活动与组织的核心技术具有密切的联系。关系绩效是指在社会和动机关系中完成组织工作的人际和意志行为,这种行为是自发的,具有组织公民性、组织奉献精神或与特定的任务无关的绩效行为,它不直接增加核心的技术活动,但却为核心的技术活动保持广泛的、组织的、社会的和心理的环境,包括自愿执行职务要求之外的活动、能够尽力完成自己的任务、对他人提供帮助、服从组织的规则和程序、支持和维护组织目标等。

伯曼和摩托瓦德罗提出任务绩效和关系绩效基于以下依据:第一,许多工作结果并不一定是个体行为所致,可能会受到与工作无关的其他因素的影响;第二,员工没有平等地完成工作的机会,并且在工作中的表现不一定都与工作任务有关;第三,过份关注结果会导致忽视重要的过程和人际因素,不适当地强调结果可能会在工作要求上误导员工。

摩托瓦德罗和斯考特的研究以美国空军人员为样本,对其任务绩效和关系绩效进行分析,研究发现,军人的任务绩效和关系绩效独立地对整体绩效起作用,进而通过实证研究,区分了任务绩效和关系绩效。为了了解关系绩效的构成,摩托瓦德罗和斯考特进一步对关系绩效结构进行了研究,将关系绩效分为职务奉献和人际促进两个方面,发现职务奉献和人际促进对整体绩效的影响也很大。

通过采用文献研究方法,康威对伯曼和摩托瓦德罗等人的研究成果进行综合分析,试图将任务绩效和关系绩效的研究拓展到管理实践工作当中。研究发现,关系绩效中的职务奉献独立地对管理职务的整体绩效起作用。

还有一些学者的研究认为,关系绩效的特征维度概括起来主要有:处理工作压力、工作/作业责任感、组织改进建议、提出建设性意见、说服别人接受建议和指导,等等。不同学者关于绩效结构的研究表明,任务绩效和关系绩效不是完全独立存在的,而且这两种绩效的独立程度因所属职务类型不同而有所差异。国内关于绩效结构的研究中,孙健敏和焦长泉提出,管理者的工作绩效可以划分为任务绩效、个体特质绩效和人际绩效三个维度。

奥沃斯和赫斯基斯指出,应在任务绩效和关联绩效的基础上增加员工应对环境变化的适应性绩效(adaptive performance)成分,并通过两个大样本(N=317,N=368)的研究,证实适应性绩效确实独立存在于任务绩效和关联绩效之外。此后,在学术界掀起了有关绩效结构研究的又一个高潮——适应性绩效。相应地,对适应性绩效概念出现了不同的解读:坎贝尔认为是对广泛的、不同类型任务的一种适应性行为;有人理解为个体进行自我管理和学习新经验时所产生的效能(London & Mone,1999);墨菲和杰克逊称之为"角色灵活性",意指适应各种角色所要求的能力总和。适应性绩效能够解释动态变化环境中个体对环境和工作要求的适应性问题。有关适应性绩效的纬度模型,最具代表性的当属普莱克斯等人在前人研究基础上提出的八维模型:(1)创新适应性绩效。动态和变化性的组织工作情境要求个体能够解决非典型的、反常规及复杂的问题。(2)不确定适应性绩效。阿什福德认为,工作情境中的不确定性源自诸多因素,如组织结构的重构、所有权的转移、可获取资源的减少等。(3)学习适应性绩效。(4)人际适应性绩效。(5)文化适应性绩效。随着经济日益全球化以及员工变换工作或组织的日益频繁,在不同文化和环境中完成工作的有效性已被提上日程。(6)物理环境适应性绩效。(7)工作压力适应性绩效。它要求员工在面对压力情境或要求较高的工作任务时,能保持沉着冷静;对出乎意料的信息或情境不会有过激的反应;面临严峻问题时,能采取建设性的解决方法;对待那些寻求帮助的人或事能保持积极的心态,并愿意尽力帮助其摆脱困境。(8)紧急事件适应性绩效。

总之,前人的研究结论为,无论是三维分类还是二维结构等,绩效的结构都变得更丰富,除了任务结构,还包括非任务结构,它可以概括为三个方面:利他人行为、利组织行为以及利工作行为。它可以形成良好的组织氛围,对组织绩效产生积极的促进作用。

绩效结构的提出也深化了人们对绩效的认识,促进了绩效的研究和管理实践的发展。

三、绩效管理的定义

绩效管理,是指各级管理者和员工为了达到组织目标共同参与的绩效计划制订、绩效辅导沟通、绩效考核评价、绩效结果应用、绩效目标提升的持续循环过程,绩效管理的目的是持续提升个人、部门和组织的绩效。该过程关注员工的工作职责、工作绩效如何衡量,员工和主管之间应如何共同努力以维持、完善和提高员工的工作绩效,员工的工作对企业目标实现的影响,并试图找出影响绩效的因素,最后解决问题。

绩效管理与绩效考核是不同的,后者是事后评估工作的结果,而前者是事前计划、事中管理、事后评估。实质上,绩效管理就是针对企业绩效采用一系列科学有效的措施进行管理以提高绩效。美国学者罗伯特·巴克沃认为,绩效管理是一个持续的交流过程,该过程由员工和他们的主管之间以伙伴的关系完成。有效的绩效管理系统就是通过帮助管理者和员工更好地工作来使组织完成其短期或长期目标。

从"绩效考核"到"绩效管理",虽只有两字之差,却蕴涵着管理理念的深刻变革。由于绩效考核中评估者与被评估者处于分离状态,双方对评估的项目、标准和目的各有自己的理解,往往容易造成对信息、知识相互封锁,不利于团队的建设和组织绩效的改善。尤其在今天这样一个竞争日益激烈的信息社会中,其弊端就更为突显。因此,从"绩效考核"到"绩效管理"是人力资源管理发展的必然转变。

可见,绩效管理就是通过持续动态的沟通来真正达到提高绩效、实现企业目标、促进员工发展的管理过程。首先,实施绩效管理的唯一目的是帮助员工个人、部门及企业提高绩效,它是管理者与员工之间的真诚合作,是为了更及时、有效地解决问题,而不是批评和指责员工;其次,绩效管理表面上看关注绩效低下问题,实际上却旨在使企业获得成功与进步;最后,绩效管理需平时投入大量的时间进行,可以做到"防患于未然"。

四、绩效管理的内容

绩效管理的内容可以从工作绩效层面和战略层面展开描述。从工作绩效层面看,绩效管理系统由三个部分组成:绩效的界定、绩效的衡量以及绩效信息的反馈。首先,绩效管理系统要具体说明绩效的哪些方面对于组织来说是最重要的,这主要是通过工作分析来完成的,即分析工作目标和工作职责,这就是绩效计划。其次,通过绩效评估对上述各个绩效方面进行衡量。绩效评估是对员工的绩效进行管理的唯一一种方法。最后,通过绩效信息的反馈使员工能够根据组织的目标来改进自己的绩效。绩效信息的反馈还可以通过借助薪酬系统对绩效优良的员工提供报酬来实现。

从战略层面上看,绩效管理的内容包括绩效计划、绩效沟通、数据收集与问题分析、绩效评估与评价、薪酬管理、员工满意度及积极性、人事决策与调整等。因为绩效管理本身是一个持续的交流过程,它需要由员工和管理者共同协作完成,强调管理者和员工的双向沟通、双向协调,在工作目标方面双方达成一致。在工作进行过程中,管理者针对员工的具体情况进行具体的辅导和监督,帮助员工不断提高工作能力,为达到工作目标而共同努力。

五、绩效管理的层次

企业绩效管理的过程也就是如何密切监控企业运营情况,不断进行反馈控制,使企业向既定的目标迈进的过程。作为一个由不同的部门和人员组成的复杂系统,一个企业内部有各种各样的子系统（部门、流程、团队、员工等），绩效管理关注的焦点在于怎样提高不同领域的工作绩效，使各个层次能够协同工作，共同为企业的战略目标服务。绩效管理的层次可以按照以下两种分类方法划分：

（一）按照考察对象和管理方法分类

按照考察对象和管理方法，我们可以将企业绩效管理分为自上而下的三个层次：组织绩效、部门或团队绩效和个人绩效。

1. 组织绩效

组织绩效指在一定时期内整个组织所取得的绩效。组织绩效所包含的内容随时间的变化发生了一定的演变。20世纪六七十年代，人们大多从财务的角度界定组织的绩效，比如销售额、利润率、投资报酬率等，后来又开始对非财务指标加以重视。到20世纪80年代，在对企业的绩效进行评估时，逐渐形成了一套以财务指标为主、非财务指标为辅的企业绩效评估指标体系。1992年，哈佛商学院罗伯特·S.卡普兰教授和复兴全球战略集团的创始人和总裁大卫·P.诺顿在《哈佛商业评论》上发表了《综合平衡计分卡——良好的绩效测评》一文，为组织绩效评估提供了一个全面的框架，用以把企业的战略目标转化为一套系统的绩效评估指标。这些指标从财务、客户、内部运营以及学习与成长四个方面对组织绩效进行评价，把财务指标与非财务指标、短期指标与长期指标、滞后指标与引导性指标等结合起来，成为目前世界范围内广泛流行的组织绩效评估指标体系。

2. 部门或团队绩效

组织在实现自己战略目标的过程中要履行多方面的职能，从事多方面的活动。为了提高组织运行效率，往往把相近的职能进行合并，组建一定的部门来履行该项职能，把同类专家集中在同一部门以提高专业化水平，实现规模效益；或根据实际任务的需要组建一定的项目小组或工作团队，以提高对快速多变环境的灵活适应和快速反应能力。因此，在组织实现其战略目标的过程中，部门或团队是基本的战略业务单位，部门或团队绩效目标的实现是组织战略目标实现的基础和保证。部门或团队的绩效包括部门或团队的任务目标实现情况以及为其他部门或团队提供服务、支持、协调、配合、沟通等方面的行为表现。在对部门或团队绩效进行评价时，一方面，要从完成工作任务的数量、质量、时限与费用等方面进行评价；另一方面，还要引入内部客户的概念，对组织工作业务流程进行分析，根据不同部门或团队间在工作业务流程中的关系，只要一个部门或团队为其他部门或团队提供产品或服务，那么接受产品或服务的部门或团队就是该部门或团队的一个客户，其他内部客户的满意度也成为该部门或团队绩效的重要组成部分。

3. 个人绩效

部门或团队是由个人组成的，只有充分激发部门或团队内每一个员工的积极性与创造性，才能有效地实现部门或团队的绩效目标。个人绩效指在完成工作目标与任务的过程中所体现出的个人业绩。个人绩效包括任务绩效和周边绩效或关系绩效。

绩效管理的重要工作之一就是将企业的战略逐级分解到部门、流程和个人,只有每个级别和层次的绩效管理工作形成一个有机的整体,一个企业才能有良好的绩效表现。

(二) 按照绩效管理的考核内容分类

按照绩效管理的考核内容,可以将企业绩效管理分为三类:基于特征的绩效管理;基于行为的绩效管理;基于结果的绩效管理。三者相互区别。

(1) 基于特征的考核方法衡量员工的个人特征,如决策能力、忠诚度等。这种方法回答"人"怎么样,而不是"事"做得怎么样。

(2) 基于员工行为的考核方法,主要应用于员工工作完成方式对于组织目标实现非常重要的情况下,是对员工工作过程的考核。如行为锚定等级法就是一种基于员工行为的方法。

(3) 基于结果的考核方法,是事先为员工制定一个考核标准,然后将员工的工作效果与标准进行比较得出考核绩效。现代的绩效考核方法大部分是基于结果的,如目标管理法、绩效标准法等。

第三节 绩效管理系统

绩效管理系统就是管理组织和员工绩效的系统。如同为企业的各种管理系统搭建一个管理平台,绩效管理系统是企业里各种管理系统的纽带,通过它可以验证各管理系统的运作效果。

一、绩效管理系统的内涵

莱文森曾指出:"多数正在运用的绩效评估系统都有许多不足之处,这一点已得到广泛的认可。绩效评估的明显缺点在于:对绩效的判断通常是主观的、凭印象的和武断的;不同管理者的评定不能比较;反馈延迟会使员工因好的绩效没有得到及时的认可而产生挫折感,或者为根据自己很久以前的不足作出的判断而恼火。"实践证明,提高绩效的有效途径是进行绩效管理。因为绩效管理是一种提高组织员工的绩效和开发团队、个体的潜能,使组织不断获得成功的管理思想和具有战略意义的、整合的管理方法。通过绩效管理,可以帮助企业实现其绩效的持续发展;促进形成一个更以绩效为导向的企业文化;激励员工,使他们的工作更加投入;促使员工开发自身的潜能,提高他们的工作满意度;增强团队凝聚力,改善团队绩效;通过不断沟通和交流,发展员工与管理者之间建设性、开放的关系;给员工提供表达自己的工作愿望和期望的机会。所以,越来越多的企业开始构建绩效管理系统。

可以肯定地说,绩效管理是一个连续性的循环系统,即一个由相互作用、协同工作、相互依存的构件组成的，实现某种目标的共同体。绩效管理之所以是一个系统，因为它具备系统的特征。

（一）绩效管理系统有自己的组成构件和共同目标

一般来说，绩效管理系统有四个基本构件，分别是绩效计划、绩效实施与管理、绩效评估、绩效反馈。它们共同的目标是提高绩效。绩效计划就是管理者和员工就目标设定和目标分解达成共识的过程；绩效沟通就是一个管理者和员工双方追踪进展情况，找到影响绩效的因素并得到使双方成功所需信息的过程；绩效评估就是管理者和员工一起评估员工对绩效计划中所定目标的完成情况的过程；绩效反馈就是把绩效评估的结果以面谈的形式反馈到个人，双方通过沟通发现个人、部门甚至整个组织绩效问题的真实原因并解决问题，从而提高绩效的过程。

（二）绩效管理的构件之间相互依存、相互作用

绩效计划是启动绩效管理的关键，在这个过程中，管理者和员工首先分析企业的战略经营计划、本单位的工作计划和上一年的绩效反馈报告，然后就本年度的工作计划展开讨论，就员工该做什么，为什么做，做到何种程度以及如何度量该工作（如形成关键指标体系）达成共识。有了一个好的绩效计划，绩效评估才能有一个好的起点。但是，并不是说在有了绩效计划之后，就等着绩效期结束进行绩效评估，这是员工和组织最容易犯的严重错误。情况不断变化，意想不到的情况随时都可能出现，应该把绩效计划看成动态的，需要随时发现它的不合理和过时之处，以便调整。这个发现和处理问题的过程就是绩效计划的实施与管理过程，该过程最重要的就是保证整个区间内管理者和员工双方之间持续沟通。它是连接计划和评估必不可少的中间环节。接下来是绩效评估，有了详细的绩效计划和持续的沟通，绩效评估应该是一个比较轻松和易于成功的过程，但如果指望仅仅通过绩效评估就能提高绩效，那么一定会失望。因为这并不是绩效管理的终结点，下一步是根据绩效评估提供的线索，分析出现问题的原因并且讨论解决的办法，也就是绩效反馈。到此，一个周期结束，下一个周期的绩效计划紧接着开始。这就是绩效管理的全过程，一个由相互联系、相互依存的四个部分组成的循环系统，而绩效评估仅仅是这个系统中的一个部分。

由此可见，一个高效的绩效管理系统必然是：

（1）一系列管理活动的连续不断的循环过程，具体包括绩效计划、绩效实施与管理、绩效评估和绩效反馈四个环节。往往一个绩效管理过程的结束，是另一个绩效管理过程的开始，通过这种循环，个体和组织绩效得以持续发展。

（2）强调全体员工参与的自下而上的过程。每一个员工都应该设计自己的绩效目标，并与领导达成一致。同时，高层管理者的支持和参与是决定绩效管理成败的关键。

（3）一个强调沟通的系统。具体包括沟通组织的价值、使命和战略目标；沟通组织对每一个员工的期望结果和评价标准以及如何达到该结果；沟通组织的信息和资

源;员工之间相互支持、相互鼓励。

(4) 一个强调发展的系统。通过为每一个员工提供支持、指导和培训,使员工越来越具有胜任特征;每一个员工都应该主动学习,相互学习。所以,绩效管理系统的目标之一就是将企业建成学习型组织。

(5) 强调绩效导向的管理思想,其最终目标是建立企业的绩效文化,并形成具有激励作用的工作气氛。

另外,从管理心理学的角度讲,绩效管理就是一个管理者和员工间持续地双向沟通的过程。沟通按发出信息者与接受信息者的地位是否变换分为单向沟通和双向沟通。两者之间地位不变是单向沟通,两者之间地位改变是双向沟通。美国心理学家莱维特根据实验得出结论,双向沟通比单向沟通准确,并且双向沟通中,接受信息的人对自己的判断比较有信心,知道自己对在哪里,错在哪里。所以,绩效管理应该是一个双向沟通的过程。

首先,绩效计划是一个沟通的过程。绩效管理中的绩效计划不是一个传达过程,而是一个协调组织中的管理者和员工对绩效计划和计划分解达成共识的过程。因为群体中个体差异性的存在,这个过程必然需要沟通。前面已经讲到,绩效计划的实施与管理是一个沟通过程,绩效评估和绩效反馈也不例外。通俗地说,绩效评估就是一个讨论会,会议期间,管理者和员工共同努力,对员工过去一个绩效管理周期的工作绩效情况从开始的意见不一致经过不断沟通最终达成共识。在随后的绩效反馈中,管理者不可能仅凭自己的看法就找到导致产生绩效问题的原因,因为影响绩效管理系统的环境是复杂而多变的。为了更准确地找到原因,管理者不仅要同员工,还要同客户、组织中的其他成员、其他部门的人员甚至是上级主管进行有效的沟通。可以说,绩效反馈和诊断是绩效管理中最具有挑战性的一环,它要求管理者具备沟通、领导和解决问题等方面的高超的管理技能,管理者只有不断地改进与员工交流的方法,才能达到帮助其开发自身技能和改进绩效的目的。综上所述,绩效管理是一个管理者和员工之间持续的双向沟通过程,管理者和员工在这个过程中达到提高绩效的目的。

其次,绩效管理需要人力资源管理部门和其他部门管理者共同参与。一般来说,人力资源管理部门的主要职责有两个,一是创建人力资源管理平台,以建立各种操作系统,即制度建设;二是辅助、监督和评估其他部门按统一的制度实施人力资源管理政策,保证每个员工得到公正的对待。对于绩效管理来说,人力资源管理部门的任务是正确把握绩效管理的方向(如鼓励个人绩效还是团队绩效);合理地制定有关绩效管理的基本政策;确定如何使用绩效评估数据和结果;接受来自各个部门的绩效反馈以及监督各部门绩效管理的执行情况等。显然,所有这些工作只有在部门管理者充分参与和合作的前提下,才能顺利完成,否则,绩效管理就成了空中楼阁。

二、绩效管理系统的内容

绩效管理作为人力资源中的一个子系统,其本身也是一个完整的系统,有着自己独特的工作内容。所以,绩效管理系统也是一个管理循环过程,具体包括四个环节:绩效计划、绩效实施与管理、绩效评估和绩效反馈。绩效管理系统中的几个环节紧密联系、环环相扣,任何一环的脱节都将导致绩效管理的失败,所以在绩效管理过程中应重视每个环节的工作,力求做到完美。

(一)绩效计划

绩效计划是绩效管理系统中的第一个环节,是启动绩效管理和实现绩效管理战略目的的关键。绩效计划在帮助员工找准路线、认清目标方面具有一定的前瞻性。它是整个绩效管理系统中最重要的环节。好的绩效计划也是好的绩效评估的起点。同时,绩效计划也是一个动态的、持续的过程,需要随时发现其不合理和过时之处以便调整。

(二)绩效实施与管理

制订绩效计划之后,被评估者就开始按照计划开展工作。在工作过程中,管理者要对被评估者的工作进行指导和监督,对发现的问题及时予以解决,并对绩效计划进行调整。在整个绩效管理期间,都需要管理者不断地对员工进行指导和反馈。所以说,绩效实施与管理,实质上就是管理者和员工双方持续沟通的过程。这是一种双向的交互过程,贯穿于绩效管理的整个过程。首先,在制订绩效计划时,企业管理者就应该认清目标,分析工作,组织员工参与并加以讨论。其次,在评估过程中,管理者应该与员工双方就计划的实施随时保持联系,全程追踪计划进展情况,及时为员工排除遇到的障碍,必要时修订计划。评估结束后,上下级之间也应该对评估结果进行沟通,以便找出每个人工作的优点及与他人间的差距,并确定改进的方向和措施,然后设定新目标。可见,这是绩效管理系统的灵魂和核心。

总之,通过沟通,企业要让员工很清楚地了解绩效管理制度的内容、制定目标的方法、衡量标准、努力与奖酬的关系、工作绩效评估结果、工作中存在的问题及改进的方法。当然,同时更要聆听员工对绩效管理的期望及呼声,这样绩效管理才能达到预期目的。所以,绩效实施与管理是绩效管理中连接计划和评估必不可少的重要的中间过程,不仅关系到绩效计划的落实和完成,同时也影响到绩效评估的效果。

(三)绩效评估

绩效评估是一个动态的持续的过程,所以必须用系统的观念来考虑其在绩效管理系统中的作用。通常,绩效计划和沟通是绩效评估的基础。只有做好绩效计划和沟通工作,绩效评估工作才能顺利进行。因为只要平时认真执行了绩效计划并做好了绩效沟通工作,评估结果就不会出乎评估双方的意料,最终评估产生分歧的可能性就会很小,也就减少了员工与管理者在评估方面的冲突。

绩效评估的一个重要目的是发现员工工作中的问题并加以改进。所以评估工作结束后,要针对评估结果进行分析,寻找问题,并提供工作改进的方案以供员工参考,帮助员工提高工作绩效。另外,在考核中还应将当前的评估与过去的绩效联系起来,进行纵向比较,从中发现问题和不足,对失败的教训加以总结、改进,对成功的经验加以肯定,并适当推广,将未解决的问题放到下一个循环中,使整个系统呈螺旋上升的态势,使绩效管理体系呈良性循环发展。所以,绩效改进是绩效评估的后继工序。总之,绩效评估不是为了评估而评估,必须能促进员工的发展并能整合为企业的成长。

(四)绩效反馈

绩效管理的过程并不是到了绩效评估就可以结束了,管理者还需要与员工进行一次面对面的交谈。通过绩效反馈,使员工了解管理者对自己的期望,了解自己的绩效,认识自己有待改进的方面。同时,员工也可以提出自己在完成绩效目标过程中遇到的困难,请管理者进行指导。绩效反馈在绩效管理过程中是非常关键的一环。绩效管理强调的是面对面,而不是背靠背,通过这样的方式帮助员工了解自己的工作绩效及存在的问题,以便员工更好地改进,从而提升工作绩效。及时有效的绩效反馈既有利于个人的成长,也有利于企业的发展。

所以,绩效反馈包含两个内容、两个层面。从内容上看,绩效反馈包括对绩效评估结果的分析和对绩效评估结果的应用;从层面上看,包括组织层面和个人层面。

三、绩效评估结果的应用

能否成功实施绩效评估,很关键的一点在于绩效评估的结果如何应用。绩效评估结果如果得不到合理的应用,那么绩效管理对员工绩效和能力提升的激励作用就会大打折扣。

(一)绩效评估结果用于报酬方案的分配和调整

绩效评估结果为报酬的合理化提供决策的基础,使得组织的报酬体系更加公平、客观并具有良好的激励作用,包括:

(1)提薪的标准和提薪的方式;

(2)奖金的标准和分配方式;

(3)为有贡献的人追加特别福利和保险等。

(二)绩效评估结果用于职位的变动

绩效评估结果也可以为职位的变动提供一定的依据。员工在某方面的绩效突出,就可以让其在此方面承担更多的责任;如果员工在某方面的绩效不够好,很可能因为目前他所从事的职位不适合他,可以通过职位的调整,使其从事更加适合的工作。

(三)绩效评估结果用于人力资源战略规划

绩效评估结果能够为组织提供总体人力资源质量优劣程度的确切情况,使其获得所有人员晋升和发展潜力的数据,以便为组织的未来发展制订人力资源规划。

(四)绩效评估结果用于招聘和选拔员工

根据对绩效评估结果的分析,可以确认在招聘和选拔员工时采用何种评价指标和标准,以便提高绩效的预测效度,提高招聘的质量并降低成本。

(五)绩效评估结果用于人力资源开发

根据绩效评估结果,分别满足员工在培训和发展方面的特定需要,以便最大限度地发展他们的优点,使缺点最小化,比如:

(1) 增强培训效果,降低培训成本;
(2) 实现适才适所,才尽所用;
(3) 在实现组织目标的同时,帮助员工发展和执行他们的职业生涯规划。

(六)绩效评估结果用于正确处理内部员工关系

坦率公平的绩效评估结果可以为员工在提薪、奖惩、晋升、降级、调动、辞退等重要人力资源管理环节提供公平客观的数据,减少人为不确定因素对管理的影响,因而有助于营造一种内部员工关系相对单纯、士气积极向上、以业绩为导向的氛围。

(七)绩效评估结果用于员工绩效发展计划

绩效评估结果反馈给员工,使员工改进工作有了依据和目标。在组织目标的指导下,员工不断提高工作能力,开发自身潜能,从而改进和优化工作,这同时也有助于个人职业目标的实现,有助于个人职业生涯的发展。总之,绩效评估结果可以应用在诸多方面,公平高效的绩效评估,无论对组织还是对员工本人,它的益处都是显而易见的。

四、绩效管理系统的环境因素

绩效管理系统并不是一个封闭的系统,而是一个动态的开放系统,有自己特定的环境,包括企业文化、企业战略与经营计划、企业全面预算以及人力资源管理等其他职能。

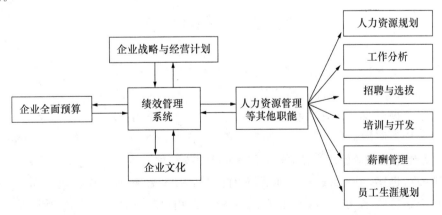

图 9-1 绩效管理系统与环境关系

(一) 企业文化

企业文化是企业长期积累起来的一系列信仰、价值观和行为方式的外在表现。企业文化在两方面对绩效管理有重要意义：一方面，企业文化为绩效管理提供一种道德约束和行为准则；另一方面，绩效管理本身也是企业文化的一部分，也会对企业文化产生很大的影响，可以产生维持和促进现有组织文化的效果。

(二) 企业战略与经营计划

企业战略与经营计划是指企业为实现一定目标而设计的、从各个方面与周围环境相互作用的计划。企业经营计划与企业战略是部分和整体、长期和短期的关系。企业战略与经营计划是通过绩效计划同绩效管理联系起来的。绩效计划首先分析企业战略与经营计划，然后把计划分解成各个小目标落实到各部门，再落实到每个员工身上。反过来，从绩效管理中得到的信息也影响着战略和经营计划的制订。

(三) 企业全面预算

目前，大部分管理者对全面预算概念的理解仅限于财务预算，同时亦以为财务预算的制定是财务部的工作。实际上，整个战略与经营计划均会体现在财务预算上。财务预算的范围不仅包括销售收入及利润水平的预测，还包括销售收入预算、费用与成本预算、需要配套的固定资产采购预算、人力资源管理中的工资预算和人数预算等内容。如果只有预算的制定而缺乏预算的监控，整个企业的运作就会跟预算脱钩。绩效管理系统的执行可以有效地对预算进行监控。因为绩效管理系统中目标值的来源大部分取自预算中的数字，由此可见绩效管理系统与预算关系的密切程度。如果要做好绩效管理，企业必须有一套完善的预算系统。

绩效管理系统的环境因素除了企业文化、企业战略与经营计划、企业全面预算之外，人力资源管理的人力资源规划、工作分析、招聘与选拔、薪酬管理、培训与开发、员工生涯规划等也是重要的影响因素。人力资源管理是一个系统，各个模块之间密切联系，相互影响。

第四节　平衡计分卡

绩效考评方法一直是绩效管理的重要内容，绩效考核的具体方法种类繁多，例如，目标管理法、关键业绩指标法、强制分布法等。2009 年，国务院国资委印发了《关于进一步加强中央企业全员绩效考核工作的指导意见》(以下简称《意见》)。《意见》鼓励中央企业采用经济增加值(EVA)、平衡计分卡(BSC)、360 度反馈评价、关键绩效指标(KPI)等先进的绩效管理方法，深入推动全员绩效管理。改革开放 40 多年来，中国国有企业发展迅速，企业管理水平逐渐与国际接轨，中央企业的绩效管理工作也基本上和跨国公司接轨，走在前沿。其他公司也在学习、引进、实施国务院国资委推荐的绩效管理方法。平衡计分卡关注企业使命、愿景、战略，提出过程和结果、现在和未来的平衡,把战略、指标、执行融为一体,与东方管理学的基本理论、太极真我论、阴阳平衡论、五行系统论不谋而合,所以,在绩效管理方法中,我们重点介绍平衡计分卡。

一、平衡计分卡的主要内容

平衡计分卡由罗伯特·S.卡普兰和大卫·P.诺顿于1992年共同提出。平衡计分法将企业的战略放在中心,将企业的战略转换为可被理解、交流和行动的指标方案,与绩效管理密切结合。卡普兰重视平衡计分卡的平衡理念,他在美国和中国介绍平衡计分卡时,也直接画出太极图来表达"平衡观"。

在工业时代,为促进和监督企业的财务资本和实物资本的有效分配,许多大企业建立了财务控制系统,使用的主要是单一财务指标,如经营利润、资本报酬率、资产收益率、资产负债率、流动比率、速动比率以及每股盈余等,这些指标在评价经营部门绩效和为管理者提供决策方面曾发挥重要作用。但随着信息时代的到来,企业竞争日益激烈,若企业仅仅提高生产效率和内部管理水平,不可能获得持续的竞争优势,还要考虑诸如企业市场份额、同行企业的竞争能力、客户保持度、客户满意度、企业的经营和创新能力以及雇员满意程度等外在因素,单一的财务指标体系已不能满足企业绩效评价的要求,因此,一套新的、科学的企业绩效评价体系——平衡计分卡,在这种形势下应运而生。

所谓平衡计分卡就是从财务、客户、内部运营、学习与成长四个维度,将组织的战略落实为可操作的衡量指标和目标值的一种新型的绩效管理系统。设计平衡计分卡的目的,就是要建立"实现战略制导"的绩效管理系统,从而保证企业战略得到有效的执行。平衡计分卡是加强企业战略执行力的最有效的战略管理工具。从图9-2可以看出,平衡计分卡既包含财务指标,又涉及顾客满意度、内部业务流程及员工能力(学习与成长)三个方面的业务指标,这三个方面的业务指标是未来财务绩效的驱动器。在平衡计分卡的实施过程中,通过将战略进行转换、沟通与教育、建立个人计分卡、实施战略、战略反馈与学习等过程,可以有效地进行绩效管理,将绩效管理与战略实施结合在一起。

(一)财务方面

公司财务性绩效指标能综合地反映公司绩效,可以直接体现股东的利益,因此一直被广泛地应用于对公司的绩效进行控制和评价,并在平衡计分卡中予以保留。常用的财务性绩效指标主要包括净资产收益率、总资产周转率、资产负债率、营业收入增长率、现金流量和经济增加值(剩余收益)等。财务性指标是结果性指标。

(二)顾客方面

随着买方市场的形成,以客户满意为中心已成为大多数企业最基本、最重要的经营理念之一。平衡计分卡要求管理者把自己为客户服务的承诺转化为具体的测评指

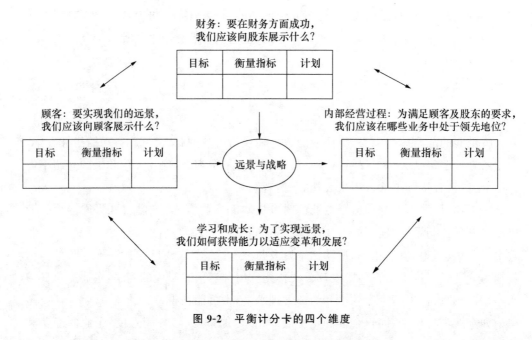

图 9-2 平衡计分卡的四个维度

标,这些指标应能反映真正与客户有关的各种因素。一般来说,客户方面的测评指标主要包括客户获取度、客户满意度、客户保持度、客户忠诚度、客户盈利能力以及市场份额等。但是,这仅从表面反映了企业客户方面的绩效,为了企业长远的发展,还必须从整个业务流程中树立真正体现为客户创造价值的理念,即从产品的市场定位、设计、生产、销售及服务等各个方面着手,从时间、质量和价格等多方面满足客户的要求,从根本上吸引、保持客户,具有稳定的客户群,提高企业的市场竞争能力。

(三)内部经营过程方面

公司财务性绩效的实现、客户各种需求的满足以及股东价值的追求,都需要靠企业内部良好的经营来支撑。一般而言,企业的内部经营过程包括创新、经营和售后服务、政策法规四个方面。平衡计分卡中用来衡量创新能力的指标主要有新产品开发所用时间、新产品销售收入占总收入的比例、损益平衡时间、成果转化能力等;衡量经营能力的指标主要有时间、成本和质量;用来衡量售后服务能力的指标主要有产品退货率、产品维修天数、售后服务一次成功的比例、客户付款时间等。

(四)学习和成长方面

企业员工的学习与成长可视为前三个方面的推进器与培育器。一般来说,企业员工的学习和成长主要体现在人力资本、信息系统和组织资本这三个方面的资源上。反映人力资本方面的指标主要有员工的满意程度、稳定性、创新性等;反映信息系统的指标有信息系统、数据库和网络基础设施能力等;反映组织资本的指标有企业文化、领导力等。

一套完整的平衡计分卡体系的内容包括:(1)公司战略地图;(2)公司层面平衡

计分卡、公司领导绩效计划;(3)部门层面平衡计分卡、部门领导绩效计划;(4)公司绩效指标库;(5)绩效管理流程:绩效计划编制流程、绩效计划调整流程、KPI信息收集流程、绩效考核流程、考核申诉流程;(6)绩效管理制度;(7)绩效管理流程表单;绩效计划调整申请单、KPI指标收集表、KPI指标汇总表、KPI指标提供表、述职报告、考核申诉单等。

二、平衡计分卡的实施步骤

平衡计分卡的实施主要可分为以下步骤:

(一) 制定企业远景目标与发展战略

平衡计分卡贯穿于企业战略管理的全过程。由于应用平衡计分卡时,是把组织经营战略转化为一系列的目标和衡量指标,因此,平衡计分卡对企业战略有较高的要求,企业应在符合和保证实现企业使命的条件下,在充分利用环境中存在的各种机会和创造机会的基础上,确定企业同环境的关系,规定企业从事经营的范围、成长方向和竞争对策,合理地调整企业结构和分配企业的全部资源,从而使企业获得竞争优势,制定适合本企业成长与发展的远景目标与发展战略。企业战略要力求具有适合性、可衡量性、合意性、易懂性、激励性和灵活性。

企业所处生命周期阶段的不同导致其战略会有很大的差异。所以制定企业的发展战略应注意企业所处的发展阶段。通常,成长期企业的战略主要是通过开发产品或服务来赢得市场和客户,构建企业发展所需的各方面,以期获得长期的回报;维护期企业的战略主要是提高生产能力,保持或增加市场份额,获得丰厚的利润;成熟期企业的战略主要是收获前两个阶段中投资所产生的利润。

平衡计分卡还能为管理层提供就经营战略具体交流的机会,促使管理层对战略进行重新审视和修改。同时,因为战略制定和战略实施是一个交互式的过程,在运用平衡计分卡评价组织经营绩效之后,管理者了解战略执行情况,可对战略进行检验和调整。

(二) 把组织经营战略转化为一系列的衡量指标

平衡计分卡是一个战略实施机制,它使组织的战略和一整套的衡量指标相联系,弥补了制定战略和实施战略间的差距。为了使企业战略得到有效实施,可把组织战略转化为财务、客户、内部运营、学习与成长四个方面。

1. 为重要的财务性绩效变量设置衡量指标

企业财务性绩效指标能够综合地反映企业绩效,可以直接体现股东的利益,表明计划与设想的实现对提高利润有很大的贡献。因此,它一直被广泛地应用于对企业绩效进行控制和评价,并在平衡计分卡中予以保留。

财务性绩效指标是平衡计分卡指标设置的第一步,它一般位于平衡计分卡的最上端,因此财务指标的设置也是非常重要的一步,往往会对其他维度指标的设置产生重大的影响。由于平衡计分卡的各项指标来自企业的战略转换，所以在设置财务指标时，应结合企业的战略重点认真思考，使设定的财务指标与企业的财务性战略目标保持一致。

在设置财务指标时，对处于不同生命周期的企业可以尝试从盈利/收入、成本与生产力/效率、资产使用状况三个维度进行考虑。盈利/收入是指通过增加产品与服务的提供、获得新顾客或市场、调整产品与服务的结构以实现增值，以及重新确定产品与服务的价格；成本与生产力/效率则是指降低产品与服务的所有相关成本；资产使用状况是指关注企业的运营资本水平，通过新业务利用空闲的生产能力，提高资源的使用效率及清除盈利不足的资产等。应当注意的是，企业处于不同的生命周期，财务目标在上述三个维度的关注点也是不一样的，推导出的具体指标也具有很大的差异。例如，处于高速成长期的企业在盈利/收入方面关注的是销售收入的增长，而处于收割期的企业关注的则是不同产品线的盈利情况。

2. 为重要的客户绩效变量设置衡量指标

从客户角度的平衡计分卡来看，管理者必须定义企业希望加入竞争的目标市场。目标市场包括现有和潜在的客户。然后，管理者设计一些衡量指标来追踪企业在目标市场上创造客户满意度和忠诚度的能力。客户观点通常包括一些与客户忠诚度相关的核心或普通的衡量指标。这些输出指标包括客户满意度、客户印象、新客户需求、客户盈利能力和在目标市场上的份额等。这些客户衡量指标对各种企业来说都很普遍，企业可以进行个性化的选择，使其适合企业盈利最多、增长最快的目标客户群。比如客户满意度、客户印象、客户忠诚度和市场份额只适用于那些希望成为产品或服务市场上重要提供者的企业。

一般在设定客户类指标时应考虑的两个维度是客户核心成果度量和客户价值主张。客户核心成果度量是对企业在客户、市场方面要获得的最终成果的度量，它包括很多企业都希望采用的五个方面：市场占有率、老客户保有率、新客户增加率、客户满意度和客户利润率（见图9-3），这五个方面有着内在的因果逻辑关系。客户满意度支持着老客户保有率、新客户增加率和客户利润率，而老客户保有率和新客户增加率则支持着市场占有率。

客户价值主张代表企业通过产品和服务所提供给客户的属性，是核心客户成果量度的驱动因素和领先指标。因为只有关注客户的真正需求、价值主张，企业才能获得良好的客户方面的成果。这个指标设置的目的是满足目标市场中的客户忠诚度和满意度等方面。客户价值主张的目标与指标主要关注于企业的产品和服务的价格、速度、属性、客户关系、形象与声誉等，不同的行业、不同的客户群体对上述要素的关注点是不同的。卡普兰与诺顿将其归纳为三个方面：产品与服务特征、客户的关系、形象与声誉。产品与服务特征反映的是产品与服务的属性，包括产品与服务的质量、价格与性能等多方面的要素；客户关系要求企业提高交货的速度与售后服务，其中包括对客

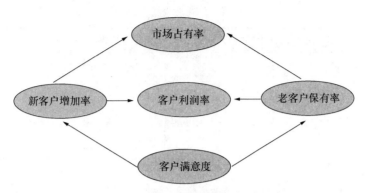

图 9-3　客户核心成果度量因果关系链

户需求的反应时间、交货时间及察觉客户购买产品的感觉三个方面;而形象与声誉则是吸引客户购买企业产品的两个抽象因素,除了取决于前面两个方面外,它还取决于企业在品牌与形象方面的建设。

3. 为重要的内部业务流程绩效变量设置衡量指标

从内部业务流程角度来看,管理者必须建立企业在实施其战略时所有的重要内部流程。内部流程代表企业完成任务的处理过程;交付能够吸引和保持目标市场上客户的价值变量;满足股东财务回报的需求。因此,内部业务流程指标应该关注对客户满意度和完成企业财务目标有重大影响的流程。

每个企业都有一套独特的客户创造价值和产生超额财务回报的流程。内部价值链提供了一个便利的模型,帮助企业制定其目标与内部业务流程。一般的价值链包含运营流程、创新流程、法规与社会流程、客户管理流程这四个主要的业务流程(见图 9-4)。

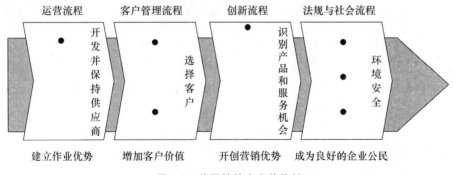

图 9-4　共同性的企业价值链

运营流程是从企业接受订单开始,直至向顾客发售或提供服务的整个活动过程。它包括接受订单、采购、生产加工、交货等活动。这些流程强调效率、连贯、及时性。我们可以从质量、数量、时间、成本等方面制定相关的衡量指标,如处理过程中的缺陷率、产出比率(产出的产品与投入的原材料之比)、产品批量、原材料整理时间或批量生产准备时间、存货率、订单发送准确率等指标(见表 9-1)。

表 9-1　运营流程指标示例

运营流程中的核心内容之一：开发并保持供应商关系	
流程目标	可能涉及的指标
降低获得成本	获得材料和服务的作业成本、采购成本占采购总价的百分比、电子化采购的百分比等
获得适时交付的供应能力	交货及时率、订单迟到率、供应商直接将订货送到生产流程的百分比等
开发高质量供应商的能力	送货免检的供应商百分比、到达订货中每百万件的次品数或次品率等
运用来自供应商的新理念	来自供应商的创新数量
实现供应商伙伴关系	直接向客户提供服务的供应商数量
外包成熟、非核心产品和服务	外包关系数量、外包伙伴的标杆绩效

客户管理流程是指企业为选择客户、获得客户、保留客户、培育客户而进行的有效活动。客户管理流程的核心内容主要包括三个方面：如何选择客户、如何获得客户、如何保留客户。涉及的指标如战略客户数量、非盈利客户百分比、品牌认知度等（见表 9-2）。

表 9-2　客户管理流程指标示例

客户管理流程中的核心内容之一：客户选择	
流程目标	可能涉及的指标
了解细分客户	细分客户的盈利贡献
筛选非盈利客户	非盈利客户百分比
瞄准高价值客户	战略客户数量
管理品牌	客户的品牌认知度和偏好
说明：避免掉进试图成为所有可能客户的最佳供应商的陷阱！	

创新流程是指企业通过市场调查了解顾客目前与未来的需要，决定是否设计和开发新的产品（或进行产品改良）的过程。管理者对市场进行调研的主要内容是市场的容量、客户偏好的特点、目标市场的价格敏感度，如企业在市场上领先的产品数量、新上市产品的销售程度等（见表 9-3）。

表 9-3　创新流程指标示例

创新流程中的核心内容之一：新产品上市	
流程目标	可能涉及的指标
新产品快速上市	从试产到全面实现产能的时间、再设计循环数量、新产品上市数量
新产品有效生产	新产品的制造成本、消费者对新产品的满意度、新产品制造流程产量等
新产品有效营销、分销和销售额	新产品六个月销售收入、新产品脱销或毁约次数

法规与社会流程越来越受跨国企业和国内大型企业重视。企业为了获得在其生产和销售的社区持续进行经营的权利，必须遵守所在国家和地区为企业经营活动设定的有关环境、员工健康和福利、雇用和招聘活动的标准。一般来讲，社会与法规流程主要涉及四个方面，见表 9-4。

表 9-4　社会与法规流程关注的四个方面

社会与法规流程的四个重要方面	流程目标
环境	能源和资源消耗、污水和废气排放、固体废物处理、产品环境影响
安全和健康	减少安全生产事故、职业劳动安全、劳动保护等
雇用和招聘	对象的多样性、招聘失业者
社会责任	社区计划、联合非营利组织

采用平衡计分卡评估企业内部业务流程的方法与传统的方法有很大的差异。传统的方法希望监控和改善现有的业务流程，其指标不但包括财务指标，还有一些质量和时间尺度方面的指标，但是它们主要还是关注于现有流程的改进。相反，平衡计分卡可以建立全新的流程，使企业能够满足客户与股东的需求。例如，通过平衡计分卡，企业可以开发一个新的流程来预测客户需求，提供新的客户服务。平衡计分卡还能够将创新流程融合到内部企业流程中。创新流程对大部分企业来说，是一个强大的未来利润驱动器。平衡计分卡的内部业务流程可以将创新流程和运营流程的目标与衡量方法结合起来。

4. 为重要的学习与成长变量设置衡量指标

企业的学习和成长过程包括人力资本、信息系统和组织资本三个方面。

第一方面是人力资本。只有充分发挥员工的积极性和创新能力才能使企业立于不败之地，使用的指标包括：(1) 员工满意度。员工满意是提高生产率、市场占有率的前提条件。评价可采用年度调查或滚动调查的方法进行。调查指标可分为决策参与程度、工作认可程度、创造性的鼓励程度、充分发挥才能的程度以及对企业总的满意程度等，可结合职工的稳定性和创新性考虑。

(2) 员工的稳定性。该指标以保持员工长期被雇用为目标。因为企业在员工身上进行了长期投资，员工辞职则是企业在人力资本投资上的损失，尤其是掌握了企业经营过程的高级雇员。该指标通过主要的人事变动百分比计量，尤其是高级雇员的人事变动是考核的重要指标。

(3) 员工的创新性。该指标反映企业的发展潜力，可用员工每年申请的专利或研制出的非专利技术数计量，也可用员工获得的奖金额计量。日本部分企业的员工每年的创新奖金超过了他们的年工资，这充分鼓励了员工的创新性。

第二方面是信息系统，包括信息系统、数据库和网络基础设施能力等。信息系统的生产能力可以通过及时准确地把关键客户和内部经营的信息传递给制定决策和工作的一线员工所用的时间来计量。

第三方面是组织资本,是企业执行战略所需的发动并持续变革流程的组织能力,用来检查员工激励与全面的企业成功因素及内部经营提高率的情况。组织资本一般包括文化、领导力、协调、团队精神等几个方面。在平衡计分卡中,组织资本衡量指标中的文化是执行战略所需要的使命、愿景和价值的意识和内在化;领导力是指调动企业朝着战略发展的各级高素质领导的可获得性;协调是指组织各级的战略与目标、激励协调一致;团队精神是知识、员工资产与战略潜力的共享。

依据上面步骤,把组织经营战略转化为一系列的衡量指标,我们可以建立一个绩效衡量指标体系(见图9-5)。在对考核指标的把握上宜注意以下几个方面:宜精而不宜多;宜敏感而不宜迟钝,能被有效量化;宜明确而不宜模糊;宜关键而不宜空泛,要抓住关键绩效指标。同样,在设置平衡计分卡的衡量指标时也遵循SMART原则,即具体的(specific)、可衡量的(measurable)、可达到的(attainable)、相关的(relevant)和有时限的(time-bound)。

(三) 将战略与企业、部门、个人的短期目标挂钩

平衡计分卡中的目标和衡量指标是相互联系的,这种联系不仅包括因果关系,而且包括结果的衡量和引起结果的过程衡量的结合,最终反映组织战略。绩效考核指标选定后,则需要确定每一指标所对应的具体目标。为了有效避免出现企业战略目标、部门计划目标、个人绩效考核目标的纵向矛盾,以及各部门间计划的横向不和谐,我们要进行战略目标分解。

战略目标分解可以按以下原则来实施,即将战略与部门、个人的目标紧密挂钩。在战略目标分解过程中,要求在保证企业目标实现的前提下层层分解,并在分解过程中上下沟通,达成共识,从而形成上下一致、左右协调的绩效考核目标。目标分解过程为首先由员工和上级协商制定考核目标,然后以这些目标作为绩效考核的基础。它是一个循环的过程,这个循环过程以设定共同的企业战略目标开始,经过循环最终又回到这一点。在制定目标时,员工与上级进行讨论、回顾和修改,并最终使双方都满意。员工在设定目标的同时,还必须制定达到目标的详细步骤。在考核时,由于目标数据已经可以取得,因此可以评定员工完成目标的程度。在此期间,当取得新的数据或其他方面的数据时,可用以修正目标。在一个评估期间结束时,员工用所能得到的实际数据对其所完成的工作进行自我评估。"面谈"即上级和员工一起对考核结果进行分析,找不足之处,以便改进。最后一个步骤是回顾员工工作与企业工作之间的联系。

为了使制定绩效考核指标的目标取得成功,企业应该将此看成整个管理体系的一个重要组成部分,而不单单是上级工作的附加部分。上级必须和员工共同制定目标。在实际操作过程中,应注意以下几点:

(1) 上级和员工必须愿意一起制定目标。数据显示,这种目标的制定过程能使员工的工作绩效提高10%~25%。这一过程之所以起作用,是因为它能帮助员工将精

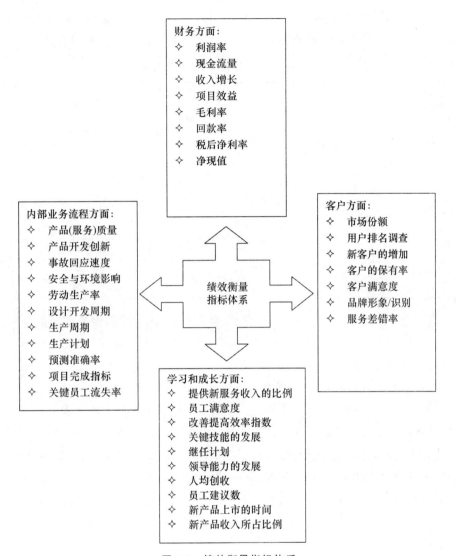

图 9-5 绩效衡量指标体系

力集中在重要工作上,并促使员工对自己完成的工作负责。另外,这一过程也建立起一个自动反馈系统,因为员工可以经常依照目标对工作进行自我评估。

(2) 目标应该是长期和短期并存,且可量化、可测量。同时,在制定目标时还必须说明实现目标的步骤。

(3) 预期的结果必须在员工的控制之中。

(4) 目标必须在每一个层次上都保持一致。

(5) 上级和员工必须留出特定的时间来对目标进行回顾和评估。

(四) 战略的具体实施、反馈和中期调整、修正

完成了绩效考核指标和目标的确定之后,系统科学的绩效考核内容设定体系便形

成了。很有必要制定《绩效考核——工作计划表》(如表9-5),将员工绩效考核内容书面记录下来,作为绩效考核的依据。

表 9-5　绩效考核——工作计划表

岗位名称			岗位编号			
姓名			绩效期限			
视角	关键绩效指标(KPI)	衡量标准	计算方法	权重	数据来源	备注
财务						
客户						
内部业务流程						
学习和成长						
本人签字:　　年　　月　　日						

在计划的实施过程中,上级要及时有效地检查监督,并根据内外情况的变化作出合理的调整。为了计划的有效实施,企业应建立畅通的反馈渠道,使员工在实施过程中所遇到的问题能够被及时解决。

(五)建立健全的考核体系,并根据平衡计分卡的完成情况进行奖惩

建立健全的考核体系,将员工奖金、晋升、教育培训等与员工所完成平衡计分卡的情况直接挂钩,形成有效的管理回路。在薪酬结构方面,应设绩效考核和年终奖金,对平衡计分卡完成好的员工进行奖励,对完成不佳的员工进行惩罚;在教育培训方面,对优秀员工进行提高性深造,对不佳者进行强制性学习;在晋升方面,建立优胜劣汰、能上能下的机制,即能者上、庸者让、平者下。通过平衡计分卡的实施评价员工的绩效和能力,激发员工的热情和潜力,最大限度地开发和利用企业的人力资源,从而提高整个企业的绩效水平。

三、平衡计分卡的优势

相对于其他几种新兴的企业绩效评价体系,平衡计分卡具有独特的优势即"平衡观"和"战略观"。它不仅是一种企业绩效的评价体系,更为重要的是,它作为企业的战略管理系统而存在。

(一)平衡计分卡的"平衡观"

第一,它平衡了外部衡量指标(如股东与顾客)和内部衡量指标(如内部运营、技术、学习、创新与成长等);第二,它平衡了成果衡量指标(如利润、市场占有率)和动因衡量指标(如新产品开发投资、员工训练、资讯设备更新等);第三,它平衡了顾客衡量指标(如利润、员工流动率、顾客抱怨次数)和主观衡量指标(如顾客满意度、员工忠诚

度等);第四,它平衡了公司横向(各功能部分)和纵向(各级管理层)的关系,使它们都能作为一个整体来行动;第五,它平衡了有形资产衡量指标(如利润、资产收益率)和无形资产衡量指标(如客户满意度、员工忠诚度等);第六,它平衡了短期衡量指标(如利润)和长期衡量指标(如研发费、员工培训费等),保持了战略、行为和度量的一致性。"平衡"的贡献,概括地讲就在于防止"失衡"。

平衡计分卡通过在观念、组织、管理等方面建立平衡机制,能有效防范失衡现象的发生。

(1) 多元思维。认识的深度与广度取决于认识对象的范围。因而,如果把思维限制在某一类范围之内,对企业发展规律的认识和把握就狭小有限。没有正确的认识,就没有正确的衡量,也就没有正确的管理和战略。平衡计分卡多方面平衡的贡献在于它引导各管理者超越了内部目标、短期目标,提高了他们在新经济时代下对企业发展规律认识的广度和深度,为企业组织创新、制度创新、管理创新奠定了基础,进而使组织的整体效率获得显著提高。同时,平衡计分卡也引导投资人在对企业价值的认识上,不仅仅局限于审视历史财务数据所体现的历史财务结果,而更多地去关注影响企业未来发展的动力、活力和竞争力等其他重要因素。

(2) 多元有机协调。如本书所述,影响企业发展的要素有很多,但是,平衡计分卡不是将这些要素简单地罗列在一起,而是有机地挑选、整合,否则,就仍然会出现信息冗余的典型现象。平衡计分卡可以使管理者将注意力集中于少数几个关键指标。平衡计分卡有四个组成部分,每部分大多有 5—6 个关键指标,总体一般控制在 20 个指标左右。这些指标是经过精心设计的,是有助于实现企业的战略目标的,且各目标和测评指标存在内在的逻辑关系,彼此之间存在一定的因果关系,从而能有效防止企业机能失调行为的发生。

(3) 多利益群体兼顾。当今社会越来越多的利益团体要求企业管理当局对众多的、经常存在冲突的委托责任负责,这些利益团体包括员工、顾客、政府、新闻界等。既然管理当局作为资产的受托人对诸多方面负有受托责任,它们就有必要提供多方面的信息以说明其工作绩效,解除其受托责任。利润是衡量企业成功与否的重要尺度,但不是唯一的尺度,其他方面的尺度还有战略目标的完成情况和管理能力的高低,包括市场占有率、劳动生产率、产品先进性、人力资源开发情况、对社会问题的关注程度以及对社区的影响等。平衡计分卡则迎合了这一需要。

(4) 多角度评价与激励机制。建立在平衡计分卡基础上的激励机制,较之基于传统的财务指标体系的激励机制更加全面、客观、公允。客观、公正对待被评价者会提高其努力工作的积极性,也会提高其对企业资源配置的整体效率。

(二) 平衡计分卡的"战略观"

传统的评价体系包括作业和管理控制系统,它们都由成本和财务模式驱动,是围绕财务评价和财务目标建立起来的,与公司实现长期战略目标关系不大。由于它过分强调短期财务评价,从而在战略的设计和实施之间留下缺口,造成战略制定和战略实施严重脱节。一些调查表明,对于用来制定和评价战略的信息,大部分都被认为是拙劣或平庸的,数据的大部分内容不能突出关键问题;提供给高级管理人员的业务视野也很狭窄,使主管人员过于专心致志于经营,而不关注策略和发展方向,结果使得公司在和竞争对手竞争过程中行动迟缓、举步艰难,难以取胜。如果说这种缺口和脱节在工业化时代还算不上是致命的话,信息时代则不能容忍这种缺陷的存在。20 世纪 80 年代以来,激烈的国际竞争和全球化的经营战略使得公司的管理者迫切认识到,必须重组与战略实施密切相关的决策过程、管理结构、绩效评估和激励政策,并努力获取今天及明天与战略目标息息相关的信息。平衡计分卡成功地揭示并解决了传统经营绩效评估系统的严重缺陷,紧紧围绕公司的战略目标,并将公司的长期战略和短期行动联系起来。平衡计分卡通过把公司的战略、任务和决策转化为具体的、全面的、可操作的目标和指标,而变成激励、传播、沟通、团结和学习的多功能战略管理系统。卡普兰和诺顿曾多次强调平衡计分卡的战略观,其中具有代表性的是发表在《哈佛商业评论》中的文章《把经营绩效平衡表作为战略管理体系的基石》。经过多年实践,证明了战略观是平衡计分卡的成功之处和核心优势所在。可以说,战略观进一步提升了平衡计分卡的价值。

平衡计分卡的战略观具体体现在远景目标战略化、战略目标具体化、战略实施团队化以及增强具体有战略意义的反馈和学习等方面。

1. 远景目标战略化

企业应立足自身制定远景目标及可实现的战略。在当今的竞争环境中,诸如质量、市场占有率、及时供货、创新、顾客满意度、高质量的员工队伍、生命周期等要素,已被视为影响企业竞争力的重要战略要素。平衡计分卡的四类目标及具体评估指标体系吸纳了上述重要的战略性要素。例如,美国一家公司的远景目标是:作为客户欢迎的供货商,我们应该成为行业的领导者,这是我们的使命,并由此构建公司的战略目标。该战略的五个要素是:超出需要的服务;高水平的顾客满意度;安全性、设备可靠性、灵敏性和成本效率的不断提高;高素质的员工;实现股东的预期。

2. 战略目标具体化

企业应将战略目标转化为详细的、可操作的具体目标和行动。如为了确定财务目标,必须考虑究竟是注重收入、市场扩张和盈利能力,还是注重现金流动的生成。从客户角度来说,必须明确在哪些客户群体和市场中竞争。如果战略目标为"作为最受客户欢迎的供应商",则应向客户提供出色的服务,那么对于什么是出色的服务和谁是选定的客户,就要予以明确。有时,平衡计分卡还将公司战略规划与年度预算编制过程相结合,从数量上予以估计和反映。

3. 战略实施团队化

平衡计分卡实施的效果和水平的提高,不能仅仅依靠几个决策人员,而必须调动全体员工的生产和管理积极性。要保证全员参与,则要注重对战略目标和评价方法在各个层次上的传播与沟通,使上至总经理下至每一位员工,都十分明确战略、平衡计分卡和自己的日常工作三者之间的密切关系,清楚自己在企业战略中的作用与贡献,从而保证战略理解和战略实施的一致性和彻底性,进而有效地实现企业目前及长远的经营目标。

4. 增强战略反馈和学习

面对信息时代的快速变革和高度不确定性的特征,卡普兰和诺顿积极倡导增强平衡计分卡实施过程中的战略反馈和学习。它要求及时获取反馈结果,包括已计划好的战略是否正在被严格贯彻执行,以及该战略是否仍是可行的战略、成功的战略。前者是单循环的反馈与学习过程,后者则是结合既定计划所依据的假设条件及客观环境发生的变化所进行的反馈与学习。这一动态的、双循环的反馈与学习系统进一步提高了平衡计分卡的战略性,使企业能及时追踪、把握不断变化的新环境下的新机遇,同时摆脱、规避新环境下的新威胁和新风险,不断提高企业在激烈竞争环境下的适应能力和竞争能力。

四、平衡计分卡的特点

平衡计分卡反映了财务与非财务衡量方法之间、长期目标与短期目标之间、外部与内部之间、结果与过程之间、管理绩效与经营绩效之间的平衡等多个方面,所以能反映组织综合经营状况,使绩效评价趋于平衡和完善,利于组织长期发展。

正因为如此,平衡计分卡突破了传统以财务作为唯一指标的衡量方法,做到了多个方面的平衡。平衡计分卡与传统评价体系比较,具有如下特点:

(一)平衡计分卡为企业战略管理提供强有力的支持

随着全球经济一体化进程的不断加快,市场竞争的不断加剧,战略管理对企业持续发展而言越来越重要。平衡计分卡的评价内容与相关指标和企业战略目标紧密相连,企业战略的实施可以通过对平衡计分卡的全面管理来完成。

(二)平衡计分卡可以提高企业整体管理效率

平衡计分卡所涉及的四项内容,都是企业未来发展成功的关键要素,通过平衡计分卡所提供的管理报告,将看似不相关的要素有机地结合在一起,可以大大节约企业管理者的时间,提高企业管理的整体效率,为企业未来成功发展奠定坚实的基础。

(三)注重团队合作,防止企业管理机能失调

团队精神是一个企业文化的集中表现,平衡计分卡通过对企业各要素进行组合,让管理者能同时考虑企业各职能部门在企业整体中的不同作用与功能,使他们认识到某一领域的工作改进可能是以其他领域的退步为代价的,从而促使企业管理部门作决策时从企业整体出发,慎重选择可行方案。

(四) 平衡计分卡可增强企业的激励作用,扩大员工的参与意识

传统的绩效评价体系强调管理者希望(或要求)下属采取什么行动,然后通过评价来证实下属是否采取了行动以及行动的结果如何,整个控制系统强调的是对行为结果的控制与考核。而平衡计分卡则强调目标管理,鼓励下属创造性地而非被动地完成目标,这一管理系统强调的是激励动力。因为在具体管理问题上,企业高层管理者并不一定比中下层管理者更了解情况,所作出的决策也不一定比下属更明智,所以,由企业高层管理者规定下属的行为方式是不恰当的。另一方面,目前企业绩效评价体系大多是由财务专业人士设计并监督实施的。但是,由于专业领域的差别,财务专业人士并不清楚企业经营管理、技术创新等方面的关键性问题,因而无法对企业整体经营绩效进行科学合理的计量与评价。

(五) 平衡计分卡可以使企业信息负担降到最低

在当今信息时代,企业很少会因为信息过少而苦恼,随着全员管理的引进,当企业员工或顾问向企业提出建议时,新的信息指标总是不断增加。这样,会导致企业高层管理者处理信息的负担大大加重。而平衡计分卡可以使企业管理者仅仅关注少数而又非常关键的相关指标,在保证满足企业管理需要的同时,尽量减少信息负担成本。

五、平衡计分卡的实施条件和企业特征

平衡计分卡的成功实施,依赖于企业的管理水平、信息化程度、员工素质水平等,要求企业有一定的实施条件。

(一) 管理质量高

企业管理质量要高,管理要达到程序化、规范化、精细化,使企业战略的每一个层次都能有效实施,最后达到预期的目标。

(二) 信息度高

企业应提供自动化的方法,对纳入平衡计分卡解决方案中的所有数据加以收集与摘要,并使用现有的营运、分析及通信工具,使信息准确、可靠、及时。

(三) 员工素质水平高

员工素质水平影响平衡计分卡实施的效果,特别是高层和中层管理者的素质。

(四) 对战略目标的合理分解

对企业战略目标的合理分解,是平衡计分卡成功实施的关键。对企业战略目标要进行层层分解,转化成一系列可衡量、可实施的具体目标,并在实施中期作合理的调整与修正。依据平衡计分卡的内部特性和实施条件,在有以下特征的企业实施平衡计分卡,能提高实施的成功率和有效性。

1. 战略导向型企业

战略导向型企业引进了战略管理理念,对战略的制定与分解及有效实施都有较为丰富的经验,这为平衡计分卡的实施奠定了良好的基础。

2. 竞争激烈、竞争压力大的企业

竞争激烈、竞争压力大的企业采用平衡计分卡系统，有助于实施的决心与力度的加强，并有利于提高企业的整体实力和竞争优势。

3. 注重管理民主化的企业

注重管理民主化的企业采用平衡计分卡具有畅通的渠道。在平衡计分卡的实施过程中，对企业战略进行分解，要求企业注重民主化。只有如此，才能使战略分解合理，使实施过程中员工所遇到的问题能够及时反馈到高层，并得到解决。

4. 成本管理水平高（使用作业成本法）的企业

成本管理水平高的企业，注重企业成本的有效控制，有效确定了财务指标，从而在客户、内部业务流程、学习与成长的管理上得到突破。

六、平衡计分卡有待进一步实践和完善

平衡计分卡是一个全新的企业绩效评价系统。从已实行该系统的美国企业来看，大都收到了良好的效果，得到了较高的评价。像美孚公司美国营销与炼油分公司，自1994年起，从企业到企业内部各有关专业公司和服务部门，再到员工个人，都全面实施平衡计分卡，有效地推动了全公司及各单位经营业务的顺利开展。但就总体来说，平衡计分卡这种绩效评价系统还处于实验过程中，还需要在更广泛和更长时间的实践中加以补充和完善，有些问题仍需要探索和研究。例如，平衡计分卡中的评价指标与原有的企业日常绩效指标系统是何关系，它们之间有无重叠和矛盾的地方；对平衡计分卡中的一些目标、指标，究竟应如何进行具体评价和考核，特别是对那些像客户忠诚度和满意度、员工满意度之类的指标，如何进行定量评价；从企业到各经营和服务单位再到员工个人，在制订平衡计分卡的各项目标和指标时，如何协调和保持它们之间的平衡、统一；平衡计分卡绩效的评定如何同奖励联系，实现有效激励，等等，所有这些都有待进一步探讨和解决。

平衡计分卡在西方企业组织中的应用已经取得初步成功并产生了很好的领先示范作用。但中国企业与西方企业在战略意识、组织结构、管理体制、企业文化等方面都存在较大的差异，所以要想根据中国企业的实际情况，修正出一套符合中国企业的平衡计分卡，还有很长的路要走。

七、平衡计分卡系统建设前期准备的流程

构建平衡计分卡的前期准备活动要按照一定的先后顺序开展。

（1）第一步，组建平衡计分卡的推进团队。在前期的准备活动中，首先要做的是建立一个推进团队。这个推进团队一定要能保证对平衡计分卡建设具有强有力的推动力，只有当平衡计分卡系统建立起来后，才能解散这个团队，将平衡计分卡日常运作

的监控与维护交给固定的部门或团队。

（2）第二步，编制平衡计分卡建设的推进计划。在组建推进团队后，推进团队就要制订平衡计分卡建设计划。该计划一般会制订得比较详细，计划中对每一个活动在什么时间完成、责任人是谁、产出的成果是什么等都应当有清楚的界定。

（3）第三步，平衡计分卡建设前期调查。为了了解企业绩效管理的现状，有必要组织一次大面积的前期调查活动，调查最常规的手段是访谈和问卷调查方法，当然在后面的步骤中还可以通过调阅资料来获得一些有关企业绩效管理的信息。

（4）第四步，进行前期宣传，组织培训与学习。为了获得企业全体人员的支持、参与并理解整个平衡计分卡的建设，推进团队还要做好实施的宣传工作并组织相关人员（特别是企业中高层管理者）参加培训与学习。

（5）第五步，收集所需的信息资料并进行战略分析。在开始构建平衡计分卡之前，要收集相关信息。这些信息资料既包括公司战略、财务、生产、质量等方面的信息，也包括企业所处行业等外部环境方面的信息。信息的来源也分两个方面：企业内部与企业外部。在完成资料收集后，就需要进行战略的分析工作，它是有效制定企业战略的前期必要条件。

八、实施平衡计分卡应当注意的问题

平衡计分卡作为企业的一种战略管理模式，是对欧美先进企业管理经验的高度概括和总结；是20世纪末21世纪初现代企业战略管理模式的一种创新和进步。但并不等于说它是包治百病的万灵药方，现代企业管理中遇到的一切问题都可以通过它来解决。因此，我们实施平衡计分卡时，应当注意处理好以下四个问题：

（一）建立的平衡计分卡体系要符合企业实际

平衡计分卡是一种全新的企业绩效评价系统，尽管实施该种方法的企业取得了良好的效果，但是，应该看到其推行的难度。例如，平衡计分卡中的评价指标与原有企业的日常绩效指标体系是何关系，它们之间有无重叠和矛盾的地方；平衡计分卡中的客户忠诚度与满意度、员工满意度之间的平衡与统一问题，等等。同时，在推行时极可能遇到企业文化的阻挠等，因此，要想在企业建立平衡计分卡，必须密切结合企业实际。

平衡计分卡体系的建立涉及企业的各个部分，它将企业、各部门、个人的积极性联系起来达到一个共同的目标。然而，不同的企业有不同的背景和战略任务，所以，平衡计分卡四个层面的目标及其衡量指标也就各不相同。即使目标相同，其衡量指标也可以不一样。另外，不同企业指标之间的相关性也不同。因此，盲目模仿或抄袭其他企业的平衡计分卡，非但无法充分发挥平衡计分卡的优势，反而会影响对企业绩效的正确评价。所以，建立平衡计分卡体系时，必须在企业内外进行沟通和联系，开发出具有自身特色的、符合企业实际的平衡计分卡。

（二）要理顺平衡计分卡指标体系之间的逻辑关系

平衡计分卡四个方面中，财务方面把企业战略量化为一套被广泛认可的测评指标；客户方面将组织的战略与各部门及个人的目标联系起来；内部经营方面要实现企业流程改进、产品创新、合乎法规的目标；学习与成长方面是反馈与学习，随时反映学习心得，使企业能及时修补战略。它们之间不是相互独立的，而是一条因果链，展示了绩效和绩效动因之间的关系。比如，为改善和提高企业经营绩效，就必须提高财务方面的计量指标，财务方面绩效指标的提高是现有消费额不断增加和现有顾客保持忠诚的结果。要做到这些，必须使产品或服务赢得顾客的信赖；要使顾客信赖，必须提供顾客满意的产品，为此需改进内部生产过程；要改进内部生产过程，必须对员工进行培训，开发新的信息系统。

（三）平衡计分卡的执行要与奖励制度结合

平衡计分卡关系企业的方方面面，涉及企业的各个子系统和分支系统，要设计出科学可行的平衡计分卡，并得到很好的实施，离不开企业全员参与，因为平衡计分卡的应用不但涉及企业未来发展和整体利益，而且也涉及每一个岗位、每一个部门，乃至每一个员工的工作和切身利益。企业中每个员工的职责虽然不同，但是，使用平衡计分卡会使大家清楚企业的战略方向，有助于群策群力，也可以使每个人的工作更具有方向性，从而增强每个员工的工作能力和效率。为充分发挥平衡计分卡的效果，需要在重点业务部门及个人等层次上实施平衡计分卡，使各个层次的注意力集中在各自的工作绩效上。这就需要将平衡计分卡的实施结果与奖励制度挂钩，注意对员工的奖励与惩罚，使激励制度与绩效评价互为依托。一方面，平衡计分卡绩效评价为企业对员工的奖励与惩罚提供了依据；另一方面，企业的激励制度又会使平衡计分卡绩效评价变得更有意义。

（四）应及时进行调整

平衡计分卡形成后并非一成不变，在实施过程中，可能会出现一些不合理、不完善的地方，需要及时进行修正和调整。

战略地图是描述和沟通企业战略的动态可视工具，当实现企业战略目标中的各种关键要素及其因果关系被清晰地描述出来后，可以方便企业对战略目标和衡量指标的制定和管理。企业经营发展的最终目的是保证股东价值的增加，而要实现股东价值的增加，就必须持续保持企业利润的增长。通过战略地图对实现企业战略目标因果关系的描述，面对目前日益激烈的国内外市场，企业要实现利润的增长，在增加国内外销售收入的同时，更要加强对各种成本费用的控制，不断提高产品的盈利能力以及新产品开发能力。而新品开发能力则是企业核心竞争力的重要体现，也是企业持续保持利润增长的重要手段。

企业产品在国内外市场上的占有率代表企业财务目标的收入来源，而不断提高客户满意度的目的就是保持和增加企业产品在国内外市场上的占有率。在内部运营方面提高客户管理水平、产品性能、产品质量和缩短新产品上市周期对一级市场开发、客户满意度提升有着直接的影响。在员工学习与发展方面,企业在做好人才梯队管理的同时,也必须关注员工整体素质的提升,加强员工培训与教育是提升员工整体素质的关键。员工满意度也是企业需要关注的,改善企业的薪酬福利管理和文化沟通氛围是提高员工满意度的关键要素。企业只有重视人才梯队建设和员工素质的提升,不断提高员工的满意度,才能获得良好的运营表现。

通过上面的介绍可以发现,平衡计分卡不仅仅是一种绩效评价体系,更是一种企业战略管理系统,中国石油、国家电网、上海汽车集团的一些下属公司等都在认真推行平衡计分卡,其中国家电网浙江富阳区供电有限公司2003年开始与上海慧圣咨询有限责任公司合作引进平衡计分卡,中国石油华北油田分公司2008年开始与上海慧圣咨询公司合作引进平衡计分卡。

中国石油宁夏石化公司构建全员绩效管理系统

中国石油宁夏石化公司(以下简称"宁夏石化")在"统筹当前、兼顾发展;绩效是核心、区块展优势;量化考核、关联互动;层层分解、全员共担"的原则指导下,经过多轮的探讨与研究,最终建立了具有宁夏石化特色的平衡计分卡体系:公司和65个部门的平衡计分卡和因果关系图,公司绩效考核指标432个,部门绩效考核指标1236个。形成了"岗位靠竞争,收入凭贡献"的良好机制,全体员工心态积极、精神饱满、主动勤奋。平衡计分卡将战略目标具体化为动力指标,引导员工朝着企业的大目标努力。

一、优化绩效管理体系的背景

绩效管理作为企业发展的指挥棒,指挥着员工如何"做正确的事"以及"正确地做事"。以前的观念是"别老坐在这里了,赶快去干活吧",而现在人们更多提倡"别忙着干,先坐下来想一想"。相比较而言,后一句话更发人深思,因为它告诫人们在做一件事情的时候不要忙乱,而是要想好了再做,这样才能保证始终在做正确的事情,而不仅仅是把事情做正确。

宁夏石化顺应科学管理的趋势,于2008年年底与上海慧圣咨询有限责任公司密切合作,建立以平衡计分卡为核心的全员绩效管理系统。全员绩效管理系统的建立将战略指标化了,将考核系统化了,将责任量化了。全员绩效管理系统的实施提高了员工的满意度,激发了员工工作和学习的积极性,将公司的管理水平提升到一个新的台阶,这些都得益于公司卓有成效的全员绩效管理。

说到绩效与分配,很多人都知道七僧分粥的故事。有七个僧人,要分一小桶粥,为了公平,开始轮流执勺,结果只有在自己分粥的那天才能吃饱。后来为了改善这种情况,大家推选出一个德高望重的高僧来分,时间一长,人人都去讨好他,搞得四分五裂。不得已,成立了三人分粥委员会,但又出现了互相扯皮,粥凉了却开不了勺,人人怨声载道的情况。最后,有一僧人出一招,让分粥者拿最后一碗,从此,粥分平了,大家快快乐乐、和和气气的。这个故事很好地折射了分配方面的艺术。自古以来就有"不患寡而患不均"的说法,不公平就容易导致分崩离析、人心涣散。这个故事也给企业人力资源管理部门一个警示,企业的绩效和分配要力求公正、公平。而在巍巍贺兰山下的宁夏石化演绎了这样一个转变的故事,宁夏石化用自身的行为践行着这样一个理论:绩效是分配的基础,分配追求的是公平,而不是平均,平均主义是一种不公平的表现。宁夏石化的全员绩效管理体系追求的就是这样一种公平。

先进科学的管理使得宁夏石化在同行业企业中总是"高人一等",而以平衡计分卡为核心的全员绩效管理就是宁夏石化先进科学的管理方法之一。正是这样一项卓有成效的管理措施造就了宁夏石化蒸蒸日上的景象:熹微的晨光中,工人们一丝不苟地巡检,聚精会神地监控,专心致志地擦拭,一双双眸子里是朝阳一样的目光……

构建以平衡计分卡为核心的全员绩效管理体系,从计划经济到市场经济,随着改革开放的深入开展,中国经济实现了巨大的转型,宁夏石化和所有的国有企业一样在时代的变迁中沉浮,伴随着阵痛,宁夏石化自我剖析,自我反省,不断追求更新更好,摒弃落后过时,如此才能在今天笑看风起云涌。

回首来时路,宁夏石化也有过百病丛生的过往。宁夏石化先后经历两次重组,先是 2005 年 12 月,原宁夏石化公司、宁夏化工厂重组整合为宁夏石化公司;后是 2008 年 12 月,按照集团公司党组的决策部署,宁夏石化公司、宁夏炼化公司又重组整合为新的中国石油宁夏石化公司。

随着机构合并,各项工作逐渐深入,宁夏石化在绩效考核方面的问题也日益突显。2008 年年底完成重组整合后,宁夏石化规模实力大幅跃升,业务由原有的单一业务变成化肥和炼化并行。但是化肥业务和炼油业务从装置运行到经营类别再到风险责任及承受力各个方面都存在差异,且各自都有自己的绩效考核体系,两套绩效考核体系有不同的设计思路、奖项设置,考核方式也不统一。同时,由于历史原因,化肥业务和炼油业务人均奖金收入存在较大差距,人员流动存在困难,无法做到人员共享。这对企业的稳定融合、员工激励机制的形成都带来了很大的困扰。

由于分配的不合理,生产一线的岗位对于员工来说没有任何吸引力,相反大家对后勤部门则是趋之若鹜。几乎每个月都有一线的员工写申请要调到后勤部门去,员工从后勤到一线的流动几乎为零,结果导致公司一线员工缺员而二三线冗员增加的人力资源分配不合理的局面。

由于没有科学有效的考核机制,干好干坏一个样,干多干少一个样,辛勤的付出没有得到等值的回报,极大地挫伤了员工的工作积极性,员工没有积极性,也没有危机感,企业发展死气沉沉,毫无生机可言,优秀人才严重流失,引进难度也大,整个企业仿佛一潭死水。而长久以来，国企员工铁饭碗的思想根深蒂固，都希望最好相安无事，没人想要打破这种"一团和气"的局面，很多因素决定了在国有企业要进行人事改革是一项难上加难、任重道远的事业。重新制定分配标准，就意味着所有人都要卷入这场变革之中，牵一发而动全身，对全体员工的最根本的利益调整，意味着有些人要失去既得利益，有些人手里的铁饭碗也许就会端不住。

这种情况，雍瑞生总经理看在眼里，急在心间，他深知没有科学统一的绩效考核体系，就谈不上企业一体化的发展，更不可能保证企业和谐、稳定的发展大局。为了企业的前途和命运，他意识到重组后的宁夏石化必须充分发掘人力资源的价值，统一企业的发展战略，提升整体绩效。这既是企业跨越式发展的需要，更是为集团公司综合性国际能源公司建设提供支持。最终，以雍瑞生为代表的宁夏石化领导班子决心要进行一场轰轰烈烈的大变革，而这样的改革面对重重阻力，如何迈出、迈好这一步需要一番细细思量。如果改革方案设计不合理、不完善，不仅不会解决现有的问题，而且还会造成员工思想上的新波动。

二、引进平衡计分卡

摩拳擦掌的群情激荡背后是冷静的思考，公司领导对于公司原有的两套绩效考核体系没有盲目地一概否定，他们清晰地意识到原有的体系在当时也对公司各项工作起到了极大的促进作用，在新一轮的改革中要取其精华，去其糟粕，广泛地吸收两套体系中良好的思路和方法。同时更重要的是，引进更加先进、科学的管理手段，建立科学合理、先进统一的全员绩效考核体系。

有了方向，还需要工具，选择什么样的管理工具才适合宁夏石化呢？平衡计分卡吸引了宁夏石化公司领导们的眼球。中国石油集团人力资源部绩效处多次组织绩效管理专题培训，要求各分公司使用平衡计分卡。平衡计分卡体系的核心是"平衡"，包括经济指标和非经济指标之间的平衡、内部指标和外部指标之间的平衡、滞后性指标和前置性指标之间的平衡、短期指标和长期指标之间的平衡。平衡计分卡由财务类、客户类、内部运营类、学习与发展类四大类指标构成。它发展到今天已经成为一套完整的管理体系，作为新的战略管理体系基石，为管理人员提供了全面的框架，用来把企业战略目标转化为一套系统的绩效测评指标，是一个有助于企业取得突破性进展的管理体系。这正是宁夏石化目前所需要的，而且平衡计分卡在一些世界五百强企业中发挥的良好效果，让宁夏石化的领导们决心实施。

作为一项前沿性的科学管理工具，平衡计分卡专业性强、理论性强，必须由专业性的人才来系统化地实施。再加上企业刚刚重新组合完成，企业的基础发生了重大的变化，要实施管理变革首先要做的就是搞清楚企业管理的现状，其次要系统优化。在这样复杂多变的情况下，通过没有利益关系的第三方团队来实施，更能增加实施的公信力，同时也更具有说服力。于是，宁夏石化与人力资源管理咨询经验丰富的上海慧圣咨询有限公司后达成合作协议，按照平衡计分卡管理体系建设的要求，结合企业重组的背景和当前生产经营状况及今后的发展战略,按照营造高标准的人力资源管理体系的目标,确立了三年的工作计划。

平衡计分卡体系的建构是一个系统工程,将以前隶属于两种业务、两个企业的5400名员工纳入一个系统集中管理,这本身就是一个需要全面覆盖、利益平衡的人力资源技术创新。既不能浅尝辄止,畏首畏尾,又不能急躁冒进,引发不稳定因素。宁夏石化立足重组整合实际,采取从上到下、循序渐进的工作思路,从沟通宣导和培训支持入手,明确方向和手段,先期构建公司整体发展战略地图和公司层面平衡计分卡,在此基础上成立了专门的联合工作小组,从人力资源管理的基础工作——工作分析做起,运用科学的方法,先后梳理工作流程、细化部门岗位配置、开展岗位评估、构建任职资格体系、建立各职能部门、生产装置单位平衡计分卡,最后建立岗位绩效考核 KPI 指标,在总体框架下,实现公司战略目标的层层分解,确保考核体系的完整性和实用性。

1480名员工的访谈、1356份工作分析问卷、1259份岗位说明书、65个单位的部门职责、100多幅岗位配置图等大量的基础性工作为平衡计分卡的推行奠定了扎实的理论依据和群众基础。

三、全员绩效管理体系的运行

思想决定行动,行动决定结果。为了更有序地推动以平衡计分卡为核心的全员绩效管理体系的运行,雍瑞生总经理提出"先固化、后优化、再强化"的改革思路。在前期深入细致的调研基础上制定方案,通过规章制度先将行为固化,接着在实际应用中加以优化,最后逐步强化带动理念的提升、习惯的养成。在这个思路指引下,宁夏石化采取了铿锵有力的行动来实践和优化平衡计分卡这一科学管理体系。

(一)领导重视、有效宣贯

宁夏石化领导班子的变革决心是显而易见的,目的是清晰明确的。领导班子要求各级管理团队充分参与,并阐述了对新管理方法的理解。雍瑞生总经理亲自参加关于平衡计分卡的所有重要会议,参与公司战略地图、平衡计分卡绩效管理体系的研讨。公司副总经理陈坚、邹敏亲自主持关于指标和指标值的选择、考核办法的确定的讨论,并要求主要业务处的处长参与。这样的讨论会议一开就是三四天,为的是让各方充分发表己见。对于实施中遇到的问题,公司召开领导班子会议直接商议解决办法。高层领导的率先垂范和直接参与对全体员工而言,是一种表率,也是一种督促。从领导的言行中,员工感受到的是领导坚定的决心,从而倾注更多的热情,投身于这样的改革行动中。

不仅要知其然,还要知其所以然,宁夏石化的领导深知,要想将平衡计分卡推行好、利用好,只有高层领导的以身作则是不够的,要在全公司推行该管理办法,就要让所有员工认识它、理解它并接受它,观念的转变和培养是平衡计分卡管理体系能否顺利推进的关键。但是观念的改变岂是一朝一夕之间可以实现的,首先需要的是理念的灌输。因此在平衡计分卡管理体系推进期间,公司累计组织了上千人次,历时4个月的理念培训,掀起了一场观念变革的狂风暴雨。

为了让所有员工全面细致地了解平衡计分卡,公司邀请长期从事平衡计分卡研究和领导工作的专家先对公司高层领导进行培训,先后组织了18次专题培训;对于一般的管理人员、科级及以上管理人员进行了大面积的宣贯培训。例如,上海交通大学的颜世富教授针对平衡计分卡的由来、理念、变革、效果等问题进行了多角度、多层次的有效培训;中共中央组织部长期负责平衡计分卡试点工作的周省时从政府各个部门实施平衡计分卡的效果等方面进行了详细阐述。

这一系列的专家讲座和培训,如一缕春风吹进了宁夏石化员工的心田,大家开始对平衡计分卡管理体系有了清晰的认识,逐渐明白了平衡计分卡的合理性和科学性。同时还充分利用内部报纸、广播、电视进行连续宣传,将培训内容编辑制作成录像资料,在通勤车上反复播放,利用一切可以利用的资源和方法,在最大的范围内对员工进行培训宣贯,实现全员覆盖。

(二) 全员参与

"全员参与"是全员绩效管理成功的一个关键因素。员工是企业的主人,宁夏石化的管理体现的是一种"以人为本"的思想,并落到实处,不管是安全管理、"5S"管理还是绩效管理,员工始终是管理体系推动的主力,公司充分尊重并重视员工的参与。

改革路上的每一步都有员工代表的脚印。在开始构建平衡计分卡体系的时候,岗位说明书的撰写、岗位价值的评估、部门经营难度系数的评估等基础工作都有员工代表的参与,尤其是关于直接影响绩效奖金系数的部门经营难度系数和岗位的评估,就邀请了43名员工代表参与。由于他们的参与,管理方案才真正做到客观、公正,代表员工的利益,体现员工的诉求,也才能得到广大员工的认可和接受。

指标分解和指标体系构建是绩效管理体系的核心和关键。指标犹如一面旗帜,是大家奋勇争先的方向,是企业发展前进的动力,更是绩效考核的核心。绩效落实到具体的生产经营活动中,就是看得见、摸得着的指标。指标时时刻刻体现在生产经营活动中,因此要科学谨慎设定指标。要让指标得到认可和执行,最好的方法就是让部门和员工参与指标设计的过程。在具体的实施过程中,各个部门在工作小组的指导下,先自行设计所在部门目标因果关系图和部门平衡计分卡,上交初稿后,公司组织由生产运行处、机动设备处、科技处、规划计划处、质量安全环保处、企管法规处、财务处、人事处等相关部门人员和工作小组参加的专题研讨会。经过多次讨论和反复修改,最终形成了公司和65个部门的平衡计分卡和因果关系图,涉及的公司绩效考核指标432个,部门绩效考核指标达到1236个。

公司和部门的考核如此,基层单位的考核更是如此。一线车间也都设立了专门的绩效考核小组,每年都会收集本车间人员对绩效考核的意见和建议,群策群力,共同将绩效考核体系不断优化。

(三) 稳步推进、不断优化

平衡计分卡体系建立以后,首先在2010年从尿素一部、一联合车间等单位试行。

推行之初也遇到各种困难,开始在一联合车间推行平衡计分卡的时候,一些老员工也有怨言:"年轻人才上班几年啊,我们都和他们父辈差不多了,怎么能和他们用同一个系统来衡量呢?"他们觉得自己作为老员工就应该拿得比年轻人多。但是实行平衡计分卡体系后,一些年轻人表现比较突出的,反而拿到更多的奖金。开始一两个月的时候老员工还觉得无所谓,不就是一个月几十块钱嘛,后来慢慢时间长了之后,这些老员工也开始转变自己的观念了,各项工作做得更好了。绩效考核体系的不断推进,让员工认识到绩效考核不是一场"运动战",而是一场"持久战",需要在生产运营过程中不断地推进、不断地优化。

试点之后开始在全公司范围内推行,为了让全员绩效管理体系得到有效的执行,公司还建立起配套措施和制度,要求每一个考核指标的管理跟踪部门必须建立相应的绩效考核信息管理台账和管理办法,并且公司定期组织相关部门人员对指标考核信息进行监督、检查,对虚报、漏报的行为进行处罚,确保绩效考核的真实性。公司每月、每季都会定期对指标进行分析总结,要求各个部门对上一考核周期指标完成情况进行汇报,对未完成的指标进行原因分析并在规定时间内制定相应的改进措施。

公司的人事部门不但积极推动现有绩效管理体系的执行,还定期根据集团公司的要求和企业的发展情况,对指标、权重等进行调整和优化。

(四) 切合实际、勇于创新

任何先进、科学的管理方法要发挥作用都必须贴合企业的实际。由于宁夏石化重组了炼油和化肥两大业务板块,且两大板块原有绩效存在诸多不同,为了企业的发展又必须将两大业务融合,经过宁夏石化领导班子和上海慧圣咨询有限公司的充分研讨和论证,提出将"部门经营难度系数"作为不同业务、不同部门绩效奖金发放的一个重要依据,从而将炼油和化肥两大业务的各个部门整合到一个体系之下。

部门经营难度系数是在科学评价公司生产经营情况的基础上,通过建立包含安全责任、业务复杂性、经济责任、管理影响、看管责任、管理幅度、主营业务关联度、劳动生产率八大主要因素和若干子因素的多维度的部门评价体系,实施科学测评而得的系数。部门经营难度系数一方面充分考虑各单位对公司的价值贡献和作业难度、风险等因素;另一方面,系数的评价也充分尊重员工的意见。部门经营难度系数的评估是由员工代表43人、部门领导45人以及慧圣咨询的专家共同组成评估小组进行的,最终确定系数从 0.9—1.85 共 13 个等级。

推广平衡计分卡之后,在公司内部引起了较大的反响,当然也会遇到一些阻力,这些阻力的来源大多是因为有些部门认为,本部门的经营难度系数被低估。面对质疑声,公司采取了一系列细致入微的工作:一是细致到位的思想政治工作;二是敞开员工流通渠道,员工可以通过竞争到任何一个想去的部门;三是对自认为低的单位给予自我展现的机会,从而提高经营难度系数。同时,让每个部门自我展现部门的重要程度,由员工代表打分决定是否需要调整。经过一段时间的推行之后,运用部门经营难度系数进行评估这一创新之举真正达到了既实现各业务部门的融合，又保证员工思想稳定的目的。大部分员工反馈，部门经营难度系数"划得很好、很合理"。

在运用部门经营难度系数进行评估的同时，公司还对每个岗位进行了科学的岗位评估，借力慧圣咨询的科学测评软件，由员工代表、部门领导以及慧圣咨询的专家共同组成的评估小组，进行了为期21天的全封闭式、全过程公开的评估。岗位评估为每个岗位赋予体现其岗位价值的分数，为岗级薪级的确定奠定了基础。

这其中又有另一个问题，即全员绩效管理如何与杜邦安全管理和"5S"管理等其他管理体系融合。

为了切合这一实际情况，公司在新的部门平衡计分卡考核指标体系中，不但融合了公司QHSE体系和内控体系指标，还将杜邦管理和"5S"管理的推进完善工作纳入考核，借助考核指标的导向作用，促进安全环保、"5S"现场管理等各项管理的同步提升。实践证明，绩效考核对这些管理体系和制度的推进起到了助推作用。

目前，宁夏石化的安全管理已经发展到自主管理阶段，然而，安全管理系统的成功推行离不开绩效考核的推动和稳定。现在在宁夏石化，被评为自主管理班组的每个员工每月可以享受公司发放的100元补贴，而且该补贴可以一直享受，直到该班组评估被取消自主管理班组为止。对自主管理班组来说，这100元的补贴所代表的荣誉远超过金钱本身的价值，然而在制度执行初期，这100元补贴的激励作用也是显而易见的。公司开始规定不准闯红灯、坐车要系安全带、上下楼梯扶扶手等安全制度初期，都是通过绩效考核来监督的。正如公司人事处某领导所说的，最开始坐班车大家都没有系安全带的习惯，觉得很麻烦，为了强化大家的意识，公司人事处就组织运输队等相关部门成立联合小组进行检查，在班车行进的沿途，不定时地让班车停下来，检查人员上去检查。不系安全带就要被扣分，刚开始的时候很多人都是看到人来检查了就匆忙地系上。但是，后来系安全带的行为慢慢地就变成一种习惯。逐渐地，习惯养成之后就成为一种素养了。

制度的推行和被接受需要时间和过程，然而更需要有约束和推动作用的"隐形的手"，绩效考核就是这样一双"隐形的手"。

宁夏石化在全员绩效管理实施过程中的另一创新点是实行"区块化考核"。经过公司领导和慧圣咨询的共同研讨，根据业务的相关性等因素将宁夏石化划分为六大区块：化肥、炼油、生产保障、机关管理、矿区服务、对外劳务。公司对区块进行考核，区块对所属部门进行考核，部门对岗位进行考核，通过这样逐级考核的模式，将公司的发展战略传递到每个岗位。

各区块分块考核，分块提奖，激励各区块充分挖掘自身潜力，以区块效益最大化确保公司整体效益的最大化。同时，各区块设区块考核小组，考核责权下移，激发各部门绩效管理的自主性。同时，区块间设置共担指标，如机关区块与业务区块指标共担，生产系统的绩效决定了机关绩效，以绩效为纽带把部门联系起来，有效打破了部门协作壁垒,增强了组织协同能力。

个人业绩既影响本部门绩效奖,又联动本区块绩效奖,影响其他区块绩效奖,最终成为公司绩效水平的基础。这一创新将六个区块紧密联系在一起,将整个公司组成一个有机整体。通过平衡计分卡全员绩效考核体系的协同整合,改变了以往遇到问题各扫门前雪的局面,提高了部门间的协作能力,使整体合力进一步增强。这样的全员绩效管理体系实施后,员工对自己的价值贡献有了更深刻的体会,集体荣誉感更强了。

(五)考评严格、执行有力

绩效考评是绩效管理的核心环节,所谓绩效考评即根据绩效考核指标和目标,进行考核数据的收集,并依规则进行打分的过程。

宁夏石化的绩效考核指标体系包含定量指标和定性指标,其中,定量指标主要覆盖效益类、营运类及学习发展类指标,而定性指标主要是服务类指标和控制类指标。对于不同的指标类型。公司采用不同的考评方式,力求真实有效地体现部门或岗位的价值目标。

定量考核适用于易量化的结果性指标,即通过将绩效目标实际完成的结果与绩效计划设定的目标值进行对比,算出绩效指标得分。

定性评价适用于不易量化的行为、过程性指标以及胜任力要素。尤其适用于对管理类、技术业务类员工的绩效评价,这类员工工作的结果难以通过量化的形式表现出来,且效果的显现具有一定的滞后性,因此通过定性指标来衡量就越发体现出绩效考核的公正性。定性评价分为以下两种形式:主管评价指标和通用胜任力模型。各岗位设主管评价指标,运用360度反馈评价方式,对本岗位工作表现进行评价,考评周期为月度。通用胜任力模型主要是对影响岗位绩效的深层次胜任力特征进行评价,考评周期为年度,考评方法为360度反馈评价方式和评价中心方式,两种方法互为补充。运用360度反馈评价方法能够评估他人感知到的被评估人胜任力表现,而评价中心方式能够有效测量被评估人实际胜任力水平。

通用胜任力模型是建立在"冰山模型"基础上的,通过对胜任力进行考核,可以有效避免过去一些人"劳而无功"或者"磨洋工"的现象,引导员工往能创造更高绩效水平的方向努力,不仅督促员工不断提高个人的能力素质水平,而且为暂时落后的员工指明了努力的方向,可谓一举两得。尤其对于管理岗位而言,对胜任力进行评估和考核,能够有效地避免出现"优秀的基层工作人员提拔上来做管理人员后就变得平庸了"的现象。因为不同职类的人员所需的胜任力要素不同,对于管理者来说,沟通能力、团队建设能力等都是非常重要的,然而这些能力在基层岗位或技术类岗位的重要性却不是那么突出。公司通过构建胜任力模型,为不同职类匹配了相应的胜任力要素,为公司把合适的人才安排到合适的岗位提供了依据。

有了科学的考评方法和规则,还需要有"严格执法"的"执法者"。在宁夏石化,这些"执法者"就是各个层级的考核者。考核历来都是件费力不讨好的事情,执法不严,员工会不满,执法太严,员工也会抱怨。所以在企业里,尤其是在国企里,"老好人"就成为很多考核者经常扮演的角色,秉持着"你好,我好,大家好"的观念,考核大多沦为形式主义,难以真正发挥绩效考核的激励和导向作用。然而在同样也是国企的宁夏石化,"执法必严"已成为各层级考核者的共识。通过领导的循循善诱、同事的以身作则,宁夏石化的各考核者认识到,只有把绩效考核真正落到实处,才能发挥绩效的作用,否则就是在浪费时间和精力。

宁夏石化实行的是层层递进的考核模式,公司考核区块,区块考核部门,部门考核车间,车间考核班组,班组考核个人。所以,基层单位的考核者是绩效考核这座大厦的地基,只有他们的工作扎实了,公司的绩效考核才能扎实稳固。聚丙烯车间的老钟,就是这样一个基层考核者的代表。老钟作为基层"5S"管理员和考核员,一项重要的工作就是对车间的"5S"进行检查,发现问题拍照并通报。老钟对他的工作兢兢业业,一丝不苟。这样的工作风格也给老钟带来了很多的非议,有人不理解他,也有人想从他这里"走后门",但是严格的老钟从未妥协和退步,他曾说,"制度不是儿戏,考核不是摆设"。多么质朴而又掷地有声的话语。因为一个又一个这样的"老钟"搭建起宁夏石化绩效考核的坚固大厦,让身处大厦中的每个人感受到公平、公正。

四、全员绩效管理体系的效果与优化

2013年是宁夏石化以平衡计分卡为核心的全员绩效管理体系运行的第五个年头,全员绩效管理体系运行的第一个五年,让身在宁夏石化的员工们感受到这样的改变:

(一)员工对绩效和薪酬的满意度提高了

员工为企业付出劳动,期望获得公平的回报,所以薪酬的公平性原则就显得尤为重要。一个公平的支付机制有利于员工发挥工作积极性和能动性。在2008年宁夏石化重组刚完成的时候,由于重组的炼油和化肥两块业务都有各自不同的支付机制,公平性自然无从谈起,员工对此也颇有异议。但是建立和实施全员绩效管理体系后,现在的局面则是焕然一新了。

"过去干多干少一个样,干得多,错得多,受到的处罚也多。现在干得多,拿得也多了。"

"之前我们是为了考核而考核,大家都是应付,而且还不服气。现在标准明确了,与激励挂钩,大家都重视起来了。"

"实施平衡计分卡以后,我们班组内部收入差距也很明显,比如说不同岗位的主操之间不一样,同一岗位的主操和副操之间也不一样。考核是公开的,包括奖金和奖励等。"

"以前不考核的时候有的员工总请假,没事就不来了。现在考核和奖金挂钩了,请假的自然就少了。"

这些都是来自宁夏石化基层员工的心声,员工用简朴的言语从不同的侧面反映了全员绩效管理系统的实施给员工带来的实惠。我们透过这些言语感受到的是以平衡计分卡为核心的全员绩效管理体系的推行给企业带来的一片欣欣向荣的景象。通过这一体系的实施,真正实现了"岗位靠竞争、收入凭贡献",价值贡献大小决定了收入的高低。员工满意度的提高,带来的是队伍的稳定。据人事处的反映,自从实行全员绩效管理体系之后,员工的收入提高了,企业的文化氛围也变好了,离职的人员寥寥无几,一线关键岗位和中层员工都很稳定。

(二) 形成了人员流动的良性循环

宁夏石化现行的绩效管理体系突出对关键岗位和技术含量高的岗位的考核,收入进一步向一线岗位和对于公司贡献大、风险高、盈利能力强的部门和岗位倾斜,极大地激发了一线员工的积极性和主动性,引导了人力资源合理流动,形成了"岗位靠竞争,收入凭贡献"的良好机制,彻底改变了原来公司一线员工缺员,而二、三线则冗员的人力资源分配不合理的局面。

更多年轻人向一线流动也给合理的人员退出留出了空间,将那些身体不好、家庭有特殊困难的员工合理调整到合适的岗位,进一步消除了不安全因素,为绩效体系的运行和目标实现创造了基础条件。

新的绩效考核系统的实施为建立合理的人员进入与退出机制提供了契机,良性的人员流动能够为企业发展带来活力。

(三) 激发了员工学习和工作的积极性

平衡计分卡提倡一种平衡,改变了以往的过分关注财务效益、短期效益的观念,强调全面发展,重视员工的学习与成长。在如今这个知识经济时代,学习型组织成为众多企业努力的目标。宁夏石化历来重视员工的学习,创新地将岗位胜任力分析融合到平衡计分卡的运用中,分析提炼出成就高绩效的因素,并纳入绩效考核指标体系,更是强化了激励学习的氛围,培养和造就企业长远发展的动力。以考核促学习,以考核促提高。同时,宁夏石化还将考核结果与岗位晋升相结合,从而激发员工学习的积极性。经过几年的实践,员工的学习态度也发生了重大的转变。

绩效考核不但激发了员工学习的积极性,也激发了员工工作的积极性。自公司实行全员绩效管理后,安检部门探索出适合自己的考核模式——工时制。在实施工时制之前,安检部门各班组都有自己的保运范围,但是尽管如此,还是存在各扫门前雪的情况,遇上大检修时,跨保运范围协调安排工作就会有不服从的情况,导致有的班组闲着,有的班组却忙不过来。自从在班组之间实行工时制之后,员工依据工时定额拿奖金,既打破了大锅饭的思想,又保证了原本就踏实肯干的工人的积极性,同时也刺激了落后的工人积极主动工作。现在,安检部门的检修效率有了明显的提高,这样的考核模式明显调动了员工的工作积极性。

(四) 促进了管理水平的提升

宁夏石化建立了一套完整的战略目标分解流程,将公司的战略目标落实到岗位的绩效目标,这种瀑布式的分解方法和流程保证了员工个人工作重点与公司战略的一致性。以平衡计分卡为核心的全员绩效管理体系从战略出发,将考核指标细化分解并落实到每一个岗位,从而使战略落实成为每个人的工作,培养个人的战略意识。这样一来,公司战略指标从上到下融会贯通,各级领导和员工的绩效考核目标与公司战略目标保持一致,通过员工个人计分卡的实现,进而实现部门的计分卡,最终实现公司的计分卡,达到公司的经营目标。

以平衡计分卡为核心的全员绩效管理体系不但实现了战略落地,还促进了管理水平的全面提升。

在建立全员绩效管理体系过程中,通过梳理文化,规范制度,开展分析和描述,大量的基础性工作促进了公司各单位基础管理水平的明显提高,有力地推动了公司管理水平的整体提升。公司生产装置运行更加平稳,各种操作更加规范有序,工作环境更加安全可靠,员工精神面貌和企业形象得到整体提升。

以考核促发展,考核带动的是管理水平的提升,管理水平的提升带动的是业绩水平的提高。绩效考核体系实施后,公司装置经济技术指标出现大幅提升,化肥和炼油装置不断刷新历史运行水平,实现了加工负荷、能量消耗、主要经济技术指标的历史性突破。炼油业务原油日加工量同比增加 6.7%,吨油耗新鲜水同比下降 8%,原油加工损失率同比下降 0.03%。二化肥装置合成氨最高日产达到 1382 吨,尿素日产最高达到 2197 吨,达到扩能改造以来的最好水平。成绩的取得是各方共同努力的结果,但是绩效考核却是一根指挥棒,指挥和监督着员工朝着既定的方向前进。

巍巍贺兰山下,宁夏石化人正用自己的行动给予全员绩效管理体系新的解读:"全员绩效管理是一个舞台,公司上下群策群力,每个人都有自己的剧本,倾情表演";"全员绩效管理是一根线,安全、质量、技术、服务、市场都能一线牵";"全员绩效管理是一项承诺,责任层层接力传递,动力共享,压力共担";"全员绩效管理是一场关怀,全员挖潜,全员提升,和谐发展";"全员绩效管理是一种精神,以员工为本,从员工中来,靠员工践行,为员工谋利";"全员绩效管理是经久不息的潮涌,不管你是谁,不管你愿不愿意,都必将融入这场管理变革、企业发展的大潮之中"。

在这场管理变革和企业发展的大潮中,宁夏石化人定是那弄潮儿,激流勇进!

第十章 变革管理

随着市场竞争日趋激烈,不确定性增强,越来越多的人特别是企业的领导,逐渐认识到变革是市场竞争的重要法则。组织是一个不断变革的过程,只有不断变革的组织才可能生存和发展。变革理论的发展最早可追溯至 20 世纪 40 年代,以库尔特·勒温(Kurt Lewin)等为代表的社会学家开始提出组织变革理论,包括著名的变革"三部曲"模型,该模型由解冻、变革和重新冻结三个阶段构成。从系统适应性的角度看,组织变革是一个在不断调整和创新的工作中增强组织适应性的过程。变革管理是指对企业进行变革,即对领导人员、中层管理人员以及一线员工的工作进行有效的管理,包括成功实施所需的流程变革、技术变革或组织变革。杨(Young)将成功的变革管理定义为:"公司的管理人员和全体员工能够永久性地改变他们原有的工作方式,以适应变革项目的要求。"这个定义有些类似于西方心理学对于学习的定义,即心理和行为发生持久性的改变。能够取得丰硕成果的企业,关键在于坚持改革和管理创新。规模庞大者,如国家电网、中国石油;历史悠长者如招商局集团,上溯百年之久,在管理变革方面都开展了众多有特色的工作。

第一节 革卦管理思想

关于变革思想,《周易》专立一个革卦,集中地树立了一种改革意识。"天地革而四时成,汤武革命……革之时大矣哉!"(《革卦·彖辞》)《易传》把变革管理,如"革,去故也,鼎,取新也"(《易传·说卦传》)、"穷则变,变则通"(《易传·系辞下》)等视为必然规律,但为适应客观规律,在实行变革或改革时必须创造条件,注意过程,掌握时机,做到措施适当,"顺乎天而应乎人"。

在《周易》64 卦的排序中,井卦在革卦之前,鼎卦在革卦之后。这种排序是颇有讲究的。《易传·序卦传》说:"井道不可不革,故受之以革。"即要改变现状是很困难的,尤其是这种现状在表面上还能够给人们带来好处的时候,但是旧井必须要清理修治,才能保持清水长流。在古代,挖掘一口井要花很大的工夫,要丢弃一口现成的井也需要相当大的勇气和决心。《周易·井》说:"改邑不改井。"金景芳、吕绍纲对此的解释是,人们居住的邑落一般不易变动,但有时候也不免要变动,而井一旦打成便绝对不能动了。邑落变了,人们迁徙了,井依旧在那里。《周易·革卦·象传》说:"汤武革命,顺乎天而应乎人。革之时大矣哉。"金景芳、吕绍纲解释道:"井这个东西有个特点,它一经掘成便长久存在,所谓'改邑不改井'是也。唯其长久存在,必然需要清理、修治,亦即需要革。所以井卦之后次之以革卦。这个革字,用现代的眼光看,就是改革、革命。"

改起来,革起来,却不是那么容易的。"三年无改于父之道,可谓孝矣。"金景芳、吕绍纲在《周易全解》中说:"变革旧事物是极难的事情,必须遵循正道去做,倘若任意胡来,则一定失败。能够坚持正道去进行变革,纵使时间久,险阻多,最终也将成功,成功谓悔亡。"并说:"变革旧的事物不是轻而易举的事情。人们对旧的事物早已习惯了,适应了,你一下子要变革人们早已习惯、早已适应的东西,人们是绝对不会马上理解、接受的。变革要取得人们的理解和信服,需要一定的时间。"

用"顺天"而"应人"来讲革故鼎新,还包含顺应天道与发挥人能两方面意思。《易传·系辞下》又讲道:"天地设位,圣人成能。人谋鬼谋,百姓与能。"即主张发挥人的主观能动性,既要顺应天道阴阳的运行之则,又要恰当地把握好变革的时机和环节,合理使用"人谋",就能推动事物的进化。

《周易》的思想内容是多方面的,就其改革思想来说,主要体现在 64 卦的革卦中。下面是《周易》革卦的原文:

> 革 泽火革 兑上离下
> 革:己日乃孚,元亨利贞,悔亡。
> 《彖》曰:革,水火相息,二女同居,其志不相得,曰革。己日乃孚,革而信之。文明以说,大亨以正,革而当,其悔乃亡。天地革而四时成,汤武革命,顺乎天而应乎人,革之时大矣哉!
> 《象》曰:泽中有火,革;君子以治历明时。
> 初九:巩用黄牛之革。
> 《象》曰:巩用黄牛,不可以有为也。
> 六二:己日乃革之,征吉,无咎。
> 《象》曰:己日革之,行有嘉也。
> 九三:征凶,贞厉,革言三就,有孚。
> 《象》曰:革言三就,又何之矣!
> 九四:悔亡,有孚改命,吉。
> 《象》曰:改命之吉,信志也。
> 九五:大人虎变,未占有孚。
> 《象》曰:大人虎变,其文炳也。
> 上六:君子豹变,小人革面,征凶,居贞吉。
> 《象》曰:君子豹变,其文蔚也。小人革面,顺以从君也。

革卦卦辞是说,实行改革,应在必要的适当时机(己日)进行,才能获得群众的信赖与支持,还必须坚守正道,这样悔恨灾祸就会消亡,改革最终将取得成功。元亨,指大亨大通。变革的目的是旧变新,穷变通。再看《革卦·彖辞》,先是对革卦卦名进行解释。从卦形上看,革卦由上水下火组成,水性润下,火性焰上,二者相克、相息、相灭而不相通,是水火不相容的状态,如果水小火大,水将被蒸发;如果水大火小,火将被水灭掉,故象征改革。《易传·杂卦传》说:"革,去故也。"李鼎祚在《周易集解》中引用郑玄的话说:"革,改也。水火相息而更用事,犹王者受命,改正朔,易服色,故谓之革也。"孔颖达在《周易正义》中说:"革者,改变之名也。兑泽在上,离火在下。火然则水干,水决则火灭。……故其卦为革也。"朱熹认为,革卦主要讲"更革","须彻底从新铸造一番"(《朱子语类》)。

又下卦离为中女,上卦兑为,两个女人同住在一起,少女在中女之上,意见彼此冲突,故有二女同居其志不相得之象,不相得即相克相息,必然发生变革。又下卦离为文明,上卦兑为愉悦,是说应以离卦的文明之德,使天下人悦服,并且坚守正道,才能使改革前景亨通。改革是艰难的事情,极易有悔,但做到革至正当,则一切悔恨定可消亡。最后又以天地四时的自然变化规律以及"汤武革命,顺天应人"的历史事实来说明改革的重要性,意即一切改革都应遵循大自然的法则进行。天地自然由于变化而形成四季,养育了万物,商汤王、周武王发动革命,上顺天时,下合民意,是势所必然的行为。因此,不失时机地进行改革与革命,其意义是极为重大的。

改革要想顺利开展和获得成功,应该注意:(1)改革必须把握时机,选择适宜的有利时日进行,也就是说,当革则革,不当革则不革。若当革而不革,丧失机遇,悔之晚矣;若不当革而革,操之过急,则适得其反,欲速则不达。(2)改革必须取信于民,得到民众的理解、信赖与支持。这一点也体现了《周易》重民的难能可贵的思想。(3)改革必须动机纯正,守持正固,推行正道,切合实际。这样,改革与革命就一定会赢得民众的信赖和支持,并获得"元亨"和最终成功。(4)改革必须合乎客观规律,顺天应人,意义重大。(5)改革必须建立一套完整、正确、严明的方针路线、法纪政策、规章制度、方法措施等,并及时付诸实施,以确保改革与革命的顺利开展,直至最后的胜利。

"初九"爻辞说:"巩用黄牛之革。"其《象》辞说:"巩用黄牛,不可以有为也。"变革是大事,不可轻易为之。变革要得其时,在其位,有德有识,才可以成功,可以无悔。其"初九"阳爻居六爻之初,虽然阳爻处阳位得正,但与上方的"九四"阳爻不相应,缺乏帮助,故喻指处不当革之时;"初九"爻又为革卦六爻之最下位,故喻指不可革之位;"初九"爻阳刚且处下体离卦,有躁动的特点,故又说明尚缺乏适应改革与革命的才能。概言之,处于革道之始的"初九"爻,论时机、论地位、论才能,都不适宜进行改革与革命,要"巩用黄牛之革"。"巩",固也,包束,捆扎,比喻巩固自己;"黄",中之色,喻指中庸之德,持中驯顺;"牛",顺物,喻指顺从之德;"革",皮革,坚韧之物,喻指坚忍顽强的意志与精神。

"初九"爻辞及其《象》辞是说,"初九"处于革道初始,阳刚位卑,上无援应,尚不具备改革与革命的条件,所以应以中庸、顺从之德及坚忍顽强的精神意志来巩固自己,固守常规,不可强行有所作为,轻举妄动,冒行革道。变革之初,要注意:(1) 推行革道之前,必须首先巩固自己的地位,积蓄力量。(2) 推行革道之前要想巩固好自己,就必须"用黄牛之革",即发扬"黄""黄牛""黄牛之革"所蕴含的中庸之道、顺从之德和坚忍顽强的精神意志,正视现实,顺其自然,稳扎稳打,切忌冒进,并采用一系列的得力措施和方法,充分做好革道前一切思想、物质等方面的准备工作,为即将开始的改革与革命事业奠定坚实的基础。(3) 革道初始,即不当革之时,一定"不可以有为",强行革道,盲目变革,否则可能适得其反。推行革道的时机很重要,在改革与革命过程中,切不可犯急躁病,轻举妄动,急于求成。

"六二"爻辞说:"己日乃革之,征吉,无咎。"其《象》辞说:"己日乃革之,行有嘉也。""六二"阴爻即革卦的第二爻,居下离的中位,柔中得正,而且又具有离卦的文明之德,又上有"九五"阳爻应援,故成为推行革道的主体。"六二"己日,故可以发动改革与革命。因此,其爻辞说,在急需变革的己日推行变革,往前进发必然吉祥,没有损害。其《象》辞也说,在己日推行革事,努力前行必获成功。总之,"六二"爻辞及其《象》辞,都通过"己日乃革之",旨在前面卦辞"革:己日乃孚"的基础上进一步强调这样的道理:改革必须等待时机成熟进行发动才能无咎无害,并吉祥、嘉美,直至成功。我们说,这种适宜改革与革命的成熟时机,一般包括客观和主观两个方面。就客观时机的成熟来说,主要指适于改革的稳定的政治、经济、社会秩序以及国际、国内相对和平稳定的环境等。"六二"柔中有应,时值将变,必当配合阳刚尊者,努力变革。而主观时机的成熟,则主要是指在人力、物力、财力等物质方面和指导思想、方针、政策等精神方面,都已具备了改革所需要的种种条件。这种成熟的时机无疑是改革取得成功的基本前提、坚实基础和有力保障。实行改革必须等待成熟的有利时机,得到上级领导的支持。

"九三"爻辞说:"征凶,贞厉,革言三就,有孚。"其《象》辞说:"革言三就,又何之矣!"主要意思是说,变革如果急于求成必然出现危险,要小心谨慎、守持正固。"九三"阳爻即革卦的第三爻,处于下卦之上位,有革道初成之象。又"九三"阳爻阳位,过于刚强,且又离开下卦中位,到达下卦的上位,表示操作之急。可见,"九三"爻变革初见成效,但以阳居阳,刚亢躁行,故其爻辞说:"急于前进必生凶情,即或行动正当也有危险。"即,虽然变革取得了一定的成绩,如果不谨慎从事,很可能前功尽弃。"九三"本身为阳刚之爻,其位置又正在上下卦的分离处,处于必须采取继续改革与革命行动之时机,故其爻辞又明确指出,这时只要"革言三就",慎重稳进,就能获得民众的信服。其《象》辞也强调了此时只有"革言三就",稳步前行,而没有别的路子可走,又何必过急前行呢。所谓"革言三就",是指对于改革之事要慎重考虑,长久酝酿,再三讨论,反复研究,最好达成一致意见,使其确实合理可行。

总之,"九三"爻辞及其《象》辞主要说明以下两方面的问题:第一,改革,特别是革道小成情况下的深化改革,必须做到"革言三就",且勿急躁盲动,草率行事,否则既"凶"又"厉"。这一思想原则值得我们深思和高度重视,因为改革是一件革故鼎新的大事，既要革除故旧，又要推行新章，这就必然会遭到来自多方面的阻力、困难和问题，特别是在革道小成、初见成效下的深化改革。第二，改革与革命只有"革言三就"，逐渐取得一致意见，才能赢得民众的广泛信任和支持，确保改革与革命的成功。这是因为，任何一项改革与革命都不可能脱离和失去民众，只有在赢得广大民众的充分信赖、支持与参与的基础上，才能顺利开展并获得成功。而"革言三就"的过程，实际上就是领导者了解民众对于改革的心态，宣传群众、发动群众、组织群众的过程，也是对领导者的改革与革命意图、方案进行具有针对性的及时修订、补充并使之变成民众的意志与行动的过程。通过这样的过程，自然就赢得民众广泛的信赖与支持了，然后上上下下齐心协力，同心同德，共同拼搏，改革与革命事业必然会顺利开展，获得最终的成功。

"九四"爻辞说："悔亡，有孚改命，吉。"其《象》辞说："改命之吉，信志也。"朱熹在《周易本义》中说："以阳居阴，故有悔。然卦已过中，水火之际，乃革之时，而刚柔不偏，又革之用也，是以悔亡。然又必有孚然后革，乃可获吉。""九四"阳爻即革卦的第四爻，以阳爻居阴位，失位不正，合当有"悔"。但"九四"爻阳刚有革之才，又"九四"位于上下水火更革之际，阳爻阴位，刚柔兼备，不偏不过，有革之用。因此，有悔也将无悔。故爻辞说"悔亡"。此时，只要"有孚改命"，定能消除悔恨，获得吉祥，所谓"有孚"，即有诚信，亦即志诚专一，言而有信，获得民众的信赖与支持。所谓"改命"，即革命，亦即革除旧命，创制新政。其《象》辞进一步强调说，改革与革命之所以吉祥成功，正是由于言信志诚，赢得了民众的信赖与支持。

总之，"九四"爻辞及其《象》辞认为，改革必须做到志诚专一，言而有信，赢得民众的信赖和支持，才能获得吉祥和成功。这一思想原则是极为重要的，因为志诚专一和言而有信是取得民众信任并保障改革获得成功的重要因素和关键所在，尤其是"九四"爻进入革卦的上体，已接近革卦的主体爻——"九五"尊位，处于改革向纵深处发展的关键时刻，有革道即将大成之象，则更应该志诚专一，言而有信，充分调动人民群众的积极性和创造性，一鼓作气地将改革事业进行到底。否则，在这种已经看到改革胜利曙光的紧要关头三心二意，失去民心，脱离群众，最终导致改革失败，势必造成终身遗憾，成为千古罪人。

"九五"爻辞说："大人虎变，未占有孚。"其《象》辞说："大人虎变，其文炳也。"主要意思是说，要变革，大人物必须自己先下定决心，大人像猛虎一样迅速推行顺天应人的变革，不用多考虑也会受到人们的欢迎。"九五"阳爻即革卦的第五爻，阳刚居中得正，又在尊位，是革卦的主体，相当于伟大的人物，有革道大成、政绩昭著之象。所谓"虎变"，是说像猛虎一样推行巨大的变革，指彻底的改革。所谓"文炳"，本指虎身之斑纹明晰，这里喻革道的诏令严明，政绩卓著，无须占问，自然会赢得民众的信赖与支持。其《象》辞进一步说，"九五"以大人之道进行彻底的改革和创制革命，其诏文严明，政绩炳著。

总之，"九五"爻辞及其《象》辞，主要说明改革一定要彻底并政令严明的道理，再次强调必须得到民众的信赖和支持才能功绩彪炳。"九五"大人"虎变",实际上是一场改朝换代的彻底的创制革命运动,犹如前面革卦的《象》辞所提到的"汤武革命"。这样的"虎变"革命,要彻底革除旧弊,创立新制,发布一系列严明政令,诏令天下,使得各方面都呈现出翻天覆地的巨大变化。这样的"虎变"革命,既给人民群众带来丰厚的好处和利益,又推动了人类社会历史的进步和发展,它利国利民,功绩彪著,永垂青史,万民称颂。因此,"九五"爻辞及其《象》辞一再强调的这种"虎变"革命,即必须将改革与革命进行到底,不得半途而废,改革必须彻底,不是修修补补。"虎变"革命,相当于企业进行发展战略、组织结构、管理流程等方面的大变革,不是修修补补的小调整。

"上六"爻辞说:"君子豹变,小人革面,征凶,居贞吉。"其《象》辞说:"君子豹变,其文蔚也。小人革面,顺以从君也。""上六"阴爻为革卦的第六爻,处革卦的极点,表示革道已成,全局已定。可见,"上六"不同于"九五","九五"是至尊的大人,处革命创制之时,故言"虎变"。而"上六"为道德高尚的君子,处革命成功之后的继世守成之时,故言"豹变"。君子比大人低一级,豹比虎次一等,所以"豹变"可以理解为仅次于"虎变"的巨大变革。"君子豹变",即说"上六"君子虽比不上"九五"之尊的大人,但在革命过程中,特别是在革道大成之后,也能认真地协助大人从事巨大变革,建功树勋,润色鸿业。

"小人"则不然,只是"革"而已,即一般的群众或者员工,只是革面不革心,碍于领导的权威,表面上赞同改革与革命,但实际上并非从心底真正地赞同。"小人"在这里并不是指品德低下的人,而是指一般的群众、下属。所谓"征凶,居贞吉",是说"上六"正处革道成功、大局稳定之时,宜于居安持正和守成。若不安守既有成果,仍思变革,继续激进不止,则过犹不及,必致凶险;若顺势安居,守持正固,则可获吉祥。其《象》辞进一步说,道德高尚的君子能够真心实意地协助大人进行巨大变革,安居守正,其诏令也明白无误,政绩也很显著,而品德低下的小人则只是为了顺从大人、君子,表面上赞同、支持变革而已。

总之,"上六"爻辞及其《象》辞主要说明:第一,对于改革与革命,人们抱有不同的态度,甚至是两种截然相反的态度。这里主要是通过"君子豹变"与"小人革面"的对比来说明这一问题。这可归结为"君子"与"小人"的区别。这种区分尽管不那么严谨、科学,但毕竟能显示出人们对改革不同乃至对立的态度。这就告诫我们,在推行改革与革命的过程中,一定要依靠进步势力,团结中间势力,打击顽固势力,特别要警惕那些表面上赞同而内心里却反对改革的人。第二,在改革与革命成功之后的继世守成之时,不可急于复行革道,激进不止,而是要解决好居安持正和守成的问题。历史的经验告诉我们,天下之事,未革之时,主要的问题是革;革道既成之后,主要的问题不是革而是守。改革难,守成更难。这是因为革道成功之后,面临着一个在政治权力、社会地位及物质利益等方面进行再分配的问题,也面临着一个如何稳定局势、休养生息、发展生产、振兴经济、巩固胜利成果和提高人民群众物质与思想文化生活水平的问题。也就是说,革道成功之后,各种各样的矛盾和问题会相继出现,如果不能从思想上和行动上及时地、正确地、实事求是地解决好这些矛盾和问题,就会给改革及革命成果带来极大的危害,甚至会葬送改革与革命的胜利成果。因此,"上六"爻辞提醒改革与革命成功之后,要解决好休养生息、居安持正和守成的问题。

革卦的六爻爻辞及其《象》辞,均围绕着卦辞大义而申发其旨;分别反映了整个改革与革命过程中的准备、发动、小成、深化、大成、守成六个阶段的不同特征,并说明了每个阶段应采取的基本原则、方式方法及应注意的问题。这些原则、方式方法对于当今的变革管理仍然有着重要的现实指导意义:(1)企业认定某项变革,必须经过一个过程,取得员工对变革的信任("己日乃孚,革而信之"),才能顺利成功("文明以说,大亨以正")。(2)改革一开始,切忌轻举妄动,"不可以有为"。经过一段时间,可以开始发动,但也需要"革言三就",反复宣传,争取达成一致意见,取得员工对改革的信任,"有孚,改命吉"。(3)到了改革时机成熟的时候,大刀阔斧地推动变革,"大人虎变,其文炳也",到改革初成,正当"君子豹变,小人革面"之时,又不宜多有举动,"征凶,居贞吉",力求稳定一段时间以巩固改革的成果,休养生息。例如,企业进行组织结构的大调整后,应该花一定的时间做微调工作,完善有关规章制度,及时解决新的组织结构运转过程中出现的问题,开展有关培训工作。进行组织结构的大调整后,不宜马上进行其他大变革。

任何事物的发展都是一个新陈代谢的过程。除旧布新,吐故纳新,这也是宇宙万物生长发育的普遍法则,企业的生命更是如此。《易传·系辞上》说:"富有之谓大业,日新之谓盛德,生生之谓易。"即阐释了这种生命法则。"富有",顾名思义,就是所谓事物由小到大,由少到多,持续繁荣滋长。"日新",就是《大学》所说的苟日新、日日新、又日新,即事物不断变易创新。"生生",即事物不断更新创生,永不停滞。对于一个企业而言,社会需求观念日益更新,社会购买力日益提高,面对市场竞争,就必须充分掌握易学的"日新""生生"的观念和精神,才能立于不败之地。企业管理如逆水行舟,不进则退,易学的"日新""生生"的变革观念更可以增强企业应付各种剧变和竞争形势的能力。

《易传·系辞上》说:"动静有常,刚柔断矣。……在天成象,在地成形,变化见矣。是故刚柔相摩,八卦相荡。鼓之以雷霆,润之以风雨;日月运行,一寒一暑。"任何事物若没有阴阳对立面的相互推移,就不会发生变化。没有变化,事物就会僵化、老化而失去生命力。在企业管理工作中,正确利用"刚柔相摩而生变化"的原则来处理企业中存在的种种对立现象,方可把企业推向前进。

《易传·系辞下》说:"《易》之书也,广大悉备。有天道焉,有人道焉,有地道焉。兼三才而两之,故六。六者非它也,三才之道也。"天、地、人,三才统一,和谐一致,是中华民族数千年以来一脉相承的整体思维模式。这种思维模式是从整体、宏观上考察人间自然(天地)的内在联系及相互制约的辩证法则。如《孟子》所阐明的"天时不如地利,地利不如人和"的观念,正说明天、地、人三才之道的内在关系和其发展的规则。天时、地利、人和,三者统一,则人类社会当可兴盛繁荣。

所谓"天时",一方面指大的自然环境对市场的影响,另一方面是指客观时势,即影响企业发展的社会"大气候",比如 WTO 的出现,就要求企业及时调控以相适应。所谓"地利",不止意味着水源、交通、地理等条件,还包括人与天之外的一切物质、技术设备、原材料及能源等现实条件。

所谓"人和",指把人的积极因素调动起来,就可以克服困难,转化天时、地利方面的不良、不利因素。成功的管理就是准确地预测未来,科学地进行决策,严密地组织计划,有效地监督实施,创造具有优势的企业文化,充分发挥企业的潜力,争取最大的社会及经济效益。人应该发挥其在宇宙中的作用,参与天地之化育,"财成天地之道,辅相天地之宜"。人认识并利用自然规律,因时制宜、因地制宜,促成万物的发展,即《荀子》所说的"制天命而用之"的天人相宜的思想。

《易传·系辞上》又说:"阴阳不测之谓神。"自然界生化万物的功能十分奥妙,难以测度,这种性质就叫"神"。自然界和人类社会的变化有其规律的一面,但其阴阳变化又有神秘莫测的一面,是确定性和非确定性的统一。现实生活中不可能有最优解,只有模糊的、可行的满意解、合理解。在企业预测管理过程中,对于有人参与的复杂系统,能够找到近似值,某种满意的合理关系,对今后整体行动具有可行的指导与后发意义,就已足够了。

《易传·系辞上》说:"拟之而后言,议之而后动,拟议以成其变化。"意思是遇事不妄言,洞察而后言,遇事不妄动,探索而后动,即掌握事物的形势,制约事物的变动,而后调控事物的变化。这里强调应以客观事物为依据,依事物之变化而变化,任何时机都决不能先入为主。

这种"拟议以成变化"的观点,正是现代管理决策中的动态决策和动态实施的关键。"永远变化"是当今企业面临的一条规律,因此,在管理决策中,没有永远有效的方案,也没有普遍适用的经营策略。适时调整甚至改变既定计划,时时密切注视时势的现状和变化态势,根据客观形势,将决策建立在现实的客观条件之上,才能使企业立于不败之地。

只有穷极事物的根本,把握事物变化的先兆,才能通达天下人的行愿,成就天下事业的完美。相对现代管理学而言,"极深研几",就是要通过对事物发展规律的掌握,于事物变化的各种先兆中预测可能发生的后果,从而把好的可能性尽量转化为现实性,把不良的可能性消灭于萌芽之时,或引向新的转机。

《易传·系辞下》说:"君子见几而作,不俟终日。"即说,君子一旦发现事态的征兆,就必须立即行动,绝不等到明天。又说:"几者,动之微,吉之先见者也。""知几其神乎!"

事物欲动未动时,人的起心动念处早已含露吉凶的端倪,这个端倪就是"几"。当此之时,而能预见其究竟,采取相应措施,岂非神妙之极?"见几而作",即必须具备快速的反应能力。如日本的索尼公司,总是能抓住机遇迅速开发新产品,并以迅雷不及掩耳之势独占市场。企业经营者善能"见几而作",当可使企业兴旺发达。

《易传·系辞下》说:"危者,安其位者也;亡者,保其存者也;乱者,有其治者也。是故,君子安而不忘危,存而不忘亡,治而不忘乱,是以,身安而国家可保也。"

一个企业若能时刻保持高度的警觉性,强烈的紧迫感,扬长避短,谨慎决策,抓住时机迅速变通,就能不断扩大自身的优势,长久保持生命力。因此,否卦"九五"说:"其亡,其亡,系于苞桑。"懂得安危存亡相互转化之理的人,事业就会像系于丛生的桑树之上一样,牢固稳定而又持久兴旺。

《周易·乾·文言》说:"九三曰:'君子终日乾乾,夕惕若。厉,无咎。'何谓也?子曰:'君子进德修业。忠信,所以进德也。修辞立其诚,所以居业也。'"君子在工作之时,随时都在敬业奋进,即使在夜间休息之时,也还是保持着戒慎恭谨的心志,毫不懈怠。如此,也就不容易犯下过失。这是因为君子内养修德,皆以忠信为本,绝不自欺,处事待人以诚诺为主,绝不欺人。所以,君子的德行日进、事业日新。企业只有把功业纳入德的规范,其功业才能光大发达,从而完成社会效益和经济效益为一体的根本使命。企业管理始于内养修已,终于外物安人,是一个联系人、事、地、物诸种关系的动态化过程。一切事物的发展均有其自身的原因和客观规律,应该充分认识和掌握其中的规律,进而达到成熟无碍的境界,这是一种最高的德行和智慧,也是对企业领导修养的更高要求——内圣外王。

革卦是顺天应人的管理模式,告诉我们,要巩固以往的成就,必须沿用以前的管理方法;要想有新的发展,应抓住时机有所变革;对待创新的建议要谨慎思考,并得到员工的赞同,这样才会有成效;适时、适度地进行变革后,效果显现出来了,就不会后悔了;即使对下属觉得有些过意不去,领导者仍须坚定地重复自己的命令;企业中那些支持领导者变革的人会更加令人信服,而反对变革的人也要改变以前的看法,不然就会被淘汰。

第二节 适应性领导

每个企业都有其特有的适应性挑战要面对,但也存在一些普遍的价值紧张,抓住这些适应性挑战的含义,只能使企业站到起跑器上,并没有解决特定的和具有细微差别的问题,而这正是根据企业的特定使命和战略目标所必须要做的。

一、不确定性不可预测性

过去的一个世纪是"工具制造"的极盛期,发明和设计工具表现为发现精致的技术性解决方法,成为解决人类问题的主要手段。就是这样一个时代,我们称之为"技术时代"。现在,我们正在远离技术时代而进入适应时代。在适应时代,我们对技术性修补的依赖将展示出一种强烈的后冲,从而出现向造意(meaning-making)的返还,并且充实支撑那些意义的种种价值观。我们会回到适应性的而不是技术性的解决方法上,对种种复杂和高度一体化的系统以及构成生活网络的形形色色的共同体,将有新的认识。适应性问题将被理解为相互联系、相互依赖的系统性问题,不能孤立地把握和论述它们。适应时代将会出现种种新的挑战,并且要求人们作出新的反应。

经济学家熊彼特独创了一个词语"创造性破坏"。过去 10 年间,全球经济所破坏和创造的巨大价值恰恰是熊彼得论断的完美证明。在今天,这种力量不仅仍未消亡,而且还在增强。如今的商业环境越来越无情,随着全球化浪潮的兴起以及在供给和需求方面发生的变革,这个市场具备了"残忍"的高效特征,变得更快速、更复杂。竞争优势开始越来越难以捉摸,它比过去更难以建立,而想保持这种优势则难上加难。

信息时代实际上是"数字化"时代。用学术的语言来表达即为:"信息就是可数字化生产和交换的产品和服务。"信息技术的发展,在某种程度上意味着数字化的广度、深度和速度的扩张。在相当高的程度上,信息和知识构成的现实符号表示受到技术的高度操纵,反映和加剧了现实世界迅速变化的过程。信息和知识已经变成最重要的经济资源但却仍难以度量,经济行为远远不同于传统的工业经济时代的行为。

信息量和知识的爆炸性增长增加了不确定性、不可预测性。加利福尼亚伯克利大学的拉希·格拉泽为信息时代的不可预测性提供了重要的洞察力原理,强调信息时代企业所面对的环境的性质及对这些环境需要作出的反应。"在这样一个程度上企业是信息密集的,企业的产品和运行是以作为交换部分沿价值增值链集中和处理的信息为基础。考虑到传统的产品及运行是相对静态的,信息密集产品及运行随来自环境的、包括传统产品及运行的新数据而改变。"随着产品信息变得更加密集,以及信息技术加速了技术的变化和扩散,产品变化变得更容易、更重要。大多数信息具有短暂的经济储存寿命,因此产品生命周期随着其信息成分的增加而缩短。凡是可能产生速度、柔性和变化的,这些东西就成为必需的。如果不能提供它们,那么我们的竞争者就会提供,而顾客就会消失。

另外,在高产量/低成本战略与市场细分/差别化战略之间选择的需求将消失。由增长的顾客知识体现的、有模块补充的,柔性的、模块化的市场营销系统以及信息驱动的制造系统将使系统的、低成本的定制成为可能。被称为"大批量定制"的这种发展,使公司能够同时追求高产量/低成本和市场细分/差别化战略。通过提供多样化的产品和服务交付系统,与相同的忠诚顾客交易数量的最大化将变得越来越重要。随着市场势力向顾客转移,以及模块生产和市场营销体系变得更为重要,产品作为最终实现差别化的基础的状况将中止。

二、海菲茨的适应性领导思想

海菲茨是当代西方适应性领导思想(adaptive leadership)的主要代表人物。在海菲茨之前,菲德勒的权变领导理论、本尼斯的有机—适应性组织理论也包含适应性管理思想。海菲茨倡导适应性领导思想主要体现在 1994 年出版的《非凡的领导力》一书中。

(一)领导不是权威

海菲茨对领导力的描述与一般人对领导力的理解有所不同。在一般人的心目中,领导的关键要素包括伟人(great man)、地位高(high position)、权威(authority)、人格魅力(personality)、高超的人际技巧(personal skill)、权力(power)、支配控制(dominance)、丰富的知识(knowledge)、扮演关键角色(play a key role)等。海菲茨首先对这些传统的看法进行了批评,认为这些观点是关于领导力的迷思,会给管理工作带来许多负面作用。

我们常常权衡领导和权威。通常,我们称那些获得较高地位的人为领导,即使他们提供的管理缺乏领导艺术。我们在直觉上感到有差异,这种差异归因于个人技能、禀性和动机。社会生活依赖于权威。事实上,我们形成权威关系的能力存在于组织的基础上,从家庭到学校都如此。当动物开始群居生活,权威和先驱、统治与顺从成为可能时,进化达到主要的目的。我们的权威系统充当了重要的社会功能,如果不包含这些功能,我们就不能实施领导。我们中的有些人可能不相信权威,但是如果没有一定的领导形式,我们什么也不能做。

和管理者与领导者一样,领导与权威常常也被混淆。人们把那些拥有权威地位的人拥戴为伟大的领导者,特别是当这些人看上去能抵挡住不受欢迎的变化,或是由模棱两可的不确定性所带来的隐约的威胁时。这种将领导同权威混淆的情况在商界比较普遍,如高级经理通常被视为组织的领导者,人们给他们戴上"领导者"的头衔是由于他们的权威和地位,而不是他们指导企业实现变革的能力。

领导的关键障碍是权威。我们通常将领导与权威等同,看不到来自权力本身对领导的阻碍。权威不仅是忍受痛苦的源泉,而且给领导以严重的限制。我们需要理解这些资源和限制。我们首先需要辨清权威在我们生活中发挥的不可缺少的作用。权威关系与我们灵长类祖先的统治和顺从关系相似。在人类和灵长类之间,社会结构提供了与单独生活相比更具竞争力的优势。社会保护个体抗拒威胁,保证食品供应安全,关心年轻人,适应新环境。然而,社会生活需要个体行为在不同方式和不同程度上协调一致。当然,动物社会不同于人类社会,许多人怀疑关于从灵长类到人的推论。然而,当检验人类组织和群体如何协调解决关键问题时,探索动物社会可以给我们提供有用的参照物。

权威职能与领导职能不同。权威要提供指挥和保护,要画出路线图并掌握界限,还要控制冲突，支持和维护规范；要解决常规问题，使人们减轻痛苦并抵挡危险，要知道问题的答案并肩负着解决难题的责任。权威和领导的混淆导致人们常常对领导的本质产生误解。由于权威要减轻他人的压力，指明做事的方向，独自承担过程中的一切错误和责任，因此，人们寻求权威而不是领导，他们期望权威带走他们的负担，而不是鞭策他们尽自己的职责去解决问题。但从长期角度来看，这既不利于企业员工的自身发展，对于企业的成长也是极为不利的。领导与权威的区别如表10-1所示。

表10-1 领导与权威

领导	权威
指出变化的现实	提供方向
识别适应性挑战	画出路线图
为适应性工作进行动员	解决技术性问题
交换工作	提供答案
增加痛苦和紧迫感	减轻痛苦
提供一个支持的环境	提供保护
向现实挑战	坚持并维护规范
制造紧张气氛	控制冲突
建立新的界限	保持现存的界限
支持不同的呼声	明确团体权威和地位

在我们所生活的复杂世界中，没有一个人可以绝对宣称自己有正确的答案。当今种种问题的答案必须由所有利害相关者集合起来去共同创造。把权威与领导相混淆，会造成一种对价值稳定、有秩序的倾向性，而不是倾向于不确定性和变化。人们更愿意去追求稳定和秩序的舒适，而不是创造性和混乱所引起的挑战。不稳定和无序对于新的解决方法的出现是十分重要的。领导者必须帮助人们拒绝维持秩序的舒适，忍受允许混乱的焦虑——这种混乱使新的答案得以产生。

领导者要向现状挑战，应鼓励适应性变革，并且注入一种紧迫感。当人们在新现实所引发的失衡和痛苦中挣扎时，领导者应提供一个支持环境。与权威人物不同，领导者不提供答案，而是把适应性工作交还给人们。他们提醒下属，在向别人寻求方案的过程中，应具有其自身的能动作用和个人的付出。好的领导者帮助人们产生变化的焦虑，不会使人们产生情感上的淡漠。人们常常把寻找解决方案的责任一股脑儿地推给权威人物，以此来消除处理问题所带来的痛苦。

海菲茨教授的理论在当代企业中得到了很好的印证。如果我们深入企业，会发现"适应性组织"中的核心人物在悄然发生着变化，"适应性领导"应运而生。领导成为鼓励人们从事适应性工作的一种活动。领导者不再"只是为企业设计出一个愿景，然后说服他人提供支持或是顺从，不是把种种解决办法强加给他人，而是使利害关系者们有意义地参与，肩负起各自的担子，共同提出解决办法，以实现社会所需要的适应性变革"。所以适应性组织中的适应性领导鼓励人们从事适应性工作，取得适应性成功，完成同价值观认识的冲撞和整合。

本尼斯也对人们把责任推在个别人物身上的做法表示反感:"在今天,每个公司、每个经理都在探寻创造一个伟大集体的方法。但显然这不是轻而易举的。我在自己所出席的无数个会议中都遇到了这样的发问:'怎样让我们的集体更优秀,让我们的工作更出色?'而大多数人的答案是:'把我们的头换掉。'这是问题的关键吗?一个领导人的作用能够有多大呢?集体所负的责任有多少呢?"

在一个稳定的环境中,人类是不需要领导力的,只需要权威就够了。但在一个正处于变化的环境中,适应性就非常有必要了。海菲茨与唐纳德·劳里在合著的《领导的工作》一书中写道:"今日有越来越多的公司面临着适应的挑战,社会、市场和科技的改变,迫使企业界必须厘清本身的价值,发展新策略,并且学习新的运作方式。面对这样的挑战,动员组织上下进行适应性工作,就成为领袖最重要的工作。"现代领导者通过均衡有效的调节,让企业和员工能够运用变化去不断提升自我,促进企业发展。此理念重点在于,企业领导者不是被动地去适应变化,而是主动地创造(或利用)变化的环境让员工处于变化的冲击下。在这里,首先需要领导者有一个新的观念——变化不仅仅可以是一种压力或挑战,适当地运用,它也可以成为企业发展的最好动力。

(二)适应性与技术性领导的区别

海菲茨认为,适应性领导能力的获得主要是在一个在急剧变化的环境中,由于与外界环境的冲突产生不安,为了平抑这种冲突,导致创造力的产生。这种领导能力在急剧变化、无章可寻的当今社会是非常必要的。他举了一个例子说明适应性领导能力与一般技术型领导能力的区别:小鸟捕食,从一个季节到另外一个季节,都是凭老鸟的经验和运动本能,老鸟的经验便是一种领导力,也是最原始的领导力。一群猿猴去树林,这个时候如果遇到金钱豹,它们就看头猿的反应。这时,头猿可能就会凭经验选择围成一圈,以便每一只猿都能得到保护。最原始的领导能力是典型技术型的,凭本能和经验帮助群体获得食物,给予群体保护,给予自身荣耀。但是某一天,情况发生了变化,这群猿猴遇到的不是金钱豹,而是手握猎枪的猎人,这时问题就出现了,如果还选择围成一圈,那么伤亡会更大,这样的指挥就是典型的缺乏适应性。头猿应在环境变化的条件下作出新的决策,这才叫适应性领导。

适应性领导擅长以下方面:分析问题,质疑问题的定义与答案;公开外在威胁,让成员有危机感;打破既有的角色定位;揭露冲突;不断向制度规范发起挑战;放权,获取魅力。适应性领导就是识别价值紧张,并且在使价值和新现实相一致方面取得进展。海菲茨总结道,判断一个问题是否要使用适应性原则,主要看一个问题是否有了答案,如果有章可循,这就是一个技术性问题,如果没有,需要创造,就是适应性问题。

技术型领导擅长以下方面:努力保护成员免于外在威胁;对成员进行角色定位;控制冲突,建立秩序;维护制度规范;集权,保持威严。

海菲茨说:尽管适应性领导很重要,但是,在适应性领导能力下所作的决策并不能保证每一个都成功,失败是不可避免的,但成功的例子也不少,并且与基于技术型原则的决策相比,它的成功超过了人们的想象。导致失败的原因有两点:一是看到变化来临而无力改变自身;二是看到变化来临而不愿处理信息,直至为时已晚。

恐龙的例子可以说是"无力改变"的典型,当地球气温急剧变化,大批恐龙死亡的情况下,留下来的只有长了翅膀的恐龙,结果它们变成了鸟。犹太民族得以保存则是另一成功的例子。历史上犹太民族多次濒临灭亡,最严重的是罗马军队占领耶路撒冷时期,这时一部分人坚决反抗,但这是一种纯技术型的决策,犹太民族与当时罗马人相比太弱小了,他们失败后归隐深山。一个牧师发现,打败罗马人是不可能的,罗马人有一个特点,即不轻易撤离某个地方,犹太人为了生存,只能自己离开,以致分散到世界各地。这就带来了另一个问题:犹太民族要区分什么是必须放弃的,什么是不能放弃的,应该怎样生存下去? 探讨了很久,最终他们放弃了耶路撒冷,但却永远坚持自己的宗教和民族传统,鉴于牧师不能异地传教,他们就把礼拜堂设在家里,父母成了孩子们的牧师,实现了适应性,犹太民族得以延续下来。如果当时所有的犹太人都选择反抗的话,今天犹太民族可能真的不存在了。

(三) 领导的行为原则

海菲茨说,领导要有自己的原则:(1) 确认哪些是适应性问题,哪些是技术性问题。而其中最常见的错误就是把适应性问题看成技术性问题。(2) 高瞻远瞩,维持对主要问题的专注。把精力放在几个方面,精力肯定会分散,所以领导者一定要专注主要问题,即使无法专注,也要画上框架让其他人保持专注。高级管理人员要有跳出自己的环境来观察自我的本领,不要沉迷于事务之中看不清发生的变化。(3) 还政于民。适应性问题的一个原则是要让有问题的人自己去解决问题,决不可越俎代庖,很多医生告诫病人不要吃这个,不要吃那个,但一般收效不好,如果换成医生协助病人开处方,由病人自己决定不吃这个,不吃那个,情况要好得多。(4) 调节对不稳定状况的反应,保持平衡。(5) 保护来自基层人员的声音,调动每一个人的领导才能。工作在第一线的人,可能首先发现一些细微的变化、不和谐、价值紧张,要创造一种大家愿意自由发表见解的空间。(6) 给工作赋予意义。即使是平凡的工作,领导也要善于发掘出它的价值,让人们乐于从事这些工作。意义本身与物质世界有重要区别,领导要花工夫寻找、弘扬。如果工作中出现麻烦,我们应该面对而不是逃避,由于多数社会现实都是安排的产物,物质现实更服从于技术影响,显而易见,我们的现实具有很大的可塑性。领导不仅要发现问题和确定一些观念,而且要采取行动并阐明价值。

海菲茨和劳里认为,要学会区分出什么是适应性问题,什么是技术性问题,对这些问题要有分类处理的能力;找出成熟的问题,参与实践工作,永远与工作第一线保持密切的联系和有效的沟通,这样,一个具有适应性能力的领导就可能产生。海菲茨和劳里在《领导的工作》中认为:"现代企业的领导者在企业中运用适应性领导力或者开展适应性领导工作不是一件容易的事。""对于许多资深管理者而言,提供这样的领导(适应性领导)是非常困难的。原因何在？理由之一在于他们习惯自行解决问题。另一方面则是适应改变对经历其中的人们会带来痛苦。他们需要采取新的角色、关系、价值和工作方法。"

三、适应性领导的意义

我们置身急剧变化的时代，随时面对巨大的不确定性，传统的领导理念，传统的战略、计划、预算已经不能适应多变的现实了。只有不断识别变化、适应变化的企业才能生存，才能发展。彼得·德鲁克认为，在一个动荡的时代，最可能出现的是那些不断改变结构的独特事件，而独特事件是肯定无法计划的。例如，很难预料到美国世贸中心摩天大楼会在 2001 年倒塌，哥伦比亚航天飞机会在 2003 年坠毁，著名的百年老店通用电气 2018 年绩效表现很差。为了生存和发展，企业组织必须具备适应多种变化的能力。也就是说，在连续中断的变化中需要一种全新的企业模式，需要能够不断对多种变化作出迅速反应的适应性企业管理模式。

工作性质也在发生变化。所谓的经济进步和工业化的历史告诉我们，农业机械化使我们失去农民；工厂机械化使我们失去蓝领工人；现在的服务产业机械化使我们失去服务工人。由于工人的操作变得更为机械化，而且计算机控制的机器能够承担更为复杂的任务，越来越多的劳动力被技术所替代，人工智能的发展使越来越多的岗位将被取代。作为潜在的近乎没有工人的世界，新现实的社会影响是深远的，变化着的工作性质既是一个意义深远的经济问题，也是一个社会问题。组织和个人所面临的有关工作的作用和劳动管理的适应性挑战，要求组织管理具备一种新的敏感性，这意味着实行一种新的企业领导风格乃当务之急。

处于一个复杂而又相互联系的世界，种种现实不断涌现。企业，作为世界上无孔不入的强有力的"生物"，推动着这个世界的经济发展。《财富》《商业周刊》《金融时报》等报刊，每年都会以不同形式对世界上重要的企业进行评估排名。在这些排名中，一些企业"曝光率"极高，企业业绩和规模逐年上升，显示其强大的生命力和旺盛的斗志。俗话说"顺潮流而动"，这些企业之所以在纷繁复杂、日益多变的社会中赢得竞争优势，很大程度上是因为它们顺应了时代的发展，满足了社会的需要，根据本尼斯 1966 年提出的组织发展理论，这些组织就是"适应性组织"。在虚拟组织、组织结构扁平化日趋流行的今天，我们发现本尼斯所倡导的有机—适应性组织的特点，正在逐渐实现。

达尔文的《进化论》中有一句名言："能够生存下来的物种，并不是那些最强壮的，也不是那些最聪明的，而是那些对变化作出快速反应的物种。"以前，达尔文主要被看作生物学家、心理学家。现在，许多企业管理人员也在认真学习他的思想。"适应性管理""变革管理""适应性组织""适应性领导力"等新的管理学术语也不断涌现。表面上看会让人觉得有些奇怪，深入思索后，才发现这是管理学上的大进步。达尔文的进化论可以用"适者生存"来概括，企业要生存、要发展，必须适应内部环境和外部环境多方面的变化。

应用生物进化论研究领导艺术,把企业看作有机的生命体,从进化的角度研究企业生命体,具有时代意义,也更加适合我们这个时代。每个企业都有其特有的适应性挑战需要面对,但也存在一些普遍的问题要回应。高明的企业管理者善于从自身的组织出发,及早识别出特有的价值紧张,及早作出适应性的处理。进化论的导入,使管理科学能够从管理过程方面对企业的发展进行指导,真正实现了企业的过程性管理,能够使企业适时地感到环境的变化,从而及时调整自身,很好地适应环境的变化,真正实现企业的"适者生存"。

第三节 适应性组织

学习型组织是 20 世纪 90 年代流行的组织形式,进入 21 世纪,信息技术的快速发展使变化成为时代发展的主旋律。在学习型组织中,人们通过不断探索、思考,改变心智模式等过程,提高了自身的能力,适应力得到大大提高。于是,适应性组织就由这些富有适应力的人组成,适应性组织可以说是学习型组织的进一步发展和演化。网络经济时代对企业而言,意味着一个前所未有的急剧变化的时代,同时也预示着一种新型企业模式的诞生——适应性企业。

一、适应性组织是发展的必然

不断地满足个性化需求,意味着不断地面对不可预测的变化,应对激烈动荡的局面需要迅速反应,甚至是即刻反应。进入 20 世纪 90 年代中期后,欧美一些大公司据此采取的策略是,把自身分成能够快速反应的较小单位,试图达到"船小好调头"的运行效果,其结果却是放弃了规模经济和范围经济的优势。因而,一些极其严峻的问题一直在困扰着企业界和学术界:快速反应与规模优势能够兼得吗?能够成功地、系统地适应不可预测的变化吗?

组织理论之父韦伯提出的官僚组织理论依靠理性和逻辑批判和否定了产业革命初期依靠个人专制、裙带关系、暴力威胁、主观武断以及感情用事进行管理的做法。韦伯认为,人类的希望在于理性化,这种理性化体现在组织中可以归纳为以下几个要点:(1)重要的是制度、法规和正式职务,而不是个性;(2)重要的是公事公办而不是个人关系;(3)重要的是技术专长而不是心血来潮、一时聪明;(4)重要的是逻辑和预见性,而不是非理性的感情和不可预计的后果。这种理性化的官僚组织具有如下特点:(1)在职能专业化的基础上进行劳动分工;(2)具有严格规定的等级层次结构;(3)具有责权明确的规章制度;(4)人际关系非个性化;(5)具有系统化的工作程序;(6)以业务能力为选拔和提升的唯一依据。

尽管官僚制体系有效地解决了组织的内部协调和外部适应问题,但随着社会不确定性的增强,官僚制体系的弊端却突显,对此进行的批评从没有停止过。本尼斯总结官僚制体系存在以下缺陷：(1) 妨碍个人的成长和个性的成熟；(2) 鼓励盲目服从和随大流；(3) 忽视非正式组织的存在，不考虑突发事件；(4) 权力和控制系统陈旧过时；(5) 缺乏充分的裁决程序；(6) 内部沟通和创新思想受到压制、阻碍，发生畸变；(7) 由于互不信任和害怕报复而不能充分利用人力资源；(8) 无法吸纳新的科学技术成果或人才；(9) 扭曲个性结构，使员工变成阴郁、灰暗、屈从于规章制度的"组织人"。韦伯本人后来也批评官僚制这一组织工具，他感到官僚制虽然不可避免，但确实可能扼杀企业家精神和资本主义精神。他说："早晚有一天世界上会充满了齿轮和螺丝钉式的芸芸众生，他们紧紧地抓住自己的职位，处心积虑、不顾一切地渴望沿着官僚化的等级层次阶梯往上爬，一想到这种可怕的前景就令人不寒而栗。"

最近几十年，许多研究组织问题的学者包括巴纳德、西蒙、梅奥、利克特、德鲁克等都认识到了这一两难问题，并从理论和实践两方面提出各种解决办法，大幅度地修改甚至重塑了官僚制体系的基本特征。本尼斯分析认为，这些修正理论都表现出对于某些人道和民主价值观念的倾向性态度，他们在判断组织效能的时候，不满足于单纯从经济指标去看问题，而是力图将人的因素、人的标准补充进去，如员工满意度、员工成长等。本尼斯接着分析认为这些学者都着眼于组织的内部系统及其人性方面，不考虑外部关系和环境问题。对官僚制体系的批评必然要涉及伦理、道德、态度及其社会构造根源，但真正给官僚制体系以致命一击的却来自环境，因为官僚制没有能力适应环境的迅速变化。

环境的复杂、不确定性导致大规模的制度面临解体，以及大规模的等级制度权力机构的中枢系统面临瘫痪。组织中的人变得越来越不自在，他们对环境越来越感到不安；对于家庭和社会结构的解体越来越感到不安；对于"财富和权利的不断集中以及随之而来的政治权利的普遍丧失"越来越感到不安。他们起先以为这些"大问题"会自行解决，甚至还相信更多的技术会为此提供解决办法，但是当他们放眼世界，看到迄今为止技术进步所带来的真正后果时，他们怀疑了。面对不可预测的变化，企业唯一的战略就是使自己变得更具适应性，因而"适应性企业"战略应运而生。显然，适应性意味着比再造、敏捷、柔性等更为广泛和更为深刻的内涵，它要求企业随着变化的进程作出合适而快速的反应。

应认识到一切都是相互联系的，相互联系正变得更紧密，相互依赖正变得更强烈，商业正变得更复杂，更具流动性。近年来，适应性的价值日益增长，与此相关的柔性、敏捷和反应等术语出人意料地频繁出现在今天的企业讨论和管理文献中。然而，大多数人并没有真正掌握适应性的深刻含义。要真正适应，一个企业组织就必须有一个全新的结构；必须以特殊的方法管理信息；必须作为一个系统进行管理；它的领导和雇员都必须承诺相对不同的行为和责任。工业时代的传统企业不能够把适应性容纳进其现有的组织素质和能力中，而进入信息时代，它们必须成为适应性组织。

二、适应性组织的特点

自适应原本是一个控制理论的概念,自适应策略所构成的控制系统在运行期间能自身在线积累与实行有效控制有关的所有信息,并能及时调整系统结构的相关参数,使系统的性能达到最优或次优。任何一个实际系统都具有一定程度的不确定性,它们来自系统内部或外部。面对这些客观存在的各式各样的不确定性,如何总结出适当的控制方法使系统达到最优的指标,就是自适应控制所要研究解决的问题。

适应性组织是信息时代企业运行的一种崭新的战略思想。适应性组织是一个具有全新结构,由个别顾客的需求引发和决定企业运行,能够有效应对不连续变化挑战的企业系统。然而,适应性必然造就复杂性,适应性组织实质上是一个复杂的适应性系统。解决复杂的适应性系统问题的有效手段是将其分解和简化到较低层次,再从较低层次的规律中推导出较高层次的规律。可将适应性组织系统进行模块化分解,使它成为资产模块和能力模块的一种集合体,即把其资产和能力组织成能够被动态配置为一次性价值链的一种模块系统。

面对不可预测的变化,企业唯一的战略就是使自己变得更具适应性,因而"适应性组织"战略应运而生。它要求企业随着变化的进程作出合适而快速的反应。适应性组织战略也是富有效率的新型企业战略。不断地满足个性化需求,意味着不断地面对不可预测的变化,应对激烈动荡的局面需要迅速作出反应,甚至是即时作出反应。适应性组织具有下列特征:(1) 临时性,即组织将变成适应性极强的、迅速变化的临时性系统;(2) 围绕着有待解决的各种问题设置机构;(3) 解决工作问题要依靠由各方面专业人员组成的群体;(4) 组织内部的工作协调有赖于处在各个工作群体之间交叉重叠部分的人员,他们身兼数职,同时属于两个以上的群体;(5) 工作群体的构成是有机的,而不是机械的,谁能解决工作问题谁就发挥领导作用,无论他预定的正式角色是什么。在有机—适应性组织里,由于工作任务变得更有意义,更具有专业性,也更令人满足,专业人员能得到更多的激励,从而导致组织目标和个人目标吻合,从根本上解决内部协调问题。

把一个传统企业转变成一个适应性组织,并不是轻而易举或是有捷径、小窍门、习惯或技能就可以实现的。对于有些大型企业组织和长期建立起来的领导、战略和责任等概念来说,需要解决以下一些基本问题:

(1) 对大型企业组织的结构和行为而言,"新"经济现实意味着什么?

(2) 如果大型复杂企业迅速地、系统地适应不连续的变化是可能的,那么它们应该怎么做?

(3) 在不连续的和不可预测的变化环境中,产品和服务的未来需求本身是不可知的,那么战略意味着什么?

(4) 在授权的、分散的企业组织中,如果要在企业层次形成前后一致的行为,领导者必须发挥什么作用、充当什么角色?

表10-2 传统组织与适应性组织的比较

比较内容	传统组织	适应性组织
生产方式	规模经济	范围经济(小批量、多品种);集约经济(大批量、多品种、混流生产线);准时生产(零库存)
主导战略	低成本策略	多样化战略、市场领先战略
管理思想	专业化、规范化	迅速响应、柔性化
管理体制	各功能的部门管理、层次管理,各环节的串行作业(生产活动与经营活动分离)	各功能的一体化管理;各工作环节的并行工程(生产活动与经营活动集成)
组织结构	层次结构、顺序生产线为中心的"产品组织",职能部门界限分明	网络结构、混流生产线为中心的模糊"工艺组织",职能部门界限被打破
组织功能	指挥与控制	协调、控制、服务、创新
管理的基本任务	建立秩序	应付变革、适应环境、改造环境
人才素质要求	专业人才,技术素质与管理素质分离,重技能	柔性人才,技术素质与管理素质兼备,重智能
目标结构	组织是单一目标主义者	组织是不断调整自身的多目标学习系统
目标特性	追求效率、稳定、连续性	创新、发展、解决问题
价值观	效率、安全、稳定、低风险	效益、适应、敏感、勇于承担风险
环境开放性	比较封闭,尽量减少环境的影响并力图降低不稳定性	比较开放,能够适应环境的影响并能应对环境的不稳定性
活动	有较高的正确性;明确分工,职能部门相对独立	正确性较低,常有重叠的活动,职能交叉
协调机制	等级制度、管理规则	员工的相互协调,多样化
权力结构	集中的、等级式的	分散的、网络式的
权力来源	职位	知识与专业特长
程序与规则	多而具体,成文的	很少,不具体,往往是不成文的
决策	集权、集中于高层	分权、分散于整个组织
计划过程	重复、固定、具体	变化、弹性、一般性
解决问题的方式	由上级来解决,照章办事,妥协、掩饰	由群体解决,因地制宜,对抗,公开
控制结构	等级、具体、短期,对成员进行外部控制	交叉作用,一般化,长期,自我控制
激励机制	强调外部奖励、安全感、低水平需求的满足,X理论观	强调内在奖励、新生与自我实现,Y理论观
结构持久性	倾向于固定不变	持续地适应新环境

三、适应性组织的结构和设计

在组织的战略和设计中有一种倾向就是,如果组织战略改变,企业就会改变结构来适应。"结构服从战略"这句话常常被当作格言来使用。

如果将企业组织和生命体相类比,它们同样都具有生命系统,经历从诞生到成长,到成熟,再到衰落这样一个过程。在生命系统中,有证据表明,结构和结构重组的过程是适应性组织扩展的过程。这就意味着,不断致力于再造和自组织的有机体,使结构化的发生成为这些更为重要的行为的直接结果,而没有把任何单独的注意力放在组织结构上。一旦有机体懂得了如何为适应变化的现实而去重组,那么结构重组的过程就会自动进行。系统本能地知道适应外部现实所需的关系网络和形式。

适应性组织的结构和设计应该从生命体那里得到启示,应该把注意力较少地放在对组织结构的构造上,更多地放在自组织上。组织中的成员被赋予权力,一旦组织中的成员知道他们需要做什么,他们就会感到有足够被授权的能力将其进行到底,并且高效率地组织他们自己。只有当人们被授权的能力不足时,才需要被分配到组织结构图中的各个框框里来完成组织交予的任务和使命。

适应性组织较少关注组织的结构,而将注意力放在更有能力的组织成员身上,从而参与组织的适应过程和自组织过程的这种特点,使结构服从自组织的表现,也是组织适应未来的战略,从而来应对各种各样的困难与挑战。

海尔集团是适应性组织的典型企业之一。海尔集团从创立以来,组织结构一直处于变革之中。海尔集团创立于1984年,是全球大型家电第一品牌,目前已经从传统家电产品的企业转型为面向全社会孵化创客的平台。在互联网时代,海尔致力于成为互联网企业,颠覆传统企业自成体系,变成网络互联中的节点,互联互通各种资源,打造共创共赢新平台,实现有关各方的共赢增值。海尔是所有利益双方的海尔,主要包括创客、用户、股东以及其他利益攸关方。网络化时代,海尔与全球创客、利益攸关方等共同组成生生不息的生态圈,共赢、共享、共创价值。只有海尔这个开放的平台生态圈中的所有利益相关方持续共赢,海尔才有可能实现永续经营。为实现这一目标,海尔不断进行商业模式创新,逐渐形成和完善具有海尔特色的人单合一双赢模式。"人"即具有两创精神的员工,"单"即用户价值。每个员工为用户创造价值,从而实现自身价值,企业价值和股东价值自然得到体现,整个创业创新平台才能不断自演进、自优化。

20世纪80年代,海尔同其他企业一样,实行的是"工厂制"。后来,海尔做大做强,业务不断发展,海尔的组织结构也随着企业战略目标的转移和市场环境的变化而改变。从实现海尔名牌战略的职能型结构,到实现海尔多元化战略的事业本部结构,再到实现海尔国际化战略的流程型网络结构,海尔走过了一条组织创新之路。海尔发展的两个阶段是"直线职能型"组织管理阶段与进入产品多元化战略阶段后实行"矩阵型"、事业部制管理阶段。

第一阶段是"直线职能型"组织管理阶段。直线职能型结构是最早使用,也是最为简单的一种结构,是一种集权式的组织结构形式,又称为军队式结构。其特点是组织中各种职位按垂直系统直接排列,各级行政领导人执行统一指挥和管理职能,不设专门结构。这种组织结构设置简单、权责分明、信息沟通方便,便于统一指挥、集中管理。海尔组织结构模式的效能在"日事日毕、日清日高"为特征的"OEC 管理模式"下达到顶峰。但随着企业的发展,这种模型的劣势也日益突显,对市场反应太慢。随着海尔多元化战略进程的推进,直线职能制的弊端对海尔多元化战略产生了阻碍。第一,多元化经营加重了企业高层管理的工作负担,这种工作负担主要集中于各个产品或服务之间的决策、协调,容易顾此失彼。第二,在直线职能制下的高度专业化分工使各个职能部门眼界狭窄,导致横向协调比较困难,妨碍部门间的信息沟通,不能对外部环境的变化及时作出反应,适应性比较差。第三,直线职能制下的员工专业化发展不利于培养素质全面的能够经营整个企业的管理人才,从而在对多元化经营特别是新经济增长的机会把握上带来损失。

第二阶段是进入产品多元化战略阶段后实行"矩阵型"、事业部制管理阶段。矩阵型组织结构是由纵横两套管理系统组成的。一套是纵向的职能领导系统,另一套是为完成某一任务而组成的横向系统。它把组织的纵向联系和横向联系很好地结合起来,加强了职能部门之间的协作与配合;有较强的机动性,能根据特定需要和环境的变化,保持高度的适应性;把不同部门、不同专长的专业人员组织在一起,有利于互相启发、集思广益,有利于攻克各种复杂的技术难题。事业部制组织亦称"M 型"组织,它是以目标和结果为基准来进行部门的划分和组合的。事业部的主要特点是"集中政策,分散经营",即在集权领导下实行分权管理。这种组织结构形式就是在总公司的领导下,按产品或地区分别设立若干事业部,每个事业部都是独立核算单位,在经营管理上拥有很大的自主权。海尔 1996 年开始实行事业部制,这是在组织领导方式上由集权制向分权制转化的一种改革。经过第二阶段的调整,海尔集团的组织结构可以描述为:集团总部是决策的发源地,管辖一些职能中心;下边是事业部,是一个利润中心,是市场竞争的主体。事业部制高度分权,能够有效刺激市场销售。

四、意识—反应企业模式

在适应性组织中,有一种模式称为意识—反应模式,即组织面临问题时能即时意识到,并迅速反应、采取行动。

意识—反应模式提供了应对不连续变化挑战的方法。采取该模式的企业并不力图预测对其供给能力的未来需求,相反,它识别变化中的顾客需求和新的商业挑战,并迅速、恰当地作出反应。

意识—反应模式是相对于传统产业下的制造—销售模式而言的。指挥与控制是采用制造—销售模式企业的一个典型特征。在这类企业中,高级管理层运用大型中央计划行政人力资源,决定员工应该做什么,并且告诉他们什么时候做以及怎样做。企业行政人员精心安排决策过程并监督执行。在管理卓越的企业,指挥与控制系统通过沿组织层级从上而下下达指令来保证组织行为的一致。计划决定了企业组织中各个单位的作用及相互作用。这样一来,纵向的线性顺序创造了企业各功能中的最小通信需要,称为价值链。各单位、各功能之间的关系是预先决定的。

意识—反应模式与传统的制造—销售模式的区别如图 10-1 所示。

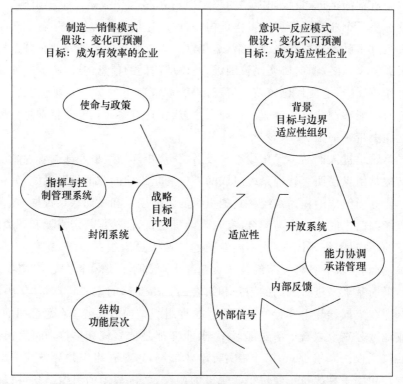

图 10-1　意识—反应模式与传统的制造—销售模式的区别[①]

这两种模式分别代表了不同的企业运行方法,不能简单地说哪种模式是正确的或是错误的。当一种模式与既定企业运行的环境预测水平相一致时,这种模式就是正确的。在环境的变化是逐渐发生的、有规律可循的情况下,企业管理层知道应该做什么,合理的管理方法将强调效率,预测市场需要的东西,并且最小化制造与销售这些东西的成本和费用。这样一种企业运行模式将清楚地表明其使命和政策,并把它们看成一种常数,作为企业行动的指南。在这样的模式下,企业将尽力避免修改这些基本程式,因为基本程式的变动会引起组织混乱,而混乱是效率的大敌。

采取制造—销售模式的企业组织中的领导所操作的是一个封闭的系统,要求尽可

---

① Haeckel, Stephan H. Adaptive Enterprise: Creating and Leading Sense-and-Respond Organizations. Harvard Business School Press, 1999.

能长时间地忽略可能需要改变的信号。尽管企业管理层每年可能会对战略进行一两次修改,但企业运行的指导方法和发展速度将尽可能保持稳定,只会对某些中间过程进行调整和纠正。

在不可预测的市场上,客户自身成为未来需要的不可靠预测者,适应性必须优先于效率。利润流向那些更早、更精确地意识到其客户现在需要什么以及"适时"响应这些需求的人。为此,意识—反应型组织中的管理层必须创造一种明晰的背景,明确企业是做什么的,以及应该怎样做,员工应该怎样相互联系,以实现企业的组织目标。

毫无疑问,有效率的、提供产出的机器,正是对制造—销售型企业恰到好处的比喻。与大多数机器一样,这样的企业被设计出来,以预先确定的方法统一实现特殊的目的。和可相互替代的标准零件一样,企业追求规模经济,并根据规定的企业设计执行,可重复的程序、可替代的人刻画了这些企业的特征。包括美国通用汽车、通用电气、强生兄弟和IBM等在内的许多大型工业公司变得越来越大,因为它们可以预测需求,从而有效地制造和销售产品。

然而,当顾客需求迅速、不可预测地发生变化时,这种制造—销售模式就不可避免地开始崩溃了。如果自行车的市场消失了,那么生产的自行车无论多么好都没有用。即使制造—销售型企业能够找到办法,更好地追踪其顾客迅速转移的偏好,它们也不可能迅速或有效地重建其复杂的生产机器和生产线。提供产出的机器可能是有效率的,但是正因为高效率的资产专用性,它们往往缺乏柔性。北美轿车集团执行官唐·哈克沃思在1997年通用汽车公司传统的制造战略洗礼结束时,以无可奈何的口吻承认了这种变化,并描述了这种变化的极端重要性:"制造—销售的世界基本上寿终正寝了。我们正处于向其他东西转变的过程中。我们认识的世界是,你生产大量的东西,然后以一个确定的价格提供给客户,无论他们需要还是不需要。这样的世界结束了。它是大批量的世界,每个品牌都有大量的产出,用某些非常特定的技术生产产品,并且以你确定的方法销售产品。这样的世界结束了。我们现在正向我称之为意识和反应的世界转移。定制的迅速交付是这个世界的一部分,它正使你与顾客更紧密地接触,完全不像你以前那样。整个价值链的方方面面都围绕着客户展开。当客户提出某种需求时,他们要求以确定的方法,在确定的时间、确定的地点以确定的价格满足这种需求。在企业运行中,如果一个制造公司比其他任何公司更明白怎样去做,它就将是赢家。这就是我们正朝之转移的世界。"

第四节　变革管理的实施

我们认为,东方文化背景下的变革管理,最重要的因素还是在于领导者的改变。《周易》说"大人虎变",即领导者首先改变最重要。所以,变革管理的实施,需要先从领导者的正心修身开始。

一、正心修身

要做好变革管理工作,企业领导者自己必须先改变观念。《革·九五爻辞》说:"大人虎变,未占有孚。"其《象》辞说:"大人虎变,其文炳也。"意思是说,要作变革,大人物必须自己先下定决心,大人像猛虎一样迅速推行顺天应人的变革,不用多考虑也会受到人们的欢迎。"大人虎变",从《周易》来看,实际上是一场改朝换代的彻底的创制性革命运动,犹如《革卦·象辞》所提到的"汤武革命"。这样的"虎变"革命彻底革除旧弊,创立新制,发布一系列严明政令,使得各方面都呈现出翻天覆地的巨大变化,必须将改革与革命进行到底,不得半途而废,不能修修补补。

变革管理本身是很艰难的事情,高级管理人员必须先革自己的命,从心理上、行为上发生改变,然后再带领大家共同作适应性的变革。日本学者土光敏夫在《经营管理之道》中说:"对管理者最大的要求,是管理好他自己,而不是管理别人";"人们不会由于你的说教而行动,如果你身体力行了,人们就会行动起来";"部下学习的是上级的行动,上级对工作全力以赴的实际行动,是对下级最好的教育"。美国著名管理学家德鲁克强调,管好自己的人才能成为好的管理者。

中国古人更加重视领导者的素质,把"正己"作为搞好管理工作的前提和基础。例如,孔子强调正人先正己,提倡修己安人:

> 政者,正也。子帅以正,孰敢不正?(《论语·颜渊》)
> 其身正,不令而行;其身不正,虽令不从。(《论语·子路》)
> 苟正其身矣,于从政乎何有?不能正其身,如正人何?(《论语·子路》)

孔子把管理工作表述为,通过管理者自己修身正己的示范活动影响带动他人的过程。如果管理者本人品德高尚,被管理者就会模仿着行动起来,用不着发号施令便可以收到良好的效果。管理者应该认识到正己的意义,把管理好自己作为管理工作的内容之一。

《礼记》甚至把"正己"作为主要的管理工作:"正己身以正朝廷,正朝廷以正百官,正百官以正万民";"上老老而民兴孝;上长长而民兴悌;上恤孤,而民不倍,是以君子有挈矩之道也"。《礼记》虽然讲的是国君"正己"的重要性,但这些道理对任何管理者都是适用的。管理者的行为会影响身边的工作人员,这些工作人员又会去影响别人。如齐桓公喜欢穿紫色的衣服,齐国人都跟着穿紫色的衣服;楚庄王喜欢看人的细腰,朝臣中马上有许多人减肥。

为什么管理者的正己作用很重要?我们可以利用班杜拉的模仿学习理论(又称"社会学习理论""观察学习理论")予以解释。班杜拉认为,人的许多行为习惯是通过观察、模仿而养成的。观察学习是通过学习者观察榜样的示范活动进行的。示范有行为示范、语言示范、象征示范、抽象示范、参照示范、参与性示范、创造示范等多种类型。

班杜拉将观察学习分成注意、保持、再现和动机作用四个过程。注意，即观察、注意榜样的特征，榜样、观察者的特征都会影响注意过程。管理者因为地位高，有一定的权力，自然容易引起被管理者的注意。保持，即观察者将榜样的行为信息象征化，以表象、言语两种表征系统保持在头脑中。简单的感觉经验采用表象编码的储存系统；复杂的、抽象的信息则需要采用言语编码系统。再现，指观察者总是试图将他们的行为准确地与榜样的行为进行匹配。班杜拉将再现过程分解为反应的认知组合、反应的最初表现、对反应的监控、依据信息反馈进行练习等。动机作用，主要关系到如何激发和维持行为。班杜拉特别重视代理强化和自我强化对行为的控制。代理强化指榜样替代的强化。例如，某人看见一位同事因为拍上司的"马屁"而多得了奖金，他也会积极地去拍上司的"马屁"；某位县长因为弄虚作假被上级给予降职处分，其他人就会抑制弄虚作假的欲望。作为一位管理者，要随时意识到，有许多被管理者在注意、观察、模仿自己的一言一行。

二、以身作则

在变革管理工作方面要做好"正己"很不容易，"以身作则"到底做得如何，我们可以参照史蒂夫·史密斯编制的问卷。

如果要别人认真对待你，并且在你的鼓动下去实施变革的话，那么，你就必须以实际行动赢得他们的尊重和支持。史蒂夫·史密斯编制的问卷主要介绍了领导者作为变革催化剂所应具备的主要行为举止：以客户为中心，对现状提出挑战，推行具有挑战性的标准，使人们易于看到和找到你，支持卓越，讲求诚实，具有协作精神。

每一部分都有10个问题。在每一个问题上，对自己进行反省。你也可以请别人填写这份关于你的调查问卷，然后从中得到宝贵的反馈意见。

<u>第一部分</u>：以客户为中心
☐ 我很清楚我的直接客户是谁。
☐ 我经常花时间和客户就他们的要求进行协商并达成共识。
☐ 我定期从客户那里获取反馈意见。
☐ 我鼓励客户向我提供反馈意见。
☐ 我经常采取行动提高个人工作成绩的标准，以取悦我的客户。
☐ 我鼓励别人对我的行动和行为提出反馈意见。
☐ 我的部门花时间和客户就他们的要求进行协商并达成共识。
☐ 我的部门有明确的测量客户满意度的措施。
☐ 我不允许所作出的决定带有部门主义或偏见的色彩，以致对客户产生影响。

第二部分：对现状提出挑战
- [ ] 在任何情况下我都不能容忍低标准。
- [ ] 我不断对所做事情的方式是否有助于改进工作提出质疑。
- [ ] 我能够接受并欢迎新的观点。
- [ ] 我把时间和资源用在改进工作上。
- [ ] 我允许我的员工进行实验、实行变革和冒风险。
- [ ] 我鼓励他人对现状提出疑问和挑战。
- [ ] 我的确说"不"，并解释为什么。
- [ ] 人们能够自由地向我表达他们的见解。
- [ ] 我的部门有明确的、受到定期监控的目标。
- [ ] 我的团队中的每一个人在工作中至少都有一个改进目标。

第三部分：推行具有挑战性的标准
- [ ] 我制定能够测量我的工作情况的措施。
- [ ] 我尽可能利用数据资料帮我作决定。
- [ ] 我要求我的部门生产的产品都符合客户的要求。
- [ ] 我把精力放在预防错误而不是纠正错误上。
- [ ] 我下放权力，为他人制定具有挑战性的目标。
- [ ] 我给想要的标准提出明确的希望。
- [ ] 我总是为自己设定苛刻的改进目标。
- [ ] 我告诫我的团队成员要采取高标准行动。
- [ ] 我对那些故意放弃共同认可的业绩标准的人提出严厉批评。
- [ ] 我花费时间为下属规划他们的个人发展。

第四部分：使人们易于看到和找到你
- [ ] 我经常在部门内走动。
- [ ] 我花时间和人们待在工作现场。
- [ ] 我鼓励人们在需要时来找我。
- [ ] 我能够及时发现问题的警示信号。
- [ ] 我倾听团队中他人的意见和建议。
- [ ] 我是个易于接近的人，在他们需要时能看到我。
- [ ] 我有各种良好的关系。
- [ ] 我经常与下属谈话。
- [ ] 我知道什么东西对我的下属来说是重要的。
- [ ] 我在他人身上寻找具有良好行为举止的榜样。

第五部分：支持卓越
- [ ] 我对改进工作业绩的活动进行投资。

☐ 我把计划—实施—检查—行动（PDCA）原则运用到日常工作中。
☐ 我尽可能使用解决问题的工具。
☐ 我经常和下属一起开会，以鞭策他们改进工作。
☐ 我经常谈论我们的任务和改进目标。
☐ 我通过自己的个人行为鼓励不断改进。
☐ 我非常欣赏高标准的工作表现。
☐ 我勇于承认自己的错误，虚心向他人学习。
☐ 我总是守时而且准备充分。
☐ 我把过失当作改进的机会。

第六部分：讲求诚实
☐ 我以公平、信任和尊重待人。
☐ 我从不传播谣言。
☐ 我总是遵守诺言。
☐ 我在自己同意的期限内按时完成工作。
☐ 我只提供建设性的而不是毁灭性的反馈意见
☐ 我为自己的信仰而努力奋斗。
☐ 我言行一致。
☐ 我给出所作决定的理由。
☐ 我确定明确的重点，坚持方向一致。

第七部分：具有协作精神
☐ 我征求所有人的意见，让每个人都有发言权。
☐ 我为团队工作。
☐ 我尊重同事，和他们合作。
☐ 我被认为是行事果断的人，而不是独断专行的人。
☐ 一旦形成集体决定，我不加以阻挠。
☐ 我乐于倾听，思想开放。
☐ 我和团队就目标、指标和标准达成共识。
☐ 我花时间对团队进行开发，以便更富有成效地合作。
☐ 我保证每一个人都能掌握其角色所需的知识和技能。
☐ 我鼓励我的团队定期检查我们的业绩。

三、反身修德

"反身修德"是《周易》的哲学思想精华之一。《周易》注重道德修养、素质修炼，重视自身的完善，强调自强、自立、自省、自谦。《周易》中关于德行修养的警句比比皆是，如《易传》在释《蹇卦》《乾卦》《晋卦》时分别提出了"君子以反身修德""君子自强不息""君子自昭明德""君子以厚德载物"等。何为德？《正韵》归纳得好："凡言德者，善美、正大、光明、纯懿之称也。"良好的德行是人们事业成功的保证，也是趋吉避凶的法宝。《益卦》与《大传》揭示得深刻："有孚惠心，勿问，元吉"，积善之家，必有余庆。在不确定性增强的时代，应该从以下一些素质修炼抓起：

（一）与现实合拍，特别是面对新的现实

新型商业领导的主要职能是使本组织适应新的现实，并且迎接所有现实造成的价值挑战。适应性领导者在认识变化的环境中，并将其影响转化为企业的使命、价值及核心专长的过程中，锻炼洞察力和远见。他们对新的现实加以了解，以便为所要执行的适应性工作制定工作日程表。他们应使下属轻松地工作，去做最需要他们做的事，即改变、成长和发展他们的潜能。而他们只有与变化着的现实保持一致，并且关注其结果，才能够做到这一点。

（二）与下属创造共同的愿景

人们一致认为领导者必须拥有愿景，但是，当讨论到这应是谁的愿景，以及它是如何被制定的时候，产生了分歧。很多人说是领导者搜寻或创造了新的愿景。我们认为，愿景是共同创造的，它是所有利害相关者在与新现实的冲突和整合过程中形成的产物。愿景应该是由领导者与其追随者在不断发展的基础上共同创造的。只有当愿景与人们的价值和认知方式相一致时，人们才会遵从它。彼得·圣吉在《第五项修炼》一书中也主张，共同的愿景产生于个人愿景，仅仅建立一个战略性的愿景是不行的。领导者的作用不是为他人捧出一个梦想，而是把握群体梦想与现实之间的差距，为促进缩小这一差距而努力工作。

（三）拥有新的思想和远见卓识

实施领导意味着要给组织注入新的思想和远见卓识。这些思想和远见卓识通常与组织的共同愿望相协调，从而为新的机会铺平道路。领导者带头、下属遵从已经是旧的观念，新型领导者注重流动和机会，认识到组织中的每个人都处于持续运动中，对于整个社会组织的多样性、模糊性和不确定性都有一个很好的把握。

（四）具有正直的品质

领导者应该是值得信赖的，展示出正直的一面，并且具备良好的人际关系技能和沟通技能，他们具有挑战企业惰性的典型特征。与那些认为这些特征只属于特殊人物的传统观念相反，所有深刻地关注自己是谁、充满自信和力量的人都有能力实施领导。

（五）具有不断学习、不断更新的品质

领导者需要在变化和连续的力量之间加以平衡。德·普瑞曾说："没有连续的变化是混沌，而没有变化的连续是懈怠。"领导者有责任持续不断地学习更新，挖掘并发挥潜能，为变化铺平道路，消除模糊、风险和不确定性。

（六）能够顺其自然，接受差异

《老子》主张无为而治。"无为"是一个普遍适用于任何管理过程的原则，不论是政治管理、经济管理或社会文化管理,概莫能外。"无为"主要是一个宏观的管理原则,主张尊重和满足员工的需求,作决策时要尽量照顾人们当前的需求,减少对员工活动的束缚和干预,从而有利于员工活力和积极性的提高。"无为"要求人们的行为及指导思想顺应自然、符合自然,但又决不能消极地听任自然,认为人要在符合自然要求的情况下行动。领导者赞同下属的观念,承认并理解企业生活中的多样性是由人的天赋、才干和技能构成的,主张应由不同的人处理、承担不同的任务,给予不同的人自由和空间来施展其领导指挥才能。"无为"实际上是"以静制动",要求领导者抓大事,把具体的工作分配给具体的机构和人员。

(七)具有处理不和谐与和谐的能力

领导者应当允许有相反的意见,视它们为组织生命力的重要源泉。领导者类似于乐队的指挥家,只有与每一个演奏者的独特天赋结合得天衣无缝,才能产生美妙的音乐。

(八)赋予他人权力和自由

领导者能够抓住挑战性的机会并将它们付诸行动,但领导属于每个人,是普通人发挥最佳水平的过程,因此组织应该把每个人身上的领导力都释放出来。组织中的领导者更应该注意授权,给予下属展示领导才能的机会。约瑟夫·约沃尔斯基在 *Synchronicity*: *The Inner Path of Leadership* 一书中提到,实施领导就是释放人的潜能,是鼓励人们并使之成为中心和焦点的能力。

(九)整体观念

在实际运转过程中,组织内部的人与人之间会有矛盾,组织与外部环境之间也会有矛盾。要实施适应管理,高级管理人员必须有整体观念、系统思维,只有这样才能够让组织自身良性运转,让组织与外部环境关系协调。正如《易传》所说,人之道、地之道、天之道有着统一的运行规律,管理者应该遵循人与社会、人与自然和谐统一的自然之理。又如《庄子》所说:"天地与我同一根,万物与我一体。"观察问题,既要看见局部的偏差,更要用联系的、全面的、整体的眼光来观察,用系统的思维来确定解决方案。

四、居安思危,制造危机

"居安思危""防微杜渐"和"治未病"等东方思想在适应管理中意义重大。

(一)具有忧患意识

《周易》是忧患之作,孔子韦编三绝,对于《周易》的产生并未神秘化、夸张化,相反,把"《易》之兴也"平实地归结为在特定艰危处境中人的忧患意识的产物。"《易》之兴也,其于中古乎?作《易》者,其有忧患乎?"为之作传,就是要使人懂得知危则戒惧,才能平安无危;知平安无危则偷安,就会倾危。这就是说,要居安思危,存不忘亡,治不忘乱,这样才能长治久安。《易传》在肯定了作《易》者的忧患之后,又从总体上论断:"是故其辞危。危者使平,易者使倾。其道甚大,百物不废,惧以始终,其要无咎,此之谓

《易》之道也。"整个"易道"所突显的,正是"朝乾夕惕""居安思危""外内使知惧""困穷而通"的忧患意识。

在《周易》的六十四卦中,既济卦的象数结构最为完美:阴居阴位,阳居阳位,阴阳相应,六爻得正。《易传·杂卦传》说:"既济,定也。"定就是稳定。程颐的《伊川易传》也说:"各当其用,故为既济。天下万事已济之时也。"显然,既济卦代表一种安定和谐的局势。然而《易传·象辞传》却告诫说,处既济之时,"君子以思患而豫防之"。《伊川易传》的解释是:"时当既济,唯虑患害之生,故思而豫防,使不至于患也。自古天下既济而致祸乱者,盖不能思患而豫防也。"一般说来,当人们取得成功之后,极易萌生松弛骄懒之心,天下万事败亡之机往往隐藏于此。因此,《周易》设既济一卦提醒人们,越是身处顺境,局势安定,越要居安思危,防患于未然。那么处顺居安之时,应当如何思危防患,才能保持事业长盛不衰呢?《易传》认为,必须戒惧。《易传·象辞传》既济卦六四爻说:"终日戒,有所疑也。"即由于常疑患难将至,故终日戒惧不息。

首先,戒惧就是从思想上加强警觉,防止松懈。随着成功的到来,人们往往会产生盲目乐观的心态,以为危险已经过去,前面将是一路坦途。于是,一方面容易低估前进中的风险,麻木轻敌,轻率冒进;另一方面容易对自身存在的问题掉以轻心,听之任之,结果必然是惨痛的失败。这时,管理者必须从思想上保持高度的警觉性,对即将遇到的困难和自身存在的问题有一个清醒的认识,决策必须要有科学依据,行动必须更加谨慎小心,尤其重要的是,必须建立一个有效的预警系统,以便及早发现自身存在的问题,采取相应的预防措施。

其次,戒惧就是要始终保持强烈的危机意识和紧迫感。巨大的成功容易让人产生一种错觉,即以为艰苦的创业已经完成,剩下的事仅仅是保持和享受已取得的胜利果实而已。然而,天下之事,不进则退。一个企业只有始终保持生存的危机感和竞争的紧迫感,才会不断地寻找战机,主动出击。而唯有不停地适时达变,才是保证企业持续发展的恒久之道。

(二) 制造危机感

关于如何制造危机感,不同的企业有不同的做法,总体的思路是让企业所有人员有适当的不安全感,为了防止丢掉饭碗,高度关注企业内外发生的细微变化,随时准备调整心理和行为来满足新的需求。

根据心理学的研究,适度的压力对人的心理和身体健康有积极作用,危机感太低或太高对于企业的发展都不利。对于企业的高级管理人员,如何调控危机感是一门复杂的学问。海菲茨和劳里都用高压锅的有关原理来说明危机的调控艺术。曾经在许多年里,快速烹饪最有效的方法之一便是使用高压锅。蒸汽产生的压力会凝聚热量,从而能更快地将食物煮熟,并以恒定的温度和压力做成一道颇有风味的好菜。然而,这种压力锅也有不足之处,即不认真看好火候,压力锅可能会爆炸。

处在变革调整期间的公司就好比一个压力锅。如果热量和压力结合在一起,产生公司希望得到的结果,公司就取得进步。相反,如果没有压力或热量,任何目标都无法达成。如果压力太大,可能会导致公司运转瘫痪,员工会变得焦虑不安、精疲力竭。那么,在压力太大和压力太小之间保持非常微妙的平衡就成了领导者的责任。

在某种程度上,压力或者说危机感对于员工而言是不可避免的。员工的工作态度和风格已成为他们的第二天性。当公司内部发生一些根本性的变革时,调整性的工作会带来新的价值观,这些价值观可能会与公司原来的价值观相互冲突;有的职位可能会被重新安排或取消,员工可能要承担新的责任,原来员工之间相互珍惜的友谊曾令他们有很大收获,而现在这种友谊可能会因为让某项计划获益而瓦解,但这项计划往往看来十分缥缈,公司将来的发展似乎也很不确定。危机感上升到一定程度会使一个人甚至无法完成与以往完全能够胜任的工作相类似的任务。这时领导必须作出一些调整,区分员工的危机感究竟是太大还是太小。

英特尔(Intel)集团前总裁安迪·葛洛夫受到大家的尊重,他喜欢用"恐惧"而不是"危机感"一词,但他表达的意思是相同的。葛洛夫认为,领导艺术最重要的一点在于,"创造一种环境,让全体员工都能满腔热情地作出奉献,以求在市场中制胜。在培养以及维持这种热情的过程中,恐惧的作用至关重要。对于竞争的恐惧,对于破产的恐惧,对于犯错的恐惧,以及对于失败的恐惧等都可以作为强大的动力"。在葛洛夫看来,实施领导的目的应该是在员工中培养适当程度的恐惧感。他想让员工害怕失败,也想让员工警惕一种可能性——某一天,任何一天,环境的某些变化都将改变游戏规则。他希望员工将恐惧感作为一种生存的本能。

葛洛夫从他的个人体会及心理反思方面得出了这一结论。他说:正是恐惧感让他每天检查自己的电子邮件,正是恐惧感让他愿意去听取坏消息而不从中打断。实际上,他是想说:"一切都会没事的。天不会塌下来的。"

(三)调控危机感

适应性工作并非简单地沿某一固定路线按部就班即可完成,在整个过程中,不同的员工会在不同时机、不同场合产生危机感。因此,领导者在公司采取新的举措之时,必须意识到员工的危机感。领导的真正艺术就在于此。领导者必须有开阔的视野,可以一览无余地看到全部细节,视情况调节员工的危机感,增加或减少他们的压力。

英国航空公司的科林·马歇尔爵士就花了两到三年的时间将整个公司由以内部为中心转换到以顾客为中心。他总是逐一解决那些重要的问题,而不是同时应付所有事项。科林给员工们限定了完成工作的最后期限。这些期限看来似乎不太合理,但实际上却可以达到。此外,他还计算好进行改革的合理速度。通过使用这种方法,科林让公司内部各个层次的员工都了解到他们需要在哪些方面以及如何作出改变,不至于完全陷入对未来的担忧之中。虽然每个人都会在某一个时间陷入担忧或绝望,但是科林的上述方法确实在公司内部培养了员工相互之间的信任以及凝聚力。毫无疑问,一旦人们已经开始实施某项新的举措,他们就无法让该举措放慢或是停下来。这是人的天性。对于执行官而言,原来曾经批准进行的项目,现在却不得不将其毁掉,确实不是一件容易的事情。这时,他们不会终止原来已经开始的任何项目,而是同时不断地开始新的举措。此外,他们要求员工"优先"着手这项新举措,让员工超负荷工作。这样一来,不仅执行官自己,而且员工,都达到了能力的极限(有时甚至超出能力的极限)。为了将公司里太多的项目关系理顺,领导者可以假设自己是一个收购评估团的成员。这一评估团刚刚买下了这家公司。一旦收购工作完成,这些评估团成员们就需要问自己,继续进行哪些举措才是合理的,这样也能给员工一个衡量自己是否进步的标准。

领导艺术的关键之一是让员工们感受到适当程度的压力,以保证他们最充分地发挥自己的潜力,全神贯注于自己的工作。

(四)防微杜渐

有适度的危机感,才会关注内外环境的细微变化,及时制定应对性措施。《黄帝内经》提出了自己的"防微杜渐"处事态度,提出"圣人不治已病治未病,不治已乱治未乱"的危机管理思想。

明代名医张景岳关于"治未病"的思想对我们强调制造危机感颇有启发意义:"祸始于微,危因于易,能预此者,谓之治未病,不能预此者,谓之治已病。知命者,其谨于微而已矣。"还指出:"履霜坚冰至,贵在谨于微,此诚医学之纲领,生命之枢机也。"张景岳一语中的,道出了"谨于危"便是"治未病"的关键所在。世上任何事物的发生都有其先兆,疾病是这样,企业管理也一样。

《易传》对于防微杜渐、注意细微变化等思想用"见几而作"来表达。"见几而作"语出《易传·系辞下》:"君子见几而作,不俟终日。"意思是说,君子一旦发现事态的征兆,就立即行动,绝不等到明天。此处,对"几"的理解是最关键的。《易传·系辞下》说:"几者,动之微,吉之先见者也。""几"是事之方萌、有象无形、欲动未动的状态,未来发展的趋势是吉是凶,于此可见端倪。事情尚未发生而空论道理,谁都可以说得头头是道,事情已经发生再去总结其理,似乎也容易做到,唯独事态刚刚萌动就看出它的未来结果,最难。因此,《易传·系辞下》又说:"知几其神乎。"事情尚处在似动未动、吉凶两可的时候,就能见其究竟,预先采取相应措施,这岂不是很神妙吗?

"几"与"时"不同。"时"是已成之趋势,只可顺应,不可阻挡;"几"是未形之契机,抓住则成势,错过则莫追。"时"属已然,乃宏观之势态,大势已定,则盛衰有期;"几"属先兆,乃微妙之枢机,吉凶由人,且稍纵即逝。"时"虽昭著,但人们未必都能看清;"几"虽隐微,但人们仍然可以把捉。"几"与"时"又有联系。"几"是时势的大潮中激起的浪花,是时势与企业之间的切合点。抓住了"几",企业就可以汇入时势的大潮而"与时偕行"。俗话说的"机不可失,时不再来",就是提醒人们迅速抓住机遇,顺应时势。

"几"不是现实,只是一种可能性。对于企业来说,"几"就是通常所讲的机会、机遇。"见几而作"就是抓住机遇迅速行动。机遇之可贵,尽人皆知。但能否把握机遇,则取决于经营者的综合素质。因为机会常常隐藏在普通的事件之中,常常以偶然性的面貌出现,没有什么固定的程式可以用来发现它。对于"见几"者来说,一些苗头透露着令人兴奋的成功希望。而对于大多数人来说,这些苗头微乎其微,根本没有必要多看一眼。于是机遇从大多数人身边擦肩而过,但却停留在优秀企业家的眼前。

20 世纪 50 年代,法国白兰地开拓性地打入美国市场,就是"见几而作"的成功范例。法国白兰地享有盛誉,畅销不衰,于是开始瞄准美国市场。如何打入美国市场?他们选择了一个绝好的时机,即借时任美国总统艾森豪威尔 67 岁寿辰之际,举行一个隆重的仪式,赠送两桶窖藏达 67 年之久的白兰地作为贺礼,以表达法国人民对美国总统的友好。当他们将这一消息通过各种渠道传到美国时,立即引起了美国公众的极大兴趣。总统寿辰之日,贺礼由专机送到美国,华盛顿竟出现了万人围观的罕见场面。美酒驾到的新闻报道、专题特写、新闻照片挤满了当天各报版面。当两桶白兰地美酒由 4 名英俊的法国青年抬进白宫亮相时,群情沸腾,欢声四起,有人甚至大声唱起了法国国歌《马赛曲》。就这样,法国名酒白兰地在热烈的气氛中昂首阔步走上了美国国宴和家庭餐桌。

从表面上看,美国总统一年一度的生日实属平常,似乎与法国的酿酒业没有什么关系,但在优秀的企业家眼里,平凡的事件中也可能潜藏着机遇。当然,法国酿酒业的这次壮举,并非一时心血来潮凭空想象出来的。在此之前,他们搜集了大量的信息,如美国民众饮酒的风俗、法美关系的发展动态、年内美国有影响的节假日和庆典活动、艾森豪威尔在美新闻界的影响等。他们正是通过对大量信息的吸收、分析和筛选,才确定了这个最佳方案。把法国白兰地与美国总统寿辰联系起来所取得的成功,充分显示出经营者对信息的卓越鉴别力和对机遇的出色感悟力,而这正是把"几"从隐微状态下发掘出来的必要条件。

如果说"几"的隐微特性决定了"见几而作"必须具备敏锐的感悟能力,那么,"几"稍纵即逝的特点又决定了"见几而作"必须具备快速的反应能力。快速反应,不仅包括快速吸收信息、传递和筛选信息,而且包括快速决策、快速设计和投产以及快速投放市场。靠快速反应抓住机遇占领市场的例子,古今中外屡见不鲜。如日本索尼公司创始人井深大等人,从开始经营公司起,就立志要率领时代新潮流。一次偶然的机会,井深大在日本广播公司看见一台美国造的录音机,便抢先买下了专利权,很快生产出日本第一台录音机。1952 年,美国研制成功"晶体管",井深大立即飞往美国进行考察,并果断地买下这项专利,回国数周后便生产出公司第一支晶体管,销路大畅。当同类厂家也生产晶体管时,他又出人意料地生产出世界第一批"袖珍晶体管收音机"。

索尼公司总是能抓住机遇迅速开发新产品,并以迅雷不及掩耳之势独占市场,常常使竞争对手措手不及,处于被动。可见,精明的经营者总是善于从事态的征兆中发现机会,然后牢牢把握机会迅速行动,使自己的事业不断发展。

(五)区分技术性工作与适应性工作

区分技术性工作与适应性工作是海菲茨强调的重点。后来,安娜蓓尔·碧莱尔在

《领导与战略规划》一书中也把区分技术性与适应性的挑战看成领导者的主要工作。劳里则对海菲茨的思想进行了扩展,他在《领导的真正工作》一书中认为,进行领导工作,第一步是把问题区分为经营性和战略性;第二步是把要做的工作区分为适应性和技术性,这样可以简化领导者的工作。

适应性时代的特点是重新关注目的,把注意力重新放在适应性工作之上,这对于现代社会过分注重那些用来达到目的的、理性的、表面的和不考虑价值问题的方法是一种纠正。

1. 识别价值紧张

适应性工作就是识别价值紧张,并且在使价值和新现实相一致方面取得进展。爱因斯坦曾经说:手段的完美与目的的混乱成为我们这个时代的特点。这种现象称为对技术性修补的偏执,这与我们处理适应性工作是相悖的,目的关乎价值观,而手段关乎我们用以实现那些目的的程序和技术。适应性工作就是要去理解那些我们受召唤或驱使而为之努力的目标,并且设法迎接那些价值挑战。技术性工作是适应性工作完成后所实施的程序性工作。技术性工作是达成目的的手段,随着技术能力的提高,我们在增加达成目的的有效手段的数量和形式上变得精明了,这给我们带来越来越多的选择机会。然而,对于目的或价值观作出选择,是一项困难的探索行为。这些目的或价值观是我们通过亲身经历辛苦挣得的,因此备受"保护",诸如忠诚、传统、诚实、自由、公正和独立,要对其加以改变,或者将它们重新排序,可没么容易。

由于种种业务和关系日益穿越世界上的每一个国家的每一个阶层,因此,企业面临的挑战是巨大的。企业塑造和形成了国家和社会,同时,这些企业又被那些民族国家和社区所塑造和形成。它们处于相互交织、相互混合以及相互联结的进程之中,造就了一个极为错综复杂的关系网,而企业正处在这个网的中心。要认识与其相关的无数社区的价值紧张,对于企业而言是一项极为艰难的任务,特别是当那些社区都有着各自的细微差别以及各自的自我身份时。为了未来的生存,每个企业都要依赖于精明的领导技能和敏锐的战略规划。

商业组织比以往任何时候都需要提炼和重新界定其身份与价值体系,它们要清楚地表明自己的主张和奋斗目标。它们要与那些相关团体——顾客、供应商、员工、投资者以及合作伙伴等种种身份斗争,以达到更加协调。

和过去相比,顾客现在对产品和服务有了更多的选择,随着顾客变成更加精明老练的买主,他们更善于识别什么才能真正满足自身的需要。顾客不再满足用各种实现目的的手段去小修小补,而是要求立即证明自己正走在实现自身目标的路上。现在,消费的目标在于投入那些强化自我身份的富有意义的体验当中,如果情况不是这样,顾客便转身离去。

供应商日益渴望与顾客之间建立一种共生关系,这种互惠互利的关系需要诚实的品质,同时充满关怀与专注。大多数组织发现,这是使企业能够走得更远的唯一途径。

因此，他们采取积极的行动去维护这种关系。供应商与顾客不再是两个分隔开的身份，彼此要充分了解，要认识彼此的价值，并理解各自的思维方式。

对于顾客而言，供应商日益成为他们自我的一种延伸，这意味着顾客希望供应商帮助自己达成自我实现。自我实现与自我身份密切联系，对于顾客和消费者来说，生活变得琐碎无聊，他们要看到和感到自己在向着目标前进，这对于商家尤其是从经营与营销的角度来看，有着巨大的暗示意义。

员工变得更加敏感，并且与自身的价值更加协调了。他们渴望一种平衡的生活，要求个人生活得到承认和珍惜。他们要求工作富有意义，并且成为富有意义的生活的一部分。许多人宁愿冒失业的危险，也不愿留在难以站住脚的工作环境中。为生活所迫而拼命工作现在不是一种受人尊敬的道德准则了。

投资者要有公共意识和辨别力。尽管盈亏结算仍然占据着首要的位置，但其他一些价值，如与环境的关系以及企业的社会责任等，已成为影响投资偏好的重要标准。与此相应，各种投资基金也承受越来越大的压力，被要求阐明核心价值，并且公开对客户价值承担义务，这使投资环境变得更加复杂了，如果组织要在未来安然无恙地生存下去，对变化着的环境和客户价值保持敏感，是至关重要的。

企业也越来越依赖于伙伴关系。它认识到，伙伴关系对于企业维持生存以及适应快速变化的世界是一个不可缺少的部分。

2. 识别适应性挑战

很多组织在面临适应性挑战时无法识别，于是就误解了这种威胁的性质，要么低估这种威胁的重要意义，要么寄希望于它会自行消失而忽略它，要么就把它当作技术性解决方法的需要来对待。

识别技术性挑战是一项艰巨的任务，要对组合在一起的种种征兆加以考察，以及对不适作出诊断。对这些征兆群的考察必须放到企业运行的大背景中进行，知道关注哪些要素组合，懂得它们在什么背景下成为某种适应性挑战的信号，这需要对企业有充分的了解。管理部门必须对组织所追求的使命，以及那些与顾客、供应商、员工和社区共有的价值加以考虑。这一切都需要从系统性分析开始。

表明需要适应性工作的信号，常常是多因素的组合而不是单独的一种因素，这些因素相关性的大小，取决于它们在多大程度上起着企业外部环境传感器的作用。比如，销售收入始终是一个关键的外部传感器，销售额下降，加上顾客忠诚度降低以及组织各部门之间过度敌对，这些合在一起就是组织出了问题的一个明显信号。再如，生产或服务过程中的瓶颈增加，员工们越来越多地加班加点试图缓解这种局面，但往往无能为力，这也是组织出了问题的一个明显信号。对于这种性质的问题不是通过技术性方法就能够解决的。

首先，组织面临的适应性挑战的关键信号来自外部。这种挑战的出现是由于它对于与组织相互作用的顾客、供应商、社区抑或竞争者的意义发生了变化。这种情况的发生可能是由于组织不再传递它的价值了,或者是由于利害相关者的价值发生了变化,抑或竞争者以新的方式做新的事情。

外部信号包括:社会成员的财富分配发生变化,人口趋势发生转变,现存的以及潜在的目标市场的人口统计发生变化,顾客购买行为有所改变,配销渠道以及付款方式发生变化。

其次,适应性挑战也有一些内部信号,组织正经受着一些尚未被识别或阐明的挑战。例如,组织的职能与高级管理层之间的权力平衡发生变化;经过尝试和检验的组织运行程序不再有效;组织内部现有的技能被判为无用;将过多的情感围绕在一些似乎无法修补的技术性问题上;组织明确识别并坚持到底以实现其目标的复杂性增加;组织的使命与其市场形象之间的一致性正在消失;管理队伍感到失控;不道德行为屡屡发生;高级管理人员之间爆发严重冲突。

识别适应性挑战还要知道事物何时需要改变而不只是修补。改变事物所需的战略与对事物进行修修补补所需的战略是截然不同的。改变意味着发展、转变以及对种种价值和优先考虑事项的重新安排,需要新的或不同的眼光以及行为,它或大或小地影响着整个组织,并且需要花费大量的精力。

技术性工作有助于解决常规问题,是商业活动的一个至关重要的部分。技术性工作本身不是一件坏事,关键是,必须与正在讨论的问题相适应,一旦完成了适应性工作,制定了适应性战略,组织在技术性工作方面的能力就开始发挥作用。紧随在适应性工作之后的技术性工作,是对适应性工作的继续深入推进。适应性工作和技术性工作的区别如下:

首先,企业的关注点发生转变。适应性工作使企业更加关注目的而非手段。目的关乎价值,所以企业越来越多地为价值所驱动,而对于那些用来达到目的的、理性的、表面的和不考虑价值问题的方法和技术渐渐采取纠正的态度。相应地,企业在价值的驱动下改变着行为。它们对于市场的反应、客户的需求比以往更具有敏感性。

其次,领导者发生改变。进行适应性工作的领导者必须通过所有利害相关者的有意义的参与,共同提出解决办法,而不是某些拥有权势和超凡魅力的领导者设计出一个愿景,然后说服他人提供支持或是顺从,把种种解决办法和愿景强加于他人。

由企业行为和领导行为可以推导出适应性工作是识别价值紧张,并且在使价值和新现实相一致方面取得进展,而技术性工作是适应性工作的实施。两者最大的区别在于事物是需要改变还是修补。适应性工作要改变的是企业的使命、文化、员工态度、不准确的管理信息系统以及不合适的计算机系统。技术性工作解决的是特定而短暂的问题,是危机或突发事件的应急措施。

图10-2可以形象地表示适应性工作和技术性工作的关系。

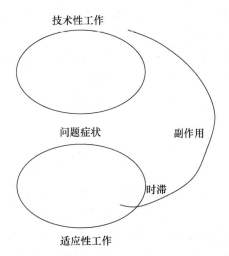

图 10-2　适应性工作与技术性工作的关系

对于问题的产生，在紧急时刻采用技术性工作等应急措施来解决，但之后需要适应性工作来调整战略。如果长期依赖于技术性工作，则可能对组织产生强烈的副作用。适应性工作常常被忽略也是由于其效果具有滞后性，不会立竿见影，但是如果坚持不懈，找到问题的根源，对于企业的长期成长是大有裨益的。

五、实施变革

变革管理的难点和目标在于平衡好变革与发展、稳定的关系。要平衡好这三者的关系，首先要善于从不同的角度看待企业。第一种角度是逻辑角度，即把企业看作一个能把输入变为输出的"机器"；第二种角度是政治角度，即把企业看作一个由拥有不同目标和利益的人组成的集体；第三种角度是社会文化角度，即把企业看成一个由社会人组成的、具有一定行为准则的小社会。在实施变革时，忽视任何一个角度，都难以达到预期效果。

具体来说，为平衡好三者的关系，首先要确保变革逻辑正确。变革最大的逻辑性就是以发展为目的——改进把输入转化为输出的效率。如果变革本身只是个零和游戏，不产生增值，那么就难以获得足够的支持。逻辑性体现在变革要有长期目标、短期目标、合理的策略、较为详尽的计划和时间表、数据支持、具体的制度支持等。但变革具有逻辑性只是确保变革能成功的一小部分，因为它只解决了变革与发展的关系问题。要想解决变革与稳定的关系问题，从政治的角度看待企业是非常关键的。变革毫无疑问会导致企业内部不同员工群体的权利或利益的再分配。即使变革从总量上会增加整个企业的价值，但如果在此过程中某一部分人会丧失一些权利或利益，或者只是相对少地增加了权利或利益，那么变革也会受到顽强的阻力。社会文化是确保变革可持续发展的重要因素。重大变革不是以企业业绩在短期内达到预期水平为终结的。

只有当企业员工及相关的外部人员(如股东、投资者等)都从思想上理解了此变革并在行为上给予支持时,变革的成果才可以长期维系。不然,旧病复发的现象很容易出现。同时,要充分意识到企业的社会文化惯性,没有足够的启动力量是无法克服这一惯性的。因此,创造变革的需求,即危机意识非常重要。企业的社会文化特性同时要求变革缓行。任何重大变革在微观上都是一点点实现的。人的思想和行为尤其如此,操之过急只会欲速而不达。

(一)提高企业的变革管理能力

为了应对未来的重大变革,企业应在日常运作中着意培养和提高企业的变革管理能力。(1)要明确企业的使命和核心价值观。绝大多数的人都不喜欢整天生活在不确定性之中。在变革时,应让参与者明白保持哪些方面不变是非常重要的。对于一个企业来说,长期目标、短期目标、经营策略、组织结构、企业领导等都可能频繁发生变化,但企业的使命和核心价值观不应频繁变化。当重大变革来临时,它们会起到维系组织的作用。(2)要建立开放式的信息沟通系统,尤其是企业员工与外部市场环境之间的信息沟通渠道要畅通。这样做能确保企业员工的思想不与外部市场脱节。当外部市场变化时,企业员工会自动生成部分变革原动力,减少变革的阻力。这个信息系统同时要起到变革预警机制的作用。(3)培养企业内部社会资本,即人与人之间以及企业与人之间的信任。单个变革不可能让每个团体都同时平均受益,更多的情况是让一部分人短期先受益,并通过一系列的变革从长期确保每个人的最根本利益。在这样的情况下,员工之间、企业与员工之间的信任尤为重要。没有足够的信任,就没有人愿意承担给予别人先发优势的风险,这样,变革只能采取平均主义的方式,从而限制了变革效率。(4)要注意选拔有变革精神的人员配置在中高管理层。有一个"二六二"原则讲得很好:对任何变革来说都有大约20%的人支持,20%的人反对,剩下60%的人观望。变革的关键是要使支持变革的20%的人力量强大,以这20%的人的强大力量去影响和争取60%的中间派,如果中高层领导者都在这20%支持变革的人群里,那么变革成功的可能性就会大大增加。所以在选拔中高层领导者时,应注意他们过去在变革中的表现。(5)要注意使组织设置具有灵活性。比如,过分细化的组织结构以及泾渭分明的职责分工会使企业变革难度增加,而采取跨部门小组等方式就会灵活得多,这对企业中高层领导者的思想意识和管理技能都提出了更高的要求。

(二)鼓励创新

变革管理变得重要跟企业越来越重视创新有关。创新不仅包括技术创新,还包括观念和管理创新。企业要创新就要进行战略、结构和人员上的调整,这一系列的调整都会使企业发生新的变化。企业创新越多,变化就越多,变革管理就越重要。变革管理会使企业某些价值链发生变化。美国英特尔公司是以生产芯片为主的企业,以前其最重要的工作是研发工作,此时研发人员最重要。进入新经济时代,"拥有客户以及客户对产品和服务的认同"成为每一个企业生存的基础和源泉,企业仅仅满足顾客的需求还不够,还要做到让客户高兴。在这种形势下,英特尔公司只提供满足顾客需求的产品还不够,更重要的是提高客户的满意度,这样整个企业的价值链就会发生变化,使营销服务人员跟研发人员一样重要。这一变化要求英特尔公司必须变革,采取以客户为导向的管理方式,岗位和岗位职责也要随之发生变化,因此公司招聘了一些能与客户打成一片的销售人才,并且让他们最大程度地掌握满足客户需求的技巧。

(三) 变革管理制度

更高层次的变革是管理制度的变革。制度实际上是政策的产物(不同的政策会产生不同的制度),政策是政治的产物,政治又是利益的产物,所以说变革管理注重的是如何管理利益的再分配。意大利著名思想家马基雅维利在《君王论》中提出:世界上没有比推动变革更难的事情。因为多数当权者一般会担心自己的利益受损,对于变革一开始就持否定态度,员工由于对变革是否对自己有利不清楚,也不会对变革给予很大的支持,这就导致变革管理很难被推动。

(四) 讲究时机

"穷则变,变则通"的"变革"思想在企业战略管理中具有重要的指导意义。如果说《周易》仅在"变易"的思想上揭示企业战略管理的速度竞争,那么其意义仍是有限的。《周易》"变易"思想的意义不在明了"变"的重要性,更在于变的节奏与时机。事实上,企业战略所谋划的乃是未来持久的竞争优势,知识经济时代强调竞争的速度,恐怕并非在某一时点的快速拍板,"变"的节奏显得尤为重要。《周易·象传》曰:"渐之进也。'女归吉'也,进得位,往有功也。进以正,可以正邦也。"这里的"进"与晋卦中讲的"进"含义不同,晋卦只强调"进",而"渐"之"进"为阴阳各得正位的"进"。若一味强调速度,而内部组织未能随之适应,亦即"不在正位",则这种类型的"进"就可能产生危险。《周易》另一有关"变"的思想就是变的"时机"。很显然,吉凶得失,无不与"时"密切相关。需卦的"需,须也","险在前也,刚健而不陷,其义不困穷矣"。对于"需"《杂卦》曰:"需,不进也。"即不能冒险轻率地前进,否则就会由于不明内情陷入困境。

在《周易》里,"时"是十分重要的术语,意指每卦卦义的特定背景,亦即每卦由六爻共同构成的特定的宏观形势。六十四卦即表示六十四"时"。卦中各爻的变化总是受制于全卦总的时势,所以《易传·系辞下》说:"变通者,趋时者也。"如果某一爻的变化符合该卦的时势,就叫"适时";反之,就叫"失时"。《易传》认为,卦爻之吉凶,往往取决于其所处的时位,适时则吉,失时则凶。因此《易传》极为重视"时"的功用。时势就是企业面临的客观形势,亦即企业外部环境的变化趋势。时势是社会各种力量综合作用的结果,因而是单个企业无力左右的。相反,企业本身就是一个开放的系统,一刻也离不开它所处的环境,因此对企业来说,时势的作用是决定性的。对企业而言,充分理解"时机"显得尤为必要。企业要想生存和发展,就必须"与时偕行",与时俱进。

(五) 系统思考

使企业顺应时代的发展,需要采用系统的观点。一切变革都应当被置于较大的系统背景下去观察。系统分析是对一个系统内种种关系的连续考察,需要对各个组成部分或子系统的功能、角色、结构和行为有敏锐的认识。系统思考的优势在于,它提高了人的理解能力,使其能够看见种种关系,并且明白相互联系是如何创造不和谐与和谐的,这些不和谐与和谐把我们对现象的研究集中到它们的适应能力而不仅仅是行为上。系统思考有助于把注意力转向组织所面临的适应性挑战以及它用以作出回应的适应能力上。

系统分析采用多角度思维的方法。系统分析强调过程,鼓励组织,尤其是战略规划者注意组织实现目标的过程。系统问题从本质上说是整体的,它要求制定整体性的解决办法。只有当组织感到使命与核心专长彼此一致时,它才能制定出现实的、整体性的解决办法。五行系统论可以为我们系统思考问题、系统解决复杂的问题提供重要的帮助。

国有企业负责人普遍低调,对于取得的成就宣传得不多。中国国有企业本身一直在改革发展,但是许多人并没有意识到。国有企业拥有政策优势、人才优势,有的还有渠道优势,所以在改革过程中,善于学习,善于引进先进的管理理念和方法的企业,明显做大做强了,而且在向着高质量发展。

国有企业长期走在改革的路上

一、党和国家领导人重视国企改革

2019年《财富》世界500强企业中,有129家中国企业上榜,其中国有企业88家中国石化、中国石油和国家电网位居前5位。改革开放40多年来,国有企业能够取得丰硕的成果,非常重要的原因就是国有企业一直在进行改革,坚持管理创新。新时期的改革开放启动于党的十一届三中全会,从这以后的党的历届代表大会,都会根据一个时期或阶段的形势和任务,分别就经济体制改革、政治体制改革、文化体制改革、社会管理体制改革、生态文明建设、党的建设等重大问题作出重要论述和部署。

中国社科院2017年12月发布的《中国分省企业经营环境指数2017年报告》显示,全国各省、自治区、直辖市的企业经营环境总体评分(总指数)的平均值大体呈波动上升趋势,显示出企业经营环境在总体上趋于改善,有了更加积极的变化。与此同时,世界处于百年不遇的大变局中,不稳定性、不确定性进一步突显,市场竞争日趋激烈。国内外政治、军事、经济、科技等环境因素发生变化,国家深化供给侧结构性改革以及实施创新驱动、军民融合、"一带一路"等都对国有企业发展产生深刻的影响。绩优央企要实现总体战略发展目标,必须综合考虑经营环境各个要素,准确把握变化,更加有效地应对各种风险。

二、8家央企连续15年高绩效

2019年7月24日,国务院国资委公布2018年度央企负责人经营业绩考核结果,有8家企业连续15个年度和5个任期均获得A级,分别是航天科技、兵器工业集团、中国电科、中国海油、国家电网、中国移动、国家投资集团、招商局集团。

2003年,国务院国资委成立以来,每年都会对央企负责人的经营业绩进行年度考核,以及每3年进行一次任期考核,考核结果与央企负责人薪酬和企业工资总额挂钩。

公开数据显示,2017年,中国移动营收超过7400亿元,增长4.5%。利润总额为1400亿元,增长7%,是央企第一盈利大户。招商局营业收入为5962亿元,增长18%。利润总额为1271亿元,增长14.3%,利润排名央企第二。国家电网营收为2.3万亿元,增长10.9%。利润总额为910亿元,增长5%,利润排名央企第三。中国海油营收为5504亿元,利润总额为481亿元。中国电科营业收入突破2000亿元,同比增长12.6%。利润总额突破200亿元。航天科技营收为2320亿元,增长8.8%。利润总额为196亿元,增长11%。国投营收为1013亿元,利润总额为182亿元,实现经济增加值60.4亿元,净资产收益率10.2%,年末总资产4941亿元。中国兵器营收为4326亿元,增长7.1%。利润总额为151亿元,增长11.8%。在这8家企业中,中国移动、招商局、国投的利润率均超过18%。

三、央企公司制改制工作基本完成

国务院国资委最新发布的消息显示,我国央企公司制改制工作基本完成。业内人士普遍认为,作为"牵一发而动全身"的基础性改革,央企如期完成改制任务实现了我国国企改革的"历史性突破",为完善现代企业制度、继续深化改革奠定了基础,打开了空间。推动央企公司制改制是建设现代化经济体系的客观需要,是建立中国特色现代国有企业制度的必要条件,是推进国有企业混合所有制改革、资产证券化等一系列改革的前置条件。因此,不能将公司制改制简单理解为换个名字、改个身份,其背后更深层次的逻辑是产权制度、治理结构、经营机制等的全面升级,根本目的在于激发企业活力。

近年来,各级国资委和广大国有企业,特别是中央企业,认真贯彻落实党中央、国务院部署要求,扎实推动国企改革不断向纵深发展,多项重大举措相继落地,重点难点问题不断取得新突破。其中,公司制改制作为被业界同时认定为"基础性改革"与"历史性突破"的重大成果,堪称国企改革的里程碑事件。

央企公司制改制尤其重要。要深入了解公司制改制的意义,首先必须搞清楚其概念。从分类上讲,企业大体可分为两种类型——公司制与全民所有制。其中,全民所有制企业是指全体劳动人民作为共同体共同占有生产资料,共同行使产权,其产权具有不可分性。它是社会主义公有制在特定历史条件下形成的一种具体模式,我们通常说的"老国企"以前大多是全民所有制企业。公司制企业是指按照法律规定,由法定人数以上的投资者（或股东）出资建立、自主经营、自负盈亏、具有法人资格的经济组织。

公司制企业与全民所有制企业的内涵及支撑其运营发展的逻辑完全不同，一个最直观的表现就是治理结构。全民所有制企业的组织架构较为简单，一般情况下由厂长担任企业法人，实行厂长负责制。公司制企业的组织架构是股东会、董事会、监事会各司其职，互相制衡，因此更加严谨科学。

所谓公司制改制，就是把传统的依靠《全民所有制工业企业法》和上级领导机关指令运作的国有企业改成按照《公司法》开展经营活动的市场主体。从此，政府或者国资委只扮演"出资人"角色，不再具体参与企业经营。

应该说，自中华人民共和国成立以来，尤其是20世纪的最后50年，老国企在关系国计民生的众多关键领域立下了汗马功劳。既然如此，为什么今天我们要如此强力地推动央企公司制改制呢？首先，全民所有制企业是计划经济下的产物，在特定历史阶段有其不可替代的积极意义。但随着市场经济的发展以及经济全球化趋势日趋明朗，政企不分的弊端逐渐显露出来。推动央企公司制改制已经成为建设现代化经济体系的客观需要。其次，作为现代企业制度的有效组织形式，公司制是建立中国特色现代国有企业制度的必要条件。央企经过公司制改制后，责权将更加明确，此举有助于企业真正成为自主经营的独立市场主体，以更有利于企业健康、稳定、可持续发展的思路统领决策，以更有效率、更加灵活的运营机制参与国际竞争。最后，公司制改制是转换国有企业经营机制的重要基础。

正是基于这一理解，国资委要求各央企以公司制改制为契机，将改制与加强党的领导、三项制度改革、"瘦身健体"提质增效等工作结合起来。各央企要根据自身实际，将改制与战略规划实施、内部资源整合、管控模式改革等统筹推进，争取找到改革的"最优解"。

在推进公司制改制的过程中，不少央企进一步摸清了资产状况，将长期"休眠"的子企业纳入压减范围，大大促进了瘦身健体工作，实现了轻装上阵。统计显示，截至2017年年底，中央企业累计减少法人8390户，节约管理费用135亿元，"三供一业"完成分离移交或签订移交协议达80%。

四、央企组织变革

企业改革，最艰难的部分就是组织结构的变革，因为组织结构改变后，一些人的位置、饭碗都可能发生变化。理想的企业组织应做到以下几点：管理明确、权责对等、灵活有效、协作分工、精干高效。对于央企这样庞大的组织来讲，其中最难做到的是灵活高效。所谓"大象也能跳街舞"，便是指大型组织也应提高对环境变化的适应性，及时调整战略方向、组织架构以应对形势的变化。

1. 组织结构的适应性变革

追溯绩优央企组织结构沿革的历史,都有百弊丛生的经历。招商局是央企中历史最长的公司,我们从招商局组织结构的变化就可以看出许多重要的管理信息,图10-3是招商局2017年的组织结构图。

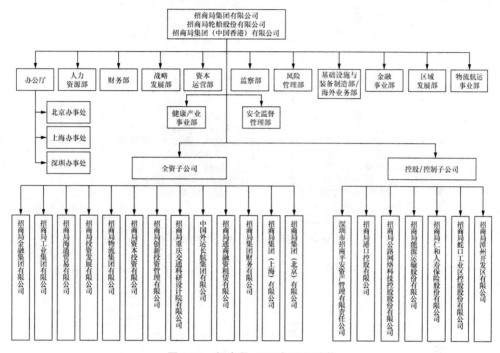

图10-3 招商局2017年组织结构

招商局创立于1872年,发源于洋务运动,是洋务运动中创办的第一家现代公司。从它诞生之日起就肩负着富强自立、民族复兴的历史重任。时人称"招商局之创设,于国家元气、中外大局实相维系","此事(创办招商局)实关海防根本、洋务枢纽","此局之设,下可以利该局,上可以利国家,岂非大举哉"?招商局在近一个半世纪的经营发展历程中,不仅开创了中国近现代工商业,更重要的是持续焕发新的活力。作为洋务派创办的第一家官督商办企业,被寄予厚望,整个发展历史都被赋予民族振兴、国家富强的理念和精神。它跨越三个世纪的发展历程,始终积极回应、参与时代赋予的使命,始终保持与中国走向现代化和中华民族实现伟大复兴之路同向同行。图10-4是招商局创立早期的组织结构情况。

对比招商局创立早期的组织结构和现在的组织结构,可明显看出招商局管理理念、管理模式、业务结构的大变化。

2. 绩优央企组织结构特点

企业的不同发展阶段,需要有与之相适应的组织结构,并随着企业的发展不断地进行推演、创新,从而在不断调整中寻求最佳状态。绩优央企在组织设计之路上根据

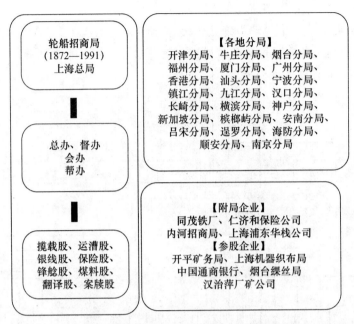

图 10-4　招商局创立早期的组织结构

经营环境的变化不断进行调整、改进、优化,最终殊途同归,走向扁平化、集团化、专业化、差异化。

(1) 扁平化

绩优央企在机构扁平化改革中取得了重大突破,压缩管理层级,使得组织架构更加灵活,能够面对变化进行迅速调整。多家绩优央企均实现了三级管理架构,例如,国家电网实现了"两级法人、三级管理";航天科技形成了"总部—院—厂(所)"三级管理模式,其中最为核心的院级经营实体也有力支撑了集团公司各项工作;国投较早实现了总部、子公司、投资控股公司的三级管控模式;中国电科构建了"三层架构、两级经营"组织体系,优化了运行模式,切实促进了集团公司的高效管理。

(2) 集团化

国务院国资委直接管理的央企有 96 家,但是这 96 家央企统率着 50000 多家企业。绩优央企均建立起现代企业制度下的母子集团管控模式,实现从粗放管理到集约管理的转变。在清晰的总部职能定位之下,央企总部纷纷进行机构精简以提高管控效率。

例如,国投集团总部改革后,职能部门由 14 个减少为 9 个,处室由 56 个减少到 32 个,管理人员控制在 230 人以内。集团总部主要通过公司治理机制,对所出资企业履行出资人职责,行使股东权利,全面落实国有资本经营责任,形成了决策科学高效、责任权利明确、监督全面深入、激励约束到位、发展富有活力的管理体制,初步建立了"小总部、大产业"的组织架构。

(3) 专业化

在集团化管理的前提下如何进行专业化管理,这是困扰诸多大型企业集团的难题。中国移动的"管理三角形"理论可提供值得借鉴的思路。

中国移动数字化业务的快速发展离不开专业化的运营组织,因此,中国移动持续推进专业化机构运营,同时在国际业务、集团客户业务、数字内容服务、移动互联网新业务等领域成立了多个专业化运营组织,为包括个人、家庭、企业在内的客户提供数字化产品服务。同时,推进电商业务以及位置业务等专业化运营机构的设置,探索设立多个产业研究院。目前,中国移动基本上形成了31(省公司)+N(集中化、专业化运营机构)的组织体系。随着"31+N"协同管理体系建设工作的不断推进与深化,中国移动在企业管理实践中总结经验,提出了"管理三角形"理论,"三角"指集团总部、省公司、专业运营机构。集团总部作为"管理者",要发挥战略引领、统筹管控的作用,做好资源配置与考核激励,推进改革创新,制定协同体系工作内容、协同政策与核心流程,逐步剥离总部生产运营职责;区域公司作为"执行者",要承担战略实施的主力军重任,利用属地优势,做好各类业务的整合创新与营销推广,确保战略在业务前线的落地实施,完善省公司的新业务发展组织,强化其落地推广能力;专业机构作为"支撑者",要成为优质产品及服务的提供者,聚焦产品研发,推动核心能力内化,为前端市场拓展提供强有力的支持。集团总部、各省公司、各专业机构在明确职责定位的基础上,通过落实各项协同责任,形成合力,确保公司整体协同目标的实现。

五、国企继续走在改革的路上

2018年,央企混改将继续从子公司向集团公司层面拓展,地方国企混改已经形成突破性势头。未来,国有经济战略重组将呈现新的特点,应加强研究并积极推进强弱周期行业均衡配置式的战略性重组。央企将在重要前瞻战略产业、生态环境保护、共用技术平台等重要行业和领域加强重组并购。截至2017年,共有中国联通、上海贝尔、华录三家央企从集团层面开展了混改的探索。

国有企业一直走在改革的路上,非常重要的是,有一大批国有企业家在引领大家走向未来。2017年9月25日发布的《中共中央国务院关于营造企业家健康成长环境弘扬优秀企业家精神更好发挥企业家作用的意见》首次提出"国有企业家"的概念,指出:"国有企业家要自觉做履行政治责任、经济责任、社会责任的模范"。我国经济已由高速增长阶段转向高质量发展阶段,正处在转变发展方式、优化经济结构、转换经济增长动力的攻关期,急需打造一支对党忠诚、勇于创新、治企有方、兴企有为、清正廉洁的国有企业家队伍。

参 考 文 献

[1] 艾兰.水之道与德之端[M].张海晏译.上海人民出版社,2002.
[2] 艾·里斯,杰克·特劳顿.定位[M].顾均辉译.机械工业出版社,2016.
[3] 艾·里斯,杰克·特劳顿.商战[M].顾均辉译.机械工业出版社,2016.
[4] 艾伦.兰格.专念:积极心理学的力量[M].王佳艺译.浙江人民出版社,2012.
[6] 安娜蓓尔·碧莱尔.领导和战略规划[M].赵伟译.机械工业出版社,2000.
[6] 白丽英,郑新夷,刘微,胡鹭凌.心理资本研究述评[J].福州大学学报,2010,(5).
[7] 保罗·R.尼文,本·拉莫尔特.OKR:源于英特尔和谷歌的目标管理利器[M].况阳译.机械工业出版社,2017.
[8] 保罗·何塞.情境领导者[M].麦肯特企业顾问有限公司译.中国财政经济出版社,2003.
[9] 彼得.德鲁克.德鲁克管理思想精要[M].李维安等译,机械工业出版社,2009.
[10] 彼得.杜拉克.杜拉克管理思想全书[M].苏伟伦编译.九州出版社,2001.
[11] 彼得·圣吉.第五项修练[M].王秋海等译.中信出版社,2000.
[12] 布赖恩·罗伯逊.重新定义管理:合弄制改变世界[M].潘千译.中信出版社,2015.
[13] 蔡仲淮.催眠式管理[M].中国财富出版社,2016.
[14] 曹明彬.平衡:中国式管理之道[M].广东经济出版社,2016.
[15] 曹仰峰.海尔转型:人人都是CEO[M].中信出版社,2017.
[16] 查存年.企业绩效管理的发展趋势研究[J].中小企业管理与科技2011,(4).
[17] 查尔斯·汉迪.超越确定性[M].徐华,黄云译.华夏出版社,2000.
[18] 陈春花.改变是组织最大的资产:新希望六和转型实务[M].机械工业出版社,2017.
[19] 陈春花,乐国林,曹洲涛.中国领先企业管理思想研究[M].机械工业出版社,2016.
[20] 陈春花.企业文化塑造[M].机械工业出版社,2016.
[21] 陈芳.绩效管理[M].海天出版社,2002.
[22] 陈国庆.孙子兵法智谋三百[M].甘肃民族出版社,2001.
[23] 陈丽云,樊富珉,梁佩如等.身心灵全人心理健康模式:中国文化与团体心理辅导[M].中国轻工业出版社,2009.
[24] 陈明亮.客户忠诚决定因素实证研究[J].管理科学学报,2003,(5).
[25] 陈荣耀.追求和谐——东方管理探索[M].上海社会科学院出版社,1995.
[26] 陈晓萍,徐淑英,樊景立主编.组织与管理研究的实证方法[M].北京大学出版社,2008.
[27] 陈禹.国有企业员工心理资本与组织承诺的关系研究——组织公民行为的调节效应研究[D].西南交通大学,2010.
[28] Debra L. Nelson等.积极组织行为学[M].王明辉译.中国轻工业出版社,2011.
[29] 戴汝为.从工程控制论到综合集成研讨厅体系——纪念钱学森先生归国50周年[J].自然杂

志,2005,(6).

[30] 戴维·尤里奇.领导力资本[M].张海宁,符晋,陆沥译.机械工业出版社,2017.
[31] 丹娜·左哈儿.量子领导者[M].杨壮,施诺译.机械工业出版社,2016.
[32] 丹尼尔·图德.太极虎韩国[M].于至堂,江月译.重庆出版社,2015.
[33] 稻盛和夫.心法:稻盛和夫的哲学[M].曹岫云译.东方出版社,2014.
[34] 迪恩·雷丁.缠绕的意念:当心理学遇见量子力学[M].任颂华译.人民邮电出版社,2015.
[35] 定民.稻盛和夫的中国功夫[M].华中科技大学出版社,2012.
[36] 段波,周银珍.关键绩效指标体系的关键设计技术[J].中国人力资源开发,2006,(5).
[37] 段锦云,黄彩云.变革型领导对员工建言的影响机制再探:自我决定的视角[J].南开管理评论,2014,(4).
[38] 段烨.学习设计与课程开发[M].电子工业出版社,2015.
[39] 方艳.国有企业改革新路[M].中国财政经济出版社,2017.
[40] 费孝通.江村经济[M].北京大学出版社,2012.
[41] 冯天瑜等.中华文化史[M].上海人民出版社,2010.
[42] 弗洛姆,铃木大拙,马蒂诺.禅宗与精神分析[M].王雷全,冯川译.贵州人民出版社,1998.
[43] 付亚和,许玉林.绩效考核与绩效管理[M].电子工业出版社,2004.
[44] 盖尔·戈德温.心的简史[M].彭亦农译.湖南文艺出版社,2009.
[45] 格林等.权力的48条法则[M].金马,卢安安,张小玲译.东方出版中心,2007.
[46] 古森重隆.灵魂经营:富士胶片的二次创业神话[M].栾殿武译.四川人民出版社,2016.
[47] 顾琴轩,王莉红.研发团队社会资本对创新绩效作用路径——心理安全和学习行为整合视角[J].管理科学学报,2015,(5).
[48] 郭金山,王剑辉.心理管理——体系与技能[M].经济管理出版社,2013.
[49] 郭菊娥,白云涛,席西民等.权威类型、决策程序对高管决策过程影响研究[J].管理科学学报,2008,(6).
[50] 郭咸纲.西方管理思想史[M].北京联合出版公司,2014.
[51] 国务院国资委改革办.国有企业改革探索与实践——中央企业集团15例[M].中国经济出版社,2018.
[52] 韩经纶,韦福祥.顾客满意与顾客忠诚互动关系研究[J].南开管理评论,2001,(6).
[53] 韩朋友.先验心理:人类心灵深处的秘密[M].科学出版社,2007.
[54] 韩翼,杨百寅.真实型领导、心理资本与员工创新行为:领导成员交换的调节作用[J].管理世界,2011,(12).
[55] 胡君辰,潘晓云.心智管理导论[M].复旦大学出版社,2008.
[56] 胡星斗.中国古典式管理[M].浙江人民出版社,2008.
[57] 胡永中.致良知论——王阳明去恶思想研究[M].巴蜀书社,2007.
[58] 胡祖光.管理金论——东方管理学[M].电子工业出版社,1994.
[59] 华管.稻盛和夫谈成功方程智慧[M].电子工业出版社,2012.
[60] 黄德昌等.哲人圣智[M].西南财经大学出版社,1998.
[61] 黄寿棋,张善文.周易译注[M].上海古籍出版社,1989.
[62] 黄淑和等.十年磨一剑——业绩考核的探索与创新[M].经济科学出版社,2016.

[63] 惠青山.中国职工心理资本内容结构及其与态度行为变量关系实证研究[D].暨南大学,2009.
[64] 玛格丽特·惠特利.领导力与新科学[M].简学译.中国人民大学出版社,2008.
[65] 慧曼.佛门管理:有效解决企业九大难题[M].当代中国出版社,2007.
[66] 霍有光.社会交往心理学[M].西安交通大学出版社,1996.
[67] 加里·P.莱瑟姆,肯尼斯·N.韦克斯利等.绩效管理[M].萧鸣政译.中国人民大学出版社,2002.
[68] 贾尼斯.马图亚诺.正念领导力:卓越领导者的内在修炼[M].陆维东等译.机械工业出版社,2017.
[69] 蒋建武,赵曙明.心理资本与战略人力资源管理[J].经济管理.2007,(9).
[70] 蒋蓉华,李升泽.企业战略管理与绩效管理一体化软件系统研究[J].科技进步与对策,2008,(10).
[71] 杰克迪希·帕瑞克.管理者的自我管理[M.许思悦等译.上海人民出版社,2004.
[72] 洁岛编著.管理的禅境[M].中国邮电出版社,2006.
[73] 金性尧.都是权力惹的祸——清宫政变录[M].故宫出版社,2012.
[74] 觉真法师.当管理遇到佛学[M].浙江人民出版社,2008.
[75] 觉真法师.一念之间[M].国际文化出版公司,2017.
[76] 柯江林,孙健敏,李永瑞.心理资本:本土量表的开发及中西比较[J].心理学报,2009,(9).
[77] 科恩.领导变革实务[M].山风译.商务印书馆,2008.
[78] 克劳德·小乔治.管理思想史[M].孙耀君译.商务印书馆,1985.
[79] 肯·威尔伯.意识光谱[M].杜伟华,苏健译.万卷出版公司,2011.
[80] 肯·威尔伯.整合心理学[M].聂传炎译.安徽文艺出版社,2015.
[81] 拉姆勒,布拉奇.绩效改进:消除管理组织图中的空白地带[M].朱美琴等译.机械工业出版社,2005.
[82] 兰炜班.超级领导[M].中国计量出版社,1997.
[83] 黎红雷.儒家商道智慧[M].人民出版社,2017.
[84] 黎红雷.企业儒学2017[M].人民出版社,2017
[85] 黎红雷.中国管理智慧教程[M].人民出版社,2006.
[86] 李安德.超个人心理学[M].若水译.中国台湾桂冠图书股份有限公司,1992.
[87] 李飞龙.让管理脱下洋装[M].机械工业出版社,2008.
[88] 李海波.道商智慧:中国式经营的思想精髓[M].化学工业出版社,2016.
[89] 李贺.捭阖术[M].企业管理出版社,2006.
[90] 李华.中国和式创新引领未来[M].企业管理出版社,2017.
[91] 李平,曹仰峰.案例研究方法:理论与范例——凯瑟琳·艾森哈特论文集[M].北京大学出版社,2012.
[92] 李世俊,王建树,郭济兴.三国演义与经营谋略[M].线装书局,2004.
[93] 李雪峰.中国管理学[M].中国人民大学出版社,2005.
[94] 刘峰.领导哲学[M].国家行政学院出版社,2015.
[95] 刘峰,路杰.跟毛泽东学领导[M].红旗出版社,2001.
[96] 刘刚.中国传统文化与企业管理[M].中国人民大学出版社,2010.

[97] 刘桂林,颜世富等.高级人力资源管理师[M].中国劳动社会保障出版社,2006.

[98] 刘国建,赵国华.权谋学[M].湖北人民出版社,2013.

[99] 刘军,富萍萍,吴维库.企业环境、领导行为、领导绩效互动影响分析[J].管理科学学报,2005,(5).

[100] 刘人怀,孙东川.《学科目录》第12门类与管理科学话语体系——五谈创建现代管理科学中国学派的若干问题[J].学位与研究生教育,2010,(8).

[101] 刘人怀,孙东川.再谈创建现代管理科学中国学派研究的若干问题[J].中国工程科学,2008,(3).

[102] 刘人怀.现代管理的中国实践[M].科学出版社,2016.

[103] 刘笑非,段克勤.日本社会与文化研究[M].中国林业出版社,2014.

[104] 刘秀丽.姜传志.创新导向的技能人才绩效评价指标体系初探[J].现代商业,2010,18.

[105] 刘耀中,雷丽琼.企业内领导——成员交换的多维结构对工作绩效的影响,华南师范大学学报,2008,(4).

[106] 刘振亚.超越卓越[M].中国电力出版社,2016.

[107] 楼宇烈.东方哲学概论[M].北京大学出版社,1997.

[108] 鲁思·本尼迪克特.菊花与刀[M].黄学益译.东方出版社,2013.

[109] 罗伯特·西奥迪尼.影响力[M].张力慧译.中国社会科学出版社,2001.

[110] 罗凤礼.历史与心灵[M].中央编译出版社,1998.

[111] 罗家德.复杂:信息时代的连接、机会与布局[M].中信出版集团,2017.

[112] 罗竹风.汉语大词典[M].汉语大词典出版社,1997.

[113] 马克·爱普斯坦.弗洛伊德遇见佛陀:精神分析和佛教欲望论[M].梁永安译.世界图书出版公司北京公司,2016.

[114] 马涛.传统的创新——东方管理学引论[M].河北人民出版社,2001.

[115] 曼弗雷德·凯茨·德·弗里斯.正念领导力:洞悉人心的管理秘诀[M].钱峰译.东方出版社,2016.

[116] 冒忻.三国演义与企业领导谋略[M].中国矿业大学出版社,1991.

[117] 孟勇,金玉兰.东方管理企业经典案例解析[M].上海交通大学出版社,2017.

[118] 牛黎.国有企业员工心理资本影响因素及其关系的研究——以兰州市为例[D].西北师范大学,2009.

[119] 欧文·拉兹洛.系统哲学引论——一种当代思想的新范式[M].钱兆华,熊继宁,刘俊生译.商务印书馆,1998.

[120] 潘承烈.借古人智慧 增竞争潜力[M].民族出版社,2004.

[121] 潘承烈,虞祖尧.振兴中国管理科学——中国管理学引论[M].清华大学出版社,1997.

[122] 潘承烈.传统文化与现代管理[M].企业管理出版社,1994.

[123] 潘乃樾.孔子与现代管理[M].中国经济出版社,1994.

[124] 彭剑锋,云鹏.海尔能否重生:人与组织关系的颠覆与重构[M].浙江大学出版社,2015.

[125] 戚海峰,赵晓民,杨阳.绩效管理中容易被忽略的"软因素"[J].科技管理研究.2010,(7).

[126] 钱学森等.论系统工程(新世纪版)[M].上海交通大学出版社,2011.

[127] 乔安娜.巴斯等.正念领导:麦肯锡领导力方法[M].于中华译.电子工业出版社,2015.

[128] 秦戈.权力[M].中国民航出版社,2004.
[129] 全笑蕾,盛靖芝.超越平衡计分卡的绩效管理新框架——绩效棱柱[J].科技创业月刊,2006,(3).
[130] 全笑蕾,盛靖芝.绩效管理新框架——绩效棱柱[J].经营管理者,2006,(2).
[131] 《世界文化象征辞典》编写组.世界文化象征辞典[M].湖南文艺出版社,1994.
[132] 人民日报评论部.习近平用典[M].人民日报出版社,2015.
[133] 人民日报评论部.习近平用典[M].人民日报出版社,2015.
[134] 阮平南,孙莹.基于中国传统文化建立中国式管理[J].北京工业大学学报,2009,(3).
[135] 邵建平,张建军.基于心理资本理论的X型团队构建与开发机理研究[J].科学学与科学技术管理,2008,(8).
[136] 施振荣.王道的经营:儒家思想的40年企业实践及辉煌成果[M].台海出版社,2016.
[137] 石金涛,解冻.领导者自我意识的培训方法[J].中国人力资源开发,2007,(11).
[138] 石金涛.现代人力资源开发与管理[M].上海交通大学出版社,1999.
[139] 斯丹纳·苟费尔,斯文·布林克曼.质性研究访谈[M].范丽恒译.世界图书出版公司,2013.
[140] 斯蒂芬·P.罗宾斯等.组织行为学[M].孙健敏等译.中国人民大学出版社,1997.
[141] 斯坦利·麦克里斯特尔等.赋能:打造应对不确定性的敏捷团队[M].林爽喆译.中信出版集团,2017.
[142] 苏宝荣.《说文解字》今注[M].陕西人民出版社,2000.
[143] 苏东水.东方管理学[M].复旦大学出版社,2005.
[144] 苏东水.苏东水文集[M].复旦大学出版社,2016.
[145] 苏东水主编.管理学[M].东方出版中心,2001.
[146] 苏宗伟.东方精英大讲堂:领先与创新专题[M].复旦大学出版社,2006.
[147] 孙东川,林福永,孙凯.创建现代管理科学的中国学派及其基本途径研究[J].管理学报,2006,(2).
[148] 孙劲松.心史:永明延寿佛学思想研究[M].商务印书馆,2013.
[149] 孙时进,颜世富.管理心理学[M].上海立信会计出版社,2001.
[150] 孙耀军.东方管理名著提要[M].江西人民出版社,1995.
[151] 唐恢一.系统学:社会系统科学发展的基础理论[M].上海交通大学出版社,2013.
[152] 田玉川.面子!面子![M].中国华侨出版社,2001.
[153] 王承璐.人际关系学[M].上海人民出版社,1987.
[154] 王飞.王阳明良知说之内涵及意义[M].学术月刊,2013,(2).
[155] 王光耀.中国式管人之道[M].中国商业出版社,2005.
[156] 王辉耀.中国模式:海外看中国崛起[M].凤凰出版社,2010.
[157] 王建新.企业家用人谋略[M].中国国际广播出版社,1991.
[158] 王克勤,杨秋莉.中医心理学基础理论[M].人民卫生出版社,2013.
[159] 王龙宝.中国管理通鉴[M].浙江人民出版社,1996.
[160] 王米渠.佛教精神医学[M].学苑出版社,2014.
[161] 王敏.汉魂与和魂——中日文化比较[M].世界知识出版社,2014.
[162] 王绍藩.归零的智慧:禅的激情与顿悟[M].九州出版社,2010.

[163] 王树英.中印文化交流［M］.中国社会出版社,2013.

[164] 王晓昕,赵平略.王阳明与阳明文化［M］.中华书局,2011.

[165] 王新生.日本简史［M］.北京大学出版社,2005.

[166] 王新宇.中国经典应用管理学［M］.中国财政经济出版社,2014.

[167] 王阳明.传习录全鉴［M］.迟双明解译.中国纺织出版社,2012.

[168] 王圆圆.近代以来中国管理学发展史［M］.清华大学出版社,2014.

[169] 王重鸣.心理学研究方法［M］.人民教育出版社,2001.

[170] 惟海.五蕴心理学:佛家自我觉醒自我超越的学说［M］.宗教文化出版社,2006.

[171] 维尔纳.施万菲尔德.无敌兵法——孙子管理学［M］.吴凤萍译.上海译文出版社,2009.

[172] 维尔纳·施万菲尔德.以人为本——孔子管理学［M］.沈锡良译.上海译文出版社,2009.

[173] 维尔纳.施万菲尔德.以人为本—孔子管理学［M］.沈锡良译.上海译文出版社,2009.

[174] 魏宏.权力论——权力制约与监督法律制度研究［M］.上海三联书店,2011.

[175] 魏钧.忠诚管理［M］.北京大学出版社,2005.

[176] 吴钩.隐权力——中国传统社会的运行游戏［M］.复旦大学出版社,2011.

[177] 吴国林.量子技术哲学［M］.华南理工大学出版社,2016.

[178] 吴晓波.大败局［M］.浙江人民出版社,2001.

[179] 吴雁南.心学与中国社会［M］.中央民族学院出版社,1994.

[180] 吴照云.中国管理思想史［M］.经济管理出版社,2012.

[181] 伍威·弗里克.质性研究导引［M］.孙进译.重庆大学出版社,2011.

[182] 习近平.之江新语［M］.浙江人民出版社,2007.

[183] 席西民.管理研究［M］.机械工业出版社,2000.

[184] 萧平实.禅——悟前与悟后［M］.四川大学出版社,2010.

[185] 小约瑟夫·巴达拉克.沉静领导［M］.杨斌译.机械工业出版社,2003.

[186] 肖慧琳,李卫锋.高管决策的情绪调节机制:基于准实验现场的研究［J］.管理科学学报,2014,(10).

[187] 肖祥鸿.企业内的人际关系管理［M］.华东科技,2000.

[188] 谢洪波.中国历史上的权力游戏［M］.哈尔滨出版社,2006.

[189] 徐井岗.人心管理论——基于国学与东方思维的中国管理理论［M］.经济科学出版社,2013.

[190] 徐淑英,任兵,吕力主编.管理理论构建论文集［M］.北京大学出版社,2016.

[191] 徐兆仁.内炼秘诀［M］.中国人民大学出版社,1988.

[192] 薛在君,刘进华.企业战略与商业模式［M］.机械工业出版社,2016.

[193] 颜世富.从五行理论看高管团队建设［J］.管理学家,2012,(8).

[194] 颜世富等.催眠人生——心理自测与心理训练［M］.学林出版社,1998.

[195] 颜世富.东方管理学［M］.中国国际广播出版社,2000.

[196] 颜世富,李娟.心理资本对民营企业新生代员工绩效的影响——以浙江3家民营上市公司为例［J］.上海管理科学,2013,(6).

[197] 颜世富:论东方管理思想丛林.99'华夏文化与现代管理国际学术研讨会论文集,香港城市大学华人管理研究中心,1999.

[198] 颜世富:论东方管理学在研究方法上的突破［J］.世界经济研究,2001,(增刊).

［199］颜世富,马喜芳.中国管理学如何为世界管理学做出新贡献［J］.管理世界,2018,(5).

［200］颜世富.心理健康与成功人生［M］.上海人民出版社,1997.

［201］颜世富.阴阳理论与五行管理模式［J］.上海管理科学,2012,(6).

［202］颜世富.中国传统情绪疗法及其应用［J］.心理科学,1996,(5).

［203］颜世富.中国古代绩效管理思想研究［J］.上海管理科学,2014,(6).

［204］颜世富.成功心理训练［M］.上海三联书店,2001.

［205］颜世富.关系管理［M］.机械工业出版社,2008.

［206］颜世富.管理世界——第21届世界管理论坛暨东方管理大会论文特辑［C］,2017.

［207］颜世富.管理心理学［M］.北京大学出版社,2016.

［208］颜世富.管理要务［M］.机械工业出版社,2010.

［209］颜世富.绩效管理［M］.机械工业出版社,2014.

［210］颜世富.绩效管理［M］.机械工业出版社,2007.

［211］颜世富.心理管理［M］.机械工业出版社,2009.

［212］颜世富.信息时代的心理调节［M］.上海人民出版社,2001.

［213］燕国材."心理"正名［J］.心理科学,1998,(2).

［214］燕国材.中国心理学史［M］.浙江教育出版社,1998.

［215］燕国材.中国心理学史资料选编［M］.人民教育出版社,1990.

［216］燕国材.中外心理学比较思想史(第一卷)［M］.上海教育出版社,2009.

［217］杨翠萍等.禅养商性［M］.河南人民出版社,2001.

［218］杨德森.中国人心理解读:精神痛苦的根源与精神超脱治疗［M］.上海科技出版社,2008.

［219］杨帆.王阳明的致良知思想［M］.前线,2013,(1).

［220］杨国荣.王阳明［M］.南京大学出版社,2010.

［221］杨国枢,黄光国等.中国式管理研讨会论文集［M］.中国台湾大学,1984.

［222］杨国枢,陆洛.中国人的自我［M］.重庆大学出版社,2009.

［223］杨国枢.中国人的心理与行为本土化研究［M］.中国人民大学出版社,2004.

［224］杨韶刚.超个人心理学［M］.上海教育出版社,2006.

［225］杨鑫辉.中国心理学思想史［M］.江西教育出版社,1994.

［226］尹毅夫.中国管理学［M］.人民出版社,1999.

［227］游汉明.华人管理之挑战:管理学本土化之验证［M］.香港城市大学华人管理研究中心,2001.

［228］游汉明,叶春生.华人管理本土化研究［M］.华南理工大学出版社,2007.

［229］于江山等.中国化管理［M］.经济日报出版社,2008.

［230］于铁成.中医药文化选粹［M］.中国中医药出版社,2009.

［231］余怀彦.良知之道:王阳明的五百年［M］.中国友谊出版公司,2016.

［232］俞可平,托马斯·海贝勒,安晓波.中共的治理与适应:比较的视野［M］.中央编译出版社,2015.

［233］俞文钊.管理心理学［M］.甘肃人民出版社,1989.

［234］约翰·D.布兰思福特等.人是如何学习的［M］.程可拉,孙亚玲,王旭卿译.华东师范大学出版社,2013.

[235] 约翰·波尔金霍恩.量子理论[M].张用友,何玉红译.译林出版社,2015.

[236] 泽熙.东西一水间[M].中信出版社,2001.

[237] 曾伟.管理的觉醒[M].鹭江出版社,2016.

[238] 曾仕强.中道管理[M].北京大学出版社,2006.

[239] 曾仕强.中国式管理[M].中国社会科学出版社,2003.

[240] 詹姆斯·克劳森.权力与领导[M].马昕译.世界图书出版公司,2013.

[241] 张俊杰.编著关系网[M].中国物资出版社,2010.

[242] 张鹏程,刘文兴,廖建桥.魅力型领导对员工创造力的影响机制:仅有心理安全感足够吗?[J].管理世界,2011,(10).

[243] 张其金.量子管理(理论版)[M].中国商业出版社,2014.

[244] 张钦.道教炼养心理学引论[M].巴蜀书社,1999.

[245] 张希峰.汉语词族续考[M].巴蜀书社,2000.

[246] 张笑峰等.中国企业一把手"领袖化"过程:领导权威形成机制的探讨[J].南开管理评论,2015,(3).

[247] 张绪通.道学的管理要旨——人生的智慧与成功的大道[M].王虎,王金顺译.四川大学出版社,1994.

[248] 张艺军.组织文化资本研究[M].武汉大学出版社,2017.

[249] 张志红.绩效管理本土化问题研究[J].山东社会科学.2009,(8).

[250] 赵保佑等.老子思想与现代管理[M].社会科学文献出版社,2013.

[251] 赵晨,陈国权,高中华.领导个人学习对组织学习成效的影响:基于情境型双元平衡的视角[J].管理科学学报,2014,(10).

[252] 赵红丹,彭正龙.服务型领导与团队绩效:基于社会交换视角的解释[J].系统工程理论与实践,2013,(10).

[253] 赵平略.王学研究(第一辑)[M].西南交通大学出版社,2013.

[254] 赵树进.管理活动的认识理论研究[D].华南理工大学,2005.

[255] 郑德明.中国式饭局人脉学[M].台海出版社,2011.

[256] 郑其绪.柔性管理[M].中国石油大学出版社,1996.

[257] 郑全全,俞国良.人际关系心理学[M].人民教育出版社,2011.

[258] 郑铁生.中华古谋略与现代企业人才竞争[M].中国经济出版社,1997.

[259] 郑兴山,唐元虎.企业人力资本产权理论研究[M].上海社会科学院出版社,2003.

[260] 郑永年.中国模式[M].中信出版社,2016.

[261] 中国航天系统科学与工程研究院,上海交通大学钱学森图书馆.高山仰止 风范永存[M].中共党史出版社,科学出版社,2015.

[262] 中国式管理研究团队.中国式企业管理科学基础研究总报告[M].机械工业出版社,2013.

[263] 钟伦纳.华夏文化辨析[M].上海人民出版社,2014.

[264] 钟尉.兵家战略管理[M].经济管理出版社,2004.

[265] 钟永圣.中国传统管理学概述[M].世界知识出版社,2016.

[266] 周春生.直觉与东西方文化[M].上海人民出版社,2001.

[267] 周高德.道教文化与生活[M].宗教文化出版社,1999.

[268] 周健临.管理学教程[M].上海财经大学出版社,2001.

[269] 周谦.心理科学方法学[M].中国科学技术出版社,1994.

[270] 朱丽叶·M.科宾,安塞尔姆·L.施特劳斯.质性研究的基础:形成扎根理论的程序与方法[M].朱光明译.重庆大学出版社,2015.

[271] 《朱镕基讲话实录》编辑组.朱镕基讲话实录[M].人民出版社,2011.

[272] 朱永新.管理心智——中国古代管理心理思想及其现代价值[M].经济管理出版社,2005.

[273] 朱志凯.孔子中庸方法的义蕴及其价值[M].上海人民出版社,1991.

[274] A. Dijksterhuis, L. F. Nordgren. A Theory of Unconscious Thought [J]. *Perspectives on Psychological Science*, 2006, (2).

[275] A. Dijksterhuis. Think Different: The Merits of Unconscious Thought in Preference Development and Decision Making [J]. *Journal of Personality Social Psychology*, 2004, (5).

[276] A. Dijksterhuis, T. Meurs. Where Creativity Resides: The Generative Power of Unconscious Thought [J]. *Consciousness and Cognition*, 2006(1).

[277] A. H. Goldsmith, J. R. Veum, W. Darity. The Impact of Psychological and Hunan Capital on Wages [J]. *Economic Inquiry*, 1997, (8).

[278] A. J. Sutich, Transpersonal Psychotherapy: History and Definition [J]. S. Boorstein (ed.). *Transpersonal psychotherapy* [C]. State University of New York Press, 1996.

[279] A. S. Kohli, T. Deb. *Performance Management* [M]. OUP India, 2008.

[280] B. Avolio and F. Luthans. *The High Impact Leader: Moments Matter in Accelerating Authentic Leadership Development* [M], McGraw-Hill, 2006.

[281] B. Cortright. *Psychotherapy and Spirit* [M]. State University of New York Press, 1997.

[282] F. Luthans, C. M. Youssef, B. J. Avolio. *Psychological Capital: Developing the Human Competitive Edge* [M]. Oxford University Press, 2007.

[283] F. Luthans, C. M. Youssef. Human, Social, and Now Positive Psychological Capital Management: Investing in People for Competitive Advantage [J]. *Organizational Dynamics*, 2004, (2).

[284] F. Luthans. Positive Organizational Behavior: Developing and Managing Psychological Strengths [J]. *Academy of Management Executive*, 2002, (1).

[285] F. O. Walumbwa, B. J. Avolio, W. L. Gardner. Authentic Leadership: Development and Validation of a Theory based Measure [J]. *Journal of Management*, 2008, (1).

[286] F. O. Walumbwa, P. Wang, H. Wang, et al. Psychological Processes Linking Authentic Lleadership to Follower Behaviors [J]. *The Leadership Quarterly*, 2010, (5).

[287] H. Johnson, R. Kaplan. *Relevance Lost: The Rise and Fall of Management Accounting* [M], Harvard Business School Press, 1987.

[288] H. Leroy, M. E. Palanski, T. Simons. Authentic Leadership and Behavioral Integrity as Drivers of Follower Commitment and Performance [J]. *Journal of Business Ethics*, 2012, (3).

[289] H. Wang, Y. Sui, F. Luthans, et al. Impact of Authentic Leadership on Performance: Role of

Followers' Positive Psychological Capital and Relational Processes [J]. *Journal of Organizational Behavior*, 2014, (1).

[290] J. Child. *Management in China During the Age of Reform* [M]. Cambridge University Press, 1994.

[291] J. R. Edwards, L. S. Lambert. Methods for Integrating Moderating and Mediation: A General Analytical Framework Using Moderated Path Analysis [J]. *Psychological Methods*, 2007, (1).

[292] K. K. Hwang. Face and Favor: The Chinese Power Game [J]. *American Journal of Sociology*, 1987, 92.

[293] K. R. Xin, J. Pearce. Guanxi: Connections as Substitutes for Formal Institutional Support [J]. *Academy of Management Journal*, 1996, 37.

[294] L. L. Neider, C. A. Schriesheim. The Authentic Leadership Inventory(ALI): Development and Empirical Tests [J]. *The Leadership Quarterly*, 2011, (6).

[295] M. Lockett. Culture and Problems in Chinese Management [J]. *Organisation Studies*, 1988, (9).

[296] R. Kaplan, D. Norton. The Balanced Scorecard—Measures That Drive Performance. *Harvard Business Review*, 1992, (1-2).

[297] R. M. Baron, D. A. Kenny. The Moderator-mediator Variable Distinction in Social Psychological Research: Conceptual, Strategic and Statistical Considerations [J]. *Journal of Personality and Social Psychology*, 1986, (6).

[298] T. D. Wilson, J. W. Schooler. Thinking too much: Introspection Can Reduce the Quality of Preferences and Decisions [J]. *Journal of Personality and Social Psychology*, 1991, (2).

[299] T. D. Wilson. *Strangers to Ourselves: Discovering the Adaptive Unconscious* [M]. Harvard University Press, 2002.

[300] T. Simoms. Behavioral Integrity: The Perceived Alignment between Managers' Words and Deeds as a Research Focus [J]. *Organization Science*, 2002, (1).

[301] Wilson, *et al*. Introspecting about Reasons Can Reduce Postchoice Satisfaction [J]. *Personality and Social Psychology Bulletin*, 1993, (3).

[302] X. M. Zhang, K. M. Bartol. Linking Empowering Leadership and Employee Creativity: The Influence of Psychological Empowerment, Intrinsic Motivation and Creative Process Engagement [J]. *Academy of Management Journal*, 2010, (1).